“神话学文库”编委会

主　编

叶舒宪

编　委

（以姓氏笔画为序）

马昌仪　王孝廉　王明珂　王宪昭

户晓辉　邓　微　田兆元　冯晓立

吕　微　刘东风　齐　红　纪　盛

苏永前　李永平　李继凯　杨庆存

杨利慧　陈岗龙　陈建宪　顾　锋

徐新建　高有鹏　高莉芬　唐启翠

萧　兵　彭兆荣　朝戈金　谭　佳

“神话学文库”学术支持

上海交通大学文学人类学研究中心

上海交通大学神话学研究院

中国社会科学院比较文学研究中心

陕西师范大学人文社会科学高等研究院

上海市社会科学创新研究基地——中华创世神话研究

“十二五”“十三五”国家重点图书出版规划项目
第五届、第八届中华优秀出版物奖获奖作品

神话学文库
叶舒宪主编

洪水神话

THE FLOOD MYTH

［美］阿兰·邓迪斯（Alan Dundes）◎编

陈建宪 等◎译 谢国先◎校

陕西师范大学出版总社

图书代号　SK23N1174

本书译自 Alan Dundes, *The Flood Myth*, Berkeley and Los Angeles, California: University of California Press, 1988

图书在版编目（CIP）数据

洪水神话/（美）阿兰·邓迪斯编；陈建宪等译. —西安：陕西师范大学出版总社有限公司，2024.1
（神话学文库／叶舒宪主编）
ISBN 978-7-5695-3730-7

Ⅰ. ①洪…　Ⅱ. ①阿…　②陈…　Ⅲ. ①洪水—神话—研究—世界　Ⅳ. ①B932.1

中国国家版本馆 CIP 数据核字（2023）第 241873 号

洪水神话
HONGSHUI SHENHUA
［美］阿兰·邓迪斯　编　陈建宪　等译　谢国先　校

出 版 人　刘东风
责任编辑　邓　微
责任校对　王文翠
出版发行　陕西师范大学出版总社
（西安市长安南路 199 号　邮编 710062）
网　　址　http://www.snupg.com
印　　刷　中煤地西安地图制印有限公司
开　　本　720 mm×1020 mm　1/16
印　　张　27.25
插　　页　4
字　　数　429 千
版　　次　2024 年 1 月第 1 版
印　　次　2024 年 1 月第 1 次印刷
书　　号　ISBN 978-7-5695-3730-7
定　　价　158.00 元

读者购书、书店添货或发现印刷装订问题，请与本公司营销部联系、调换。
电话：（029）85307864　85303635　传真：（029）85303879

“神话学文库”总序

叶舒宪

神话是文学和文化的源头，也是人类群体的梦。

神话学是研究神话的新兴边缘学科，近一个世纪以来，获得了长足发展，并与哲学、文学、美学、民俗学、文化人类学、宗教学、心理学、精神分析、文化创意产业等领域形成了密切的互动关系。当代思想家中精研神话学知识的学者，如詹姆斯·乔治·弗雷泽、爱德华·泰勒、西格蒙德·弗洛伊德、卡尔·古斯塔夫·荣格、恩斯特·卡西尔、克劳德·列维－斯特劳斯、罗兰·巴特、约瑟夫·坎贝尔等，都对20世纪以来的世界人文学术产生了巨大影响，其研究著述给现代读者带来了深刻的启迪。

进入21世纪，自然资源逐渐枯竭，环境危机日益加剧，人类生活和思想正面临前所未有的大转型。在全球知识精英寻求转变发展方式的探索中，对文化资本的认识和开发正在形成一种国际新潮流。作为文化资本的神话思维和神话题材，成为当今的学术研究和文化产业共同关注的热点。经过《指环王》《哈利·波特》《达·芬奇密码》《纳尼亚传奇》《阿凡达》等一系列新神话作品的“洗礼”，越来越多的当代作家、编剧和导演意识到神话原型的巨大文化号召力和影响力。我们从学术上给这一方兴未艾的创作潮流起名叫“新神话主义”，将其思想背景概括为全球“文化寻根运动”。目前，“新神话主义”和“文化寻根运动”已经成为当代生活中不可缺少的内容，影响到文学艺术、影视、动漫、网络游戏、主题公园、品牌策划、物语营销等各个方面。现代人终于重新发现：在前现代乃至原始时代所产生的神话，原来就是人类生存不可或缺的文化之根和精神本源，是人之所以为人的独特遗产。

可以预期的是，神话在未来社会中还将发挥日益明显的积极作用。大体上讲，在学术价值之外，神话有两大方面的社会作用：

一是让精神紧张、心灵困顿的现代人重新体验灵性的召唤和幻想飞扬的奇妙乐趣；二是为符号经济时代的到来提供深层的文化资本矿藏。

前一方面的作用，可由约瑟夫·坎贝尔一部书的名字精辟概括——“我们赖以生存的神话”（Myths to live by）；后一方面的作用，可以套用布迪厄的一个书名，称为“文化炼金术”。

在21世纪迎接神话复兴大潮，首先需要了解世界范围神话学的发展及优秀成果，参悟神话资源在新的知识经济浪潮中所起到的重要符号催化剂作用。在这方面，现行的教育体制和教学内容并没有提供及时的系统知识。本着建设和发展中国神话学的初衷，以及引进神话学著述，拓展中国神话研究视野和领域，传承学术精品，积累丰富的文化成果之目标，上海交通大学文学人类学研究中心、中国社会科学院比较文学研究中心、中国民间文艺家协会神话学专业委员会（简称“中国神话学会”）、中国比较文学学会，与陕西师范大学出版总社达成合作意向，共同编辑出版“神话学文库”。

本文库内容包括：译介国际著名神话学研究成果（包括修订再版者）；推出中国神话学研究的新成果。尤其注重具有跨学科视角的前沿性神话学探索，希望给过去一个世纪中大体局限在民间文学范畴的中国神话研究带来变革和拓展，鼓励将神话作为思想资源和文化的原型编码，促进研究格局的转变，即从寻找和界定“中国神话”，到重新认识和解读“神话中国”的学术范式转变。同时让文献记载之外的材料，如考古文物的图像叙事和民间活态神话传承等，发挥重要作用。

本文库的编辑出版得到编委会同人的鼎力协助，也得到上述机构的大力支持，谨在此鸣谢。

是为序。

中文版序

陈建宪

20 多年前，由于翻译美国阿兰·邓迪斯（Alan Dundes）先生编著的《世界民俗学》，笔者与加州大学伯克利分校这位国际知名教授相识。1989 年邀请他们夫妇来中国访问时，他带来了新作《洪水神话》。[①]这本书激发了笔者研究中国洪水神话的兴趣，2005 年，笔者博士论文《论中国洪水故事圈——关于 568 篇异文的结构分析》终于全优通过了答辩。而在此之前，台湾东吴大学的鹿忆鹿女士与扬州大学的曹柯平先生，也先后发表了两篇研究洪水神话的博士论文。

洪水神话为什么如此让人迷恋呢?

毫不夸张地说，迄今为止，没有哪一则神话像洪水神话这样引起人类如此巨大的兴趣，从非洲土著到梵蒂冈教皇，从目不识丁的乡民到学富五车的教授，说起这个神话无人不知，但谁也说不清它的秘密。

洪水神话的发现史与研究史，本身就像一个神话。

那是 1872 年的一天深夜，大英博物馆的管理员乔治·史密斯（George Smith，1840—1876）伏案工作。突然他跳起来，发狂地蹦跳着，连脱带扯地将自己剥得一丝不挂，全身赤裸地双拳向天大声喊叫：“我是阅读这些被湮没了 2000 多年的文字的第一人啊。”

史密斯发现的，是古巴比伦楔形文字泥版上一个与挪亚方舟相似的故事。这年 12 月 3 日，史密斯在圣经考古学协会宣读了论文《迦勒底人的洪水叙述》。它像一枚重磅炸弹，震撼了国际学界。论文指出：古巴比伦洪水故事与挪亚故事许多细节一致，如洪水灭世、制作方舟、保存所有生命的种子、放鸽子乌鸦打探水势、水退后设立祭坛等。结论是：“我相信，所有这些叙述，连同古代神话中相当大的部分一起，都有一个共同的源头，即迦勒底平原。”

史密斯为找到洪水神话的源头，多次赴美索不达米亚平原考察，神奇的是，

①《世界民俗学》英文名 *THE STUDY OF FOLKLORE*，《洪水神话》英文名 *THE FLOOD MYTH*。

他居然在那里找到泥版的一些其他部分。可惜他后来染上热症，死于阿勒颇，成为一个学术殉道者。恩格斯在《反杜林论》中对史密斯作了高度评价："由于斯密斯在亚述的发现，这个原始犹太人原来是原始闪米特人，而圣经上有关创世和洪水的全部故事，都被证实是犹太人同巴比伦人、迦勒底人和亚述人所共有的古代异教徒宗教传说的一部分。"①

洪水神话研究从此成为国际学术界不衰的热点。人们怀着巨大的兴趣，在世界各地广泛搜求、记录和发表了无以数计的洪水故事。1918年，英国著名学者弗雷泽（James George Frazer）在《〈旧约〉中的民间传说——宗教、神话和律法的比较研究》中，用大量篇幅介绍了世界几大洲数以百计的洪水传说。2002年，马克·埃萨克（Mark Isaak）在网上发布的《世界各地洪水故事》，介绍了世界上180多个国家和地区的洪水故事。但由于语言障碍，他对中国洪水神话知之甚少，《世界各地洪水故事》中仅有8篇中国的文本。而笔者《论中国洪水故事圈——关于568篇异文的结构分析》中引用的中国洪水神话文本达568篇，遍及中国40多个少数民族。

从目前记录的洪水神话来看，大略可以分为地中海、印度、东南亚、大洋洲、美洲、非洲等大大小小的故事圈。

洪水神话的最早文本要追溯到美索不达米亚文明时期。乔治·史密斯发现的泥版文书《吉尔伽美什》史诗，大约公元前2000年以前就已存在，号称是人类发现的最早史诗，载于12块泥版上，洪水故事是第11块泥版上的一部分。故事说：乌尔城国王吉尔伽美什去见祖先乌特纳皮什提姆，询问永生之道。乌特纳皮什提姆告诉他，自己从前住在舒鲁帕克的一个芦苇棚里。有天他听到神对芦苇棚喊叫，说洪水将临，要他毁掉房子，建造"宽度必须和深度一致"的船，"将一切活物的物种运进船中"。后来果然六天六夜狂风暴雨，洪水灭世，乌特纳皮什提姆的船停在尼兹尔山顶。在第七天，他分别放出鸽子、燕子和乌鸦探查水情。得知水退后，他下船来向诸神献祭。主神恩利尔到船上为他们夫妻赐福，使他们得到了永生。地中海周边地区的其他古老洪水故事文本还有史密斯找到的第二个洪水传说泥版阿特拉哈西斯史诗、H. V. 希尔普里特在一块巴比伦泥版上发现的拓印本、埃利特－艾雅（Euit-Aya）抄本、费城大学藏本、贝罗索斯写本、古希腊神话中的洪水故事、《圣经》中的挪亚故事、《古兰经》中的努哈故事等。

第二个古老的洪水神话群在印度。其中最重要的文本是产生于公元前10世

①《马克思恩格斯文集》第9卷，人民出版社，2009年版，第77—78页。

纪前后的《百道梵书》。神话说摩奴在水池里洗手，一条鱼忽然跳到他手中，开口对他说："好好照料我，我将保佑你。"并告诉他洪水将至。摩奴将鱼养在陶钵里，并随其长大而移至沟中，最后放入大海。后来在洪水来临时，摩奴登舟，将舟系于鱼角，鱼将其拉到北山，那里后来被称为"摩奴登陆处"。摩奴登陆后以黄油、酸奶、乳清和凝乳向神祭祀，从祭品中出现一个女人，她自称是摩奴之女，后来与摩奴一起繁衍出他们的子孙。古印度其他重要洪水传说，还有《摩诃婆罗多》《摩奴法典》《鱼往世书》，以及利莫里亚（Lemuria）人、比尔人（Bhil）、泰米尔人（Tamil）等口头流传的洪水故事。

洪水神话在东南亚地区各国也流传很广。如菲律宾伊富高人（Ifugao）传说，大旱灾中，老人们建议挖掘河床寻找河的精魂。挖了三天后，一股很大的泉水突然喷涌出来，将许多人淹死了。正当伊富高人举行盛宴庆祝得到水时，天突然变黑，大雨倾盆，河水迅猛上涨，所有的人都被淹死，只剩下一对兄妹——维甘（Wigan）和布甘（Bugan）。洪水淹没大地六个月。水退后，兄妹重逢，住在一起。一天，布甘发现自己怀了孩子，羞愧之中，她离开了自己的屋子溯河而去。后来马克龙甘（Maknongan）神以一个慈祥的白胡子老人形象出现在她面前，告诉她是神要通过他们重新繁衍人类。这类洪水后兄妹再殖人类的故事，在东南亚各国和中国许多民族中都存在。在马来西亚、缅甸、越南、泰国等地，还有其他洪水神话被记录。

中国民族众多，来源不同，流传的洪水神话也有不同类型。其中文本数量较多的，一是以河南为中心的洪水后伏羲女娲兄妹以泥土造人的故事，二是以云南贵州边界为中心的洪水后兄妹葫芦生人的故事，三是云南四川边界的洪水后仅剩的男子与天女结婚再造人类的故事，四是台湾一些民族流传的洪水后神以遗民身体重新造人的故事。此外，《圣经》和《古兰经》中的洪水神话也随其相应信仰的传播而在中国广泛流传。

洪水神话在西半球同样大量存在。人类学家调查记录了南北美洲土著大量的洪水故事。墨西哥学者弗尔南多·赫卡斯塔斯（Fernando Horcasitas）1953 年所撰的硕士论文《中美洲洪水神话分析》，就对 63 篇文本进行了分析，将其分为五个类型。[①]如一个大约 1580 年记录的文本中说：洪水毁灭人类后只有一对兄弟幸存。后来他们发现，每天干活回来都有人给他们准备好了食物。哥哥偷偷藏起来，

① Fernando Horcasitas, "An Analysis of the Deluge Myth in Mesoamerica", unpublished M. A. thesis, See Alan Dundes ed. *THE FLOOD MYTH*, pp. 183−219.

结果发现是两只金刚鹦鹉进了屋子，脱掉羽毛衣变为女人帮他们料理家务。这个男人从藏身之处出来抓住了一只，与她结婚生了六个孩子，由此再殖了世界。在中美洲惠乔尔人、加拿大印第安人和太平洋西北岸印第安人中，也都有洪水神话被记录。

除欧、亚、美三大洲外，大洋洲和非洲，如澳大利亚、新几内亚，甚至喀麦隆，也有洪水故事，且各具地方特点。这些在英国著名学者弗雷泽的《<旧约>中的民间传说》中都有概括性的介绍。①

一个神话在历史上传承了如此长的时间，在空间上扩布到这样大的范围，我们将它誉为人类故事宝库中的明珠，是毫不过分的。这样的故事，理所当然会受到学术界的极大关注。在邓迪斯的《洪水神话》中，搜罗了各国神学家、文献学家、考古学家、地质学家、故事学家和心理学家从不同视角解析洪水神话的主要成果，书中所选论文，都是不会过时的精品。译者相信，随着这部论文选集和中国学者相关成果的问世，必将引起更多人对洪水神话的兴趣。

只要人类存在，洪水神话的神话必将一代代演绎下去！

2013 年 1 月 29 日
记于武昌九凤堂

---

① 选入本书中的《大洪水》，是弗雷泽书中的结论部分。

原版导言

阿兰·邓迪斯

世界上所有的神话中，大概没有哪一个像洪水神话那样，引起了有史以来若干世纪的人们的注意。的确，不可胜数的书籍、专著和文章为这个神话而作。以数量而言，洪水神话无疑是过去被研究得最多的叙事作品。没有哪个神话或哪个民间故事、民间传说，像这个关于一场灾难性洪水的故事这样，被人们加以细致深入地研究。

现代的技术与医学，已经彻底消灭了许多恐怖的疾病，有效地减轻了一些自然灾害的恶果，这些疾病和灾害折磨人类已经好多世纪了。然而，现代技术与医学，还制止不了火和水对人类的蹂躏。世界上，每年都有森林大火和骤发的洪水，凶猛地吞噬人们的生命和财产。比如说，即使是最先进的水源管理与防洪措施，似乎也还不能阻止某些水道几乎每年都要发生的泛滥。可通航的河流长期以来吸引着迁徙者沿岸定居，世界上许多特大城市的历史，部分说来就是这类定居点的历史。如果说苦于干旱的地区缺水是一种困扰，那么，水太多也是一个祸患。对许多滨河地区来说，洪水一直是生活中的严酷现实。至少在理论上说，这可能就是洪水神话广泛分布和长期流行的一个原因。（对洪水神话进行这种字面理解与我自己的意见针锋相对，我认为该神话是一个隐喻——既然每个婴儿都从羊水这一“洪水”中诞生出来，洪水神话就是对人类诞生的若干突出细节所作的一种宇宙起源论式的心理投射。）

要把洪水故事置于语境中，首先就得把它归属为神话。我们发现，与曾被描述和记录的大量民间故事尤其是传说比起来，神话极少。神话，可以定义为解释世界或人类何以成为其现今样式的神圣叙述。

民俗学家们常常使用母题编号来指称神话，这种编号与斯蒂斯·汤普森在其六卷本《民间文学母题索引》[1]中创造的体系一致，该书初版于 1932—1936 年，后来在 1955—1958 年修订。该书第一卷包含了类目 A—C 的若干母题。类目 A 为神话母题，类目 B 为动物母题，类目 C 为禁忌母题。在 A 类母题中，可以找到几乎所有曾被人们讲述的主要神话。其中列举的主要神话类型包括：A625，世界父母——作为宇宙父母的天父和地母；A641，宇宙卵——由一个蛋产生出来的宇宙；A1010，大洪水——世界性或地区性的洪水泛滥；A1200，造人；A1335，死亡的起源。

《民间文学母题索引》中既有母题类，也有母题子类。因此，大洪水实际上属于 A1000—A1099，即世界的灾难与更新。举例来说，这一部分有：A1000，世界性灾难，即世界被毁灭；A1030，世界之火，即一场大火毁灭了大地。这些母题类是与 A1010 即大洪水并列的。在大洪水之下，既可以找到更特殊的 A1018.3——为报复所受伤害而引起的洪水，也可以找到 A1018——作为惩罚的洪水。同样，在比较一般的类目 A1020——逃避洪水之下，还有 A1021——在船（方舟）中逃避大洪水，A1022——在山上逃避大洪水，A1023——在树上逃避大洪水。

母题体系只是一种分类系统，其目的不在于取代分析。然而，对洪水或大洪水神话真有兴趣的人，可能希望查阅诸如此类的其他相关母题，如 A810，即原始水——起初，万物淹在水里；又如，A812，潜水捞泥者。这种母题说的是创世主从原始海中的一条筏子上，派动物们从水下取土上来。许多动物都失败之后，才有一种动物（通常是麝鼠）获得成功。于是大地就用其所取之土壤造就。

在每个母题标目后面，是含有这类母题的叙事作品的书面版本的参考书目。对于大致确定某个特殊母题的地理分布，这些书目充当有用的初步引导者。没有哪个母题分布于全世界，绝大多数母题仅分布于一两个大洲。尽管从理论上讲，专门研究神话的学者可能会查阅《民间文学母题索引》，以便获得先前有关某个特定叙事作品研究情况的参考资料，获得有关该母题散布情况的某些认识，但实际上鲜有民俗学界之外的神话学者利用《民间文学母题索引》。

有几个明显的原因，说明人们为何对洪水神话抱有经久不衰的、看似永不磨灭的兴趣。首先，洪水神话是已知的流传最广的叙事作品之一。它只是在非洲才

---

① 这是国际民间文艺学界通行的一本工具书，是历史地理学派的代表性著作。原书名和版本为：*MOTIF-INDEX OF FOLK-LITERATURE*：*A CLASSIFICATION OF NARRATIVE ELEMENTS IN FOLK-TALES*，*BALLADS*，*MYTHS*，*FABLES*，*MEDIEVAL ROMANCES*，*EXEMPLA*，*FABLIAUX*，*JEST-BOOKS*，*AND LOCAL LEGENDS*. Vol. 1 — 6, Helsinki，1932。——译注

比较罕见。因此，它是全世界绝大多数民族都感兴趣的一件叙事作品。然而，学术研究在这个论题上名副其实的“洪水泛滥”，其主要刺激因素就是《旧约》中出现的洪水故事。挪亚与方舟历险的故事，通过传教士们不懈的努力，在犹太-基督教文明内外都为人所知。既然《创世记》是西方文明中神圣历史的组成部分，那么洪水神话也就不仅仅是地球上遥远角落里的部落民族所讲述的另一件有趣的口头叙事作品而已。虽然有人可能设想，承认非西方民族也有洪水神话，会被用来对《创世记》中挪亚故事的神圣性提出质疑，但是却出现了完全相反的情形。对于各种洪水神话所作的比较研究，是被当作纪实的“证据”，来论证那场洪水的确是曾经在世界上广泛发生的一个历史事件。人们争辩说，如果洪水不是一场实际发生过的灾难事件——该事件如此可怕，以至于永久铭刻在口头传统所保存下来的民众记忆中，那么为何世界上会有这么多民族讲述关于一场洪水的故事？

研究《圣经》的许多学者都已感到，必须在这样一个问题上表明立场，即究竟《创世记》（还有《圣经》的其他部分）是否要从字面上——在根本上当作历史记录来理解。尽管有些人争辩说，那场洪水只不过是（近东的）一种地区现象，但其他人坚持认为那场大洪水是全球性的。他们双方都把那场洪水当作历史，而不是当作虚构或隐喻看待。因此关于那场洪水的争论，在神学圈子里常常与挪亚时代那场大洪水的历史真实性问题无关,而与它究竟是地区性的还是全球性的有关。

洪水神话在 19 世纪时呈现出新的意义。尤其是地质学的发展，似乎对《创世记》中关于创世叙述的那种假定的历史性提出了挑战。达尔文的进化论提出人类是从较早的灵长类祖先逐渐进化而来的，这一理论对相信上帝一下就创造出人类的那些人来说，也是明显的威胁。有调和“科学”与《圣经》的大量尝试，其中许多努力都集中在那场洪水上。《圣经》完善与否，仿佛全然依据某人对于那场洪水的态度而定。倘若那场洪水的历史真实性在科学知识面前还能保持得住，那么，《圣经》本身作为基督教信仰的堡垒，就可以安然无恙了。然而，向《创世记》中洪水神话享有的那种特殊地位提出挑战的，并不单是科学。它也是比较神话学正在展开的一个领域。

1872 年，在大英博物馆工作的一位年轻的亚述学家乔治·史密斯，偶然看到了一块楔形文字书版，这块书版是考古学家早先在尼尼微发掘遗址时发现的。这块石版上对那场洪水的描述“早于”《圣经》中的描述。在 1872 年之前，尚可假定地球上不同地区所叙述的所有的其他各种洪水神话，都只不过是出自《圣经》的叙述。由于发现较早的近东地区洪水神话——例如来自巴比伦的洪水神话——

似乎与《创世记》中的叙述相同，那些照字面意思解释作品的人不得不采取了一种新的方针。即使《圣经》的记述是由一个苏美尔版本派生，苏美尔文本——当然还有《圣经》文本——依然可信地表明曾经发生过一场真实的洪水。因而，无论是地质证据还是比较神话学，都未曾把原教旨主义者们吓倒，他们依然坚信《创世记》中所讲的那场洪水的真实性。

关于《圣经》中的洪水神话的历史性问题，在20世纪还被人们热烈争论着。由于这个原因，人类学家、古典学家[1]、民俗学家、地质学家以及神学家都还在对那则叙事作品进行研究。这个专题汇编，就是要把因洪水神话而产生的大批学术成果中的某些最精彩部分集中起来。尽管民俗学家们不喜欢优先考虑他们考察的某件叙事作品的任何一个版本，但是，就目前这个例子而言，否认《创世记》中的这个洪水神话版本所具有的非常特殊的地位，就会犯傻。这就是为什么本书要以这个文本开头并接以关于其综合性的一篇讨论之缘故。

乔治·史密斯1872年12月发表的那场宣告其惊人发现的爆炸性演讲，是关于古代近东地区流传的其他洪水神话文本的数篇文章中的第一篇。弗里默-肯斯基与福兰斯比的比较性论述表明，近东地区的其他文本何以能够激起人们对《创世记》中关于洪水的叙述作出新鲜而令人好奇的解释。考古学家伍利的文章和古典学家考尔德对一个希腊的大洪水文本的讨论，具体说明对那场洪水所采取的字面的-历史的研究方法。从詹姆斯·乔治·弗雷泽对那场"大洪水"的广泛探讨中选出的简短一节，代表一种更为宽泛的比较观点，当然，凯尔森和罗亨的探讨也代表这种观点。这两人各自都在叙事作品中寻找潜藏的道德成分和心理成分。我自己那篇短文也持心理学的观点，我认为那场洪水是一种男性幻想。

为了深入了解世界上一些特定地区特殊洪水传说的性质，本书接着介绍了对中美洲（赫卡斯塔斯）、南美洲（拉梅尔）、澳大利亚土著（科利格）、非洲（凯勒-梅耶）、菲律宾（德米特里欧）、泰国（林德尔、斯旺和泰安尼）和印度（科珀斯和舒尔曼各一篇）的洪水神话所作的分析。这些多彩多姿的文章，不仅提供了《圣经》影响地区与近东地区范围之外洪水神话的一批丰富实例，而且提出了阐释神话的一系列各不相同的方法。

饱览新大陆、非洲和亚洲之后，我们再回到欧洲与近东地区，考察有关那场洪水的犹太伪经版本（金兹伯格），还有显然是因《圣经》中的情节而引起的一个广泛流传的民间故事——《方舟里的魔鬼》（厄特利），本书有关比较研究的部

① 指研究古希腊罗马文化者。——译注

分到这篇文章为止。

本书包括的洪水神话的最后一部分论述，由几个奋力调和科学发现与对《圣经》所记洪水进行字面探讨的实例组成。这几篇文章的范围覆盖 17 世纪（阿伦）、18 世纪（拉帕波特）、19 世纪（穆尔）、20 世纪（古尔德）的论争。它们表明，洪水神话在神学中和科学史上究竟有多么重要。关于洪水神话的进一步阅读的选择书目，用以指引想得到这个论题更多信息的读者。

选入本书中的文章，范围宽广，来源多样，从科学杂志、宗教杂志中的文章一直到未刊行的硕士论文。其中许多文章被公认是深奥的，但对我们理解至今仍继续影响着我们生活的这件引人入胜的叙事作品，每篇文章都增加了一些东西。作为和平象征的橄榄枝来自洪水神话，即使是不把这场洪水当作历史来看待的那些人，也得承认这类象征在当今世界的重要性。

目　录

001 洪水（《创世记》6—9章）
005《创世记》中的两个洪水故事　诺曼·C. 哈伯
019 迦勒底人的洪水叙述　乔治·史密斯
040 亚述-巴比伦和苏美尔洪水故事评述　丹尼尔·哈默利-迪普伊
051 阿特拉哈西斯史诗及其对于理解《创世记》第1—9章的意义　弗里默-肯斯基
063 从闪米特神话的比较研究看洪水故事　伊雷诺·福兰斯比
075 创世故事和洪水故事　雷纳德·伍利
085 奥维德"菲勒蒙与包喀斯"故事新解　W. M. 考尔德
095 大洪水　詹姆斯·乔治·弗雷泽
106 洪水和灾变神话中的报应原则　汉斯·凯尔森
129 作为膀胱梦的洪水神话　格扎·罗亨
143 作为男性创世神话的洪水　阿兰·邓迪斯
158 中美洲洪水神话分析　费尔南多·赫卡斯塔斯
193 南美印第安人神话中的历史变迁　阿娜玛丽亚·拉梅尔
209 重访挪亚方舟——对传统澳洲土著人神话-地域关联性的思考　艾瑞克·科利格
216 喀麦隆草原洪水故事的神话母题　埃米·凯勒-梅耶
226 菲律宾神话中的洪水母题与再生的象征　弗兰西斯科·德米特里欧
230 洪水——北克穆人创世故事的三个文本　克里斯蒂娜·林德尔　简-奥基维德·斯旺　达姆隆·泰安尼
245 中印度比尔人的大洪水神话　威廉·科珀斯
256 泰米尔的洪水神话与桑格姆传说　戴维·舒尔曼
281 犹太传说中的挪亚和洪水　路易斯·金兹伯格
295 方舟里的魔鬼（AT825型）　弗朗西斯·李·厄特利

322 科学与大洪水　唐·卡梅伦·阿伦
346 地质学与正统观——18 世纪思想中的挪亚洪水案　罗达·拉帕波特
366 查尔斯·莱尔和挪亚洪水　詹姆斯·R. 穆尔
387 神造论——《创世记》与地质学　斯蒂芬·杰伊·古尔德

398 进一步研究洪水神话的阅读书目
407 常用专名译音对照索引
417 后记　陈建宪

洪水（《创世记》6—9章）①

编者按：

大多数读者已经很熟悉《创世记》中关于洪水的描述，但由于它直接或间接地刺激了如此之多的致力于洪水神话的研究，想来最好提醒大家记住这一叙事作品的细节。虽然挪亚最初在《创世记》第5章结尾时已出现，但我们从《创世记》第6章开始叙述这个故事，直到《创世记》第9章他的死结束。有几个极好的《创世记》英译本可用，其中有耶路撒冷《圣经》《新英语圣经》和《安克圣经》（Anchor Bible）等。不过，修订标准版《圣经》的用词可能已为大多数读者所熟悉，所以这里决定采用这个译本。②更新的译本与此仅仅只是偶尔在个别词或词组上稍有不同。

第6章 1. 当人在世上多起来，又生女儿的时候，③2. 上帝的儿子们看见人的女子美貌，就随意挑选，娶来为妻。3. 耶和华说："人既属乎血气，我的灵就不永远住在他里面，然而他的日子还可到一百二十年。" 4. 那时候有伟人在地上。后来上帝的儿子们和人的女子们交合生子，那就是上古英武有名的人。

5. 耶和华见人在地上罪恶很大，终日所思想的尽都是恶，6. 耶和华就后悔造人在地上，心中忧伤。7. 耶和华说："我要将所造的人和走兽，并昆虫，以及空中的飞鸟，都从地上除灭，因为我造他们后悔了。" 8. 惟有挪亚在耶和华眼前

---

① 这里引用的版本为 *REVISED STANDARD VERSION OF THE BIBLE*, copyrighted 1946, 1952, 1971 by the Division of Christian Education of the National Council of the Churches of Christ in the USA。这里的使用得到了同意。版权所有。

② 此处采用的《圣经》中文版，为中国基督教协会、中国基督教三自爱国运动委员会1988年印的串珠本。——译注

③ 句首前的阿拉伯数字，表示本章中节的序号。后面我们将看到，这种序号在《圣经》研究中常常用到。如这里的"1"，就是指《创世记》第6章第1节，略写为"《创世记》6：1"。——译注

蒙恩。

9. 挪亚的后代记在下面。挪亚是个义人，在当时的世代是个完全人。挪亚与上帝同行。10. 挪亚生了三个儿子，就是闪、含、雅弗。

11. 世界在上帝面前败坏，地上满了强暴。12. 上帝观看世界，见是败坏了；凡有血气的人，在地上都败坏了行为。13. 上帝就对挪亚说："凡有血气的人，他们的尽头已经来到我面前，因为地上满了他们的强暴，我要把他们和地一并毁灭。14. 你要用歌斐木造一只方舟，分一间一间地造，里外抹上松香。15. 方舟的造法乃是这样：要长三百肘，宽五十肘，高三十肘。16. 方舟上边要留透光处，高一肘。方舟的门要开在旁边。方舟要分上、中、下三层。17. 看哪，我要使洪水泛滥在地上，毁灭天下。凡地上有血肉、有气息的活物，无一不死。18. 我却要与你立约。你同你的妻，与儿子、儿妇，都要进入方舟。19. 凡有血肉的活物，每样两个，一公一母，你要带进方舟，好在你那里保全生命。20. 飞鸟各从其类，牲畜各从其类，地上的昆虫各从其类，每样两个，要到你那里，好保全生命。21. 你要拿各样食物积蓄起来，好作你和它们的食物。"22. 挪亚就这样行。凡上帝所吩咐的，他都照样行了。

第 7 章　1. 耶和华对挪亚说："你和你的全家都要进入方舟，因为在这世代中，我见你在我面前是义人。2. 凡洁净的畜类，你要带七公七母；不洁净的畜类，你要带一公一母；3. 空中的飞鸟也要带七公七母，可以留种，活在全地上。4. 因为再过七天，我要降雨在地上四十昼夜，把我所造的各种活物都从地上除灭。"5. 挪亚就遵着耶和华所吩咐的行了。

6. 当洪水泛滥在地上的时候，挪亚整六百岁。7. 挪亚就同他的妻和儿子、儿妇，都进入方舟，躲避洪水。8. 洁净的畜类和不洁净的畜类，飞鸟并地上一切的昆虫，9. 都是一对一对地，有公有母，到挪亚那里进入方舟，正如上帝所吩咐挪亚的。10. 过了那七天，洪水泛滥在地上。

11. 当挪亚六百岁，二月十七日那一天，大渊的泉源都裂开了，天上的窗户也敞开了。12. 四十昼夜降大雨在地上。13. 正当那日，挪亚和他三个儿子闪、含、雅弗，并挪亚的妻子和三个儿妇，都进入方舟。14. 他们和百兽，各从其类；一切牲畜，各从其类；爬在上的昆虫，各从其类；一切禽鸟，各从其类，都进入方舟。15. 凡有血肉、有气息的活物，都一对一对地到挪亚那里，进入方舟。16. 凡有血肉进入方舟的，都是有公有母，正如上帝所吩咐挪亚的。耶和华就把他关在方舟里头。

17. 洪水泛滥在地上四十天，水往上长，把方舟从地上漂起。18. 水势浩大，在地上大大地往上长，方舟在水面上漂来漂去。19. 水势在地上极其浩大，天下的高山都淹没了。20. 水势比山高过十五肘，山岭都淹没了。21. 凡在地上有血肉的动物，就是飞鸟、牲畜、走兽，和爬在地上的昆虫，以及所有的人都死了；22. 凡在旱地上、鼻孔有气息的生灵都死了；23. 凡地上各类的活物，连人带牲畜、昆虫，以及空中的飞鸟，都从地上除灭了，只留下挪亚和那些与他同在方舟里的。24. 水势浩大，在地上共一百五十天。

第 8 章 1. 上帝记念挪亚和挪亚方舟里的一切走兽牲畜。上帝叫风吹地，水势渐落。2. 渊源和天上的窗户都闭塞了，天上的大雨也止住了。3. 水从地上渐退。过了一百五十天，水就渐消。4. 七月十七日，方舟停在亚拉腊山上。5. 水又渐消，到十月初一日，山顶都现出来了。

6. 过了四十天，挪亚开了方舟的窗户，7. 放出一只乌鸦去。那乌鸦飞来飞去，直到地上的水都干了。8. 他又放出一只鸽子去，要看看水从地上退了没有。9. 但遍地上都是水，鸽子找不着落脚之地，就回到方舟挪亚那里，挪亚伸手把鸽子接进方舟来。10. 他又等了七天，再把鸽子从方舟放出去。11. 到了晚上，鸽子回到他那里，嘴里叼着一个新拧下来的橄榄叶子，挪亚就知道地上的水退了。12. 他又等了七天，放出鸽子去，鸽子就不再回来了。

13. 到挪亚六百零一岁，正月初一日，地上的水都干了。挪亚撤去方舟的盖观看，便见地面上干了。14. 到了二月二十七日，地就都干了。15. 上帝对挪亚说：16. “你和你的妻子、儿子、儿妇都可以出方舟。17. 在你那里凡有血肉的活物，就是飞鸟、牲畜，和一切爬在地上的昆虫，都要带出来，叫它在地上多多滋生，大大兴旺。”18. 于是挪亚和他的妻子、儿子、儿妇都出来了。19. 一切走兽、昆虫、飞鸟，和地上所有的动物，各从其类，也都出了方舟。

20. 挪亚为耶和华筑了一座坛，拿各类洁净的牲畜、飞鸟献在坛上为燔祭。21. 耶和华闻那馨香之气，就心里说：“我不再因人的缘故咒诅地（人从小时心里怀着恶念），也不再按着我才行的，灭各种的活物了。22. 地还存留的时候，稼穑、寒暑、冬夏、昼夜就永不停息了。”

第 9 章 1. 上帝赐福给挪亚和他的儿子，对他们说：“你们要生养众多，遍满了地。2. 凡地上的走兽和空中的飞鸟，都必惊恐、惧怕你们；连地上一切的昆虫并海里一切的鱼，都交付你们的手。3. 凡活着的动物，都可以作你们的食物，这一切我都赐给你们，如同菜蔬一样。4. 惟独肉带着血，那就是它的生命，你们不可吃。5. 流你们血、害你们命的，无论是兽是人，我必讨他的罪，就是向各人的弟兄也是如此。6. 凡流人血的，他的血也必被人所流，因为上帝造人，是照自己的形像造的。7. 你们要生养众多，在地上昌盛繁茂。”

8. 上帝晓谕挪亚和他的儿子说：9. “我与你们和你们的后裔立约，10. 并与你们这里的一切活物，就是飞鸟、牲畜、走兽，凡从方舟里出来的活物立约。11. 我与你们立约，凡有血肉的，不再被洪水灭绝，也不再有洪水毁坏地了。”12. 上帝说：“我与你们并你们这里的各样活物所立的永约是有记号的。13. 我把虹放在云彩中，这就可作我与地立约的记号了。14. 我使云彩盖地的时候，必有虹现在云彩中，15. 我便记念我与你们和各样有血肉的活物所立的约，水就再不泛滥毁坏一切有血肉的物了。16. 虹必现在云彩中，我看见，就要记念我与地上各样有血肉的活物所立的永约。”17. 上帝对挪亚说：“这就是我与地上一切有血肉之物立约的记号了。”

18. 出方舟挪亚的儿子就是闪、含、雅弗。含是迦南的父亲。19. 这是挪亚的三个儿子，他们的后裔分散在全地。

20. 挪亚作起农夫来，栽了一个葡萄园。21. 他喝了园中的酒便醉了，在帐棚里赤着身子。22. 迦南的父亲含，看见他父亲赤身，就到外边告诉他两个弟兄。23. 于是闪和雅弗拿件衣服搭在肩上，倒退着进去，给他父亲盖上，他们背着脸就看不见父亲的赤身。

24. 挪亚醒了酒，知道小儿子向他所作的事，25. 就说：“迦南当受咒诅，必给他弟兄作奴仆的奴仆。”26. 又说：“耶和华闪的上帝是应当称颂的，愿迦南作闪的奴仆。27. 愿上帝使雅弗扩张，使他住在闪的帐棚里，又愿迦南作他的奴仆。”

28. 洪水以后，挪亚又活了三百五十年。29. 挪亚共活了九百五十岁就死了。

《创世记》中的两个洪水故事[①]

诺曼·C. 哈伯

编者按：

几个世纪以来，从事《圣经》研究的学者们，一直怀疑《摩西五经》(《旧约》中的头五本书)，特别是《创世记》(《旧约》中的第一本书)，是由来自不同作者和编者提供的不同元素组合而成的。尽管长期以来，人们不愿运用任何形式的“文学”批评来研究《圣经》——它在西方文明中的神圣地位不鼓励这种世俗的学术研究——但是，《圣经》研究者们汇集的证据，已被证明是难以辩驳的。

“同一”故事的不同文本被融合在《旧约》中的一个原因，是由于基本材料来源的口头性。民俗学家对这种“多重存在”(multiple existence)和“变异”(variation)的原则是很熟悉的，这些原则是所有民俗现象的特点。任何一个民俗项目，都不会只有单一文本。所有民俗都必定会存在于多个地方，或多个时代，或既存在于多个地方，也存在于多个时代。这种多重存在和口头传承的一个不可避免的结果，就是变异。没有哪个民俗项目的两个文本是绝对相同的。

当口头传统中的一件作品被记录下来的时候，这个民俗收集者经常会记录该作品一个以上的文本，有时甚至从同一报告人那里搜集到一个以上文本。勤奋的民俗学家让这些文本分别存在，以便每一种文本都能作为一个整体而被独立研究。毕竟，科学的民俗学直到19世纪晚期才形成，在此之前，口头传统的记录者常常忍不住把不同的文本合并在一起，也就是从这个文本中取一点，又从另一个文本中取另一点。在初版于1812年和1815年的《儿童和家庭童话集》的多个版本所提供的综合

① 选自诺曼·C.哈伯：《〈旧约〉的文学批评》(*LITERARY CRITICISM OF THE OLD TESTAMENT*)，Philadelphia：Fortress Press，1971，第29—42页。

文本中,就连著名的格林兄弟实际上也把同一故事的四五个文本糅合在一起，尽管他们声称他们完全是照农民讲述的样子记录民间故事。

在更早的时代,手稿的编纂者们可能通常也会从同一故事的不同文本中抽取细节加进去，而这些细节显然相互矛盾。我们发现，《旧约》中的情形就是这样。例如，有两个分别存在而又各自不同的造人故事。其中一个说，上帝根据他自己的形像创造了人类，并且同时创造了男人和女人（《创世记》1：27）；另一个则说，上帝先创造了男人，之后又用睡着的亚当的肋骨创造了夏娃（《创世记》2：7，21—22）。现在看来，这两个叙述不可能都准确。要么男人和女人是同时被创造的，要么一个先造，一个后造。这样的矛盾还有很多。诚然，相对来说有些是小矛盾。例如摩西岳父的名字就有三种不同的说法：叶忒罗（《出埃及记》3：1、18：1），流珥（《出埃及记》2：18）和何巴（《士师记》4：11）。估计摩西没有三个岳父，他有的那位岳父也没有三个各不相同的名字。

同样类型的"文学"批评，也适用于《新约》。从民俗学家的观点看，四部《福音书》就是同一传奇叙事的四个文本。例如，基督的临终之言是什么？在《马太福音》(27：46）和《马可福音》(15：34）中，耶稣叫道："我的主啊，我的主啊，您为什么抛弃我？"但在《路加福音》和《约翰福音》中，这些话并没有出现。取而代之的是（《路加福音》23：46)，耶稣喊道："天父，把手伸过来抓住我的灵魂吧！"说完他就咽了气。而在《约翰福音》(19：30）中，耶稣说"完了"，然后低下了头，交出了灵魂。有可能的是：上面的话耶稣都说过，但更有理由假定他最后说的话只是这三句中的某一句。理所当然地盼望看到这些变异的民俗学家们将其当作口头传承不可避免的结果，与他们相比，寻找正确文本的《圣经》学者则对这类变异感到担忧。

《创世记》中对洪水的叙述，也受到过同样的文本检查。早在1753年，一个名叫让·阿斯特律克的法国医生就注意到，在《创世记》中，有的地方提到上帝时，使用的名字是耶和华（Yahweh、Jehovah)，而其他地方则使用艾洛辛（Elohim)，是希伯来语中表示"神圣的存在"那个词。后来通过清理《创世记》的"文献"来源，学者们声称识别出一个"牧师（priestly)"来源，在讨论中特地以首字母"P"标明，一个"E"来源（由艾洛辛的开头字母"E"得来)，以及一个"J"来源

（耶和华的开头字母“J”），或“耶称作者”[①]来源，等等。来源的多样性有助于解释《圣经》中对洪水叙述的某些内在矛盾。例如，上帝吩咐挪亚把“凡洁净的畜类七对”带进方舟（7：2—3），而另一处又说“凡有血肉的活物，每样两个，一公一母，你要带进方舟（6：19）”。与此相似，既说洪水持续了“四十天”（7：17），又说持续了“一百五十天”（7：24）。

虽然这本专题汇编主要讨论的不是《圣经》本身，但是考虑到《创世记》中的洪水文本在洪水神话研究中无可否认的中心地位，所以编入一篇《圣经》文学批评的范文似乎是恰当的。康科迪亚神学院的《旧约》教授诺曼·C. 哈伯所进行的讨论，显然代表着《圣经》学者对于识别《创世记》中包含的各种叙事线索的兴趣。对于《旧约》中文献来源的更多讨论，参见如下著作：E. A. 斯派泽《创世记》第三版（*Genesis*, 3rd ed., Garden City, 1964, pp. lxi. –lxiii.）。其他参考文献有M. 诺斯《〈摩西五经〉传统的历史》（*History of Pentateuchal Traditions*, Englewood Cliffs, N. J., 1972）、戴卫·L·彼得森《耶称作者论洪水》（“The Yahwist on the Flood,” *Vetus Testamentum*, 26（1976）: 438–446）、维克多·P. 汉米尔顿《〈摩西五经〉手册》（*Handbook on the Pentateuch*, Grand Rapids, Mich., 1982, pp. 72–76）。关于“J”叙述和“P”叙述的有用比较，参见G. 朗博《洪水不再来》第一部分［“Il n'y aura plus jamais de déluge（*Genèse* LX, 11）,” *Nouvelle revue theologique*, 77（1955）: 581–601,693–724］和W. J. 达尔顿《〈圣经〉中洪水叙事的背景和含义》［“The Background and Meaning of the Biblical Flood Narrative,” *Australasian Catholic Record*, 34（1957）: 292–304; 35（1958）: 23–39］的第二部分。

应该指出，有一派《圣经》研究者，尽管他们看出了洪水叙事的不同源流，但他们仍强烈地感到，《创世记》中讲述的洪水故事应该被看作一个整体，也就是说，看作一个只是简单把一则叙事的不同文本编汇成一个综合文本的编辑者的作品。参见伯恩哈德·N. 安德森《从分析到综合：〈创世记〉1—11的解析》［“From Analysis to Synthesis: The Interpretation of Genesis 1–11,” *Journal of Biblical Literature*, 97（1978）: 23–29］、

---

① “耶称作者”是指称上帝为“耶和华”的作者，该作者在《圣经·旧约》中，提到“上帝”时称Yahweh（耶和华）而不称Elohim（艾洛辛）。——译注

埃德亚德·尼尔森《口头传统》(*Oral Tradition*, London, 1954, pp. 102—103),也可参见苏珊·尼迪奇《从混乱到秩序:创世的〈圣经〉模式》(*Chaos to Cosmos: Studies in Biblical Patterns of Creation*, Chico, Calif., 1985, pp. 22—24,59—60)。

洪水故事的两种引言

许多读者在研究《创世记》6—9 章时得出的结论之一是,在这些章节中似乎有两个不同的洪水故事交织在一起。即使我们承认,随着这些章节年复一年被讲述,自然就会出现一个互相协调的过程,或者,一个编者也可能把这些材料组织为一件艺术作品;但是,文本中是否仍然有足够的证据来证实存在两条故事线索这一经常出现的印象呢?如果有这样的两条故事线索,它们是否与《创世记》1—5 章中的两组材料有关呢?

我们注意到,在《创世记》中,主要结构的划分,是通过“……的后代”的表述方式导入的。在整个《创世记》中,这个程式通常标志着神的拯救计划的一个新阶段。《创世记》6:9 也开始于相同的导入程式。进入洪水叙述前的一句恰当引言出现在随后的经文中(《创世记》6:9—11)。尽管如此,一个类似的引言已经出现在《创世记》6:5—8 之中,所述基本点相同,但视角不同。这两个引言的对照成分提供了某些最令人信服的论证,证明记述洪水的是两个不同的作者。

在 5—8 节的经文中,上帝面对的问题是人的“罪恶”。这个“罪恶”的存在是由于人“内心”有“罪恶”。作者使用了一个相当大胆的拟人说,他说,在造人这件事情上,耶和华“改变了他的想法”(naḥam),思忖着要把人类“从地上”“除灭”(maḥah)。人类的命运只有靠神的恩典了。挪亚“蒙受了恩典”!但是挪亚还没有被刻画成品格优秀的英雄。因而,这些经文中的基本观点似乎与《创世记》2—4 中所谓耶称作者文本的基本观点一致。

在《创世记》6:9—11 中,宣布挪亚世代的那句导入程式把读者直接带到作为一个虔诚的典范、一个既正义又完美(tamim)的英雄的挪亚面前。他像他的祖父以诺(《创世记》5:24)一样,“与上帝同行”。然而,在《创世记》6:9—11 中,上帝必须予以矫正的情形,主要不是因为人的罪恶本身,而是由于地上相当普遍的败坏。地上据说是“败坏”了(shaḥaṭ),充满了“强暴”(ḥamas)。这两个希伯来语用词都暗示,既有创世的力量在起作用,也有导致混乱的破坏性力量在起作用。这似乎是一种宇宙观。这里，人类本身并不像在《创世记》6：5—8中那样是主要的关心对象。这里的指责，也并不像在第一句引言中那样直接是针对人类；相反，这句引言中的观点，与被称为牧师作者版的《创世记》第1章中表达的观点是一致的。

通过下表中显示的主要特征，可以看出进入洪水叙述之前的两句引言之间的对比（A.《创世记》6：5—8；B.《创世记》6：9—13）：

导入程式：	A.
	B. 这些世代是……
神对形势的认识：	A. 耶和华看见……
	B. 艾洛辛观看……见是……
问题的性质：	A. 人终日所思的都是恶
	B. 地上的败坏
问题的程度：	A. 人的内心和思想彻头彻尾地邪恶
	B. 地上的暴力和众生的败坏
上帝的反应：	A. 内心悲伤，改变了他对人类的看法
	B. 上帝给挪亚圣谕
上帝的判决：	A. 毁掉地上的生命
	B. 消灭众生和世界
挪亚的角色：	A. 蒙恩的选定的儿子（参见《创世记》7：1）
	B. 他那个时代的完美英雄
区别性的用语：	A. 罪恶，消灭，蒙恩，改变主意，内心悲伤，从地上
	B. 强暴，败坏，消灭，他这一代，……的世代，完人
风格：	A. 表现为一段情节，其中耶和华看到、忍受、改变主意、作出决定、给予恩典。丰富多彩而有戏剧性
	B. 正式介绍挪亚、他的家庭和当时的情景。上帝观察场景，并发号施令。重复而僵硬。上帝的行动和命令（第13段经文），重复前面描述的情景中的措辞（第11—12段经文）

洪水故事的两个文本

在《创世记》6：13—22 中，上帝给挪亚的指示被刻板而详细地描述出来。从“众生”中各样选择的“两只动物”一定要带进方舟。这些动物必须是“一公一母”，“各从其类”。上帝“毁灭”众生的意志用相同的刻板用语加以重复（《创世记》6：13，17），就像在《创世记》6：9—12 引言中出现的那样。上帝和挪亚的关系被定义成盟约关系。“我却要与你立约”（《创世记》6：18），作为一个关键的神学短语，后来在《创世记》中再次出现。挪亚准确执行上帝的命令“正如上帝的吩咐”，表现了他是一个无条件服从的英雄模范形象。

然而在《创世记》第 7 章中，上帝发布的怎样装载方舟的命令被重复了一遍。这一回，这些指令似乎忽略了《创世记》6：13—22 中已经发布的命令。挪亚又一次被说成是一个正人君子，一个与他的上帝有正确关系的人。他因此被命令从每种动物中挑出七只带进方舟。这次，这些动物被称为“男和女”（或“一个雄性和他的配偶”）。上帝重申了他在第一个引言中已经宣布过的意图（《创世记》6：5—8），即“从地上除灭”生命。这场破坏要通过给地上降下四十个昼夜的大雨来实现。因此，在《创世记》7：1—5 中，似乎继续了在《创世记》6：5—8 中的第一个引言，并表达了相同的看法，而《创世记》6：14—22 中则保存了《创世记》6：9—13 中第二个引言的特点和思想。

《创世记》7：5 之后的两种叙事线索没有明显区别，确切点说，有分歧的材料并不像在我们迄今研究过的文本中那样典型地截然分属两块。然而，阅读推荐的两段原始资料在下面几页的译文，还是表明存在着两套材料，每套材料都呈现出大体连贯的图画。此处提供的翻译和划分是为了教学目的。我们认识到，对原始资料的这样一种明确划分不可能具备这段翻译可能具有的准确程度。故事的讲述、文本的流传和互相协调的过程，都不赞同去要求文学分析中的那种准确性，而这种准确性在上世纪还被认为是可行的。[①]简而言之，下面翻译的文本是阐释性而非定义性的。在以下每个文学段落中，区别性和有特点的词及短语用黑体标出，以便读者能够以文学为基础观察到某种证据，去识别其为一种原始资料或另一种原始资料。这种识别过程还要求考虑到每个案例中作者的总观点，这一点只有通过在其语境中对文本进行更为精细的详查才能区别出来。

①关于按照口传研究的原则，对洪水叙事的来源分析进行的一个重要修改，参见耐尔森（E. Nielsen）的著作《口头传统》（*ORAL TRADITION*, Naperville, Ill.: Allenson, 1954），第 93—103 页。

耶称作者的文本 （《创世记》6：5—8；7：1—5，7—8，10，12，16b—17，22—23；8：2b—3，6—12，13b，20—22）	**牧师作者的文本** （《创世记》6：9—13，14—22；7：6，9，11，13—16a，18—21，24；8：1—2a，4—5，13a，14—19；9：1—17）
引言（6：5—8） 5. **耶和华**见人在地上**罪恶很大，内心终日所思想的尽都是恶**，6. **耶和华**就**后悔**造人在地上，**心中忧伤**。7. **耶和华**说："我要将所造的人和走兽，并昆虫，以及空中的飞鸟，都**从地上除灭**，因为我造他们**后悔**了。" 8. 惟有挪亚**在耶和华眼前蒙恩**。	**引言**（6：9—13） 9. **挪亚的后代记在下面**。挪亚是个义人，在当时的世代是个**完全人**。挪亚**与上帝同行**。10. 挪亚生了三个儿子，就是闪、含、雅弗。11. 世界在**上帝**面前**败坏**，地上满了**强暴**。12. **上帝**观看世界，见是**败坏**了；凡有血气的人，在地上都**败坏**了行为。13. **上帝**就对挪亚说："**凡有血气的人**，他们的尽头已经来到我面前，因为地上满了他们的**强暴**，我要把他们和地一并**毁灭**。"
关于方舟（7：1—5） 1. **耶和华**对挪亚说："你和你的全家都要进入方舟，因为在这世代中，我见你在我面前是义人。2. 凡**洁净**的畜类，你要带**七对**；不洁净的畜类，你要带**一公一母**；3. 空中的飞鸟也要带七公七母，可以留种，活在全**地上**。4. 因为再过七天，我要**降雨**在地上**四十昼夜**，把我所造的各种**活物**都从**地上除灭**。" 5. 挪亚就遵着**耶和华**所吩咐的行了。	**关于方舟**（6：14—22） 14. 你要用歌斐木造一只方舟，分一间一间地造，里外抹上松香。15. 方舟的造法乃是这样：要长三百肘，宽五十肘，高三十肘。16. 方舟上边要留透光处，高一肘。方舟的门要开在旁边。方舟要分上、中、下三层。17. 看哪，我要使洪水泛滥在地上，毁灭天下。凡地上**有血肉、有气息的活物**，无一不死。18. **我却要**与你**立约**。你同你的妻，与儿子、儿妇，都要进入方舟。19. **凡有血肉的活物，每样两个，一公一母**，你要带进方舟，好在你那里保全生命。20. 飞鸟**各从其类**，牲畜各从其类，地上的昆虫各从其类，每样两个，要到你那里，好保全生命。21. 你要拿各样食物积蓄起来，好**作**你和它们的**食物**。" 22. 挪亚就这样行。凡**上帝**所吩咐的，**他都照样行了**。

洪水的出现（7：7—8，10，12，16b） 7. 挪亚就同他的妻和儿子、儿妇，都进入方舟，躲避洪水。8. **洁净**的畜类和**不洁净**的畜类，飞鸟并地上一切的昆虫，10. 过了那**七**天，洪水泛滥在地上。12. **四十昼夜**降**大雨**在地上。16b. **耶和华**就把他关在方舟里头。	**洪水的出现（7：6，9，11，13—16a）** 6. 当洪水泛滥在地上的时候，挪亚整**六百岁**。9. 每类两个，**一公一母**，与挪亚一起进入方舟，就像**上帝**所命令的那样。11. 当挪亚**六百岁**，二月**十七日**那一天，**大渊**的泉源都裂开了，天上的窗户也敞开了。13. **正当那日**，挪亚和他三个儿子闪、含、雅弗，并挪亚的妻子和三个儿妇，都进入方舟。14. 他们和百兽，**各从其类**；一切牲畜，**各从其类**；爬在上的昆虫，**各从其类**；一切禽鸟，**各从其类**，都进入方舟。15. 凡有血肉、有气息的**活物**，都**一对一对**地到挪亚那里，进入方舟。16. **凡有血肉**进入方舟的，都是**有公有母**。正如上帝所吩咐挪亚的。
洪水（7：17，22—23） 17. 洪水泛滥在地上**四十天**，水往上涨，把方舟从地上漂起。22. 凡在旱地上、鼻孔**有气息**的生灵都死了。23. 凡地上各类的**活物**，连人带牲畜、昆虫，以及空中的飞鸟，都从**地上除灭**了，只留下挪亚和那些与他同在方舟里的。	**洪水（7：18—21，24）** 18. 水势**浩大**，在地上**大大地**往上涨，方舟在水面上漂来漂去。19. 水势在地上**极其浩大**，**天下的**高山都淹没了。20. 水势比山高过十五肘，山岭都**淹没**了。21. 凡在地上**有血肉的动物**，就是飞鸟、牲畜、走兽，和**爬在地上的昆虫**，以及所有的人都死了。24. 水势**浩大**，在地上共**一百五十天**。
洪水的结局（8：2b—3，6—12，13b） 2b. 天上的大雨也止住了。3a. 水从地上渐退。6a. 过了**四十天**，挪亚开了方舟的窗户，7. 放出一只乌鸦去。那乌鸦飞来飞去，直到地上的水都干了。8. 他又放出一只鸽子去，要看看水从地上**退**了没有。	**洪水的结局（8：1—2a，3b，4—5，13a，14—19）** 1. 上帝**记念**挪亚和挪亚方舟里的一切走兽牲畜。**上帝**叫风吹地，水势**渐落**。2a. **渊源**和天上的窗户都闭塞了，3b. 过了**一百五十天**，水就**渐消**。4. 七月**十七日**，方舟停在亚拉腊山上。5. 水又渐消，到**十月初一日**，山顶都现出来了。13a. 到挪亚**六百零一岁**，**正月初一日**，地上的水都干了。14、到了**二月二十七日**，地就都干了。15. **上帝**对挪亚说：

9. 但遍**地上**都是水，鸽子找不着**落脚之地**，就回到方舟挪亚那里，挪亚伸手把鸽子接进方舟来。10. 他又等了**七天**，再把鸽子从方舟放出去。11. 到了晚上，鸽子回到他那里，嘴里叼着一个新拧下来的橄榄叶子，挪亚就知道地上的水退了。12. 他又等了**七天**，放出鸽子去，鸽子就不再回来了。13b. 挪亚撤去方舟的盖观看，便见**地面**上干了。	16. “你和你的妻子、儿子、儿妇都可以出方舟。17. 在你那里**凡有血肉的活物**，就是飞鸟、牲畜，和一切**爬在地上的昆虫**，都要带出来，叫它在地上**多多滋生，大大兴旺**。” 18. 于是挪亚和他的妻子、儿子、儿妇都出来了。19. 一切走兽、昆虫、飞鸟，和地上所有的动物，各从其类，也都出了方舟。
结论（8：20—22） 20. 于是，挪亚给**耶和华**筑了一个圣坛，拿来每一种**洁净的动物**和**飞鸟**烧熟后供在圣坛上。21. 当**耶和华闻到**美妙的香味，**心中说**：“我不会再因为人内心的邪念去**诅咒他们**（人从小时**心里就怀着恶念**），我将不再除灭地上的人类。22. 地球还存留的时候，就让它春种秋收，冬冷夏热，昼夜不息。”	**结论（9：1—17）** 1. **上帝保佑挪亚**和他的子孙说道：“**去繁衍生息**，遍布大地。2. 天空中的飞鸟、地上的爬虫和水中的鱼，都会惧怕你们，它们都属于你们。3. 每一种能跑动的动物将成为你们的食物，如同我赐给你们的蔬菜。4. 惟独肉带血的动物，那是它的生命，你们不能吃。5. 无论是兽是人，如果使你们流血或受害，我必讨他的罪，即使是兄弟所为。6. 凡杀人者必被杀，因为**上帝**是**依自己的形象**造人的。7. 你们去**繁衍生息**，布满地球。8. **上帝**对挪亚和他的儿子说：9. “记着，**我**和你、你的后代**立约**。” 10. 还有每一个和你们一起从方舟出来的活物。11. **我和你立约，所有的生物**将不会再被洪水除灭，也不会再有洪水毁坏地球了。12. 上帝说：“这是**契约的标志**，我和你们、你们的所有生物，以及你们的后代所立的约是有标记的。13. 我把虹放在云彩中，它将成为我和地**立约的记号**。14. 当云彩盖地时，就能看见虹了。15. **我将记着我和你们的立约**，洪水不会再**毁灭所有活物**。16. 当云彩出现时，我看见它，就会**记起**我和地上每一样生物的**永约**。17. 上帝对挪亚说：“**这是我和地上所有生命立约的记号**。”

对上面两个洪水叙事文本的仔细考察，显示出两个文本都有一个几乎完整的故事梗概，尽管这些不同来源的材料现已汇集成一个叙述。但是，每一个故事都有一个神学上的引言与结论，给出了上帝降下洪水的原因，以及上帝对洪水的反应。每个文本对主要元素都有特殊的表达方式。每个表达方式都有一套彼此一致的术语来描述故事的细节。文字的对照伴随着神学上的对照。在洪水叙述的引言中出现的彼此冲突的神学方法，照样贯彻于整个叙事文本中。我们并不详细讨论每一个文本字面的和神学上的特征，而是用下表对主要论据加以简要说明。这个证据表明，《创世记》1—5 中孤立存在的两种文字材料或复合体在上述两个洪水文本中继续存在。

耶称作者的异文	**牧师作者的异文**
引言： 在《创世记》2—4 中，耶和华被用人的术语描绘。他因为人类而内心痛苦。人类是他关注的中心。人类要被从地上除灭。一个男人蒙受不应得的恩惠。	在《创世记》1 中，艾洛辛从远处宣布对大地的判决。判定宇宙的败坏遭致宇宙毁灭。一个男人被发现是完美的。
上帝的命令： 挪亚应该从每种洁净的动物中带七只，每种不洁净的动物中带两只，带进方舟。	挪亚要造一个方舟，然后从每种动物中各挑选出两只带进方舟。
洪水的性质： 耶和华降雨（阵雨），雨水引发能漂起方舟的洪水。	发生宇宙巨变，天上的宇宙之水和地下的宇宙之水共同作用，回到混沌状态（就像在《创世记》1：2 中描述的那样）。群山消失。
洪水持续的时间： 大雨和洪水持续了四十个昼夜。挪亚待了三个星期，才走出方舟。	过了整整十二个月（或一年零十天），创世活动才恢复秩序。
结论： 耶和华重新被当作人来看待，他闻到牺牲的香味，他自言自语，他许诺不再用类似的诅咒毁灭生命。	在《创世记》9：1—17 中有双重结论，第一个结论重申了人的角色是上帝放在地上的管理者（VV. 1—7），第二个结论是上帝和所有的生命立约。

不同的表达法：	
邪恶，除灭，地面，蒙恩，退却，洁净，忧伤，一公一母，耶和华，等等。	世代，败坏，众生，死亡，深渊，立约，那同一天，泛滥，各从其类，成群的爬行生物，等等。

除了识别这两个洪水文本的文字特点之外，我们还可以考察一下牧师文本的文字结构。我们在前面已经注意到了，牧师作者是如何组织《创世记》第 1 节中创世的叙述和《创世记》第 5 节中的谱系的。他对洪水材料的组织是以时间为序的：

谱系引言：

6：9—10	"……的后代"

洪水事件的历法和年代超结构：

7：6	那时，挪亚整 600 岁……
7：11	当（挪亚）600 岁，2 月……
7：24	水势浩大，在地上共 150 天……
8：3	过了 150 天……
8：4	7 月……
8：5	到 10 月……
8：13	到（挪亚）601 岁……
8：14	到了 2 月……

谱系的结论：

9：28—29	洪水以后，挪亚又活了 350 年……就死了。

值得注意的是，按照这个模式，洪水持续了 12 个月[①]，而且整个插曲被视为创世秩序的恢复。在古代中东世界，创造和混沌两种力量之间的冲突，被认为是每年的战斗，创造万物的上帝的胜利在新年节加以庆祝。在这个洪水叙述中，变干的土地也出现在新年第一天（《创世记》8：13），成为新生和上帝控制的标志。然而，在《创世记》 9：8—17 的圣约中，上帝宣称不必再害怕每年的战斗，因为上帝不再让混沌洪水出现了。

①希伯来文本中有 12 月零 10 天，允许阴阳两历有 10 天的闰日调整；而希腊文译本中（《旧约全书》）正好有 12 个月。

关于洪水叙事的两个结论

两个洪水叙述之间文体和神学上的相似性，以及它们在《创世记》1—5 节经文中各自的相应部分，暗示可能存在两个作者或材料组织者。不断积累的证据似乎特别地指向两位或者两派作者的工作，他们出于特定目的而对获得的材料进行整理、润色。这些叙事通过讲述、介绍、呈现，要说出明确具备神学重点的相关信息。这一点不仅可以从如何讲述叙事中的事件来论证，而且还可以以从在一个复合体（牧师作者文本）中这些材料的结构组织来论证。这些论证得到关于洪水叙述的独特的神学引言与结论的支持。关于引言，前面已有较详细的讨论。如果我们关于有两位文字作者的理论是成立的，那么，可以用来证明不同作者有不同看法和用意这个观点的同类证据，在他们的洪水故事结论中也十分明显。

《创世记》8：20—22 中，第一个结论中吸收了见于耶称作者洪水文本中的许多相同习语和表达法，而且，对耶和华的描述与《创世记》2—4 和 6：5—8 中把他当作人来刻画的方式完全一致。耶和华"闻到"了挪亚的贡品的香味，他对洪水之后变化了的情景作出反应时"自言自语"。人内心罪恶的问题和《创世记》6：5—8 中所言别无二致。人是这位作者最为关心的。洪水被描述成是因为人（'adam）而对"大地"（'adamah）的"诅咒"。相同的术语和母题出现在《创世记》3：17 中，这是《旧约》前几卷作者写作较早的部分。耶和华决定永远不再毁灭地上的人类和众生的基础，是人内心永恒的邪恶。这个理由和在《创世记》6：5—8 中降下洪水的理由一样。简言之，该作者对洪水叙述的结论，是对《创世记》6：5—8 中的引言的一个必要补充，并与前述耶称作者在《创世记》1—8 中的材料是一致的。

第二位作者的结论稍长（《创世记》9：1—17）。在经文中，表明出自牧师作者之手的一些典型表述包括"上帝赐福……并说……""你们要生养众多""遍满了地""作食物""形像""我与你们立约""有血肉之物""永约"，诸如此类。《创世记》9：1—6 继续阐明人类作为上帝的副摄政者，以上帝的形像行事并统治地球的主题。这使牧师作者的母题和语言得以永存于《创世记》1：26—28 和 5：1—3 中。引入的新特点包括一个恐惧元素，这使人类统治地球变得更为困难，人有权屠杀动物，但不能享用动物的血。在《创世记》9：7—17 中，艾洛辛发布了他的圣令，许诺地上不再有洪水。但这条圣令的理由并未交代（如同在《创世记》8：21 中一样），而且，他的许诺不只是对人类，也对大自然，还在天上设置一个宇宙标记，提醒上帝记着自己的许诺。永约、立约以及“给你、你的子孙”的许诺的约的概念，在牧师作者《创世记》后来的材料中出现过许多次。

结　论

对《创世记》第 1—9 章的上述分析，表明某些书面证据是能够被分离出来的。这些证据在某些部分比在别的部分更为明显。证据既可在相同主题的一般的平行叙述中看出，也可以在同一传统的混合叙述中看到。我们已经提出，在一个给定的文体证据出现的地方，一套特殊的习语和术语也会随之出现。文体和术语的每一种组合都得到相应的文学或神学观点的支持。文体、术语和观点组合的“常量”，为《创世记》第 1—9 章中存在两个文学来源的观点，提供了最主要的证据。上述有关结构组织和文学材料整理的迹象，可以作为这个证据的补充。

我们认识到，这里涉及的两种书面资料或书面复合体中的每一种，都依赖于早期材料，不论它们是文字材料还是口头材料。现在讨论的《创世记》1—9 章中的两种书面资源，是对早期传说所作的解释和表述，而不能算是真正的资源。我们认为，书面证据能将古代以色列作者能够得到的对以往传说的两种表述区别出来。在某些情况下，作者吸收的较小单元就算有修改的话，也修改得极少。这样的例子可以从《创世记》4：23—24 中耶称作者的谱系的结尾处拉麦（Lamech）的喊叫中看到，也可以从《创世记》9：25—27 中洪水叙事末尾处的祝福和诅咒中看到。这种相对独立的单元在整个复合体中的出现，并不否认前面所引书面证据的有效性。但是，这些单元迫使我们认识到有关书面加工的有限性质和有限程度。[①]

①因篇幅有限，不能回答过去对《摩西五经》资源假说的批评。许多批评针对的是那些不考虑形式批评或传承研究的文学批评分析，或是这样一种文学批评过程：该过程宣称能够最终划分经文，却又提不出根据。在其他情况下，这种指责还指向宗教研究的进化论方法，据信威尔豪森在其对《摩西五经》的书面资源的解释中赞成并表明了这种方法。当前对文学批评过程的理解与这种方法无关，而是综合考虑已有的历史批评研究的技巧。对《摩西五经》资源假说的负面分析的典型，包括凯苏托《文档假说》（*THE DOCUMENTARY HYPOTHESIS*，Jerusalem：The Magnes Press，1961）和 E. 杨《〈旧约〉入门》（*AN INTRODUCTION TO THE OLD TESTAMENG*，Grand Rapids: Eerdmans，1958）。

在许多复合叙述中，对于精确划分书面资源，也不可武断行事。我们在洪水叙事中对材料来源的划分，是阐释性的而非定义性的。我们应该承认合并起来的故事在口传阶段被编在一起的可能性，更要承认后来的文学编辑删除文本中的抵牾或疑难的可能性。文学材料的不断被传抄和使用，也会减弱不同原始文学手本之间的差异。这样的例子在洪水叙事中或许就能找到。《创世记》6：7 耶称作者的洪水序言中，出人意料地使用牧师作者最偏爱的“创造”一词，即可以据此加以解释。同样的疑难还有，《创世记》7：3a 和 7：9，本是出现在耶称作者的大段材料中的经句，却使用了牧师作者的术语。但是，更为重要的是，有许多证明不同书面资源或作者的证据被保存下来，而没有被后来的编者删掉。

我们也必须从编辑《创世记》第 1—9 章的作者的角度来看待书面证据。不论作者是谁，他都没有试图统一文体、术语和观点，以消除文本中存在的张力与差异。很有可能我们正在谈论的作者就是牧师作者。他会为其材料提供结构和框架，这使他有资格去编辑《创世记》第 1—9 章的书面材料。然而，一个很有意义的事实在于，他并不企图删去重复的特征。两个引言和两个结论，证明着洪水叙事的两种不同途径。他明显地赞美材料的神学性。如果他是《创世记》第 1—9 章的最后编辑者和解释者，我们可以获得线索去推测他为何不在他的手本中写进有关人的堕落或亚伯之死的材料。

上述分析使我们能够断言，传统上视为由耶称作者和牧师作者写成的两组不同的材料中，存在着某种书面上的连续性。这两组书面材料中的许多元素，按照《创世记》第 9 章之后的文学与神学联系来看，具有特殊意义。安息日和“圣约”概念是牧师作者显著的超结构的突出特点。对耶称作者来说，耶和华和该隐之间的斗争，从后来的耶称作者对人和上帝之间的遭遇的描写来看，颇具重要性。因为耶称作者和牧师作者并不仅仅是文学大师或积累的传说的整理者，他们还是他们民族历史的神学解释者。

简而言之，我们可以断言，前述《创世记》第 1—9 章中显而易见的书面证据，表明存在两个书面复合体或作者的可能性。这些复合体对先前传说、口头形式或书面材料的依赖，绝不因本结论而受质疑。

迦勒底人的洪水叙述[①]

乔治·史密斯

编者按：

洪水神话研究的里程碑之一，出现于1872年12月3日。这天，一个名叫乔治·史密斯（George Smith，1840—1876）的年轻亚述学家，向在伦敦的圣经考古学协会宣读了一篇文章。史密斯的研究故事，读来如同一篇小说。

乔治·史密斯14岁时，在一家商行当学徒，学习钞票的雕版技术，这种技术对于他后来复制楔形文字书版大有用处。他对《圣经》十分入迷，同时也废寝忘食地研读那个时代的近东考古文献。他将大多数业余时间泡在伦敦博物馆，从对尼尼微和巴比伦的古物展品的研究中学到了许多东西。大约在1861年，他的兴趣与热情引起博物馆工作人员的注意，他因为很有学问，就被聘用为一个“修补员”，也就是说，他被安排了一个艰苦而又有些乏味的工作，即检查数百片来自尼尼微的泥版文书碎片，看其中是否有些出自同一泥版，或许能将它们拼起来。他很快找到了一些卓越技巧，用以鉴定那些残片与碎块，并得以做成许多“拼凑品”。

到1866年，他已升任为助教，并开始发表一些他经过艰苦研究所得出的结论。1871年，他出版了一本23页的小册子《楔形文字的语音学价值》(*The Phonetic Values of the Cuneiform Characters*, London, 1871)，表明他对这个论题的精通。该书对数目日益增多的亚述学者们有很大的帮助。不过，史密斯的工作引起全世界的注意，却是1872年的事了。

在寻找含有洪水故事片段的泥版残片的过程中，史密斯发现了似乎

①选自《〈圣经〉考古学协会学报》(*TRANSACTIONS OF THE SOCIETY OF BIBLICAL ARCHAEOLOGY*) 1873年第2期，第213—234页。

与洪水叙事有关的一大块残片。但仅仅只有一面易于释读，另一面覆盖着一层厚厚的发白的积垢，他没有办法将它去掉。遗憾的是，馆内清理残片的权威专家罗伯特·雷迪，此时碰巧因事离开了博物馆，要好几周之后才回来。此外，大英博物馆中东方古物的保管员塞缪尔·伯斯，也不允许任何人来做清除积垢的工作。史密斯显然是一个非常急躁而又易于激动的人，他不能忍受这种拖延。日子一天天过去，他变得越来越不耐烦，焦躁不安。最后，雷迪总算是回来了，并且同意尽其所能清除泥版有问题的那一面，史密斯因此而变得更加激动。雷迪的工作极为出色。当他将这些残片再带给史密斯看时，斯密斯热切地阅读显露出来的一行行文字，并发现这些文字包含着洪水叙事的片段，他原本就希望这个片段出现在那儿。他大约会叫着："我是阅读这些被湮没了 2000 多年的文字的第一人啊。" 把泥版放在桌上之后，在极度兴奋的状态下，他跳起来，在房间里绕着圈跑，并且，让在场的人吃惊的是，他竟然开始脱自己的衣服。关于史密斯生活的种种细节，参见沃利斯·巴奇爵士《亚述学的兴起与进展》(Sir E. A. Wallis Budge, *The Rise and Progress of Assyriology*, London, 1925, pp. 106–119)，坎贝尔·汤普森《在尼尼微进行的一个世纪的考察》(*A Century of Exploration at Nineveh*, London, 1929, pp. 48–54)，或者史密斯本人在《亚述的发现》(*Assyrian Discoveries*, New York, 1875, pp. 9–14) 中的叙述。

史密斯的泥版残片讲述了一个大洪水故事。该故事极像《创世记》中的描述，但它无疑比《圣经》中的文本要古老得多。后来的研究表明，史密斯对最终识别为《吉尔伽美什》史诗第 11 块泥版的那部分内容的最初翻译，出现了一些错误。例如，有些主要人物的名字就被后来的学者修正了。但是，我决定一如其旧地呈现史密斯提交和发表的原始讲演稿，而不增添大量带括号的注解或更正。事实上，史密斯本人也基于后来的发现，校正了自己最初关于迦勒底洪水神话的翻译。见《艾泽迪巴传说的第十一块泥版——迦勒底的洪水叙述》("The Eleventh Tablet of the Izdubar Legends: The Chaldean Account of the Deluge")，载《<圣经>考古学协会学报》(*Transactions of the Society of Biblical Archaeology*, 3 (1874): 530–596)，或乔治·史密斯《亚述的发现》(1875) 第 11 章 "艾泽迪巴或传说中的洪水系列" ("The Izdubar or Flood Series of Legends," *Assyrian Discoveries*, New York, 1875, pp. 165−222）和《创世记的迦勒底叙述》（*The Chaldean Account of Genesis*, New York, 1876）。

史密斯的发现和他 1872 年的论文影响巨大。到了下一个月，即 1873 年 1 月，伦敦一家报纸《每日电讯》与史密斯商定，他去尼尼微进行发掘，以便寻找关于洪水故事的缺失的残片。该报老板提供了 1000 畿尼（旧英国金币）资助这次考察，大英博物馆的管理者允诺史密斯六个月假期。令人难以置信的是，史密斯居然真的发现了另一些残片（不过随后的研究表明，它们属于洪水神话的另一文本），凯旋回英国。1874 年，他又进行了一次考察，这次是执行大英博物馆的命令。然而 1876 年为博物馆进行的最后一次考察却以悲剧结束。尽管史密斯在译解楔形文字文本方面卓绝非凡，但他在气质上或身体上却简直不能适应野外考古的严峻条件，此外，事实证明，他不善于跟他想发掘的遗址所在地的统治者打交道。他不顾别人的建议，要在夏日的酷热中到叙利亚的阿勒颇[①]去旅行，结果染上严重腹泻，最终在 1876 年 8 月 19 日死于阿勒颇。短暂的生涯就这样悲惨地结束了。[②]

现在，史密斯 1872 年的论文，主要会引起历史兴趣。此外，人们也可以稍作想象，置身于那个时期，努力感受宣读这篇文章时演讲者与听众双方的兴奋之情。几乎没有哪篇提供给小小的学术性协会的论文，能像史密斯这篇文章一样引起全世界的兴趣，它将"失去了"成百上千年的亚述洪水故事重新披露于世。我们完全可以说，史密斯的发现对于洪水问题研究的未来进程有着直接的和永久的影响。支持这篇论文的最初反应之一，见塞斯《迦勒底的洪水叙述及其与<旧约>的关系》（A. H. Sayce, "The Chaldean Account of the Deluge and Its Relation to the Old Testament"），载《神学评论》（*Theological Review*, 10 (1872)：364−377）。

不久前，我在大不列颠博物馆的亚述泥版中，发现了一个洪水故事。现在，根据主席的建议，我将它提交给我们学会。

为了工作方便，我已根据其铭文论题将大不列颠博物馆搜集到的亚述泥版进行了归类。

① 阿勒颇（Aleppo），叙利亚城市。——译注

② 史密斯去世时年仅 36 岁。——校注

最近，我一直在考察包含神话和类似神话泥版的那一类，我从中找到了许多泥版，形成了一组稀奇的传说系列，还包括一份洪水故事的文本。为了找到这些残缺不全的文献，我研究了搜集到的所有残片上的铭文，这些残片由数千块碎片构成。我最终恢复了讲述该传说的 80 多块残片，借助这些残片，我得以还原描述洪水的几乎整个文本和其他传说的绝大部分。这批泥版最初至少有 12 块，构成一个故事或一组传说，对洪水的叙述属于其中第 11 块泥版。

在描述洪水的铭文中，有包含同样文本的三份抄本，这三份抄本属于亚述巴尼拔时代或大约公元前 660 年，它们发现于尼尼微皇宫内那位君主的图书馆中。[①]

根据泥版上的叙述，最初的文本一定属于埃雷克，似乎在很早时期它就以闪米特巴比伦语写成，或是被翻译成了闪米特巴比伦语。现在还很难确定最初写下或翻译这个文档的时代，但下面这些证据表明它非常古老：

第一，三份亚述抄本提供了许多不同的阅读材料，它们是在原始文档写成后，不知不觉进入文本中的。

第二，原始文档的文字形式属于古代类型，亚述文抄写者并非总是知道其亚述文的现代对应形式，所以他将原始圣书形式中的一些东西给丢掉了。

第三，有许多句子原是对主题的注解，在亚述抄本写成之前，这些注解已经被吸收到文本中，从而失去了它们本来的作用。

这里应该说明的是，亚述文本的抄写者已为我们记下了原始文档中的分行情况。

通过考察文本的写作，文本的一些明显特征也同样表明它的确十分古老。特征之一是经常使用人称代词主格。在较后的时代，它通常是由动词形式来标明，而本身并不表现出来。将洪水文本与萨尔贡一世时代的文本相比较，它显得更为古老，并且它最初写作的时间，至迟不会晚于公元前 17 世纪，甚至可能还要古老得多。文本本身已表明它属于某位君主的时代，该君主之名以交织字母的形式书写，我还不能读出其发音，因此暂时按照这些符号的一般意义，称他为艾泽迪巴（Izdubar）。[②]

根据有关艾泽迪巴统治的描述，他显然属于神话时代。这些泥版上的传说，

① 亚述巴尼拔为亚述国王，生活于公元前 668—前 631 年。他的皇家图书馆中所藏两万多片楔形文字泥版文书，于 19 世纪中叶被发掘出来，是研究亚述和西亚历史的最重要的文献。——译注

②史密斯这里提到的故事主角 Izdubar，后来的研究者重新订正了其发音。在这部史诗的中译本中，他的名字被译为“吉尔伽美什”（见赵乐甡译著：《吉尔伽美什》，辽宁人民出版社，1981 年版）。此处按史密斯的标音，译为“艾泽迪巴”。——译注

女神伊西塔向他求婚、生活于那个时代的妖魔们、艾泽迪巴看见诸神、他出门去见已升天的希西特（Sisit），还有神话中关于埃雷克被征服的一段奇特的描述：在该城被征服时，居住在城中的神和精灵们将自己变为动物，以逃避征服者们的暴虐——这些事情以及其他许多事情，都表明了该时代的非历史性特点。根据关于艾泽迪巴的生平泥版论题来看，我估计他生活于紧接洪水之后的时代。同时，我认为他就是巴比伦君主制的创建者，也许就是《圣经》中的宁录（Nimrod）。不过，这纯属猜测。在巴比伦流传着那么多关于艾泽迪巴的传奇故事，因此他的存在越发让人生疑。关于艾泽迪巴生平事迹的片段，就我目前已经对它们进行的考察而论，使我联想到赫拉克勒斯①的任务和功勋；并且，假如我们现在关于贝罗索斯文本的时代断定是正确的，那么，艾泽迪巴的时代可能约在公元前30 000年。没有什么文档能属于如此遥远的一个时代。不过，艾泽迪巴的传说和关于洪水的描述，一定属于非常早的时期，因为有一些与这个故事有关的参考资料，记载在发现于巴比伦的早期迦勒底王国时期的两种语言表格中。

说到此处，人们可能会问道："我们怎么知道一个早期的迦勒底文档，从乌尔城搬到尼尼微，然后被转抄、存放在那儿的皇宫图书馆里呢？"关于这点，我们可以说明，亚述人有获取并转抄巴比伦著作的习惯，而且亚述文献的一个重要组成部分就是这些古老的经典著作的抄本。

亚述巴尼拔，在位时期洪水泥版被抄写的那个亚述君主，与埃雷克城有着亲密的关系。当巴比伦其他地方背叛亚述巴尼拔时，埃雷克对他保持忠诚。亚述巴尼拔为这个城市重建了著名的娜娜②塑像，这个塑像在1635年前被埃拉米特人搬走。

为了正确理解对洪水的叙述何以被吸收到这个故事中，在对洪水铭文作出翻译之前，有必要简短说明一下先于故事而存在的泥版。

艾泽迪巴——这些传说中的主人公——似乎在紧接着洪水之后的神话时代像前面所说的那样活跃起来，并且他的绝大多数功勋的中心地点是埃雷克城，现在称作瓦尔卡，这个城市一定是世界上最古老的城市之一。在这些铭文中，仅仅四

① 赫拉克勒斯是希腊神话中著名的英雄，他曾完成了12件伟大的功业。一译"海格立斯"。——译注

② 娜娜（Nana），女神，自然之神阿提斯之母，神话中说她吃扁桃（一说石榴）怀孕而生阿提斯。——译注

个城市被提到，即巴别城、埃雷克城、苏里佩克城和尼帕城。其中两个——巴别城和埃雷克城——是宁录最初的两个首都，最后一个城市——尼帕，按照《塔木德经》的说法，就是宁录的第四个城市卡尔勒城。关于艾泽迪巴生平的泥版中的前 5 块，我还未认出任何残片，但在我搜集到的大量材料中，可能有某些部分属于这段历史。

下列段落是第 6 块泥版的开头，它显示了写作的风格。

在给出译文之前我必须说明，在多个不同地方，泥版是残破的，文本是不全的，既然我不能把每个残缺不全的段落都指出来，我将努力在我的阅读中通过停顿来表示它们：

1. ……贝勒苏，他蔑视贝勒苏
2. 他的国家像一头公牛，他随他而升高
3. 他毁灭了他，他的记忆消失了
4. 这个国家被制服了，然后他摘取王冠
5. 艾泽迪巴戴上他的王冠，然后他摘取王冠
6. 由于对艾泽迪巴的好感，伊西塔女王抬起双眼
7. 她说道："艾泽迪巴，你将成为丈夫
8. 你的诺言我会用契约来绑牢，
9. 你做我的丈夫，我做你的妻，
10. 你将驾起尤克尼（Ukni）宝石和黄金的战车
11. 金色的车身和五彩的辕杆
12. 你将在伟大光荣的日子乘坐
13. 到比塔尼， 那里有松树生长的国度
14. 比塔尼在你的门口
15. 到幼发拉底河，将吻你的双足
16. 国王、大公和王子们将臣服于你
17. 他们将山野和平原向你进贡，税款
18. 他们将缴纳，你的牛群和羊群将产下双胎
19. ……马骡将迅速
20. ……在战车上将强壮不衰

21. ……载轭的。将没人能匹敌。”①

伊西塔像维纳斯一样，是一个绝代佳人，但不够专一，因为她已经有一个丈夫，是一个神，名叫“生命之子”；但她让丈夫过得不好，这事被艾泽迪巴在回答她的求婚时提起。

艾泽迪巴和他的仆人赫巴利随后的功绩之一，是去征服一头有翼的公牛，它大约是那时存在的一个怪物；不过，我必须跳过这一段和其他事情，以接近洪水主题。

最后，艾泽迪巴，这个征服了许多国王与妖怪的人，各民族的统治者，染上了一些疾病，开始害怕死亡——人类最后的大敌。当时，巴比伦人相信一个名叫希西特的始祖存在，如同希腊的希苏罗斯（Xisuthrus），据说他已经升天，并获得了永生。艾泽迪巴根据当时的观念，决心去寻找希西特，弄清他如何会变得不死，好让他自己也能获得同样的荣幸。这一段如下：

1. 艾泽迪巴朝着他的仆人赫巴利
2. 泪如泉涌，躺在地上
3. 赫巴利照顾我，
4. 可是虚弱进入了我的灵魂
5. 我怀着对死的恐惧，躺在地上
6. 为了找到乌巴拉图图之子希西特
7. 我上了路，愉快地前行
8. 夜里我走进了山的暗影
9. 我看见了诸神，感到害怕
10. ……我向锡恩祈祷
11. 我的祈祷上达诸神
12. 他们赐我以平静
13. 并且送我入梦境

不幸的是，艾泽迪巴的梦境残缺得很厉害，只有极少片段存留，他随后的旅行情况也不比这强多少。他似乎经历了许多冒险。在一个地方，描绘了三个人，他们相互讲述这些冒险活动的故事。

---

① 此文中所引史诗的内容，与赵乐甡所译《吉尔伽美什》（辽宁人民出版社，1981 年版）中的诗句，有的地方相似，有的有较大差异。这里的译文主要依据史密斯的原文，同时也参考了赵先生的译文。——译注

在长途漫游之后，艾泽迪巴偶然遇到了一个水手同伴，名叫乌鲁哈姆斯（Urhamsi），与希腊的俄察姆斯（Orchamus）的名字近似。①他们准备了一条船，继续去寻找希西特。他们航行了一个半月，到达了接近幼发拉底河河口的地区，那里据说是希西特的居住之地。在这次水上旅行中，他们又有了些新的冒险，旅途中，乌鲁哈姆斯告诉艾泽迪巴关于死水的事情，他描述说："死水没法洗净你的双手。"

当艾泽迪巴和乌鲁哈姆斯接近希西特时，他正在睡觉。泥版在这里残缺得很厉害，以致我们无法知道他们是如何相见的。但上下文似乎显示出，艾泽迪巴在一条溪流这边，隔着老远看见希西特与他妻子在一起。

艾泽迪巴不能渡过这条将凡人与永生者隔离的溪水，他看来是向希西特打了招呼，向他请教了重大的生死问题。艾泽迪巴的问题，还有希西特回答的开头部分，由于泥版的残缺而遗佚。希西特谈话的后部分保留着，内容涉及死亡的危险及其普遍性，等等。它是这样结束的："命运女神玛米图已经决定了他们的命运，她预定生死，但哪一天死却不能得知。"

这些话紧接着希西特谈话的开头，将我们带到了第 10 块泥版的结尾。下一块，即第 11 块，是这一系列泥版中最重要的一块，因为它包含着洪水的历史。

第 11 块泥版以艾泽迪巴的一句话开头，他现在问希西特是如何变为永生的，而希西特回答时讲述了洪水的故事，还讲述了他自己的虔诚，那就是成神的原因。下面是这块泥版的译文：

1. 艾泽迪巴就这样对远处的希西特说：
2. "……希西特
3. 这件事请告诉我，
4. 这件事请告诉我，
5. ……到中间制造战争
6. ……我来跟从你。
7. 说说你如何求得永生，而与诸神同堂。"
8. 希西特就这样对艾泽迪巴说：
9. "我将向你揭开那个隐秘的故事，

①原文如此。大约从语音学的角度，这两个名字的发音相似。在赵乐甡中译本中，这个名字被译为"乌鲁舍那庇"。——译注

10. 并且告诉你诸神的天机。
11. 什尔巴克，这个你已建立的城市……安顿
12. 那是个古老的市镇，诸神在那里
13. 居住，一场暴风雨……他们的神，伟大的诸神
14. ……阿努
15. ……贝尔[①]
16. ……尼尼普
17. ……哈得斯之主
18. 在……的中央泄露他们的心愿
19. ……听到，他这样对我说
20. 什尔巴克人，乌巴拉图图之子
21. 为你制造一条大船……
22. 我将毁灭罪人们和生命……
23. 将一切活物的种子带上，保存他们
24. 你们将建造的大船
25. 将以肘来测量它的长度，并且
26. 以肘数来测量它的宽度和高度……
27. 下入深水之中。”
28. 我领悟了，并对我的主埃阿（Hea）说：
29. “埃阿我的主啊，你给我的指令
30. 我唯命是从，照你说的做
31. ……军队和主人
32. 埃阿开口对我——他的仆人说明：
33. ……你将对他们说
34. ……他对我转过身去，并且
35. ……决定……

此处大约有 15 行完全缺失，缺失的段落大约是有关方舟如何建造的描述。

51. 它……

①贝尔（Bel），巴比伦大神，在赵乐甡中译本中译为“恩利尔”。——译注

52. 在那里面……
53. 结实……我带来
54. 在第五天……它
55. 它的周线是十四密舍尔[①]……它的各边
56. 它测来十四密舍尔……超过它
57. 我将它的船顶盖在上面……我将它封闭
58. 我乘上它，第六次我……第七次
59. 进入汹涌的深处……第……次
60. 它的厚板浮在水里，
61. 我看见破裂和洞……我的手放置
62. 我将三密舍尔的沥青注入外面，
63. 三密舍尔的沥青注入里面
64. 人们将三密舍尔的筐子搬运到……他们紧固一个祭坛
65. 我封闭祭坛……献祭的祭坛
66. 两密舍尔祭坛……水手普兹尔
67. 为……屠宰公牛
68. 的……也在那天
69. ……祭坛和葡萄
70. ……像河水和
71. ……像我所度过的日子
72. ……当……涂满我的手，
73. ……和沙马什……船的材料被完成，
74. ……强壮和
75. 我在上面和下面铺上芦苇
76. ……它的三分之二进入
77. 我收集起我的所有东西，我收集我的所有银子，
78. 我收集起我的所有金子，
79. 我收集起所有生命的种子，统统
80. 带入船中，我的所有男仆和女奴，

① 密舍尔（measures），长度单位，赵乐甡中文译本中译为“舍尔”。——译注

81. 田野的牲畜，野兽，所有军人的儿子们，我都带入。
82. 沙马什造成洪水，并且
83. 他在夜里说：‘我将从天上降下大雨；
84. 进入船内，关上你的门。’
85. 他发起了洪水，并且
86. 他在夜里说：‘我将从天上降下大雨。’
87. 在我庆祝他的节日这一天
88. 在他约定的这一天，我感到害怕，
89. 我进入船内， 关门；
90. 引导这条船，给水手普兹尔萨迪拉比，
91. 将这个宏伟的建筑交他执掌。
92. 早上猛烈的风暴
93. 升起，从天堂延绵而辽阔的地平线
94. 维尔在空中响起霹雳，并且
95. 尼博和萨乌作为先行；
96. 这些皇家报信人到群山和平原；
97. 毁灭者拉伽尔颠覆一切，
98. 尼尼普走在前面，进行毁灭；
99. 精灵们携带着破坏；
100. 他们为毁灭大地而洋洋得意；
101. 维尔的洪水一直淹及天庭；
102. 明亮的大地变成废墟；
103. 大地的表面，像……它扫荡……
104. 它毁灭了所有的生命，从地面上……
105. 巨大的暴风雨淹没了人类，上达天庭。
106. 兄弟找不见兄弟，所有人不能幸免。在天堂
107. 诸神因洪水而惶惶不安，并且
108. 寻求庇护，他们升上阿努的高天。
109. 诸神像夹着尾巴的狗一样蹲伏。
110. 伊西塔开口说话了，
111. 这伟大的女神发出她的声音：

112. “世界变成罪孽，
113. 我在诸神面前已预言了灾祸；
114. 当我在诸神面前预言灾祸时，
115. 我的人民沉溺于邪恶，因此我预言
116. ‘我生育了人类，让他们不要
117. 像小鱼一样在海中浮沉。’”
118. 关心着精灵们的诸神，与她一起哭泣。
119. 诸神坐着，坐下来恸哭；
120. 因为眼下的邪恶而掩住双唇。
121. 六日和六夜
122. 过去了，狂风暴雨势不可当；
123. 在第七天，狂风暴雨终于平静；
124. 它已像地震造成毁灭，
125. 平静了。他让海变干，风和暴雨都停了。
126. 我在海上漂浮。作恶者，
127. 和变成罪孽的整个人类，
128. 他们的尸体就像芦苇一样漂浮。
129. 我打开窗户，光线射入我的避难所
130. 它过去了，我仍坐着
131. 我的避难所恢复了安宁。
132. 我被漂上岸，在海边。
133. 它在陆地上升有十二密舍尔。
134. 船漂到尼兹尔之国；
135. 尼兹尔山挡住，船过不去。
136. 第一天和第二天，尼兹尔山依旧。
137. 第三天和第四天，尼兹尔山依旧。
138. 第五天和第六天，尼兹尔山依旧。
139. 到了第七天
140. 我放出一只鸽子，它飞去了，想寻找
141. 一块落脚之地，无功而返。
142. 我放出一只燕子，它飞去了。燕子也想寻找

143. 一块落脚之地，仍旧无功而还。
144. 我放出一只乌鸦，它飞去了。
145. 乌鸦飞去，它看见水上漂浮的尸体，并且
146. 打食，游水，朝别处游荡，再也没有回转。
147. 我迎着四方的风将动物放走，同时倒出祭神的酒
148. 我在山顶建造了一个祭坛。
149. 我采了七棵香草，
150. 在它们底部，放置了芦苇、松木和森伽①。
151. 诸神闻到它燃烧的香气，诸神嗅到了它燃烧的香味，
152. 诸神聚集，像牺牲之上的苍蝇，
153. 古老的神之一，伟大的主神也走来，
154. 阿努创造的巨大光明
155. 当诸神的荣耀，像尤克尼宝石一样照在我脸上时，我感到几乎不能忍受；
156. 那些天我一直在为我不能忍受而祈祷。
157. 愿诸神来到我的祭坛；
158. 希望贝尔不要来到我的祭坛
159. 因为他不假思索就招来暴雨
160. 把我的人民打入深渊，
161. 从古老的神中，贝尔走来
162. 看见了船，他带着对诸神和精灵们的愤怒离开；
163. 不能让任何人幸存，不能让一个人从深渊中逃脱。
164. 尼尼普开口讲话，对勇士贝尔道：
165. ‘谁将幸存’，埃阿懂这话，
166. 埃阿知道一切，
167. 埃阿开口讲话，对勇士贝尔道：
168. ‘你这诸神的王子，勇士，
169. 你愤怒了，就掀起暴风雨
170. 犯罪者犯罪，作恶者作恶，
171. 愿得高位者不被打破，愿被关押者不被释放；

---

① 森伽（Simgar），大约是一种祭神用的香料，赵乐甡中译本中译为“香木天宁卡”，此处采用音译。——译注

172. 你与其发起暴风雨，莫如让狮子增加以减少人类；
173. 你与其发起暴风雨，莫如让豹子增加以减少人类；
174. 你与其发起暴风雨，莫如让饥荒流行，让国家毁灭；
175. 你与其发起暴风雨，莫如增加瘟疫，让人类毁灭。'
176. 我不知道诸神的计谋，
177. 虔诚和聚精会神地听从他们托的一梦，他知道了诸神的计谋。
178. 当他的判决完成时，贝尔向上爬进船中，
179. 牵着我的手，带我走出来，
180. 他将我带出，让我妻子在我身边，
181. 他使这国土洁净，他立了一个契约，宽恕了人类，
182. 就在希西特和人民的面前。
183. 希西特和他妻子及人民像诸神一样被领走，
184. 希西特后来就居住在遥远的河口。
185. 他们将我带到河口的一个遥远地方，让我在那里存身。
186. "现在诸神已选定你，①
187. 你将获得你追求的生命
188. 这样，六天和七夜
189. 像我也在跟他的契约中说过的那样，
190. 一场暴风雨要降临在他头上。"
191. 希西特照这样子，对他的妻子说：
192. "我通知已获得生命的这位首领
193. 一场暴风雨要降临在他头上。"
194. 就这样，他妻子远远地对希西特说：
195. "洁净这个人，送他离开，
196. 他从哪条路来，还从哪条路平安归去，
197. 大门敞开着，祝愿他回到他的国度。"
198. 就这样，希西特对他妻子道：
199. "一个男人的叫喊使你惊恐，

①原文此处无前引号，但在190行却有后引号，可能是排版时遗漏，此处据文中意思补入前引号。——译注

200. 这样做，将他的红衣放在他头上。”

201. 当他上升到船边的这一天，

202. 她照此办理，将他的红衣放在他头上，

203. 在他上升到船边这一天，

下面的四行，描述了在艾泽迪巴被净化前，对他做的七件事。这一段晦涩难解，并且与洪水无关，所以我没有翻译它。

208. 艾泽迪巴照这样子，从远处对希西特说：

209. “她这样做了，我感到

210. 愉快，恢复了你给我的力量。”

211. 希西特照这样子对艾泽迪巴说

212. ……红衣

213. ……我已接纳你

下面的五行残缺不全，再次提到净化艾泽迪巴的七件事。像前一段一样，这一段我还是没有翻译。

219. 艾泽迪巴照这样子从远处对希西特说

220. ……希西特，但愿我们不来找你。

从这里起，文本非常残缺，特别是这一部分不像泥版前一部分那样有趣，所以对其内容作一般的叙述，可能比严格的翻译更好。

第 221 行和第 223 行提到了某个人，他被死神带去并与死神住在一起；第 224 行到第 235 行是希西特对海员乌鲁哈姆斯的一个谈话，吩咐他如何治愈艾泽迪巴，从这个破碎的片段来看，艾泽迪巴似乎一直受某种皮肤病之苦。要让美丽重新遍布艾泽迪巴的皮肤，他就得被浸在海中。在第 236 到 241 行里，记录了这些吩咐如何执行以及艾泽迪巴的康复。

泥版后文如下：

242. 艾泽迪巴和乌鲁哈姆斯坐在船里

243. 他们把他们放在哪里，他们就待在哪里

244. 他的妻子照这样子从远处对希西特说：

245. “艾泽迪巴走了，他满意了，他做了

246. 你要他做的事情，就回他国家去了。”

247. 他听见了，跟在艾泽迪巴之后

248. 他去了海岸

249. 希西特照这样子对艾泽迪巴说：

250. “艾泽迪巴，你离去，你满意，你做了

251. 我要你做的事情，回你国家去了，

252. 我已给你艾泽迪巴揭示了这个隐秘的故事。”

从第253行到262行，残缺得非常厉害，是希西特谈话的结尾，还说艾泽迪巴听了希西特的话后，搬来大石头堆起来，作为这些事件的一个纪念。

第263行至289行在非常残缺的条件下，交代了艾泽迪巴和乌鲁哈姆斯随后的言行。在这部分，提到的旅行有10和20卡斯普[①]的，或70和140英里的，还说到一只狮子，但没有进一步提及洪水。这些行结束了铭文，接着是一个题署，提供了下一块泥版的开头，并说明这块泥版（即洪水泥版）在介绍艾泽迪巴生平的系列泥版中，属于第11块，还说它是古代铭文的一个抄本。

在进入这块泥版的细节前，我首先必须提到《圣经》以及迦勒底历史学家贝罗索斯（Berosus）的洪水描述，因为我必须将它们与楔形文学记录加以比较。

《圣经》的洪水描述在《创世记》的第6—9章，我们当然都熟悉它，所以这里我仅仅介绍这个故事的梗概。

根据《创世记》，当人在世上多起来的时候，整个人类变得邪恶起来，只有挪亚一家例外。由于人类的罪恶，上帝决定用洪水毁灭整个世界，同时命令挪亚建造一条方舟，300肘长，50肘宽，30肘高。遵照上帝的命令，挪亚带着他的家人和每种动物的一对，进入方舟。7天后，洪水在挪亚600岁那一年的2月17日开始。150天后，在7月17日那天，方舟停在亚拉腊山顶。然后我们被告之，40天后，挪亚打开方舟的窗户，放出一只乌鸦，乌鸦没有回来。他又放出一只鸽子，鸽子找不到立足之地，又回到他这里。7天以后，他第二次送出这只鸽子，它回来时口里衔着一片橄榄叶。又过了7天，他再次送出这只鸽子，它再也没有回来。洪水在挪亚601岁时的1月1日才干，到2月27日，挪亚从方舟中搬出，然后建立了一个祭坛，并献上牺牲。

由贝罗索斯所提供的迦勒底人洪水故事，我从科里的古代残卷第26—29页中得到如下内容：

在阿达兹（Ardates）死后，他儿子希苏罗斯统治了18萨里（sari）。在他的时代发生了大洪水，其历史是这样描述的：上帝克洛诺斯，在他

① 这里的卡斯普（Kaspu），是古代迦勒底人的一种计程单位，在赵乐甡的中译本中被译为“比尔”。此处按原文音译。一卡斯普有两个小时的行程，相当于6或7英里。——译注

面前显圣，警告他，达苏斯（Daesius）月的第 15 天时将发生洪水，人类将被它毁灭。因此，他嘱咐他写一个关于所有事物开头、经过和结局的历史；将它埋在希巴拉（Sippara）的太阳城；同时建造一艘船，让他带着自己的朋友和亲属一起进入船中；将维持生命所需的东西搬到船上，并带上所有不同的动物，包括鸟类与四足动物，然后无畏地面对海洋。当他问上帝他向何方航行，得到的回答是“向着诸神”，于是他为人类的利益而向诸神祈祷。他听从了神的告诫，建造了一艘长 5 视距（stadia）、宽 2 视距的船。他在船中装入了他所准备的一切，最后进入船中的是他的妻子、孩子和友人。

在洪水淹没大地并按时减退之后，希苏罗斯从舟中放出鸟儿。它们没有找到任何食物，也没有一点地方可以歇脚，就又回到了他这里。隔了几天后，他第二次将鸟儿放了出去。这次它们回来后，脚上沾有淤泥。他第三次试着将这些鸟儿放出去，但它们再也未回到他身边。他据此判断地表已冒出水面。于是，他在船中打开一个口子，往外一看，发现船搁浅在某座山的旁边。他立即与他的妻子、女儿及领航员一起从船中搬出。希苏罗斯表示了他对大地的崇拜，他建立了一个祭坛，向诸神敬献牺牲，然后与那些从船中一道走出的人一起消失了。

那些留在船内的人们发现他们的同伴没有回来，他们带着沉重的悲伤搬出船来，不断地呼唤着希苏罗斯的名字。他们再也未见过他；但他们能够在空中分辨出他的声音，听到他告诫他们要注重宗教，同时告诉他们由于他的虔诚，他已经升天与诸神生活在一起，他的妻子、女儿以及他的领航员，也得到了这项殊荣。他还补充说：他们应回到巴比伦去，因为他们命中注定要去寻找埋在希巴拉的那些著作，让全人类都知道这些著作；此外，他们现在所在的地方属于亚美尼亚。

其他人听了这些话后，向诸神祭献了牺牲，环行一圈后，向巴比伦进发。

这条船因此停留在亚美尼亚，它的一些部分现在还遗留在克基拉（Corcyraean）山。

在科里残卷第 33 和 34 页有第二个异文，内容如下：

然后是希西特柔斯。克洛诺斯神预先告诉他在达苏斯月的第 15 日，将有一场大雨引发的洪水，命令他将他拥有的所有著作，存放在希巴拉的太阳城。希西特柔斯遵照这些命令，立刻驶向亚美尼亚，并当即就受到上帝的鼓舞。在暴雨停止后的第三天，希西特柔斯放出鸟儿，以这种试验方式，判断洪水是否减退。但是鸟儿在无边无际的海洋上飞过，没有找到任何歇脚的地方，又飞回希西特柔斯这里。他再次放出另一些鸟做试验。直到第三次他才成功，因为飞回的鸟儿脚上沾着淤泥。诸神从众人中将他超度升天。至于那条船，它现在还遗留在亚美尼亚。以它的木头做成手镯和护身符，成为当地居民的一个风俗。

在一些不同的古代民族的传统中，有关于洪水的另外几种叙述。但这些叙述与贝罗索斯的叙述比起来，既不完整也不准确，就其已经提供的细节而言，与《圣经》的叙事相当不同，所以我这里不去关注它们，而是马上转入文本考察。

将洪水泥版的文本与《圣经》和贝罗索斯的叙述相比较，我们碰到的第一点是专有名词的考虑。这是这个课题中最不令人满意的部分，因为其希腊语形式有各种不同的读法，并且显然已被讹用；而另一方面，楔形文字的名称多以交织字母写成，很难翻译出语音来。洪水的主人公的父亲在铭文中名为乌巴拉-图图（Ubara-tutu），他应当对应于一个希腊名——欧提阿特斯（Otiártes）或阿达兹（Ardátes）然而却并不很相似。洪水的主人公我已暂时称他为希西特，当然，他对应于希腊语的“希苏罗斯”，但我们只有知道楔形文字中的名称的读音，才能将这两个名字进行比较。无论是楔形文字中的名称还是希腊语的名字，似乎都跟《圣经》中的拉麦和挪亚没有任何联系。在楔形文字叙事与《圣经》叙事中，洪水叙述的开头存在着显而易见的差异，因为在犹太人的叙述中只提到一个上帝，而楔形文字铭文中却提到早期巴比伦万神殿中所有主要的神都卷入招来洪水这件事。

楔形文字叙述与《圣经》叙事相一致的是，把洪水当作神对世界的邪恶的惩罚；这一点在贝罗索斯的希腊文叙述中被遗漏了。

诸神既已决定发洪水，我们目前暂时称呼为埃阿的神，向希西特通知了即将发生的事。这里，贝罗索斯的描述中，通知洪水的神据说是克洛诺斯，所以这一段告诉我们的楔形文字的神名被希腊人等同于“克洛诺斯”。希腊文叙述说，传达洪水即将到来的消息是在一个梦中进行的。从上下文来看，楔形文字的叙述说法相同，但这儿的铭文残缺，所以这一点还不能确定。

铭文所说船的尺寸，不幸由于一道裂痕将两个数字都打破，所以丧失了；如果没有这道裂痕，这一段原本是完整的。这一段表明，船的尺寸就像《圣经》中描述的一样，是以“肘”作为单位，但在《创世记》中，方舟是50肘宽30肘高，而在铭文中高和宽是相同的。

建造方舟的描述大部分丧失了。叙述的后面部分保存了下来，其中提到船下水到海中试航，当发现了渗水缺点时，在船里里外外都涂上了沥青。这些细节无论在《圣经》还是在贝罗索斯的描述中，都无类似之处。装填方舟的描述，与另外两种叙述基本一样，但它与《创世记》不同之处是，没有提到七种洁净的动物，并且装载了除造船者一家之外的其他的人。

洪水开始的月份与日期，在《圣经》和贝罗索斯的文本中都有交代，但在泥版文本中没有提到，只是在一个残缺的段落中提到了第五天——它是其中的一个日期。

铭文中对洪水的描绘非常生动，据说洪水之凶猛连诸神都感到害怕，于是升到了阿努的天堂——据说它是天堂中最高和最远的。人类的毁灭被记录了下来，并且，据说那些邪恶的人们的尸体在水面上漂浮着。

就洪水持续的时间而言，在《圣经》和铭文之间似乎存在一个重大差异。根据《创世记》中的叙述，洪水开始于 2 月 17 日，150 天后，7 月 17 日，方舟停在亚拉腊山，直到第二年 2 月 27 日，洪水才全干。但是，铭文中却说，洪水在第 7 天减退，在放鸟儿出去之前，船在山上还停留了 7 天。

在这一点上，必须指出，一些《圣经》批评家认为，《创世记》中本身就有洪水故事的两个不同文本，并且这两个文本对于洪水持续的时间说法不同。

贝罗索斯的希腊文叙述中，对洪水持续的时间没有交代。

就方舟停歇的那座山而言，《圣经》和铭文说法不同，但这种不同是表面的而不是真实的。《创世记》说方舟停在亚拉腊山区。按照流行的观念，这指的是亚美尼亚的亚拉腊山；但这些山区也可能是在古代亚拉腊地区的任何一处，而且有些注释者看贝罗索斯中说到方舟停在格尔代斯山区的这一段话，就倾向于把所说的这座山定位在亚述以东的库尔德山区。与这种暗示相应，铭文中说这条船停泊在尼兹尔山。

现在，尼兹尔山的位置，能以关于亚述国王亚述－纳兹尔－帕尔的铭文而得以确定。他对这个地区进行过一次远征。他们从靠近阿贝拉的一个亚述城市出发，越过下扎卜河，在纬度 35 度和 36 度之间向东进军，到达尼兹尔山区。因此，尼兹尔山区位于亚述以东，但它成为向西北延伸至亚美尼亚境内的一系列山脉的组成部分。

船只搁浅在山上后，《圣经》、贝罗索斯和铭文中都是放鸟儿出去试探，以查明洪水是否退落，但这三种叙事在这些试探的细节上，存在着令人好奇的差异。根据《创世记》，首先送出的是一只乌鸦，它没有回来；下次送出一只鸽子，它没有找到歇脚之地，又回到挪亚这里；七天之后鸽子再次被放出，它返回时带来一片橄榄叶；又过了七天，鸽子放出去再没有回来。

贝罗索斯的描述中提到放出鸟儿，但却没有提到是哪些种类的鸟儿。第一次探察时据说鸟儿返回了。又试了第二次，这次它们脚上沾有泥浆。第三次它们没有回来。

铭文的描述是，第一次一只鸽子被送出去，它没有找到歇脚地而返回。第二次一只燕子被放出去，它也回来了。第三次一只乌鸦被送出，它以水面漂浮的尸体为食，漫游而去，没有回来。因此，在送乌鸦和鸽子出去这一点上，铭文和《圣经》是一致的，但增加派燕子去探察的内容，这在《创世记》中是没有的。在探察的次数上，铭文与贝罗索斯一致，都是三次，而《创世记》中有四次。此外，铭文中没有像《创世记》中那样，提到鸽子带着橄榄叶回来，也没有像贝罗索斯那样，说到鸟儿脚上沾着泥浆。

关于建筑祭坛和离开方舟后祭献牺牲的描述，三种叙述都一致；不过，在接下来的事情上，《圣经》和铭文有一个重要差异，因为《圣经》描述挪亚在洪水后还生活了许多年，而铭文却与贝罗索斯一致，让希西特与诸神一样升天。这一升天事件在《圣经》里被记录在以诺——挪亚的祖先身上。

根据对证据的考察，显然《圣经》和铭文中所讲述的洪水事件是同样的事件，它们以同样的次序发生；但在细节方面的细小差异表明，铭文体现了一种独特而又独立的传统。

这两种叙事尽管在好几个地方都体现出风格上的惊人相似，但它们属于完全不同的民族。《圣经》的叙述是一个内陆民族的文本，《创世记》中方舟（Ark）的名字意指一个箱子或盒子，不是一条船；也没有理会海洋，没有关注船只下水，没有说到领航员，没有提及航行。而铭文则属于一个海洋民族，方舟被叫作一条船，这条船下海试水，对它进行检验，它被交给一个领航员来负责。

在交代了从洪水到希西特走出方舟、祭献牺牲的历史后，楔形文字铭文又回到故事先前部分，特别提到了作为暴风雨和洪水制造者的贝尔神。这里与铭文先前部分显得稍有不同，这就暗示着一个问题，即迦勒底叙事本身有无可能根据两个独特而又古老的故事编辑而成。

值得注意的是，早期巴比伦人最古老的传统似乎都以波斯湾为中心。鱼神奥里斯被认为是从这片海洋中升起来的，早在洪水之前就跟随着他的形形色色的妖怪，也出自同一地区。方舟在这个海洋下水；希西特在洪水消退后升天时，就住在邻近地区。大英雄艾泽迪巴也来过这片海洋，在这里被治愈，并听到了洪水的故事。

在结束时，我要特别指出，这个洪水叙述为我们探究《圣经》历史的早期部分，开辟了一个新领域。人们常常提出这样的问题："大洪水以前的人的寿命比最长的人类寿命还长很多倍，关于这些人的叙述，源头何在？人类第一对父母居住的伊甸园在什么地方？洪水、方舟和鸟儿们的故事是从什么时候开始的？"对这些重要的问题，人们给出各种相互矛盾的解答，而在希腊时期以前，关于这些问题的证据完全没有。现在，楔形文字铭文给这些问题带来了一种新的阐释，并提供了将来的学者们应该研究的材料。有了这份铭文，我们可以期待许多其他发现，来阐明这些古老时代，直到我们对有关的许多重大问题形成一个决定性的观点。如果认为对铭文进行了这样的翻译和注解，事情就结束了，那将是一个错误。这个传说的起源、年代和历史必须被追踪，并且这个传说必须与当代在各个民族中流传的许多同类故事进行比较。

我相信，所有这些叙述，连同古代神话中相当大的部分一起，都有一个共同的源头，即迦勒底平原。这个地区——文明的摇篮，艺术和科学的诞生地，已经毁灭 2000 年了，包含着古代最珍贵记录的文献，除了亚述人复制的文本外，极少为我们所知；但是，在这个地区尚待探索的坟丘下和城市废墟中，埋藏着这个洪水文本的更早抄本，还有世界上最早文明的传说和历史。

亚述－巴比伦和苏美尔洪水故事评述①

丹尼尔·哈默利－迪普伊

编者按：

乔治·史密斯1872年的发现，只是古代近东洪水神话文本的众多成功发掘中的第一个。亚述人、巴比伦人、苏美尔人的这些林林总总的洪水文本，已经启发研究这些文化的专家们写出了大量文章。这些文章大多数技术性很强，主要探讨翻译中的精微之处或是准确的文本断代问题。同时，这些文本还促进了比较研究的进行，它们专注于主人公的名字以及诸如洪水来临和幸存者随后逃生之类的细节。

下面这篇文章对近东主要的古代洪水神话文本作了简练的探讨。作者丹尼尔·哈默利－迪普伊来自秘鲁的利马联邦学院。这篇文章尽管并未涉及全部近东文本，但是仍能让读者对这些文本的内容有一定的了解。这些文本的残卷性质难于说清，脱漏很多，释读它们就像是做解码游戏。尽管如此，对它们已有充分认识，足以证明公元前2000年或更早些时候洪水神话在近东已经为人所知。因此它是有记录的历史中最早出现的神话之一。

关于古代近东洪水神话的丰富研究成果，举例如下：巴伯隆（E. Babelon），“La tradition phrygienne du Déluge”，*Revue de l' histoire des religions*，23（1891）：174－183；迪沃密《巴比伦的洪水》（P. Dhorme，“Le Déluge babylonien”），*Revue biblique*，39（1930）：481－502；希尔普里特《巴比伦洪水故事的最早文本与尼普尔的寺庙图书馆》（H. V. Hilprecht，*The Earliest Version of the Babylonian Deluge Story and the Temple Library of Nippur*），Philadelphia，1910；克莱《楔形文字写成的一则希伯来洪水神话》（A. T. Clay，*A Hebrew Deluge Story in Cuneiform*），New Haven，1922；沃利斯·巴奇《巴比伦洪水故事与〈吉尔伽美什史

① 原载《安德鲁大学研讨班的研究》（*ANDREWS UNIVERSITY SEMINARY STUDIES*）1968年第6期，第1—18页。其中《吉尔伽美什史诗残本的新发现》（第11—17页）这一部分未收入。

诗〉》（E. A. Wallis Budge, *The Babylonian Story of the Deluge and the Epic of Gilgamesh*），London，1920；亚历山大·海德尔《洪水的故事》（Alexander Heidel, "The Story of the Flood"），*The Gilgamesh Epic and Old Testament Parallels*，Chicago，1946， pp. 224—269；乔治·康特里欧《巴比伦洪水》（Georges Contenau, *Le Déluge babylonien*），Paris，1952，pp．11—129；觉根·列苏《阿特拉哈西斯史诗——巴比伦的人类历史》（Jørgen Laessøe, "The Ātrahasīs Epic: A Babylonian History of Mankind"），*Bibliotheca Orientalis*，13（1956）：90—102；埃德蒙得·索伦勃格《巴比伦洪水传说》（Edmond Sollberger, *The Babylonian Legend of the Flood*），London，1962；兰伯特《对〈创世记〉的巴比伦背景之新见》（W. G. Lambert, "A New Look at the Babylonian Background of Genesis"），*Journal of Theological Studies*，16（1965）：287—300；萨缪尔·诺亚·克雷默《美索不达米亚洪水思考——新旧楔形文字资料》（Samuel Noah Kramer, "Reflections on the Mesopotamian Flood: The Cuneiform Data New and Old"），*Expedition*，9（4）（Summer 1967）：12—18；米拉德《一则新的巴比伦"创世记"故事》（A.R.Millard, "A New Babylonian'Genesis'Story"），*Tyndale* Bulletin，18（1967）：3—18；兰伯特与米拉德《阿特拉—哈西斯——巴比伦的洪水神话》（W. G. Lambert and A. R. Millard, *Atra-Ḫasīs: The Babylonian Story of the Flood*），Oxford，1969；乔瓦尼·帕蒂纳多（Giovanni Pettinato），"La Tradizione del Diluvio Universale nella Letteratura Cuneiforme"，*Biblia e Oriente*，11（1969）：159—174；尤金·弗舍尔《吉尔伽美什与〈创世记〉——语境中的洪水故事》（Eugene Fisher, "*Gilgamesh and Genesis*：*The Flood Story in Context*"，）*Catholic Biblical Quarterly*，32（1970）：392—403；威廉·莫兰《阿特拉哈西斯——巴比伦洪水故事》（William L. Moran, "Atrahasis: The Babylonian Story of the Flood"），*Biblica*，52（1971）：51—61；杰弗里·泰格《洪水故事》（Jeffrey H. Tigay, "The Flood Story"），*The Evolution of the Gilgamesh Epic*，Philadelphia，1982，pp. 214—240。有关巴比伦、苏美尔及其他洪水文本与《创世记》中洪水故事的比较，见兰伯特文章第二部分"Il n'y aura plus jamais de Déluge（Genèse IX，11）"，*Nouvelle revue théologique*，77（1955）：581—601，693—724，以及达尔顿《〈圣经〉洪水故事的背景及意义》的第一部分［W. J. Dalton, "The Background and Meaning of the Biblical Flood Narrative", *Australasian Catholic Record*, 34（1957）: 292—304; 35（1958）: 23—39］。

亚述学学者对洪水这个话题感兴趣已经将近一个世纪了。[①]实际上，就在亚述学诞生后没几年，第一块提到洪水的楔形文字文本就已得到释读。这个发现让人们注意到两则洪水故事：一则是《创世记》所记《圣经》中的洪水故事，另一则是贝罗索斯记述的洪水故事。贝罗索斯是比亚历山大大帝晚一代的人，曾用希腊文写成一部巴比伦史。

在美索不达米亚一系列的考古发现中，亚述-巴比伦文本最先为人所知，然后就是苏美尔文本。由于提到洪水的这些文本与《圣经》中对洪水的记载有明显的联系，所以对它们的释读、研究和分析，唤起了人们极大的兴趣。一方面，专题研究很有价值，因为它们确定了已知文本的相同点和不同点。另一方面，确定文本的起源时间及其编年顺序的文本研究，也同样很有价值。这两个方面的研究，对于确定文本创作的先后顺序，弄清亚述-巴比伦和苏美尔修订本上记载的洪水传说的起源，都十分重要。

亚述洪水文本的特点

第一个亚述洪水传说

阿卡德人关于洪水的最早发现的楔形文字文本是乔治·史密斯识别出来的。他是大英博物馆亚述部的一名小公务员。当时他碰巧在来自尼尼微遗址的泥版中见到含有亚述洪水故事的文本残片。1872 年 12 月 3 日，史密斯在对《圣经》考古学学会的精选听众所作的一次演讲中，描述了他的发现。[②]

这个残缺的文本是名为《吉尔伽美什》史诗这一作品的第 11 块泥版中的一部分，该史诗包括 12 块泥版，其古代标题对应于文本的前三个词 Ša nagba imura（意为“无所不见者”）。人们认为，含有《吉尔伽美什》史诗的那些泥版——其中的第 11 块泥版就属于该史诗，是霍姆兹德拉萨姆于 1853 年在古尼尼微遗址山丘之一库云基克发掘时发现的，他和亨利拉亚德于 1853—1854 年间把它们运了出来。在那个时期，大约有 25 000 块楔形文字泥版（多为残片）被发掘出来。大多数泥版属于亚述巴尼拔国王（公元前 668—626）的图书馆。

---

① 由利昂娜·G. 朗宁（Leona G. Running）从西班牙文翻译成英文。

② 乔治·史密斯：《迦勒底人的洪水叙述》（“The Chaldean Account of the Deluge,” *TRANSACTIONS OF THE SOCIETY OF BIBLICAL ARCHAEOLOGY*, II, 1873, pp. 213-234）。

在《无所不见者》一诗第11块泥版的头7行中，[1]描述吉尔伽美什问乌特纳皮什提姆（Utnapishtim，意即“长寿”）是如何获得永生的。[2]乌特纳皮什提姆的回答，从第8行一直到第196行。他讲述说，当他还住在舒鲁帕克的一个芦苇棚——类似于仍在下美索不达米亚使用的“马赫伏”（mudhif）——里的时候，埃阿神怎样对他说话。根据得到的指示，他要造一条船，用以躲过即将到来的灾难。完成这项工作之后，他举办了一次盛大的宴会。他将财产、家人、家畜和野生动物都装到了船上，而基于埃阿神向他揭示的秘密，他没有让他的乡邻们上船。他关好门和窗子之后，把船交给船夫普兹尔-阿默利驾驶。

在这块记载亚述洪水的泥版上，第96—130行诗句，以生动流畅的语言描述了暴风雨的情况。此后的第131—143行，讲述了风暴如何平息以及船如何停泊在尼舍尔山上的情况。接下来，从第145—155行，乌特纳皮什提姆清点他放飞的鸟儿。而第156—161行，则描述了他在山上的祭祀使神们非常高兴，以致“他们像苍蝇一样簇拥在献祭者身边”。

第162—192行，叙述女神伊西塔告诫众神，不要让神恩利尔见乌特纳皮什提姆，因为是他恩利尔带来了洪水，他是有罪的。但恩利尔在领受了埃阿的责备之后，还是来到船上，为乌特纳皮什提姆和他的妻子赐福。这些记录在第178—188行。恩利尔触摸了他们的前额，将他们变成了神，据第189—196行的记载，他们在河口得到永久住地。

第二个亚述洪水传说

记载着亚述人第二个洪水传说的泥版是乔治·史密斯在库云基克找到的。在大英博物馆发现第一块洪水泥版残片以后，舆论对他在这个主题上的演讲反映强烈，因此伦敦每日电讯报社的董事们派他到美索不达米亚去寻找文本的失落部分。

1875年，史密斯来到库云基克开始发掘，他几乎立刻就找到了一块描述洪水的泥版。[3]可惜这不是他在伦敦已破译出来的第11块泥版的一个失落部分，它甚至不是同一个故事或传说的一部分。虽然如此，这些新的诗行毕竟还是与洪水有关，但它们与《吉尔伽美什》史诗却不相同。在史密斯释读的前面那个文本中，

---

① 所有与《吉尔伽美什史诗》第11块泥版有关的材料，都引自斯派泽（E. A. Speiser）翻译的《古代近东文本》（*ANCIENT NEAR EASTERN TEXTS*），第93—97页。

② 斯派泽（《古代近东文本》，第90页）认为，亚述名字“乌特纳皮什提姆”，意为“我已找到了生命”；但他也承认这与吉尔伽美什遭遇的警告“balāṭam lā tuttā”（你不会找到生命）（i. 8，iii. 2）相比，在语法上显得不合规则。

③ 乔治·史密斯：《迦勒底人的创世记叙述》（*THE CHALDEAN ACCOUNT OF GENESIS*, New York, 1876），第7页。

主人公乌特纳皮什提姆是洪水故事的主角，而在这一块新残片中，主角是阿特拉哈西斯，或“大智者”。

史密斯在库云基克发现的这块新残片包括大约 17 行楔形文字的文本，说的是洪水故事。尽管文本简短，但它显然是另一首洪水诗文的片段。[①]不论如何，这两份分别记载着两则独立的洪水传说的文本，都属于亚述巴尼拔国王图书馆。

这两篇亚述史诗之间的对比还不仅限于主人公名字的不同。尽管安德烈·帕罗特认为，乌特纳皮什提姆和阿特拉哈西斯代表两个不同的传说圈，[②]E. A. 斯派泽却表达了这样的观点，即“阿特拉哈西斯”这个名字在第一篇亚述洪水传说（即《吉尔伽美什》史诗的第 11 块泥版）的第 187 行出现时，是恩利尔神给乌特纳皮什提姆的别称。由此他相信这两种形式指代的是同一人物。[③]这两个亚述文本中对乔治·史密斯来说如此重要的根本差别，仅仅在于一个细节：《吉尔伽美什》史诗中的乌特纳皮什提姆，是以一个熟练的造船匠形象出现的，第 54—79 行的诗文，对船的建造过程及造船者都作了详尽的描述。但是，在第二个亚述传说中的第 11—17 行诗中，阿特拉哈西斯则强调他从没造过船，并恳求埃阿神在地上画一条船的图样，他好依样建造。[④]

第三个亚述洪水传说

第三个亚述洪水故事记载在一块残缺不全的泥版上，共有四栏文本，其中三栏共 61 行，主要描写灾难。这块泥版同样来自亚述巴尼拔国王图书馆。首先由 L. W. 金翻译出来，后来又得到 A. T. 克莱和 E. 埃贝林的研究。[⑤]这一修订版的特点在于其焦点不同。堕落的人类首先招致饥馑的惩罚。在他们悔改之后，饥馑停止了；但是当他们故态复萌时，瘟疫被散布到他们头上。为严惩他们的重犯，不仅人与牲畜都失去了生育的能力，土地上也长不出庄稼。最后，由于他们混乱

---

① 金（L. W. King）《巴比伦泥版的楔形文字文本》（“Cuneiform Texts from Babylonian Tablets”）等，载于《大英博物馆》（*THE BRITISH MUSEUM*）第 15 卷（伦敦，1902 年），第 49 页；E. 埃贝林（E. Ebeling）的文章，载格雷斯曼（H. Gressmann）编的 *ALTORIENTALISCHE TEXTE ZUM ALTEN TESTAMENT*（柏林，1926 年第二版），第 200 页。博伊萨尔（A. Boisier），*REVUE D'ASSYRIOLOGIE ET D'ARCHÉOLOGIE ORIENTALE*，1931 年第 28 期，第 92—95 页。

② André Parrot, *DÉLUGE ET ARCHE DE NOÉ*（Neuchâtel, 1955）, pp. 24－25.

③ 斯派泽：《古代近东文本》，第 95 页，注释 218。

④ 斯派泽：《古代近东文本》，第 105 页，残片 C。拉奇门特（R. Largement）“Le thème de l'arche dans les traditions suméro-sémitiques”，*MÉLANGE BIBLIQUES REDIGÉES EN L'HONNEUR D'ANDRÉ ROBERT*（巴黎，1957 年），第 60—65 页。

⑤ 金：《巴比伦泥版的楔形文字文本》，第 49 页。埃贝林，第 203－206 页。

无序的生活，他们被洪水扫除了。①

二、巴比伦洪水传说的特点

第一个巴比伦洪水传说

第一个传说载于发现于尼普尔遗址的一块泥版上，由 H. V. 希尔普里特发表。②泥版保存得较差，只有 11 行可以释读，说的是有关建造方舟的命令，需要拯救的大鸟兽将被带上方舟。

这块泥版时代之古老，一直追溯到巴比伦第一王朝，按照漫长的编年史，对应于公元前 1844 到前 1505 年这段时期。③这篇巴比伦洪水文本的特点之一，是洪水传说的主人公受命将那艘能救他性命的船命名为“保命者”(Preserver of Life)。④

第二个巴比伦洪水传说

第二个巴比伦洪水传说发现于在西巴尔遗址的一块泥版上。它包括 8 栏，共 46 行，而整个文本全长 439 行。⑤第二个传说所提供的编年细节由包含在题署中

---

① 西德尼·史密斯(Sidney Smith)：*REVUE DASSYRIOLOGIE ET DARCHÉOLOGIE ORIENTALE*，1925 年第 22 期，第 63—64 页；康特诺（G. Contenau）：*L'EPOPÉE DE GILGAMESH*，*POÈME BABYLONIEN*（巴黎，1939 年）；亚历山大·海德尔（Alexander Heidel）：《〈吉尔伽美什史诗〉和〈旧约〉中的相似之处》(*THE GILGAMESH EPIC AND THE OLD TESTAMENT PARALLELS*，芝加哥，1946 年)，第 111—116 页；斯派泽：《古代近东文本》，第 105、106 页，残片 D。

② 希尔普里特（H. V. Hilprecht）：《最早的巴比伦洪水故事文本与尼普尔寺庙图书馆》(“The Earliest Version of the Babylonian Deluge Story and the Temple Library of Nippur”)，载《宾州大学巴比伦探险队·巴比伦探险》(*BABYLONIAN EXPEDITION OF THE UNIVERSITY OF PENNSYLVANIA*；*THE BABYLONIAN EXPEDITION*）D 篇，第五卷第一部分（费城，1910 年)，第 1—65 页；斯派泽：《古代近东文本》第 186—191 页，残片 X；迪美尔（A. Deimel）：“Diluvium in traditione babylonica”，载于 *VERBUM DOMINI*，1927 年第 7 期，第 186—191 页；迪美尔：“Biblica diluvii traditio cum traditione babylonica comparata”，载于 *VERBUM DOMINI*，1927 年第 7 期，第 245—251 页。

③ 帕罗特（Parrot）：《苏美尔》(*SUMER*，马德里，1960 年)，第 310 页。

④ 斯派泽：《古代近东文本》，第 105 页，残片 X，第 8 行；萨洛尼恩（A. Salonen）：*DIE WASSERFAHRZEUGE IN BABYLONIEN*（赫尔辛基，1939 年)，第 51 页，在 *ELEPPU QURQURRU* 之下。

⑤ A. T. 克莱（A. T. Clay）：《J. P. 摩根图书馆的巴比伦记录》(*BABYLONIAN RECORDS IN THE J. PIERPONT MORGAN LIBRARY*，New Haven，Conn.，1923)，Pl. I；海德尔：《〈吉尔伽美什史诗〉和<旧约>中的相似之处》，第 109—110 页；斯派泽：《古代近东文本》，第 104—105 页，残片 A 和 B。

的信息构成。抄写人埃利特－艾雅（Ellit-Aya），一个小书吏，在题署中声称本传说属于 Enūma ilu awēlum 系列的第 2 块泥版。[①]此外，他还说明他抄写于安米萨都加王在幼发拉底河下游附近重建 Dur-Ammi-saduqa 的那一年，也就是他在位的第 11 年。当代编年史家对安米萨都加王的生活年代说法不一。赞同“长”编年史的学者们认为他在位的时间是公元前 1702 年到前 1682 年。[②]而拥护“短”编年史的学者们则认为他在位的时间是公元前 1582 到前 1562 年。[③]

根据第二个故事，在洪水中得救的那个人叫阿特拉姆哈西斯（Atramhasis），而不是阿特拉哈西斯（Atrahasis）。[④]这个传说中的另一个不同之处在于，它提到人类不断增长的数量，还提到人类的暴戾精神，为此众神决定发洪水。故事描述说狂风集卷大量乌云，形成了大暴风雨和洪水。恩基神谴责恩利尔神发洪水。

也许属于第二个巴比伦洪水传说的，是一块泥版残片，这块残片不算题署只有 15 行可以释读。题署提供了如下信息：“……三块泥版共 1245（行）。由小书史埃利特－艾雅手书……”[⑤]这足以证明这块泥版与前一块一样是出于同一人之手，自然也属于同一个时期。[⑥]剩下几行说的是一道命令，这个命令要主人公毁掉房子以便建造一艘船逃生，让主人公抛下世俗财产。主人公也许就叫阿特拉姆哈西斯，虽然他的名字在那几行里没有出现。[⑦]

---

① 斯派泽：《古代近东文本》，第 104—105 页，残片 A 栏，viii。

② F. Thureau-Dangin, “La chronologie de la première dynastie babylonienne,” *MÉMOIRES DE L'ACADÉMIE*, Tome 43, Part 2（1942）, pp. 229－258.

③ 奥尔布赖特（W. F. Albright）：《东方研究美国学派会刊》（*BULLETIN OF THE AMERICAN SCHOOLS OF ORIENTAL RESEARCH*），1942 年 12 月第 88 号，第 32 页。

④ 博伊萨尔（Boisier）：*REVUE D'ASSYRIOLOGIE ET D'ARCHÉOLOGIE ORIENTALE*，第 91—97 页。显然，“阿特拉姆哈西斯”是后来亚述名字“阿特拉哈西斯”的古巴比伦形式。

⑤ 斯派泽：《古代近东文本》，第 105 页，残片 B。

⑥ 博伊萨尔：*REVUE D'ASSYRIOLOGIE ET D'ARCHÉOLOGIE ORIENTALE*，第 92—95 页。

⑦巴比伦洪水传说与《吉尔伽美什史诗》有一些相似点。但亚述巴尼拔国王图书馆的泥版产生时间要晚得多。沃利斯·巴奇（E. A. Wallis Budge）和加德（C. J. Gadd）：《巴比伦洪水故事与吉尔伽美什史诗》（*THE BABYLONIAN STORY OF THE DELUGE AND THE EPIC OF GILGAMESH*，London，1929）；司各特（A. Schott）和冯·索登（W. Von Soden）：《吉尔伽美什史诗》（*DAS GILGAMESCH-EPOS*，Stuttgart，1958）；参见冯·索登，*ZEITSCHRIFT FÜR ASSYRIOLOGIE UND VERWANDTE GEBIETE*，LIII（1959），228。

三、苏美尔洪水文本的特点

第一个苏美尔洪水传说

这个传说载于一块来自尼普尔的泥版残片，是 A. 波贝尔在费城大学博物馆的泥版中发现的。上面只有分散在 6 栏中的 90 行可以释读，另据估计，约有 230 行楔形文字文本已佚。[①]这份孤本，业已吸引了相当多的苏美尔学学者。[②]

由于泥版开头缺失了 37 行，我们无法知道是哪一位神开始了那场对话。克雷默说："讲话者（或讲话者们）的名字毁了。可能是恩基，或者是阿努和恩利尔（或许更有可能是阿努·恩利尔……）。"[③]

这个故事讲的是国王兼祭司朱苏德拉（Ziusudra，意为"长寿"），正在雕刻一尊木头神像，以便膜拜并祈问神谕。文本说朱苏德拉就这样被告知众神的一个重大决定："我们将亲手（遣下）一场洪水；使人类灭种。……"[④]在持续七天的灾难中，主人公躲进一艘船中逃生。当他打开舱盖，太阳神乌图出现了。朱苏德拉以一头牛和一头羊献祭，向阿努和恩利尔鞠躬，这样他在迪尔门（Dilmun）之地获得了永生。

这个苏美尔洪水文本在提到造动物和造人以后，又讲到洪水之前五座城市的建立。缺失的诗行应该是众神决定发动洪水的原因。主角朱苏德拉作为一位虔诚的国王出现，他被告知众神要发动洪水消灭人类。而可能提到如何建造这艘拯救之船的那部分文本破损了。另外，文本还描述了七天七夜中洪水的狂暴肆虐。灾

---

① 阿尔诺·波贝尔（Arno Poebel）：《大学博物馆，巴比伦资料的出版》（"The University Museum，Publications of the Babylonian Section"）载于《历史文献》（*HISTORICAL TEXTS*），第四卷第一号（费城，1914 年），第 9—70 页；克雷默（S. N. Kramer）：《古代近东文本》（*ANCIENT NEAR EASTERN TEXTS*），第 42—44 页；帕苏斯（A. Pacios）："Diluvio"，载于《圣经百科全书》（*ENCICLOPEDIA DE LA BIBLIA*），第二卷（巴塞罗那，1964 年），第 930 页。

② 索吉尔德·雅各布森（Thorkild Jacobsen）：《苏美尔王表》（*THE SUMERIAN KING LIST*，芝加哥，1939 年），第 58—59 页；克雷默：《苏美尔神话》（*SUMERIAN MYTHOLOGY*，费城，1944 年），第 97—98 页； 海德尔：《〈吉尔伽美什史诗〉和〈旧约〉中的相似之处》，第 102—105 页。

③ 克雷默：《古代近东文本》，第 42 页第 1 行，另见第 4 行。

④ 海德尔：《〈吉尔伽美什史诗〉和〈旧约〉中的相似之处》，第 103 页。

难过去之后太阳神乌图出现，并“把他的光照进这只大船中”。朱苏德拉为了像众神一样生活，就被转移到了迪尔门，那是“太阳升起的地方”。[①]根据恩基和宁赫赛格神话的序言，迪尔门代表一个纯洁、干净而又光明的地方，那里可能既没有疾病也没有死亡。

苏美尔王表中提及的洪水

苏美尔王表涉及的文本，具有与前述所有文本完全不同的特点。前述文本在共同的洪水灾难传说中以诗或史诗的形式反复出现，而苏美尔王表则形成具有历史编撰特点的文档。包含一份苏美尔王表的这些文档，是为编年目的和历史目的而出版的，并将苏美尔历史分成两个时期——“洪水之前”（lam abubi）和“洪水之后”（arki abubi）。[②]

这样的文本非常难得。它们包括 H. 威尔德-布伦德尔获得的两份文档，以及 V. 希尔拓印的一块泥版，另外还有一份美索不达米亚初期王表。[③]索吉尔德·雅各布森对这些材料进行的严格考察，研究了文本问题、文体问题和历史问题，表明原有材料写于乌鲁克国王乌图海格尔将苏美尔人从古提统治下解放出来的时期。[④]但是学者们在古提王朝的结束和乌鲁克的乌图海格尔统治的时间上意见还不一致，这个时期大约在公元前 2120—前 2065 年间。[⑤]

威尔德-布伦德尔获得的两份文档互为补充。第一份是一根棱形柱，它提及五座洪水前的城市，并列数了洪水以前统治过的八位国王。[⑥]第二份文档只有诗

① 克雷默：《迪尔门，生命之地》（“Dilmun the Land of Living”），载《东方研究美国学派会刊》（*BULLETIN OF THE AMERICAN SCHOOLS OF ORIENTAL RESEARCH*），1944 年 12 月第 96 号，第 18—28 页；克雷默：《苏美尔历史发轫》（*L'HISTOIRE COMMENCE À SUMER*，巴黎，1957 年），第 206—207 页。

② 康特劳（Contenau）：《巴比伦洪水》（*LE DÉLUGE BABYLONIEN*，巴黎，1952 年），第 55 页。

③ V. Scheil, “Liste susienne des dynasties de Sumer-Accad,” in *MEMOIRES DE L'INSTITUTE FRANÇAIS D'ARCHÉOLOGIE ORIENTALE*, LXII, (Cairo, 1934) (=*MÉLANGES MASPÉRO, I*), pp. 393-400.

④ 雅各布森：《苏美尔王表》，第 140—141 页。

⑤ 较早的日期，见加德（Gadd）：《阿卡德王朝与古提人入侵》（“The Dynasty of Agade and the Gutian Invasion”），《剑桥古代史》（*THE CAMBRIDGE ANCIENT HISTORY*）第二版第一卷，剑桥，1966 年，第 56 页。较迟的日期，见奥尔布赖特上述引文。

⑥ W. B. 444 由兰登（S. Langdon）出版，《牛津楔形文字文本汇编》（*OXFORD EDITIONS OF CUNEIFORM TEXTS*）第二册，牛津，1923 年，第 8—21 页，第 1—4 册。又见爱德华·霍梅（Edouard Dhorme）：“L'aurore de l'histoire babylonienne”，*RECUEIL EDOUARD DHORME*，巴黎，1951 年，第 3—79 页。

文 18 行，但仍有意思，因为它又一次提到了洪水前的国王的名字，还提到了洪水本身。[①]

雅各布森对所有苏美尔王表进行了研究。他想通过各种文本的综合来确立一份“标准文本”，洪水的记录出现在八位国王与五座洪水前的城市（爱里都、巴德提比亚、拉腊克、西巴尔和舒鲁帕克）之后。提到洪水的文本十分简单：“有五座城市，八位国王统治了 241 000 年，（然后，）洪水扫荡（大地）。洪水扫荡（大地）之后，王权再次从天上降来时，（首先）是在基什。”[②]

贝罗索斯的洪水叙述中反映的苏美尔传说

贝罗索斯（Berossus），巴比伦城主持马尔都祭仪的祭司，国王安条克一世索特（公元前 281—公元前 260 年）的同时代人，用希腊文写下了他的国家的历史，名为《巴比伦尼亚》。这部约于公元前 275 年在爱琴海上的科斯岛写成的作品，已经佚亡了。然而其中一些最重要的段落，由于下列历史学家的引用而为人所知：雅典的阿波罗多卢斯（Apollodorus，约公元前 144 年）、亚历山大·波利希斯特（Alexander Polyhistor，约公元前 88 年）、阿比登努斯（Abydenus，约公元前 60 年）、毛里塔尼亚的胡巴国王（King Juba，约公元前 50 年—公元 23 年）、弗雷维厄斯·约瑟夫斯（Flavius Josephus，公元 37—103 年）、凯撒里亚的尤斯毕尤斯（Eusebius，公元 265—340 年）和乔治尤斯·辛塞卢斯（Georgius Syncellus，约公元 792 年）。[③]

贝罗索斯的洪水故事，是含有洪水故事的楔形文字泥版发现以前唯一为人所知的美索不达米亚洪水传说。贝罗索斯的叙述从创世开始，指明了 10 位洪水前长寿的国王，并指出国王希苏罗斯是第 10 位，他是洪水故事的主人公。据贝罗索斯的记载，希苏罗斯从一位神那里得到关于洪水即将到来的警告，并受命准备

---

① 关于文件 W. B. 62，见兰登《大不列颠及爱尔兰皇家亚洲学会学报》（*JOURNAL OF THE ROYAL ASIATIC SOCIETY OF GREAT BRITAIN AND IRELAND*）1923 年第 40 期，第 251 页以下；埃贝林，前引书，第 148—149 页。

② 奥本海姆（Oppenheim）：《古代近东文本》（*ANCIENT NEAR EASTERN TEXTS*），第 265 页。

③ 埃贝林，前引书，第 200—201 页；海德尔，前引书，第 116—119 页；保罗·施纳贝尔（Paul Schnabel）：*BEROSSOS UND DIE BABYLONISCH-HELLENISTISCHE LITERATUR*（莱比锡，1923 年），第 264 页；利奥诺蒙特（F. Lenormant）：*ESSAI DE COMMENTAIRE DES FRAGMENTS COSMOGÉNIQUES DE BÉROSE*（巴黎，1872 年）。

一条船以拯救他的家人与朋友，以及动物。得救后，他在亚美尼亚的一座山上着陆下船。拜过众神之后，他和妻子、女儿以及领航员离开人类成为神衹。

正如帕罗特所指出的，注意到贝罗索斯的叙述与苏美尔人的洪水文本及苏美尔王表极为相似，是有趣的。我们看到，在编号为 W. B. 62 的泥版上，舒鲁帕克国王们的名字是这样的: Su-kur-lam 是 Ubar-Tutu 之子，Ziusudra 是 Su-kur-lam 之子。而朱苏德拉既出现在苏美尔人的洪水泥版之中，也以希苏罗斯的名字出现在贝罗索斯的记载里。由此可知，贝罗索斯必定认为这个苏美尔文本是最古老的文本。①

四、一般结论

通过对本文考察的现有洪水文本的研究，我们可以得出以下结论：

1. 阿卡德人-亚述人和巴比伦人的洪水文本具有相似主题，但在神名方面和由地方影响而形成的表达方面，存在次要差异。

2. 洪水传说主角的名字各不相同，有乌特纳皮什提姆、阿特拉哈西斯、阿特拉姆哈西斯、朱苏德拉、希苏罗斯等，这是因为美索不达米亚各个地方的人偏好的名字不同。但是，这还不足以使人们理直气壮地假定这些名字所指为多人。

3. 学者们认为，作为最新作品的亚述巴尼拔国王图书馆的亚述文本，是依赖于巴比伦的口头传说的，从这些口头传说演变出洪水主题的地方性变化。

4. 巴比伦的洪水文本虽然分别遵从两个平行的修订本的线索，但是仍指向共同的源头，这个源头在编年上追溯到在苏美尔流传的那个传说。

5. 很明显，某些使用阿卡德语的人熟知古典苏美尔文献，他们凭借这些文献直接熟知苏美尔的传说，很久以后的贝罗索斯就证明了这一点。

6. 美索不达米亚的洪水文本——亚述的、巴比伦的、苏美尔的文本——含有关于一次大灾难的相同的古老传说，并且表明人们认为洪水明确区分出两个时代：洪水前的世界与洪水后的世界。

---

① 帕罗特（Parrot）：*DÉLUGE ET ARCHE DE NOÉ*，第 28—32 页。

阿特拉哈西斯史诗及其对于理解《创世记》第1—9章的意义[①]

弗里默－肯斯基

编者按：

研究近东洪水神话文本所带来的兴奋，与这则神话可能具有的对《圣经》叙述的启发毫无关系。这些文本本身固然有意思，但是人们读到亚述及巴比伦的洪水文本时，总会不由自主地将它们与挪亚洪水相比较。关键问题是：关于《创世记》中的洪水叙事，这种比较方法究竟能告诉我们些什么？一般说来，通过比较能够显示一个已知文本的独特之处。因为比较方法不仅可以揭示文本何以相似，更能够揭示文本何以不同。

在下面这篇由韦恩州立大学近东研究系的弗里默－肯斯基教授写的文章里，我们可以看到作者在比较研究的激发下，对《圣经》叙述所作的很有独创性的阐释。另有一篇比较阐释研究的论文，参见露丝· E. 西蒙斯－弗米尔（Ruth E. Simoons-Vermeer）的《美索不达米亚的洪水故事——一种比较和阐释》（"The Mesopotamian Floodstories: A Comparison and Interpretation"）, *Numen*，21（1974）：17−34。

巴比伦的洪水故事

巴比伦洪水故事存稿有三：苏美尔人的洪水故事、《吉尔伽美什》史诗第11

① 得到出版者圣经考古学协会的同意，选自《〈圣经〉考古学评论》（*BIBLICAL ARCHAEOLOGY REVIEW*）1978年第11、12月号。更进一步的信息，可写信给 Biblical Archaeology Society，3000 Connecticut Ave.，NW，Washington，D.C. 20008。

块泥版、阿特拉哈西斯史诗。这些故事的诸多细节，例如放动物于方舟，方舟在山上搁浅，送鸟出去看洪水是否退却，清楚地表明这些故事与《圣经》的洪水故事有着密切的关系，而且事实上还清楚地表明巴比伦和《圣经》的洪水叙述，是对一则基本相同的洪水传说的不同重述。然而，在阿特拉哈西斯史诗复得之前，这些故事对理解《创世记》作用有限，因为这则洪水故事还缺乏一个可与《创世记》中的语境进行比较的连贯语境。苏美尔人的洪水故事残缺不堪，即使是最近的版本①，也只有借助其他已为人知的洪水故事才能得到理解。《吉尔伽美什》史诗对于比较分析来说，产生了另一个问题。该史诗中的洪水故事明显处于改造过的语境中，并且，更为重要的是，这个语境与《圣经》的语境如此不同，以致引起了内容上的巨大差异。在《吉尔伽美什》史诗中，洪水故事是吉尔伽美什寻求长生不老故事的一部分。乌特纳皮什提姆给他的后代吉尔伽美什讲述洪水故事，是为了让他知道自己是如何变得长生不死的，同时，也向吉尔伽美什表明，他不可能通过同样的方式获得永生。这一目的在史诗中明明白白地说出来，因为故事是从吉尔伽美什的问题开始的："当我抬头注视你时，乌特纳皮什提姆，你的面容并不陌生；你同我一样，……在你寻求长生时，是如何加入到众神行列之中的呢?"（《吉尔伽美什》卷 11：第 2—7 行）。乌特纳皮什提姆以忠告结束其讲述："但是现在谁能为你召集众神，来让你获得你所追寻的生命呢？"（《吉尔伽美什》卷 11：第 197—198 行）。

"乌特纳皮什提姆故事"的性质使洪水情节的讲述独具特色，也使它根本不同于《圣经》中的洪水故事。"第一人称叙述"的格式，意味着乌特纳皮什提姆只能讲述他所知道的那些故事内容，也意味着他可能省略与他无关或不合他意图的那些部分。举例说来，尽管巴比伦众神并没有被描绘成是反复无常的，相反，他们的行为有理有据，但是乌特纳皮什提姆对神发动洪水的原因，却只字未提。这个失误在文学形式中口述出来：乌特纳皮什提姆可能不知道洪水的原因，或者因为这与他的目的无关，他才没有将其记录下来，他的目的是叙述他是如何得到永生的。同样，乌特纳皮什提姆对吉尔伽美什只讲了一件洪水过后的事，那就是众神随后集会，赐给他永生。《吉尔伽美什》史诗中洪水故事的"个人化"，导致了故事内容限于个人冒险，洪水的意义则限于洪水对他的影响，洪水本身失去了宇宙论或人类学上的意义。《创世记》与《吉尔伽美什》史诗中的洪水故事，在

① 米古尔・西维尔编，见兰伯特和米勒德：《阿特拉哈西斯：巴比伦洪水故事》（牛津，1969 年）。（原文的引文注释都在正文中，这里为统一体例，移至页下。——译注）

重心和意图上相去甚远，如果不能建立虚假的二分法（spurious dichotomies），我们就无法比较两个文本中的思想。

阿特拉哈西斯史诗

阿特拉哈西斯史诗的复得，为理解《创世记》中的洪水故事提供了新的视角。这是因为，跟另外两种关于洪水的巴比伦文本不同，阿特拉哈西斯史诗在可与《创世记》比较的语境中，也就是在一段原始历史（primeval history）的语境中，讲述洪水故事。在这一点上，他与另两种巴比伦故事不同。阿特拉哈西斯史诗中的洪水情节很早就已为人所知，但是史诗的文学结构以及洪水故事的语境，直到莱西奥（J. Laessløe）重构这件作品①之前，一直不被人们理解。1965 年，兰伯特和米勒德出版了该史诗的许多补充文本，②其中包括一部古巴比伦语抄本（大约写于公元前 1650 年），这是该故事现存最完整的文本。这些新的文本，大大增加了我们对于史诗的理解，并成为兰伯特和米勒德所编史诗英文版③的基础。

阿特拉哈西斯史诗一开始，就描绘了在人被创造之前存在的世界："那时众神像人一样劳动"（第一行和作品的古代标题），其时宇宙被大神们瓜分，安管理天空，恩利尔控制大地，恩基统治海洋。七神（在该文本中称为"阿努纳基"）组成统治阶级，而其余神祇则成为劳动阶层。这些神"工作繁重，苦难重重"，他们开掘底格里斯河和幼发拉底河，不久便反叛，拒绝继续劳动。在恩基的建议下，众神决定创造出替代物来做众神的工作，恩基和母亲女神用泥土和一个被杀死的神的血肉创造出人类。这个被杀死的神叫"维-伊鲁，一个有理智的神"，人类从他那里获得了理性。史诗该部分的创作所依赖的各种主题和母题，在别的地方也可以找到，它们似乎并不出自这个文本。

史诗虽然很古老，却已是相当发达的文本了。史诗作者利用旧有母题，将它们组合成反映人类早期生活的连贯叙述，生动反映出造人目的，也就是人存在的

---

① 莱西奥（J. Laessøe）：《阿特拉哈西斯史诗——巴比伦的人类历史》（"The Atrahasis Epic：A Babylonian History of Mankind"），载 BIBLIOTECA ORIENTALIS 1956 年第 13 期，第 90—102 页。

②《大英博物馆馆藏之巴比伦泥版楔形文书》（*CUNEIFORM TEXTS FROM BABYLONIAN TABLETS IN THE BRITISH MUSEUM*, London）。

③ 兰伯特、米勒德：《阿特拉哈西斯——巴比伦洪水故事》（*ATRAHASIS: THE BABYLONIAN STORY OF THE FLOOD*，牛津，1969 年）。

理由，即做众神所做的工作，使众神免于劳动。他似乎也用同样的方法，把先前已知的洪水故事，附会到创世故事之中，以便将初民的故事继续下去，并指出人类在大地上生存的先决条件。

在阿特拉哈西斯史诗中，人类的创造带来新的问题。史诗中这样写道：

一千二百年（还没有过去）
（当大地延伸，）人口增长。
（大地）（像公牛）一样吼叫。
众神被（人们的吵闹）打扰。
（恩利尔听到）他们的吵闹
向大神们（说道）：
“人类的吵闹（使我心神不宁）
（他们的吼叫）使我无法入睡
……①

为了解决这个问题，众神决定发动瘟疫。恩基给人类出主意，人类向瘟神纳姆塔尔献祭并劝诱他收回瘟疫，瘟疫结束。这场瘟疫未能一劳永逸地解决问题，1200年以后，同样的问题又发生了（泥版Ⅱ，1—8），众神遣来旱灾，但人们（在恩基的建议下）贿赂安达带来雨水，旱灾结束。尽管泥版Ⅱ已残缺，仍很容易看出同样的问题再次发生，众神又送来饥荒（和盐碱土壤），但还是没能解决问题。最后，恩利尔说服众神采取一个“最后的解决方法”（泥版Ⅱ，viii，34），来了结人类造成的难题——他们决定发动洪水摧毁人类。计划遭到恩基阻挠，他让阿特拉哈西斯建造了一艘方舟，逃过了浩劫。在人类中的其他人都被毁灭之后，在众神有理由对自己的行为产生悔恨之情并（因饥渴驱使而）意识到他们需要人类之后，阿特拉哈西斯向众神献祭，众神都来吃。恩基提出了解决问题的永久办法。洪水之后的新世界将与以往的世界不同，因为恩基召来生育女神宁图，让她创造新生物，他们将保证不发生过去的问题。史诗的记载如下（卷Ⅲ，viii，1）：

此外，让第三类人出现在人群中，
在人群中出现生育的妇女和不生育的妇女。
在人群中出现帕西图恶魔，
让他从母亲怀里夺走婴儿。
创造乌巴巴图女人、伊图女人和伊库斯图女人，

① 第1卷第352行起。整理自第2卷第1—8行。

让她们成为禁忌，不能生育。

这后面可能也有其他关于洪水后的情形的规定，但文本过于残损，无法辨识。

虽有脱漏，但阿特拉哈西斯史诗呈现的结构还是清楚的。人被创造……创世过程中出现一个问题……企图进行纠正，但问题仍然存在……决定毁灭人类……毁灭企图遭到聪明的恩基阻挠……提出新的解决方法确保问题不会再发生。几年前，安妮·基尔默和威廉·J. 莫兰在各自独立的研究[①]中证明，当时产生并需要种种解决方法的问题是人口过剩问题。人口无节制地增长，最初的人口控制方法（旱灾、瘟疫、饥荒）只是暂时解决了问题。人口过剩最终导致了毁灭（洪水），而恩基提出的永久对策是保持人口的规模不再增加。神话告诉我们，诸如妇女不结婚之类社会现象，还有不育及死胎（也许是流产和婴儿夭折）之类个人悲剧，对于人类的延续实际上是必不可少的，因为人类曾因人口失控而濒于毁灭。

《创世记》和阿特拉哈西斯史诗

这个巴比伦故事，最晚不迟于公元前 1700 年，它在今天对我们仍然具有很大的吸引力，我们几乎可以把它叫作“我们时代的神话”，因为我们和巴比伦人一样，意识到了生态环境的局限，并关注人口控制。然而，除了这个内在关联外，它对《圣经》研究也十分重要，因为它指出（通过事后清楚的逻辑）我们早应明白的东西：存在着与《创世记》第一部分的有机联系。阿特拉哈西斯史诗的重要性在于，使我们的注意力离开洪水本身，而集中到雨停之后的事件上。在《创世记》中，就像在阿特拉哈西斯史诗中一样，洪水是针对创世过程中的一个严重问题而出现的，这个问题在洪水之后马上得到纠正。审视一下洪水之后上帝在世界上所作的变动，就可以看清洪水前世界上的普遍情形，看清之所以需要那场几乎导致人类毁灭的洪水的最终原因，看清洪水前后两个世界的根本区别，由是可以看清人类得以在世界上延续的基本前提。

《创世记》中的洪水故事与阿特拉哈西斯史诗不同，它没有强调人口过剩。相反，洪水之后，上帝做的第一件事，是命令挪亚和他的儿子们“要生养众多，遍

---

① 安妮·基尔默（Anne Kilmer）：《美索不达米亚的人口过剩观念及其在神话中描绘的解决方法》（“The Mesopotamian Concept of Overpopulation and Its Solution as Represented in the Mythology”）*ORIENTALIA*，1972 年第 41 期，第 160—177 页。威廉·J. 莫兰（William J. Moran）：《巴比伦洪水故事（评论文章）》（“The Babylonian Story of the Flood [review article],” *BIBLICA* 40, [1971] 51 — 61）。

满了地”（《创世记》9：1），这呼应了上帝最初给亚当的命令（《创世记》1：28），似乎明确地否定了意图减少人口才发洪水这样一种观点。这一训诫在《创世记》9：7 中以强调的言词加以重复，“你们要生养众多，在地上昌盛繁茂”。这种重复或许表明《圣经》有意识地否定阿特拉哈西斯史诗的潜在主题，即洪水之前人类过多繁殖是人类几乎被毁灭的原因。

《创世记》拒绝把人口过剩作为洪水原因的观念，并不让人感到奇怪，因为《圣经》不像阿特拉哈西斯史诗及其他某些古代文本那样，将人口过多看作是一个严重问题。既没将不育、死胎（或流产）看作是社会需要，也没证明它们对于人口控制有何重要性。相反，上帝向以色列人许诺土地时承诺“你境内必没有堕胎的、不生产的”（《出埃及记》23：26），接下来的经文中写道“在你们的时代，我要让人类兴旺”，这似乎是拒绝把早夭作为控制人口的另一种自然方法。在以色列人的土地上将要建立起来的这个理想世界，不需要这些控制人口的方法，因为人口过剩不是他们所担心的主要问题。

《创世记》清楚地阐述了上帝因为人类的罪恶而决心毁灭世界（《创世记》6：5）。尽管这在传统上被理解为上帝毁灭世界是为了惩罚人类的罪恶，但这种理解却带来严肃的神学问题，比如，上帝因为人类的罪过而毁灭大地上所有的生物，这样做是否正当。这样的解释对理解《创世记》文本本身，也造成很大问题，产生了自相矛盾，因为“人类的罪过”也被当作上帝不再发动洪水的理由（《创世记》8：21）。既然洪水之后人类的罪恶本性是上帝许诺不再发动洪水的理由，那么我们不能推断出上帝当初发动洪水是为了惩罚人类的罪过。《创世记》还说，上帝发动洪水是因为世界到处充满“强暴”（ḥāmās）。“ḥāmās”一词非常复杂，下面是一个语义分析。“ḥāmās”意义的宽泛，意味着仅仅对该词进行词汇分析，不足以使我们确定在这里具体是什么罪恶被叫作“ḥāmās”，是这种具体罪恶的哪方面导致不得不发动洪水。罪恶的性质和发动洪水的原因，都应在《创世记》故事中去寻找。

阿特拉哈西斯史诗对于《圣经》研究之所以重要，就在于它使我们的注意力从洪水本身转移到洪水过后的事件，即《创世记》第 9 章，以确定洪水发生的原因。在这一章中，上帝与挪亚和他的儿子们立约，保证不再发动洪水摧毁世界，并出现彩虹作为许诺的标志。同时，上帝给挪亚和他的儿子们几种律法，洪水前后世界的不同之处，就体现在这些律法之中。这样，这些律法在结构上等同于阿特拉哈西斯史诗中由恩基提出的新的解决办法。在阿特拉哈西斯史诗中，造人所产生的问题是人口过剩，恩基提出的解决办法是通过控制和限制人口的手段，来纠正这个问题。在《圣经》中，出现的问题并非人口过剩，但是，既然“人从小时心里怀着恶念”（《创世记》8：21），那么，如果上帝不想一次又一次毁灭地球，他就必须有所作为。这里的作为，就是为人类创造律法，律法确保世界不再达到必须被毁灭的状态。

人性本恶，因此有必要用律法来控制人的罪恶，这种观念简直就是霍布斯对人类的看法——请注意，这不总是以色列人的哲学。《圣经》也为人性本善提供佐证，甚至《创世记》8：21 可以被重新解释成同意这种哲学。比如，在犹太教讲解《圣经》的布道书（Midrash Tanhuma）中，这句经文就被说成是意为人直到少年（即 10 岁）时才会有罪恶的倾向，是人自己把自己培养成罪恶的人。[①]然而，《创世记》8：21 经文简单的意思是，“从青少年开始，人的想象就是邪恶的”，这清楚表明，在显然是古老的关于人性的争论中《创世记》倒向了海怪（leviathan）一边。这种观念认为：人性天生邪恶，易施暴力和非法行为，这就合乎逻辑地导致另一种认识的产生，即不能让人只靠本能生活，他必须被律法指引和控制，律法实际上是人类存在的必要条件。正是因为这个原因，洪水之后上帝所做的第一件事，就是为人类制定律法。

《创世记》中的洪水

认识到洪水之后的立法是上帝对人的邪恶本性所引起的问题的直接反应之后，我们就可以解决人的邪恶导致洪水与人的邪恶使上帝采取措施确保不再发动洪水这两种说法之间的表面矛盾了，但是它没有回答为什么需要洪水，为什么上帝不是简单地对人类宣布一个新的秩序，建立律法，却要首先几乎摧毁全人类。巴比伦洪水故事就不存在这个问题，在巴比伦洪水故事中，决定发动洪水的神（恩利尔和众神会议），与意识到这个决定错误、拯救人类并为人类建立新秩序的神（恩基）之间有清楚的区分。然而，这个问题在一神教的洪水观中，则是十分严肃的，因为要由同一个上帝决定发动洪水，拯救人类，又决心再不发动洪水。如果上帝是理智的，并且他的行为始终如一，那么，一定有过一个必须让洪水发生的理由，“惩罚”作为理由是不够的，因为它不仅引起上帝是否有权因为人的罪恶就可以毁灭所有动物的问题，还引起上帝在这件事情上是否有权毁灭人类的严重问题：

① MIDRASH TANHUMA BERESHIT 1.7.

如果人有邪恶倾向，并且不能得到律法的约束和指引，那么怎能仅仅因为他们按本能行事就招致惩罚呢？洪水不会只是作为一种惩罚而发生，导致它不可避免的必然原因，一定在于洪水之前充斥世界的邪恶的某种具体性质。我们寻找这一邪恶的性质的最好方法，就是看用以控制邪恶的手段，即洪水之后立即给出的律法。

（反映在后期希伯来语著作中的）以色列人口头传说，已经将洪水之后给予挪亚和他的儿子们的律法，发展扩充成一个可以称为"挪亚七戒"的详尽体系。传统的戒律，列举起来有禁止盲目的偶像崇拜、亵渎神灵、杀戮、性犯罪、偷盗、取食活的动物，以及关于建立律法体系的戒律。在给挪亚和他的儿子们的戒律中，有时还包括一些另外的律法，而且挪亚戒律的体系完全可以被理解为一套普遍的伦理体系，一套"自然法"体系，其中的律法是由上帝颁布的。但是，《创世记》本身未载有这七条戒律。根据《创世记》第9章，洪水之后上帝立即向挪亚和他的儿子们颁布了三条圣训：一、他命令人生养众多，增长，遍布在地上；二、他宣布人可以吃肉，但不能吃活的动物（也不能喝血，喝血就等于吃活的动物——《创世记》9：4）；三、他宣布不管是人还是动物，杀人必须偿命——"凡流人血的，他的血也必被人所流"，只有处死杀人者例外。

第一条戒律（即生殖戒律）的意义已经提到过了，它明确地并且可能是有意识地否认洪水原因是人口过剩、人口过剩是一个严重问题的观念。另外的两条戒律，共同对人和动物王国作了清楚的区分：人可以宰杀动物为食（这样做也要遵守某种限制），但人和动物都不能杀害人。这种"人命的绝对神圣性"（通常被这样叫），直接体现在经文中："因为上帝造人，是照自己的形象造的。"（《创世记》9：6）分开来看这两条戒律，即对喝血（以及吃活的动物）的禁止，还有对人的生命神圣不可侵犯（惩罚凶手的死刑除外）的宣扬，体现了以色列律法的两条基本原则。

《圣经》认为血是一种很特殊的物质。以色列人被严厉禁止喝动物的血，这种禁令在《摩西五经》中重复出现了六次（《创世记》9：4；《利未记》3：17，7：26，17：10—14；《申命记》12：16，12：23—24）。这禁令被称作"永远的定例"（《利未记》3：17），喝血所受到的惩罚（至少在祭司传统中）是 kārēt，不管是驱逐，还是流放，都是对公民权的剥夺（《利未记》7：27，17：10，17：14）。这一严格禁令的理由是明确的：动物的精魂（nepeš）存在于血中（《利未记》17：11，17：14；《申命记》12：23）。在吃肉过程中，必须十分小心。根据祭司传统，宰杀动物（不是指猎获的动物）只能在祭坛上进行。未把动物带到祭坛而杀，被认为等同于流血之罪（《利未记》17：4）。把动物的血洒在祭坛上就是赎罪（《利未记》17：11）。在《申命记》中，祭礼集中施行，把动物带到祭坛已不切合实际，这才允许在任何地方宰杀和食用动物。然而（与在《利未记》中对猎获动物的处理一样），务必注意不能喝血，血应该泼在地上并加以掩盖（《申命记》12：24）。

第三条戒律表现出来的思想——人的生命是无与伦比和神圣不可侵犯的，这是以色列哲学的一个基本原则。这一原则的各个分支贯穿于以色列法律的各个方面，并使以色列法律与其他的近东法律体系迥然有别；要是没有这一原则，以色列法律就与它们多有共同之处。在以色列，死刑只用来处罚直接冒犯了上帝的罪行，而绝不用在侵犯财产的罪行上。反之亦然。在以色列，大罪莫过于杀人，它是不能用罚款来弥补的，只能对杀人犯处以极刑。

尽管该原则具有重要性，但是，如果我们看看洪水之前的世界，马上会看到处死杀人犯的需要是新近出现的。从驱逐出伊甸园和发大洪水之间相隔的10代中，只有三个故事被保存在《创世记》中。而其中两个，该隐和亚伯的故事（《创世记》4：1—15）和拉麦故事（《创世记》4：19—24），都是关于人类的流血事件。在第一个故事中，该隐杀死了他的弟弟亚伯，结果被放逐，丧失了他的家园。然而，他并没有受到杀害。事实上，他成了一个受上帝保护的人，在他的前额标有一个特殊的记号，表明该隐所受的惩罚（如果有的话），是上帝给予的，任何人杀死了他，必遭报七倍。保存下来的第二个故事——5代之后的拉麦的故事，也与杀人有关，拉麦因“壮年人伤我，我把他杀了；少年人损我，我把他害了”（《创世记》4：23）。拉麦也没有被杀，还宣称他受到像该隐一样的保护，既然该隐受到遭报7倍的保护，因此他受到遭报77倍的保护（《创世记》4：24）。洪水之前的世界与洪水之后随即创立起来的秩序之间，主要差异在于对杀人犯作不同的处罚，因此，洪水的原因应该在这至关重要的差异中寻找。

杀人带来灾难性的后果，不仅仅是对杀人者个人，而且大地自身也是如此，因为地上也洒满了无辜牺牲者的血。正如上帝在亚伯被谋杀后对该隐说：

> 你兄弟的血有声音从地里向我哀告。地开了口，从你手里接受你兄弟的血。现在你必从这地受咒诅。你种地，地不再给你效力，你必流离飘荡在地上。（《创世记》4：10—12）

无辜者的血滴落在大地上，使大地因此荒芜，该隐因此不得不离开他的家园，成为一个流浪者。这种诅咒的作用以及随之而来的大地荒芜广为传播。对挪亚名字的解释，也申明了这一点。犹太人的希伯来文本《圣经》教义玛索拉[①] 文本中写道：“这个人使我们从我们的行为和劳作中得到慰藉。”或者，如果我们查阅一

① 玛索拉（Masora），犹太人的希伯来文本圣经教义。——译注

下七十子希腊文本《圣经》（古希腊语译本），会看到这样的记载："这个人使我们从我们的行为和劳作中得到休息。"在两种记载中，经文的后一部分，即"因为上帝诅咒的大地"，含义是清楚的：据《创世记》解释，挪亚的名字与引起洪水的条件有关，与对大地的诅咒有关。挪亚的角色在某种程度上缓和了这种条件。

在洪水的世代，整个大地受到玷污（《圣经》钦定英译本："地球也腐化"），到处充满了强暴（《创世记》6：11）。在《圣经》里，"强暴"一词含义广泛，包含了几乎所有名目的罪恶。这个词可以代表任何形式的罪恶（《诗篇》11：5；《箴言》13：2），它可以只代表谎言，如 ᶜēd ḥāmās，"妄作见证"（《出埃及记》23：1；《申命记》19：15；《诗篇》35：1），它与 mirmâ 一道出现（《以赛亚书》60：18；《耶利米书》6：7，20：8），二者结合在一起则含有"抢劫和掠夺"之意。强暴与 dāmîn，即"流血"，有紧密的联系，这从《以西结书》9：9 可以看到。和 dāmîm 一样，ḥāmās 可以用于物质含义，因为 ḥāmās（或者从中受到的玷污）可以涉及衣服①（《玛拉基书》2：16）和手（《约伯记》16：17；《历代志》12：17）。在《创世记》中，地上充斥着 ḥāmās，大地自身受到玷污，因为凡有血气的人在地上都败坏了行为（《创世记》6：11—12）。正是 ḥāmās 充斥大地，还有 ḥāmās 带来的玷污，才促使上帝发动洪水，从身体上消灭地上的一切，重新开始。洪水主要不是惩罚手段（尽管被淹死很难说是一个褒奖），而是清除已彻底堕落的世界，重新开始一个清洗干净的世界的方法。于是，当一切都被冲走，上帝决定：

> 我不再因人的缘故咒诅地（人从小时心里怀着恶念），也不再按着我才行的，灭各种的活物了。（《创世纪》8：21）

接着，授予挪亚和他的儿子们以基本律法，尤其是关于流血的禁令，以避免地球又被玷污。

《圣经》中的玷污观念

大地受到玷污的观念，不是表示人们道德沦丧的一种模糊隐喻。相反，在《圣经》的世界观看来，洪水之前的凶杀使大地受到玷污，造成了一种不得不通过物质方法（洪水）来根除的物质上的污染状况。尽管这种观念对我们来说有些陌生，但是在以色列人的宇宙论中，找到这种观念不足为奇，因为以色列人深信

① 原文为 clothes，应指妻子。——校注

道德沦丧可以导致物质上的污染。这明确描述在三种罪过中：杀人、偶像崇拜和性犯罪。有趣的是，对于一个犹太人来说，他宁可遭受折磨，也不愿意犯这三宗大罪。[①]《使徒行传》中提到这些，说它们是所有民族都不可犯的罪过（《使徒行传》15：20）。利维教士在《创世纪 Rabbah》（31：16）中，用这三种罪行来解释洪水故事中的 ḥāmās；在犹太教律法《密西拿》（Mishna）中，这些（与未遵守安息年一起）被认为是世界上出现流放的原因（Nezigin 5：8）。按照《圣经》传说，在以色列人之前的迦南人，由于《利未记》第 18 章所列举的那些恶劣性行为而使大地受到玷污。结果，上帝给大地带来惩罚（《利未记》18：25），大地将玷污它的人呕吐了出去。因此，以色列人被告诫不要做出这些恶劣行为而使大地受到亵渎，免得大地用同样的方法呕吐他们（《利未记》18：24—28）。后来，以色列人被告知大地受到玷污（《耶利米书》2：7），因为以色列人的偶像崇拜使大地受到玷污，又因为他们把血溅落到地上，上帝才对他们勃然大怒（《以西结书》36：18）。

玷污大地最为严重的是那些被谋杀者的血；"血罪"的观念在以色列人的律法中是很有名的。因为凶杀罪的严重性，也因为以色列人思想中对血的神秘观念，被杀者所流下的血会在物质上玷污大地。因此，发现尸体会给人们提出一道真正的难题。当出现一件未破的凶案时，就求助于 cēglā cărŭpā（折断小母牛颈）仪式，这个仪式的意义在于清洗凶杀给大地造成的污染。最邻近城镇的长者们，要带来一头小母牛，到一个无人居住的干涸河道里，打掉它的头，并在头上洗手，然后作以下祈祷：

> 我们的手未曾流这人的血，我们的眼也未曾看见这事。耶和华啊，求你赦免你所救赎的以色列民，不要使流无辜血的罪归在你的百姓以色列中间。（《申命记》21：7—8）。

流人的血会使全民族担忧，因为它关涉到对土地实际上的玷污。以色列人不可造成血罪所带来的玷污，他们被告诫不能准许对凶杀进行赔偿，甚至也不准许一个意外杀人的凶手离开避难的城市，因为这样做了之后，他们会导致以色列的土地被玷污：

> 故杀人犯死罪的，你们不可收赎价代替他的命，他必被治死。那逃到逃城的人，你们不可为他收赎价，使他在大祭司未死以先，再来住在本地。这样，你们就不污秽所住之地，因为血是污秽地的。若有

① B. Sanhedrin 74a.

在地上流人血的，非流那杀人者的血，那地就不得洁净。你们不可玷污所住之地，就是我住在其中之地，因为我耶和华住在以色列人中间。（《民数记》35：31—34）

谋杀玷污大地的观念，诸如恶劣性行为和偶像崇拜之类“道德”恶行所导致的物质污染的观念，成为以色列律法的重要基础。《创世记》第1—9章的作者，根据这些极强的观念，重新解释宇宙哲学和人类早期的历史。他使用了一个至少和阿特拉哈西斯史诗一样古老的框架，即“创世——问题——洪水——解决”这一原始历史（Primeval History）的框架；他以这样一种方式重新讲述了这个故事，目的在于重新解释古代传说，阐明以色列人的基本观念，也就是《圣经》中的观念：律法和“人命神圣”是人类在大地上存在的先决条件。

从闪米特神话的比较研究看洪水故事①

伊雷诺·福兰斯比

编者按：

运用一种比较方法来解释洪水神话，往往说法不一。当比较方法与所谓的神话－仪式理论相结合时，我们几乎一定能找到一种基于巫术与繁殖原理的理论。在神话－仪式理论中，存在着一个争论：是神话衍生于最初的仪式，还是仪式重新表现了神话？典型的情况是，仪式被表演，神话被讲述，这两种活动都用来保证庄稼长得好，收成多。

在下面这篇思辨性很强的论文中，我们看到对洪水神话的一种新颖理解。尽管作者宁愿分析一个复合文本（即把不同文化的各类洪水神话元素合并成的一个文本），而并不是研究某一文化中的单个文本，她还是成功地提出了一个较为独特的理论，即起初的洪水英雄是一个植物神。她充分估计到了由于自己的分析而可能产生的困难，从这个意义上讲，这是一篇论证充分的论文。但是，她像许多研究近东的专家一样，倾向于接受神话－仪式方法为绝对的教条。

在卷帙浩繁的神话－仪式文献中，我只列举如下几本代表作：加斯特（Theodor H. Gaster）《神话与故事》（*Myth and Story*），载于《守护神》1954 年第 1 期，第 184—212 页，转载于阿兰·邓迪斯编《神圣的叙事——神话理论读本》（*Sacred Narrative*：*Readings in the Theory of Myth*，伯克利和洛杉矶，1984 年，第 110—136 页）。方廷罗斯（Joseph Fontenrose）《神话的仪式理论》（*The Ritual Theory of Myth*，伯克利和洛杉矶，1966 年）。西格尔（Robert A. Segal）《宗教的神话－仪式理论》（*The Myth-Ritualist Theory of Religion*），载于《宗教的科学研究》（*Journal for the Scientific Study of Religion*）1980 年第 19 期，第 173—185 页。

① 选自《宗教》（*RELIGIONS*）1939 年第 29 期，第 11—21 页。

在闪米特的数则洪水故事中，希伯来的也好，巴比伦的也好，出现许多奇怪的元素，至今仍无恰当解释。最近在叙利亚北部沿海的拉萨姆拉（乌加里特）发现了几篇神话诗文，这些诗文成于公元前 1500 年左右。这里，我们将试图利用这个证据，重构一篇原初的故事文本，上面提到那些奇怪的元素就是该文本重要的、有机的特色。同时，该文本也很可能是现存多种文本的源头。该文本中的洪水英雄将被视为一个植物神，而且我们还会看到这个最初的身份可以解释现存叙事中的现在看似令人困惑的、互不相干的那些元素。我们会提出这样的观点：在最初的希伯来洪水故事——《圣经》文本是一个后来的改编本——中，主角挪亚（或原本叫 Nakhom），被含所阉割，从而导致了一场旱灾。挪亚扮演的角色是阿里安－巴尔（Aleyan-Baal），相当于拉萨姆拉（Ras Shamra）的塔穆兹—阿多尼斯。仅仅是在植物神挪亚神奇地从这种阉割状态中康复之后，干旱才退去，降雨才开始，洪水才接着到来。可以认为，这个原始神话最先与迦南的季节仪式有关。按加斯特的观点，该神话实际上是对仪式典礼的神秘主义的解释。他认为："《创世记》中的某些早期传说，实际上是从迦南节日仪式中分离出来的一则又一则神话。"①

为了给后面的论述提供一个方便的框架，下面这个重构的文本将在文章的一开始就给出。这个故事主要来源于尼尼微、尼普尔以及拉萨姆拉三地的楔形文字资料，来自《旧约》的段落会加以注明。

阿里安—巴尔和阿尼特

阿里安－巴尔和妹妹阿尼特共同统治着海边的陆地。他的宫殿用雪松建成，坐落在北方神圣之山的山坡上。宫殿下方，奥龙特斯大河流入大海。他是"第一个种植庄稼的人，并建了第一个葡萄园"，他给 "谷子、雪松、葡萄和所有生长的东西以生命"。②他掌管稼穑，带来雨水，使大地一片生机。

① 我极大地受惠于加斯特先生，他总是将他那广博的知识和造诣极深的学问供我自由使用，他对我的更正和建议不可胜数。

② Cf. *SYRIA*, 1937, p. 259, l. 15：我掌管着你的草本。

死神莫特

大地之上还有死亡和旱地之神莫特，他统治幽暗的荒漠。他挑战阿里安－巴尔的权力，争夺他的王位。四月的一天，莫特趁对手酒后入睡之际闯进卧室，他看见了阿里安－巴尔的裸体。莫特就这样得到了控制他的力量，并把他诱到沙漠之中，派野兽去攻击他。在那里，阿里安－巴尔被野猪伤了大腿。他被抬回宫殿放在床榻之上，但是他一动不动像个死人。

妹妹阿尼特，看到地里的草枯萎了，知道哥哥出了事。她进了哥哥的卧室，见他的力量丧失了。她说："莫特击败了他，把他带到了下界，留在这儿的只是个躯壳。"阿尼特放声恸哭，宫门外的女人也哭泣。"啊，生命的主啊。"她们"为植物不再生长"而哭泣，"为结了婚却凋零之人"而哭泣，"为不能生育的黑头人"而哭泣，"为不能再带来洪水的大河"而哭泣。[①]

到了多雨的十月，没有下雨，阿里安－巴尔已"从上界"带走"他的云、风和雨"。烤焦的地面上，盐从横七竖八的裂缝里渗出。"所以到了晚上，大地看上去像盖上了一层雪。"动物不再出生，女人不再怀胎，"地上没了生命气息"。大地不再受到"来自天堂的甘霖泽被，成了一个荒芜的草原"，[②]饥荒出现了。就这样过了一段时间。

后来，阿尼特降临到了莫特的国度，那是一片不归之地。她撒开网捉到了莫特，把他抓得很紧。莫特哀叫乞怜，她说："找到我的哥哥，把他放回上界。"[③]神埃尔・德－帕特把自己做的一个梦告诉了阿尼特："天上要降下大雨般的油脂，蜜糖将要流成河。"[④]阿尼特由此知道了阿里安－巴尔还活着。

阿里安－巴尔在宫殿里苏醒了。他大笑着说："将会有雨水给我们带来丰裕，大海和雨水将在地上搏斗，雨水将获胜，再次带来富足。赶快逃到我山上的宫殿之中，带上你们的家人、你们的牲口和各类种子，带上金银，要不然洪水将冲走留在山谷中的一切。"有些人不愿意来，因为天上没有云彩。但是其他人来到了山上，逃到阿里安－巴尔的宫殿之中，躲避暴风雨。

---

① 比较兰登（Langdon）的巴比伦哀歌异文《塔穆兹和伊西塔》（*TAMMUZ AND ISHTAR*），第11页。

② Cf. *RAS SHAMRA POEM* I AB 11.17－18.

③ Cf. *RAS SHAMRA POEM* II 9－12.

④ Cf. *RAS SHAMRA POEM* col. iii.

洪　水

最后，在窗边负责观察的人们看到一块乌云。它越来越近，开始下雨了。大风起处将海水卷到陆地上，河口处河面不断扩大，“直到陆地和大海合为一体”。大雨倾盆，在山间席卷而过。海水和雨水“搏斗，像两军对阵”。整整六天六夜，人们害怕洪水，挤作一团。第七天雨停了，人们慢慢地从地上抬起眼睛，朝下向山谷望去。一层黏土盖住田野，河里的泥水直冒泡。极目所见，了无活物。但是人们很高兴，因为水中孕育着未来的丰饶。他们用葡萄叶为阿里安-巴尔加冕，并用雪松枝装点他的宫殿。为庆祝干旱和洪水不再遍布大地，人们宣布把这一天定为一个节日。

拉萨姆拉泥版

若要将上述材料以原作可能具有的古老程度为序进行整理，我们可以从拉萨姆拉泥版开始。这些泥版尽管可以追溯到公元前 1500 年，但是它们揭示的崇拜观念却早已有之，还保留着我们所知的反映原始社会的特征。泥版中我们看到一个国王兼神祇的故事，他近似于一个植物神。他的死亡或受伤都会导致长久的干旱。他的妹妹兼妻子从死神那里得到承诺，答应让他复生。国王为保住王位跟篡位者战斗，这些战斗不仅象征着生与死的搏斗，也象征着大海和雨的冲突。以阿里安-巴尔为代表的雨的胜利说明他将统治大地。[①]第二篇诗文中讲述道：一个叫卡舍尔-W-卡西斯的建筑神为这位阿里安-巴尔王修建了庙宇；最后可能还在屋顶上开了一扇天窗，在交感巫术中打开这扇天窗，好让天堂的窗户也打开并且跟着就降雨。[②]后面，我们还要谈到，庙宇的实际修建可能是如何跟繁殖力的恢复联系在一起的。

---

① 加斯特：《雨和海的战斗》(*THE BATTLE OF THE RAIN AND THE SEA*)。

② 威廉斯(Williams)：*RAS SHAMRA INSCRIPTIONS*，载《闪米特语言和文学美国杂志》(*AMERICAN JOURNAL OF SEMITIC LANGUAGES AND LITERATURES*)第 50 卷，第 236 页。

其他文本

摩尔根图书馆泥版发现于西巴尔，其历史可追溯到公元前1966年。在它的第11行末尾写有“破损”一词，这清楚地表明它有一个更早的原作。宾夕法尼亚大学已故教授克莱，在泥版对洪水之前长期的干旱和饥荒的叙述中，发现了泥版起源于叙利亚海岸阿玛如（Amurru）的证据。[①]这位学者认为，记载文本的语言是阿摩里特语（Amoritic），而不是通常认为的亚述语。他还在下面这个事实中发现了另一个能证明这一起源的证据：诗歌提到大雨（黎巴嫩的年降雨量是1200多毫米）、地下水、山脉、无花果树和其他一些在两河流域河谷这样的冲积地带并不存在的特征。几乎可以肯定地说，这是尼尼微泥版的早期修订本（7世纪），称为埃阿和阿特拉哈西斯（Ea and Atra-Khasis），记述了一场以食人为结局的类似的饥荒。阿特拉哈西斯也出现在摩尔根图书馆泥版上，苏美尔版本（尼普尔，公元前2100年）叙述了祖苏达（Ziusudda，相当于苏美尔的阿特拉哈西斯）的故事，他因虔诚而获知洪水将至的警告。该泥版没说饥荒，但其他内容还是证明它直接出自较早的记述。该文本在许多方面都与《圣经》文本最为接近。《吉尔伽美什》史诗的第11块泥版讲了洪水的历史，其中的乌特·纳皮什提姆，也叫阿特拉哈西斯，是故事的主角。[②]洪水之后他成为神仙，并在“遥远之地”，在诸河之源，开始了葡萄栽培。贝罗索斯文本（公元前300年）的主角叫希苏罗斯（Xisothros），是阿特拉－哈西斯（Atra-Khasis）的转写形式，这说明它与苏美尔文本有着亲缘关系。《创世记》中的洪水叙述，见于神秘经文之中，表面是在说挪亚早先发挥的作用。在被称为J的最早的一层，没有提到洪水，不过，因其提到“宁录”（Nimrod，《创世记》9: 8）这个名字，[③]可见有巴比伦影响。挪亚属于像铁匠图巴尔·坎和乐师朱巴尔一类的造福人类的形象。他的贡献是畜牧和栽培葡萄。[④]

---

① 克莱（Clay）：《一个希伯来洪水故事》（*A HEBREW DELUGE STORY*）第1章。

② 加斯特说：“这个异文在一个赫梯修订本中也存在，在胡里安人中甚至有一块残片，其中的主人公名叫Nahmolel——这个名字被用来与《圣经》中的挪亚（Noah）相比较。”

③《创世记》10：8—12中提到宁录。《创世记》9：8中未提到宁录。——校注

④ Gunkel，*SCHÖPFUNG UND CHAOS*，p. 515.

降雨之月

齐默恩教授认为，洪水故事是附加到挪亚故事上的，就像洪水故事是附加到乌特·纳皮什提姆故事上的一样，因为作为父权制谱系上的第十代，两者都代表着人间的十月，也就是降雨和洪水之月。[①] 克莱提出，下面的两行：

他（恩利尔）将向你降下丰裕，

将在傍晚给你送来大雨。

属于吉尔伽美什故事中现已亡佚的对饥荒的叙述。[②]无论如何，这两句话都表现出降雨跟丰收相关的联想。

图腾与禁忌

除拉萨姆拉泥版之外，在所有叙述中，饥荒和洪水都是惩罚措施之一，用来减少人口数量，平息人间吵嚷。例如，从“十戒”提供的证据中我们知道，即使是在构思这些故事的时代之后，因果之间也只存在着一种跟道德无关的巫术关系。“不可用山羊羔自己母亲的奶煮山羊羔”和“不可将我祭牲的血和有酵的饼一同献上”这两条律法都是禁忌，用来禁止以巫术手段伤害羊群，破坏丰收。由此推知，在挪亚故事中必定有过对巫术而非道德条例的违反，导致饥荒和洪水。在植物神故事中寻找禁忌时，我们发现“阉割”母题显而易见。这个母题常以委婉的方式表达，说成“被野猪伤了大腿”。尽管要紧之处是受伤的性质而不是伤人的野猪，但阐明野猪的角色就会进一步强化这一事实。就像其他神与其他动物有关，此处的塔穆兹－阿里安·巴尔（Tammuz-Aleyan Baal）也不例外。阿多尼斯是个猪神（与他相当的雨神安达实际上也被说成是野猪）[③]，他的图腾动物很明显要在神的宴会上杀了吃掉；而有魔法性质的猪皮则显然要披在主持仪式的祭司的肩上。[④]祭司数目不断增多，个个都披张猪皮，在以后表演的仪式戏剧中，他们就

① 齐默恩（Zimmern）：《巴比伦和希伯来的〈创世记〉》（*BABYLONIAN AND HEBREW GENESIS*），第 28 页。

② 克莱：《一个希伯来洪水故事》（*A HEBREW DELUGE STORY*），第 14 页。

③ C. T. 23,19.（T. H. Gaster, *ORIENTALISCHE LITERATURZEITUNG*，1936）.

④ 罗伯特森（W. Robertson）：《闪米特人的宗教》（*RELIGION OF THE SEMITES*），第 475 页。

成了兽形哑剧演员。[①]既然如弗雷泽所指出，图腾动物经常成为神的敌人[②]，那么植物神与野猪－祭司之间很可能发生过搏斗，结果，神受了伤。

阿尔布赖特指出，受伤或阉割象征着谷物的收割，这些谷物仅仅自谷穗以下被割断。女人们一边收割一边哭泣，尽管她们知道割下的谷物还会再发芽。[③]坎尼主张，眼泪可能实际上具有施肥的效果，但这已不是眼下这个仪式中的主要作用。

收获象征

女人哭泣，主要不是因为悲伤，而是想要宣告她们不该对神的死亡负责。我们还知道，在苏美尔人收获葡萄的日子里，人们要割断葡萄枝神尤卡德，并且说："对不起，我不知道。"因为"所有收获都被视为粗暴地消灭了生命中的神性微粒"。[④]与阿里安－巴尔密切相关的角色奥西里斯也曾被阉割，这在他的故事中有重要作用；荷拉斯在他复活后出生，被当成他的碎尸存活下来的证据。像塔穆兹神像一样，碎片被扔进了水中，于是，钓鱼的举动——这个举动在俄耳甫斯神秘剧中也存在——就象征着从水中找回生命的本原。[⑤]这里，我们看到的无疑是一则与收获后谷物再生有关的植物神话。

尽管将帕西发尔中保存的那类渔夫国王故事与塔穆兹仪式联系在一起的证据完全是受条件限制的，但是，两者都含有其他情形下罕见的母题：哭泣的女人、大地的兴旺与国王的男性生殖力紧密相连——这一事实足以使我们有理由在此介绍这个故事。哭泣的女人们照看的渔夫国王死一般躺在尸架上。他的王国遭受大旱，河床干涸，动物不育。后来，一位清白无邪的骑士在经历成年礼后问了有关仪式的问题，符咒才得以打破，水被放出来。国王和他的王国得以复生。艾斯勒和齐默恩都认为，司鱼网的塔穆兹与巴比伦印章上的渔业神是同一个人。[⑥]另外

① 加斯特先生叫我注意他关于这一点的文章，见《民俗学》(*FOLKLORE*，1938，p. 236）和《大不列颠和爱尔兰皇家亚洲学会杂志》(*JOURNAL OF THE ROYAL ASIATIC SOCIETY OF GREAT BRITAIN AND IRELAND*，1935，p. 39 n.)。很遗憾我没有得到这些文章。

② 弗雷泽：《金枝》(*GOLDEN BOUGH*）第二卷，第 50 页。

③ 阿尔布赖特：《生命与智慧女神》(*GODDESS OF LIFE AND WISDOM*)，第 236 页。

④ 罗伯特森：《闪米特人的宗教》，第 413 页。

⑤ 尼特兹（Nitze）：《评韦斯顿的〈从仪式到浪漫故事〉》(*REVIEW OF JESSIE L. WESTON, FROM RITUAL TO ROMANCE*)，第 388 页。

⑥ Eisler, *DIKTYS VON BYBLOS UND DIE ZWIEBELN*, p. 722.

还有证据表明，阿多尼斯的成年礼可能也遗留下来了。[①]

不但神的妹妹去了冥界，而且在神的主要崇拜地、吉尔伽美什的家乡埃雷克，神母伊西塔也下冥界解救他。在《吉尔伽美什》史诗中，吉尔伽美什去冥界是为朋友恩启都寻找不死之药。韦斯敦女士相信：帕西发尔在危险教堂(Chapel Perilous)中守夜，是生命仪式之前的一种例行的死亡成年礼。[②]我认为，在这个故事中可以看到与深入冥界类似的地方。费尔米库斯·马特努斯（Firmicus Maternus）在《论宗教的错误》（第 18 章）中提供了确证材料，在这本书中，新加入者在类似的阿提斯神秘剧（Attis mysteries）中被描述成是作为一个死人进入了内部区域。[③]

知道了这些传说，我们来看看挪亚的故事。从他身上能否既看到乌特·纳皮什提姆，也看到塔穆兹？要不是对挪亚这个角色有什么特别的强调，那么第一个畜牧之人为什么是挪亚而不是该隐呢？如果大地受到诅咒，那跟针对亚当的诅咒是不一样的，因为洪水过后这个诅咒就解除了。[④]为什么挪亚醒来时意识到他儿子看见了自己的裸体？如果这个情节没有什么目的，何以如此！

丰产国王神

如果承认挪亚与那类司生长的国王－神有关，那么我们就能回答上述问题了。国王的儿子作为他在性事方面的潜在对手，[⑤]破坏了禁忌，从而导致大地受干旱折磨。存留至今的犹太律法禁止儿子看到父亲的身体，就是为了消除阉割年长对手的原始诱惑。挪亚依照神谕造了船，得到提醒：一场使大地重现丰饶的洪水就要到来。上帝承诺说不再发洪水，并赐以冬夏，以及播种与收获的季节，这一切都是为了在可怕的无雨年月过后能恢复正常而平衡的四季。《古兰经》中也有一段经文这样描绘挪亚，说他带来了“充足的雨水，孩子、沃土和水流”。[⑥]

这一解释面临的主要困难是：一、从好处看待洪水；二、不要出现船；三、

---

① 韦斯顿（Weston）：《从仪式到浪漫故事》，处处可见。也见尼特兹：《评韦斯顿的〈从仪式到浪漫故事〉》。

② 韦斯顿：《从仪式到浪漫故事》。

③ 见 T. H. 加斯特的一封私人信件。

④ 比较普林斯(Prince)《献给塔穆兹的赞美诗》(*HYMN TO TAMMUZ*)：“受诅咒的陆地被毁灭”。

⑤ 厄特利先生(F. L. Utley)提醒我注意带有此类意思的犹太祭司传说。见金兹伯格(L. Ginzberg)：《犹太的传说》(*LEGENDS OF THE JEWS*, Phila., 1912 年), vol. 1, pp. 168－169, vol. V, p. 191；以及 August Wünsche：*DER MIDRASCH BERESCHIT RABBA*（Leipzig, 1881 年）pp. 161－163。

⑥《古兰经》第 71 章，人人版，第 85 页。

在塔穆兹仪式戏剧和其间穿插的传说中不要有禁忌。

在干旱造成饥荒的国度，洪水都是有益的。1931 年，努济（Nuzi）发掘队目睹了一场洪水，它发生在伊拉克北部基尔库克附近的一座小村子里，[①]当地人根本不把这场洪水看成灾难。这则当代洪水故事这样说道：瓢泼大雨下了近一周，洪水从附近的山上倾泻而下，村子泡在齐腰深的水中，狭窄的街道激流奔涌。泥墙被泡塌，房子也倒了。太阳出来的时候，整个村子几乎消失了。村民为自己小东小西的损失感到难过，但是他们很高兴地明白，天堂的大雨将赐给他们一场特别的丰收，所以他们快活地投入重建的工作中。塔穆兹被称为“带来有益洪水的人”，他像因陀罗一样因把水放出而得到崇拜。为纪念他而吃的烤玉米饼要烤成鱼状。[②]在巴比伦，暴涨的河水会在一夜之间冲走整个村子，而在黎巴嫩，要是下大雨，我们会见到人们对洪水的态度与此不同。如果干旱-降雨的故事传到底格里斯河，又传回到迦南，那么我们不会奇怪饥荒被淡化，洪水变成了惩罚。

巴比伦方舟

尽管船最先出现在埃阿和阿特拉哈西斯故事之中，但是也有与塔穆兹和奥西里斯密切相关的船，它们类似于方舟。那些视诸神皆为太阳神的人，会轻而易举地解释这些船，但是，原本是水神，后来因控制了尼罗河而成了繁殖神的奥西里斯，却不仅作为一个月神使用他的新月形船房，而且还用它到冥界环游。[③]塔穆兹死后，被放在河面的一条船上，要送到冥界去。挪亚在方舟中待了 40 天，大概相当于塔穆兹被关在船中。他们安全度过暴风雨之后，都回来了，给大地带来了新的生机。[④]

詹森教授认为，原来的方舟乃是一个建筑物，它既是神的住所，又是避难的地方。[⑤]他把原来的方舟与《圣经》的约柜作了比较。虽然不能证明阿特拉哈-西斯（Atra-Khasis）与 Khashir-W-Khasis 是一个人，[⑥]但是仔细推敲，庙宇上的窗户不无趣味，因为它让我们想起了所有其他完整的洪水故事中都有的窗户。我认为建造庙宇是为了恢复繁殖的又一举措。比方说，古蒂亚（Gudea）国王在位时（公

① 此为田野作业主任斯达尔博士（Dr. R. F. S. Starr）向我描述的。

② 这种鱼献祭给诸神，诸神使人类由死而生。

③ Budge, p. 122.

④ 此为普林斯顿发展研究所的格里登（H. Glidden）先生的建议。

⑤ *DER BABYLONISCHE SINTFLUTHELD*, p. 983.

⑥ 此为格里登先生在比较了相关词源学之后的意见。

元前 2500 年）曾发生过河流断水及其导致的饥荒。国王梦见神命他建造一座豪华庙宇，庙宇一落成，河里便又有了水。[①]至于祖苏达的建筑，L. W. 金说：“它可能是一座庙宇或别的神圣建筑，其地基可被视为他的敬献对象的显著证明。”[②]与《吉尔伽美什》史诗中“我把房子和财产都托付给船主人”不同，方舟总是被设计船的人批评，在《阿维斯陀》[③]中，为了防止冰冻造成破坏而建造了大木架（Vara）或庭院，里面藏着所有种子以及最好的人与动物的样品。像乌特纳皮什提姆的船的内部一样，木架被分成了九个部分。综上所述，接受神谕造船这一行为，起码与船本身有同等的重要性。[④]

总结性推想

如果造成饥荒的巫术原因是违犯禁忌，为何这点却没有见诸其他叙述呢？研究仪式的学者们清楚地知道，存在着两种禁忌：一种是公众遵守的禁忌，另一种是祭司和入会者遵守的禁忌。提出表演塔穆兹神秘剧的密室，以解释这些神秘剧为何没在艺术中加以表现。[⑤]神秘剧中的这样一种母题，除非它的意思变得模糊了，否则不可能出现在大众皆知的文本之中。这可以解释含的行为，以及该行为在《创世记》叙述中在洪水后为何被取代；这个叙述本应属于挪亚的故事，但是因为其意义已无人知晓，故被赋予了一个令人难以置信的新意，并附加在故事的结尾处。

这样一来，我们从塔穆兹仪式戏剧中得到了一个顺序。在关于渔夫国王，关于阉割、饥荒和洪水的故事中，这个顺序又被重复，结果是丰产之水的胜利，国王敌人的退却，以及生命的新生。拉萨姆拉叙述中的打仗的洪水，亦即叙利亚特有的九月的暴风雨，证实了克莱对洪水故事起源于沿海的猜想。我们已经论述了修建庙宇与修建方舟之间的紧密对应关系，以及从神那里得到警告这一主题的变异。

如果可以证明最初的洪水英雄也是一个植物神，也就不难解释挪亚首先等同于植物神，然后又等同于洪水英雄。我们希望进一步的发掘会为此处尝试性地提出的分析个案带来更多资料。

---

① 《巴比伦和埃及的传说》，第 67 页。

② 《巴比伦和埃及的传说》，第 67 页。

③ 《阿维斯陀》：波斯古代宗教琐罗亚斯德教的主要经典。——译注

④ 参见约瑟芬文本。建造巴别塔以便躲避第二次洪水。

⑤ 兰登：《塔穆兹和伊西塔》，第 7 页。

参考书目

Albright, W. F.

"The Goddess of Life and Wisdom." *American Journal of Semitic Languages and Literatures* 36（1919–1920）: 258–294.

"The North Canaanite Epic of Al Eyan Baal and Mot." *Journal of the Palestine Oriental Society* 12（1932）: 185–208.

"More Light on the Canaanite Epic Of Aleyan Baal and Mot." *Bulletin of the American Schools of Oriental Research* 50（1933）: 13–20.

Barton. G. A.

"The Second Liturgical Poem from Ras Shamra." *Journal of the American Oriental Society* 55（1935）: 31–58.

Budge, Sir E. A. T. W.

Osiris and the Egyptian Resurrection. New York, 1911.

Clay, A. T.

A Hebrew Deluge Story in Cuneiform. New Haven, 1922.

The Origin of Biblical Traditions. New Haven, 1923.

Eisler, R.

"Nachleben Dionysischer Mysterienriten?" *Archiv für Religionswissenschaft* 27（1929）: 171–183.

"Diktys von Byblos und die Zwiebeln." *Orientalistische Literaturzeitung* 39（1936）: 721–726.

Gaster, T. H.

"The Combat of Death and the Most High: A Proto Hebrew Epic from Ras-Samra." *Journal of the Royal Asiatic Society of Great Britain and Ireland*（1932）: 857–896.

"The Combat of Aleyan-Baal and Mot." *Journal of the Royal Asiatic Society of Great Britain and Ireland*（1934）: 677–714,（1935）: 1–44.

"The Battle of the Rain and the Sea: An Ancient Semitic Nature-Myth." *Iraq* 4（1937）: 21–32.

"The Harrowing of Baal." *Acta Orientalia* 16（1937）: 41–48.

Gunkel, H.

Schöpfung und Chaos in Urzeit und Endzeit. Göttingen, 1895.

Hepding, H.

Attis. Giessen, 1903.

Jensen, P.

"Der Babylonische Sintflutheld und sein Schiff in der israelitischen Gilgamesch-Sage." In *Orientalische Studien Theodor Nöldcke*, 983–996. Giessen, 1906.

Khvol'son, D. A.

Die Ssabier und der Ssabismus. St. Petersburg, 1856.

King, L. W.

Legends of Babylon and Egypt. Oxford, 1918.

Langdon, S. H.

Babylonian Liturgies. Paris, 1913.

Tammuz and Ishtar. Oxford, 1914.

Nitze, W. A.

"Review of Jessie L. Weston, *Form Ritual to Romance*." *Modern Language Notes* 35 (1920): 352–360.

Prince, J. D.

"A Hymn to Tammuz." *Journal of the American Oriental Society* 30 (1910): 94–100.

Smith, W. R.

Lectures on the Religion of the Semites. Edinburgh, 1889.

Weston, J. L.

Ouest of the Holy Grail. London, 1913.

From Ritual to Romance. Cambridge, 1920.

Williams, W. G.

"The Ras Shamra Inscriptions and their Significance for the History of Hebrew Religion." *American Journal of Semitic Languages and Literatures* 51 (1935): 233–246.

Zimmern, H.

The Babylonian and the Hebrew Genesis. London, 1901.

创世故事和洪水故事

雷纳德・伍利

编者按：

考古学家们也深深地卷入洪水叙事的调查之中。很明显，如果《圣经》被理解为实实在在的历史，那么，就应该存在《旧约》和《新约》里所描述的事情的考古踪迹。《圣经》考古学实际上已经证实了《圣经》所指的许多遗址的存在。这样看来，一些考古学家试图寻找洪水的“证据”，就是很自然的事了。

不止一位著名考古学家宣称已经发现了关于洪水的一些痕迹和物质证据。雷纳德・伍利（1880—1960）在乌尔挖掘了好几年。他是个牧师的儿子，曾经被训练要成为一个神学家，并曾注定要做神职工作。伍利希望通过在乌尔城的挖掘，发现《旧约》中的遗迹。他特别想找出亚伯拉罕的踪迹，根据《创世记》第 11 章 31 节，亚伯拉罕来自迦勒底的乌尔城。伍利考古队在 1929 年的成员，包括总助手马克思・玛洛温（Max Mallowan）［他后来和阿加莎・克里斯蒂（Agatha Christie）结了婚］和碑铭研究家埃里克・伯罗斯神父。在他的《1928—1929 乌尔城发掘》这份报告中［载《古物收藏家杂志》（*Antiquaries Journal*）1929 年第 9 期，第 305—339 页］，伍利专门开列了《洪水》这个章节（第 323—330 页），其中包括下面这句明确论断：“该次洪水与苏美尔人编年史中的洪水，并因此与苏美尔传说中的洪水是一回事，这一点几乎无可质疑：它与《创世记》中相关洪水故事的联系自然成立。”（第 330 页）。关于伍利论断的细节，见其《乌尔城发掘》（*Excavations at Ur*, London, 1954）。

伍利的发现提出后，学者们或赞同他，或批评他，因此产生了一批言辞激烈的文章。在那以后不久，另一位考古学家斯第芬・（Stephen Langdon）同样坚定地宣称，他在基什也发现了与之相左的证据。伍利驳斥了的对立论断，见伍利的文章《1929—1930 乌尔城发掘》，载《古物收藏家杂志》1930 年第 10 期（第 315—343 页，特别是第 340—341 页）。

伍利考古队最初的成员，在评价他们的发现上也有些分歧。伯罗斯神父似乎同意伍利的意见，例如发表在《都柏林评论》（*Dublin Review*）第 186 期（1930）的文章《洪水的发现》（第 1—20 页）。但马克思·玛洛温却有另外一种看法，见《挪亚洪水的反思》，载《伊拉克》（*Iraq*）1964 年第 26 期，第 62—82 页。玛洛温后来在他的回忆录里，对伍利爱出风头的嗜好说得既动情又中肯，指出“他是一个富有生动想象的有知识的人，但他有时无法克制这种想象”，见马克思·玛洛温《玛洛温回忆录》（纽约，1977）第 56 页。

关于洪水考古学“证据”的其他认识，见约翰·布赖特（John Bright）《考古学已经发现洪水的证据了吗?》（“*Has Archaeology Found Evidence of the Flood?*”），载于《〈圣经〉考古学》（*Biblical Archaeologist*）1942 年第 5 期，第 55—62 页；安德烈·帕罗特（André Parrot）《洪水和挪亚方舟》（“The Flood and Noah's Ark”），载于《〈圣经〉考古学研究》（*Studies in Biblical Archaeology*），纽约，1955 年，第 45—53 页；H. K. 莱真（Heinrich Jakob Lenzen）“Zur Flutschicht in Ur”，载于 *Baghdader Mitteilungen* 1964 年第 3 期，第 52—64 页；雷克斯（R. L. Raikes）《挪亚洪水的实物证据》（“The Physical Evidence for Noah's Flood”），载于《伊拉克》（*Iraq*）1960 年第 28 期，第 52—63 页。

有时候考古学变成了“方舟学”，搜寻挪亚所乘方舟的实物遗迹，是引起考古者们兴趣的主要焦点。曾有惊人数目的探险队到亚拉腊山寻找挪亚方舟。这些探险绝大多数都是由虔信宗教而又乐于奉献的业余爱好者们鼓动起来的；据 M. L. 佩格那（Mario Lopes Pegna）估计，有 72 种语言写成的 8 万余部作品，致力于研究挪亚盛衰及其方舟的变迁。此说固然不可信，但这类书籍和文章的确多得不胜枚举。在描写此类探险的汗牛充栋的流行读物中，最有代表性的几篇是：佩格那的“L'Arca di Noè et la Torre di Babele；Miti e Realtà nella Tradizione Biblica”，*L'Universo*（Firenze）1954 年第 34 期，第 701—710 页；弗尔南多·纳瓦拉（Fernand Navarra）的《挪亚方舟：我摸到了它》（*Noah's Ark: I Touched It*, Plainfield，N. J.，1974）；J. W. 蒙哥马利（John

Warwick Montgomery)《寻找挪亚方舟》(*The Quest For Noah's Ark*)(第 2 版)(Minneapolis, 1974),将“方舟学”一词的提出追溯到 1971 年;D. 巴尔西杰(Dave Balsiger)和小 C. E. 塞里尔(Charles E. Sellier, Jr.)合著《搜寻挪亚方舟》(*In Search of Noah's Ark*,洛杉矶,1976);T. 莱希伊(Tim LaHaye)和约翰·莫里(John Morris)合著《亚拉腊山的方舟》(*The Ark on Ararat*, Nashville, 1976);还有 L. R. 贝利(Lloyd R. Bailey)《挪亚方舟在哪儿?》(*Where Is Noah's Ark*?, Nashville, 1978);V. 卡明斯(Violet Cummings)的《真有人见过挪亚方舟吗?》(*Has Anybody Really Seen Noah's Ark*? San Diego, 1983);C. 伯尔兹(Charles Berlitz)的《丢失的挪亚之船——在亚拉腊山寻方舟》(*The Lost Ship of Noah: In Search of the Ark at Ararat*, New York, 1987)。试图揭开这些方舟学的搜寻报告真相的尝试之一是 H. M. 蒂普(Howard M. Teeple)的《挪亚方舟废话》(*The Noah's Ark Nonsense*,Evanston,1978)。

另外,还有大量研究方舟的学术论著,有代表性的是 E. S. 麦卡特尼(Eugene S. McCartney)的《挪亚方舟和洪水——关于基督教早期教父文学和现代民间传说的研究》(“Noah's Ark and the Flood: A Study in Patristic Literature and Modern Folklore”),载于《密歇根科学、艺术和文学学院论文集》(*Papers of the Michigan Academy of Science, Arts and Letters*)1932 年第 18 集,第 71—100 页;Lutz Röhrich, “Noah und die Arche in der Volkskunst,” in Klaus Beitl, ed., *Volkskunde: Fakten und Analysen: Festgabe für Leopold Schmidt zum 60; Geburtstag*(Vienna, 1972)pp. 433−442;W. E. 瑞克斯(Walter E. Rex)的“‘Arche de Noé’ and Other Religious Articles by Abbé Mallet in the Encyclopédie”,载于《十八世纪研究》(*Eighteenth Century Studies*)1975—1976 年第 9 期,第 333—352 页。

1872 年,乔治·史密斯将来自库云基克的泥版公之于众,其中包括他所谓的迦勒底创世记叙述。

今天不必重温该泥版的出版所引起的轰动,它使人们几乎不再相信《旧约》是神灵的启示。不可否认,希伯来文本和阿卡德文本之间存在着某种联系;但这是否就意味着希伯来文本是从阿卡德文本复制过来的呢?藏有这些泥版的亚述皇家图书馆，其年代不早于公元前 7 世纪，因此，的确也可以假设亚述的抄写员从希伯来人那里借用了这些故事。然而，乔治・史密斯能够证实，亚述人的泥版抄自非常古老的巴比伦泥版；现有实际文档表明，巴比伦文本又依赖于早在亚伯拉罕出世之前就已写下的苏美尔原作。有些顽固分子坚持说，就算是这样，美索不达米亚叙述和希伯来叙述仍然是具有共同起源的各自独立的传说。这可以解释它们的相似性；但二者相比，希伯来文本更加纯正，所以它没有受到粗野的多神教的影响，而在美索不达米亚人的异教信仰中，神启真理就与这种粗野的多神教互相重叠。世界上相距遥远的各个地方，不同种族的口头民俗中都有洪水故事，确切地证明，《创世记》中的世界性洪水已经同样铭记在所有种族的脑海和记忆中。所以如果在两个相邻的地方，洪水故事以相似的形式出现，那是很自然的事。少数人固守诸如此类的论点，但对大多数人而言，泥版上的证据是可信的。《创世记》中的故事是以古代苏美尔故事为基础形成的，这个事实得到普遍认可，不过，就在接受了这个说法的人们中，也有一些人仍然认为它多多少少是一个障碍。

如果真是这样，只是因为他们把本质上不同的两个事物放到同一范畴中，从而犯了一个根本错误。就连今天给我安排的演讲标题——创世故事和洪水故事，一定程度上也在继续这个错误，好像是要把它们放在共同的立足点上，然而它们却是完全对立的。让我来解释一下。洪水故事声称是历史。它讲述人类经验中的一个确切事件，讲述一个人的历险，这个人的名字和家谱被记录了下来，而且，它按照那种经验中的事实在传说中得以记住并代代相传的那样，来讲述这些事实。然而，创世故事讲述人类在大地上出现以前，甚至大地存在之前的时代和事件。因此它不可能以人类的记忆为基础。如果有人宣称它是对事实的记录，那么它只能来自于神的启示。因为除了上帝外，没有人知道这些事实——我当然无法想象有谁能把作为《创世记》叙述源头的苏美尔泥版上那令人不快的神谱，归功于神的启示。这样一来，它必定是一个发明，而且是一个严肃的发明，是一篇人类试图解释世界而进行宇宙论思辨的论文。于是，我们在这里有两件事物——传说和神话，它们是绝对不同的。我们常常会混淆两者，但正如我希望在后面指出的，希伯来人没有混淆它们，他们认识到了它们的不同，并予以区别对待。让我们先来谈一谈创世神话。

记载创世故事的楔形文字泥版严重残缺，故文本极不完整。而且，所载传说不是一个而是多个，它们的内容涉及广泛。其主旨不是创世，而是更重要的东西，即创造那些统治世界的众神。这个故事十分野蛮，毫无道德可言；这些凶残的神祇尔虞我诈，自相残杀，互相排挤，导致最初的神祇被废黜，或被贬低，一群年轻的神篡夺了他们的权力。只是到了后来，并且几乎是偶然地，世界才被创造出来，造人则是为了让神享福。记载创世故事的少量泥版残片似乎显示出，这项工作花费了 7 天时间，其创世顺序亦与希伯来文本中的顺序相似；但是，如果后者与苏美尔人宇宙发生论的整体认识相比较，它们看上去共性极小，以致希伯来文本对苏美尔文本的依赖性也产生了疑问。但是我认为，希伯来文本肯定起源于美索不达米亚文本。希伯来文本中出现了一个（我想可以说是）非希伯来语的词“tehom”，描述淹没尚未形成的地球的水，该词源自混沌女神的名字“tiamat”，她在苏美尔人故事中同样出现于“大水聚集在一处之前”；大多数学者——虽然我承认这个概括有例外——认为这本身就是希伯来文本的衍生性质的证据，更不用说 6 天创世和 7 天一周这个说法中暗含的与苏美尔文本的相似性。但我要强调的是，对创世的叙述只适合下美索不达米亚地区。“上帝说，天下的水聚集到一处，让干地出现：事就这样成了。”现在居住在阿拉伯半岛的中部，或高加索，或犹地亚（Judea）丘陵，或叙利亚高原的民族，都没有想到他们的国家曾一度在海底，水的聚集和由此出现的旱地对他们来说可能毫无意义。但对下美索不达米亚的居民来说，那是显然的自然现象，它不仅发生过，而且在他们的眼前一直发生着。整个山谷曾经都是沼泽，其中有相当一部分到现在仍然是沼泽地；但水位逐渐下降，河水冲刷成河道，人工挖掘运河，加快了自然进程，水就这样得以聚集，旱地就出现了。这还不够。《创世记》中创世顺序十分合乎逻辑——人们常常指出它与现代科学提出的那种顺序是多么的相似——但在有一点上奇怪脱离了逻辑。在陆地被创造出来的当天，上帝指示：“地要长出青草和结种子的菜蔬，并结果子的树木，各从其类。”所有这些都是在太阳、月亮、星星造成之前的第三天产生的。现在的整个下美索不达米亚地区，都是由底格里斯河和幼发拉底河的淤泥形成的，河流淤泥是可以形象得出的最肥沃的土地。原来的沼泽地干涸后，产生的新陆地可以立即长满各种植物；正是水淹过的土壤的惊人繁殖力，把第一批定居者吸引到河谷来，并使苏美尔城邦得以发展。对苏美尔人来说，大地是为人制造的，当他说到“大地”时，他想到的大地是人赖以居住和生存的地方。西边沙漠高地的荒凉地带对他毫无意义，东部的依拉米特（Elamite）山脉对他也是一样，他关心的是供人类生存的肥沃土地。所以当他试图描述创世时，他描述的是河谷的创造，他描绘的图像符合现实的真实；曾经到处泛滥的水被聚集到一个地方，陆地就出现了，并马上产生了人类所必需的东西；这就是你们的世界。就这么简单。《创世记》的叙述正是一个苏美尔人写得出来的东西。它不可能由自然条件不同的其他地区的居民写出来。因此,希伯来人是从苏美尔那里借来了这个故事。

就洪水传说而言，不存在什么疑问。这里我们要讨论的不是相似，而是相同。不只是《旧约》中的故事与楔形文字文本相同，而且故事的细节乃至语言、表述特点，都完全算得上是对楔形文字文本的复制。事实清楚明白，此处不必讨论。泥版中的洪水故事几乎等同于《旧约》中的叙述。它是乌特·纳皮什提姆，即苏美尔人的挪亚，亲自对故事中的主角吉尔伽美什讲述的，因此是以第一人称讲述的，这就使故事显得生动但却难以让人信服。乌特·纳皮什提姆固然被说成是一个人，一个生活在著名的城市苏鲁帕克的公民，但那可能仅仅是文学技巧；对我们来说，这篇篡改过的诗本身只不过是一个诗化的民间故事。古苏美尔人却根本不那么想，他们认为故事讲述的是一个历史事实。

我们从不同的泥版上得出一份王表，它是苏美尔书吏为其国家历史编制的框架。在美索不达米亚，该王表开始于传说中的八个半人半神的统治者，他们联合执政共达将近 25 万年。然后他们说："洪水来了，洪水来后，王权将再次从天而降。"在此之后，列举了洪水之后的国王。最先出现一个王朝，其都城是基什，之后是埃雷克第一王朝，再后是乌尔第一王朝。某些基什国王和埃雷克国王仍然是传说中的神和英雄，而且他们都极为长寿。但乌尔城国王们的出现，把我们带回凡间，他们不仅寿命同于常人，而且我们还在乌尔城发现了书面材料，证明了他们至少是历史上真正存在过的人物。毫无疑问，对苏美尔人来说，所有这些国王都是同等真实的（寿命长短对苏美尔人来说不难理解，正如希伯来作者不觉得玛士撒拉[①]不难理解一样。不管怎么说，我们看到的数字是讹误的）。在这个纲要化的历史框架中，他们简单地、未加修饰地提及洪水。这里没有关于洪水的故事，不过是叙述了几位国王的生活；它们只是陈述一个事实。之所以要陈述这个事实，是因为洪水导致国家连绵不断的历史出现了一个缺环——不是绝对的中断，因为洪水时代以前的一些城市在灾难后还继续存在;但是洪水极大地破坏了国家经济，在一段时间内，整个社会系统都崩溃了，不再有统治或政府，于是，在恢复社会秩序之前，不得不由天上派下王权。洪水是他们能够确定其时间的真实事件，他们对洪水时间的确定至少跟他们确定洪水前后的国王们在位的时间那样准确。我们不能接受他们胡言乱语的年代学，但完全有可能的是，他们把它放在了整个历

① 玛士撒拉（Methuselah),《圣经》故事中的人物，据说在世 969 年，被称为世界上最长寿的人。——译注

史中的一个正确位置上。

考古学又是怎样来看待它的呢?

在乌尔城北部，河上游最早居民点遗址所形成的土墩侧面，我们发掘了许多深坑。所有深坑都处于或接近古老的王室墓区。坑中发现的证据连贯一致。在上部，我们挖出八个建筑层，最深的两层或三层处于早期王朝时期，在乌尔第一王朝达到鼎盛，而且苏美尔历史学家径直将其等同于乌尔第一王朝，其余的属于之前的年代，用今天考古学家的行话则称作加姆达·奈斯尔时期（the Jamdat Nasr Period）。紧接着的一层完全由破碎的陶器片组成，有 18 英尺厚，在层与层之间我们发现了烧罐的砖窑——这些罐子是一个着实活跃了几个世纪的工厂的“废品”。该层上部的罐器属加姆达·奈斯尔类型；它们随即消失，取而代之的是一个较早时代的红色或灰色陶器层，它们属于乌鲁克时期，底部是一个相对较薄的碎片层，显示欧贝德（al'Ubaid）陶器典型的劣质装饰品形式。欧贝德陶器是南美索不达米亚最早居民的陶器。在这一层下面，是一层非常纯净的含水淤泥层（最多不超过 11 英尺厚），它显然是因为洪水泛滥而沉淀在土墩旁边的——淤泥与幼发拉底河从北美索不达米亚带来的泥土是同一类型——在它下面是房屋的废墟，有很多早期欧贝德文化的精美彩陶。这些是洪水之前的房屋。

在乌尔城，我们已经有了大洪水的确切证据，深达 25 英尺[①]的洪水，一定毁灭了三角洲地带的一切，只留下少数建在高出洪水的土墩上的较大城镇。我们知道，虽然乌尔城幸免于难，但土墩脚下的房屋全毁了，而在开阔的平原，我们已经发现不是一个而是好几个在同一时期被毁的村庄的废墟，这些村庄后来再未有人居住过。灾难是在我们称作欧贝德时代末期到来的。欧贝德文化是下美索不达米亚最早的居民的文化，延续了很久。在苏美尔人心目中最古老的城市爱里都（Eridu），伊拉克政府的挖掘队发现了 16 个庙宇遗迹，它们一个建在另一个之上，都属于欧贝德时期。洪水过后的欧贝德文化在衰败中短时间延续，然后让位于迁移者从北方带来的一种完全不同的文化。这个乌鲁克（或埃雷克）文化，又被所谓在加姆达·奈斯尔时期统治这片地区的另一种移民文化所取代；那以后又到了早期王朝时期，其鼎盛时期是乌尔第一王朝。我说过，乌尔第一王朝记载于苏美尔王表中；王表上所载洪水之前的王权时期一定会对应于欧贝德时期，原因很简单：欧贝德时期的确出现于洪水之前，并是该地历史上最早的文化。如果我们敢于再进一步把考古学上乌鲁克和加姆达·奈斯尔时期与记录在王表中的基什和埃

① 在《创世记》的描述中，洪水是 26 英尺。

雷克两个王朝相联系的话，则可以看出两者是完全对应的，苏美尔书吏记录的洪水“日期”，恰好符合它在考古序列中的位置。当然，考古学没有为乌特·纳皮什提姆故事的细节提供证据，但那个故事赖以建立的基础是历史事实，这一点不能轻易否认。

这样一来，创世神话和洪水传说就是希伯来人从美索不达米亚原作中借来的。这发生在什么时候？

有些学者认为，希伯来书吏在巴比伦囚虏时期草拟犹太经文的正典时，以巴比伦传说作为《创世记》中前几章的基础。在我看来，这在心理上是绝不可能的。这些书吏很虔诚，他们关注的是宗教典籍和宗教信仰的纯洁性。尽管耶路撒冷国王和牧师已经离经叛道，但这些典籍和信仰总算传给了他们，并且历经艰难幸存下来。很难想象他们会趁机钻研征服他们的异教徒的神话，并将这些新材料作为神的启示纳入他们的神圣著作。况且，证据也不仅限于心理学上的。就算书吏想用巴比伦传说作为对正典的新鲜补充，他们也该参考保存在宫廷图书馆和寺庙图书馆里的那些传说的标准文本。这样，他们就会处理一个单一文本，《旧约》中就不该有我们实际上看到的多个文本错综复杂乃至牵强附会的拼合。如果书吏们据巴比伦文进行翻译，他们又怎样得到挪亚的名字？这个名字不可能来自泥版上的乌特·纳皮什提姆。为什么泥版上并未提及而他们却说方舟搁浅在亚拉腊山上？创世故事和洪水故事确实极有可能是亚伯拉罕从乌尔带来的文化遗产，并且从那以后这些故事就为希伯来人所知。有考古学证据可以证明这一点。一段破碎的铭文显示，在哈兰（Haran）地区，流行着一个“北方文本”的洪水传说，其中主人公的名字不是乌特·纳皮什提姆，但和《创世记》中的挪亚很相似。鉴于亚伯拉罕曾在哈兰住过，亚伯拉罕兄弟十二人都在那儿娶妻，采用“挪亚”这个名字就容易解释了。“亚拉腊”这个名字是否也出现在“北方文本”中，我们不得而知，但至少很有可能是一个北方民族构想了一条方舟，并让它在他们听说过的最高的那座山上搁浅——这样一座名山也大大超出南美索不达米亚人的知识范围。如果从那么早的时期，从乌尔城借来的故事就继续以口头流传的形式在希伯来人中代代相传，那么，后世存在着被不同部落传统同样视为神圣的两个不同文本就不足为奇了。《创世记》叙述的编辑者们必须调和两种文本，而不能牺牲其中的任何一个文本，仅仅因为两者都是他们民族精神遗产的一部分。

的确，很难说这些故事对早期希伯来人的影响有多大；它们在《旧约》中的随后各书中其实并无作用。当然，《摩西十戒》中曾详细地谈到六天创世，但一般认为这只是最初经文的附加部分，而且不会早于巴比伦囚虏时期。但是，即使我们承认这是真的，规定（或认可）一星期为 7 天、6 天为工作日的圣戒本身也还是一个问题，我们不能不把这条圣戒与 6 天创世联系起来。如果这条圣戒中包含明显对比的后半句是后来才产生的，那它就没有带来新意，而只是说出了人人皆知的事情。我们可以自信地假定：最古老的《摩西十戒》暗示了对创世故事的了解。除了这个重要例外，如果《旧约》各书并不直接谈及《创世记》前几章的内容，我们也不必感到惊异，它们何必要谈呢？举例说，诗篇作者颂扬造物主时尽可回忆起老故事——造物主给海洋"定了界限，使水不能过去，不再转回遮盖地面"，但记载历史的各书显然不会引述这些传说，先知也没有理由这样做。这种沉默完全不足否定这些传说在整个《旧约》时代一直流行。

我们能合情合理地假设它们曾作为民俗而流传。至少在很长的一个时期里，它们没有被写进书里，只是在口头流传。因为它们与希伯来民族中由宗教条例保护和推广的特定宗教记录不属于同一类，而只是通常既无知又不正统的大众的公共财富，所以它们肯定保存了大量的原始多神教色彩。在巴比伦囚虏时代，正典各书的编辑者遇到了一个困难的工作，那就是使传说和他们想要灌输的正统观念相符合。我们在经文中读到的遗留下来的奇怪内容，如"上帝的儿子们'看见'人的女儿们美貌，……那时候有伟人在地上"，可以证明这到底有多困难。但是，如果他们感觉到有些故事还是要被纳入《圣经》，并且，遇到存在两种异文时，两个文本就得综合成一个文本，而且两个文本原来的措辞都得保留，那么，我们就会得到最坚实的证据，证明故事在民间信仰中占据重要地位。

然而，对这两个故事，即这则神话和这则传说，处理很不相同。

苏美尔的创世故事是一种复杂的宇宙学说，它是整个苏美尔宗教的基础。因为那种宗教是虚假的，其整个神学必须被废弃，而作为宗教领袖的编辑者在这件事情上可以自由处理，并有义务删除与其信仰相悖的一切。只有如我们所知的涉及创世的相对较小的部分得以保留，因为它是犹太人宗教活动的本质，是遵守安息日的来由。[①]不过，那个故事被缩减到最简单和最基本的形式，清除了可能在口头传统中存留下来的所有荒谬成分，却又使通常的民间信仰的内容与改良宗教达成调和。然而，洪水故事却是历史。洪水在美索不达米亚发生过，美索不达米

① 我冒险地指出，《摩西十戒》中第四条圣戒中的第二句提到的"上帝用六天创造天地、海洋及其中所有的东西……"，是这个时候加上去的注解，放在这里是为了替《创世记》开头的那段附加内容找理由或作解释，这个附加内容原本不是《圣经》的一部分。

亚人对这场洪水的书面叙述比任何一个希伯来传说都要早得多，因此，你越是忠实于巴比伦文本的内容，就越接近事实。当然，涉及假神的部分必须被清除，但就历史事实而言，原始资料如有可能应照字面理解。这就是为什么挪亚的历史会如此准确地再现为楔形文字文本，而创世神话却与泥版上的宇宙起源很少相同。

让我来总结一下我想表达的整个内容。创世故事和洪水故事都起源于南美索不达米亚，我们现有的这两个故事的文本可以追溯到亚伯拉罕族长以前的时代。创世故事是一篇异教徒神话，洪水故事是关于人类的传奇，被认为具有历史性；创世故事必然纯属创作，洪水故事基于我们已有证据的实际事件，不过，传奇的细节当然不可能有凭有据。这两个故事亚伯拉罕都会知道，如果他住在乌尔城的话（而他的确是住在那里的）。其中至少有一个故事流行于族长时代的哈兰，也可能两个故事都流行。两个故事都被族长家族所采用，又作为口头传统代代传承，逐渐变成希伯来人民间信仰的一部分，对他们的影响之大，可从一周 7 天的惯例和安息日的宗教仪式显示出来。在巴比伦囚虏时期编辑圣书时，这些故事被组合在一起，尽管它们并不见于修订者所采用的两个更古老的原始资料中。古老的苏美尔（巴比伦）创世神话被彻底删减，仅仅保留下认为上帝是万物本原的哲学思索；洪水传奇以其传统形式保留，但却被道德化，好跟后来犹太人的宗教观念保持一致。将《创世记》文本和衍生出它的楔形文字泥版文本加以比较，就是要认识自从“你们的父辈信仰大河那边的怪神”那个时代以来这些宗教观念令人惊讶的发展。

奥维德“菲勒蒙与包喀斯”故事新解[①]

W. M. 考尔德

编者按：

洪水神话也见于希腊文本和罗马文本中，尽管在这些语境中它似乎不像在较早的巴比伦和苏美尔语境中那样有哲学意味。然而，这则叙事成为古典文学遗产的一部分却是件有趣的事情。在下面由曼彻斯特大学休姆希腊语教授[②]考尔德（W．M．Calder）写的文章中，我们将看到对研究洪水叙述时所用的字面的、历史的方法的出色阐释。该文将洪水理解成地方性的而不是世界性的，并以严谨的态度试图确定可能发生洪水的地点。

要查找对希腊和罗马洪水叙事的其他研究，见帕斯卡尔（Carlo Pascal）“La leggenda del diluvio nelle tradizioni greche”，Atti della R．*Accademia delle Scienze di Torino* 30（1894－1895）：785－798；《古希腊的大洪水故事》，载于弗雷泽《〈旧约〉中的民俗》第一卷（伦敦，1918），第146—174页；鲁道夫·马尔顿（Ludolf Malten）“Motivgeschichtliche Untersuchungen zur Sagenforschung：I．Philemon und Baukis”，*Hermes* 74（1939）：176－206；约瑟夫·方廷罗斯（Joseph Fontenrose）《菲勒蒙、罗德、吕卡翁》（“Philemon, Lot, and Lycaon”），载于《加州大学古典语文学专刊》1945年第13期卷四，第93—119页；伊梅尔·G．克雷林（Emil G．Kraeling）《希苏特罗斯·丢卡利翁和洪水传说》（*Xisouthros, Deucalion, and the Flood Traditions*），载于《美国东方学会学报》（*Journal of the American Oriental Society*）1947年第67期，第177—183页。

---

① 选自《发现》1922年第3期，第207—211页。（该故事的中文译本，见于杨宪益先生所译奥维德《变形记》，作家出版社，1958年版，第114—117页。——译注）

② 此种教授席位以“休姆”命名。——译注

古典文学中最有名的故事之一是奥维德那引人入胜的菲勒蒙和包喀斯的故事。它讲述一对上了年纪的夫妇住在弗里吉亚[1]群山中——罗马诗人习惯称其为小亚细亚腹地。一天，有两个陌生人出现在这个地区，乞食求宿。在“千扇家门”向他们关闭之后，菲勒蒙和包喀斯收留了他们，给他们做了一顿简单却充足的乡下饭，最后还端上珍藏的猪里脊肉。这对老夫妇恐怕这还不够，又要把他们仅有的活物——一只雄鹅给他俩吃。鹅逃到陌生人那里寻求庇护。这时，陌生人声称他们是朱庇特和墨丘利。他们说邻居们恶待客人之罪将得到报应，并吩咐菲勒蒙和巴喀斯陪同二位神到山坡上去。接近山顶时，他们回头望去，看见除了他们家之外，整个村子都被洪水淹没了。正当他们目瞪口呆之际，他们的家在他们眼前变成了一座神庙，有大理石的屋基、镀金的屋顶。菲勒蒙和巴喀斯想在神庙里当男女祭司，神满足了他们的愿望。他们活着同心，也想同时死亡。他们在极老时变成橡树和椴树，成为神树。人们现在仍然可以看到，它们由矮墙环绕着，树上盖着花环。故事的讲述者保证说故事是真的，他亲自到过现场，还一边祈祷一边把新鲜的花环挂在树上。

奥维德《变形记》第八卷中讲述了这个故事。这部书是一部故事集，松散地串在一起，这些故事的共同特点是它们都描述神话人物转化成动物、树、花、岩石等等。同《岁时记》（*Fasti*）一样，它表现了奥维德和他的读者对现代作家所称仪式的原因论的兴趣，即寻找对他们所看见或所参加的宗教活动的解释。这种兴趣是奥古斯都倡导的宗教复兴的影响之一，它在当时的文学和其他古迹中都留下了深刻影响。正像每个城市的建立都有它神圣的传说一样，每个仪式活动也必须在故事中找到一个说法，作为对这个宗教行为的一种诠释，一项崇拜通常可以追溯到某些神话人物的经历。举例说来，阿波罗与月桂树之间的联系，可以追溯到他对一位叫达芙妮（月桂树）的少女的爱情，她从他的拥抱中逃脱，变成一棵以她名字命名的树。

奥维德出生在西塞罗去世的那一年，即公元前 43 年。在他 40 岁的公元前 3 年与被流放到托米的公元后 9 年之间，他专心写作《变形记》和《岁时记》。当他离开罗马时，《变形记》显然已完成——至少第一版完成了，《岁时记》则显然还没完成。当然，如果由此就说整部《变形记》是两部作品中先完成的，未免牵强。但是，我们现在讨论的这个故事极有可能在世纪之交写成。我们的目的并非一定要确定一个准确的成书日期，公元前后 3 年是足够接近准确的了。其实，奥

① 在今天的土耳其。——译注

维德在着手进行正式写作之前，肯定已用一段时间搜集材料。

解释原因的神话，或城市创建传说，是古代地中海宗教的一个普遍特征。城市、神庙的建立，崇拜的兴起，都要获得一个宗教上的批准。历史学家李维（Livy）和诗人维吉尔以各自的方式讲述罗马的建立；不论是诗人还是历史学家，都为罗马赋予了一个宗教背景。希腊文学中到处是这样的传说。在埃斯库罗斯的《俄瑞斯忒亚》结束，观众离开剧院前，印在他们脑中的场景是在雅典卫城对复仇三女神崇拜的创立；索福克勒斯的《俄狄浦斯在科罗诺斯》是一则离奇故事的戏剧化文本，那个故事解释为何在科罗诺斯存在着对俄狄浦斯的崇拜；欧里庇得斯的《酒神的伴侣》，突出表现了在底比斯对酒神狄俄尼索斯的崇拜。

让我们从这个角度来看奥维德的菲勒蒙和包喀斯故事。可以说这也是个“创建故事”，它讲述的是一座将朱庇特和墨丘利一起供奉的特别神殿是如何在小亚细亚的一个湖边建立起来的。按照讲述者的理解，故事的主旨就是这样。但是这个故事所在的故事系列并不仅是讲给那些对宗教起源有兴趣的人听，并且也讲给赶时髦的和轻信的公众听。再说，奥维德是罗马的故事大王，而所有优秀的故事家都有对他们的材料进行扩充润色的习惯。因此，研究古代宗教的学者在使用奥维德故事时必须谨慎；甚至就《岁时记》来说，这样的谨慎也是必要的，要知道，比起《变形记》来，《岁时记》是更严格意义上的专门书籍。

我希望能够证实菲勒蒙和包喀斯的故事是一个真正的安纳托利亚人传说，并能把读者带到传说最初讲述之地，找到那条把这传说带给罗马的奥维德的通道。我们将发现故事包含某些直接来源于安纳托利亚源头的特征。其他那些特征尽管跟奥维德作为讲述者的目的密切相关，但对研究古代宗教的学者却没有价值。故事中另有两个特征，其重要性值得怀疑。我将提及它们，但是它们对我的论点不起任何作用。

我们可以忽略纯粹的生动细节——老夫妇明摆着的、泰然顺从的贫困，一道道农家菜凑成的乡村饭，讲述一则好故事需要的所有细节——立即导入隐含在故事中的宗教真理的核心。首先，这儿有覆盖着花环的神圣树木并由矮墙围住（别漏掉细节）。怎么解释这些树木的神圣性？对安纳托利亚农民来说，无论是古代的还是现代的，这种神圣性只能以一种方式解释——树里面栖息着已死的某个圣男或圣女的灵魂。显然，并立的橡树和椴树的神圣性用这样一个理论解释得最好，即这两棵树是由一对男女变成的，这对男女可能是附近神庙最初的男女祭司。神庙本身也非同一般——它是一起受朝拜的两个神的神庙。神庙旁边有一个湖，此湖覆盖着一片曾经有人居住的土地——像个覆盖了恶人住地的死海。显而易见，这两位神是本地洪水的发动者，经过许多类推，我们可以辨认出菲勒蒙和包喀斯是一则地方洪水传说中的挪亚夫妇，是被洪水吞没的一代罪恶人类中仅有的正直的幸存者，他们最适合成为神殿里的男女祭司。接着，我们考察洪水本身，发现洪水不是天上下雨引起的，而是地下冒水造成的。这就使这场洪水——我们马上就会发现，它属于标准的安纳托利亚类型——有别于《创世记》中描绘的闪米特人的洪水，闪米特人洪水中的重点是天上降下的雨。但是《奥维德》一定要提到方舟吗？没有方舟之类的东西——在该洪水文本中，这两个好人爬到山上，得救了。所有这些，对研究安纳托利亚宗教的学者都有重要意义。前面提到有两个特征，如果对它们过于重视就会有失鲁莽，即雄鹅插曲和主人拿出猪里脊肉。雄鹅提醒我们，许多洪水传说中的挪亚夫妇都与鸟有联系——在《创世记》中是乌鸦和鸽子，在迦勒底文本中是各种各样的鸟——我们不知道为何在最初的传说中没有雄鹅的位置。但是我们随即想到奥维德需要给神一个自我显示的动机，而雄鹅在罗马是一种神圣的鸟（在一个古老的祭礼传说中，不就是他救了朱庇特神殿吗？），我们无意强调这一点。当我们读到有关猪肉这一节时，想到的是小亚细亚是“欧洲的吃猪肉者与东方闪米特的恨猪肉者之间”的争议地带。在这个国度的神庙传说中，流传着以猪肉利用为中心的古老的世仇故事。但是此处我们同样不能强调这个论点，我们更愿意假设奥维德认为腌制熏猪肉是乡下人款待贵客的一道必不可少的菜。

扫清了障碍之后，我们可以研究一下故事中那些我们已暂定为起源于安纳托利亚的特征了。但是在这样做之前，我们必须留意故事中的另一特征。我想，在《变形记》中，另外只有一个故事中具有这个特征。菲勒蒙和包喀斯的故事与前一个故事的联系极其牵强；正如皮查（Pichon）所言，奥维德在这部书中从一个故事到另一个故事的转变常有赖于词组的偶然变化，有时候甚至依赖一个表示连接意义或转折意义的小品词。具体到这个例子中，一个人对前一个故事表示怀疑，他申辩说见过树、神庙和湖，“我亲眼见过这个地方”，“诚实的长者，他们不会骗我，给我讲述了这个故事，我还看见花环挂在树上”，等等。谁要是忽视这一特征，谁就是一个糊涂的批评家。我重申一下，这个特征在《变形记》中只在另外一个故事里也出现，并且这个故事也是来源于小亚细亚腹地。奥维德不厌其烦地告诉我们：他的菲勒蒙和包喀斯故事是从一个已到过传说发生地并听农民讲述该传说的人那里获得的。我顺便补充一下，“他们没有欺骗的动机”这一告诫，在所有现代人的作品中也**处处**能发现。这些现代人的工作不过是从安纳托利亚的农民那儿得到信息。农民们也始终不明白为什么从欧洲来的陌生人会好奇地询问这种信息。这一特征与故事中的其他特征一样，都是地道的安纳托利亚特征。

至此我们明白了在那个世纪之交着手写作的奥维德，给我们讲述的是一个朱庇特和墨丘利神庙建立的故事，该神庙位于小亚细亚一个湖的旁边，该故事由一个当地的目击者报告给他。湖所在的地方以前有人居住。诗中所用的语言解释成“沼泽”或“湖”都行，但对小亚细亚来说这没有质的区别。在这个地方，降雨是季节性的，许多湖，甚至一些大湖都是季节性的，根据一年中的不同时期，它们可以称作湖或沼泽。

现在让我们考察一下在故事中发现的那些具有宗教意义的细节。我们首先看神树。关于安纳托利亚风景中这个永恒的特征，可写的东西很多。我自己很欣赏一个现代旅游者书中的几句话，该书中充满着对小亚细亚社会习俗的敏锐观察。[①]我的朋友蔡尔兹（W. J. Childs）先生，描述在西里西亚门关口的一棵树上挂满了穆斯林旅游者敬神的布片，他们将一块块的石头堆成壁垒，把树围住。“凡是长树和灌木的地方都可以找到这样的神树，总是以布片装饰，被堆积的石头包围。”“我得到的最好解释是这些灌木林是一些死去圣人的常去之地……在这里，和在圣殿一样，祭品可以产生小奇迹，或者至少被认为是好德行。”奥维德的树上挂满带子，由一座低墙围住。安纳托利亚古老宗教中基本的东西在今天仍然存在。每一个旅游者在今天的安纳托利亚地区都能看到神圣的灌木，是证明奥维德所记录材料的某些细节乃属安纳托利亚特征的有力证据。

接着让我们看一下洪水故事。我们已经注意到，在菲勒蒙和包喀斯的传说中，洪水来自地下，这个特征使它区别于闪米特文本——其中天上的雨是洪水的主要来源。安纳托利亚人洪水传说的文本经常暗示洪水是冒出地面的水引起的，这在一个火山地带是自然的，在那儿，经常发生小规模的类似现象。奥维德在其故事中严格地按照安纳托利亚的文本来讲述。这是比较重要的一点，因为奥维德首先是一个故事讲述家，有识别好文本的眼光，他的习惯是堆积生动细节而不大考虑其一致性。这种倾向在《变形记》所讲述的另一个洪水故事中也可以观察到，即由丢卡利翁和皮拉扮演挪亚夫妇角色的希腊文本。在该故事中，奥维德显然一方面利用文学资料，一方面借助他的想象力。他实际上既从天空又从地下引出他的

---

①《徒步穿越小亚细亚》（伦敦，1918），第 321 页。

洪水。朱庇特首先调动带来暴雨的云，引来倾盆大雨，然后召唤波塞冬摇动大地，地下水涌进河流，使河水泛滥。这种对照值得注意。丢卡利翁故事中汲取了文学资料，闪米特和弗里吉亚方法联合产生符合场景的洪水。但是，从住在湖附近诚实的老人处获得的菲勒蒙和包喀斯故事中，只使用了弗里吉亚方法。

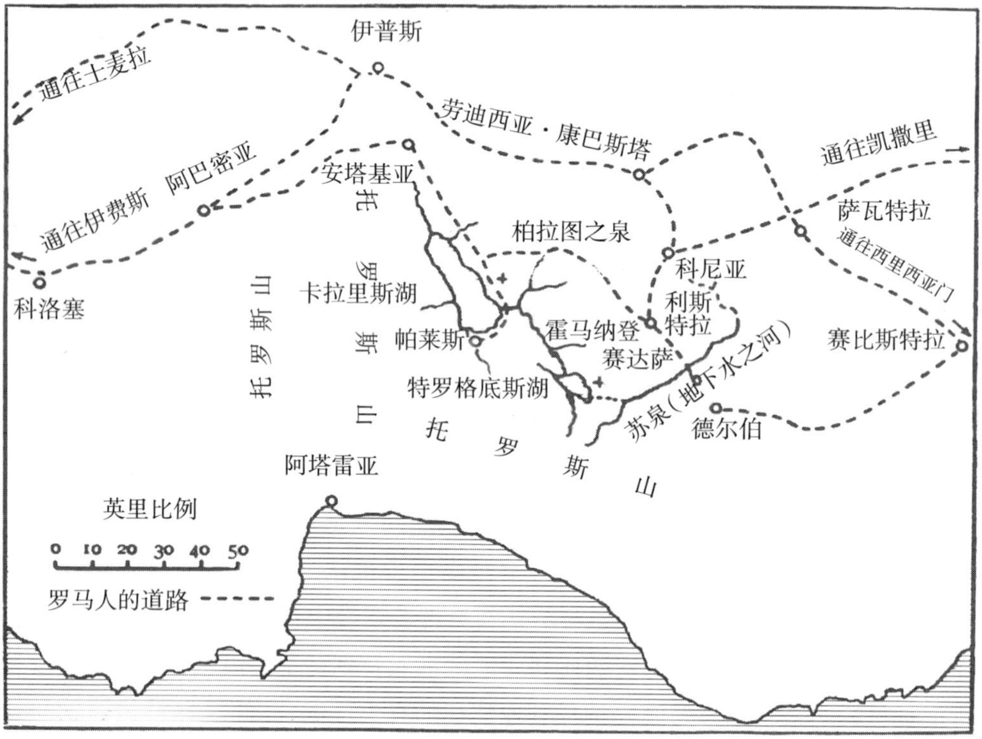

弗里吉亚洪水传说示意图

弗里吉亚或安纳托利亚的洪水故事，主要来自两个弗里吉亚城市阿巴密亚（Apamea）和科尼亚（Iconium）讲述的关于其起源及早期历史的传说。两座城市都坐落在地壳不稳定地带，即托罗斯山北坡地带。这儿的死火山、大量的温泉、频繁的地震，使古人想到他们住在宙斯或波塞冬既能拯救又能毁灭的地方。关于阿巴密亚的河水从地下喷涌而出有许多奇怪而古老的故事；《西彼拉预言集》（Sibylline Books）就把这儿确定为亚腊拉山的所在，并将其视为悬在马尔夏斯河之上的山——马尔夏斯河是故事中一条很著名的河。

在这里，地球打开过一个深渊，只有当国王的儿子骑着骏马，全身披挂跳下去后才又关闭。后来，这里又在硬币上发现一个城市故事，这个故事在整个罗马世界中也是绝无仅有的。这些公元3世纪早期所铸的硬币，描绘一艘载有一男一女的方舟，上面写着挪亚的名字。现在很清楚阿巴密亚市民中有一大批犹太人，当然小亚细亚的许多城市中也同样如此；然而只是在阿巴密亚，挪亚传说才描绘在硬币上。一个年轻的犹太学者，在1913年出版的一本书中对这个问题进行了透彻的调查，[①]他是第一批卷入战争的法国军官之一，他能提供使人信服的证据，证实从远古以来洪水传说就已经在阿巴密亚生根，犹太文本只是添加在古老的安纳托利亚故事之上。洪水故事在这个地区一直流传到拜占庭时代，那时的本地传说讲，洪水差点淹灭了科洛塞（Colossae）。因崇拜天使，这座城市受使徒保罗的特别警告。但是洪水威胁该城之时，天使长迈克尔拯救了该城，他在城西劈开一道峡谷，让水流走。这个峡谷现在大家都可以看到；对基督徒而言，它体现着迈克尔的善行，犹如异教徒们毫不怀疑地将它归因于波塞冬的三叉戟或者珀耳修斯的神剑一样。

然而，我们主要关心的是洪水传说的科尼亚文本。拜占庭编年史家保存了南纳科斯（Nannakos）王的故事，他统治科尼亚300年，还预言一场洪水将淹灭他的人民。洪水果然发生了，普罗米修斯和雅典娜用泥创造了新的人种——泥土做的塑像，因此以他的名字命名城市（在希腊文本中是 Eikonion）。这是“创建故事”中的一个熟悉类型，追溯一个城市命名的由来。这个故事的证据出现较晚；但是最近发现的赫隆达斯滑稽剧表明[②]，南纳科斯故事在公元前3世纪的小亚细亚海岸已广为流传，而且故事本身足可证明它非常古老。

但是我们并非依靠拜占庭的编年史家，甚至也并非依靠赫隆达斯来证明洪水故事有一个科尼亚文本。关于地方性洪水的神话直到现在还残留在科尼亚民俗中。据穆斯林讲，城市有一次曾受到西边山谷洪水的威胁，但柏拉图（相当于阿拉伯的维吉尔巫师）堵住了出水洞。如果你参观这山谷，你会发现一股细泉从一个赫梯雕像下流出，当地称之为“柏拉图之泉”。柏拉图在穆斯林中就相当于基督教的迈克尔和早一些的珀耳修斯，是这一带早期历史中一位影响很大的神，在其他地方则以沼泽的排水者和农地开拓者而闻名。

科尼亚位于一处干旱沙漠的西部边缘，是地中海地区土壤最肥沃的地带之一。除了水，它拥有所有吕考尼亚（Lycaonian）平原地带的丰产要素。科尼亚周围一带是一块超乎寻常的丰产区，这主要是由于一条河从伊索里山流下，在平原分为

① *NOÉ SANGARIOU*, by Adolphe Reinach（Paris, 1913）.

②《滑稽戏》三（*MIME III*），I. 10（Nairn's or Headlam's edition）。也见 Ramsay《圣保罗的城市》（Cities of St. Paul），第319页。

许多沟渠。过去有一个阿拉伯地理学家称这条河为“地下水之河”。头脑中带着这样的描述，我们可以往上追溯到这条河谷的源头。在这儿我们碰到了一个奇特的情况。

流进河里的水主要来自远在南边的托罗斯山（Taurus）。但是，据说水有时候是从一个行为特别的湖中流进河里。这个湖古代叫作特罗格底斯湖(Lake Trogitis)，位于一个大流域的底部，它被通向地下水之河的一个峡谷延伸出来的低矮边缘分开。一大股来自大湖卡拉里斯（the Larger Lake Caralis）的溪流，连续不断地流入特罗格底斯湖，有时候竟使特罗格底斯湖升到足够高，溢出这道边缘，流入科尼亚的平原地带；通常它通过地下河道流失到南部，另外，当地人说，经过长期间隔之后，它偶尔会完全干涸。巴格达铁路公司的工程师们将流入特罗格底斯湖的河水改道，使其直接注入科尼亚平原，实际上本该导致湖水覆盖的相当大一部分地方的水被排干。但是湖水拒绝被排干，固执地保留它原有的水位。像这样一湖水，举止反复无常，任意流进科尼亚平原或者南面的海，水位的上升或者消失似乎都听命于某种看不见力量，自然就会成为奇异故事的焦点。少数来过这儿的考古学家和其他旅游者，都记录了这个由住在湖岸的本地居民所讲的故事：当湖水罕见地完全干涸时，一座古代的城镇出现在湖底。

这个湖很可能就是产生出奥维德所讲述的那类传说的湖——该湖所在的地方是科尼亚民俗中科尼亚洪水的发源地，它神秘地出现和消失，它覆盖着富饶的土地，根据当地神话，它的深处还有一座古城。但是，奥维德的这个故事来自这个湖只是我的想象吗？它位于山里的一个遥远偏僻角落，远离奥维德时代，穿越小亚细亚的贸易和行政大道。我们能说奥维德有可能听说过它吗？

我已经在《发现》[①]中描述过，奥维德写《变形记》之前的几年，正在为他的书搜集材料时，这个地区所发生的事。路加在确定基督出生日期的那段话中，提到过叙利亚总督基林努伊斯（Quirinius），他于公元前 11 到公元前 6 年忙于平定皮西迪亚的战争。这场战争被称为“霍马纳登战争”（Homanadensian War）。霍马纳登来自一个主要敌对部落的名字，他们给罗马军队制造的麻烦最多。罗马军队获得了胜利。有两个与之相关的事实在这儿需要重述。战争于公元前 6 年结束，主要战事发生在特罗格底斯湖周围地区，即霍马纳登人的家乡。斯特拉博(Strabo)和普林尼（Pliny）告诉我们，基林努伊斯一个接一个地摧毁其堡垒，俘获了 6000

① 1920 年 4 月号，第 100 页以下。论文题目是《耶稣诞生的日期》。——原编者注

人，将他们安置在附近的城市。显然，他的军队曾十分透彻地熟悉了特罗格底斯湖所在的山谷。大约在公元前6年，他回到罗马，在那儿他作为一个征服者而获得荣誉，毫无疑问有许多军官跟随着他。出入上流社会的奥维德有大量机会听说特罗格底斯湖的故事。

异常奇怪的是，我们可以证实，至少有一个罗马军官具有大量有关特罗格底斯湖的地形学知识。这常常使研究斯特拉博的人迷惑不解，他们知道斯特拉博描述的那片地区，但问题是斯特拉博曾两次提到特罗格底斯湖，却没有意识到在两个场合中他所提到的是同一个湖。斯特拉博曾在小亚细亚广泛地旅行，并且在第一次提到特罗格底斯湖的那一段文字中不经意地留下一条线索，告诉我们他穿越吕考尼亚的路线。他提到萨瓦特拉（Savatra）城，那儿的水井很深，因此你买一桶水必须花很多钱；绵羊肥胖而多毛。显然这是一个目击者的叙述，证实他经过了萨瓦特拉，因此他是沿着叙利亚高速公路的北线旅行的。这条线不靠近科尼亚。他对这一点直言不讳。他继续说："那个地方有卡拉里斯（Caralis）和特罗格底斯湖，在科尼亚附近某处。"——显然，他没有到过科尼亚或者那两个湖。但是奇怪之处就在这里，他在几页之后，给我们提供了对特罗格底斯山谷军事地形的令人钦佩的准确描述。这时他描述的是"霍马纳登战争"，它发生在环绕一块富饶平原的悬崖峭壁地带，该地带被分割成几个峡谷，四周都有大山保护。这很明显来自军队里一个目击者的描述，拉姆齐（Ramsay）敏锐地断定斯特拉博是从基林努伊斯的一个军官那儿获知这一信息的，并且没有意识到，它指的就是他以前曾提到过的特罗格底斯湖。

如果斯特拉博能得到有关特罗格底斯湖的信息（无论他在哪里写，都存在这个疑点），在罗马的奥维德为他的《变形记》搜集材料时，当然也可以得到。我们现在已明白特罗格底斯湖——与奥维德的故事如此相吻合的那个神秘的湖——就是公元前6年以后在罗马肯定经常被提到的小亚细亚的那个湖。我们也清楚了奥维德的菲勒蒙和包喀斯的故事——一个目击者的故事——是一个地道的小亚细亚传说，它经受住了每一个我们可以运用的方法对其地方性和真实性所进行的考验。我敢冒昧地认为，没有多少可以证明其出自古代文学材料的案例会比这更实在。

但这还不是全部。到目前为止，我对这个问题的研究只是按照独立的目击者所能确认的那样，把奥维德的传说的发生地定在特罗格底斯湖。1909年的一天，我们的考察队来到此湖，晚上（为躲避蚊子）我们骑着马沿着山坡向上到一块岩架之上，从那儿可以俯视东边的湖。小思考经常引起大发现。那晚我们在美国人斯特雷特（Sterrett）曾经访问过的一个村子度过，他发现证据说明这个村子是霍马纳登人的一个村子，叫塞达萨（Sedasa）。在塞达萨附近，我们很幸运地找到一块碑文，碑文告诉我们，希腊和罗马时代，这块岩架上曾经矗立着朱庇特和墨丘利的神庙。[①]

关于这一发现与奥维德故事的关联，我的认识来自最近出版的拉姆齐对霍马纳登战争地形图的天才重构。[②]这一发现与另一个讲述这个邻近地区的故事的关联立刻变得清楚明了。基林努伊斯建立了一系列的要塞城市以控制皮西迪亚，其中一个，也是它们当中离特罗格底斯湖最近的城市是利斯特拉。大约 50 年后，保罗和巴拿巴[③]访问了利斯特拉，保罗还在此治愈了一个腿跛之人。“当人们看见保罗所做的事，以吕考尼亚方言提高嗓门说，神以人的形象来到人们当中，他们称巴拿巴为朱庇特，称保罗为墨丘利。”

① 笔者著，载《古典研究》（*CLASSICAL REVIEW*）1910 年，从第 76 页始；以及《评论家》（*EXPOSITOR*）1910 年 7 月号，从第 1 页始。

② 载《罗马研究杂志》（*JOURNAL OF ROMAN STUDIES*）第 7 卷，从第 229 页始。

③ 二人皆是《圣经》中提到的著名的使徒。——译注

大洪水[1]

詹姆斯·乔治·弗雷泽

编者按：

一方面，投向洪水神话的学术关注大多会以《创世记》的叙述和来自近东的其他文本为中心，另一方面，学者们几个世纪以来勤奋地将来自世界其他地区的洪水叙事进行了辑录。这些引用洪水神话的专著与论文的目录，给人以深刻的印象。这些早期比较研究，大部分完全是对来自许多文化中的洪水故事的重述。

例如，我们在亚历山大·卡特科特（Alexander Catcott）初版于1761年的《关于洪水的论文》（*Treatise on the Deluge*）中，就发现第二部分是“主要异教徒洪水叙述汇编”，其中包括罗马、希腊、巴比伦、波斯、中国和美洲印第安人的文本（见第二版，伦敦，1768年，第100—123页）。另一个有启发性的例子是雅各布·布莱恩特（Jacob Bryant）提供的，他找到了一把对于一般神话学的钥匙。在他的六卷本《一个新体系》（*A New System*），或《对于古代神话的一个分析》（*An Analysis of Ancient Mythology*, London, 1807）中，他将第三卷全部用来讨论洪水神话。在这部初版于1774年的著作里，布莱恩特设想异教徒神话不过是《圣经》的退化形式或堕落形式。他还提出，这些异教的洪水传说，构成了历史事件的真正记忆线索。另外的一些神话学家，甚至更集中地研究洪水。法瑟尔（G. S. Faber）在《关于卡毕利神秘事物的论文》（*A Dissertation on the Mysteries of the Cabiri*, Oxford, 1803）和一个三卷本的著作《异教徒偶像崇拜的起源》（*The Origin of Pagan Idolatry*,London, 1816）里，走得如此之远，以致宣称所有的神话都出自《圣经》中的洪

① 重印于《〈旧约〉中的民间传说》，第104—107、332—338页；得到了A. P. Watt股份有限公司代表剑桥三一学院所给予的允许。

水。法瑟尔坚持认为，所有伟大的父亲神，都是挪亚的变体，伟大的母亲神源自方舟，各种不同的三联神，都源自挪亚的三个儿子。关于布莱恩特和法瑟尔观点的细节，见伯顿·菲尔德曼（Burton Feldman）和理查德森（Robert D. Richardson）《现代神话学的兴起：1680—1860》(*The Rise of Modern Mythology* 1680−1860，Bloomington，1972)。

在整个19世纪，我们都可以找到各种关于洪水神话的比较论文。其中比较突出的是：菲利普·巴特曼（Philipp Buttmann）"Über den Mythos der Sündflut"，载《神话学》第1卷（柏林，1828），第180—240页；朱琉斯·布劳恩（Julius Braun）"Über die ältesten biblischen Sagen，ihren Verbreitungskreis und ihre Herkunst：Die Fluthsage"，载*Das Ausland* 第34卷（1861），第517—520、537—541页；奥托·博克拉(Otto Böckler) "Die Sintfluth-Sagen des Alterthums，nach ihrem Verhältnis zur biblischen Sintfluthgeschichte: Ein Vortrag"，*Jahrbücher für deutsche Theologie* 2 (1870)，第319—343页；路德威·德斯特(Ludwig Diestel) *Die Sintflut und die Flutsagan des Altertums*（Berlin, 1871)；弗兰西斯科·勒诺曼特（Francois Lenormant)《洪水——在古代民族中的传说》["The Deluge: Its Traditions in Ancient Nations," *Contemporary Review* 36 (1879): 465−500]，或者他的《洪水》(The Deluge)，见于《〈圣经〉和东方民族传说中所见之历史开端——从造人到洪水》(*The Beginnings of History According to the Bible and the Traditions of Oriental Peoples: From the Creation of man to the Deluge* (New York, 1883), pp. 382−488；理查德·安德烈(*Richard Andree*) *Die Flutsagen* (Braunschweig, 1891)；安东·赫尔曼（Anton Herrmann）*"Die Flutsagen der finnisch-ugrischen* Völker"，Globus 63（1893)：333−338；奥古斯特·吉特（Auguste Gittée)，"Les légendes du Déluge devant l'ethnographie et l'histoire"，*Revue de Belgique*27（1899)：250−265，350−362；赫尔曼·乌瑟勒(Hermann Usener)，*Die Sintfluthsagen*（Bonn，1899)。

对洪水神话进行比较研究的嗜好，一直继续到20世纪：温特尼兹(M. Winternitz) "Die Flutsagen des Alterthums und der Naturvölker"，*Mitteilungen der Anthropologischen Gesellschaft in Wien* 31 （1901)：305−333；恩斯特·博克伦（Ernst Böklen）"Die Sintflutsage: Versuch einer neuen

Erklärung", *Archiv Für Religionswissenschaft* 6 (1903): 1—61, 97—150; 格兰德(G. Gerland) *Der Mythus von der Sündflut* (Bonn, 1912); 菲尔伯格(H. F. Feilberg) *Skabelsessagn og Flodsagn* (Copenhagen, 1915), pp. 133−178; 安德森(Walter Anderson), *Nordasiatische Flutsagen*, *Acta et Commentationes Universitatis Dorpatensis B. Humaniora* 4 (3) (Dorpat, 1923); Johannes Riem, Die Sintflut in sage und Wissenschaft (Hamburg, 1925)。也见于洛维(R. H. Lowie) "Zur Verbreitung der Flutsagen", *Anthropos* 21 (1926): 615−616。

在所有对洪水神话进行的广泛的比较研究中,大约没有哪项研究比詹姆斯·乔治·弗雷泽(1854—1941)所作的汇编更著名的了。这位检索资料的艺术大师,从秘密的和稍纵即逝的来源广泛搜索,从沉寂无闻的政府报告,到传教士的描述,他都搜索到了。弗雷泽对发现与《旧约》里的细节相似的文本如痴如狂,在他1918年出版的《〈旧约〉中的民间传说——宗教、神话和律法的比较研究》中,他提供了足足三卷这样的文本。数年之前,即1916年,在英国皇家人类学研究所的理事会邀请他去作纪念赫胥黎的演讲时,他作了以洪水神话为主题的报告。这个报告成为他后来的三卷本中对洪水神话作出详尽评述的基础。弗雷泽的论文要收入本书就显得太长了,它有200多页。不过,为了让读者了解弗雷泽的某些较重要的结论以及他的文风,我选用了这篇论文的引言和他的《洪水故事的地理分布》概述,该概述紧随在冗长的对数百个洪水神话的复述之后。希望讨论神话本身而非弗雷泽的评述的读者,可以查阅弗雷泽的全文,或者,最好是弗雷泽的资料来源,那里的描述更接近故事原来的、母语的措辞。

由比较学者汇集的大量资料,被神学家们以各种不同的方式加以利用。一方面,洪水神话的广泛分布,被用来作为支持洪水的世界性(而非地方性)的显而易见的证据。另一方面,由于有些民族——例如非洲许多民族——显然缺乏洪水神话,这又被当作资料去证明洪水不具备世界性。关于"洪水时代地球上生存的、住在洪水波及范围之外故未卷入这场灾害的种族"的讨论,见萨克利夫(Edmund F. Sutcliffe),《洪水的民族志限定》,载于《牧师评论》(*Clergy Review*)第22卷(1942),第442—454页;或扎姆(J. A. Zahm),《挪亚时代的洪水》,载于《美洲牧师评论》(*American Ecclesiastical Review*) 1893 年第 8 期，第 14—34、84—99 页。[关于洪水非世界性理论更早讨论的资料，见扎姆该文第 92 页注释 2；关于三个“学派”——绝对世界性学派、有限世界性学派、非世界性学派——的一个令人感兴趣的分析，见简·德·埃斯特涅(Jean d'Estienne)，“Le Déluge biblique et les races antédiluviennes”，*Revue des questions scientifiques*18 (1885)：468—551。]

要更好地理解弗雷泽研究洪水神话的方法，人们必须知道解释不同文化中出现的类似现象的两个主要的互不相让的理论。如果“相同”神话在相距遥远的地理-文化区域中被报道，这种类似或被说成是一元发生（一个出生）加传播，或被说成是多元发生（多个出生）。在第一种情况下，一种典型的假定是：任何一个特定的文化事象，包括神话，都只在一个特定时间与一个特定地方产生一次。当一元发生出现之后，这个神话就会从一个地方传播到另一个地方。用一元发生论研究神话的倡导者宣称的目的常常是要确定一则神话在何时何地首次出现。这样做的主要困难在于，如果一则神话既见于甲民族中，又见于乙民族中，要确定究竟是乙学自甲还是甲学自乙，往往并不容易。依据所谓（所有民族）心理一致性而断定的多元发生论则主张，不同民族的“相同”神话，是在各自的情形下独立发展出来的。所以，如果甲民族和乙民族具有同样的神话，那么并不需要假定是从甲民族传给乙民族，或是乙民族传给甲民族。相反，是甲民族和乙民族都产生了这个神话，它是共同的单线进化的智力状况的必然产物。弗雷泽像维多利亚时代英国的许多他的人类学同行那样，基本上赞同第二种理论，相信地球上所有的民族都是从最初的“原始时代”经过“野蛮时代”进化到最终的“文明时代”。神话被认为产生于原始时代，这就说明何以如此之多的“原始”民族都有相同的神话。仍见于文明民族中的发现则被理解为来自他们的原始祖先的遗留物。

当然，同时应用两种理论也是可能的。有些洪水神话文本显然是同源的，即有着发生学的和历史的关系。弗雷泽相信巴比伦洪水神话与《创世记》洪水神话就是这样。另一方面，洪水观念非常简单，完全可以在各种各样的民族中独立发生，所以按弗雷泽的说法，多元发生也有道理。

尽管弗雷泽从世界各个角落搜集的大量洪水神话给人留下深刻的印象，他关于洪水神话地理分布的结论，仅可有保留地接受。他宣称非洲和中国缺乏洪水神话，至少是有待商榷的。

关于弗雷泽之后对洪水神话的概述，读者可以从莱奥波德·韦尔克（Leopold Walk）对洪水神话理论与解释的一篇优秀讨论中得益，见“Die Sintfluttradition der Völker”，*Österreichische Leo-Gesellschaft Jahrbuch*（1931）：60−81。此外还可参见弗兰科斯·伯格（François Berge）《洪水传说》（“Les légendes de Déluge”），载 *Histoire generale des religions* 第 5 卷（巴黎，1951），第 59—101 页。

导　言①

当皇家人类学会理事会请我作这次赫胥黎氏的周忌纪念演讲的时候，我很高兴地就答应了这个邀请。对于他，就思想和为人两方面来讲，我怀着深深的敬意，还有他的对于生命的重大问题的态度，我是由衷地赞许。借此得以和这样一个人相联系，引为极大的荣幸。②他的功绩将使他永垂不朽；但是我们的科学研究应当在它的最崇高的典型之一的坟墓上边，年年放上一个花圈，也是合于情理的。

为要选择一个适宜的题目，我想起来在赫氏的晚年曾以他的完全应得的余暇的一部分致力研究在《创世记》中所记载的关于地球的初期的那些传说，因此我想我恰好可以拿其中的一个作为我的演讲的题目。我所选择的就是人所共知的关于洪水的故事。赫氏讨论这个问题是在一篇用他美妙动人而又明澈犀利的文笔所写成的富有启示性的论文中。③他的主旨是要说明这个故事，如果当作一个洪水的记载，这洪水曾泛滥全球，把差不多全部的人类和禽兽都淹死，和极浅显的地质学不合，所以必须把它摒弃，当作一则神话。我不想充实或批评他的论证和结论，因为一个简单的理由，就是我不是地质学者，并且我如果对此表达意见真是

① 从这里起的头四个自然段，是采用苏秉琦先生的译文，略有改动。原译文载于《中国古史的传说时代》，徐旭生著，文物出版社，1985 年增订本，第 261—263 页。此处补译了几个注释。——译注（改译了个别不当之处。——校注）

② 该章的这一部分涉及巴比伦、巴勒斯坦和希腊的古代洪水神话，它是在 1916 年 11 月，作为大不列颠和爱尔兰皇家人类学研究所赫胥黎年度纪念讲演而提交的。

③《Hasisadra 历险》（“Hasisadra's Adventure”），论文集，第 4 卷（London，1911），第 239—286 页。

太不自量了。我完全从另一方面，就是传说的方面来讨论这问题。关于洪水的传说，差不多全部人类都消灭在这次洪水中，这个传说分布于全球，是早已都知道的；因此现在我所要做的就是搜集和比较这些传说，并且试问从比较研究中可以归纳出一些什么样的结论来。简单地说，我对于这些故事的讨论就是比较民俗学的研究，我的目的是要发现这些故事如何发生，如何广布于全球；至于它们的真伪问题我并不十分注重，虽然在讨论它们的起源问题的时候自然亦不容漠视。把问题如此限定并非是首创。特别在近年以来，它常常被人采用，在探讨它的时候，我曾经广泛地利用前人的著作，其中有些人是曾经以他们的博学多能来探讨这个问题。我尤其要感谢我所借取过的著名德国地理学家和人类学家，已故理查德·安德烈博士（Dr. Richard Andree），他关于洪水传说的专题文章，就像他所有的著述一样，是一种广博知识和敏锐直觉的典范，并以最为清晰和简要的方式表述出来。①

关于这些突然的，几乎把全人类都毁灭了的大灾的阅历的传说自身的意义暂且不说，专就它们跟现代人类学者所热烈争辩的一个普遍问题的关系而言，也值得研究了。这个问题是：世界各地距离遥远的种族的习惯和信仰之间许多显著的相似点，我们将如何解释呢？这些类似之点是由于习惯和信仰的传递，或通过直接接触，或经由中间民族作媒介，从这一族传到另一族呢，还是由于在类似情况之下的人类心理的类似活动，在许多不同的种族中独立发生的呢？现在假如许可我对于这个聚讼纷纭的问题贡献意见的时候，我马上就可以说，以互不两立的对

① 理查德·安德烈（Richard Andree）：*DIE FLUTSAGEN*（Brunswick, 1891）。其他关于这个问题的值得注意的讨论是：H.Usener, *DIE SINTFLUTSAGEN*(Bonn, 1899)；idem, “Zu den Sintfluthsagen,” *KLEINE SCHRIFTEN* 4（Berlin, 1913）: 382－396；M. Winternitz, *DIE FLUTSAGEN DES ALTERTHUMS UND DER NATURVÖLKER*（Vienna, 1901）（reprinted from *MITTEILUNGEN DER ANTHROPOLOGISCHEN GESELLSCHAFT IN WIEN*, vol. 31）；E. Böklen, “Die Sintflutsage, Versuch einer neuen Erklärung,” *ARCHIV FÜR RELIGIONSWISSENSCHAFT* 6（1903）：1－61，97－150；G. Gerland, *DER MYTHUS VON DER SINTFLUT*（Bonn, 1912）。在上述著作中，温特尼兹（M. Winternitz）书中有一个很有用的洪水传说目录，并有关于学者们的参考资料和对传说中主要事件的充分分析。如同安德烈的文章一样，它以精确的知识和敏锐的直觉为特点。而另一方面，尤色勒（H. Usener）、博克伦（E. Böklen）和格兰德（G. Gerland）的著作，由于他们幻想出来的不可能的理论，即将该类传说看作太阳神话或月亮神话，而告失效。不过，格兰德的文章除了这个缺陷外，著者民族学知识丰富，从许多民族中搜集了大量类似的传说，这是有价值的。在更早对这一问题的讨论中，可以提到的还有：Philipp Buttmann, “Über den Mythos der Sündflut,” *MYTHOLOGUS*, vol. 1（Berlin, 1828－1829）, pp. 180－214; François Lenormant, *LES ORIGINES DE L'HISTOIRE D'APRÈS LA BIBLE, DE LA CRÉATION DE L'HOMME AU DÉLUGE*（Paris, 1880）, pp. 382-491;（Sir）Henry H. Howorth, *THE MAMMOTH AND THE FLOOD*（London, 1887）。

偶形式表述的这个问题，本身就是荒谬的。根据我的判断，所有的经验与所有的可能性都利于这个结论，即两种原因同样普遍而有力地促成人类各种族间的习惯和信仰的雷同；换句话说，许多的类似点可以拿简单的传播，从这一族到那一族，加以或多或少的变化，来解释，又有许多的可以拿由于类似的环境条件下人类心理的类似活动而独立发生的来解释。假定如此——我认为这是唯一合理而且可能的见解——那么在解释不同种族的习惯和信仰之间所见的相似性的特殊事例时，要专采用一个总的传播原则或一个总的独立起源原则，都是枉然；针对每一个案，都应对事实进行全面考察之后再依情况作出判断，都应参照这一种或另一种原则，或者，可能要把这两种原则结合起来作参考，这取决于证据有利于这一方还是那一方，或者，证据是否不偏不倚地处于双方之间。

传播和独立起源两个原则在某种限度以内都正确，这个结论通过对洪水传说的具体研究得到确认。因为有关一场大洪水的种种传说，确实散布于地球上相距遥远的不同地方的许多不同民族之中，而且，就这类问题上可以得到的证据来说，我们能够证明这类传说之间无疑存在的种种相似性，一部分是由于从这一民族到另一个民族的直接传布，一部分是由于类似而又相当独立的经验，这些经验或来自在世界许多不同地方发生的多次大洪水，或来自表明这些地方发生过多次大洪水的那些现象。因此，对这些传说的研究，根本不会引导我们在传说的历史真实性方面得出任何结论，但是，只要这种研究让两种原则的极端派知道，在这个争辩中，正如在其他许多争辩中一样，真理完全是既不在这边，也不在那边，而是在介乎两者之间的地方，从而使人们在辩论中有时所抱的热情能够缓和，那么这种研究就可以服务于一个实用目的。

洪水故事的地理分布

前述对洪水传说的考察足以证明，这个类型的故事，无论我们称其为传说还是神话，已经广泛分布于全世界。在我们调查这些传说之间存在的关系，以及这些传说是由什么原因造成的之前，最好简略地概述一下发现这些传说的地区。从亚洲开始，我们已经在巴比伦、巴勒斯坦、叙利亚、弗里吉亚、古代印度和现代印度、缅甸、交趾支那、马来半岛及堪察加半岛发现了例证。因此，大概地说来，这个传说普遍地盛行于南亚，在东亚、中亚和北亚则明显缺乏。特别值得注意的是，在亚洲东部那些了不起的文明民族中，例如中国人和日本人中，据我目前所知，在他们卷帙浩繁的古老文献里，没有发现我们这里讨论的这类大洪水的任何当地传说，即整个人类或大部分人类被淹死的世界性洪水泛滥的传说。

在欧洲本土，洪水传说比在亚洲稀少得多。但它们出现在古希腊，在威尔士见于报道，在立陶宛人、特兰西瓦尼亚山脉[①]的吉普赛人和东俄罗斯的沃古尔人当中也有报道。一个巨人的血流成泛滥洪水的冰岛故事，则与这个基本类型不大相符。

在非洲，包括埃及，有关大洪水的地区性传说特别缺乏。的确，还没有一个清楚的例证被报告出来。

在印度洋群岛，我们在苏门答腊岛、婆罗洲和西里伯斯岛等大岛屿和一些较小的岛屿如尼亚斯、恩加诺、塞兰、罗地岛和弗洛勒斯岛上发现了大洪水的传说。同类的故事，在菲律宾群岛和福摩萨岛[②]上的土著部落，以及在孟加拉湾的与世隔绝的安达曼民中有报道。

在新几内亚和澳大利亚的大岛或大洲上，我们遇到一些大洪水的故事。同类的传说也发生于边缘小岛，如美拉尼西亚，它以弧形延绵环绕于新几内亚和澳大利亚的北部和东部。

我们仍旧向东，进入太平洋，在那里我们发现大洪水传说广泛流传于波利尼西亚人之中，他们占据着大洋中这些分散的、多半是面积不大的小岛，从北部的夏威夷到南部的新西兰。在密克罗尼西亚人中，有一个洪水传说被记录于帕劳群岛。

在美洲，南美、中美和北美，洪水传说非常流行。它们被发现于从南部的火地岛直到北部的阿拉斯加，从东向西横贯整个南北美大陆。它们并不仅仅出现在印第安部落中。洪水传说的例子，在从西部的阿拉斯加到东部的格陵兰的爱斯基摩人中，都有过报道。

这些传说在地理上的分布大致如此，我们接着就要问：它们相互之间有何联系？它们相互之间在发生学上都有关联吗？或者，它们都是独特的和独立的吗？换句话说，它们全都是从一个共同的原作传下来的，还是各自独立起源于世界上不同的地方？从前，在《圣经》传说的影响下，调查者喜欢将不管在哪里发现的大洪水传说都等同于我们熟悉的挪亚时代的大洪水，并且总是认为，我们在这些

①即南喀尔巴阡山脉。——译注
② 即中国台湾省。——译注

传说中得到关于那场灾难的或多或少退化的或属于经外经的文本，而有关那场灾难唯一真实可信的记录保存在《创世记》中。这样的观点几乎不能再成立。即使我们承认，当口头传统在无数岁月中从一代传往另一代，从一地传往另一地时，会发生各种无数的退化与变化，我们还是会发现，难以在各种各样的，常常是离奇的、幼稚的或怪诞的大洪水故事中识别来自唯一的神圣原作的人类复制品。自从现代研究证明，假定中的《创世记》神圣原作根本就不是原作，而是更古老的巴比伦甚至苏美尔文本的一个比较晚的复制品，这种困难就大为增加了。没有哪个基督教辩护士可能会将这个带有鲜明的多神教色彩的巴比伦故事，当作上帝对人的原始启示来对待；而如果神灵启示的理论对这个原作不适用，那就很难靠它来解释复制品。

因此，放弃了与已知事实不协调的神示或神启理论，我们仍需继续探寻，巴比伦人或苏美尔人的传说，确实作为所有洪水传说中最古老的文本，是否并非衍化出其余所有文本的那个文本。这几乎是一个人们不可能给出确切答案的问题，因为在这类问题上作出证明是不可能的。另外，我们的结论在考虑多种多样的可能性之后才能形成，而思想不同，对这些可能性的估计也就不同。像下面这样做无疑是可能的：将所有故事分解为元素，将这些元素分类，计算各种文本中共同元素的数目，再根据任何一则叙事中发现的共同元素的数目去计算这则叙事充当衍生文本或原作文本的可能性。事实上，我们这个研究领域的一位前辈已经这样做过，[①]但我这里不打算重复他的计算，有统计学和数学天赋的读者，既可以在他的著作中查阅它们，也可以根据前面几页中给他们提供的资料，自己去重复这些计算。此处我只消陈述一般结论就够了，让读者参考我为他们提供的证据去验证它，更正它，或者拒绝它。因此，除了无疑衍生自巴比伦传说的希伯来传说，除了有明确证据是受晚近的传教士影响甚或全受基督教影响的现代例子之外，我不认为我们有十足的理由将所有洪水传说的源头都追踪到巴比伦文本，把巴比伦文本当作它们的原作。的确，著名的学者主张，古希腊和古印度的传说都源出于巴比伦。他们可能是对的，但是在我看来，似乎这三者之间的相像，并不足以使我们有理由推断其来源一致。无疑，在古代的晚近年代，希腊人熟悉了巴比伦和希伯来的洪水传说文本，但他们自己的大洪水传说比亚历山大的征服要古老得多，这次征服首次对西方学者打开了东方知识的宝库。希腊传说在其最早的形式中并

① Winternitz, *DIE FLUTSAGEN*, pp. 312－333.

没有表现出借取亚洲来源的清楚标志。例如，在最接近巴比伦文本的丢卡利翁传说中，仅有丢卡利翁和他妻子从洪水中获救，洪水平息后，他们不得不用石头神奇地创造了新一代人类；但通篇却未谈到动物的恢复，推测起来它们大概都在洪水中消灭了。这与巴比伦和希伯来传说是相当不同的，那里面谈到，通过把足够数量的各种动物带到方舟上，人类和动物在洪水之后都重新得到正常的繁衍。

将古代印度和巴比伦的这个传说作一比较，同样也显示出它们之间的重大差异。在所有古印度文本中都非常突出的神鱼，在巴比伦文本中没有明显的对应物。虽然有的学者巧妙地论辩说，在印度传说中化身为鱼并警告摩奴洪水即将来到的神，是巴比伦传说中神埃阿的复制品，埃阿同样对乌特・纳皮什提姆发出警告。看似无疑的是，埃阿是一个水神，被塑造成半人半鱼的形象。①如果这两个传说之间的这个暗示的类同性能被证实，它的确将在它们之间打造出一条有力的链环。另一方面，在这个故事最古老的印度形式里，即在《百道梵书》(*Satapatha Brahmana*)中，摩奴成为大洪水后唯一的幸存者，在这场浩劫之后，一个女人从他献祭的黄油、酸奶、乳清和凝乳中被神奇地造了出来，以便能使他延续人种。只是在这个故事后来的文本中，摩奴才带了大量动物与植物和他一道上船。甚至在它们中，智者被一群由他从一座有水的坟墓中救起的智者兄弟环绕着出现在船甲板上，却根本没有提到营救他的妻子和孩子之类事情。这种删略暴露出智者不仅缺乏家庭关爱，而且还缺乏共同的谨慎，这与巴比伦智者务实的预见能力形成有力对比，巴比伦智者在类似的危难境地至少还有些安慰：家人围着他待在暴风雨中的水上，并且他知道洪水一旦消退，他就能够在他们的帮助下，通过一般的自然过程保持人种的延续。在这两个故事间奇怪的差异中，探察闪米特人老于世故的谨慎和印

---

① Lenormant, *LES ORIGINES DE L' HISTOIRE D' APRÈS LA BIBLE*, pp. 424ff.; Winternitz, *DIE FLUTSAGEN*, p. 328. 关于巴比伦神话中埃阿的水和鱼的特点，见 M. Jastrow, *RELIGION OF BABYLONIA AND ASSYRIA*, pp. 136f.; P. Dhorme, *LA RELIGION ASSYRO-BABYLONIENNE* (Paris, 1910), pp. 73f.; 特别是 Alfred Jeremias, "Oannes-Ea", 见 W. H. Roscher, *AUSFUHRLICHES LEXIKON DER GRIECHISCHEN UND RÖMISCHEN MYTHOLOGIE*, vol. 3, pp. 577ff., 其中有来自巴比伦遗址的对半人半鱼神的阐释。贝罗索斯谈到名为俄安内（Oannes）的这个神，描述它的两栖形象接近于巴比伦艺术中的形象。他告诉我们，俄安内出现于红海，也就是波斯湾，而且，它白天跟人们谈话打发时间，教人以文明的东西，日落时回到海里。见贝罗索斯 *FRAGMENTA HISTORICORUM GRAECORUM*, ed. C. Müller, vol. 2, pp. 469f.; Eusebius, *CHRONIC.*, ed. A. Schoene, vol. 1., col. 14。

度人苦行主义的梦想之间的反差，难道是一种空想？[①]

总的来说，少有证据证明古代印度和希腊的洪水传说衍生自相应的巴比伦传说。我们记得，据我们目前所知，巴比伦人从未将他们的洪水故事传给埃及人，尽管许多世纪以来他们之间有着直接的交往。所以，如果他们没能将它传给更遥远的希腊人和印度人，我们无须感到惊讶，因为直到亚历山大大帝时代，他们之间只有极少来往。在后来的岁月里，巴比伦传说通过基督教文学的媒介，的确走遍世界，在珊瑚岛的棕榈树下，在印第安人的棚屋里，在北极区的冰与雪中，[②]它在人们讲述的故事中重复；但是它本身，除了基督教徒或穆斯林的媒介，似乎很少传播到其本土和毗邻的闪米特地区之外。

在我们已经概述过的其他许多洪水传说中，如果我们要寻找来自同一源头而衍生和来自单一中心而扩散的证据，那么，北美阿尔冈金人故事中扩散和衍生的明确证据肯定会让我们大吃一惊。[③]在那个广泛分布的民族的不同部落中记录下来的许多洪水传说，彼此这样近似，以至我们不能不承认它们不过是同一传说的多种异文。在原来的故事中，各种动物潜水取土的细节是本土的呢，还是基于白人带给印第安人的挪亚故事中的鸟引起的联想，是一个悬而未决的问题。

更进一步，我们看到，按照洪堡（Humboldt）所说，在奥里诺科印第安人[④]中的洪水传说之间可以追寻到一种普遍的相似，而且，按照威廉·埃利斯（William Ellis）所说，在波利尼西亚传说[⑤]也存在一种同样的相似。有可能，在这两个地区，传说都从地方中心传播出去；换句话说，它们是来自一个共同原作的多种异文。

但当我们考虑到所有这种来自一个地方中心扩散开来的事例时，似乎可能的是，还是存在着一些独立起源的洪水传说。

---

①印度传说依赖于巴比伦传说的理论，是欧仁·布鲁夫（Eugène Bournouf）和弗兰西斯科·勒诺曼特（François Lenormant）（*LES ORIGINES DE L'HISTOIRE D'APRÈS LA BIBLE,* 1880, pp. 423ff.）主张的。后来温特尼兹（M. Winternitz, *DIE FLUTSAGEN*, pp. 327f.）、奥尔登伯格（H. Oldenberg）也倾向于这个观点（*DIE LITERATUR DES ALTEN INDIEN*, Stuttgart and Berlin, 1903，p. 47）。然而，这个理论也受到缪勒的反对（F. Max Müller, *INDIA: WHAT CAN IT TEACH US?*, London, 1892, pp. 133ff.）。更为含糊的意见是安德烈（Andree, *DIE FLUTSAGEN*, pp. 17ff.）的。

②关于这个传说的踪迹，以基督教的形式出现在野蛮和原始的部落中，见《〈旧约〉中的民俗》第1卷第195页（卡马斯人），第223页（米纳哈萨人），第245页（夏威夷人），第265页以下（马库西人），第275页以下（米却肯印第安人），第280页以下（科拉印第安人），第297页以下（克里印第安人），第312页以下（廷内印第安人），第328页以下（爱斯基摩人），第330页以下（马赛人）。

③《〈旧约〉中的民俗》第1卷，第295页以下。

④《〈旧约〉中的民俗》第1卷，第266页。

⑤《〈旧约〉中的民俗》第1卷，第241页以下。

洪水和灾变神话中的报应原则

汉斯·凯尔森

编者按：

并不是所有洪水神话的比较研究，都只关注确定这种叙事的地理传播范围，更不是只关注洪水可能的或者大概的历史真实性。不同学术领域的学者，可以从不同的角度来探讨洪水神话。例如国际法和法理学的权威汉斯·凯尔森（Hans Kelsen，1881—1973），就试图从神话中发现并推断普遍的道德观念。他对他所谓的“报应原则”尤感兴趣。在下面的论文中，他广泛涉猎了大量不同的洪水神话文本，并从中探讨报应观念在故事情节中到底起多大作用。

凯尔森的文风有点类似于弗雷泽，因为他也重述从民族志语境中抽取的故事片段。他还重复了由来已久的对“文明”民族和“原始”民族之间的种族主义划分，这种划分起源于19世纪以来殖民主义者鼓吹的所谓所有民族都以固定模式从原始向文明演化的进化观念，这也同样与弗雷泽相似。“文明”社会的作者在描绘“原始”民族的思想过程及其价值时采取的这样一种居高临下的态度，也许集中体现在列维-布留尔（1857—1939）那有争议的著作《原始思维》之中。他在书中谈到他所谓的原始人的“前逻辑”心理。列维-布留尔观点中的种族主义含义在于，认为原始人不能进行逻辑思维（即像列维-布留尔之类文明作家所做的这样思维）。尽管列维-布留尔在他死后出版的《笔记》里，说他被人误解了，在某种程度上承认自己错了，但是仔细研读一下，就会发现他从未真正放弃他的信念：原始人不能将事物概念化，也不能按因果关系进行思维。

公正地说，凯尔森主张原始人和文明人思维上具有一种相似性，但是问题在于对原始人和文明人所作的区分，反映着一种令人遗憾的偏见，这种偏见基于一个传统的历史框架之中，而这个框架应被理解为凯尔森研究问题时的部分语境。

关于某些列维-布留尔的推理，参见《原始思维》（波士顿，1966）和《原始思维笔记》（纽约，1975）。其他可能潜在的洪水动机的看法，参见纽文黑斯（A. W. Nieuwenhuis）“Die Sintflutsagen als kausal-logische Natur-Schöpfungsmythen,” *Festschrift Publication d'Hommage Offerte au P. W. Schmidt*（Vienna，1928），pp. 515—526；丹纳特·波利特《洪水的道德原因》[Donat Poulet，“The Moral Causes of the Flood,” *Catholic Biblical Quarterly* 4（1942）：293—303]；G. Pettinato, “Die Bestrafung des Menschengeschlechts durch die Sintflut, ” *Orientalia* 37（1968）：165—200； 戴维·克莱尼斯《挪亚的洪水：洪水叙事的神学》[David Clines，“Noah's Flood：The Theology of the Flood Narrative,” *Faith and Thought* 100（1972—1973）：128—142]。

洪水神话比什么都能更清楚地阐明不同民族的思想源头的相似性，同时也表明了即使是最文明的群体，在他们思想的幼年时期，也流露出跟最原始的社会相同的特点。在诸多洪水和灾变故事的共有元素中，报应原则如此明显，就算仅仅因为这个原因，我们也应该把它看作人类最古老的一种思想。

在索多玛和蛾摩拉城降下硫黄和火雨的故事以及《圣经》中对洪水的叙述中，惩罚都是主要的动机，但这种说法缺乏确定的证据，因为这些故事可能是后来的文本。但是，巴比伦人用《吉尔伽美什》史诗传下来的关于大洪水的记录，也包含有惩罚观念，而《圣经》故事也可以追溯到该史诗。诸神——其中最重要的是贝尔——同意因为人类的罪恶而惩罚他们，这种惩罚将采取的方式是发动一场大洪水来摧毁所有人类。一个叫埃阿的神却挑选了一个他希望救助的人乌特·纳皮什提姆（名字的意思是“他找到生命”），此人住在舒鲁帕克镇，[①] 他有个绰号叫阿特拉查西斯（Atrachasis），[②]意思是“聪明人”。史诗着重强调了他的虔诚。埃阿向乌特·纳皮什提姆透露众神的决定，要他建造一艘船把所有种类的活物都带进去。虔诚的乌特纳皮什提姆就这样得救了。贝尔，洪水的真正始作俑者，看到乌特·纳皮什提姆和他的家属得救了，先是非常愤怒。但是，埃阿建议他今后应

① Cf. Heinrich Zimmern, *BIBLISCHE UND BABYLONISCHE URGESCHICHTE*（“Der alte Orient,” 2. Jahrg, Heft 3 [3d ed., 1903]），p. 32.

② H. Gunkel，*SCHÖPFUNG UND CHAOS IN URZEIT UND ENDZEIT*（1895），p. 428.（原书中该神名字有多种拼写方式：Atrahasis, Atrakhasis, Atramhasis, Atrachasis 等。前两个，本书译为“阿特拉哈西斯”，后两个分别译为“阿特拉姆哈西斯”“阿特拉查西斯”。——校注）

该用饥荒、瘟疫和野兽来惩罚人类的罪恶，而不是通过消灭一切的洪水，贝尔也就认可了救助乌特·纳皮什提姆的行为。他甚至还给予乌特·纳皮什提姆夫妇以神性，并且把他们搬到远方，到诸河的河口，让他们得以永生。[①]虔诚得到了最大的回报。为平息贝尔因乌特·纳皮什提姆得救而产生的愤怒，埃阿对他说了些话，这些话对于理解诗歌赋予洪水的意义很重要。

你，诸神中的强者，勇士，

为何不加考虑就发洪水？

愿有罪者被治罪，作恶者被惩恶。

要宽厚，不害众生；要仁慈，不灭万物。

可让狮子来减少人类，不要发洪水。[②]

惩罚观念明显。[③]巴比伦洪水神话可能起源于苏美尔。即使在该故事最古老的形态中，惩罚的动机也很明显：兹尤基都（Ziugiddu），或兹尤德苏都（Ziudsuddu），既是国王，又是恩基（Enki）神（苏美尔人的神，相当于闪米特的埃阿）的祭司，因为虔诚而得到回报——恩基向他警示洪水的到来,使他在船上逃脱了这注定的死亡。[④]

复仇女神哈托尔（Hathor）执行最大神拉（Ra）的命令，毁灭了罪恶的人类。这是装饰法老塞特（Seti）一世（约公元前1350年）墓的铭文内容。[⑤]宙斯为了惩罚青铜时代人类的罪恶，用泛滥整个希腊的洪水摧毁了这一代人。只有两个正

---

① Cf. Zimmern, p. 33.

②《迦勒底人的洪水叙述》（“The Chaldean account of the Deluge”），*GILGAMESH EPIC*，W. Muss-Arnolt 译，载于 *THE BIBLICAL WORLD*，III（1894），第109页以下。

③ 按照 Hugo Gressmann（*DAS GILGAMESCH EPOS*, neu übersetzt von Arthur Ungnad und gemeinverständlich erklärt von Hugo Gressmann [1911], p. 202）的观点，伦理动机早就出现了，“如果它最初并不存在”。又见 Friedrich Jeremias in Bertholet und Lehmann, *LEHRBUCH DER RELIGIONSGESCHICHTE*，I（1925），598。

④ 比较 Frazer《〈旧约〉中的民间传说——宗教、神话和律法的比较研究》I（1919），第122页。

⑤ Heinrich Brugsch，*DIE NEUE WELTORDNUNG NACH VERNICHTUNG DES SÜNDIGEN MENSCHENGESCHLECHTES*（1881），pp. 35 ff，讲述的故事如下：在世界创造之后最初的一段时期，众神和埃及人住在一起，他们过着天堂般的生活；拉神是他们的第一个王。“人已经分为好人和坏人。好人跟拉，即他们的神和王，比邻而居，还跟随拉沿尼罗河朝上游旅行。坏人害怕拉的眼光，逃到沙漠的山地中筹划阴谋反对拉。拉因此决定毁灭这些人类。他让女神海特尔（Hatter，宇宙秩序）从他一只眼睛里出来，充当复仇女神。女神杀戮人类，大地被血掩盖。但是由于这儿也有好人，拉神产生怜悯，采用一个特别的办法阻止女神的愤怒。她喝了被秘密准备的饮料，酩酊大醉，认不出人类。尽管有毁灭人类中的邪恶分子的命令，光明之神仍然不愿留在人间。他害怕人类像传染病一样，他讨厌与他们相处。他想去一个没有人能够找到他的地方。随着他的愿望的实现，一个新的世界秩序开始出现……好人也对光明之神的敌人诉诸武力，向他们报仇。拉答应原谅他们的过失，他自己补充说：‘通过神的调停，不再要牺牲（其他人杀死的太阳神的敌人），所以，再杀坏人就是多此一举。’”

直的人——丢卡利翁和皮拉得以幸免。所有人中除了菲勒蒙和包喀斯外，都对宙斯和赫尔墨斯怠慢无礼，于是，两位神祇就把怠慢无礼之地变成一个湖泊，只有这友好的老两口被允许在他们的小农舍里幸存。[①]在《摩诃婆罗多》(*Mahabharata*)中，洪水是为洗除地球上的罪恶而出现的。[②]《百道梵书》报道，当人类的始祖摩奴正在洗浴时，他突然发现一条小鱼求救，便保护它免受大鱼的吞食。作为回报，鱼许诺从大洪水中救护他。事情真如鱼所预料的发生了。[③]在这里，与其说报应原则是灾难的理由，还不如说它是营救的理由；奖赏的因素而不是惩罚的因素处在突出地位。

在波斯人的《班达希什》(*Bundahis*)中有关于天使提斯塔尔的一则故事，他在与恶魔的战斗中降下大雨把"全部有害生物，即恶魔的种族，都淹死了"，这就是今天的海水会咸的原因。[④]灾难用作善道战胜恶道的因素，不过是对出现在普通洪水神话中的报应原则进行了一种抽象处理而已。在《小埃达》(Younger Edda)

---

① Hermann Usener, *DIE SINTFLUTSAGEN*（1899), pp. 33、47.

② Richard Andree, *DIE FLUTSAGEN*（1891), p. 19.

③ 见 Usener 著作第 25 页。《百道梵书》，朱利叶斯·艾格林译，《梵书》第 1 部第 8 章第 1 节（见马科斯·缪勒编《东方圣书》Ⅻ，1882 年版，第 216 页）中这样说："(1) 一天早上他们给摩奴拎来水洗浴——他们至今还习惯这样拎水洗手。他洗浴的时候，一条鱼到他手里。(2) 鱼对他说：'把我养起来，我将救你！''你从何救我？''洪水会卷走所有的生物，我可以让你幸免于难！''我怎么养育你？'(3) 鱼说：'由于我们很小，面临着大灾难：大鱼吞小鱼。你先将我放进坛子里。当我长大，坛子装不下时，你挖一个池子，将我放进去。当池子也装不下我时，你再将我带去放到海里，那时我就不会被害了。'"

在《摩诃婆罗多》中，惩罚的动机甚至更明显。据说［第三卷：*Vana Parva* 由 P. Ch. Roy 译成英文（2d.; Calcutta，1889）pp. 552f.］："他（摩奴）是毗婆萨婆（Vivaswan）的儿子，有着和梵天(Brahma)一样的荣誉。他在体力、能力、财富，甚至在宗教苦行上都远远胜过他的父亲和祖父。这位人主以一条腿站立，举起一只手，在一个叫毗阿斯拉（Visala）的枣林里苦修。头朝下，一直睁着眼，他继续着这样呆板、严酷的修行一万年。一天，他正在苦修，衣服湿漉漉的，头发乱蓬蓬的，一条鱼游近切里尼（Chirini）岸边对他这样说：尊敬的先生，我是一条无助的小鱼，畏惧大鱼。因此，热心肠的人，你觉得保护我摆脱他们值得吗？尤其是在我们中有一个牢固建立起来的不变的习惯，那就是大鱼总是吞食小鱼。你认为值得救我，使我幸免葬身于恐怖的大海，我将报答你的好意。"出于感激，鱼救他在洪水中逃生。

④ 弗雷泽，Ⅰ，180。波斯古经《阿凡士塔注》(*Zend-Avesta*) 包括下面这个故事：在早些时候，既没有疾病，也没有死亡，人和动物以惊人的速度增长，每隔一段时间就得用严冬来毁灭。为了保证未来世代的延续，世界之王夜摩（Yima）听从阿胡拉·马兹达（Ahura Mazda）的命令，将世上所有生物——人、动物、植物——的最好的种子都送进一个方形围墙内，这样就只有最优秀的才得以生存下来。"不会有驼背，不会有大胖子，不会有阳萎，不会有疯子，不会有贫穷，不会有谎言，不会有卑鄙小人，不会有妒忌，不会有坏牙，不会有需要隔离的麻风病，也不会有凶神安格拉·曼纽（Angra Mainyu）用来加盖在肉体凡胎身上的任何烙印。"(《阿凡士塔注》，见马科斯·缪勒编《东方圣书》Ⅳ，1880 年版，第 17 页）身体、品行的缺陷被视为同等要紧。只有最优秀的才值得保存。这一选择就是这个意思。这儿也表露出报应原则，尽管不是很清楚。

中，巨人明显代表着邪恶，他们敌视诸神，被淹死在天神玻尔的儿子们杀死巨人伊密尔而流出的血海之中。[①]

澳大利亚的土著居民中有一个传说，讲述月亮巴鲁（Bahlu）是怎么让雨一直下到一切都处于汪洋之中，穆里格（Murego）在洪水中被淹死，这是他没有借飞去来器和负鼠袋给巴鲁的惩罚。[②]

维多利亚的土著居民中有这样一个神话：

> 男人和女人曾有许多。在有的地方他们相当多，很坏。潘得－吉尔（Pund-Jel）恼了。看到男人和女人又多又坏，潘得－吉尔很生气。他就经常降暴雨，刮大风。在平地上突然升起强大的旋风，在山上狂风摇动大树。潘得－吉尔下来看男人和女人。他对谁也没说话。他随身带有一个大刀子，走进营地用刀砍。他到处乱砍，男人、女人和小孩都被他砍成碎片。但是他所砍成的这些碎片并没有死。每一块碎片犹如虫子蠕动着。很大很大的暴风和旋风到来，并带走了像虫子一样蠕动着的碎片，这些碎片变得像雪片，被带进云里。云带着这些碎片在大地上空四处飘荡，潘得－吉尔让这些碎块在他满意的地方掉下来。因此男人和女人分散于世界上。潘得－吉尔用好男人和好女人做星星。这些星星仍然在天空中，巫师能辨别在星星中哪一颗曾是好男人或好女人。[③]

另一个文本讲述了邦得吉尔（Bundjel）何以对黑人愤怒，因为他们行为不端。他撒尿淹死他们，但好人得以幸免，他把他们捞出来，然后把它们放在天空作星星。[④]

斯特雷洛（Strehlow）记录一则有似于洪水神话的阿兰达的故事。[⑤]最初大地被水覆盖，只有一些山从水中浮现。天堂由神阿尔齐拉统治。在这些山上居住着其他诸神阿尔齐兰加米齐那（或因卡拉），他们是人类的图腾神。因为他们不能在地上找到任何食物，他们不断地求助天国，在阿尔齐拉的国度里打猎并带回猎物。后来阿尔齐拉禁止阿尔齐兰加米齐那在他的国度里打猎。于是，他们中的一个图腾神抓起一根棍子拍打水，命令它退去。随之，海水退到北方，陆地出现了。

---

① Andree, p. 43.

② A. Van Gennep, *MYTHES ET LÉGENDES D'AUSTRALIE*（1905）, p. 45.

③ R. B. Smyth：《维多利亚的土著居民》（*THE ABORIGINES OF VICTORIA*），I (1878), 第 427 页以下。

④ Gennep, p. 88；cf. also W. Schmidt, *DER URSPRUNG DER GOTTESIDEE*, III，685.

⑤ C. Strehlow, *DIE ARANDJA- UND LORITJA-STAEMME EN ZENTRAL-AUSTRALIEN*（1907–1920）, I, 3.

几个因卡拉，即维托派托帕（细长者），不服从阿尔齐拉的命令，上到天堂去打猎。这时，在阿尔齐拉的命令下，埃拉勒拉高山沉入水中，断了维托派托帕的退路。因此他们被迫留在天上，过着星星的生活。

南澳大利亚 Narrinyeri 叙述了遭两个妻子遗弃的一个男子用魔法带来一场大洪水，在洪水中两个妻子都被淹死。①

在新几内亚的卡巴迪（Kabadi）地区，土著居民中有这样一个传说：

> 很久很久以前，一个叫罗海罗的人和他兄弟对他们周围的人很生气，就把一根人骨头放入一条小河里。不久就发了大水，形成了海洋。大水淹没了所有的低地，把人们赶回到山上，一步步地直到逃到山峰的最高点。他们住在那儿，直到海水退下去，这时有些人下到低地，而其他的人仍然留在山脊上，在那儿建了房子，开垦了种植园。②

在新几内亚北海岸的瓦尔曼人中有一则神话，说因为人们不顾一个好心人的警告，杀死并且吃掉一条大鱼，而招致了洪水的惩罚。除了这位好心人和他的家人外，所有的人都被淹死了。③

（斐济人）所说的洪水，有些叙述说是局部的，有些叙述说是普遍的。引起大洪水的原因是神的两个调皮的孙子杀死了丹结（Ndengei）宠爱的一只鸟图鲁基瓦（Turukawa）。他们不为自己的冒犯道歉，反而凌辱之外又恶言相加。他们得到朋友们的支持，加固城池，不管丹结怎么做他们都不怕。据说，尽管这愤怒的神用了三个月时间积聚力量，他还是不能制服叛乱者，便索性解散军队，决定采用一个更有效的报复手段。在他的命令下，乌云堆积爆炸，给该死的大地降下倾盆大雨。城市、山坡、高山陆续被淹灭；但是叛乱分子安全地待在他们所居之地的最高处，对此漠然视之。当最后可怕的巨浪侵入他们的堡垒时，他们向一位神哭着乞求指引生路。据一种叙述说，是这个神指导他们用柚子做一个木筏；另一种叙述说，是给两只船供他们使用；还有第三种叙述说，是教他们如何造船来逃生。三种说法都认为最高处被水覆盖，人类的幸存者在某种船里得救，随着水的退却，它落在姆本加这个地方。因此姆本加人宣称在斐济人中他们地位最高。

---

① George Taplin, “The Narrinyeri”, in J. D. Woods, *THE NATIVE TRIBES OF SOUTH AUSTRALIA* (1879), p. 57.

② Frazer, I, 237, 引自 J. Chalmers and W. Wyatt Gill《在新几内亚的工作和冒险》(*WORK AND ADVENTURE IN NEW GUINEA*), 1885, 第 154 页。

③ P. Chr. Schleiermacher, “Religiöse Anschauungen und Gebräuche der Bewohner von Berlinhafen (Deutsch-Neuguinea),” *GLOBUS*, LXXVIII (1900), 6.

逃生人数为八个，这与《圣经》所载“很少”完全相符。据说，这场洪水灭绝了人类的两个部落：一个部落完全由女人组成，另一个部落的人的特征是每个人都有像狗一样的尾巴。①

库巴利（Kubary）报道了一则出自帕劳群岛的有趣的“自然”神话。②这故事提到一个叫奥巴卡德的神，其名字暗含着与男人的联系——“奥巴”意思是“占有”，“卡德”意思是“男人”。因此，正在讨论的神名似乎暗指一个人主，或一个造人者。这一点在一则神话的内容中得以证实，这则神话被库巴利称作“所有与奥巴卡德有关的故事中最重要的一个”。

在现今人类存在以前的时代，帕劳群岛的居民全部是卡利斯（神），他们强壮有力，成就惊人。这些卡利斯中有一个叫阿森道克，他是一个奥巴卡德人（这表明奥巴卡德不止一个，也许有一个叫奥巴卡德的神族）。他来到雅雷科伯克（在今天的埃瑞），被那儿的居民杀害。七个神友出去找他，他们来到阿森道克遇害的那个村庄，村里的居民以恶毒和放肆出名。这些神在所有地方都受到不友好的接待，只有一个叫米拉桑的妇女欢迎他们到她家，并告诉他们阿森道克死了。他们又悲伤又愤怒，决定报复。但是，为了报答这个妇女的好意，他们同意留下她，并建议她准备一个筏子用绳子系牢在树上。在满月之时，一场可怕的洪水袭击了帕劳，淹没了整个村子。

米拉桑也死去了，但是最老的奥巴卡德使其复生，甚至想使她永生，但是他受到了另一个神塔利伊特的阻止，塔利伊特反过来又遭到愤怒的奥巴卡德的惩罚。米拉桑成为人类的母亲。任何一个不带偏见的人读了这个自然神话，一定对下面这个事实印象深刻，那就是故事的本质内容是报应观念，尤其是对凶手的惩罚。卡利斯明显是升格成为神的祖先，被认为是人类社会的这个基本原则的制定者和保证者。

W. 埃利斯对波利尼西亚的洪水故事这样写道：

> 洪水的传说……存在于南海群岛土著最早的历史中。流传在不同人群中的故事，尽管几个次要的细节有所不同，但主要的情节基本相同。有一群人的叙述讲道：在古时候，主神塔阿罗阿（根据他们的神话，是

① Thomas Williams and James Calvert：《斐济与斐济人》（*FIJI AND THE FIJIANS*），1859，第197页以下。

② J. Kubary，“Die Religion der Pelauer”，载于 A. Bastian，*ALLERLEI AUS VOLKS- UND MENSCHENKUNDE*（1888），I，第53页以下。这个神话之所以有趣，是因为在库巴利所描述的帕劳宗教中，报应原则仿佛毫无作用。

创世者）因为人们不遵守他的意愿而很生气，他把世界倒进海里。大地沉入水中，只有一些突出的部分留在外面。①

背风群岛的土著讲述了下面的故事：一个渔人在一个禁止钓鱼的地方钓鱼，他的钓鱼线缠住了一个正在休息的神的头发。这位神对违反禁忌十分愤怒，想摧毁这整个罪恶的地方。但是这位神在忏悔的渔夫的恳求下心情得到缓解，就给了他一个机会，让渔人在他终究还是向地上发动的大洪水中自救②。在赫维群岛，洪水的传说如下："一个名叫陶伊奥（和平的承载者）的国王，有一次对人们没有带来神龟而极端愤怒。这激怒了的首领'唤醒'所有强大的海神……他们愤怒地起来反抗……海洋席卷了整个岛屿。"③

在新西兰毛利人的传说中，洪水袭击人类是因为泰恩崇拜遭到忽视，他的教义被公开拒绝。受到人们诅咒的两个教师通过祈祷唤来洪水，以使"人们相信泰恩的力量"。④另一个毛利神话中讲英雄塔瓦基被姐夫杀死了，却被妻子复活，他请求神报复他姐夫。因此他们发动一场称为"玛塔阿霍岛之淹没"的洪水，人类都被淹死。⑤

苏门答腊巴塔克人（Batak）的传说将大洪水与善神和恶神之间的战斗相联系。根据这些人的观念，大地歇在一条叫那加帕多哈的巨蛇头上。一天，这巨蛇感到支撑大地这样的重荷很疲倦，因此它把大地抖落进水中。但是神巴塔拉-古鲁让一座大山掉进水里以便他能给他的女儿普提-欧拉-布兰提供一个居住的地方。她有三个女儿，三个儿子，新的人类就源于他们。后来大地重新放置在蛇的头上。从此以后，想卸掉身上重担的恶蛇和想避免那种灾难的神之间发生了连续不断的战争。⑥

苏门答腊西边一个尼亚斯岛上的土著，这样说：

古时候他们那儿的群山之间就谁最高发生争吵。争吵惹恼了他们的伟大祖先巴鲁加·卢梅沃那，在恼火中……他说："你们这些山，我将使你们全部淹没。"……海水逐渐上升直到在尼亚斯只有两三座山的山尖仍然屹立在滚滚波涛之上……这场争吵在今天他的后代中是众所周知的。他们解释这场灾难是惩罚自大和

① William Ellis：《波利尼西亚研究》（*POLYNESIAN RESEARCHES*），I（1836），第 386、387 页。

② Andree, p. 64.

③ William Wyatt Gill：《南方岛屿上的生活》（*LIFE IN THE SOUTHERN ISLES*），年代不详，第 83、84 页。

④ John White：《毛利人的古代史》（*THE ANCIENT HISTORY OF THE MAORI*），I（1887），第 172 页以下。

⑤ G. Grey：《波利尼西亚神话》（*POLYNESIAN MYTHOLOGY*），1855，第 42、43 页。

⑥ Wilhelm von Humboldt，*ÜBER DIE KAWI-SPRACHE AUF DER INSEL JAVA*（1836），I，239 ff.

不团结。[①]

婆罗洲的达雅克人神话暗含着洪水的到来是因为杀死一条蛇而受到的惩罚。[②]在西里伯斯中部特拉查人故事中，就像在其他洪水神话中一样，报应原则在灾难之后明显地表现出来。"除了一个怀孕的妇女和一只怀孕的老鼠，没有人从洪水中逃生。"老鼠为孕妇弄来一丁点大米，"但是……老鼠与她约定，作为对老鼠功劳的报答，老鼠从此有权吃掉部分收成"。[③]安达曼人的洪水故事中，洪水是创世者普鲁加发动的，这是为了惩罚人们不听从他，那一情节在另一个语境中提到过。[④]

交趾支那原始部落的巴拿人讲道："从前鸢子与螃蟹争吵，鸢子使劲啄螃蟹的头骨，在头骨上啄了一个孔，今天这个孔还能看见。为了报复它的头骨所受的损伤，螃蟹引起海水和河水猛涨。"[⑤]倮倮（在云南山区里）有一个洪水传说讲道："那时的人们是邪恶的，梯古兹（Tse-gu-dzih）为了考验他们，就派了一个信使到地上，从一个凡人那儿要一些血和肉。除了笃姆，所有人都拒绝。梯古兹就打开了雨门，大水涨到天空。笃姆和他的四个儿子得救。"[⑥]在孟加拉西南 Hos 或 Lurka Kolse 人的故事中叙述神曾摧毁了人类，"因为人们乱伦（一些人说他用水摧毁人类，一些人说他是用火）"。[⑦]阿萨姆的辛颇人[⑧]和阿霍姆人[⑨]故事中说洪水是为了惩罚不按规定的献祭。

在非洲，洪水传说比较稀少。传说中如果有洪水，报应原则就很显著。因此当乌尼奥罗土著在讲到"上帝对人类的傲慢无礼感到愤怒，将天空扔向大地因此

---

① Frazer, I, 219, folowing L. N. H. A. Chatelin, "Godsdienst en bijgeloof der Niassers," *TIJDSCHRIFT VOOR INDISCHE TAAL-, LAND- EN VOLKENKUNDE*, XXVI（1881）, 115.

② Andree, p. 32.

③ Frazer, I, 222, following N. Adriani en Alb. C. Kruijt, *DE BARE' E-SPREKENDE TORADJA'S VAN MIDDEN-CELEBES*（1912）, I, 20.

④ 比较上书，第 124—125 页。Futher, W. Schmidt, *DER URSPRUNG DER GOTTESIDEE*, III, 71ff, and Nieuwenhuis, *DIE SINTFLUTSAGEN ALS KAUSALLOGISCHE NATUR- UND SCHÖPFUNGSMYTHEN*, p. 519.

⑤ Frazer, I, 209, following Guerlach, "Moeurs et superstitions des sauvages Bahnars," *LES MISSIONS CATHOLIQUES*, XIX（1887）, 479.

⑥ A. Henry, "The Lolos and Other Tribes of Western China"（《中国西部的倮倮和其他部落》）, *JOURNAL OF THE ANTHROPOLOGICAL INSTITUTE OF GREAT BRITAIN AND IRELAND*, XXXIII（1903）, 105.

⑦ Tickell, "Memoir on the Hodésum（Improperly Called Kolehan）"［《Hodésum（旧称 Kolehan）实录》］, in *JOURNAL OF THE ASIATIC SOCIETY OF BENGAL*, IX（1840）, Part II, 798. 也见科尔人一部落蒙达里人的故事，载于 Andree，25 页起。

⑧ Frazer, I, 198.

⑨ Frazer, 199 页起。

完全毁灭了第一代人类”时，[1]他们的脑海里是报应观念，还有洪水观念。为了形容一场大雨，赫雷罗人说“天空破了”，因为他们相信带来降雨云（作为一种物质的天空）掉到地上。[2]因此，“神把天空扔向大地”的表达在乌尼奥罗人的传说中极有可能也意味着下雨。[3]

在埃多人或者比尼人的神话中有这样一个故事：神奥吉乌因为他儿子的死打算让天掉到地上来惩罚人类，但是埃多人有一个伟大的国王，也就是英雄厄乌来（Ewuare），他挫败了奥吉乌的打算。

约鲁巴人讲述神伊法（Ifa）的故事：

伊法厌倦了生活在这世界上，因此上到天空与奥巴塔拉住在一起。在他离开之后，人类失去了他的帮助便再不能理解神的意愿，许多神因此而发怒。奥罗昆最为愤怒，在勃然大怒中用大洪水毁灭了世界上几乎所有的居民。[4]

巴松格人的传说叙述了豹、水牛、大象和斑马是如何向天神的孙女恩戈利·卡凯斯求爱的。只有名字也叫恩戈利的斑马被接纳成女婿。但是斑马违背不让恩戈利·卡凯斯工作的诺言。从她伸出的两腿中流出的水淹灭了整个大地。她自己也淹死了。[5]

象牙海岸内地曼丁戈人和莫西人有一个故事，说一个善人把他所有的财产分给动物们。结果他的妻子和孩子抛弃了他。但是他仍然把他最后一顿饭送给了一个在大地上漫游而无人认识的天神乌恩德。由于他再没有谷子了，乌恩德就给了他三把面粉放在篮子里。当他将这三把面粉播种下，篮子里面粉不断增加；最后它们变成许多葫芦，神让他切开。从切开的果实里出来大量的玛瑙贝、小米、黄金，甚至姑娘等。然后乌恩德建议他带着所有的东西离开此地，因为神想惩罚他那些自私的亲属。结果乌恩德使雨下了六个月。一切都消亡了，但是这位富有者

---

① H.Baumann, *SCHÖPFUNG UND URZEIT DES MENSCHEN IM MYTHUS DER AFRIKANISCHEN VÖLKER*（1936), p. 307, following Emin Pascha, *SAMMLUNG VON REISEBRIEFEN*, herausg. von Schweinfurth und Ratzel（1888), p. 469.

② H.Baumann, *SCHÖPFUNG UND URZEIT DES MENSCHEN IM MYTHUS DER AFRIKANISCHEN VÖLKER*, p. 307.

③ P. Amaury Talbot：《尼日利亚南方的民族》(*THE PEOPLES OF SOUTHERN NIGERIA*), 1926, III, 第 961 页起。

④ A. B. Ellis：《西非奴隶海岸约鲁巴语诸民族》(*THE YORUBA-SPEAKING PEOPLES OF THE SLAVE COAST OF WEST AFRICA*), 1894, 第 64 页。

⑤ L. Frobenius, *ATLANTIA, VOLKSMÄRCHEN, UND VOLKSDICHTUNGEN AFRIKUS*, XII: *DICHTKUNST DER KASSAIDEN*（1928), 88 f.

的新后代遍布各地，形成了现在的人种。[①]

迪洛洛湖的形成是下面这个叙述的话题:“一个叫莫恩·莫南加的女酋长……想得到食物……被拒绝……为了显示她的能力，她开始唱，慢慢地唱一支歌，并且说出自己的名字莫南加乌。当她拉长最后一个音调，人、家禽和狗都沉入到现在称作迪洛洛的地方。”[②]根据鲍曼的观点[③]，这类神话在非洲经常出现：

1. 在布须曼人中［第 307 页，据 J. M. Orpen《马鲁提布须曼人神话一瞥》，首次发表于 *CAPE MONTHLY MAGAZINE,*, Vol. Ix（1874），收入《民俗学》，XXX，1919，第 145 以下］，洪水是因蛇的报复引起的。

2. 卢安果的维利人说［P. 309；cf. John H. Weeks，*AMONG THE PRIMITIVE BAKONGO*（1914），p. 286］：“太阳和月亮有一次相遇，太阳将月亮的一部分抹上泥，因此遮住了部分光，这就是现在月亮上常常有一部分阴影的原因。就在此次相遇发生时，洪水来了。”像许多类似的故事一样，太阳敌对行为背后的动机极有可能是报复。

3. 阿巴布亚人说［p. 311，据 De Calonne in *LE MOUVEMENT SOCIOLOGIQUE INTERNATIONAL*（1909），X，119］：“一位贮藏有水的老妇人杀死了来取水的男人们。英雄蒙巴杀死了老妇人。因此水滔滔涌出，淹灭了一切。蒙巴被冲到一棵树的树梢上才站住。”报应原则在这儿两次出现：英雄杀死拥有水的妇女是因为她将水据为己有，并且杀害前来取水的人；洪水明显是因为杀死了妇女招来的报应。报复行为也依次遭到报复，这与原始的报应观念相一致。（带有明确宣称的报应动机的坏女人储存水的神话，在火地岛印第安人中也可以找到。参见 M. Gusinde，*DIE FEUERLAND-INDIANER*，I [1931]，613）。

4. 在贝纳－卢卢亚人中［p. 311；cf. Frobenius in *ATLANTIS*，XII，157］：占有水的妇女只给吮吸她烂疮的人水喝。有个男人照她的要求做。“水涌出来成为大洪水，差不多人人都被淹死了。但是这个男子继续做这件令人恶心的事情，于是，水不再流出。”在这里，报应动机也出现两次：首先，因为从事让人厌恶的事，就给予所需的水作为报答；其次，作为对善行的回报，水又停止漫延。同样

---

① L. Tauxier，*LE NOIR DU YATENGA*（1917），pp. 498 f.

② David Livingstone：《传教士在南非的旅行和研究》（*MISSIONARY TRAVELS AND RESEARCHES IN SOUTH AFRICA*），1858，第 353 页。

③ Baumann，第 316 页起。鲍曼在第 322 页中说：“就非洲而言，有两种神话必须区分开来，有一种包含有罪恶和报应的动机，而另一种没有。”不过，如果在他看来有九个神话缺少报应动机，那么就算按照他的叙述，至少也有六个包含这种动机。

的动机也出现在下面菲奥特人的故事中（p. 131）。比较 R. E. Dennett《菲奥特人民俗笔记》（*NOTES ON THE EOLKLORE OF THE FJORT*），1898 年版，第 122 页："一位老婆婆恩扎蒙比（Nzambi)，经过几天行程后到达斯劳泽尼（Sinauzenzi）镇，脚走疼了，身体疲倦，又生了烂疮，这种烂疮使刚果地区众多黑人深受其苦。这个老婆婆走过城市，挨家挨户地向本地居民求助，但是他们都拒绝收留她，说她不干净。当她到达最后一户人家，好心的主人收留了她，照料她，并且为她治病……当她完全恢复，即将离开时，她告诉好心的朋友收拾好物品，与她一道离开城市，这个城市一定会因为恩扎蒙比的诅咒而毁灭。她们离开后的当天晚上，大雨倾盆，城市一片汪洋，所有人都葬身其中。"

5. 在科米利罗・南迪人（Komililo Nandi，p. 312；cf. C. W. Hobley"英属东部非洲：卡维龙多人和南迪人的人类学研究"，《大不列颠及爱尔兰人类学学会杂志》，XXXIII，1930 年，第 395 页）："在南迪人地区基苏木（Kisumu）东部大约三十里处，有一座森林覆盖的死火山廷德雷特（Tinderet)。居住在南侧和西侧的科米利罗・南迪人讲述这样一个传说。在山的高处有个洞，闪电神伊勒特（Ilet）经常变成人从天上下来住在里面。他下来后，雨连续不停地下许多天，因此居住在森林里的奥杰克族（Oggiek）或万多罗博族（Wandorobbo）的猎人们几乎全葬身于可怕的大雨中。幸存的一些人寻找雨因，找到了洞中的伊勒特，并用毒箭射伤了他。因此他逃走，死在阿拉伯基博索内（Kibosone）人的地方。他一死，雨就停止了。"这儿的报应动机被颠倒了：并不是天神惩罚邪恶的人们，而是人们惩罚邪恶的天神。

6. 在恩多罗博人中（313 页，据 Kannenberg in *ZEITSCHRIFT FÜR AFRIKANISCHE UND OZEANISCHE SPRACHEN*，V，1900 年，第 161 页），他们讲述人类最初是与神住在天堂里的；然后他们跟着神沿一条绳子爬到地面。在地上，神发动大雨，恩多罗博人再也猎获不到动物，只好挨饿。但是一个恩多罗博人砍断绳子，雨立即止住。从那时起，神和跟他待在一起的人们住在天国里。人类因为使雨中止而付出代价，即最终与神分开住。这也是报应。

7.阿散蒂人中（313 页，根据 Edmond Perregaux，"Chez les Ashanti"，*BULLETIN DE LA SOCIÉTÉ NEUCHÂTÉLOISÉ DE GÉOGRAPHIE*，XVII，1906 年，第 198 页）：神最早创造的七个人带着火顺着一条链子爬到地面，他们向下爬之前下了一场大雨，只是在链子垂下时雨才停止。接下去的一些年，当他们的后代繁衍增长时，他们又在大雨倾盆中沿链子回到天国。根据佩雷高克斯（Perregaux）的讲述，链子和雨原本显然是一回事，尤其是当最早的七个人回到天国时。“当人类的数量继续增长，最早的七个人对他们的后代说：‘就我们而言，我们将回到我们来的地方去（去神那儿），但是你们仍然留在地上。你们也会生养后代，遍布整个大地。’他们一说完，大雨从天而降，他们顺着爬下来的同一条链子将他们带走……”雨表示从天国到人间往返的路。但是这个神话还含有另外一个细节（Perregaux， 第 198 页）：“一天，女人们在抹去其否否（foufou）时，可惜神出现了，她们感到很不自在。她们叫神走开，但神没有能及时退开，她们便用抹子打他。于是，神生气了，离开了这个世界，把这个世界留给精灵（物神）去管理。谚语说：没有老太婆，我们会很快乐。”此处也出现了报应动机，但是这个神话不属于洪水故事。

鲍曼不能一以贯之地发现报应动机的原因在于他的报应观念太狭隘。如他在314 页所说，他只是在出现“违反规范”的地方才看出有报应。但是，对善行的奖赏、交换，特别是宣称善行是对从恶行解放出来的补偿，还有报复，也是包括在报应之内的（这句译文中的“宣称”一词，原文为“renunciation”，意为“拒绝承认”，但这个含义在这一语境中实难理解。疑原书有印刷错误。待考。——校注）。在 314 页，鲍曼正确指出，要把将洪水视为惩罚的那些故事与单纯的洪水故事分开是不可能的，“犯罪动机并不确定，因此在原始阶段，它以不为人注意的方式隐藏自己，只以轻微罪过的形式出现”。但是，对罪恶的惩罚仅仅是报应原则应用的典型场合之一。

和其他大陆的情形一样，美洲人编造的洪水故事中，惩罚的观念或多或少地明显体现出来。雅马纳人的一则神话叙述说：

> 从前，在春天到来之际，一个人往天上看，看见一个班杜利亚（雎鹮）从他的小窝棚上空飞过。他非常兴奋，并对他的邻居们喊道：“一个班杜利亚正从我的棚屋上空飞过。看那儿!” 当其他人听到这消息，从自己的屋子跑出来，喊道：“春天来了。雎鹮已经在飞!”他们激动得跳起来，喧闹着尽情取乐。但是，来克休瓦（Lexuwa，雎鹮女）很敏感，需要以温柔相待。当这些男人、女人和孩子长时间大声尖叫，她听见喧闹，激动不已。她又气愤又恼怒，放出了一场伴随严寒和厚冰的暴风雪。

整个大地被冰雪覆盖。许多人死了。雪停之后，

> 烈日炙烤着大地，因此覆盖大地和山顶的冰雪融化了。大量的水流

> 进河里、海里。事实上太阳暴晒，山顶也烤焦了，因此直到今天仍然没有树。覆盖在宽阔或者狭窄的河流里的冰也融化了。因此人们可以来到岸边用小船去寻找食物。在高山和深谷中厚冰一直保留到现在……从那以后，雅马纳人对班杜利亚非常尊敬。当这鸟靠近他们的小窝棚，人们保持沉默，并使孩子们安静，都不喊叫。[①]

在维托托人的一个神话中，诺夫伊尼引起一次地震和一场洪水，因为梅尼偷走了斧形的鹦鹉。[②]在另一个故事中，戴阿尔让雨不停地下是因为纳德勒库都弄残一只红鹦鹉。[③]根据（巴西）卡拉亚人的一个传说，大洪水由一个叫阿纳蒂瓦的魔鬼引起，他因为人们不理解他、想逃跑而狂怒。[④]在图皮南巴人的一则神话中，莫南为了惩罚人们的忘恩负义，发动了一场自然灾难。[⑤]埃伦赖克指出，一般说来，人们对文化英雄犯下罪行通常是南美洲土著居民神话中引起洪水的原因。[⑥]

伊普里纳人（生活在上亚马逊的支流普鲁斯河上）认为树懒是他们的祖先。他们有一个神话：鹳的首领和所有鸟类的创造者玛尤鲁贝鲁将一壶水放在太阳里烧，水开后溢出来，引起了大洪水。

> 人类确实幸存下来，但是除了扁豆，植物世界没有逃脱这次灾难……后来树懒乞求玛尤鲁贝鲁给他一些有用果实的种子。因此玛尤鲁贝鲁带着装有植物的大篮子出现，伊普里纳人开始耕种他们的地。不愿工作的人被玛尤鲁贝鲁吃掉。每天玛尤鲁贝鲁都要吞吃一个人。[⑦]

惩罚懒惰是这个故事的主题。但是这个动机与洪水本身的关系并不清楚。

在穆拉托印第安人（厄瓜多尔希瓦罗人的一个分支）的一个传说中，洪水的出现是由于众鳄鱼之母的报复，因为她的孩子被谋杀了。[⑧]

根据（英属圭亚那）阿卡沃伊人的神话，洪水是由一个懒惰又调皮的猴子引起的，他打开了装着会涨的水的篮子。他的“欺诈习性引起洪水，但仍然未能克

---

① Gusinde, II, 1232.

② Preuss, *RELIGION UND MYTHOLOGIE DER UITOTO*, I （1921）, 60.

③ Preuss, *RELIGION UND MYTHOLOGIE DER UITOTO*, I （1921）, 61.

④ Frazer, I, 257, following P. Ehrenreich, Beiträge zur Völkerkunde Brasiliens（1891）, pp. 40 f.

⑤ A. Métraux, *LA RELIGION DES TUPINAMBA ET SES RAPPORTS AVEC CELLE DES AUTRES TRIBUS TUPI-GUARANI*（1928）, p. 44.

⑥ Ehrenreich, *DIE MYTHEN UND LEGENDEN DER SÜDAMERIKANISCHEN URVÖLKER*（1905）, p. 31.

⑦ Frazer, I, 259 页起，据 P. Ehrenreich，*BEITRÄGE ZUR VÖLKERKUNDE BRASILIENS*, pp. 71 f。

⑧ Frazer, I, 261, following Rivet, “Les Indiens Jibaros,” *L'ANTHROPOLOGIE*, XIX（1908）, 236.

服它的懒散、调皮、小偷小摸的品质，并且不折不扣地传给了他的孩子们”。[①]

英属圭亚那的阿拉瓦克人，“相信自从创世之后，世界有两次被毁。第一次被烈火扫荡，后来又出现一场大洪水。每一次毁灭都是由于人们所犯的罪过，受到了伟大的‘上界居住者’艾奥门·孔蒂的特别威胁。[②]在（哥伦比亚）昆迪纳马卡高原土著居民穆伊斯卡人的神话中，报应动机发生了特别的改变。[③]在这儿，洪水不是惩罚，而洪水本身是要受到报复的恶行。这种思想与认为死亡由巫术引起，它不是惩罚就是犯罪的原始观念相似：

在还没有月亮的古时候，昆迪纳马卡高原被隔绝，特肯达马通道还没有开通。穆伊斯卡人像原始人一样生活着，没有政府，没有农业。这时来了一个长满胡须的老人，他有下面这些名字：博特契卡、内姆克特巴、苏埃。他教他们耕种土地，制作衣服，崇拜神祇，成立国家。他的妻子也有三个名字：许塔卡、奇亚、尤白卡古亚。她漂亮但用心险恶，想毁掉她丈夫所做的一切有益的工作。通过巫术，她引起丰萨河——现在的波哥大河猛涨，因此整个高原处于汪洋之中。只有少量居民逃到山顶。博特契卡非常愤怒，将这邪恶的女人驱逐出大地，把她变成月亮。为了挽救大地，博特契卡开了一条通道，水涌向雄伟的特肯达马瀑布。土地变干了，幸存的人们重新耕作。

根据这些印第安人的另一个传说，奇布查丘姆神发动洪水作为惩罚，是因为印第安人祖先对他的侮辱。大神博契卡挽救了人类，惩罚奇布查丘姆，让他不得不“用双肩承受整个大地的重量……”。当这疲倦的巨人想把重担从一个肩膀换到另一个肩膀，使自己稍微好受一点时，就引起了地震。[④]

法拉比记录了阿拉瓦克部落希瓦兰印第安人的下面这则神话。

就要举行盛大的宴会，两个男孩被派到森林里打猎。他俩在树下扎营后便出去打猎。他们获得了许多猎物，他们把猎物去毛开膛，挂在帐篷里。第二天当他俩扛着沉甸甸的猎物返回时，惊奇地发现第一天所获

---

①Brett：《圭亚那的印第安人部落》（*THE INDIAN TRIBES OF GUIANA*），1868，第378页以下，384页。

② Brett：《圭亚那的印第安人部落》（*THE INDIAN TRIBES OF GUIANA*），1868，第 398 页。

③ Andree，第 114 页，据 L. F. Piedrahita，Historia general de las conquistas del Nuevo Reyno de Granada, P. 17，and A. v. Humboldt，*SITES DES CORDILLÈRES ET MONUMENTS DES PEUPLES INDIGÈNES DE L'AMÉRIQUE*（1869），第 42 页起。

④Frazer, I，第 267 页，据 H. Ternaux-Compans，*ESSAI SUR L'ANCIEN CUNDINAMARCA*（Paris，n. d.），pp. 7 f。

之物已被偷走。当他们第三天返回，他们又发现肉被偷走。第四天，一个男孩躲起来要找出小偷。原来小偷是他们扎营的那棵树的树洞里的一条大蛇。他们在树里燃起火堆来消灭蛇，蛇掉进火堆里被烧死。两个孩子很饥饿，一个吃了一些烤蛇肉。他马上变得很渴，喝干了帐篷里所有的水。然后又到泉水处喝，再从那又到湖水处。他很快变成了一只青蛙，然后又变成一只蜥蜴，最后变成了一条蛇，开始迅速长大。他兄弟被吓住了，想把他从水中拉出来，但是湖水开始溢出来。蛇然后告诉他哥哥湖水将会不断上升，直到整个大地被水淹没，而且，如果他不回去告诉人们，让他们逃跑，人类将会灭亡。他要他哥哥把一个葫芦放进口袋里，爬到最高山的顶峰，当大水来临时爬到最高的棕榈树上。这个男孩回来告诉人们所发生的事，但他们不相信他，指责他害死了他弟弟，因此他逃到山顶；当大水来到，他又爬上棕榈树。许多天之后，水开始退下来，他下到地面上。从山顶他看见秃鹫在山谷里吃死人的尸体，因此他来到湖边，找到他弟弟，把他装在葫芦里带走。[1]

在这儿，报应动机出现了几次。首先，杀死蛇是报复它行窃。一个兄弟变青蛙、蜥蜴、蛇是惩罚他杀死了蛇并且吃了蛇肉。洪水也是在惩罚这种不良行为。最后，人们被淹死是惩罚他们不相信警告并且诬告另一个兄弟。

（危地马拉）基切印第安人记录在18世纪初发现的《波波尔·伍赫》（*Popol Vuh*，通俗书）中的一则故事，指出这次灾难的原因是诸神创造的第一代生命不够好，[2]从而说明发动那场灾难是正当的。根据现代的正义观念，他们是无罪的，但这不应该妨碍我们在这里也看到报应原则的应用。在原始思维的认识中，报应原则也包含绝对的责任。

根据《波波尔·伍赫》，众神创造了动物，但对它们并不满意，因为它们既不说话也不会敬神。因此众神用泥土造人；但也有缺陷。他们的头不会动。尽管会说话但听不见。因此众神用一场洪水毁灭了这些有缺陷的创造物。接着第二次造人。这次男人由树木构成，女人由松脂构成。第二种人比他们的前辈要好，但人们的行为举止像动物一样。他们说话模糊不清，并且一点也不感谢神。胡拉坎，

---

① William Curtis Farabee, *Indian Tribes of Eastern Peru*（《秘鲁东部的印第安人部落》），"Harvard University, Papers of the Peabody Museum of American Archeology and Ethnology," Vol. X.（1922），p. 124.

② Andree, p. 109.

“天堂之心”，让燃烧的松脂落到地面并且发动地震，几乎所有的人类都被毁灭。那些幸存者也都变成了猴子。[①]最后众神用黄玉米和白玉米做成人类。他们如此完美，因此神被吓坏了，就从人那儿拿走了一些能力。这些人就这样变成现在基切人的祖先。

在帕帕戈人的传说中，可以看到报应动机的一个有趣的转变：神王蒙特祖玛从洪水中逃脱，洪水的原因并未透露，当世界重新出现人类，照料和管理新的人类的任务交给了蒙特祖玛。

但他由于骄傲和妄自尊大而趾高气扬，忽略了他所处重要位置的最重要的职责，容忍最丢脸的恶行在人们中悄悄传开。大神下到地面训诫这位为他摄政的国王，但徒劳无功，蒙特祖玛蔑视他的法律和劝告，最后甚至公开叛乱。大神当然很生气，他返回天堂，在路上他把太阳推到他所住的遥远之处。但是蒙特祖玛着手修建一所可以到达天堂的房子。它已经达到相当的高度时，大神用雷把这项辉煌的成绩毁了。蒙特祖玛仍然不思悔改……他命令把圣殿供俗用……于是大神决定采取最重的惩罚。他派一只昆虫飞到东边，一个不知名的地方，带来西班牙人。这些人来了，和蒙特祖玛战斗并摧毁了他，完全驱散了笼罩在他身上的神性观念。[②]

报应动机大概是从洪水故事本身转变到幸存者命运上来了，因为蒙特祖玛的倒台一定要加以解释。圣经－基督教对蒙特玛祖之塔的影响是明显的。

报应主题出现在（尤卡坦）玛雅人有关世界末日的预言中。布林顿记录的这

---

① 布林顿：《新大陆神话》，1868 年版，第 208 页。重述故事的这一部分如下：“因为人类没有顾念他们的父母，即名为‘胡拉坎’的‘天堂之心’，于是地面变得阴沉，开始下起倾盆大雨，不分昼夜地下。这时，各种生物，大的小的，都聚集到一起，数落人类的坏处。他们七嘴八舌，他们的石磨、碟子、杯子、狗、鸡都发了言。狗和鸡说：‘你们人类平常对我们坏极了，总是咬我们。现在也该轮到我们咬你们了！’石磨也开始诉苦：‘我们受尽你们的折磨，你们一天又一天，不分日夜，让我们呻吟，痛苦地挣扎，就为你们自己。现在要让你们尝尝我们的厉害，我们将碾碎你们的肉，用它们来做我们的食物。’狗这样说：‘你们为什么总不给我们食物吃？每次我们稍稍靠近食物，你们就把我们撵得远远的，就连你们吃东西的时候，棍子也随时放在手边。就因为我们不会说话吧？现在，我们要用牙齿咬吃你们！’狗说到这，已委屈得泪流满面。杯子和碟子说：‘你们给我们带来痛苦和不幸，你们用烟熏我们的头和腰，把我们放在火上烧，烤我们，害我们，以为我们毫无知觉。现在，轮到你们了，你们要挨烤。’杯子骂骂咧咧地说。于是人类绝望地四处逃窜。他们爬上屋顶，可房子在他们脚下倒塌了；他们企图攀上树梢，然而树远远地逃离他们；他们向洞穴寻求庇护，但是洞穴在他们面前把门关得紧紧的。注定要遭毁灭、要被推翻的这个人种就这样被摧毁了。他们就这样被毁灭、被羞辱。据说，他们的后代就是生活在森林中的那些小猴子。”

② Bancroft：《北美太平洋各州的土著种族》（*THE NATIVE RACES OF THE PACIFIC STATES OF NORTH AMERICA*），III，第 76 页起。

份文件如下：

在所有时代完结之际，传来一个天命，

人们信奉的每一个虚弱的神都将会消失，灭亡，

世界在吞噬一切的大火中得到净化。

在那恐怖的一天，

因后悔其一生的罪恶而悲叹，

并毫不畏缩地面对火焰考验的人会高兴。[①]

（安的列斯群岛）加勒比人说，“神的主宰，对他们的先祖未能提供给他应得的祭品而生气，引起倾盆大雨……差不多所有的人都淹死了”。[②]在（墨西哥）塔拉乌马雷人的一个传说中，洪水被解释成对内讧的惩罚。[③]

关于北美印第安人的洪水神话，可以提到下面这一点：（加利福尼亚中部）维约特人的一则故事说，一位神因为人类的邪恶而发动洪水摧毁了一切。[④]报应动机的存在可以间接地从（新墨西哥西部）祖尼印第安人的一个故事中推理出来。这里的洪水因人祭而得以消除：“一个小伙子和一个小姑娘，分别是两位祭司的儿子和女儿，被扔进海洋里。”[⑤]洪水流往别处。想通过人祭使水神减轻怒火。然而神的愤怒通常意味着神宣布的、为他的利益颁布的，或者被他所保障的一项规范被违犯。神接受了献祭，作为回报，就将洪水拿走，这种思想是报应原则的直接应用。这种观念在曼丹印第安人的大洪水故事中得到清楚表现。在这里，洪水故事是某个包括有向水神献祭在内的年年举行的仪式的基础。曼丹人相信，“如果省略每年的仪式，包括忘记向水神献祭，就会导致传说中讲述的曾降临在他们身上的灾难再次发生，摧毁整个人类”。[⑥]在（加利福尼亚）阿卡格切曼（Acagchemem）

---

① Brinton，第 221 页。

② Frazer, I, 281, following De la Borde, “Relation de l’origine, moeurs, coustumes, religion, guerres et voyages des Caraibes sauvages des Isles Antilles de l’Amérique,” in *RECUEIL DE DIVERS VOYAGES FAITS EN AFRIQUE* et en l’Amerique qui n’ont point esté encore publiez（Paris, 1684）, p. 7.

③ Carl Lumholtz：《神秘的墨西哥》（*UNKNOWN MEXICO*），1902, I, 第 298 页起。

④ W. Schmidt, Der Ursprung der Gottesidee, II, 40.

⑤ Mrs. Tilly E. Stevenson,《祖尼儿童的宗教生活》（“The Religious Life of the Zuñi Child”）, 5th *ANNUAL REPORT OF THE BUREAU OF ETHNOLOGY*（1887）, 539 页；Stevenson,《祖尼印第安人》（“The zuñi Indians”）, 23rd *ANNUAL REPORT OF THE BUREAU OF AMERICAN ETHNOLOGY*（1904）, 61 页。

⑥ George Catlin：《奥基帕——曼丹人的一种宗教仪式；及其他风俗》（*O KEE-PA: A RELIGIOUS CEREMONY; AND OTHER CUSTOMS OF THE MANDANS*）1867，第 1 页以下。

印第安人的一个故事中，洪水是一种报复行为。[①]

波塔瓦托米人的一则神话让人想起基切印第安人的那个故事。

坎尼托创世后，让一群看上去不像人的生物占据着。它们是堕落的、不知感恩的、邪恶的狗，从来不向天空抬眼乞求伟大的神的帮助。如此不敬的态度惹恼了他。因此他让整个世界沉入一个大湖中。[②]

纳瓦霍印第安人中有如下神话：

> 我们现在所居住的世界是第五层世界。在来这儿之前，我们的祖先在四个世界里待过。在第一层世界住有三个生命：第一个男人，第一个女人，还有郊狼。那儿又暗又小，因此他们上到第二层世界。在第二层世界，他们发现其他两个男人：太阳和月亮。那时天空是没有太阳和月亮的；但是他们被称为太阳和月亮，是因为他们后来变成了太阳和月亮（或者太阳和月亮诸神）。不过，第二层世界有光。在东边一片黑暗，那不是云但像云；在南边有蓝光；在西边有黄光；在北边有白光。有时黑暗从东边升起，布满整个天空，成为夜晚。然后黑暗沉下去，蓝光在南边渐渐升起，黄光在西边升起，白光在北边升起，直到它们在天顶相遇，便有了白天……
>
> 但是他们来到的这个地方不是空无一人的，另一个人种住在山上。他们把山上的人请来商议，对他们说："我们已到这块土地住了很长的时间，我们希望与你们和平相处。"山上的人说："好，土地对我们大家足够了，我们不会挑起战争。但是在东边山背后大水里住着一个叫蒂奥特索迪（意思是在海里抓人的海怪）的妖怪，我们劝告你们不要靠近或伤害他。"纳瓦霍人答应听从他们的劝告，商议活动便结束了。但是郊狼谁的话也不听，他爱去哪里就去哪里，没人管得了他。就这样，他终于还是逛到东山后的大水边，偷了海怪的两个孩子，趁人不知，把他们带进帐篷中，然后藏在他的毯子里。蒂奥特索迪想他的孩子，就出去找他们。他在大地四处角落的大水中寻找，但是没有找到，因此他最后断定他们一定是在最近从下层世界迁来的陌生人手里。然后，他引东、南、西、北的水上升，流到地面，因此，第二天晚上只有一小块干地供人们站。他们很是惊恐，开会商议。他们知道他们一定做错了什么事，但是犯了什么罪，是谁犯的，他们不知道。他们从世界四角的所有山那儿运

---

① Frazer, I, 288, following Father Friar Geronimo Boscana, "Chinigchinich, a Historical Account, etc., of the Acagchemem Nation", annexed to A. Robinson's *LIFE IN CALIFORNIA* (New York, 1846), pp. 300 f.

② W. Schmidt, II, 510.

来泥土，堆在所站的北边山的山顶上，他们都到那儿去，包括山上的人、盐妇以及那时住在第三层世界的动物。当泥土堆在山顶，山越来越高，但水继续涨，人们往上爬以逃脱洪水。最后山停止增高，他们在山的最高处种了一棵大芦苇，里面是空的，他们都住进去。芦苇每天晚上长，白天不长。这就是今天的芦苇一节节地生长的原因——空的中间茎节表明它晚上长的位置，实心的茎节表明它白天停止长的位置。因此白天水就能逼近它们。火鸡是最后在芦苇里避难的，因此在最底下。当水升高浸湿火鸡，它们都知道危险临近了。水波经常洗刷火鸡的尾梢，正是这个原因，现在火鸡尾梢上的羽毛比它身上其他部分的羽毛颜色要淡些。到了种芦苇后第四天晚上，芦苇长到了第四层世界，在这儿，他们找到一个通向地表的洞……

但是这段时间内，郊狼一直把海怪蒂奥特索迪的孩子藏起来，蒂奥特索迪也一直在第四层世界所有的海中寻找，仍是劳而无功。他让河水像以往一样上涨。人们又举行一次商议会，又从四面的山带来泥土；……芦苇又一次保护了逃难者，帮他们往上爬，逃脱危险。总之，在他们从第三层世界逃难过程中，所有情况重复发生，直到他们到达现在世界的地面。这时出现了一个让人震惊的不同：不像在前面的情形中那样找到一个他们能通过的洞，现在他们从头上方所能看到的全是结实的土地，就像一个大岩洞的顶部。

第五天，太阳升起，和以往一样爬到天顶，停住了。天气很热，大家都渴望夜晚的到来，但是太阳一动不动。聪明的郊狼说："太阳停住了，因为他的工作没有得到报酬——他要一条人命来换取他每天的工作。除非有一个人死去，否则太阳不会再动。"最后，一个大首领的妻子咽了气，尸体变冷了。正当人们围住她不知所措的时候，人们见太阳又动了，沿着天空下去，走进西山的背后去了。现在我们从来没有看见太阳在路上停住，因为我们知道每一天总有一个人死去。

那天晚上，月亮也停在天顶，就像太阳白天所做的那样。郊狼告诉人们，月亮也需要付报酬，否则它也不会移动。他才说完，这时曾在下界见过已死妇女的那个男人死了，于是月亮满意地去了西边。就这样，每天晚上必定有一个人死。否则月亮不会穿过天空。[①]

在《圣经》关于人的堕落的故事中，最早的有道德缺陷的人是由万能者创造出来的，这个万能者对自己的创造物很生气，于是惩罚他们。这样一来，惩罚之神同时又是人因之受惩罚的道德罪恶的制造者，这样一类原始宗教和犹太教－基

---

① W. Matthews, "A Part of the Navajo's Mythology"（《纳瓦霍人神话之一部分》）, *AMERICAN ANTIQUARIAN*, V, No. 3 (1883), 207–213.

督教神话相去不甚远:犹太教-基督教神话认为上帝的正义和他的万能是一致的,因为这还是维持了一个绝对责任的原始观念。在这一点上,阿尔衮琴印第安人的洪水故事值得注意。一条蛇(怀疑它是祖先的灵魂不会有错)是"敌人"和"大恶魔",他使人类染上罪恶,然后残酷地惩罚他们。这则神话传承下来的文本如下:

> 很久以前,人变得邪恶之时来了一条巨大的蛇(玛斯卡纳科)。这条壮蛇是人类的敌人,他们卷入纠纷,彼此仇恨。他们发生战斗,互相掠夺,不得安宁。小人(马特佩维)和死人看护者(尼汉洛维特)进行战斗。于是,这条壮蛇打定主意:所有的人和生物都得马上毁灭。这条黑蛇,即怪物,让蛇水喷出来,浩瀚的水汹涌,水涌到山上,到处泛滥,到处毁灭……然后水流走了,山上和平原都变干燥,这个大恶魔从洞穴通道到其他地方去了。①

根据弗雷泽的说法②,真正古老的阿尔衮琴人的洪水传说可以在奇佩瓦印第安人中找到③,是这样的:一个叫维斯-凯-查克的巫医打猎时丢失了他的"侄子"——一条小狼。这条小狼后来被一些水山猫杀死。为了替小狼报仇,维斯试图杀死其中一只水山猫,但结果只是弄伤了它。它们跑到河里,河水就溢出了岸,淹没了这个地区。同样的故事在其他部落中可以找到许多文本。所有文本都显示出相同的动机:为被杀的狼报仇,又以洪水反报仇。

根据廷内印第安人的一则神话,一个老人预见到洪水,他提醒他的伙伴们,但没人相信他。他们全被淹死了。④同一部落的另一则神话中的洪水是作为报复行为而出现的。⑤卢乔印第安人解释洪水是因杀死渡鸦而招致的惩罚。⑥特林吉特印第安人的故事也描述洪水是因为企图谋杀渡鸦耶耳奇而受到的惩罚。⑦在钦西安印第安人的故事中,据说洪水是上天发动的,要惩罚人们的恶劣行为。⑧根据

① E. G. Squier:《阿尔衮琴人的历史传统和神话传统》(*HISTORICAL AND MYTHOLOGICAL TRADITIONS OF THE ALGONQUINS*),第 12 页以下(在纽约历史学会宣读的论文)。

② Frazer, I, 297.

③ W. H. Hooper:《在图斯基人的帐篷中度过十个月》(TEN *MONTHS AMONG THE TENTS OF THE TUSKI*),1853,第 286 页以下。比较 Andree 报道的奥杰布瓦人故事,第 75 页以下。

④ Frazer, I, 31sf., following E. Petitot, *MONOGRAPHIE DES DÈNÈ-DINJIÉ* (1876), p. 74.

⑤ J. Jetté, "On Ten'a Folk-Lore"(《论特纳人的民俗》), *JOURNAL OF THE ROYAL ANTHROPOLOGICAL INSTITUTE OF GREAT BRITAIN AND IRELAND*, XXXVIII (1908), 312 f.

⑥ Frazer, I, 315f., following Petitot, *TRADITIONS INDIENNES DU CANADA NORD-OUEST*, pp. 22–26.

⑦ A. Krause, *DIE TLINKIT-INDIANER* (1885), p. 257.

⑧ Frazer, I, 319, following F. Boas, in "Fourth Report of the Committee on the North-western Tribes of the Dominion of Canada," *REPORT OF THE FIFTY-EIGHTH MEETING OF THE BRITISH ASSOCIATION FOR THE ADVANCEMENT OF SCIENCE, HELD AT BATH IN SEPTEMBER,* 1888 (London, 1889), p. 239.

库特奈印第安人的神话，洪水的产生是因为一只小灰鸟，不顾她丈夫——一只苍鹰的禁止，在某个湖里洗澡。“突然湖水升起，一个巨人出现……抓住了她，并且强奸了她。”[①]她的丈夫听说之后很气愤，到湖边用箭射这巨人。巨人吞下所有的水，因此印第安人无水可喝。那妻子“从巨人的胸脯上拔出箭，因此水激流般涌出，结果成了洪水……在这个传说的一则异文中，‘巨人’是一条‘大鱼’……是鱼的血引起洪水……在另一篇异文中，‘巨人’是一个‘湖兽’”。[②]华盛顿州一个印第安人部落特瓦纳人中，有一个洪水传说，说是只有好印第安人从洪水中得救。[③]在另一个部落里，洪水被认为是海狸的眼泪引起的：海狸的妻子离开他嫁给了黑豹，他哭了五天，他的眼泪淹没了整个地方。[④]很明显，这不仅可以解释成痛苦的表达，也可以解释成一种报复行为。

不可否认，许多洪水故事并不包含有任何报应动机的痕迹。[⑤]这可以部分解

---

① Frazer, I, 323, 在谈到古代神话中“鸟”与“女人”这两个概念被混用时说：“印第安人的传说故事中，动物和人类之间是没有明显的分界的。”

② A. F. Chamberlain, "Report on the Kootenay Indians of South-Eastern British Columbia"（《关于不列颠哥伦比亚东南库特奈印第安人的报告》), in *EINGHTH REPORT OF THE COMMITTEE ON THE NORTH-WESTERN TRIBES OF CANADA*（*REPORT OF THE SIXTY-SECOND MEETING OF THE BRITISH ASSOCIATION FOR THE ADVANCEMENT OF SCIENCE, HELD AT EDINBURGH, 1892*), pp. 575 f.

③ M. Eells, "Traditions of the'Deluge'among the Tribes of the North-West"（《西北部落的大洪水传说》), *AMERICAN ANTIQUARIAN*, I （1878－1879), 70.

④ Franz Boas, *KATHLAMET Texts*（《卡特拉梅特人文本》), Bureau of American Ethnology Bull. 26,1901, pp. 20 ff.

⑤ 安德烈（p. 131）发现，在他所搜集的 88 例故事中，只有 8 例将洪水解释为是出自神的意志，作为对人类所犯罪恶的惩罚。但是，决定因素被理解得过于狭窄。问题是：这种报应原则是否起“决定性”作用，又在多大程度上起“决定性”作用？照这个观点看，安德烈报道的大量故事都与此有关。例如，由安德烈报告但并未算在报应神话之内的达雅克人的故事，埃达故事，关于迪罗罗湖起源的故事，帕帕戈人的蒙特祖玛的故事，特林吉特人的耶耳奇故事，基切印第安人的故事，特别是墨斯喀斯（Mayscas）故事以及其他一些神话，都应列入这一类别。

约翰尼斯·里在 Die Sinflut in Sage und Wissenschaft（1925 年版）中也对洪水故事作了一番统计考察。照他的观点，在 268 篇材料中，真正能够探寻出有报应动机的，只有 75 篇。但他的统计仅限于“洪水是对整个人类或个人的罪恶的惩罚”，或者“洪水是愤怒的上帝的报复”这两方面的材料。但是，由于“动物犯的错误”或“个人报私仇”的错误，从而导致了洪水者，应该包括在内。更进一步讲，还有许多其他材料也得统计在内，如：涉及奖励而非惩罚，或错误轻微无关紧要；或者导致的惩罚不是洪水而是死亡，并以得救为奖励；等等。洪水不是惩罚，而是一种罪行，这并不意味着报应原则缺失，因为这样一种犯罪要受惩罚。如果一个人按照这个观点，再去考察约翰尼斯·里所收集的 268 篇材料，那么，就会发现其中明显地体现出报应原则的有 100 多篇。然而，约翰尼斯·里认为只在 80 篇材料中才存在关于洪水发生原因的描述。他所提供的数篇故事材料中，报应原则没有很明显地表现出来，但这个原则却存在于其他一些学者的重述中。在巴比伦故事中，情形也是这样。约翰尼斯·里氏在他著作的第 21 页说：诸神决定发洪水“显然出于突发奇想”。

释成是因为传到我们手中的文本就没有给出洪水的原因。而这常常又是由于这个问题涉及宗教禁忌的违犯。对这个问题讳莫如深的原始人，在受到一个考察者提问时往往会省略故事中伤害其自我意识的这些部分,因为它们让他们的祖先丢脸。材料不完整的另一个原因可能是考察者没有特别在意去寻找洪水的原因。如果现代道德不以为是罪恶的一些行为，在当初却是洪水的原因，那么这种观点尤其可信。还要记住，最初存在的报应动机可能会逐渐失去意义，甚至完全消失。考虑到报应原则甚至在解释最不开化的民族的本性时也至关重要，考虑到原始人倾向于根据报应原则解释直接影响他们和使他们害怕的事件，如疾病、死亡、闪电和地震，我们可以推测，至少在最初，报应原则也出现在许多洪水故事里，而今天，这个原则在这些故事里已不明显了。[①]

① Wundt（*MYTHUS UND RELIGION*, Part Ⅲ, 1915, pp. 298f.）说：古老形态的洪水故事，缺乏道德伦理的动机，以及复仇、惩罚、奖励因素。事实并非如此，至少复仇动机是有的。因为复仇动机是神话思维中最古老的因素之一。

作为膀胱梦的洪水神话[①]

格扎·罗亨

编者按：

格扎·罗亨（Géza Róheim，1891—1953）对比较方法的不同应用，突出地表现在对洪水神话内容进行的心理分析中。罗亨认为梦是神话和故事的主要源泉，在他的长篇巨制《梦之门》一书中，他专门讨论了他的理论在洪水神话上的应用。

在论证洪水神话来源于梦的过程中，罗亨追随较早的弗洛伊德式的神话学者奥托·兰克的方法。在首次发表于1912年的一篇文章中，兰克指出夜间睡眠者的小便之欲变形为梦。兰克认为，排尿这一基本需要所引起的某个人的梦和洪水神话之间存在着相似关系。但是，他只是将他的神话学讨论限制在古典神话与近东神话文本中。

相反，罗亨这位可能是最早的心理分析学派的人类学家兼民俗学家，却在澳大利亚和美国西南部印第安人中进行了田野考察；而且，他的作品在比较民俗学中读者众多。这一点与大多数心理分析学派学者不同，他们常常把自己的分析限制在《圣经》的、经典的或严格的欧洲资料里。

在下面的文章中，罗亨试图用不同文化背景下（包括美国印第安人）的大量文本来论证他对洪水神话的心理分析解读。但是，罗亨本人有时成为自己最大的敌人，他那支离破碎的写作风格常常令人难以忍受。而且，在表达精神分析的观点时，他那极端教条的方式常常会让哪怕是最冷静的读者也望而却步。虽然如此，他所收集的洪水神话文本确实含有一些奇怪的、需要解释的细节，而他的解释正是因为具有启发性

① 转载自《梦之门》，纽约：国际大学出版社，1952年版，第439、448—460、465页。（*THE GATES OF THE DREAM*, New York: International University Press, 1952.）

才有价值。

关于其他对洪水神话所作的精神分析方法的研究，参见奥托·兰克（Otto Rank），“Die Symbolschichtung im Wecktraum und ihre Wiederkehr im mythischen Denken,” *Jahrbuch für psychoanalytische und psychopathologische Forschungen* 4（1912）：51–115，并以“Zur Deutung der Sintflutsage：Ein Beitrag zur Symbolschichtung im mythischen Denken”之名转载于 *Psychoanalytische Beiträge zur Mythenforschung*（Leipzig，1922）pp. 82–106；唐纳德·F. 图津（Donald F. Tuzin），《阿拉佩什人水的象征中对存在的思考》（“Reflections of Being in Arapesh Water Symbolism,” *Ethos*，5（1977）：195–223）。

基本的梦当然不只是已变成神话的唯一的梦。我们知道，尿意、膀胱压力和排便的压力都引起某种类型的梦。在这些梦中，尿会被投射成湖、河或海洋等空间，并且必定出现焦虑成分。在综合了火与水的梦中，尿道的含义是很确定的。做梦者处在冲突之中；通过将这些意象投射到空间中，他在试图延长梦，推迟苏醒。这些梦显然出现于醒来之前的浅睡之中。而且，梦通常试图把膀胱压力转化为性欲场面（男人在早晨的勃起），或者转化为生育或分娩。通常，这两种技巧合二为一。它们也是梦的背景来自做梦者身体的又一个例子。

洪水神话常常把洪水描述成尿，从而显示了它们的根源来自梦。

在新赫布里底群岛，我们搜集到了如下的神话：

塔布伊·科是个女人，她有两个儿子——梯里克和塔拉伊，他们生活在一个圣泉旁，开垦土地。当男人工作时，她做白菜给他们吃，但很难吃。于是，其中一个决定藏起来窥视她做菜。他看见她往他们的食物里撒尿，却往她自己的食物里放海水。于是他们暗地调换了食物，吃了她的食物。这使她大为愤怒，她推开了挡海的巨石，海水泛滥造成洪水。这就是大海的起源。[1]

布因人[2]讲述了一个相似的故事。阿托托是最早的女人，她没有丈夫，却有一个儿子古古伊和一个女儿。儿子和女儿结婚并生下许多孩子。在此之前，没有水，人们只能烤芋头而不能煮芋头吃。但是，阿托托把尿撒进瓦罐来煮食物，然

---

① Brown，G.：《美拉尼西亚人和波利尼西亚人》（*MELANESIANS AND POLYNESIANS*），伦敦，1910 年版，第 357 页。

② 布因人（Buin），新几内亚布干维尔岛的土著民族。——译注

后把食物给她的儿子。后来她改变了做法，总是在她床下的洞里储存着尿。有一天，儿子突然回家，看到他母亲的所作所为，就打了她，并砸碎了所有盛尿的罐子，水涌了出来，在地上漫延。这就是海洋的来历。[①]

纳里涅里人[②]讲了鲁如德热和他两个妻子的一个故事。当他追赶她们时，两个女人企图跑掉，他在一个叫尿的地方撒尿。然后，他让海面上升，淹死了他的两个妻子。[③]

在一个海尔楚克人[④]故事中，兄弟两个和他们的妹妹生活在一起，他们做了一个鱼梁，捕到鱼之后放进鱼梁。他们捕的鱼越来越大，做的鱼梁也越来越大。但每天晚上，鱼梁中的鱼总是消失。兄弟中的一个说："去睡吧（指另外一个兄弟和妹妹）。我要待在这儿不睡觉，看看到底发生了什么事。"原来是一个胸膛上长着眼睛的无头巨人过来拿走了鲑鱼。他朝那个无头人射了四箭，似乎都没有射中。他尾随这个食人者到家，为其治好箭伤（是他射伤的），并娶了其女。他要带他的妻子回家。她于是撒尿成河，他们乘船回家。[⑤]

在波莫人[⑥]的一则神话中，洪水是这样产生的：

郊狼做梦得知，大水要淹没世界，但谁都不相信。他说："将有大水淹没世界。"这时开始下起大雨，不久，大水开始上涨。由于当地没有高山可登，人们只好爬上大树。郊狼和许多人抱住圆木求生。在鼹鼠的帮助下，郊狼造了高山，然后，世界焕然一新，他又创造了人类。[⑦]

雷族人住在一个村子里，他们过去常去一个泉水旁。但是有一天，一条很大的鳟鱼出现在泉水里。开始，他们害怕吃这神奇的鱼，但最后实在没什么可吃，他们就吃了鱼。一个老妇人告诉她的三个孙子不要吃这条神奇的鱼。

不久，人们像平时一样都去睡觉了。但是，孩子们第二天醒来后，帐篷里却

---

① Thurnwald,R.,*FORSCHUNGEN AUF DEN SALOMO INSELN UND DEM BISMARCK ARCHIPEL*, Berlin, 1912, II, pp. 347,348.

② 纳里涅里人（Narrinyeri），澳大利亚土著民族。——译注

③ Meyer, H. E. A., "Manners and Customs of the Aborigines of the Encounter Bay Tribe"（《因康特湾土著部落的风俗习惯》), in Words, J. D., *THE NATIVE TRIBES OF SOUTH AUSTRALIA, ADELAIDE*, 1897, pp. 202–204.

④ 海尔楚克人（Heiltsuk），加拿大夸扣特尔土著民族。——译注

⑤ Boas, F., *INDIANISCHE SAGEN VON DER NORD PAZIFISCHEN KÜSTE AMERIKAS*, Berlin, 1895, pp. 237,238.

⑥ 波莫人（Pomo），根据下面的注释，此处是指美国加利福尼亚州的土著。——译注

⑦ Barrett, S. A., "Pomo Myths"（《波莫人神话》), *BULLETIN OF THE PUBLIC MUSEUM OF THE CITY OF MILWAUKEE*, XV, 1933, p. 130.

没有人了。人们都已被变成了鹿。孩子们爬上一座很高的山，大雨倾盆，洪水泛滥，只有一小块土地露在水面上。他们问一个老人对大水该怎么办。他说不知道。夜晚来临后，孩子们只好去睡觉。老人整夜在地上挖洞。天亮之后，他喊醒了孩子们。这时，洪水已退尽，世界又成了一个美好的地方。[①]

我认为在这个故事中，两次睡眠值得注意。如果我们把它们看作郊狼的梦（郊狼等同于长者），那么，洪水就是尿道造成的洪水。水中的鱼就是企图把危险转化为被生育的幻觉。但是，只有在他挖了一个深洞（阴茎似的洞）后，水才消失——也就是说，他由于阴茎勃起而醒了。

下一个神话与囊地鼠有关，这是一个在许多方面与郊狼相似的角色。[②]

> 洪水期间，除了囊地鼠之外，所有人都死了。洪水上升，他爬上卡纳泰山顶逃生。他越爬越高，大水在快要把他冲下山顶时消退了。但是，他没有了火，于是，就向山的深处挖去，直到在那里发现了火。就这样，他又为世界带来了火。[③]

火和水作为世界的毁灭因素，经常接踵或交替出现在同一神话里。用洪水毁灭世界的郊狼也用火毁灭世界。

郊狼和他的两个小男孩生活在一起。他们是郊狼从一个木鸭姐妹之一那里骗来的。由于所有人都虐待他的孩子，于是他决定烧掉世界。他在世界的东端挖了一个通道，填满枞木皮，然后点燃。他把两个孩子放进猎袋，然后爬上跳舞房的房顶，等待大火的到来。郊狼向天上呼救。蜘蛛拖着蛛丝从天而降，郊狼跳到蜘蛛的肚子上，被带进天国之门。他返回时，发现一切都烤焦了。他由于喝了太多的水而很难受，巫医库克苏（Kuksu）跳到他的肚子上，水流出来，淹没了陆地。[④]

波莫神话中有关洪水主题有许多异文，这里仅举一例：

村里的年轻人杀死了郊狼的母亲，他们用炽热的石头使她窒息。郊狼看到这一切后，切开母亲的胸脯取出心脏。他拿来一根木棍，剥下树皮，用母亲心脏里的血做了四条红带子绕在树枝上，在每一根带子下面都留出一段。然后，他用猎鹰的羽毛装饰这根棍子的顶端……，下端则悬挂上他母亲的心脏。“这样，郊狼做了一根催眠杖。”他把催眠杖绑在跳舞房的中柱上。里面的人都睡着了。他放火烧房，烧死了所有的人。后来，他开始口渴（像上面那个故事中一样）。他去

① Barrett：《波莫人神话》，1933 年版，第 131—133 页。

② 我的意思是，在男性生殖器这个意义上他们相似。

③ 见 Barrett：《波莫人神话》，第 135 页。

④ 见 Barrett：《波莫人神话》，第 9 页。

找蛙女人。他拿箭逼她给他看她屁股下面坐着的水。之后，他返回他母亲的墓穴，使她复活。她又变成一个年轻美丽的女人，郊狼得到猎鹰做他的孙子。[①]——这可能暗示着他与母亲的乱伦。

如果我们把这视为郊狼的苏醒的梦，其中火和水象征膀胱压力，并将他母亲的心脏视为代表睡眠，那么我们必须认为持有水的青蛙和乌龟象征他母亲（持有水——意味着防止他排尿和醒来），我们还必须认为他与母亲的乱伦是膀胱压力引起的性欲刺激。

青蛙在否认她有水的同时一直在编篮子。她把其中一个篮子扔到蓝湖里。“当来月经的女人路过蓝湖时，她很有可能看到这个篮子，并因此得病。”[②]

我下面引用的故事并不是洪水故事，但我认为，在这里需要插入这个故事，因为它与水和睡眠都有关系。

利卢埃特人[③]的一个文化英雄特桑提亚（Tsuntia），把他母亲扔进了湖里，因为她不告诉他谁是他的父亲。她与湖水交媾，生下一些人。这些后代个个美丽英俊，特别是那些年轻女子。村里的小伙子都想与她的女儿结婚。但是，当他们进入“蛙人”的屋子时，他们都会被青蛙的气味熏倒，在沉睡中死去。有一个年轻男人到深山里备药达五年之久，因为他想克服这个困难。他在与吃青蛙的人[④]交谈时，知道了他所想要的逃生方法。

于是，他来到蛙人的屋内。一位长者对他说：“你是一个年轻人，我不希望看到你死，所以，请你不要进去。”他没有吃他们的食物。他们很惊奇他为什么没有陷入死亡之眠。他娶了最漂亮的两位少女做妻子，又劝其中一些人吃鹿，于是她们变成了人。[⑤]

在另一组洪水神话中，我们看到了不同的情景：水先是在活物身体内的。

据泰尔斯湖（Lake Tyers）的土著居民讲述，所有的水都在一只巨蛙体内，而他们不知道怎样去弄到水。他们一致认为获取水的办法是让青蛙发笑。许多动物跳舞却无效。最后，鳝鱼的剧烈扭动产生了预期的效果。青蛙大笑，许多人在洪水中淹死。[⑥]在安德烈·兰所引的安达曼人的一篇神话中，体内有水的蟾蜍的舞

---

① 见 Barrett：《波莫人神话》，第 124 页。

② Barrett：《波莫人神话》，第 201 页。

③ 利卢埃特人（Lillooet），加拿大不列颠哥伦比亚的一个土著民族。——译注

④ 湖中人只吃青蛙，青蛙皮用来做毯子。

⑤ Teit, J.,“Traditions of the Thompson River Indians of British Columbia”（《不列颠哥伦比亚汤普森河印第安人的传说》）, *MEMOIRS OF THE AMERICAN FOLKLORE SOCIETY*, VI, 1898, pp. 96,97.

⑥ Brough Smyth, R., *THE ABORIGINES OF VICTORIA*（《维多利亚的土著居民》）, Melbourne, 1878.

动也取得了相同的效果。[①]

我已经指出了这种舞蹈的生殖意义。当然，它出现在神话里有尿道意义的语境中。[②]安达曼神话综合火、水和动物起源。阿卡杰鲁人[③]的文本是：人们都睡着了。海雕先生来了，把火扔到他们中间。他们惊恐地醒过来，四处逃散。一些人跑进海里变成鱼和龟，另一些人跑进丛林中变成了鸟。[④]

在一篇希瓦罗人[⑤]故事中，两个年轻男子结伴。其中一个尝了大蛇肉。他非常口渴，就开始喝水。"我喝的水会撑破肚皮，"他说，"我会变成一个湖，因为我吃了蛇肉。"他先变成了一只青蛙，然后变成一只小鳄鱼，最后变成一条不断长大的水蛇。同时，池塘里的水不断上涨，形成一个湖，进而又形成一个吞没大地的大湖。除变成蛇的那人的朋友以外，所有的人都被淹死。蛇人在梦中对他朋友说："不要靠近我，否则，我一定会吞吃了你。"[⑥]

塔特兰人（Tahtlan）讲到，渡鸦想造一个湖，但一个男子喝干了湖中所有的水，整个湖都到他肚子里去了。这个男子睡着时，鹬用喙戳穿了他的肚子，结果水流了出来。[⑦]

活物肚里的水浓缩了梦的两个动机：（1）在某种（被颠倒的）事物内部的洪水英雄。（2）膀胱里的尿。

在下面这篇奇佩瓦扬人神话中，一个名字叫韦斯（Wis）的英雄，通过转换他的睡眠情景从而向他的敌手讲述了他的梦。一个狼人，也是一名巫医，要向杀死他侄儿的水山猫复仇。他必须先把自己变成湖边的一个树桩。青蛙和蛇被派去扳倒树桩。韦斯极力保持直立（即不睡着）。多疑的山猫有些麻痹，躺在沙滩上睡觉。韦斯恢复了他原来的形状，尽管他曾被提醒要攻击山猫的影子，但他还是忘了，把箭射向山猫的躯体。不过，第二箭瞄准了山猫的影子，但受伤的山猫还是跑进水里去了。河水开始沸腾，溢涨，韦斯乘独木舟逃走了。大水暴涌，淹没了陆地、森林和高山（随后是"潜水捞泥者神话"）。[⑧]

关于南尼布珠（Nanibozhu）的故事也谈到树桩神话。当南尼布珠变成一个

---

① Lang, A., *MYTH, RITUAL AND RELIGION*（《神话、仪式与宗教》）, London, 1906, I, p. 44.

② Cf. Róheim, *AUSTRALIAN TOTEMISM*（《澳大利亚的图腾》）, London, 1925, p. 432.

③ 阿卡杰鲁人（Aka Jeru），印度安达曼群岛上的土著民族之一。——译注

④ Brown, A. R., THE ANDAMAN ISLANDER（《安达曼岛人》）, Canbridge, 1922, p. 207.

⑤ 希瓦罗人（Jivaro），南美洲厄瓜多尔的土著民族。——译注

⑥ Karsten, R, "The Head Hunters of Wester Amazonas", *SOCIETAS SCIENTIARUM FENNICAE COMMENTATIONS HUMANIARUM*, VII. I, Helsingfors, 1935，P. 534.

⑦ Teit, J. E., "Tahtlan Tales," *JOURNAL OF AMERICAN FOLK-LORE*（《塔特兰人的故事》）, XXXII, 1919, p. 219；) cf. idem, "kaska Tales," ibid., XXX, 1917, p. 439.

⑧ Frazer, J. G., *FOLKLORE IN THE OLD TESTAMENT*, London, 1919, I, pp. 229,230; Hooper, W. H., *TEN MONTHS AMONG THE TENTS OF THE TUSKI*, London, 1853, pp. 285−292. 同一神话的其他文本也被弗雷泽引用。

树桩后，蛇把他缠住，他疼得快要尖叫。然后，海精灵出现了。不久，所有的怪物都在沙滩上睡着了。南尼布珠向海精灵射箭，击中了它的心脏，南尼布珠随后逃走了。所有怪物，还有大水，都在后面紧追。当他再也找不到干地时，出现了一只独木舟，他因此得救。[①]另一个维萨卡（Wisaka）神话读起来也极像一个梦。

人们把火把投向他们认为维萨卡藏身的地方。大火之后，又下起大雨。河水上涨，湖水蔓延，四处泛滥。他跑到哪里，水就跟到哪里，即使跑到山顶也是这样。他被追到很高的松树的最上面的树梢，他请求松树救他。这时一只独木舟从树尖上滑下来，他手握船桨，划舟逃走了。[②]

在塔希提，洪水原因是大海在睡觉时被打扰了。一个渔夫垂下鱼钩，鱼钩却和正在睡觉的神的头发纠缠在一起。愤怒的神翻着泡沫浮上水面。当太阳落山时，海水开始上涨。第二天早上，只有山顶还露在海面上。[③]

卢乔人[④]或德内人[⑤]讲述了第一个独木舟制造者的故事。他摇晃船，引发了洪水。他钻入一个巨大的空草秆中，把两端堵牢。最后他在山上着陆。里面唯一的活物是一只渡鸦，渡鸦饱餐之后大睡过去。他把渡鸦塞入袋中扔下去，渡鸦在山脚摔成了碎片。

他找到的仅有的活物是一只泥鳅和一条梭子鱼。他使渡鸦复活，然后一起去海滩。在那里，泥鳅和梭子鱼仍旧在太阳下昏睡。他们在泥鳅和梭子鱼身上挖洞，从梭子鱼体内出来一群男人，从泥鳅体内出来一群女人。[⑥]

被堵在草秆空心里的英雄、睡觉的动物，都代表着睡眠本身。渡鸦的下落就是进入睡眠的那个时刻。人们从动物体内出来表示人醒了。

我们在此引用这个故事，是因为一些动机之间的联系：进入母亲体内、睡觉和死亡。这幅画面的背面则是：水=母亲，里比多（性欲）的胜利。

在一些洪水神话中，持续时间常常是从晚上到第二天早上。

从前，整个世界洪水泛滥。除了一男一女外，所有的生物都灭绝了。他们爬

---

① Chamberlain, A. F., "Nanibozhu amongst the Otchibwe, Mississgas and other Algonkian Tribes," *JOURNAL OF AMERICAN FOLK-LORE*, IX, 1891, p. 205.

② Jones, W., "The Culture Hero Myth of the Sauks and Foxes," *JOURNAL OF AMERICAN FOLK-LORE*, XIV, 1896, p. 234.

③ Frazer, 前引书, I, 234 页。Ellis, W.:《波利尼西亚研究》(*POLYNESIAN RESEARCHES*), I, 第 389—391 页。

④ 卢乔人（Loucheux），美国和加拿大的土著民族。——译注

⑤ 德里人（Dene），北美土著民族，亦称阿塔帕斯坎人。——译注

⑥ Petitot, E., *TRADITIONS INDIENNES DU CANADA NORD OUEST*, 1886,13,34−38.

到最高的山上，在山顶的一棵树的树枝间躲起来。他们想在那儿过夜。但到了早晨，他们发现自己分别变成了一只公老虎，一只母老虎。帕瑟尼（Pathiany，至上神）从洞里派出一男一女到地上繁衍人类。[①]从晚上到第二天早上，洪水威胁结束。

在圭亚那文本中，神话以砍倒含有大量水的世界树开始。文化英雄用一个编得很密的篮子盖住了树桩。后来他派猴子到一只打开的篮子那儿去取水，以免受伤。但猴子折回来，出于好奇，揭开盖树桩的篮子，大水汹涌而出。

文化英雄把所有的人都集合在最高的棕榈树上，躲避不断上涨的洪水。那些不能爬上树的人，他就将他们密封在洞里。他和手下的人整夜待在树上，直到鸟儿欢呼新一天的到来。

这个神话的一个情节是猴子凄凉的叫喊声。"猴子"是从噩梦中醒来的睡眠者。[②]

洪水在新的一天来临时结束——这是一个梦。它始于没有完成的任务（就像筛子里的水）[③]，继以窥阴癖成分（树干类似潘多拉的盒子、母亲的阴道）。然后是洪水（尿）、洞穴（子宫）和攀登（生殖器）。

皮马人[④]神话的一个文本也包含了"睡眠"动机。一只鹰三次向正在睡觉的先知警告说洪水正在迫近，但他没有注意。[⑤]

世界被水毁灭的神话和世界被火毁灭的神话也会合并在一起。

在托瓦人（Toba）的大火神话中，人们都在酣睡。他们醒来看到美洲虎正在吃月亮（美洲虎是死者的精灵）。月亮的碎片散落在地上，引发大火。整个地球都燃烧起来，他们都跑到长满灯芯草的泻湖里去。[⑥]

典型的尿胀苏醒之梦可投射至全宇宙。

约库特人[⑦]关于火起源的一则神话是这样的：偷火的动物跑到一个人人都在睡觉的地方。郊狼拿走了火种并藏起来。这时，他看到一个熟睡的婴儿。他把婴

---

① Shakespear, J., *THE LUSHEI KUKI CLANS*（《卢谢库基氏族》）, London, 1912, p. 177.

② Brett, W. H., *THE INDIAN TRIBES OF GUIANA*（《圭亚那的印第安人部落》）, London, 1868, pp. 378-382.

③ 比较下面的《达那伊得斯姐妹、工作和惩罚》（*THE DANAIDS, WORK AND PUNISHMENT*）。

④ 皮马人（Pima），美国和墨西哥的印第安人。——译注

⑤ Bancroft, H. H., *THE NATIVE RACES OF THE PACIFIC STATES*（《太平洋各州的土著种族》）, New York, 1875, III, p. 78.

⑥ Metraux, A., "Myths of the Toba and Pilaga Indians of the Gran Chaco"（《格兰查科托瓦印第安人和皮拉加印第安人的神话》）, *MEMOIRS OF THE AMERICAN FOLKLORE SOCIETY*, XL, Philadelphia, 1946, p. 33.

⑦ 约库特人（Yokuts），生活在美国加利福尼亚州。——译注

儿抱起来，放在已经被火烤热的地面上，然后就跑了。婴儿尖叫起来，吵醒了所有的人。酋长挑选最擅跑的人去追赶郊狼。郊狼左右躲闪，水紧跟他的脚步。这就是河流为什么蜿蜒曲折的缘故。①

如果我们压缩这个故事中的人数，就得到一个做梦者，他梦见自己是一个婴儿（再次出生），而且由于膀胱的压力，他不停地奔跑。水和火是同一物。有意思的是，在利藩阿帕切人当中，郊狼故事都是在临睡前讲给儿童听的。②

在下面的策佐特人③故事中，洪水神话很明显源于梦。

一个男人和他的妻子上山打土拨鼠。他们到达山顶时，看到洪水还在上涨。他们越爬越高，而大水也越涨越高。最后，就在洪水快要赶上他们时，他们决定把他们的孩子关在树洞里。他们给孩子们食物，并用木盖封住洞口。

但是洪水继续上升，所有的人都被淹死了。

然后，洪水开始消退。孩子们睡着了。他们醒来之后，一个孩子打开树洞走出来。④

钦西安人⑤是这样叙述这场洪水的：

原始湖的湖水不断上升，一条巨鲸跃出水面。鲸鱼沉下去的时候，水又退下去。一个男人潜入原始湖湖底，想获得一种超自然力。这时，湖水又上涨，鲸鱼又出现了。在湖底有一个大房子。大门突然开了，他走进去。⑥（我们省略故事的其余部分。）在这里，上涨的水与入睡的基本梦结合在一起。

博厄斯提供了一篇浓缩了的北美西北地区的故事文本，说的是渡鸦怎样获得水：

渡鸦让拥有水的人沉睡，并使他相信他已弄脏了他的床。渡鸦威胁说要告发他，这样，渡鸦获得了饮水的许可。（“弄脏”在此是指排泄。但在许多情况下，这两种压力是相伴发生的。）

---

① Stewart, G. W., “Two Yokuts Traditions”（《约库特人的两则传说》）, *JOURNAL OF AMERICAN FOLK-LORD*, XXI, 1908, PP. 237,238.

② Opler, M. E., “Myths and Legends of the Lipan Apache Indians,”（《利藩阿帕切印第安人的神话和传说》）, *MEMOIRS OF THE AMERICAN FOLKLORE SOCIETY*, XXXVI, 1940, p. 107.

③ 策佐特人（Tsetsaut），加拿大土著民族。——译注

④ Boas, F., “Traditions of the Tsetsaut”（《策佐特人的传说》）, *JOURNAL OF AMERICAN FOLK-LORE*, IX, 1896, p. 262.

⑤ 钦西安人（Tsimshian），加拿大土著民族。——译注

⑥ Boas, F., “Tsimshian Mythology”（《钦西安人的神话》）, *BUREAU OF AMERICAN ETHNOLOGY*, XXXI, Report, 1916, pp. 346,347.

他这样获得水之后，就创造河流。他把河流吐出，或者是通过排尿来形成河流。

在一个文本中，获得水和获得太阳是一回事。

拥有太阳和水的人有一个女儿，渡鸦是她的情人。他要求喝水，当姑娘睡着后，他带着水筐逃跑了。[①]

洪水神话经常与其他神话，诸如火或大火、窃取太阳，特别是创世神话中的潜水捞泥者母题等，结合在一起。

在上面引述的易洛魁神话（奥农达加人文本）中，从天上扔下的孕妇飘向大地。在她降落的地方，似乎有一个湖。在那儿，她看到鸭子和其他水禽也在飘落。潜鸟喊道："一个女人将要落到深水里，她的身体向这边飘落。"他们看到她需要陆地才可生存，于是潜水捞泥。几经失败后，乌龟弄来了土，而且也是乌龟把土驮在背上。[②]

在卡特拉梅特人[③]神话中，海狸用眼泪淹没世界。冠蓝鸦潜入水中，但尾巴露出水面。水獭也无功而返。最后麝鼠潜入水中，在水下待了很长一段时间。

在波塔瓦托米人[④]神话中，世界被水淹后，梅森（Messon）派渡鸦去建立新的世界。到处都被水覆盖。渡鸦找不到一点泥土。水獭也无功而返。最后，麝鼠沉进水中，带回一点泥土。

在梅诺米内人[⑤]的文本中，马拉巴什（Manabush）的情况也是一样。动物是水獭、海狸、水貂，最后是麝鼠。在另一个文本中，当麝鼠再次浮出水面时，几乎要憋死了，爪子中只有一粒沙子。大兔（Great Hare）绕着沙子跑，由此再造了世界。[⑥]

博厄斯得出结论说，北美西北部神话中的渡鸦和水貂神话的开头部分是一则洪水神话，它在不同方向得到深化，但都讲述了世界之初的故事。钦西安人和内

---

① Boas, F.:《钦西安人的神话》(*TSIMSHIAN MYTHOLOGY*), XXXI, 1916, 第 651—652 页。

② Hewitt, J. N. B., "Iroquoian Cosmology"（《易洛魁人的宇宙观》), *ANNUAL REPORT OF THE BUREAR OF AMERICAN ETHNOLOGY*, XXI, 1903, pp. 181,182.

③ 卡特拉梅特人（Kathlamet），美国华盛顿州土著民族。——译注

④ 波塔瓦托米人（Potawatomi），居住在美国密歇根州。——译注

⑤ 梅诺米内人（Menominee），美国印第安人的一支。——译注

⑥ Alexander, H. B., *THE MYTHOLOGY OF ALL RACES, NORTH AMERICAN*（《北美各族神话》）X, Boston, 1916, pp. 42,43. 附参考书目等。

维蒂人[①]的渡鸦故事中洪水元素的丢失，可能是由于在这些部落中有其他洪水传说出现。在内维蒂人中，水貂故事不仅包含大火毁坏世界的元素，而且也提到了所有事物的开端，它们是由潜水的动物捞上来的，就像东部部落说洪水后新的大地由潜水捞泥方式创造出来的一样。[②]

从梦作为这些神话的核心的观点出发，我们就在这里看到一种相当有趣的情形。既会飞又会潜水的鸟这个元素是基本梦，是从醒到睡的转换。洪水和世界大火神话是一个导致苏醒的尿胀的梦，是从睡眠到苏醒的转化。只要梦被视为“历史性的”，即个人性的，它就被忽略了。世界的开端即是睡眠者的苏醒。我们不妨引用坎贝尔的话：“梦是个人化的神话，神话是非个人化的梦。”[③]

这个观点的后半部分是对的，或差不多是对的，不过，只有在我们相信遗传符号或“集体无意识”之后，这个观点的前半部分才可以接受。

我们还是返回洪水和创世神话吧。潜水的梦既是逆向的，又是带有性欲的。入睡的时刻也是醒着的时刻，或者，在这个例子中，不如说是抗拒苏醒的时刻。作为事物起源的水，既是子宫又是膀胱引起的压力。罪恶、负疚和焦虑是洪水神话的组成部分，它们也存在于所有尿胀唤醒的梦中。从表层看，因为做梦者会由于小便弄脏床；从深层看，因为尿胀之梦隐含着巫术的侵略成分。

在有些北美神话中，洪水之后还有飞到天上的鸟儿。

在帕帕戈人[④]神话中，一个被父母遗弃的婴儿大哭不止。起初，婴儿周围变得湿了，然后成了一条河流，再后，将要毁灭世界的洪水已经来临。

哥哥用藜木做了一个罐子逃生。郊狼也这样做。哥哥告诉鸟儿飞往天上去待着。[⑤]

我们必须用尿替代眼泪，这样神话中尿道的、子宫（箱子）内的和生殖器的象征就很明晰了。

如果仔细考察《圣经》的叙事，我们就会发现《圣经》中的创世神话同样也等同于洪水神话。

在水面上翱翔的上帝的灵（《创世记》1：1），很明显是一只鸟。当上帝说要

---

① 内维蒂人（Newettee），加拿大土著民族。——译注

② Boas，F.：《钦西安人的神话》，第 640、641 页。

③ Campbell, J., *THE HERO WITH A THOUSAND FACES*（《千面英雄》），New York, 1949, p. 19.

④ 帕帕戈人（Papago），美国和墨西哥的印第安人。——译注

⑤ Kroeber，H. R.，“Traditions of the Papago Indians”（《帕帕戈印第安人的传说》），*JOURNAL OF AMERICAN FOLK-LORE*，XXV，1912，p. 98.

有光时，很可能就是苏醒时分。至于《圣经》里的洪水叙事，装有雌雄成对的动物的挪亚方舟，已经表明再次创世（像在梦里一样）的趋势，而且，方舟里一个接一个地飞出的鸟（《创世记》6：6—8），也明显与创世和洪水神话里的潜水鸟相同。[①]水面上上帝的灵通常以鸽子的形式出现。[②]

《圣经》中的这则神话的所有异文,都对方舟象征子宫的意义表现出无意识的反应。[③]

努米·塔雷蒙（Numi Tarem，天帝）希望用一场火灾毁灭世界，从而杀死冥界王子苏拉特（Xulater）。苏拉特与沃古尔（Vogul）天神的妻子通奸，他爬进她的肚子里，这样就进入了方舟。在其他各种文本中，受挪亚妻子唆使的魔鬼，变成蛇或老鼠钻进方舟，或在方舟上钻个洞。[④]

有关海豚救英雄的希腊神话，是与洪水神话类似的文本。海豚是δελφιζ，也就是子宫。乌色伦认为法兰图斯（Phalantos），即阴茎，一定是被海豚所救的英雄神之一。[⑤]厄洛斯是站在海豚后背上的。[⑥]

在有些洪水神话中，救生船“关闭在内”这个特点被特别强调。这类洪水神话可能源于跟子宫内情景结合在一起的尿胀唤醒之梦。

班克斯岛上的人讲了一个关于他们的文化英雄夸特（Qat）的洪水神话：

他给自己做了一个大木舟，收集了各种各样的生物，然后和他们一起关在木舟内。暴雨引发洪水，木舟自己戳开一个河道后消失了。[⑦]

也许，有意思的地方在于夸特也是一个带来昼夜的英雄。夸特到黑夜那儿，黑夜教他怎样睡觉。他带着睡眠的知识和鸟儿们回到他的兄弟中间，鸟儿将在早晨唤醒他们。

“从海里产生的东西是什么？他们喊道。那是黑夜，坐在房子的两边，当你感到有什么东西在你的眼睛里时，静静地躺下。”当他们的眼睛开始眨时，他们说：这是什么？我们快要死了吗？闭上你的眼睛，睡觉去，他说。当夜晚持续了足够长一段时间后，公鸡开始啼叫，鸟儿开始鸣唱。夸特拿了一片带红色的黑曜

---

① 我不是讨论属于教会影响的原始信仰。

② Eisler, R., “Kuba-Kybele,” *PHILOLOGUS*, LXVIII, p. 180.

③ 我所说的异文，不是现代的教会影响，而是古代文化传统。

④ Dähnhardt, O., *NATURSAGEN*, I, Leipzig, 1907, pp. 257–290.

⑤ Usener, H., *DIE SINTFLUTSAGEN*, Bonn, 1899, p. 159.

⑥ Usener，H.，DIE SINTFLUTSAGEN，Bonn，1899，p. 223；cf. on the fish symbolism also Eisler，R.，*ORPHEUS-THE FISHER*，London，1921.

⑦ Codrington, R. H., *THE MELANESIANS*（《美拉尼西亚人》), Oxford, 1891, p. 166.

石切割黑夜，光线再次闪亮，夸特的兄弟醒了。[①]

在月经期妇女的梦中，我们也可以发现与膀胱梦相同的结构。液体的数量逐渐增多，成为洪水。

（托瓦人神话说）从前一个妇女正值月经期。她母亲和妹妹都忘记给她准备水喝。于是她到泻湖边饮水。天开始下雨，直到所有的人都被淹死。所有的尸体都变成鸟飞走了（会飞的梦）。这是因为月经期间的妇女接近湖，引起了彩虹的愤怒。[②]这个部落同一神话的另一个类似文本也很有趣。大灾难是火而不是水造成的。虽没有提到月经，但月亮与大灾难有某种关系。

所有的人都在熟睡。只有一个人醒了，其他人仍在睡。月亮将被一种动物吃掉。美洲虎正在吃月亮，它们的确是死者的精灵。月亮的碎片落到地上，引起一场大火。一切东西，包括泻湖，都被烧焦。鸟儿从尸体中飞出。[③]

韦马莱人[④]讲了一个洪水故事。一个名叫博瓦（Bouwa）的女人统治着人类，她是太阳神图瓦勒（Tuwale）的女儿。图瓦勒用洪水淹没世界。为了逃离洪水，博瓦不断攀高。她提醒父亲，他从人类那儿买了妻子拉别（Rabie），但至今还没付钱给人类。为了提醒父亲，她用银腰带盖住生殖器。一连三天，她都带着这个腰带，所以，从那以后，妇女的月经就持续三天。这使洪水结束，人类被晨星所救（醒来）。[⑤]

我们在阿纳姆地[⑥]发现了一个以月经为基本内容的洪水神话。

据埃肯和伯恩特报道，瓦维拉克（Wauwelak）是来自阿纳姆地内地的两姐妹。姐姐在与一个属于她们自己半偶族的男人乱伦之后，生下一个婴儿。尽管产血还在流，她们仍然坚持行走。她们来到岩石下大母蟒朱琅古尔（Julunggul）拥有的大水洞前。大母蟒闻到了血腥气，于是爬出来打闪下雨。大雨逐渐把产血冲到池塘里。大母蟒慢慢爬近姐妹坐的“阴影”下。使姐姐流血的舞蹈吸引了巨蟒，妹妹的舞蹈则使巨蟒不能接近。最后，巨蟒把头伸进门里，吞噬了姐妹俩和婴儿，

---

① Codrington, R. H., *THE MELANESIANS*, Oxford, 1891, p. 157.

② Metraux, A., *MYTHS OF THE TOBA AND PILAGA INDIANS OF THE GRAN CHACO*（《格兰查科托瓦印第安人和皮拉加印第安人的神话》), p. 92.

③ Metraux, A., *MYTHS OF THE TOBA AND PILAGA LNDLANS OF THE GRAN CHACO*（《格兰查科托瓦印第安人和皮拉加印第安人的神话》), p. 33.

④ 韦马莱人（Wemale），在印度尼西亚。——译注

⑤ Jensen, A. R., *HAINUWELE FRANKFURT AM MAIN*, 1933, pp. 54–56.

⑥ 阿纳姆地（Arnhem Land），在澳大利亚。——译注

然后又爬回大水洞，站直身子与其他巨蟒谈论此事。后来这个地方都被洪水淹没了。[①]

在这个神话的孟金人文本中，伊尔琅古（Yurlunggur）是一个男人，称作“伟大的父亲”。经血滴到池塘里，伊尔琅古闻到了经血的臭味。他抬起头，闻了又闻。他变化成蛇慢慢前行，洪水也跟着漫延。姐妹以唱歌的办法使洪水（蛇）不能吞吃她们。但他爬进帐篷，用巫术使她们沉睡，然后吃了她们，最后又将她们反刍出来。[②]

如果我们把这两个神话放在一起进行比较，就必然会得出结论说它们的基础确实是两个不同的梦，一个是男性的梦，一个是女性的梦。男性的梦一定是这样的：做梦者——蛇——与女人性交，进入她的体内（即睡着），他的精液就是洪水。在女性的神话文本中，女人流血时，也就是她在梦中进入她自己的阴道和她母亲的子宫里时，她激动了。这里的洪水就是经血。[③]

我们还应该比较一下苏美尔人的洪水神话文本。

埃阿告诉恩利尔他如何使“绝顶聪明者”乌特·纳皮什提姆做梦，从而获知神降下洪水的计划。[④]

在这些神话中，火、水、太阳和文化英雄都融为一体。

膀胱梦的象征意义十分典型，把它解释错的可能性很小。水的不断增多（或不断长大的鱼），英雄（女英雄）或做梦者的逃跑，子宫的象征意义，阴茎特征，火与水的结合，都是膀胱梦的特点。这些故事常说一个或多个人物在睡觉，或把整个事件说成是一个梦。这一事实清楚地表明，我们现在所看到的不是做梦与编造故事之间无意识象征的类似，而是实为重述膀胱唤醒之梦的一种类型或几种类型的叙事。

---

① Elkin, A. P., and Berndt, C. and R., *ART IN ARNHEM LAND*（《阿纳姆地的艺术》），Chicago, 1939, p. 32.

② Warner, W. Lloyd, *A BLACK CIVILIZATION*（《一种黑人文明》），New York, 1937, pp. 250–257.

③ 关于这种解释的证据，引自 R. 伯恩特和 C. 伯恩特（R. and C. Berndt）未发表的手稿。

④ Langdon, S. H., *THE MYTHOLOGY OF ALL RACES, SEMITIC*（《闪米特人的各族神话》），V, Boston, 1931, p. 222.

作为男性创世神话的洪水[①]

阿兰·邓迪斯

编者按：

洪水研究经常回避意义的问题。大量研究洪水神话的学术论文，只是在复述叙事的多种文本。许多论文仅限于把过去论文的成果稍加改编，很少或者根本不努力去阐释洪水神话文本可能具有的意义。比如弗雷泽，他引述的洪水神话长达250页，而他的结论却是这样的："那么，总的说来，似乎很有理由认为，有一些或者甚至有许多洪水传说，都只不过是对实际发生过的洪水的夸张报道，不管这洪水是大雨、地震波或其他原因造成的。因此，在所有这样的故事中，传说和神话的成分各占一半：就其记录了真正发生过的洪水的记忆而言，它们是传说；就其描述从未发生过的所谓全球洪水而言，它们则是神话。"关键的问题是，或者应该是，究竟为什么要讲述洪水神话？不论说它们是历史事件还是说它们是人类想象力的虚构，它们为何在人类对世界起源的重建中占有如此重要的地位？这个问题还没有答案。任何答案都可能是推测性的，但是如果某个答案看似有理，且与洪水神话的具体细节协调一致，那么这个答案有可能成为洪水神话学术界的一个受欢迎的新说法。本文尽可能对洪水神话的一种可能的意义作出解释。弗雷泽贫乏结论的完整阐述，见《〈旧约〉中的民间传说》（*Folk-Lore in the Old Testament*）第1卷（伦敦，1918）第359页。

解释神话的理论大致可以分成两大类：字面的理论和象征的理论。字面解释者往往会寻找某一既定神话叙事作品的事实根据或历史根据，而多种象征方法之

① 选自《心理分析人类学杂志》（*JONRNAL OF PSYCHOANALYTIC ANTHROPOLOGY*）1986年第9期，第359—372页。

一的拥护者，喜欢将叙事作品当成一套需要用某种方式加以破解的密码。重要的是，应该认识到对神话作字面解释和象征解释彼此之间并不一定互相排斥。就洪水的具体情况而言，理论上可能的确发生过全球性或地方性的洪水，但是洪水故事何以像它确实传播的那样广泛，甚至传到远离自然洪水的内陆民族中，其原因则可用洪水的象征内容来解释。例如，由于人类的所有新生儿都可以说是在羊膜破裂时从（羊水构成的）最初的洪水中诞生的，所以就有可能认为，创世也以与此相似的方式发生。个体这么诞生，大地也可以这么诞生。从《民间文学母题索引》中，我们可以很容易确信，造人的技术经常被用来创世；从逻辑或时间上来说，这种类比的顺序应该反过来表述，即创世的技术被用来创造第一个人。例如，把母题 A641“宇宙之卵”与母题 A1222“蛋生人”进行比较，或者把讲述“大地由一点泥土造成的潜水捞泥者”母题（A812），与“用土、黏土、淤泥、灰尘造人”的母题（A1241）进行比较。

诚然，字面解释和象征解释可能都是错的——也就是说，历史上可能没有发生过大洪水，而早期民族也可能没有想象在人类出生和世界开始之间有任何相似性。或者，一个解释是对的，而另一个解释是错的。问题的关键在于，我们应有能力区分研究一般神话的字面方法和象征方法，在这个例子中则是区分研究特定洪水神话的字面方法和象征方法。

因为洪水神话很大程度上被西方（犹太-基督教）文明视为神圣宪章的一部分，所以人们明显不愿以象征方法解释它。阐释洪水神话的著述卷帙浩繁，最多的论著都把洪水视为一个照字面理解的现象。那些讨论《圣经》中的洪水是地方性洪水还是世界性洪水的著述，并不怀疑《圣经》中的叙述的历史真实性。人们径直认为，曾经有过一场挪亚亲眼见过的洪水。对这一点人们深信不疑，而不管洪水是地方性的还是世界性的。

尽管总体而言，比较方法被用来贬低《圣经》资料的真理价值——如果其他民族有同样的故事，那么就难以维持作为上帝神谕的《圣经》叙事的唯一性质——但是，比较方法在洪水研究方面的使用目的则完全不同。这样说的论据部分在于，世界上许多各不相同的民族，过去的和现在的，文明的和原始的，都有洪水叙事。这显然“证明”大洪水真的发生过，这场洪水的回声仍残留在今天还在讲述的洪水神话中。因此，宗教狂热主义者一点也没有被在全世界记录下来的洪水神话吓倒。相反，他们欢迎每一篇新发现的洪水神话，把它们当成证明《创世记》叙事真实性的证据。于是，比较方法的运用在历史真实性的问题上无所作为。

相信洪水神话字面真实性的人，把比较资料视为确认手段；否认字面解读《圣经》中的洪水叙事的人，则指着成百上千的洪水故事说，它们证明《圣经》中的洪水叙事不是所谓圣典。当前，恐怕只有少数神学家会把洪水神话的广布现象，解释为“原始神启”的标记——根据这种“原始神启”的说法，所有人都曾经得到了上帝的神谕（见施密特，1939）。在这个理论框架中，原始民族被认为已“失去”了大多数原来的神启，只保留了一点像洪水神话这样的退化了的零星片段。

洪水故事的广泛散播，也引起了拥护象征主义研究法的学者的兴趣，不管洪水神话在象征主义的用语中到底表示什么，它都显然是与非常多的民族和文化有关的某种事物。当然，无须假定洪水神话在其所在文化中必定意味着同一事物。但是洪水神话到底意味着什么，这个让人心神不宁的问题悬而未决。

以往，有象征主义倾向的解释者，在破解洪水神话时，大都习惯性地倒向常规的民俗理论一边。洪水故事被五花八门地解释成月亮神话（博克伦，1903）、太阳神话（弗雷泽，1918：342nn，1—3；伯奇，1951），或植物及丰产仪式（弗斯比，1939）。洪水也被看成来自天上的清洁剂，为的是清除和惩罚人类，因为他们违犯天条，把血溅在地上，“污染”了洪水前的世界（弗里默－肯斯基，1978）。弗洛伊德主义者（兰克，1912）和荣格主义者（克卢格，1968；威廉斯，1974），都看到了洪水故事的梦的一面。罗亨发展了兰克的观念，认为洪水神话的起源可在膀胱梦中去寻找，在这类梦中，夜间的排尿冲动以梦的形式表现出来。罗亨说：“洪水神话经常把洪水说成是尿，于是显露该类神话源于梦。”（1952：448）。因此，对于兰克和罗亨来说，洪水神话是由表现尿意的梦衍化出来的。如果这就是洪水神话的全部内容，那么我们又如何解释种种洪水神话的全部细节？为何洪水经常被用作惩罚人类各种罪恶的手段？洪水神话如何被解释成再创世神话，即首次创造的世界被毁灭后的第二次创世？排尿作为主要原因，如何能令人满意地解释洪水神话中明显存在的惩罚方面和创造方面？

为了解释洪水神话的象征内容，我们要建立几条公理。首先，我主张神与人的关系本质上是父子关系。这是弗洛伊德在《幻觉的未来》（*The Future of an Illusion*）中提出的机敏观点，是经过卡迪纳对弗洛伊德理论进行修订后的说法（1939，1945）。卡迪纳的修订把弗洛伊德的观点放在文化相对论的框架中。不同文化中的父子关系彼此不同，故神人关系也相应不同。应当指出，婴儿训练与成人投射系统（这个投射系统包括神话）之间假定的同态或一致，可以在不同文化中得到经验的证明。这与盲目接受卡迪纳－弗洛伊德式的表述无关。婴儿训练与成人投射系统在结构和内容上的相似性要么存在，要么不存在。

其次，我主张男性羡慕女性分娩。关于男性怀孕的原则，资料充分——体现父权的《旧约》中就有许多例子。用亚当的肋骨造夏娃明显把生物学事实弄反了，因为它说的是男人从他身体中创造女人。而且，很有可能现在谈论的男性的关键骨骼根本就不是肋骨而是阴茎，男性的阴茎缺乏其他一些动物拥有的阴茎骨。就像女人以她的外生殖器诞生男性，男人幻想以他的外生殖器诞生女性，在心理上和逻辑上讲得通（邓迪斯，1983）。

那么，这一切与洪水神话的象征内容有何干系呢？首先，大部分洪水神话中都是男性神祇毁灭世界，并且只救出一个男性幸存者再殖世界。总之，这是男性创世神话，就算提到女性，也提得极少。挪亚的妻子连名字都没有（见厄特利，1941）——就像罗得的妻子无名无姓一样（罗得的故事在形态和结构上与挪亚的故事很相似）。但是为什么男性用洪水创世或再创世？我认为这是由于洪水成为女性生育孩子的常规方式在宇宙起源上的投射（见伯廷，1944：48；普拉特，1955：68）。正是羊膜的破裂，释放羊水，宣告了婴儿的诞生。人类学家唐纳德· F. 图金（Donald F. Tuzin）对新几内亚的阿拉佩什人（Arapesh）水的象征主义进行的研究（1977：220）中指出："任何一个目睹生育的人都会注意到，生育过程伴以数量可观的水的有力倾泻。"这是代代重复的原始之水。但是在男性编造的神话中，男性必须用他掌握的某种手段来制造洪水。女性的洪水看似从她的外生殖器中冒出来的，所以男性的洪水也来自他的外生殖器的想法，在心理上和逻辑上就说得通了。于是，我们在这里就得到了一个尿洪水的依据。当罗亨注意到，洪水神话经常把洪水说成是尿，此时他在正（尿）道上。但是他错在认为这些尿洪水神话必定起源于梦。极有可能，梦与神话都是无意识愿望的反应。不必假设梦一定先于神话。其实，我们同样可以说，特定文化中个人的梦可以是一个做梦者所知神话的反映。无论如何，我的主张是：洪水神话是男性试图模仿女性创造力的一个例子。

是否有证据证明这种解释呢？当然有。男性的怀孕羡慕与尿洪水之间的假定的联系，在神话文本中得到清楚明确的表达。博格拉斯报道了楚克奇人（Chukchee）的一则创世神话，该神话提供了一个显著例子（1910：151—154）：文化英雄渡鸦与妻子孤零零地生活在一小块地上。渡鸦的妻子对他说："最好去试试创造大地！"他答道："我实在不行！"不一会儿，渡鸦见妻子睡了。"他再看妻子的时候，她的肚子变大了。她在睡觉时毫不费力地造了人。他很惊恐，转过脸去。"随后他妻子生了一对双胞胎。渡鸦的反应很有意思："你造了人！ 我现在要去造地……他飞起来排便。每块落到水面的粪便都快速增长，变成陆地。"但是这次创造还不完备，因为没有淡水。"噢，"渡鸦说道，"我要再试一次吗？"他开始撒尿。"落下一滴的地方就变成了湖，喷下一股的地方就变成了河……噢，渡鸦是好样的，他继续向远处飞。他全力以赴创造了陆地，又竭尽全力创造了湖水和河水。"这则创世神话表现了男人是如何与有生育力的女人竞争的：用肛门的方式创造大地（见邓迪斯，1962），用尿的方式创造了大地上的水。在这则神话中，男性的行动由观察到女性的"自然"创造力而特别促成。现在我们可以更理解母题 A923.1"尿成海洋"以及母题 A1012.2"尿成洪水"为何存在了，我们也更理解罗亨收集的那些尿洪水神话了（1952：439—465）。同样，我们现在可以理解洪水神话的一些奇怪细节了，如水是热的。母题 A1016.2"热液体产生的洪水一边到处漫延，一边造成烫伤"，也就好理解了。它在伊斯兰（或犹太）传说中是个普遍的母题，即流遍世界的"热水"（鲁思，1962：67 页）。更有意思的是，有些常见的伊斯兰传说中，还说"洪水的先兆是从炉子里淌出来的水"（鲁思，1962：88）。炉子是典型的子宫象征（弗洛伊德，1953：170）。老百姓宣称洪水的开始是以炉子里流出热水为标志的，他们是在确认这里假设的基本象征意义。

现在我们可以更好地理解亚马逊河的希瓦罗（Jivaro）印第安人的一则洪水神话了，它曾使弗雷泽颇为困惑。他这样谈及这则传说：

> 这是关于很久以前发生的一场大洪水的传说，叙述多少有些混乱。他们说一团巨大的云自天而落，致使大地上所有的人都死了，只有一个老头和他的两个儿子幸存。他们在洪水之后再殖人类。至于他们是如何在没有女人的帮助下做到这件事的，这个细节我们的权威不屑于告诉我们。不论细节如何，其中一个幸存的儿子受到父亲诅咒，希瓦罗人就是他的后裔。诅咒的情节可能是对《创世记》中挪亚和他的儿子们的故事的回忆，希瓦罗人可能从传教士那儿听过这个故事。没有女人的协助男人再制人烟所造成的难题，好像也使希瓦罗人的智者感到不对劲儿，故而有些人说洪水的幸存者是一个男人和一个女人。（弗雷泽，1918: 260−261）

弗雷泽没有意识到的是，如果该神话就是为证明男性的生育能力而设计的，那么，无须女人帮助而出现生育活动就很好理解。说一个传说"多少有些混乱"难免冒险，多数情况下是分析神话的人多少有些糊涂！

洪水神话经常被视为“与创世神话密切相关；洪水清除旧的创造，新的创造得以开始”（巴纳德，1966：153）。但是，似乎更应该说，洪水神话是再创世神话而不是创世神话（最初的创造从生物上讲明显是女人创造的，于是男人为了否认女人自然的生殖优势，必须“破坏”第一次创造，代之以他们自己的第二次创造。关于洪水“不是创世”，见克莱因，1972：136—138）。在神话中，人类先被创造出来，又在躲过洪水之前几近毁灭。这个模式与人的出生的细节似乎有类比性。分娩时泻出的羊水并没有创造胎儿－婴儿。胎儿的创造发生在此九个月前。生育把在母腹中漂浮了大约九个月的已经成形了的婴儿释放出来。（值得注意的是，包括我们的犹太－基督教在内的许多宇宙起源论，都始于“地空虚混沌，渊面黑暗”。“黑暗”和“漂流”的观念很广泛，它们可能来自男人和女人都有过的出生在前子宫内的经历。即使是现代所谓的“膨胀宇宙”论，也可能反映了子宫内的经历。）于是《创世记》中是男性的挪亚建造了方舟。同样，在广为流传的潜水捞泥者神话（见迈特拉，1929；沃克，1933；施密特，1937；康特，1952；科恩加斯，1960；伊里亚德，1961；邓迪斯，1962）中，是一个创造好了的男性潜到洪水中，找到一点用以再创世界的泥土。

那些认为男性尿液洪水有点不合情理的人，将不得不找到某种替代方法来解释排尿带来洪水的神话（见母题 A1012.2“尿产生洪水”）。这种神话（指那些碰巧由从未听说过弗洛伊德或心理分析理论的人所创作或传承的神话）的存在，本身至少表明排尿与洪水之间的关系并不是弗洛伊德式的发明。回过头来看兰克和罗亨，我们可以看到他们并没说错，但是洪水神话不是简单地把身体的排尿需要转化为梦。相反，它是模仿女性洪水（羊水的释放）而复制成的男性创世神话。如同个人是女性创造或生产出来的，世界则是由男性创造或“再创造”的。如果伊里亚德（1958：212）所谓洪水就等于仪式性地实施洗礼这个说法是对的，那么洗礼传统上由男人执行的事实就肯定很有意义了。

用尿液作惩罚的看法也有道理，尽管应当承认用资料证明这一点更加困难。在美国民间用语中，“尿在它上面”（to piss on it）[①]无疑是“拒绝”的隐喻说法。缺乏撒尿行为方面广泛的民族志材料，致使我们难以断言向某人撒尿表示厌恶或轻蔑的做法具有跨文化的一致性。但是至少这是可能的，当然也是站得住脚的。

“造水”（to make water）是可能与此相关的另一个指代小便的习语。这也许会成为另一条语言学资料，佐证关于撒尿可被视为引发洪水的创造行为的观念。

①意为“亵渎”，“piss”的意思是“撒尿”。——译注

尿液和精液在民间思想中可能是等同的。例如，希伯来语中“水”可以指精液，正如在阿拉伯俗语中“maiyeh，水，也用来指男性精液、生命媒介”（迦南，1929：58；另见沃尔克，1976：52）。在《以赛亚书》48 章第 1 节，雅各的家人“来自犹大的水”。另外，传宗接代的男性器官与其排尿的能力之间的联想，在《圣经》中也由典型的威胁表示出来：“我必使灾祸临到你，将你除尽，凡属你的男丁[①]，无论困住的、自由的，都从以色列中剪除。”（《列王记上》21：21，亦见《列王记上》14：10 和 16：11）众多洪水神话中尿的特性，还有助于解释为何在某些神话中原始洪水最早装在一个（室内）罐子里。在这些文本中，打破罐子释放了尿液洪水。如果尿=精液=水，那么在男性生育神话中，很可能有一位产生尿液洪水的男性文化英雄或神祇。

关于洪水神话的这个新观点，使得我们可以首次理解此类神话中的其他某些更为困惑的方面。想想巴比伦洪水神话吧，它可能是洪水神话最古老的著名文本之一。上面说，“神被人的嘈杂惹恼了，‘人的喧嚣让神无法睡觉’”。（普里查德，1950：104）。一位学者说：“在巴比伦洪水神话里，众神毁灭人类的原因有些荒谬：人们嘈杂的声音使众神在晚上不能睡觉。”（胡克，1963：131）。有人已经指出，“嘈杂”与“邪恶”是纵聚合的对等物[②]。（卡萨利斯，1976：50）。但这不能解释明显的荒谬。但是如果神与人的关系就像成人与小孩的关系一样，那么原因就根本不荒谬了。因为婴儿在晚上的啼哭的确搅得成人无法入睡，使他们气得简直要把那吵闹的孩子“毁灭”。小孩子可以通过夜尿症，因此也就是通过尿床，创造洪水，表达愤怒；与此相仿，成人，尤其是男性，可以用相似的方式表达愤怒。

还有另一个材料支持关于男性生殖器可能与洪水神话密切联系的看法，那就是乱伦，尤其是同胞乱伦，作为促成因素或后果，广泛出现（见沃克，1949；魏，1955）。这在东南亚神话中是个极为普遍的模式。这个模式经常包括违犯如乱伦之类的性禁忌，从而导致惩罚性洪水的发生。弗雷泽（1918：195）报道了来自孟加拉西南部的一则洪水神话，神话中的洪水被用来惩罚发生乱伦的第一代人。

---

① “男丁”，原文为“him that pisseth against the wall”，意为“靠墙撒尿者”。——校注

② 语言学中，一些形式可以在一个结构中占据相同位置，这些形式之间就构成纵聚合关系。处于纵聚合关系中的不同形式，语法功能相同。在本文中，神对人的惩罚是一个常见内容，可视为语言上的一个结构；神惩罚人的种种原因，可视为语言学上的不同形式。此处的“嘈杂”与“邪恶”，作为对神惩罚人的原因的解释，叙事能力相同，故被说成是“纵聚合的对等物”。——校注

检查一下《创世记》中所有的“再创世”神话，我们就会准确找到这个模式。性禁忌受到忽视，使上帝愤怒，他毁坏他们的房子，罪者受到惩罚。亚当和夏娃的故事也可以这么看。如果夏娃从亚当的身体里诞生， 那么她在某种程度上算是亚当的女儿。那么这就成了父女乱伦。如果亚当和夏娃像在《创世记》第一部分的另一个创世神话中那样，是同时被创造的， 那么他们该被看成兄妹。在最初的天堂伊甸园中，夏娃屈从于蛇的诱惑，吃了禁果。尽管没有说明该果实是什么，但是传统上认为它是苹果（见海西希，1952—1953；莱德，1961；布雷泽达，1977：121—129），苹果有象征乳房的意味（弗洛伊德，1953：163；列维，1917—1919：19）。无论如何，该罪的结果是意识到了裸体，这意味着发现了解剖学上的性器官。上帝的反应是把亚当和夏娃逐出伊甸园， 刚刚离开伊甸园，“亚当和他妻子夏娃同房；她怀孕了”。关键之处在于，性行为是离开伊甸园后发生的第一件事， 而且在地上繁殖人类就是乱伦行为造成的。

在《创世记》洪水神话中，有一个奇怪的情节（6：2—4），上面说“上帝的儿子看到人的女儿……他们以她们为妻”。很明显，正是这种性行为（见波利特，1942；德尔科，1976：4）再次冒犯了上帝，因为除此之外，对于 “上帝看到世上的人罪业深重”再也没有其他解释。挪亚和他的家眷在上帝惩罚人类的洪水中幸存。洪水过后，挪亚发现了酒，并且饮酒过度。含看到父亲的裸体——这里裸体明显又是罪过了，如同在关于伊甸园的叙述中一样。“看到某人的裸体”，在《圣经》修辞中已成为性交的暗喻了（巴西特，1971：233）。上帝感到不快，并诅咒含的儿子迦南。这个故事的伪经文本，暗示说可能有同性恋行为（巴西特，1971）。

挪亚故事的主题在关于罗得的记述中得到重复。上帝被所多玛和蛾摩拉两城的同性恋所搅扰。亚伯拉罕与上帝讨价还价，于是，如果上帝能在此二城找到十个正人君子，上帝就不毁灭他们。两个天使来到所多玛为上帝作探察。所多玛人发现天使很迷人，就请求罗得“把他们带来，任我们所为”（《创世记》19：5）。罗得把他那两位还是处女的女儿，作为替代天使客人的人，给了那群同性恋者，却受到了嘲笑。那群家伙眼睛看不见了。天使又告诉罗得与家人一起离开该城，并告诉他“别回头看”。罗得的妻子没有遵从（就像夏娃没有遵从一样），就变成了盐柱。对亚当和夏娃来说，“张开眼睛”看到了对方的裸体，看是罪过； 对于含来讲，看到了父亲挪亚裸露的身体，看是罪过。罗得与两个女儿躲在山洞里时，他被灌醉了——与挪亚的醉酒有明显的共同点。女儿们诱惑父亲，“于是罗得的两个女儿有了父亲的骨肉”（《创世记》19：36）。在这个厄勒克特拉式的情节里，母亲没有出现，任由父亲接受女儿们的勾引。民俗学和人类学对该故事的研究似乎忽略了这一点（例如：科奇亚拉，1949；艾科克，1983）。但是更惊人的是，世界（或部分世界）毁灭之后，接着又出现再殖世界的乱伦结合。父女乱伦在这里罕见，更典型的是兄妹乱伦——乱伦是世界毁灭神话的一个常见后果。《创世记》中世界毁灭（例如通过洪水）与乱伦母题之间的明确联系，与东南亚和中国的洪水神话之间，如果没有同源关系，也似乎有着直接的类似。值得注意的是，在罗得的女儿们诱惑了父亲之后，就有这样一个情节：亚伯拉罕与妻子撒拉假扮兄妹，以使亚比米勒不伤害他们。——无所不在的乱伦主题再次出现。有人证明，妻子兼姐妹的母题，在《创世记》中是经常出现的内容（斯派泽，1967）。

挪亚洪水的前面，有一段“上帝之子”与“人类之女”婚配的情节，关于这个情节的意思和意义向来意见不一。“上帝之子”是否就是堕落的天使（波利特，1942）？不管他们是谁，显然，从根本上说是性行为促使洪水产生——从这个意义上说，这个行为有似于导致上帝把亚当和夏娃逐出伊甸园的那个行为，大致上也类似于促使上帝毁灭所多玛和蛾摩拉两城的性放纵行为。在这三个“不是创世”的情况中，性或欲成为“原罪”。

这种性行为，尤其是它的乱伦成分，直接与作为男性幻想表现的创世神话这种观念有关。当然，已有人指出：“任何假定最早只有一个家庭的造人神话，都必然导致某种乱伦谜团的产生。谁与第一对夫妇的孩子结婚?”（穆尔，1964：1309）利奇在考察了《创世记》中带有乱伦母题的发生率之后指出，乱伦的逻辑基础“必然出现在所有神话中”（1969：15）。他还进一步主张“最早的那对父母用一种被变态罪恶污染的结合方式发生性关系。洪水故事的功能就是要毁灭这样一种首次创世及其双重性，然后重新开始”（1983：14—15）。但是利奇没有指出的是，洪水或（罗得故事中的）毁灭之后，性行为，经常是乱伦的性行为，又发生了。

的确，创世者除非有特别的先见之明，否则仅创造一个原初的男子甚或原初的夫妇都不可能回避乱伦的问题。原初的男子或夫妇如何不乱伦而再殖世界？尽管人们对乱伦禁忌的合理根据有许多理论探讨，但这个问题从未得到过圆满的回答。虽然乱伦在不同文化中可以进行不同定义，但它好像是普遍存在的。在有些文化中，嫡表亲联姻不仅被允许，而且还是更受欢迎的配偶选择方式。旁表亲联姻（异性胞亲的孩子结婚），实际上差一步也就成同胞乱伦了（见穆尔，1964）。不过，可以肯定的是，任何形式的乱伦禁忌的存在，都证明了乱伦愿望的存在。没有人们想沉溺于是的事物存在，就不会有这种禁忌的存在。

从洪水是男性创世神话的观点来说，把乱伦理解成男性幻想的一部分，毫无不合理之处。通过幻想，男性创造者在用尿液洪水毁灭女性先前的生育能力，又用肛门（揉捏淤泥或其干燥形态：灰尘）再造世界和人类之外，还可以与母亲、姐妹和女儿发生性关系。据此，我们可以更好地理解弗雷泽（1918：222）讲述的一则中西里伯斯托拉查人（Toradjas）神话的细节了。在这则神话里，怀孕的女人在洪水过后幸存下来。“她在足月时生下一个儿子，因为再也找不到另外的男子，她就把他当成了自己的丈夫。于是他们生下一儿一女，这对儿女成为现在人类的祖先。”这里母子乱伦与兄妹乱伦相继发生。父亲的缺失促使母亲把自己的儿子当丈夫（与罗得妻子的缺失促使父女乱伦如出一辙）。

如果我们把父权神话，包括洪水神话，放在男性心理的语境中考察，就会发现连贯的主题。首先是俄狄浦斯型的主题，父亲禁止性行为，儿子违犯禁忌，儿子因为性行为出格而招致惩罚。除了惩罚，尚有其他可能的幻想：挪亚醉酒，罗得与女儿乱伦。尽管在理论上说是正义的人免遭天谴，但在实际上正是他们犯了罪过！主题之二是男性与女性的对立（而不是男性中的长幼对立）。这第二个主题没有得到熟知心理分析的批评家的注意。这个主题典型之处在于男性试图窃夺女性的生育能力。是男性神祇创造世界，是女性从男性的身体中诞生（雅典娜是宙斯的一个完美的“脑生子”），是男性制造的（尿液）洪水代替了女性制造的羊水洪水。分娩的痛苦转化为承受全世界毁灭的痛苦的男性幻想。

最后，如果洪水神话真是男性的创世神话，我们可以更好地理解为何男性学者，包括神学家们，对研究它们如此感兴趣。正如男性主宰的社会中最先要创造神话一样，当代的男性绝望地抓住神话时代巫术中的传统表达不放，因为随着愤怒的女性对给予男性特权的古代神话大为恼火，他们越来越觉察到受到威胁。《创世记》中的洪水神话属于人类历史的父系时代，于是就成为维护男性在世界上的特权地位的神圣宪章。坚持洪水乃历史（而非心理）事实的信仰的拥护者，所投入的热情和精力很可能远不只是证明犹太-基督教教义和信仰的正确性。除此之外，甚或与此相反，它可能代表着男性自我迷惑的最后堡垒。

参考书目

Aycock, D. Alan

1983 "The Fate of Lot's Wife: Structural Mediation in Biblical Mythology." In Edmund Leach and D. Alan Aycock, eds., *Sructuralist Interpretations of Biblical Myth*. Cambridge: Cambridge University Press. Pp. 113—119.

Barnard, Mary

1966 "Space, Time and the Flood Myths." In *The Mythmakers*. Athens: Ohio University Press. Pp. 147—161.

Bassett, Frederick W.

1971 "Noah' s Nakedness and the Curse of Canaan: A Case of lncest?" *Vetus Testamentum* 21 : 232—237.

Berge, François

1951 Les légendes de Déluge." In *Histoire generale des religions*, vol. 5. Paris: Librairie Aristide Quillet. Pp. 59—101.

Bertine, Eleanor

1944 "The Great Flood." Spring, 33—53. Reprinted in *Jung's Contribution to Our Time: The Collected Papers of Eleanor Bertine*. New York: G. P. Putnam, 1967. Pp. 182—208.

Bogoras, Waldemar

1910 *Chukchee Mythology*. Memoirs of the American Museum of Natural History, vol. XII, pt. I. New York: G. E. Stechert.

Böklen, Ernst

1903 "Die Sintflutsage: Versuch einer neuen Erklärung." *Archiv für Religionswissenschaft* 6 : 1—61,97—150.

Brazda, Monika Karola

1977 *Zur Bedeutung des Apfels in der antiken Kultur*. Bonn: Bheinische Friedrich-Wilhelms-Universität.

Canaan, T.

1929 "Water and 'The Water of Life' in Palestinian Superstition." *Journal of the Palestine Oriental Society* 9 : 57—69.

Casalis, Matthieu

1976 "The Dry and the Wet: A Semiological Analysis of Creation and Flood Myths." *Semiotica* 17 : 35–67.

Clines, David

1972 "Noah's Flood: The Theology of the Flood Narrative," *Faith and Thought* 100 : 128–142.

Cocchiara, Giuseppe

1949 "La' storia' delle moglie di Lot." In *Genesi di Leggende*. 3rd ed. Pa-lermo: G. P. Palumbo. Pp. 43–61.

Count, Earl W.

1952 "The Earth-Diver and the Rival Twins:A Clue to Time Correlation in North-Eurasiatic and North American Mythology." in Sol Tax, ed., *Indian Tribes of Aboriginal America*. Chicago: University of Chicago Press. Pp. 55–62.

Delcor, M.

1976 "Le mythe de la chute des anges et de l'origine des géants comme explication du mal dans le monde dans l'apocalyptique juive: Histoire des traditions." *Revue de I'histoire des religions* 190 : 3–53.

Dundes, Alan

1962 "Earth-Diver: Creation of the Mythopoeic Male." *American Anthropologist* 64 : 1032–1050.

1983 "Couvade in Genesis." *Studies in Aggadah and Jewish Folklore*. Folklore Research Center Studies VII. Jerusalem: Magnes Press. Pp. 35–53.

Eliade, Mircea

1958 *Patterns in Comparative Religion*. New York: Meridian Books.

1961 "Mythologies asiatiques et folklore sud-est européen. I. Le Plongeon cosmogonique." *Revue de I'histoire des religions* 160 : 157–212.

Follansbee, Eleanor

1939 "The Story of the Flood in the Light of Comparative Semitic Mythology." *Religions* 29 : 11–21.

Frazer, James George

1918 *Folk-Lore in the Old Testament.* Vol. 1. London: Macmillan.

Freud, Sigmund

1953 *A General Introduction to Psychoanalysis*. Garden City: Permabooks.

1957 *The Future of an Illusion*. Garden City: Doubleday Anchor.

Frymer-Kensky, Tikva

1978 "The Atrahasis Epic and Its Significance for Our Understanding of Genesis 1—9." *Biblical Archaeology Review* 4（4）: 32—41.

Heisig, Karl

1952-1953 "Woher stammt die Vorstellung vom Paradiesapfel?" Zeitschrtft für *die neutestamentliche Wissenschaft* 44 : 111—118.

Hooke, S. H.

1963 *Middle Eastern Mythology*. Baltimore: Penguin Books.

Hwei, Li

1955 "The Deluge Legend of the Sibling-Mating Type in Aboriginal Formosa and Southeast Asia." *Bulletin of the Ethnological Society of China* 1: 171—206. [In Chinese with English summary, pp. 205—206.]

Kardiner, Abram

1939 *The Individual and His Society*. New York: Columbia University Press.

1945 *The Psychological Frontiers of Society*. New York: Columbia University Press.

Kluger, Rivkah S.

1968 "Flood Dreams." In J. B. Wheelwright, ed., *The Reality of the Psyche*. New York: Putnam. Pp. 42—53.

Köngäs, Elli Kaija

1960 "The Earth-Diver (Th. A 812)." *Ethnohistory* 7 : 151—180.

Leach, Edmund

1969 *Genesis as Myth and Other Essays*. London: Jonathan Cape.

1983 "Anthropological Approaches to the Study of the Bible during the Twentieth Century." In Edmund Leach and D. Alan Aycock, eds., *Structuralist Interpretations of Biblical Myth*. Cambridge: Cambridge University Press. Pp. 7—32.

Leder, Hans-Günter

1961 "Arbor Scientiae: Die Tradition vom paradiesischen Apfelbaum." *Zeitschrift für die neutestamentliche Wissenschaft* 52：156–189.

Levy, Ludwig

1917-1919 "Sexualsymbolik in der Paradiesgeschichte." *Imago* 5：16–30.

Mitra, Sarat Chandra

1929 "On the Cosmological Myth of the Birhors and Its Santali and American Indian Parallels." *Journal of the Anthropological Society of Bombay* 14：468–478.

Moore, Sally Falk

1964 "Descent and Symbolic Filiation." *American Anthropologist* 66: 1308–1320.

Poulet, Donat

1942 "The Moral Causes of the Flood." *Catholic Biblical Quarterly* 4：293–303.

Pratt, Jane Abbott

1955 "The Symbolism of the Mountain in Time of Flood." *Spring* 64–82.

Pritchard, James B., ed.

1950 *Ancient Near Eastern Texts Relating to the Old Testament*. Princeton: Princeton University Press.

Rank, Otto

1912 "Die Symbolschichtung im Wecktraum und ihre Wiederkehr im mythischen Denken." *Jahrbuch für psychoanalytische und psychopathologische Forschungen* 4：51–115.

Róheim, Géza

1952 *The Gates of the Dream*. New York: International Universities Press.

Rooth, Anna Birgitta

1962 *The Raven and the Carcass: An Investigation of a Motif in the Deluge Myth in Europe, Asia and North America*. FF Communications No. 186. Helsinki: Academia Scientiarum Fennica.

Schmidt, Wilhelm

1937 "Das Tauchmotif in der Erdschöpfungsmythen Nordamerikas, Asiens und Europas." In *Mélanges de linguistique et philoiogie*. Paris: C. Klincksieck. pp. 111—122.

1939 *Primitive Revelation*. London: B. Herder.

Speiser, E. A.

1967 "The Wife-Sister Motif in the Patriarchal Narratives." In *Oriental and Biblical Studies: Collected Writings or E. A. Speiser*. Philadelphia: University of Pennsylvania Press. Pp. 62—82.

Tuzin, Donald F.

1977 "Refiections of Being in Arapesh Water *Symbolism*." Ethos 5 : 195—223.

Utley, Francis Lee

1941 "The One Hundred and Three Names of Noah's Wife." *Speculum* 16 : 426—452.

Walk, Leopold

1933 "Die Verbreitung der Tauchmotifs in den Urmeerschöpfungs (und Sintfiut-) Sagen." *Mitteilungen der Anthropologischen Gesellschaft in Wien* 63 : 60—76.

1949 "Das Flut-Geschwisterpaar als Ur- und Stammelternpaar der Menschheit: Ein Beitrag zur Mythengeschichte Süd-und Südostasiens." *Mitteilungen der Österreichischen Gesellschaft für Anthropologie, Ethnologie, und Prähistorie* 78/79 : 60—115.

Walker, Gerald Bromhead

1976 "Sources of the Great Flood and Its Diffusion." In *Diffusion: Five Stud-ies in Early History*. London: Research Publishing Co. Pp. 43—63.

Williams, Mary

1974 "Before and After the Flood." *Journal of Analytical Psychology* 19 : 54—70.

中美洲洪水神话分析[①]

费尔南多·赫卡斯塔斯

编者按：

洪水神话的研究大都限定在一个具体的文化或地理区域之内。洪水叙事资料搜集丰富的一个地区是中美洲。墨西哥人类学家费尔南多·赫卡斯塔斯（Fernando Horcasitas）曾对那里报告的大量文本作过仔细研究。但是，这篇优秀评论在洪水神话学方面并未产生什么影响，因为它仅作为一篇硕士论文于 1953 年 12 月在墨西哥城提交而从未发表过。赫卡斯塔斯熟练地考察了洪水神话的 63 个文本，留意它们与《圣经》材料以及美洲印第安土著的叙事要素之间可能存在的关系。

有关新大陆洪水神话的其他论著可见 H.de Charencey 的 “Le Déluge d'après les traditions indiennes de l'Amerique du Nord,” *Revue americaine*, 2nd series，2（1865）：88—98，310—320；Werner Müller, *Die ältesten amerikanischen Sintfluterzählungen*（Bonn，1930）；Johannes Gille，Der *Manabozho-Flutzyklus der Nord-, Nordost-, und Zentralalgonkin: Ein Beitrag zur indianischen Mythologie*（Göttingen，1939）；以及玛拉里斯·莫拉·佩索尔（Marialice Moura Pessoa）的《美洲洪水神话》（“The Deluge Myth in the Americas,” *Revista do Museu Paulista*, N. S. 4（1950）：7—48）。

分类方法

我们对文本的分类，采用民族学家使用的传统方法。如果我们碰到含有以相

① 重印自《中美洲洪水神话分析》，为未出版之硕士论文，Centro de Estudios 大学墨西哥城学院，1953 年 12 月，第 7—67 页。

同方式组合起来的相同要素的故事，就有理由认为它们属同一类型，并可将其放入同一类别中。弗朗兹·博厄斯认为：两故事的情节或母题组合越是复杂，我们就越是能够确定含有这个情节或母题组合的这两个故事本质上是一个故事，并可作如此分类。[①]但如果两个故事的情节非常简单，则很难断定它们是否同源，或是否独立产生。

让我们比较一下两个复杂文本：一个是 1558 年记录的阿兹特克洪水神话[②]，另一个则采录于当代的托托纳克人中[③]。纲要如下表所示：

阿兹特克（1558 年）	托托纳克（1953 年）
1. 特兹卡特利波卡告诉一对男女，洪水将至。	1. 上帝告知一男人洪水将至。
2. 他们在一株空心树中逃生。	2. 他在空心树中逃生。
3. 洪水过后他们感到饥饿并煮鱼。	3. 洪水过后他感到饥饿并煮鱼。
4. 众神闻到烟味，派特兹卡特利波卡下界惩罚这对幸存者。	4. 上帝闻到烟味，派圣·迈克尔惩罚这个幸存者。
5. 特兹卡特利波卡颠倒他们的脸和臀部，把他们变成了狗。	5. 圣·迈克尔颠倒他的脸和臀部，把他变成了猴子。

仔细比较两个原有文本的要素，我们应该得出这样的结论：这两个神话要么同源，要么其中一个来自另一个。可以看出，两者的差异微乎其微，而且其中一些差异的原因也容易解释（例如，在阿兹特克高原，遗民变成了狗，而在托托纳克丛林中，遗民则变成了猴子。变异原因显而易见）。几乎相同的母题，和相当复杂的组合，使我们可以认为它们基本上是同一个故事。

再看另一个例子，即母题简单的两个故事。一个是 16 世纪奥托米人的文本[④]，另一个则是来自尤卡坦半岛的现代叙述[⑤]。

---

① Franz Boas, "*Dissemination of Tales Among the Natives of North America*"（《北美土著中的故事传播》）, *RACE*, LANGUAGE AND CULTURE（New York: Macmillan, 1949）p. 438.

② "Leyenda de los Soles," *CÓDICE CHIMALPOPOCA*（Mexico Cithy: Universidad Nacional Autónoma, 1945）, p. 120.

③ 引自笔者在韦拉克鲁斯的帕潘特拉听到的托托纳克人的一个故事，尚未发表过。

④ Fray Gerónomio de Mendieta, *HISTORIA ECLESIÁSTICA INDIANA*（Mexico City：Chávez Hayhoe, 1945）, vol. III, pp. 199－200.

⑤ Alfred M. Tozzer, *A COMPARATIVE STUDY OF THE MAYAS AND THE LACANDONES*（《玛雅人和拉坎敦人的比较研究》）（New York: Archaeological Institute of America, 1907）, pp. 153－154.

奥托米	尤卡坦
1. 大洪水毁灭了世界。	1. 大洪水在第三次创世后毁灭了世界。
2. 七个人在一方舟里得以逃生。	2. 三个人在一方舟里得以逃生。

很显然，通过比较，我们除了确知奥托米人和玛雅人在一定时候都有过洪水神话这一不太有用的事实外，其他就什么结论也没得到。它们可能同源，也可能异源。其母题和母题组合的方式过于简单，我们无法从中得到确定的结论。（顺便提一下，这并不意味着原来的神话就简单，这种简单是由过于粗略的记录方式造成的。）

比前面的例子更为困难的是，两个文本只在一定程度上相似——没有相似到可以认为它们同源的程度，但也没有不同到排除这种可能性的程度。这种情况可以举以下两个神话的例子来说明，一个记录于 16 世纪的基多（Quito）①，另一个不久前记录于墨西哥南部的特拉帕内克人（Tlapanecs）中②。

基多	特拉帕内克人
1. 洪水后弟兄二人获救。	1. 一个人在洪水后获救。
2. 两兄弟发觉干活时有人为他们准备食物。	2. 他发觉干活时有人为他准备食物。
3. 哥哥暗中观察是谁在做饭。	3. 他暗中观察是谁在做饭。
4. 他看到两只金刚鹦鹉进屋脱下它们的斗篷干活。	4. 他看到一只母狗脱下皮干活。
5. 他从藏身处出来。	5. 他从藏身处出来。
6. 两只鸟飞跑了。	6.
7. 三天后，弟弟藏在房里暗中观察这两只鸟。	7.
8. 他逮住了其中的一只。	8.
9.	9. 他烧了狗的皮，于是它变成了女人。
10. 他和鸟变的女人再殖了世界；	10. 他和狗变的女人再殖了世界。

① Cristóbal de Molina, *RITOS Y FÁBULAS DE LOS INCAS*（Buenos Aires: Editoria Futuro, 1947）, pp. 30–33.

② H. V. Lemley, “Three Tlapaneco Stories”（《特拉帕内克人的三则故事》）, *TLALOCAN*（Mexico City）III （1949）: 76–81.

通过比较可以看出，中美洲和南美洲的这两个故事惊人地相似，相同的故事要素十之有六。但我相信，即便其特征多指向共同起源，大多数民俗学家也不会说它们起源于同一个故事。

我相信，这种情况以及其他比基多和特拉帕内克人洪水神话之间的比较更为复杂的神话，迫使人类学家把他们的研究仅能限定在指出神话的相同点和不同点上，至于能否得出真正明确的结论，则需冀望以后更多的文本出现了。

关于洪水神话的一般评论

洪水的原因

墨西哥的洪水神话，尽管在描述人类的毁灭或人的戏剧性的逃生上遵循着一定的模式，但却没有哪篇强调灾难的原因。提及原因的那些洪水神话，彼此差异也很大。实际上，我所收集的神话中只有18%提供了对洪水本身的解释。28%的报道人显然并不认为这种解释是故事的重要内容。那些有原因的洪水神话，也可能有相当一部分受了欧洲的极大影响。确实，有几篇神话欧洲味很浓。例如一篇塔拉斯坎人的故事[①]，就提到了人类被毁灭是因为该隐杀了亚伯[②]。

我们来回顾一下有洪水动机的几篇神话：

1. 说洪水是因罪而来的神话有5篇[③]，但都没有作更多的解释。很可能它们受到了圣经叙述的极大影响。

2. 策尔塔尔人的一个文本说，人类遭到惩罚是因为他们食人。一个男人告诉妻子午饭做“嫩东西”。他指的是豆子，但她曲解了，把他们的孩子杀了做饭。[④]

---

①佩德罗·卡拉斯科（Pedro Carrasco）在墨西哥米却肯州的西班牙人中采录的四个文本，未发表。

② 该隐是亚伯的哥哥，因嫉妒弟弟而杀了他。见《圣经》。——译注

③ Arturo Monzón, “Teogonía trique,” *TLALOCAN*（Mexico City）II（1945）: 8; Alfonso Caso, “Cultura mixteca,” *MÉXICO PREHISPÁNICO*（Mexico City: Emma Hurtado, 1946）, p. 522; “Histoyre du Mechique,” *JOURNAL DE LA SOCIÉTÉ DES AMÉRICANISTES* II （Paris, 1905）, chap. 6; J. de la Fuente, *YALÁLAG: UNA VILLA ZAPOTECA SERRANA*（Mexico City：Museo Nacional de Antropología, 1949）, p. 347; Robert M. Zingg, *THE HUICHOLS: PRIMITIVE ARTISTS*（New York: G. E. Stechert, 1938）, p. 539.

④ 英文“tender”有“嫩的、软的”之意，也有“幼小的”之意。故男人说“tender one”时，其妻理解错了。——译注

他们吃得很高兴。不久，整个世界都把孩子煮了吃。上帝被触怒了，就降下水来惩罚人类。[①]

前面的故事在中美洲很普通，并且通常被当作玩笑讲——并非一定要作为洪水神话的情节。关于洪水的另一个文本[②]也含有这个母题，尽管事件发生在灾难之后而不是之前。或许这个要素是溜进策尔塔尔人故事里的，就像许多纯属外来的故事特征进入现代墨西哥民间故事中那样。我们还可以怀疑，是早期传教士反食人的教化促成了这个母题的出现。

3. 上帝因为该隐杀了亚伯[③]而毁灭人类，这个信息显然来源于《圣经》。

4. 洪水到来是因为人类忘了创造他的上帝。这一母题无疑很古老。相当可靠的《波波尔·伍赫》[④]和一个现代文本[⑤]都提到过它。

5. 洪水来临“因为世界已经很老了”。[⑥]对洪水的这个解释似乎与中美洲人的世界历史的概念十分吻合。他们相信人类的故事不是从开始到今天的连续不断的过程，而是周而复始的，每个世界承接前一个世界。

研究了这些少得可怜的谈及洪水原因的证据后，我得出的结论是，前欧洲时代的神话讲述者一般都不关心洪水的原因。16 世纪洪水记录者只有少于 4%的人提及了原因：洪水的来临，就像地震、风暴或猝死一样突如其来，人类对此无能为力。

洪水在中美洲宇宙演化论中的地位

中美洲宇宙演化论的一个显著特征，是世界的创造和毁灭接连发生。早期殖民地编年史家叙述了众神如何创造宇宙和人类，又如何对自己的劳动成果不满，于是又一次次地毁灭、重造。灾难的次数不等。我们发现在墨西哥大致有四次毁

---

① 玛利安娜·斯洛卡姆（Marianna Slocum）从墨西哥恰帕斯州奥科森格（Ococingo）采录到的文本，未发表。

② Manuel Oropeza Castro，“El diluvio totonaco,” *TLALOCAN*（Mexico City）II（1947）：275.

③ 参见卡拉斯科上文。

④ *POPOL VUH：LAS ANTIGUAS HISTORIAS DEL QUICHÉ*，trans. Adrián Recinos（Mexico City：Fondo de Cultura Económica，1947），p. 99.

⑤ 阿拉贝尔·安德森（Arabelle Anderson）1948 年从墨西哥恰帕斯州的乔尔人部落中搜集到的文本，未发表。

⑥ George M. Foster，“Sierra Popoluca Folklore and Beliefs,” *UNIVERSITY OF CALIFORNIA PUBLICATIONS IN AMERICAN ARCHAEOLOGY AND ETHNOLOGY* 42（1945）：235.

灭和最后一次的创造，也就是我们今天世界的开始。

早期的记录明显存在差异：多数作者都说灾难是由水、老虎、火和风造成的，但许多人在它们出现的顺序上说法不一。这个问题极其复杂，在这里也无须讨论。从根本上说，我们现在必须回答的唯一一个问题是：洪水是在哪次创世后出现的?

殖民地时期的西班牙和印第安作家在思想上分成两派：一派说洪水是第一个灾难，其余的人说洪水是最后一个灾难。让我们考察一下把洪水说成第一次毁灭的那些叙述。那些材料的意义和真实性毋庸置疑，且为数最多，即：“*Codex Vaticanus A*”，“*Anales of Cuauhtitlán*”，“*Histoyre du Mechique*”，以及哥玛拉（Gómara）、蒙托里尼阿（Motolinía）和伊克特里尔科切特尔（Ixtlilxóchitl）的记述。一个更晚近的作家波图里尼（Boturini）， 在 18 世纪时利用我们今天已不能得到的资料，研究过这个问题，并认为洪水在时间顺序上是第一个[①]。维伊提亚（Veytia）以完全批评的态度分析了这个顺序[②]，他最后也同意波图里尼的观点[③]。

许多学者很愿意接受这八种权威著作。然而，在能接受它们提出这个顺序之前，尚有巨大的困难需要克服，这些困难出现在 *Historia de los mexicanos por sus pinturas*[④]和 *Leyenda de los Soles*[⑤]中。这两份文档的佚名作者，都宣称洪水是四次毁灭中的最后一次，而不是第一次。

Historia de los mexicanos por sus pinturas 大约成书于 1540 年，是一个简短的、再现得不好的叙述。有些学者从它的题目和内容上，判定它是一个 glosa ，或是土著象形文字材料的解释，并把它记在了奥尔莫斯（Olmos）或萨亚根（Sahagún）的名下。[⑥]

第二部文献 *Leyenda de los Soles*， 在我看来，可能是唯一能在一定程度上被

---

① Lorenzo Boturini Benaduci, *IDEA DE UNA NUEVA HISTORIA GENERAL DE LA AMERICA SEPTENTRIONAL*（Madrid：Juan de Zúñiga, 1746）, p. 47.

② Mariano Veytia, *HISTORIA ANTIGUA DE MÉXICO* （Mexico City: Editorial Leyenda, 1944）, pp. 23–27.

③ 维伊提亚同意波图里尼（Boturini）将洪水放在第一次的观点，不过，他不同意其他的创世与毁灭的顺序。

④ “Historia de los mexicanos por sus pinturas,” *POMAR, ZURITA, RELACIONES ANTIGUAS*（Mexico City: Chávez Hayhoe, n. d.）.

⑤ “Leyenda de los Soles,” *CÓDICE CHIMALPOPOCA*（Mexico City: Universidad Nacional Autónoma, 1945）.

⑥ Angel María Garibay K., *HISTORIA DE LA LITERATURA NÁHUATL*（Mexico City：Porrúa, 1953）, p. 51.

确定为真正的土著文本的16世纪洪水神话（除了《波波尔·伍赫》）。它作为土著图画文字的诠释的确定性、它的文体、众神与人类之间的生动对话，以及它较早的时间（1558年），都表明它是16世纪洪水神话中最货真价实和最为完整的一个。

另一个有争议的资料，是墨西哥城国家博物馆里的阿兹特克历法石，其真实性无可争议。它对世界灾难顺序的记载如下图所示。阿兹特克历法在把洪水置于最后这一点上，与 *Historia de los mexicanos por sus pinturas* 和 *Leyenda de los soles* 相一致。这三种资料是前八种资料的强大的反面证据。

阿兹特克历法石

可考虑以下关于这个正确排序难题的解决方案。

1. *Historia de los mexicanos por sus pinturas*、*Leyenda de los soles* 和阿兹特克历法是正确的；也就是说，前西班牙时代原本把洪水列为世界的第一场灾难。这种简单的回答，让人无法接受。如果它是正确的，那么，蒙托里尼阿、伊克特里尔科切特尔和其他独立或半独立的作者，以及他们的报道人，不会犯这样明显的错误。

2. 先前提到的八种资料正确，而 *Historia de los mexicanos por sus pinturas*、*Leyenda de los soles* 和阿兹特克历法错误。这比第一种解释更让人难于接受。两份文件及历法石的特点证明它们不可能有假。

3. 没有哪一种材料称得上正确，因为在征服后不久，土著报告人本身，就在接连出现的世界和毁灭的顺序问题上说法不同了。

我们只能被迫接受第三个回答。可以这样怀疑：灾难顺序在土著报告人的心目中可能从未清晰过。可能在征服之前就已经说法不一。传教士的土著报告人可能来自阿兹特克帝国的不同地区，传教士记录神话的地方也可能不一样。在前欧洲时代，这个故事可能就从未一致过，更不用说16世纪传教士记录它们的时候了。

洪水神话的分类

前言

经过研究，为写作这篇论文所收集到的63篇异文，似可将其大致分成A、B、C、D、E五类。每一部分或类型的体例如下：

1. 神话情节的简短摘要。

2. 属于该部分的所有文本的摘要。

3. 该部分或类型所涉及之问题的讨论。

类型A

世界被水毁灭。一批人逃生。在63个文本中，有14篇属于此类。这14篇神话的梗概分别如下：

1. 纳瓦人文本一（Codex Vaticanus A）。人类是由两个始祖繁衍的，但世界在第一代末期被一场大洪水毁灭。只有一男一女在一棵丝柏树中逃生，他们后来再殖了世界。①

2. 纳瓦人文本二（Codex Vaticanus A）。大洪水来临时，一些人设法躲进了一个山洞。后来他们从那里出来并再殖世界。②

3. 纳瓦人文本三（Ixtlilxóchitl—Primera relación）。第一个世界在一场大洪水中结束，那场洪水通过暴雨和闪电毁灭了人类，甚至最高的山也没入水下15肘。几个人在一方舟中逃生并再殖世界。③

① *IL MANOSCRITTO MESSICANO VATICANO 3738 DETTO IL CÓDICE RÍOS*（Rome: Stabilimento Danesi, 1900）, p. 24.

② *IL MANOSCRITTO MESSICANO VATICANO 3738 DETTO IL CÓDICE* RÍOS（Rome: Stabilimento Danesi, 1900）, p. 24.

③ Fernando de Alva Ixtlilxóchitl, *OBRAS HISTÓRICAS*（Mexico City: Secretaría de Fomento, 1891－1892）, vol. I, p. 17.

4. 纳瓦人文本四（Clavijero）。洪水毁灭了大部分人类，然而，一个叫柯克柯克士（Cóxcox） 或特奥奇帕克特里（Teocipactli）的男人，和一个叫肖其切扎尔（Xochiquétzal）的女人，在一条独木舟中逃生。洪水退后，他们发现自己在一座名叫科尔瓦肯（Colhuacan）的山上。他们生了许多孩子都是哑巴，后来一只鸽子教会了他们说话。[①]

5. 玛雅人文本一（Landa）。世界毁于一场洪水。四位巴卡博（Bacab）神逃生。现在他们托举着天的四角，以防它塌下来。[②]

6. 玛雅人文本二（Ghilam Balam de Chumayel）。造人之后，天塌了下来，水从天湖中流出。四个巴卡博于是各就各位（在地的四角）。[③]

7. 玛雅人文本三（Tozzer）。两场洪水毁灭了人类之后，第三场和最后一场也出现了。只有三个人在一独木舟中得以逃生。[④]

8. 奥托米人文本（Mendieta）。洪水毁灭了大地和所有的生命。七个人在一方舟中逃生。[⑤]

9. 萨波特克人文本一（Relación de Ocelotepeque ）。曾出现一场大洪水。有一批人在一艘船上逃生。洪水退后，他们发现自己在一座小山顶上。萨波特克人伟大的酋长奥克洛特帕切（Ocelotepeque）、彼得拉（ Petela，狗），离开洪水后的幸存者下山。[⑥]

10. 基切人文本一（Torquemada）。危地马拉人崇拜伟大之父和伟大之母。洪水淹没了他们的世界。一批人逃生并再殖了世界。[⑦]

11. 基切人文本二（Mendieta）。洪水淹没了世界。危地马拉的阿奇人（Achies？），在他们的法律中记载了这件事。[⑧]

---

① Francisco J. Clavijero, *HISTORIA ANTIGUA DE MÉXICO* (Mexico City: Editorial Delfín, 1944), vol. I, p. 273.

② Fray Diego de Landa, *RELACIÓN DE LAS COSAS DE YUCATÁN* (Mexico City: Robredo, 1938), p. 144.

③ *CHILAM BALAM DE CHUMAYEL* (Mexico City: Universidad Nacional Autónoma, 1941), p. 63.

④ Tozzer, *A COMPARATIVE STUDY OF THE MAYAS AND THE LACANDONES*, p. 154.

⑤ Mendieta, *HISTORIA ECLESIÁSTICA INDIANA*, vol. III, pp. 199–200.

⑥ Francisco del Paso y Troncoso, ed., *PAPELES DE NUEVA ESPAÑA* (Madrid: Ribadeneyra, 1905), vol. IV, p. 139.

⑦ Fray Juan de Torquemada, *MONARQUÍA INDIANA* (Mexico City: Chávez Hayhoe, 1943), vol. II, p. 53.

⑧ Mendieta, *HISTORIA ECLESIÁSTICA INDIANA*, vol. III, pp. 199–200.

12. 特里克人文本（Monzón）。因为世界的风气很邪恶， 纳克斯奎利亚克（Nexquiriac）就降下大洪水惩罚人类。他唤来一个好人，命他造一个大盒子，用来保护许多动物和某些植物的种子。这个人把自己也关在了盒子里。当洪水差不多结束的时候，纳克斯奎利亚克警告他不要出来，还要他把他自己、盒子和所有一切都埋起来，直到地表被烧完。这一切完成后，这个人出来并再殖世界。①

13. 米斯特克人文本（Caso）。世界上已经有了很多人的时候，人类犯了一个巫术错误，结果遭到大洪水的惩罚。只有少数人活了下来。米斯特克人就是幸存者的后人。②

14. 塔拉斯坎人文本一 （Herrera）。大洪水来临时，神甫特斯皮（Tespi）造了一条方舟，他把自己的妻子、孩子，以及不同的动物和种子带上方舟逃生。③

尽管我把前述文本归为一类，但它们的基本共同点却仍有争议。它们只在最基本的事实上一致——那就是曾经发生过大洪水，并有些人逃了命。它们的记录方式措辞简略，表达模糊，我们不能作出结论性的判断。

14 篇异文中的 12 篇已经有几百年的历史，其内容已不可能再行扩充：我们不能到创造这些神话的人的后代那儿去验证它们，或者去获得更多信息。即便是我们记录到更多的土著文本，我们也不能肯定他们讲的是原来的故事。

其中的好些文本如果记录得详细点儿的话，很可能属于 C 类了——那一类故事说的是幸存者由于生火而被变成了动物。

类型 B

世界被洪水毁灭时，谁都没能逃脱。所有人都被淹死了。下面 12 个文本属于此类。

1. 纳瓦人文本五（Anales de Cuauhtitlán）。大洪水结束了第一个世界。人都成了鱼。④

2. 纳瓦人文本六（ Histoyre du Mechique）。由于人类犯了反对众神的罪，大

---

① Monzón, “ Teogonía trique,” vol. II, p. 8.

② Caso, “Cultura mixteca,” p. 522.

③ Antonio de Herrera, *Décadas*, Década tercera, quoted in Alfredo Chavero, “La piedra del sol: segundo estudio,” *ANALES DEL MUSEO NACIONAL DE MÉXICO I* （1877）: 366–367.

④ “Anales de Cuauhtitlán,” *CÓDICE CHIMALPOPOCA*（Mexico City: Universidad Nacional Autónoma, 1945）, p. 5.

洪水毁灭了所有人，只有极少数人变成了鱼。[①]

3. 纳瓦人文本七（Motolinía）。第一个时代结束时，在纳惠阿特尔（nahui atl）的预示下，一场大洪水毁灭了人类。[②]

4. 纳瓦人文本八（Historia de los mexicanos por sus pinturas）。在查尔丘特里克（Chalchiuhtlicue）当太阳那个时代的最后一年，天塌了。大水淹没了所有居民，他们都变成了鱼。[③]

5. 纳瓦人文本九（Mendieta）。大洪水发生，所有人都灭亡了。[④]

6. 纳瓦人文本十（Muñoz Camargo）。巨人住在世界上的时候，大地翻转过来，大洪水毁灭了人类。[⑤]

7. 纳瓦人文本十一（Gómara）。第一个太阳末期，大洪水毁灭了人类。[⑥]

8. 纳瓦人文本十二（Hernández）。第一个太阳末期，所有人都被淹死了。[⑦]

9. 纳瓦人文本十三（Ixtlilxóchitl—Historia chichimeca）。在第一个太阳阿特纳提乌（Atonatiuh）末期，大洪水毁灭了人类和所有生物。[⑧]

10. 纳瓦人文本十四（Herrera）。巨人的世界在一场大洪水中结束，大地翻转过来。[⑨]

11. 玛雅人文本四（Redfield）。世界上的居民矮人听说要来一场可怕的风暴，于是他们就在一座池塘里堆了石头坐在上面。但洪水还是毁灭了矮人。后来耶稣基督（Jesucristo）派遣四名天使下界，看看世界上发生了什么。他们脱下衣服洗澡，于是变成了鸽子。另几个天使被派遣下来，但他们吃死尸，就被变成了红头美洲鹫。[⑩]

---

① "Histoyre du Mechique," vol. II, chap. 6.

② Motolinía, *MEMORIALES* (Mexico City: García Pimentel, 1903), pp. 346–347.

③ "Historia de los mexicanos por sus pinturas," p. 214.

④ Mendieta, *HISTORIA ECLESIÁSTICA INDIANA*, vol. I, p. 84.

⑤ Diego Muñoz Camargo, *HISTORIA DE TLAXCALA* (Mexico City: Ateneo Nacional de Ciencias y Artes, 1948), p. 165.

⑥ Francisco López de Gómara, *CONQUISTA DE MÉJICO*, vol. 22 of Biblioteca de autores españoles (Madrid: Ribadeneyra, 1852), p. 431.

⑦ Francisco Hernández, *ANTIGÜEDADES DE LA NUEVA ESPAÑA* (Mexico City: Robredo, 1946), p. 129.

⑧ Alva Ixtlilxóchitl, *OBRAS HISTÓRICAS*, vol. II, p. 22.

⑨ Chavero quoting Herrera, "La piedra del sol: segundo estudio," p. 366.

⑩ Margaret Park REDFIELD, *THE FOLK LITERATURE OF A YUCATECAN TOWN*, vol. 13 of *CONTRIBUTIONS TO AMERICAN ARCHAEOLOGY* (Washington, D. C.: Carnegie Institution, 1937), p. 74.

12. 玛雅文本五（Villa Rojas）。世界上最初的居民是勤劳的普索博人（Puzob），一群矮人。他们对风俗习惯很马虎，于是上帝遣下洪水把他们都毁灭了。[1]

类型 B 的故事情节与类型 A 的相似，我们很难得出结论性的东西。B 类型的 12 个文本内容过于粗陋。

世界上曾住着巨人，他们在洪水中毁灭了。这个概念相当普遍，殖民时代几个编年史家也提到过它。某些晚近文本可能受到欧洲思想的影响。大概是读了《圣经》参考资料的缘故，许多西班牙人对 16 世纪时在新西班牙[2]经常见到的，而且据说是属于巨人的大块骨骼化石很感兴趣。这种兴趣可能导致了巨人故事的某些晚近文本得以在土著人中传播。

类型 C

当世界被洪水毁灭时，一部分人得以逃生，但他们未经神的允许而生了火，被变成了动物。类型 C 可用于分析的文本多达 20 篇，其梗概如下：

1. 纳瓦人文本十一（Leyenda de los Soles）。[3]在第四个时代末期，太阳名叫纳惠阿特尔。特兹卡特利波卡叫来一男一女，告诉他们不用干活了，因为一场大洪水即将到来。他教他们把一棵阿会会特尔（ahuehuetl）树挖空钻进去。带上两穗玉米，每人只能吃一穗，不能多吃。他们躲进了临时挖的树洞里面。然后天塌到地上，世界毁灭了，这对男女却得救了。水退时他们发现树不再动了，就出来生火煮鱼（鱼是从前世上的居民）。可是奇特拉里尼克（Citlallinicue）和奇特拉拉托纳科（Citlallatónac）两位神俯视大地，惊叹道："神啊！谁生着了火？谁在熏着天了？"特兹卡特利波卡出现在这对男女面前，他斥责了他们一顿，并把他们的脸和臀部颠倒过来，使他们变成了狗。[4]

2. 塔拉斯坎人文本二（Carrasco）。大洪水开始时，上帝建了一幢房子。人人都想挤进去，挤进去的人就逃了命。房子在水面上漂了 20 天，三次撞到天上。洪水退后，有些幸存者非常饥饿。尽管上帝告诉他们不能吃任何东西，可他们还是在房子里做了玉米面饼。上帝派来一个天使对他们说："我父让我确保没有生火。"

---

① Alfonso Villa Rojas, *THE MAYAS OF EAST CENTRAL QUINTANA ROO* (Washington, D. C.: Carnegie Institution, 1945), p. 153.

② 即美洲殖民地。——译注

③ 前面已有纳瓦人文本十一，据顺序，此处似应为纳瓦人文本十五。——译注

④ "Leyenda de los Soles," pp. 119—120.

但是烟升到了天空，上帝正看着呢。他又派这个天使带来同样的口信。人们说他们太饿了。天使说："做你们想做的吧，但是我父让我告诉你们别做那件事。"天使升天后，上帝对他说："如果这次他们还不明白你的话，就告诉我吧。"天使又一次升天，告诉上帝人们不理解他。上帝说："很好，去狠狠踢他们一顿!"所有让烟熏到天上的人都被变成了狗和美洲红头鹫，他们的任务是清理世界。①

3. 塔拉斯坎人文本三（Carrasco）。洪水毁灭世界时，一个男孩子非常饥饿，他从独木舟里出来烧热戈达（gorda）。永恒之父说道："还不是生火的时候。你，圣巴索洛缪（Bartholomew），去看看是谁在生火。"圣巴索洛缪下到凡界，对男孩说："你为什么弄出烟来?你不知道现在还不许生火吗?"男孩答道："但是我太饿了，所以就生火了。"圣巴索洛缪到天堂告诉了永恒之父。永恒之父又将他又派下来，并对他说："如果他不明白，踢他一脚，让他别这么无知。"于是圣·巴索洛缪又下凡来，给了男孩一脚。男孩的声音变了，成了一只狗。②

4. 塔拉斯坎人文本四（Carrasco）。天使第三次下凡，踢那个男人，并告诉他："这才能让你明白，你没有遵从我。"男人像狗一样嗥叫，变成了狗。这就是狗的来历。③

5. 塔拉斯坎人文本五（Carrasco）。库阿纳里（k'uanari，崇拜偶像的巨人）住在世界上的时候，该隐杀了亚伯，主命建造方舟，因为洪水将毁灭人类。每种动物都有一对被带上了方舟。幸存者被变成了狗。④

6. 塔拉斯坎人文本六（Carrasco）。上帝命令一个男人造一幢大房子，并带上动物和食物。房子修成后，天开始下雨。雨下了六个月。房子在水上漂流，所有帮助建房子的人都躲在里面得救。世界变干时，这个人派了只渡鸦去看看大地是不是变得结实了，但渡鸦却没回来，它留在那里吃死尸。这个人后来又派了一只鸽子，它回来说渡鸦在吃死尸。因此渡鸦被罚永远吃死尸。上帝命令不准生火，但有个人违反了命令，因而被变成了一只狗。⑤

7. 塔拉斯坎人文本七（Carrasco）。大洪水结束后，上帝看到了烟。他派下一个天使，天使发现了一个幸存者。上帝非常生气，就把那人变成一只瓦斯蒂坎

① Pedro Carrasco1945 年从 Jarácuaro，Michoacán 得到的文本，未发表。
② Pedro Carrasco1945 年从 Jarácuaro，Michoacán 得到的文本，未发表。
③ Pedro Carrasco1945 年从 Jarácuaro，Michoacán 得到的文本，未发表。
④ Pedro Carrasco1945 年从 Jarácuaro，Michoacán 得到的文本，未发表。
⑤ Pedre Carrasco1945 年从 Cocucho，Michoacán 得到的文本，未发表。

（Huaxtecan）猴子。[①]

8. 波波卢卡人文本一（Foster）。基督命令一个人制造一只方舟，并把有用的动物都带上一对到上面。然后洪水就冲毁了世界。洪水退后，幸存者开始煮鱼，而鱼是世界上所有其他居民变的。基督派美洲红头鹫去看看发生了什么事，可美洲红头鹫却也留在那里吃鱼。后来基督又派下鹰和蜂鸟。基督最后亲自下凡把人们倒立过来，使他们变成了猴子。美洲红头鹫被罚从此永远只吃死动物。基督把死鱼变回成人类，使世界重新有了人。[②]

9. 波波卢卡人文本二（Foster）。一个人惊奇地发现他砍伐的树木一夜之间又长了出来，耶稣基督现身，警告他洪水将至。这个人造了方舟，把每种动物都装上一对。洪水退却后，他和家人吃散落在地上的鱼。耶稣基督闻到烟味，派秃鹫去看看火在哪里。秃鹫赖在那儿吃死动物。后来耶稣基督又派蜂鸟下来，蜂鸟把这个消息带回天堂。然后耶稣基督到凡界把人的脸和臀部颠倒过来，使他们成了猴子。他惩罚秃鹫从此只能吃死动物。[③]

10. 波波卢卡人文本三（Lehmann）。上帝告诉一个人不用干活了，因为洪水将要毁灭世界。他教这个人给家人和自己造一条独木舟。洪水到来，这个人与家人逃生。洪水退后，他开始煮死动物的尸体吃。圣彼得（Saint Peter）闻到烟味，下来看看发生了什么事。他把这个人变成了美洲红头鹫，又把他的孩子变成了猴子。[④]

11. 波波卢卡人文本四（Lehmann）。埃尔维基托（El Viejito），即上帝，问哪里在生火。他发现最早的那个人违反他的命令，在生火烧鱼，就把他的脸和臀部颠倒过来，把他变成了猴子。[⑤]

12. 托托纳克人文本一（Horcasitas）。上帝告诉一个人洪水将至。这个人挖空了一棵树，躲在里面得救。洪水过后，这个人很饿，就生起了火。上帝闻到烟

---

① Pedre Carrasco1945 年从 Ocumicho，Michoacán 得到的文本，未发表。

② George M. Foster, “Sierra Popoluca Folklore and Beliefs,” p. 239.

③ George M. Foster, “Sierra Popoluca Folklore and Beliefs,” p. 235–238.

④ W. Lehmann, “Ergebnisse einer mit Unterstützung der Notgemeinschaft der Deutschen Wissenschaft in den Jahren 1925/1926 ausgeführten Forschungsreise nach Mexico und Guatemala,” *ANTHROPOS* 23 (1928): 749–791, quoted in Foster, “Sierra Popoluca Folklore and Beliefs,” p. 238.

⑤ W. Lehmann, “Ergebnisse einer mit Unterstützung der Notgemeinschaft der Deutschen Wissenschaft in den Jahren 1925/1926 ausgeführten Forschungsreise nach Mexico und Guatemala,” *ANTHROPOS* 23 (1928): 749–791, quoted in Foster, “Sierra Popoluca Folklore and Beliefs,” p. 238.

味，派遣美洲红头鹫去看发生了什么事。美洲红头鹫留在那儿吃死动物，上帝罚它从此只能吃腐肉。然后上帝叫天使长圣迈克尔下去。天使长圣迈克尔把那个人的脸和臀部颠倒过来，把他变成了猴子。①

13. 特佩瓦人文本（Gessain）。一个人惊奇地发现他清理干净的地里，一夜之间又长出了草木。他暗中观察，原来是只猴子在干坏事。猴子告诉他，上帝不想让他干活了，因为一场大洪水即将到来。按照猴子的指点，他造了一条像棺材一样的小船坐进去。洪水开始时，猴子坐在棺材的顶部。洪水退后，这个人爬出棺材，捡了些地上的鱼，生了一小堆火弄鱼吃。但是天空出现了万能的上帝，他对那人生火不满，就把那人变成了猴子。②

14. 策尔塔尔人文本一（ Slocum ）。一天，有一个妻子误解了丈夫的话，把孩子杀了做饭吃。她和丈夫吃得很香。不久，所有人都杀了孩子吃。上帝非常生气，降下洪水。一个聪明人在独木舟中逃生。洪水过后他生了堆火。上帝闻到烟。他派秃鹰、美洲红头鹫和夜鹰看看世上发生了什么事，但它们全都赖在那儿吃死尸。上帝罚它们从此只能吃死尸。然后上帝又派鹰来，鹰完成了使命。这个人被变成了猴子。③

15. 策尔塔尔人文本二（Slocum）。潘德桑托（Padre Santo）警告一对兄弟要发洪水了。他们与许多动物一起在一方舟中逃生。洪水退时，弟弟从方舟上掉到树上，于是成了猴子，哥哥却得救了。④

16. 乔尔人文本一（Anderson）。上帝看够了人类，决定杀了他们换新人。于是上帝创造黑暗来毁灭他们。一个人用厚木板封住了房子。晚上他爬上屋顶。上帝下界看谁死了，发现这个人还活着，就把他的脸和臀部颠倒过来，使他变成了猴子。⑤

17. 乔尔人文本二（Beekman）。洪水来临时，有几个人爬上最高的树的树梢，得救了。但阿豪（Ahau）对他们很生气，就把他们的脸和臀部颠倒过来，使他们成了猴子。⑥

---

① Fernando Horcasitas1953 年从 Papantla，Veracruz 得到的文本，未发表。

② Robert Gessain1953 年从 Tepehuas 那里得到的文本，未发表。

③ Marianna Slocum1947 年 从 Ococingo, Chiapas 的 Tzeltal 和西班牙人那里得到的文本，未发表。

④ Marianna Slocum1947 年 从 Ococingo，Chiapas 的 Tzeltal 和西班牙人那里得到的文本，未发表。

⑤ Arabelle Anderson1949 年从 Chiapas 的乔尔人那里得到的文本，未发表。

⑥ John Beekman1949 年从 Yajalón，Chiapas 的乔尔人那里得到的文本，未发表。

18. 基切人文本三（Popol Vuh）。天堂之心渴望让世界都住上崇拜他的人类。他先后造了动物、泥土人、木头人，所有人相继拒绝用正确的方式崇拜他。天堂之心遣下洪水毁灭木头人，同时又派四只动物下去与人战斗。人们还受到了地上的动物和他们一直使用的器具的攻击。大洪水结束时，所有的木头人都被变成了猴子。[①]

19. 基切人文本四（Tax）。大洪水出现时，一些人试图制造箱子，藏在里面，躲到地下逃生。但上帝不允许这样，把他们变成了蜜蜂。[②]

20. 萨波特克人文本二（de la Fuente）。世界一片阴暗寒冷时，仅有的居民是些巨人。上帝因他们崇拜偶像而非常生气。一些巨人预感到洪水要来了，就在地下用了大块的石板建造屋子。一些人借此躲过了灾难，并且现在还可以在地下的一些洞穴里找到他们。另外的巨人躲进森林变成了猴子。[③]

考察我列为 C 类型的上述文本，立即就会注意到材料的数量和性质。本文记录和概述了同一故事的 20 个文本。而且，与汇集在类型 A 和类型 B 中的文本不同的是，在此类 20 篇文本中，至少有 13 篇是既可靠又充实的。[④]（13 篇中的 9 篇文本，几乎可以看作是直接从土著报告人那里得来的那样可靠。）

另一个优点，除现代文本之外，我们还有一篇绝好的 16 世纪文本："Leyenda de los Soles"。在所有的古代洪水文本中，"Leyenda de los Soles" 和《波波尔·伍赫》是我所见到的仅有的详尽文本。我们的研究实际基于古代和现代的丰富材料。

考察了古代文本和比较晚近的文本中的母题及其组合之后，我的结论是，它们基本上是同一个故事，也许只有基切人的两个文本和萨波特克人文本还存在一定的疑问：它们彼此足够相似，尽可归入 C 类型，但其间差异也够大，因而产生疑问。

毫无疑问，这个故事本身是土著的故事，并且是前欧洲的故事。看看以下三点，必然得出这个结论。

1. "Leyenda de los Soles" 是土著作品，它的所有特点都说明了这个事实，从未有哪个严谨的学者怀疑过这份文档的真实性。

---

① *POPOL VUH: LAS ANTIGUAS HISTORIAS DEL QUICHÉ*, pp. 98–103.

② Sol Tax, "Folktales in Chichicastenango: An Unsolved Puzzle," *JOURNAL OF AMERICAN FOLKLORE* 62 (1949).

③ J. de la Fuente, *YALÁLAG: UNA VILLA ZAPOTECA SERRANA* (Mexico City: Museo Nacional de Antropología, 1949), p. 237.

④ Tarascan I, Tarascan III, Tarascan VI, Popoluca I, Popoluca II, Popoluca III, Totonac I, Tepehua, Tzeltal I, Tzeltal II, Chol I, Quiché III, and Zapotec II.

2.《波波尔·伍赫》载有一个与"Leyenda de los Soles"中的一则故事相似的文本，而《波波尔·伍赫》毫无疑问也是前欧洲的文献（即使不是所有部分都是前欧洲的，至少记载洪水神话的这部分是这样的）。

3. 在欧洲和非洲的民俗中都没有发现过这样的文本。其情节如"Leyenda de los Soles"所述及现代文本所佐证，大致如下：一对人类夫妇由超自然存在告知洪水将至。他们在木筏中逃生。洪水过后，他们出来生火做饭。神祇闻到烟味很生气。他派来一个使者，使者惩罚他们，把他们变成动物。

讨论了资料的性质和故事本身之后，我们可以进而作出以下评论。

1. 做错事的观念在神话中看来比较显著。在"Leyenda de los Soles"中，做错事体现在忤逆之中。幸存者被警告吃粮不过一穗，因为他们违反告诫吃了鱼而受到惩罚。需要指出的是，鱼曾经就是人——前一世界的居民。

最后这一概念牵扯出一种与食人俗相似的观念，这一观念显著存在于好几个文本中。食人俗在一个文本中是洪水的原因①，在另一个文本中食人俗紧跟洪水后出现②。在许多故事里，美洲红头鹫都因吃死尸而受罚。③在另一则神话中，却是天使们吃人肉而遭惩罚 。④不论是不是前西班牙时期的作品，在研究中美洲洪水神话时，食人俗观念必须认真对待。

幸存者做错事招致惩罚的另一个可能的原因是，他们用烟熏了天而冒犯了神祇。"Leyenda de los Soles"的用语似乎也是这样的意思。奇特拉里尼克和奇特拉拉托纳科二神俯视大地说："众神！谁在烧东西?谁在熏天空?"随后文本上又说："因此两枝芦苇（Two Reed）这一年天空被熏。"⑤

还存在另一个可能性：或许人类的唯一罪过仅仅是活了下来。有些文本暗示人类是注定要灭亡的，谁也不允许逃生。我们甚至得到这样的印象：警告选民洪水将至的超自然神灵，违背了至高无上的神祇的意愿，或者至少是因为该神灵的特别干预，人们才得救。不管怎么说，众神并不高兴看到人类存活下来：

> 洪水结束后，上帝看到了烟。他派下一个天使，天使看到有个幸存者未被洪水消灭。上帝生气地把这个幸存者变成了一只瓦斯特卡猴

---

① Tzeltal I.

② Norman McQuown, Totonac text from Coatepec, Puebla, 1940（mimeographed）; Oropeza Castro, "El diluvio totonaco," vol. II, pp. 269–275.

③ Popoluca I, Popoluca II, Totonac I, Tzeltal I, Zapotec III, Zapotec IV, and Zapotec V.

④ Maya V.

⑤ "Leyenda de los Soles," p. 120.

子。[1]

另一个文本说道：

> 据说上帝派他的仆人自天堂下凡。“去问他如何逃生的。”上帝说。仆人下来问那个人：“先生，你是如何得救的？”这个人回答道：“我是在一艘小船中逃生的，主人。”（上帝在天堂对这个人说）“好，你不要像现在这样活，你要被变成什么东西。”“好吧，主人，你爱怎样就怎样吧。”他答道。上帝说：“我要给你安个尾巴。”于是给他安了个尾巴，使他成了个长毛的家伙。这个人又问道：“主人，我到哪儿待着呢？”“你去森林里待着吧。”上帝答道。这就是猴子跑到森林里待着的经过。[2]

还有一个文本说：

> 神到凡间看看谁死了，他看到有个人还活着……他弄断了那人的脖子。他弄断他脖子时，他把他的头装在了脊柱的末端……于是这个人被变成了一只白肚猴。[3]

我可以列举更多的例子，说明上帝不高兴人类活下来，但这几个例子已足以说明这一观念。神无意让人类活下来的事实，与中美洲的世界历史模式恰好一致：人类一再被灭亡，没有人可以逃脱。考虑到这些，我们有必要重新研究一下“烟熏天穹”这一母题。或许这个故事要素的重要之处，不在于天穹被人熏了（弄脏了），而在于烟无非简单地表明有人活着。这样看来，火是一个巨大的过错，因为它向自信的众神表明他们的计划失败了。

2. 类型 C 的文本的另一个有趣母题是那个使者的个性，他警告人不能生火，最后又惩罚了人。在阿兹特克文本“Leyenda de los Soles”中，他叫作“特兹卡特利波卡”（也就是 Tezcatlipoca），在我看来，这个名字本身不属于神话的原始内容。“特兹卡特利波卡”可能只是阿兹特克人给使者起的名字而已。在此之前或在其他文化中，这个名字可能完全是另一个。

尽管最后这一论点无法得到检验，但是，考察后征服时期（Post-Conquest）的文本可充分说明不同名字指代同一个人的情况。神话基本是一样的，但使者的名字不同。例如，在一个故事中他叫天使长圣迈克尔，另一个故事中叫圣彼得，还有一个故事中叫圣巴索洛缪。其他文本说的是耶稣基督（Jesucristo），或就叫

① Tarascan VII.

② Tzeltal I.

③ Chol I.

"天使"，甚至干脆叫 "上帝的仆人"，没有名字。也有其他文本让美洲红头鹫充当使者。但他的个性没有改变：他总是上帝和幸存者之间的中间人。正如这个故事在现代墨西哥用好几种语言流传一样（每种都有自己称呼使者的名字），它可能在前欧洲时代，就在多文化、多语言的中美洲流传了。

3. 类型 C 故事按语群划分的分布图参见下图。按希门尼斯 · 莫雷诺（Jiménez Moreno）的语言分类法，我们看到这个文本至少分布于五个完全不同的语群之中：塔诺阿兹特克语群（Taño Aztecan）、萨波特克语群、托托纳克语群、索克玛雅语群（Zoque-Mayan）和塔拉斯坎语群（Tarascan）。

4. 推测故事传遍墨西哥南方的时期，也是一项有趣的研究。这则神话很早以前就是许多语群中的共同遗产吗？这则神话的传播是阿兹特克人扩张时发生的吗？或是西班牙人征服后才发生的？现在已不可能准确回答这些问题了。对墨西哥民间故事的传播研究得不够，殖民时期的材料也很缺乏。可能这个故事在征服之后发生过广泛传播。许多文本简直太相像，无法保证它们彼此独立存在了几百年。在征服之前可能完全孤立的许多印第安文化，突然就通过宗教联系和政治联

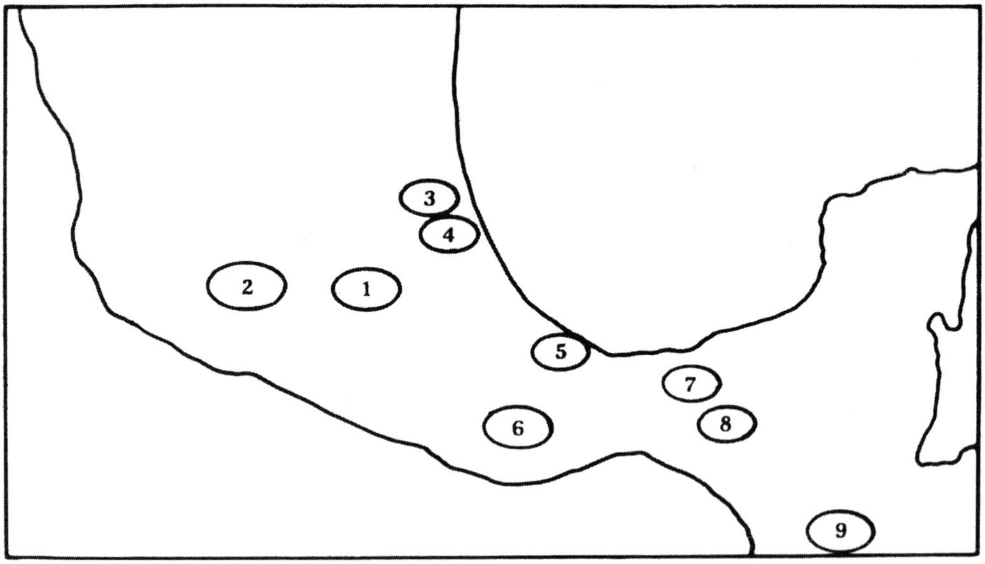

1. 纳瓦特尔人	4. 托托纳克人	7. 乔尔人
2. 塔拉斯坎人	5. 波波卢卡人	8. 策尔塔尔人
3. 特佩瓦人	6. 萨波特克人	9. 基切人

中美洲类型 C

系与外来制度联结在一起了，交流得到改善。故事的传播有一部分可能晚到 19 世纪才发生。目前我们能做的，至多不过是指出这些可能性而已。

类型 D

世界被洪水毁灭后，一个男人和一只母狗得以逃生。这个人发现母狗为他做饭，于是就暗中监视她。他烧了狗皮，她变成了女人。他们共同繁衍了人类。下面 12 个文本可以称作“狗妻的故事”。

1. 惠乔尔人文本一（Lumholtz）。一个伐木人发现他砍下的树一夜之间又长了出来。他偷看到是老祖母娜卡薇（Nakawé）在干这坏事。她说他正在做无用功，因为不久将有一场洪水毁灭世界。她还教他用树做一个箱子，装上谷粒、豆子和火种，还有五根南瓜藤做燃料，还要带上一只黑母狗。箱子在洪水中漂了五年。洪水退后，箱子落在一座小山上。这个人像洪水没来之前那样回去干活。每天他回到自己住的山洞时，都发现有人已经给他准备好了玉米面饼。他暗中窥探才知道是母狗做的。她脱下狗皮变成女人给他磨谷子。他把她的狗皮扔进火里，于是她悲嗥不止。他用尼克斯塔马尔（nixtamal）水为她洗浴。他们再殖了世界。[1]

2. 惠乔尔人文本二（Preuss）。谷物种植者提姆萨维（Timušáve）惊奇地发现，他砍倒的树全都又长了起来。他发现这原来是塔胡提斯·娜卡薇（Tahutsi Nakawé）干的。她告诉他不用干活了，因为洪水将至。他把一棵树挖空成小屋状，把外边封好。他又带上了各种谷物、豆子和各种动物，还带了火和一只母狗。洪水过后，提姆萨维的孩子和母狗成了新人类的始祖。[2]

3. 惠乔尔人文本三（Zingg）。考依玛力（kauymáli）每天去清理田地，发现杂草又长到了他干活前的高度。他偷看到原来是老女人娜卡薇（Nakawé）干的。她告诉他洪水将至。在她的指点下，他造了一艘独木舟，放进火、母狗和谷物及其他有用植物的种子。洪水过程中，小船在水上漂流。最后停在了一个山顶上。考依玛力下船后建造了一幢新房子。每天他干活回来，都发现有人为他做了玉米面饼。娜卡薇叫他提早一点儿回来，以探出这个神秘的管家是谁。他发现那只母狗正在河边专心地洗涮。他拿走她的皮烧了。母狗嗥叫不止，但是他用尼克斯塔

① Carl Lumholtz, *EL MÉXICO DESCONOCIDO* (Mexico City: Publicaciones Herrerías, 1945), vol. II, pp. 189–191.

② K. Th. Preuss, “Au sujet du caractére des mythes et des chants huichols que j'ai recueillis,” *REVISTA DEL INSTITUTO DE ETNOLOGÍA* (Tucumán: Universidad Nacional de Tucumán, 1932), vol. II, pp. 452–453.

马尔水为她洗浴，于是她变成了女人。然后他们成为夫妻。①

4. 惠乔尔人文本四（McIntosh）。一个男人去清理土地时，惊奇地发现前一天砍的树全都又长了出来。他决定查一下，发现原来是一个老妇人在干坏事。女人告诉他洪水将至，建议他造一条独木舟，带上母狗和南瓜种子。洪水开始后，他骑在独木舟顶上。洪水退后，他回去继续干活。每天回家时，他都看到有人已为他准备好了食物。他偷看到，原来这神秘的管家就是那只母狗。当狗女人下去取水时，他拿走她的皮，烧了。女人像狗一样嗥叫，直到他用尼克斯塔马尔水为她洗浴。后来这对夫妇生活在一起，生了许多孩子。②

5. 特佩卡诺人文本（Mason）。每天早晨去砍树的一个男人吃惊地发现，他砍下的树一夜之间又长了出来。他偷看到原来这事是一个老头干的。老头告诉他不用再干活了，因为将有洪水到来。老头还教他建造一条方舟，每种现有动物各载一对在方舟里，再带点儿谷物和水。洪水开始了。方舟在淹没了大地的洪水中漂流了 40 天。洪水过后，这个人弃舟登岸去干活。他发觉干活回来时有人已给他做好了饭。他偷看到这神秘的管家原来是自己的黑母狗。他烧了她的皮，接着就在她身上洒尼克斯塔马尔水安慰她。后来他们生活在一起，生了 24 个孩子。一天他带了 12 个孩子去见上帝，上帝给他们衣服穿。另外的 12 个孩子在家中光着身子。这可以解释为什么世界上有贫富之分。③

6. 托托纳克人文本二（Barlow）。洪水毁灭了人类，孩子们跳到星星的位置变成了花。一个人被赐予一只大狗。这个人老是每天都去耕地。当他回来时，发现有人已为他准备好食物。他决定查一下这个神秘厨子的身份。④

7. 托托纳克人文本三（ McQuown/Oropeza）。洪水之前，上帝叫某个男人造一条方舟。洪水过后，这个人派一只鸽子去看大地是否干了。鸽子回来了。后来，他又派鸽子去了一次，鸽子回来时脚上沾着淤泥。他从方舟中出来，碰到一间老房子，决定以此为家。蚂蚁带给他玉米。每天回家，他都发现有人为他备好了食物。于是他监视他的狗，发现正是这只狗为他做饭。一天他偷看到她，身上没狗皮，正在磨玉米。他把她的皮扔进火里，她于是哭了。这对夫妇生活在一起，有

① Zingg, *THE HUICHOLS*：*PRIMITIVE ARTISTS*, p. 539.

② John McIntosh, "Cosmogonía Huichol," *TLALOCAN*（Mexico City）II （1945）：14–21.

③ J. Alden Mason, "Folktales of the Tepecanos," *JOURNAL OF AMERICAN FOLKLORE 27*：164–165.

④ Robert H. Barlow, fragment of an unpublished text in the Barlow Archive, Mexico City College, ca. 1948.

了一个可爱的小孩。一天，男人告诉妻子用“嫩东西”做玉米粉蒸肉。女人误解了丈夫的话，把小孩杀了做饭。男人知道后，斥责了妻子，但还是吃了玉米粉蒸肉。[①]

8. 托托纳克人文本四（Horcasitas）。洪水过后，人都死了，只有一个男人和一只母狗活了下来。每天他干活回来，都有人为他准备好了豆子和玉米面饼。一天，他躲起来，看到那只狗在一间汗蒸屋（temazcal）里脱下皮为他做饭。他跟在后面抓住了她。母狗说：“上帝要这样的。现在我们可以结婚生子了。”他们使世界又有了人。[②]

9. 特拉帕内克人文本一（Lemley）。有一个男人正在地里干活，一只美洲红头鹫出现在他面前，告诉他不要再干活了，又使所有砍下的树长了回去。然后美洲红头鹫叫他造一个箱子钻进去，并带上一只狗和一只小鸡。洪水到来，这个人得救了。洪水退后，小鸡变成了一只美洲红头鹫，狗与人生活在一起。他发现他出去工作时，有人为他准备玉米面饼。一天，他待在屋里，看到母狗脱下皮，动手碾玉米。他于是烧了狗皮。狗抱怨了他一通，就此成了女人。他们再殖了世界。[③]

10. 特拉帕内克人文本二（Lemley）。一个男人每天去地里干活。他发现晚上有人把他砍下的树又栽起来。一个男人出来，告诉他不要再干活，因为洪水要来了。那人还告诉他，应该造个箱子躲进去，再带上一只小黑鸡和一只黑母狗。洪水来临，他得救了。每天晚上，他回来的时候，都发现有人已为他备好了玉米面饼。他偷看到原来是母狗脱了皮给他干活。尽管母狗不情愿，他还是把狗皮扔进了火里。[④]

11. 波波卢卡人文本五（Foster）。有一个男人的妻子死了。他变得郁郁寡欢。他的狗也很沮丧。一天他的狗不见了，但从那天起，这个人回家时就会发现有新鲜玉米面饼和其他食物都给他准备好了。一天，这个人回家较早，发现了一个美丽的女子正在给他烤玉米面饼，狗皮挂在桌子旁。男人与狗女人结了婚。[⑤]

12. 乔尔人文本三（Beekman）。一个女人死了进了地狱。她丈夫留在人间形单影只。妻子可怜丈夫，派了一只母狗为他做饭。每天，他回家时，都发现有人为他烤好了玉米面饼。他偷看到母狗碾玉米。他喊道：“这不是我妻子!”然后拿

---

① McQuown, Totonac text from Coatepec, Puebla, 1940; Oropeza Castro, “El diluvio totonaco,” vol. II, pp. 269–275.

② Horcasitas unpublished texts from Papantla, Veracruz, 1953.

③ H. V. Lemley, “Three Tlapaneco Stories,” *TLALOCAN* (Mexico City) III (1949): 76–81.

④ H. V. Lemley, “Three Tlapaneco Stories,” *TLALOCAN* (Mexico City) III (1949): 76–81.

⑤ Foster, “Sierra Popoluca Folklore and Beliefs,” p. 211.

着刀把狗赶出了屋子。[①]

类型D（在我看来是中美洲洪水神话中最发人深省的）满可视为“狗妻的故事”或“神秘管家的故事”。这类故事的材料来源又很好，我引用的12篇异文中，有11个是一流文本。我们要回答的最基本问题可以概括为以下这句话：故事是不是前西班牙的？现在还没有找到现成答案，以下是这样说的理由：

1. **据我所知，（类型D中）没有一篇前西班牙时代的土著文本被记录过。**我们实际掌握的最早文本是1900年前后由卢姆霍尔茨（Lumholtz）记录下来的。然而，虽然16世纪的编年史家中没有谁记录过这篇故事的文本，但这可能并不像初看上去那样干系重大。应该记住，殖民时代的文本大都源于纳瓦语群。因此，很可能纳瓦语群的民族还不知道这个故事，但欧洲人到来之前的其他民族可能已经把它当作共同遗产来享用了。另外，人与狗的结合之类概念与欧洲人的思想产生了冲突，使欧洲人十分反感，那么，它就可能像土著人生活的其他方面一样，被欧洲人故意忽略而不加以记录。

2. **这故事本身不是欧洲的。**很难相信西班牙人在费力地使土著人皈依基督教的同时，会把这样一则神话带到墨西哥。故事本身也未见诸欧洲的民间故事集中，并且它完全不属于任何基督教观念中关于人类起源的说法。

3. **在前墨西哥时代，似乎的确有文献在描述其他事件的时候，提到过这一则神话。**希门尼斯·莫雷诺（Jiménez Moreno）已经指出，在《托尔特克－奇奇梅克人历史》（*Historia Tolteca-Chichimeca*）中，有一段文字[②]似乎暗示过这个故事。[③]那个文本说的是托尔特克－奇奇梅克人（Toltec-Chichimecs）在奥尔梅克－希卡拉卡人（Olmec-Xicalanca）手中所遭受的苦难。他们遭受的最大苦难之一，就是经常被泼上尼克斯塔马尔水。这一点被提过三次：“而奥尔梅克－希卡拉卡人大肆捉弄托尔特克人；他们在他们的脸上泼尼克斯塔马尔水；他们用羽毛茎撩拨他们的脚和后背；还让他们咽下苦东西。”托尔特克－奇奇梅克人抱怨：“现在他们如此对待我们，简直是要把我们毁了。有时在我们脸上泼女人的尼克斯塔马尔水，有时用羽毛茎撩拨我们的脚和后背。我们难道是狗，让他们这样对付我们，而我们还跟他们住在一起？”后来压迫者问托尔特克人是否要新武器，而后者答道：“不，我亲爱的朋友。我们只想要你们的旧武器，唯恐你们的新武器泼上了尼克斯塔马

① Beekman, unpublished text from the Chol of Yajalón, Chiapas, ca. 1949.

② *Historia Toleca-Chichmeca* (Mexico City: Robredo, 1947), pp. 81－85.

③ Wigberto Jiménez Moreno, *HISTORIA ANTIGUA DE MÉXICO* (Mexico City: Escuela Nacional de Antropología, 1949), p. 41 (mimeographed).

尔水。”[①]

照希门尼斯·莫雷诺的设想，这一片段和狗妻神话之间的联系，可以概括如下：托尔特克人（原来是奇奇梅克人）可能因托尔特克的图腾动物——一只狗而得名，它被看成这个群体共同的祖先。这狗祖先被认为与洪水神话的母狗有联系，或者就是她。在神话中，狗皮被烧后，男人用尼克斯塔马尔水为她洗浴，安慰她。以《托尔特克-奇奇梅克人历史》来解释文本，似乎是这样的：托尔特克-奇奇梅克人起源奇特，故被敌人愚弄，向他们身上泼尼克斯塔马尔水。

另一个有暗示含义的引证出现在萨胡根（Sahagún）的某些作品[②]中。在描写到一种宗教宴会（Tlacaxipehualiztli）的结束时，这位方济各会的民族志学者这样陈述道：那些在宴会中披着人皮的人，必须进行一次仪式性的沐浴，以去除人皮的污秽。沐浴在寺庙中进行，每个人都得在掺了玉米粉或玉米团的水中洗澡。在这个洗浴仪式后，他们再到一般的水中洗澡。

脱下人皮与在掺了玉米面团的水中沐浴而得到安慰之间的联系，看来确属土著特有。这个观念在相当程度上增大了狗妻故事起源于当地的可能性。

另外一个可能与狗妻神话有关的文本是 *Relación de Ocelotepeque*。[③]我们知道，这个故事中有个著名的萨波特克酋长——洪水幸存者的一个后人，名叫彼得拉（狗）。书中没有进一步解释这个名字，并且它仅仅是历法名字，与狗妻故事根本没有联系。我只是把它作为一种很小的可能性指出来而已。

4.“神秘管家”的母题发现于美洲其他地方。一个南美混血人克里斯托波尔·德·莫利纳（Cristóbal de Molina），大约 1580 年在基多记录了一个洪水神话故事。[④]以下为其梗概：洪水毁灭了人类，只有一对兄弟幸存，孤零零地留在地上。起初，他们只吃树根和野草，但是过了一段时间，他们每天干活回来，都发现有人给他们准备好了食物。哥哥偷偷藏起来看那个神秘的管家是谁，他发现两只金刚鹦鹉进了屋子，脱掉它们的斗篷（羽毛？），料理家务。这个男人从藏身之处出来，把鸟吓飞了。但他还是抓住了一只。他和这鸟女人结了婚，生了六个孩子，再殖了世界。

---

① 这个文本最初以 Náhuatl 写下来，然后译为德文，从德文译为西班牙文，现在由我本人译为英文。

② Bernardino de Sahagún, *HISTORIA GENERAL DE LAS COSAS DE NUEVA ESPAÑA* (Mexico City: Editorial Nueva España, 1946), vol. I, p. 144.

③ Del Paso y Troncoso, ed., *PAPELES DE NUEVA ESPAÑA*, vol. IV, p. 139.

④ Cristóbal de Molina, *RITOS Y FÁBULAS DE LOS INCAS* (Buenos Aires: Futuro, 1947), pp. 31–33.

这个南美故事似乎基本上与中美洲狗妻故事是同一个。如果可以证明前者是厄瓜多尔或秘鲁当地的故事的话，我就倾向于相信：墨西哥狗妻故事起源于当地的说法，将得到极大的加强。

“神秘管家”的另一篇异文，发现在北极美洲（Arctic America）和温哥华岛。博厄斯引用珀蒂托特（Petitot）所讲的一篇北极故事，其梗概如下：

> 一个女人嫁给了一只狗，生了六只小狗。她被自己的部落所遗弃，每天出去为全家人寻找食物。她回来后发现小屋周围有小孩子的足迹，但是除了小狗之外并无别人。最后她藏起来，才发现她刚一离开，小狗们就脱去了皮。她使它们大吃一惊，又拿走了狗皮。狗就变成了孩子——一群男孩和一个女孩。这些人就成为了多格里布印第安人（Dog-Rib Indians）的祖先。[①]

我们最好不要夸大这个文本的重要性，它只是一个母题，而不是一则完整详细的洪水故事。孤立母题被认为是在偶然情况下独立产生的。

在苏里南发现了一篇更为相似的文本，尽管从文本上看不出它属于阿拉瓦克人或加勒比印第安人：

> （一位隐士）有一只格外忠诚的狗。他在森林中闲逛时，发现了一片栽培得很好的土地，上面长满了木薯和其他食用植物。他想：“是谁为我准备了这一切呢?”他藏起来看看到底谁是他的恩人。看哪！他忠诚的狗出现了。她变成了一个人，把狗皮放在一边，开始忙着耕种，任务完成了，又恢复了原形。这个土著作好准备，又一次藏起来，当狗再次出现时，他悄悄偷走了狗皮，把它扔进了一个库鲁－库鲁（courou-courou，妇女收割时用的篮子）里烧掉了。后来，那个耕种者不得不保留女人的形象，成为他忠实的妻子和一个大家庭的母亲。[②]

在海地的加勒比人中发现一个类似的故事：

> 从前有一个鳏夫和他的母狗住在一所小房子中。他每天回来，都发现有人准备好了食物，磨碎并烤好了木薯，洗了衣服，扫了屋子，拾了柴，提了水。一个叫瓦努伊（Uànuhí）的多嘴多舌的人告诉他，这些事

① E. Petitot, *TRADITIONS INDIENNES DU CANADA NORD-OUEST*, quoted in Boas, “Dissemination of Tales Among the Natives of North America,” p. 438.

② H. B. Alexander, *LATIN AMERICAN MYTHOLOGY*, in vol. 11 of *MYTHOLOGY OF ALL RACES* (Boston: Marshall Jones Company, 1920), p. 274.

实际上都是他的那只母狗做的。那人还说，如果这个鳏夫想让狗变成女人，就把她带到河边，放在水里，让一条鱼从她双腿中间游过。他这样做了，母狗变成了女人。但是不久以后，这个人开始讨厌他的狗妻子了。他又把她放到河里，把她变成了一只公狗。她再没有变回女人。[①]

上述故事并非作为一则洪水神话讲述，它仅仅是一则流传于加勒比土著人后代中的民间故事。这个海地文本并没有加大该神话是美洲独有神话的可能性。因为众所周知，海地民俗中充满了非洲的观念和故事。尽管我没见过“神秘管家”这个故事的其他文本，但我更倾向于相信它在当代美洲流传很广。不过这种广泛的传播，未必证明这个神话起源于当地。挪亚的信使鸟的故事可能在美洲流传得更广泛，但它却起源于旧大陆。

5. 动物变人的观念在中美洲十分常见。福斯特在他的《谢拉波波卢卡民俗和信仰》中写道：

许多人可以随心所欲变为动物，许多超自然的生物和动物可以变为人，并与人一道生活。这种信仰在墨西哥十分普遍，因此在我看来，“狗妻”故事似乎是完全整合在本地民间信仰之中的。[②]

福斯特的话无疑是正确的，但我们还难以用它给我们的问题画上句号。同样的基本观念在美洲其他地方亦很普遍，而且在非洲也能发现这种观念。

6. 故事的地理分布说明不了什么。狗妻故事在中美洲的地理分布可见“‘狗妻’在中美洲的分布图”。这个神话看来集中或靠近于墨西哥沿海，并且据我所知，中部高原没有任何文本记录。当然这不是说到那里就一定找不到这个故事。可能在很久以前——或许自从特奥蒂华坎（Teotihuacán）还是一个很大的宗教中心那个时候起，这则神话就已传播开来。那时沿海和高原之间的联系很紧密。这个故事在厄瓜多尔和南美沿海的存在，也暗示着早期传播；我们知道古代中美洲文化影响过这一地区。

类型 E

上帝警告一个男人（挪亚）洪水将至。他做了一艘方舟把各种动物都装进去。洪水退后，他派几只鸟去看看世界是否干了。其中几只鸟完成了使命回来，其他

① Douglas Taylor, “Tales and Legends of the Dominica Caribs,” *JOURNAL OF AMERICAN FOLKLORE* 65 (1952): 267–279.

② Foster, “Sierra Popoluca Folklore and Beliefs,” p. 212.

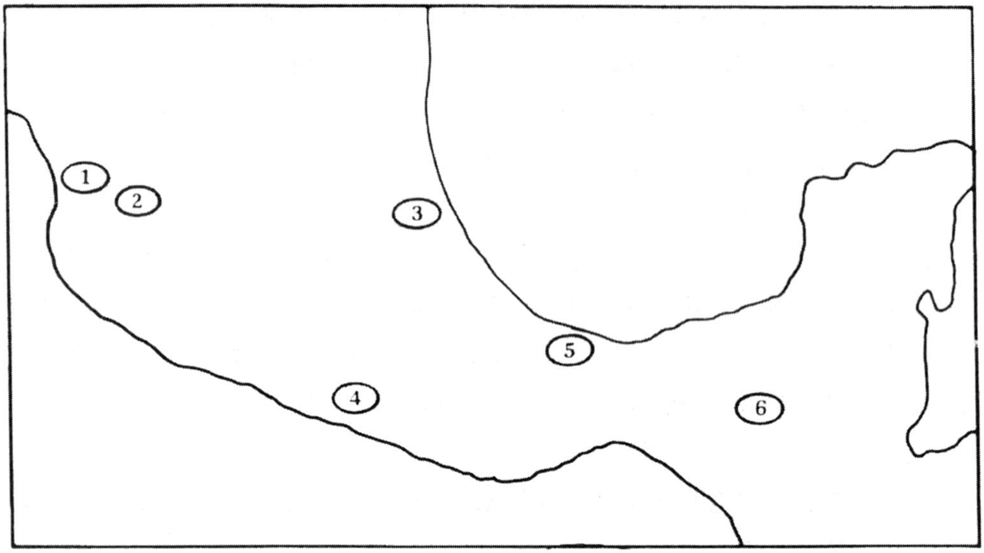

1. 惠乔尔人　　3. 托托纳克人　　5. 波波卢卡人

2. 特佩卡诺人　　4. 特拉帕内克人　　6. 乔尔人

"狗妻"在中美洲的分布图

鸟没有回来。最后这个显系出自《圣经》的文本，在前面的大部分文本中都有自己的代表，因为这个文本的母题以某种方式包含在土著人的那些故事中。下面五篇《圣经》式文本可以作为前面叙述的补充。

1. 科雷人文本（Lumholtz）。洪水到来时，一个人受命用船带上一只啄木鸟、一只山鹬和一只鹦鹉。洪水退却的时候，他派山鹬去看看大地是否干了。这只鸟飞了回来。五天后他又派啄木鸟去，但它也飞回到船上。最后，他派鹦鹉前去，它回来宣布大地已经干了。[①]

2. 萨波特克人文本三（Radin）。洪水退的时候，两个人在方舟里，他们决定派一只美洲红头鹫看世界是否干了。但是，美洲红头鹫抛弃了小船，留在那儿吃死尸。因而它被罚做大地的食腐动物。一只苍鹭被派去完成了使命，因此它获准可以吃鱼以作奖赏。一只渡鸦被派去了，也完成了任务，因而吃水果和玉米。最后，派出去一只鸽子。它回来报告说地上几乎全干了。作为奖赏，鸽子获得了自由。[②]

① Lumholtz, *EL MÉXICO DESCONOCIDO*, vol. II, pp. 191–192.

② Paul Radin, *EL FOLKLORE DE OAXACA* (New York: Escuela Internacional de Arqueologíay Etnología Americanas, 1917), pp. 7–9.

3. 萨波特克人文本四（Parsons）。天使加布里埃尔（Gabriel）警告挪亚，由于人类的罪过，大洪水要来了。挪亚告诉了人们，但他们不相信。然后他造了一只船，把各种动物都带一对上船。洪水来了，天使长圣迈克尔前来吹响了号角。洪水退了，挪亚派美洲红头鹫去看世界干了没有，但它却赖在那儿吃动物死尸。挪亚又派乌鸦去， 它回来报告说大地正在变干。接着斑鸠和长尾小鹦鹉被派去，它们回来说世界干了。于是动物们都被放了出来，挪亚也下了方舟。[①]

4. 萨波特克人文本五（López Chiñas）。大洪水来了，挪亚把每种动物都放一对在方舟里。方舟撞到了天堂门上。上帝派下一只美丽的美洲红头鹫去看地上是否干了。但那只鸟留在人间吃死动物，因此它变丑了。接着鸽子被派下来。在胡奇坦人（Juchitán）中，一个对其任务漫不经心的人出门，就被称为一次“美洲红头鹫之行”。[②]

5. 塔拉斯坎人文本八（Carrasco）。亚当和夏娃是在洪水中唯一活下来的两个人。他们做了一艘方舟，装着食物。洪水来了，其余的人都死了。上帝派下来一只鸟查看水是否退了。鸟飞回去说大地干了。[③]

初看上去，这些文本似乎都直接出自《圣经》，我们还是把它们与最初《圣经》中的故事要素作个比较吧。我们把《创世记》6—9 浓缩如下：

人们道德败坏，因此上帝决定毁灭他们。只有一个叫挪亚的人和他全家值得活命。因此，上帝命令他造了一只大方舟，每种动物都各装一对。洪水淹没了大地，挪亚及其一家得救了。水退以后，挪亚打开方舟的窗子，派一只乌鸦去看看世界是否干了。七天以后，他又派了一只鸽子，但它回来了。他又等了七天，再次派出了那只鸽子。这次鸽子衔着一枝橄榄回来。又过了七天，挪亚再派出鸽子，但它一去不回。接着，上帝让挪亚从方舟中出来。出于感激，挪亚为神灵建了一个祭坛，在上面摆着许多鸟兽。上帝闻到了美味，许诺再也不毁灭世界了。[④]

把这个叙述与现代墨西哥受《圣经》影响的故事比较，我们可以注意到后者增加的某些情节：美洲红头鹫（或渡鸦）被派去，但它待在那里吃死尸，从此它

---

① Elsie Clews Parsons, *MITLA, TOWN OF SOULS* (Chicago: University of Chicago Press, 1936), pp. 350–352.

② Gabriel López Chiñas, *VINNI GULASA: CUENTOS DE JUCHITÁN* (Mexico City: Neza, 1940), pp. 34–35.

③ Pedro Carrasco, unpublished text from Paracho, Michoacán, 1945.

④ Condensed from *BIBLIA SACRA IUXTA VULGATAM CLEMENTINAM* (Madrid: La Editorial Católica, 1946), pp. 9–12.

被罚只吃腐肉。[1]这个要素可能起源于西班牙，它可能是中世纪从真正的《圣经》故事中演化出的许多杜撰的故事之一。我见到的关于它的最早的资料载于托克马达（Torquemada）的 *Monarquía Indiana*。作者描述了一场古巴洪水（尽管他说它是前西班牙时代，但毫无疑问它起源于欧洲）。这个故事是这样的：某个人知道洪水将至，造了一只大船，他，还有他的家人及许多动物上了船。后来他派出了一只渡鸦，但它没回来，留在那儿吃动物尸体。接着他派出一只鸽子，它唱着歌带回一条有叶子的树枝。[2]据托克马达说，这个故事在1510—1520年流传于古巴。这一事实，让我们怀疑"渡鸦吃死尸"的母题是个古老的主题，可能在发现美洲以前很久它就已经为西班牙人所知了。

在美洲，"从方舟派出的鸟"这个母题一下子就被接受了，因为与此相似的主题已经在土著故事中很显眼了。博厄斯提到过一篇美国的创世神话，它也有类似的母题。

> 加利福尼亚的约库特人说，有一次大地被洪水淹没了，只有一只鹰、一只乌鸦和一只鸭子。鸭子潜到水底衔上一嘴泥土就死了。于是乌鸦和鹰各自拿了一半泥，开始了造山的工作。[3]

为渡鸦（或美洲红头鹫）母题打基础的另一个前西班牙要素，是被派下去察看谁生了火的使者（在一个文本中是特兹卡特利波卡）这一要素。在一个托托纳克人故事中，欧洲和当地素材结合得难以分开：

> 上帝在天上闻到了上升的烟。他对美洲红头鹫说："下去告诉他把火熄灭，免得天上被熏了。"美洲红头鹫下来了，但是留在人间，和人一起吃东西。于是上帝对美洲红头鹫说："从现在起，你就待在那儿吃腐肉吧。"[4]

另一个不属于《圣经》原有叙述的要素，是鸽子回来时脚上沾着淤泥。两个萨波特克人文本说，鸽子被派出去时，脚上沾着泥，这是世界已经在变干的信号。[5]该故事的一个奇怪的类似细节出现于一则前欧洲时期的秘鲁故事中：

> 他们也说：有一次雨下得很大，所有低地、所有人都被淹没了，只

---

① Maya IV, Tarascan II, Tarascan VI, Popoluca I, Popoluca II, Popoluca III, Totonac I, Tzeltal.

② Torquemada, *MONARQUÍA INDIANA*, vol. II, p. 572.

③ Boas, "Dissemination of Tales Among the Natives of North America"（《北美土著中的故事传播》），P. 440.

④ Horcasitas, unpublished text from Papantla, Veracruz, 1953.

⑤ Zapotec III, Zapotec V.

有少数设法逃到高山上避难的人。他们盖住洞的小出口，防止水进入，并且在洞里贮存了粮食和动物。他们听到雨已经停了，就派出了两条狗。狗回来的时候，身上干净，却是湿的，他们知道水还没有退去。后来，他们又多派了几条狗，狗回来时，浑身沾有淤泥但却没湿，他们知道洪水结束了。①

这个秘鲁故事，可以增大这一母题起源于土著的可能性。

基本结论

1. 古代中美洲无疑有许多独立或半独立的洪水神话文本，而当代我们关于它们的知识，则仅限于类型 C（关于生火后被变成动物的幸存者的故事）和类型 D（如果我们把狗妻故事当作前西班牙故事的话）。

2. 在前西班牙时代的实际文本中没有狗妻的故事。尽管如此，我们有充分的理由相信它是为古代土著人所知的。它在中美洲以外广泛流传，可能说明了中美洲文化在大陆南部曾广为传播。

3. 早期殖民时代没有得到充分记录的文本难以重构。传教士和其他编年史家零散的描述，不足以保证这种重构。至于现代文本，无论使用得如何谨慎，可能也永远无法在任何确定意义上重现前欧洲时期故事的本来面貌。

4. 不论土著文化与欧洲群体相去多远，《圣经》的叙述对土著洪水故事的影响都是深刻而全方位的。另一方面，土著对旧大陆叙述的影响，就中美洲讲述情况来说，相当微弱。

5. 关于现代故事的功能的一些重要问题，仍然没有答案。它们可以称为完整意义上的神话吗？或者，它们是否已经失去了神圣性呢？那些讲述和聆听这些故事的人，相信它们是真的吗？如果是这样，它们又是如何影响土著人的生活和思想的呢？

可以解释这些疑点的证据实在太少，但是，如果人类学家终究要理解中美洲洪水神话的重要性，就仍有必要问这些问题，并且回答它们。

---

① Francisco López de Gómara, *HISTORIA DE LAS INDIAS*, in vol.22 of *BIBLIOTECA DE AUTORES ESPAÑOLES* (Madrid: Ribadeneyra, 1852), p. 233.

参考书目

已出版的资料

Acosta, José de. *Historia natural y moral de las Indias*. Mexico City: Fondo de Cultura Económica, 1940.

Alexander, H. B. *Latin-American Mythology. Vol. 11 of The Mythology of All Races*. Boston: Marshuall Jones, 1920.

Alva Ixtlilxóchitl. Fernando. *Obras hisóricas*. 2vols. Mexico City: Secretaría de Fomento, 1891－1892.

"Anales de Cuauhtitlán." *Códice Chimalpopoca*. Translated by Primo Feliciano Velásquez. Mexico City: Universidad Nacional Autónoma, 1949.

Bibalia Sacra iuxta vulgatam Clementinam. Madrid: La Editorial Católica, 1946.

Boas, Franz. Race, Language and Culture. New York: Macmillan, 1949.

Boturini Benaduci, Lorenzo. *Idea de una nueva historia general de la América Sepentrional*. Madria: Juan de Zúñiga, 1746.

Caso, Alfonso. *La religión de los aztecas*. Mexico City: Imprenta Mundial, 1936.

Caso, Alfonso. "Cultura mixteca." *México Prehispánico*. Mexico City: Editorial Emma Hurtado. 1946.

Chavero, Alfredo. "La Piedra del Sol." *Anales del Museo Nacional de México* I（1877）.

Clavijero, Francisco J. *Historia antigua de México*. Translated by J. Joaquín de Mora. 2 vols. Mexico City: Delfín, 1944.

Foster, George M. "Sierra Populuca Folklore and Beliefs." University of California Publications in American Arachaeology and Ethnology42（1945）.

Fuente, J. de la. *Yalálag: una villa zapoteca serrana* . Mexico City Museo Nacional de Antyopología, 1949.

García Icazbalceta, Joaquín, ed. "Historia de los mexicanos por sus pinturas." *Nueva colección de documentos para la historia de México: Pomar, Zurita, relaciones antiguas*. Mexico City: Chávez Hayhoe, n. d.

Garibay K., Angel María. *Épica nahuatl: divulgación literaria.* Mexico City: Universidad Nacional Autónoma, 1945.

Garibay K. *Historia de la literatura náhuatl*. Mexiao City: Porrúa. 1953.

Hernández, Francisco. *Antigüedades de la Nueva España*. Mexico City: Robredo, 1946.

Historia tolteca-chichimeca. Mexico City: Robredo, 1947.

"Histoyre du Mechique." *Journal de la Société des Américanistes* II (1905).

Jiménez Moreno, Wigberto. *Mapa lingüístico de Norte- y Centro-Améica*. Mexico City: Museo Nacional, 1936.

Keller, John Esten. *Motif Index of Mediaeval Spanish Exempla*. Knoxville: University of Tennessee Press, 1949.

Landa, Diego de. *Relación de las cosas de Yucatán*. Mexico City: Roberdo, 1938.

Lemley H. V. "Three Tlapaneco Stories." *Tlalocan* (Mexico City) III (1949).

León y Cama, Antonio. *Descripción histórica y cronológica de las dos piedras*. Mexico City: Alejandro Valdéz, 1832.

"Leyenda de los Soles." *Códice Chimalpopca*. Mexico City: Universidad Nacional Autonóma, 1945.

Libro de Chilam Balam de Chumayel. Translated by Antonio Mediz Bolio. Mexico City: Universidad Nacional Autónoma, 1941.

López Chiñas, Gabriel. *Vinni Gulasa: cuentos de Juchitán*. Mexico City: Ediciones "Neza," 1940.

López de Gómara, Francisco. *Conquista de Méjico*. In vol. 22 of *Biblionteca de autores españoles*. Madrid: Ribadeneyra, 1852.

López de Gómara, Francisco. *Historia de las Indias*. In vol. 22of *Biblioteca de autores españoles*. Madria: Ribadeneyra, 1852.

Lumholtz, Carl. *EL México desconocido*. Translated by Balbino Dávalos. 2vols. Mexico City: Publicaciones Herrerías, 1945.

McIntosh John "Cosmogonía huichli." *Tlalocan* (Mexico City) III (1949).

Malinowski, Bronislaw. "Myth in Primitive Psychology." Magic, *Science and Religion and Other Studies*. Glencoe, Ill.: Free Press, 1948.

Il Manoscritto Messicano Vaticann 3738 detto il Códice Ríos. Rome: Stabilimento Danesi, 1900.

Mason, J. Alden. "Folktales of the Tepecanos" *Joumal of American Folklore 27*

(1914).

Mendieta, Gerónimo de. *Historia eclesiástica indiana*. 4 vols. Mexico City: Chávez Hayhoe, 1945.

Molina, Cristóbal de. *Ritos y fábulas de los lncas*. Buenos Aires: Editoria Futuro, 1947.

Montagu, M. F. Ashley. *An Introduction to Physical Anthropology*. Springfield, Ill.: Charles C. Thomas, 1951.

Monzón, Arturo. "Teogonía trique." Tlalocan (Mexico City) II (1945).

Motolinía, Toribio. *Memoriales*. Mexico City: García Pimentel, 1903.

Muñoz Camargo, Diego. *Historia de Tlaxcala*. Mexico City: Ateneo Nacional de Ciencias y Artes, 1947.

Oropeza Castro, Manuel. "El diluvio totonaco." *Tlalocan* (Mexico City) II (1945).

Parsons, Elsie Clews. *Mitla, Town of Souls*. Chicago: University of Chicago Press, 1936.

Paso y Troncoso, Francisco del, ed. "Relación de Ocelotepeque." *Papeles de Nueva España*. Vol. IV. Madrid: Ribadeneyra, 1905.

Popol Vuh: Las antiguas historias del Ouiché. Translated by Adrián Recinos. Mexico City: Fondo de Cultura Económica, 1947.

Preuss, K. Th. "Au sujet du caractére des mythes et des chants huichols que j'ai recueillis." *Revista del Instituto de Etnología*. Vol. II. Tucumán: Universidad Nacional de Tucumán, 1932.

Radin, Paul. *El Folklore de Oaxaca*. New York: Escuela Internacional de Arqueología y Etnología Americanas, 1917.

Redfield, Margaret Park. *The Folk Literature of a Yucatecan Town*. In *Contributions to American Archaeology*, vol. 13. Washington, D. C.: Carnegie Institution, 1937.

Sahagún, Bernardino de. *Historia general de las cosas de Nueva España*. 3 vols. Mexico City: Editorial Nueva Espana. 1946.

Tax, Sol. "Folktales in Chichicastenango: An Unsolved Puzzle." *Journal of American Folklore* 62 (1949).

Taylor, Douglas. "Tales and Legends of the Dominica Caribs." *Journal of American Folklore* 65 (1952).

Thompson, Stith. *The Folktale*. New York: Dryden Press, 1946.

Torquemada, Juan de. *Monarquía indiana*. 3vols. Mexico City: Chávez Hayhoe, 1943.

Tozzer, Alfred M. *A Comparative Study of the Mayas and the Lacandones*. New York: Archaeological Institute of America, 1907.

Tozzer, Alfred M. Landa's *Relación de las cosas de Yucatán*. In *Papers of the Peabody Museum of American Archaeology and Ethnology*. Cambridge: Harvard University, 1941.

Veytia, Mariano. *Historia antigua de México*. 2 vols. Mexico City: Editorial Leyenda, 1944.

Villa Rojas, Alfonso. *The Mayas of East Central Ouintana Roo*. Washington, D. C.: Carnegie Institution, 1945.

Zingg, Robert Mowry. *The Huichols: Primitive Artists*. New York: G. E. Stechert, 1938.

未出版的资料

Anderson, Arabelle. Unpublished text in Chol and English from the Chol group of Chiapas, ca. 1949.

Barlow, Robert H. Unpublished text in Spanish dictated by a Totonac informant from Coatepec, Puebla, ca. 1948. Barlow Archive, Mexico City College.

Beekman, John. Unpublished texts from Yajalón, Chiapas. in Chol and English, ca. 1949.

Carraseo, Pedro. Unpublished texts in Spanish from Jarácuaro, Michoacán, 1945.

Carraseo, Pedro. Unpublished text in Spanish from Cocucho, Michoacán, 1945.

Carraseo, Pedro. Unpublished text in Spanish from Ocumicho, Michoacán, 1945.

Carraseo, Pedro. Unpublished text in Spanish from Paracho, Michoacán, 1945.

Gessain, Robert. Unpublished text from the Tepehua group, 1953.

Horcasitas, Fernando. Unpublished texts in Spanish dictated by a Totonac informant in Papantla, Veracruz, 1953.

Jiménez Moreno, Wigberto. Notes taken by Miss Leticia Peniche in the course "Historia Antigua de Mexico," 1949. (Mimeographed)

McQuown, Norman. Texts in Totonac recorded at Coatepec, Puebla, 1940. (Mimeographed)

Slocum, Marianna. Unpublished texts in Tzeltal and Spanish gathered at Oxchuc. Ococingo, Chiapas, ca. 1947. Barlow Archive, Mexico City College.

南美印第安人神话中的历史变迁 ①

阿娜玛丽亚·拉梅尔

编者按：

我们已经看到土著北美和中美洲洪水神话的广泛报道，同时，南美洲也发现了洪水神话。在这篇由一个匈牙利民族志学者撰写的给人启发的论文中，我们得知当西班牙探险者将“外国”洪水神话（来自《圣经》）带到土著洪水神话——例如秘鲁的印加人神话——中时，发生了什么情况；两种洪水神话传统中隐含着对立的世界观，这是文化适应的语境的一个重要内容，它在不同文化交汇时必然会出现。

关于其他南美印第安人洪水神话的论述，见罗伯特·勒曼-尼斯彻（Robert Lehmann-Nitsche），“Mitología sudamericana I：El diluvio según los araucanos de la pampa”（*Revista del Museo de La Plata* 24［2］［1919］：28—62）；马丁·顾新德（Martin Gusinde），“Otro mito del diluvio que cuentan los araucanos”（*Publicaciones del Museo de Etnologia y Anthropologia* 2［1920］：183—200）；康拉德·西奥多·普罗伊斯（Konrad Theodor Preuss），“Flutmythen der Uitoto und ihre Erklärung”（in Walter Lehmann, ed., *Festschrift Eduard Seler*, Stuttgart，1922，pp. 385—400）；鲁道夫·M. 卡萨米切拉（Rudolfo M. Casamiquela），《巴塔哥尼亚高原的洪水神话》（“The Deluge Myth in Patagonia,” *Latin American Indian Literatures* 6［1982］：91—101）；以及苏珊·尼勒斯《南美洲印第安人叙事——一个带注解的书目》中的“洪水”条目（Susan Niles, *South American Indian Narrative：An Annotated Bibliography*, New York，1981，p. 178）。

---

① 选自 ACTA ETHNOGRAPHICA，1981 年第 30 卷，第 143—158 页。

西班牙人由上帝派遣，
他们来到印加人中间，
他们来自洪水后的挪亚方舟，
他们与第一代印第安人混了种。[①]

以上的引文是一篇令人吃惊的《创世记》(即，挪亚→西班牙人→印第安人)，因为它出自一位肯定出生于印加[②]帝国境内的土著之手。这位印第安编年史家写他们自己的历史，是为了用它与《圣经》所记载的历史相抗衡。在他的作品中，源自对立信息的两种知识、两种世界观，导致了时代错误的情况。**征服者的神话**（肯定是真的）与**被征服者的神话**（肯定是一个假话）相互抗争。

很显然，完全接受或排斥一方是不可能的，正如上述短短引文所示：两种神话世界的对峙，导致了对原先两种神话的元素有所取舍的一种新神话的出现，即使这种新神话的存在是暂时的（但有时也会存活下去）。这里我们就来触及一下这个为新社会而改编神话的时期。

什么是神话与历史变迁的关系？毫无疑问，在没有历史记录的民族中，这种变迁过程无法追溯。虽然，大概在考古学的帮助下，可以考察神话如何反映随历史发展而出现的财产区分状况，但很显然，神话毕竟不是历史著作。要寻找历史神话必定徒劳无益。正如拉格伦所言，那些相信历史神话的人，大谈这种神话多么容易产生，但却很少能证实这一观点："如果一个过程不能证明发生过，那么假设它的人就有责任拿出理由让人们相信它发生过。猜测一个具体故事的起源，然后将其猜测提升到普遍规律的地位，这似乎是古典语言教授或古典文学教授的特权。我们这里需要的是历史与神话的比较研究，目前我作的研究，似乎清楚地表明'历史神话'只是一种虚构。"[③]

我们不是在试图找到一个历史神话，而是在试图找到神话适应历史变迁所产生的需要的那个过程。我们不是要追查人工创造神话的方式——尽管部分来说这也算是一个要研究的问题——而是神话（包括洪水母题）的**主信息系统**如何"配置"**次信息系统和**新**电枢**[④]的过程，这个新**电枢**使**次信息系统**在进入新历史时期

① Guaman Poma de Ayala, 1944, p. 49.

② "印加"（Inca）一词可单独使用，在不同语境中分别表示印加帝国、印加人、印加王等不同含义。——校注

③ Raglan, 1963, p. 124.

④ 电枢（armature）本指在电机实现机械能与电能相互转换过程中起关键和枢纽作用的部件。本文借以表示神话信息的象征意义。——校注

的神话系统时，发挥神话的功能。

神话资料

这里描述和分析的神话，取自西班牙征服之后写下的编年史。虽然除了神话8外，这些神话都产生于征服前，但它们全部是用西班牙文记录的。这些编年史学家中有战士、探险家、文书、神甫，还有受洗的印第安人。他们关于印加帝国的观点模棱两可：印第安人试图维护它，把帝国描绘得比较美好；多数西班牙作家则鄙视他们未开化的本性，所以并没有尽力去理解那个被他们视为“撒旦国度”的历史阶段。让我们来介绍三位编年史学者，本文分析的大部分神话都来自他们的作品。

古曼·波马·德·阿亚拉（Guaman Poma de Ayala），他在1580—1615年间，写了几千页的著述《新年鉴的好政府》（*Nueva Crónica y buen gobierno*）。他是一名受洗的印第安人，在他精彩的描述中，保存了印加时代的宗教生活、盛宴及日常生活的画面。

加西尔索·德·拉·维加（Garcilaso de La Vega），1540年生于库斯科（Cuzco）。他父亲是一名西班牙贵族，而他母亲（11世印加的侄女）来自印加贵族。维加老年时，在西班牙的科尔多瓦（Cordoba），写了他最重要的著作《现实的评论》（*Comentarios reales*）。这部作品由两部分组成：第一部分写印加人历史，第二部分写征服的历史。写作时他依据对年轻时的个人经历和与印加王室遗族相处的见闻的回忆，但后来他改变了对他在那里所听到的东西的看法，比方说关于洪水神话，他说道：

> 他们只知道发生过一场大洪水，但就连那是发生在挪亚时代，还是别的什么人的时代，也不知道。（因此我们不要再讨论这事或与之类似的事了，因为他们讲洪水的时候，看上去更像是在讲幻想而不是讲史实。）[①]

佩德罗·萨尔蒙托·德·甘波亚（Pedro Sarmiento de Gamboa）是个典型的西班牙冒险家，他应秘鲁总督之邀写了《印加历史》（*Historia de los Incas*）一书，他把片段“事实”串联在一起，以证实印加统治如何暴虐、专制。他所宣扬的东西与拉斯·卡萨斯神父（Father Las Casas）近乎相反，这位神父在其著作中是试

① Garcilaso de la Vega, 1943, vol. III, p. 26.

图维护印第安人的。

我们姑且认为这些文本是神话，尽管它们是由识字的作者写成的，而且我们还缺乏这些作者后来生活的资料。这里，我们引用列维-斯特劳斯在分析俄狄浦斯神话时所言：“我们的方法就这样解决了一个问题，迄今为止这个问题仍是神话研究的一个主要障碍，即探寻‘可靠’文本或‘较早’文本。相反，我们把神话定义为它所有文本的总和；或换句话说，一则神话只要被认为是神话，它就仍然还是神话。一个显著的例子来自下面的事实：我们的解释可以把弗洛伊德对俄狄浦斯神话的运用纳入考虑范围，并且确实适用于弗氏的运用……不仅是索福克勒斯，而且弗洛伊德本人也应视为俄狄浦斯神话的记录下来的文本，它们与‘较早的’或看上去更‘真实的文本’等量齐观。”[①]

下面，我们将列举出重新记录的关于洪水的八种神话文本。在这些神话中，5、6、7、8号神话将在后文中进行仔细分析，它们根据以下方式进行归类：行为人——行为——附加信息。我们把大洪水当作“信息”，而不是“电枢”，可能会令人吃惊，但在我们看来却比较合理，因为神话1、4、8中的洪水等同于惩罚，而其他神话中的洪水则被当作为新创世的正当性作辩护的信息。

神话 1

第一位人（或神？）潘查（Pancha）的儿子们，用箭射一条大蛇。作为惩罚，蛇吐出了很多水，淹没大地。洪水。潘查和他的三个儿子以及媳妇在品冲查（Pinchoncha）山顶的房子里幸存下来。他们还把动物和食物带到那儿。洪水一退，他们就从山上下来，在高原上（即今天基多所在之地）住了下来，并且造了房子。但他们不懂得彼此的语言，于是分别迁到这个国家的各个地方，他们的后代至今可见。[②]

神话 2

一只美洲驼警告它的主人洪水将至。他们跑向一座高山，在维尔卡科多（Uillcacoto）顶上找到栖身之所。牧人与动物幸存下来。牧人便是祖先，所有人都是他的子孙。[③]

---

① Lévi-Strauss, 1963, p. 217.

② Velazco, 1884, vol. I, p. 142.

③ Avila, 1873, p. 133.

神话 3

洪水。两兄弟在瓦卡依南（Huaca Yñan）省的高山顶上，找到栖身之地而幸存下来。当水上升时，山与之上升。水停止泛滥后，他们下来寻找食物。两个神秘的生命给他们食物。他们偷看到她们原来是两个长着妇人脸的瓜卡马约鸟（guacamayos），或托里托鸟（torito）。他们抓住那年轻的，兄弟中的一个娶了她。他们生了六男六女。他们先是靠吃种子为生，后来他们种了种子，于是就靠种庄稼生活。他们是卡纳里（canari）印第安人的祖先。卡纳里人把瓦卡依南作为崇拜之地，还很敬爱瓜卡马约鸟。①

神话 4

维拉科查（Viracocha）首先在地球上造了巨人，但他们太大，于是被他杀死了。第二次他按照自己的形象造了人。维拉科查制定了律法，但人类却沉沦于罪恶；他们贪婪自私而又自负。维拉科查于是大怒，把人变成石头或其他东西，他们被土地或海洋吞噬。洪水。洪水持续了 60 天 60 夜。维拉科查的三个仆人幸存下来，并帮助他创造世界的第二个时代。维拉科查创造了天体。他的仆人们赶走了造反的仆人的陶帕卡科（Taupacaco）。维拉科查又重造人类。首先，他在两个仆人的帮助下，在海边画出他打算造的人的形象，并做成浮雕。这些新部落出现在安第斯山脉，一边流浪，一边从河里、树上、山崖中喊他们的名字。维拉科查到处闲逛。他在卡查（Cacha）差点被当成异地人而杀死。维拉科查下了一场大暴雨来惩罚他们，而当他们恳求他时，他又原谅了他们。人们崇拜维拉科查，为他立了一个瓦卡（huaca）。维拉科查在这个国家里闲游，教人很多东西，并告诉他们人类将来会碰到自称维拉科查的人，但他们不要相信那些人。他最后消失于海浪之中。②

神话 5

在洪水之后

太阳	出来了	照在迪迪喀喀（Titicaca）湖的迪迪喀喀岛上比其他地方都早

① Molina de Cuzco, 1916, pp. 123－124.

② Sarmiento de Gamboa, 1942, pp. 23－24,24－28.

[加西尔索的评语：“第一个印加王曼科·卡帕克（Manco Capac）发现印第安人相信古老神话，并把该岛当作神圣的地方，就运用他的聪明才智，利用这个神话编出了第二个故事。”[①]]

神话 6

包括了神话 5，继之以下列情节：

太阳	安置它的子孙	名为曼科·卡帕克（Manco Capac）与玛玛·奥克罗（Mama Ocllo）在迪迪喀喀岛上，他们从那里出发
印加王	应该教导并启蒙	地球上的人类，把他们从禽兽的生活状态中解放出来[②]

神话 7

维拉科查	在洪水后创造	第二代人类
人们	受命	繁衍
人们	遵命	定居，建立了一个村庄，耕种土地，但他们没有规矩，他们的君王和主人没有自立感，处于无知之中
维拉科查	创造	他们的君王，阿雅（Ayar）兄弟们
曼科·卡帕克印加王和玛玛·奥克罗·科亚	去战斗	印提（Inti，太阳）是他们的猎鹰似的鸟儿的名字，人们认为曼科从阿雅兄弟们那里得到了印加王的领导权
印加王	征服人们	并建造了库斯科城[③]

① Garcilaso de la Vega，1943，vol. III，p. 25.

② Garcilaso de la Vega，1943，vol. III，p. 25.

③ Sarmiento de Gamboa，1906，pp. 29−30,33−34.

神话 8

洪水

上帝	派西班牙人	他们是挪亚的后人，到西印度群岛王国来
遵照上帝的指示	第一代印第安人	经历八百多年
这是些瓦利·维拉科查人(古代白人)	他们是西班牙人的后裔	这就是他们被称为维拉科查的原因,维拉科查意为"白人"或"主人"
其他印第安人	是这代人的后裔	后来第一代人被称为神，他们不会死，也不相互残杀，同时生一对双胞胎
第一代印第安人	不会	用树叶织衣或造房，住在洞穴里。 他们一切工作是敬奉上帝
人们	敬奉上帝	但不敬奉魔鬼，也不敬奉瓦卡
印第安人	开始工作	像祖先亚当一样耕地,像迷失方向的人一样徘徊在大地上
蛇、狮、豹和其他动物	生活	在大地上
印第安人	杀死它们，征服世界	
上帝	命令他们	来到西印度群岛王国
第一代人	失去了对上帝的信仰和希望	于是他们迷失了方向，尽管他们对天、地及人的创造者有所了解,所以他被叫作鲁纳·卡马克·维拉科查
第一代人	不知道他们的祖先	于是他们不奉偶像也不敬月亮或魔鬼。他们忘记了他们是挪亚的后代,不过他们还记得被称为乌纳雅科巴恰库提(上帝的惩罚)的那场洪水
第一代人	敬奉神并服侍	上帝，就像先知以赛亚那样
第一代印第安人	耕种土地	是从人类的第一对人夏娃和亚当那里学的
第一代印第安人	崇拜	巴恰卡玛玛克（Pachacamamac，世界创造者）、鲁纳·卡马克（人类创造者）、梯克泽·维拉科查（启始之主）、库伊拉·维拉科查（末日的主），跪在他们面前叫道："我的主，我的主，为什么离弃我？"[①]

① Guaman Poma de Ayala, 1944, pp. 49－51.

分　析

选取上述神话的根据，是它们有共同的洪水母题。洪水本身是一个自然现象，但是，从这些转写文本来看，很明显我们在这里得到的绝非只是对自然现象的描绘。在这一点上，亨利 · 默里（Henry Murray）犯了一个错误，他把洪水神话归入描绘自然现象的神话中，而这类神话被认为是对历史上真实事件的描述。[①]

下表显示按时间顺序描绘的神话的主要信息系统。

主要信息	1	2	3	4	5	6	7	8
1. 造人				+				+
2. 犯罪	+			+				+
3. 洪水	+	+	+	+	+	+	+	+
4 / a. 有人幸存	+	+	+	+		+	+	+
4 / b. 新造人				+		+	+	
5. 幸存者命运	+		+	+		+	+	+

标出的五种信息，被置于由完全不同的信息产生出来的两种神话模型中（神话 4 和神话 8）。这就是我们研究的神话的主信息系统，它本身即使没有次信息系统，也能表现神话的主题。

在我们确定神话主题前，先考察一下这些信息表面以下的逻辑关系。现在，我们又一次选择神话 4 和神话 8 作为范型，因为它们包含全部信息：

创物主 ←→ 被创造者

（无罪的统治者）　　（有罪的臣民）

毁灭

↓

新的被选定的人类

无罪与有罪，统治者与臣民

对立产生于同质事物的对峙之中，在这里是指同质的人性与同质的神性在等级上的对立。解决这种对立，需要创造质的等级（指社会伦理等级）。对立的质互为前提。幸存的无罪或有罪（生物），意味着有一个或低于或高于它的对立的

① Murray，1960，p. 306.

质。高社会地位与无罪相连相伴，正如低社会地位与有罪相连相伴。假设的质不仅可以一起出现，还能依次出现（比如，幸存的有罪人类意味着有一个制造他们的、无罪的、优于他们的生命，在神话 7 的后半部分即出现这种情形）。

在主要信息中，第五个构成要素提供了有关神话产生时间的信息，正是这个要素最严格地确定了诠释以上逻辑系统的可行方式。

第二篇神话中没有质的等级差别，因为总的看来，这篇神话没有反映任何等级关系。于是因果关系——在我们逻辑系统中很重要的成分——并未成为事件的必要成分。于是，可以说逻辑关系中各个因素的优势差，可以用上述社会情况较少差别这一性质来解释。第五要素最清晰地揭示了这个差别。

神话的主题取决于解决对立的信息，这个主题现在可以很容易地看到。神话与文化的起源有关，神话在文化中演化，它们的功能是用以维持这个文化的规则系统，维持正面特征以及对制度的绝对需要。因此我们所面对的是原因论的神话。

为求简洁，在这里我们只分析历史背景可查的神话。

神话 5 和神话 6

基于考古发现，现代历史坚持认为：晚至巴恰库提印加（Pachacuti）统治时期，印加国只是一个限于库斯科地区的地方王国。巴恰库提是王朝的第九位印加，统治时期为 1440—1470 年。正是他和他的儿子托帕（Topa）印加的征服活动，建立了从基多到南纳斯卡（Nazca）的印加帝国。（正是在这时他们进入迪迪喀喀湖地区。因此，秘鲁大多数巨石建筑是在印加人入侵前建成的。因为不可想象在印加对这片地区的征服之后与西班牙人入侵之前这短短一百年时间，能建立从事这些庞大的建筑活动所需要的如此发达的国家。）创造了如此辉煌杰作的蒂亚瓦纳科（Tiahuanaco）文化，毫无疑问显示了一个高度发达社会的迹象。在这一文化中，太阳崇拜一定处于中心地位，蒂亚瓦纳科太阳门之类的考古发现也证明了这一点。在我们的洪水神话中，神话 5 保留有太阳崇拜的痕迹。根据加西尔索所言，这个神话是迪迪喀喀湖印第安人的神话，并且产生于印加时代之前。印加人在征服这个地区之后，意识到太阳崇拜的重要性，并用它来证明自己的优越与权威，从而形成了神话 6。这样，被征服者的神话成了征服者神话的一部分，因为发展出神话 6 的神话 5，看上去预言了未来的统治者。巴恰库提印加从掌权开始，就特别强调帝国历史的传承，即根据中心原则编写王朝历史。

让我们来考察一下，当一个外来新神话的一部分被吸收进来时，神话的动态信息系统以及随之而来的神话的电枢发生了什么变化。

信息：关于世界的统治者即将到来的太阳预言。

电枢：洪水后，太阳最早照在迪迪喀喀湖的迪迪喀喀岛上。

信息：太阳创造了世界的统治者。

电枢：太阳把曼科·卡帕克和奥克罗安顿在迪迪喀喀岛上。

信息：他们承载着文明。

电枢：太阳命令他们去教化地上的人，这样他们就能够从他们过去生活的兽性中清除罪恶。

只有一个次信息系统被吸收到被当作模型的主信息系统中。它的主题是解释印加帝国的起源，它的功能是证明印加帝国的正面性质。这一宣称解释了为什么神话 5 被吸收的原因，即它可以用来证明他们是太阳的子孙——通过父子关系，他们明确属于神的子孙——于是他们比所有人都更有权力。神话 5 中原有的信息，在新神话中成了电枢，有了新的意义，因而使自己与解释印加人神性起源的神话相适应。同时，新含义进入次信息系统群，成为这个系统不可缺少的元素，即使两个神话合二为一，“结束而保留”的原则仍然有效。如此这般形成的神话的内在逻辑，遵循上述逻辑模型的模式。

太阳←————————————→人类

（好的，造物主）　|　（被创造，“兽性的”）

太阳神遣送统治者

他们教人类如何变好

对立关系及其解决，只是在形式上与以上模型的关系相等；本来解决整个神话的对立，在这里仅解决第五条主信息成分。同样的等级关系（统治者与臣民），在印加王和“普通”人的关系中也能找到，而太阳与人的关系就具有这种特点。道德范畴的好，无疑优于负面范畴的兽性。这样一种质的等级关系反映既定现实状态并证明该现实状态的合理性。

神话 7

印加王朝起源的另一种说法，见于阿雅兄弟们的神话。帕卡里坦博（Pacaritambo，创世之前的屋子）或塔布塔考（Tamputtacao，有窗之屋）是该神话中的地名，维拉科查在这里召集了阿雅兄弟们（他们的人数不定，但不少于六人）。乍一看，这与神话 4 所描述的第二次造人十分相像。这个地志学性质的神话，可能已经被吸收到阿雅兄弟故事中。在帕卡里坦博有一座山，山的一侧有三个窗子般的洞。印加人的祖先从中间的“王室之窗”来到这个世界上；马拉（Mara）印第安人和坦博（Tambo）印第安人是印加人的盟友，他们构成了统治阶级的非王室（即非印加）部分，他们从另外两个窗子出来。与神话 6 不同，这个故事中的人物不是一对夫妇，而是一群人（可能是一个部落），曼科・卡帕克与玛玛・奥克罗可能因内讧从他们中分出来，并掌握了权力。对权力争夺的描述包含着一个母题；有了这个母题，就值得在这里概括一下整个神话。一个叫作阿雅阿切（Ayar Achi）的兄弟，其暴戾不仅吓坏了敌人，更吓坏了盟友，所以人们决定摆脱他，就把他关进了山洞。然而，他曾以长着翅膀的飞人形象回来，并预言印加人未来的成功。后来他变为一块石头（瓦卡），留下遗言，命令人们向他献祭。

偶像崇拜与一神的太阳崇拜互不相容。在印加王出现之前，崇拜偶像十分普遍。我们可以臆断：印加人想通过变成石头瓦卡的那个阿雅兄弟，把瓦卡崇拜与本族的起源神话联系起来，并把瓦卡崇拜纳入自己的宗教系统中，以便用来增加他们获取霸权的力量。

尽管如此，我们可以说我们分析的不是人为创造的神话。神话的倾向性很明显，但这可以用特殊的神话特征来阐释，因为新的统治阶级需要新的神话。这种变化不可能在短期内发生。想要创造的能满足新需要的新神话，只有被纳入现存神话之中才具有活力。

阿雅兄弟的神话有着比太阳神话（神话 6）更为复杂的次信息系统。第一个次信息系统和与之相关联的电枢系统，包括维拉科查在洪水后创造的第二批人类的命运与生活，但维拉科查对他们彻底失望。

信息：洪水后新人类诞生。

电枢：维拉科查在洪水后创造第二批人类。

信息：人们繁衍并广布在大地上。

电枢：他们定居下来，建立村庄并开垦土地。

信息：他们加入阿雅兄弟们的部族并当了人家的仆从，或者他们被人家制服。

电枢：曼科・卡帕克与奥克罗互相争斗，要建立帝国，人们被汇集到帝国中，并被教化。

第二个次信息系统和电枢系统，随着帕卡里坦博山上创造的阿雅兄弟们的生活和命运而展开。

信息：维拉科查为生活在无政府状态中的第二批人类创造了统治者。

电枢：他在帕卡里坦博召集阿雅兄弟们。

信息：曼科·卡帕克和玛玛·奥克罗成为统治者。

电枢：他们的兄弟们通过不同的方式被派了出来。

信息：帝国建立了。

电枢：他们与追随者一起在战争中击败敌人，并建立了库斯科。

第三个次信息系统和电枢在结构上与前面两条线索截然分开，但这个系统却在该神话内部逻辑中占有重要地位。

信息：印加的权力可能源自太阳。

电枢：曼科·卡帕克有只猎鹰似的鸟，名叫印提太阳，人们认为他通过该鸟而获得领导权。

信息：鸟确保了印加权力的持续。

电枢：曼科·卡帕克把印提留给自己的儿子，那鸟儿就从父到子地相传，直到尤潘奇印加（Inca Yupanqui）统治的时候。

第三个信息系统可以按以下逻辑关系排列：

维拉科查 ←	→ 第二批人类
（造物主）	（被创造者）
造物主要求	被征服—不能
组织机构	提供组织机构
无所不知	一无所知

在统治期间创造了一

个开化帝国的阿雅兄弟，他们的权力保证是印提鸟

上图清楚地表明，解决对立的那种逻辑关系只能在主信息成分中观察到。据此，我们可以明确地说，该神话的这个逻辑组织原则并不是目的，但它使得这些等级关系的真实反映成为可能。所有的神话元素都通过它在逻辑上彼此联系，而与次信息系统的数量无关。

神话 8

分析该神话之前，很有必要介绍一下它出现时的历史背景。古曼·波马·

德·阿亚拉一定是在 1584—1600 年写成了这个神话。这个时代距离西班牙征服已达半个世纪之久。

1532 年 11 月 16 日，西班牙人俘虏了孱弱帝国的统治者阿塔华尔帕印加(Atahualpa Inca)，他已在兄弟相残的战争中失去了权力。他被强制受洗，然后又被杀掉。西班牙征服者通过传播“正确的”信仰，以证实他们征服的合理性。这又为他们破坏大批庙宇和瓦卡的毁灭行为找到了开脱之辞。(甚至到了 1616 年，把藏匿的偶像告诉给官方的人，还会受到金钱奖赏。)

教皇命令西班牙国王，把“足够”数量的受过良好教育的传教士派到被征服的地区。传教士们在适应这个特殊环境之后，认识到了印加社会的等级制度，于是认为当务之急是让印加领导者、统治阶级和阿伊鲁（氏族社区、扩大的家庭、次级部落）受洗礼。在让反叛的曼科－印加（Manco-Inca）的哥哥帕乌鲁印加(Paullu Inca)受洗后，他们获得了巨大成功。经过大量的辩论，他们认为，如果能利用古代宗教中与基督教教义无甚抵牾的某些成分和仪式来传教，会更有效。

同时代的编年史家描述了当时的顽强抵抗，曼科－印加的起义和成功，迫使西班牙军队和传教士不得不暂时罢手(500 名传教士被杀)。由于印第安人的抵抗以及西班牙征服者的内耗，直到 18 世纪上半叶，形势才得到巩固。

在分析神话 8 之前，我们要注意是第 25 张记述了《圣经》的洪水。这被认为是神话的开始。

有罪的人类与上帝之间的主要冲突及化解，即挪亚得救，展示了逻辑模型的一个基本成分。我们的结论是：主信息系统的五个成分与创造该神话的社会现状正好一致，这些成分通过因果关系证实从前存在交流。尽管神话讲述的是第一代印第安人，但神话中的现在时态却指西班牙征服的时代。这就证明他们的血统出自西班牙征服者。西班牙人就像挪亚一样，是“好”人的后代，而且他们解除创造者（善）与被创造者（恶）之间的冲突。我们看到，截至目前，它与前面分析的两个神话完全一致，它通过同样的方式实现它的功能：为征服者的统治辩护。在洪水故事之后，这则神话描述了第一代印第安人的生活和命运。让我们考察一下与《圣经》有关的信息系统和电枢：

信息：上帝把信徒安置在新世界。

电枢：上帝派西班牙人——挪亚的后裔——到印加王国来。

信息：他们信奉一神教。

电枢：他们崇拜上帝，但不崇拜魔鬼和瓦卡。

信息：他们的一切行为都赞美了上帝。

电枢：他们不知如何建筑房屋，只为了上帝而活着。

信息：他们崇拜上帝并为上帝效劳。

电枢：其热情好像先知以赛亚。

信息：他们开垦土地。

电枢：他们从亚当夏娃那里学会如何犁地。

与印第安信仰系统有关：

信息：第一代印第安人被他们的后代尊敬。

电枢：瓦里（Huari）维拉科查的鲁纳（runa）人不死，他们没有自相残杀。他们生了一男一女。

信息：第一批印第安人征服了大地。

电枢：他们杀了地上的野兽。

信息：他们知道天堂、天和地的造物主。

电枢：他被称为鲁纳·卡马克·维拉科查（runa camac viracocha），但没人完全了解他。

信息：第一批印第安人不知道他们来自何方。

电枢：他们不崇拜偶像，不崇拜太阳、月亮、魔鬼。尽管他们听说过洪水并称其为上帝的惩罚，他们却记不得洪水的作用。

信息：他们崇拜众神。

电枢：（他们崇拜）世界的创造者、人类的创造者、初始之主与终结之主（这四种名称也可以表示唯一的上帝）。

对关于第一代印第安人的神话的分析，导致了互相排斥、对立的信息系统和电枢系统。我们也无法构建一个可以接受的时间顺序来体现可能的因果关系。但是同时我们却可以断定，这则神话也不是互不相干的大杂烩。神话的功能力量也可以克服这种无序状态，尽管不会没有矛盾。与《圣经》相联系的次信息系统全都指称西班牙征服者。他们信奉上帝（这是唯一正确的信仰），他们教人们开垦土地（文化英雄），由此他们代表了第一代人的正面。如果我们用正号标志那些"未知""未予崇拜"的元素，那么第二个次信息系统和电枢系统保留了印第安信仰系统的元素。波马·德·阿亚拉认为西班牙的信仰是正确的，但他也没有忽视印第安信仰系统，他想把这两个对立的宗教系统和两种对立的知识统一起来。然而，它们是建立在两个不同的生产系统之上的超结构（Superstructures），所以不能用这个办法统一起来。他的目标，是要把西班牙人和印第安人之间原本充满冲突的关系，描述成没有冲突的关系，这样一来，他就消解了次信息系统中的内部逻辑系统。

通过对上述三篇神话的分析，我们证明了我们原先的假说能够成立，即，神话的主信息系统因次信息系统而得以实现。结果，神话的不同特征由神话中不同人物的生活和命运来解释。神话满足社会需要的功能，与神话中的现在时态一致，改变了次信息系统。为使神话完全实现这一功能，社会经济发展应有一定的连续性。这一点得到了神话 6、神话 7 的证实，在对立方面则得到了神话 8 的证实。其他神话保持了它们的本土特征，这要么是因为这些神话反映了已被历史超越的其他经济关系（如神话 2），要么与社会关系无甚相关（如神话 1），要么它只是边缘神话，像神话 3 那样只与当地有关。

在描述一个像洪水一样看似中性的自然现象的这一组神话中，社会得到了反映。因此，杜尔凯姆和卡西尔说得对：神话的起源不应到材料中，而应到社会现实中去寻找。

参考书目

Armas, Medina. F. 1953. *Cristianización del Peru (1532-1600)*. Sevilla.

Avila, F. de. 1873. "A Narrative..." In C. R. Markham, ed., *Narratives of the Rites and Laws of the Yncas*. London.

Beidelman, T. O., ed. 1973. *The Translation of Culture*. London.

Boglár, L. 1967. Eldorádó. Budapest.

Campbell, J. 1959. *The Masks of God: Primitive Mythology*. New York.

Cassirer, E. 1944. *An Essay on Man*. New York.

Cieza de León, P. 1974. *La crónica del Peru*. Madrid.

Durkheim, E. 1912. Les formes élémentaires de la vie religieuse. Paris.

Eliade, M. 1960. *Myths, Dreams and Mysteries*. New York.

Garcilaso de la Vega. 1943. *Comentarios reales de los incas*. Buenos Aires.

Guaman Poma de Ayala. 1944. *Primer nueva crónica y buen gobierno*. La Paz.

Harris, M. 1973. *The Highland Heritage*. New York.

Hewett, E. 1939. *Ancient Andean Life*. New York.

Hocart, A. 1975. *Mito, ritual y costumbre: Ensayos heterodoxos*. Madrid.

Hoppál, M. 1975. *A mitológia mint jelrendszer* (Mythology as a System of Signs). Szemiotikai Tanulmanyok 17. Budapest.

Hoppál. M. —Vándor, Á. (szerk.) 1977. *Jel—kommunikáció—kultúra* (Sign —Communication—Culture). Budapest.

Józsa, P. 1976. *Claude Lévi-Strauss és a "homológ-metaforikus" kód* (Claude Lévi-Strauss and the "Homologous-metaphoric" Code). Ethnographia LXXXVII: 3.

Kirk, G. S. 1970. *Myth. Its Meaning and Functions in Ancient and Other Cultures*. Los Angeles.

Krickeberg, W., ed. 1928. *Märchen der Azteken und Inkaperuaner, Maya und Muisca.* Jéna.

Levi-Strauss, C. 1970. *Antropólógia estructural.* La Habana. 1974. *El origen de las maneras de mesa.* Mitológicas 3. Madrid. 1975. *El hombre desnudo. Mitológicas* 4. Madrid.

Molina de C. 1913. *Relación de las fábulos y ritos de los Incas. Lima.*

Osborne, H. 1925. Indians of the Andes. Cambridge, Mass. 1968. *South American Mythology.* London.

Paredes, A. C. 1953. *Literatura folklórica.* La Paz.

Murray, A. H. 1960. *Myth and Mythmaking.* New York.

Penuelas, M, 1965. *Mito, literatura y realidad.* Madrid.

Polo de Ondegardo. 1977. *Información acerca de la religión y gobierno de los Incas.* Lima.

Raglan, L., 1936. *The Hero*. London.

Reichenbach, H. 1943. *Elements of Symbolic Logic*. London.

Sarmiento de Gamboa. 1942. *Historia de los Incas*. Buenos Aires.

Uganiza Araoz, M. 1958. *En el escenario de un mito*. La Plata.

Villanar, G. 1942. *Gramática del kechua y del ayamara seguido del diccionario kechua, ayamara, mitos y supersticiones*. La Paz.

重访挪亚方舟——对传统澳洲土著人神话－地域关联性的思考①

艾瑞克·科利格

编者按：

两个完全不同的民族在长期接触中发生的文化适应，经常导致宗教和神话表现方面的某些令人惊奇的综合形态。大多数有关文化适应的人类学研究，都会研究本质上属于殖民语境的内容，即被欧洲文化侵略和支配的所谓土著文化。在这种由接触所产生的、实可预见的本土文化保护运动的一个类型中，一种兼有旧的传统成分和新的基督教成分的本土宗教就产生了。

这种混合宗教通常反映土著这样的愿望：支配他们的欧洲人被赶走了，只留下为他们所喜欢的外来物——像贸易产品之类——完全由当地人占有。在所谓“货船崇拜”中，土著等待着船舶给他们自己带来东西，而不是给欧洲压迫者带来东西。在这类“救世运动”中，土著先知或自封的土著救主，总是命令土著人杀掉欧洲人，毁掉欧洲钞票，并回到已被欧洲传教士禁止的旧风俗、旧习惯中去。这些命令被认为是物资到来的前提。（对工厂一无所知的土著，简单地把船只看成是他们渴望得到的产品的来源。）

在这篇由新西兰奥塔哥（Otago）大学人类学资深讲师科利格（Erich Kolig）提供的、来自澳大利亚土著的叙述中，我们看到本土文化保护运动背景中犹太－基督教洪水神话的一个不同寻常的文本。有关挪亚方舟在澳大利亚的讨论是长篇论文的一部分，该论文论述神话与地形地貌的关系。

① 选自《大洋洲》（OCEANIA）1980年第51卷，第118—132页（这里仅选印了其中第122—126、128、129页）。

最早试图定义本土文化保护运动的论文，见拉尔夫·林顿《本土文化保护运动》[Ralph Linton, "Nativistic Movements," *American Anthropologist* 45 (1943): 230–240]。另见彼得·沃斯利《号角将鸣——美拉尼西亚的"货船"崇拜研究》(Peter Worsley, *The Trumpet Shall Sound: A Study of "Cargo" Cults in Melanesia*, London, 1957)，亦见艾达·利森《南太平洋货船崇拜及其他本土文化保护运动书目》(Ida Leeson, *Bibliography of Cargo Cults and Other Nativistic Movements in the South Pacific*, *South Pacific Commission*, *Technical Paper No. 30*, Sydney, 1952)。

研究土著神话的人类学家们，通常感到神话与地域的关联性是一个既成事实。这样一种静态的、先必为因后必为果的合理化观点，肯定不如注重研究过程的观点更有启发性，后者建立在对神话如何附着于地域的实际观察之上。这不仅能阐明神话与地域相关联的"方式"，而且能进一步去解释神话与地域相关联的"原因"。我用来尝试重构神话附着于地域的过程的民族志个案是以挪亚方舟为中心的。这个特定的神话文本和它显灵的地点结合在一起，构成一组互不相关的特征，充满着千禧年的、救赎的特色，同时，也与众所周知的、土著人很熟知的基督教信仰因素大相径庭。虽然这个神话最开始只在菲次罗伊河南部的一小部分地区（在西澳大利亚的金伯利）为人所知，但是由于广布的宗教交流网络，现在它已深入散布到了所有土著居民的居住区，像拉格兰奇（皮特里夫妇曾简略地提到过那里流传的这个神话。参阅皮特里-奥德曼夫妇的著述，1964：465，1968：440）、布鲁姆、德比以及菲茨罗伊中下游河畔的大牧场，还有菲茨罗伊渡口以及远至巴尔戈传道区的地方。这个特定的神话文本，以沙漠边缘的一个地点为中心——在农坎巴牧场以南约70公里，刚好在巴布维尔山脉以南、沃洛尔山脉以东——那里被认为是大洪水过后方舟停泊的地方。一直到今天仍可在那里见到方舟。但因为这个地点过于偏远，无法到达，所以土著人多年来都没去过。但是，神话却一直很发达，并发展出许多色彩斑斓的分支。在过去的九年中，我作了四次尝试，试图借助交通工具到达这个地点，但都失败了，最后只是成功地坐在单引擎飞机里从空中看到了它。可惜，尽管那个地点被向导很有把握地看出来了，但什么细节也提供不出来。然而，我认为这个案例还是让我们要紧地洞察到神话在多年之中如何被随意附会到一个地点并加以润饰的过程。诚然，有关神话并不是传统的土著神话之一，但我也看不出有什么内因使它不能用来作某种推测。方舟神话符合游历神话的共同类型，这类神话说，一个神话人物，或一些神话人物，怎样在一个遥远“国度”出现——确切起源常属未知——跨越很大距离，最终来到一个地方，这位英雄或这些英雄在这个地方化为一片岩、一座山或地表上的一个泉眼。

多年以来，经过长时间的辛苦讨论，我慢慢重构了神话－地域之间的关联，我深信这种重构是十分准确的。1970 年，也就是我开始在菲茨罗伊河地区考察不久，我偶然得知一个关于“挪亚留下的船”就在菲茨罗伊河以南某地的信仰。后来，我又碰巧在土著福利档案中看到一项记载，是关于一政府官员获得的信息，说在沃洛尔山脉附近的沙漠边缘有一艘“金属船”。据推测，这条“船”实际上可能是一架坠毁的飞机的机身，由于土著人不认识飞机，便误以为是船。这也并非是个太牵强的猜想，因为在第二次世界大战中，农坎巴牧场曾有空军军事设施；而且有可能在布鲁姆空袭中，一架日军战斗机被击中后，突然转向沙漠，坠毁在那儿。凡和我讨论过这件事的土著人，所作的有关方舟形态的描述充满想象，从中根本得不到明确清晰的画面。因为与我交谈的这些人，都在许多年前见过这条“船”，其中一些在当时还是小青年，所以问题变得复杂起来。淡忘的记忆由随意捏造来补偿。我怀疑，有的人只不过由于道听途说而得知这么个地点，却声称真正见过这个地点。逐渐出现的模糊形象是由五花八门的信息所构成的怪模怪样的东西：土著对之众说纷纭，或说是一个金属装置，或说是一个锈得不堪一击的东西，或说是一个玻璃般的或水晶制的物体。其他一些添加的特征也出现了，构成牢固信念的有机组成部分，据说这个地点到处都是各种各样的工具和设备，例如锚、桅杆、栏杆、舱盖、铁锹、撬棍、大锤——更深入的细节就依据不同人对船的想象和经验，依据他们掌握的词汇而各不相同。这艘方舟据说载满了黄金、宝石或矿物，而且人们还提醒我要谨慎些，不能移动任何东西，可能是因为白人对矿藏有着明显贪欲的缘故吧。我所交谈的土著人中，没有一个怀疑那不是挪亚的方舟。正如一个土著人所说的一样，白人谎称方舟着陆在埃及（原文如此）某处，与他们企图让土著人永远处于从属地位的打算是一致的，因为挪亚实际来到了澳大利亚。我相信这是个了不起的说法。因为方舟在澳大利亚现身，所以，为了土著人的利益而由神的善意产生的重大宇宙事件就这样显示出来了。那些宣称只有他们才有这一信仰，错误地把它与远在他们自己“国度”的某个地点和事件相联系的白人，不仅蓄意误导了土著人，而且也极力阻止土著人获知一个重大的天启真理。

土著人公认的神话故事如下。在梦时代的一场洪水，即沃兰巴（woramba）

中，载着挪亚、土著人和动物的方舟古玛那（Gumana），绕圣乔治山脉航行，并且可能已靠近了山脉的北部和西北部。后来方舟朝着南方漂泊，最后，洪水退去之后，它便停泊在现在迪季林巴都的“洪泛平原”上。《圣经》中的洪水符合此地传统的洪水母题，根据这一母题所说，蜥蜴女人鲁玛（Luma）逃离了上涨的洪水，穿过了这个地区，最终淹死在现在卢马（Looma）居民点所在地（参阅科利格 1973 / 4）。一些土著人给这一原始洪水故事加上了这样一个观点，即所有曾住在澳大利亚的“邪恶”之人，无论是黑人还是白人，都被淹死了，只有“善良”的土著人才被允许登上方舟，幸免于难。典型的说法是，所有白人在那时都死了，因此直到库克船长到达澳大利亚之前，这里完全是土著人的领地。（但是，其他人说白人也在方舟上，有个人甚至说上帝自己也来坐在方舟里了。）该文本中带有的明显的本土文化保护用意和轻度的仇外寓意，在另一个文本中得到进一步强调，后者预言：一旦某人有意或无意地把方舟的锚从地上拔出，大水就会从洞中涌出。这个文本中的千禧年预言说，所有的白人最终被一场世界末日（Götterdämmerung）般的洪水淹没，而土著人却会被方舟解救出来，并进入一个极乐时代。与之相连的是这样一种信念：方舟有时会被人看见，有时又不能，尤其是白人最不可能看见它。要接近方舟，据说还得依靠某些特殊方法，如拿本《圣经》，或是祷告，或是事先梦见方舟，或是由现在的船“主人”陪同——他是一位住在卢马的老人。

我用个人对真相和臆想之特点的看法，整理出关于这个地点的一系列确凿事实，这些事实后来都被证实了——凡是能够从空中证实的，都证实了。方舟现身的主要部分，是一块白色的、软的或易碎的独石柱，高出地面不到一米，在一个黏土浅坑中，这个土坑在大雨过后便装满了水。地表散布着一些与独石柱质地类似的物质的纹路，以土坑为中心向外伸展，半径大概不到 30 米。这些东西便被认为是船的桅杆和肋材，或是栏杆。独石柱质地之软令人吃惊，有人声称他能将一把刀插入石头中，据说还有人用斧头轻而易举就已将其劈开。（据来自在这一带工作过的地理学家 P. 普莱福德博士的私人信件，那独石柱可能是一块扁豆状的粉砂岩。）好几个人见过这一地点，都没注意到船，很明显，这发生在神话关联性被众所周知之前。指出这一点不无意义。几年前，有一个人在这一带放牛时，曾经出乎意料地看到了这一独石柱——以前这附近有一个大牧场——他在与我们谈论当中，才意识到他所看到的就是有名的挪亚方舟。这就说明，这片地方并没有什么特别引人注目之处，甚至也不存在能够模糊地暗示有船存在的东西，更不用说暗示船的大小和特点了。有些人说现在方舟的大部分都被埋在沙和土下面，只有“桅杆”突出地面。但是很值得怀疑的是，到底以前有没有某种可见的类似于船体的岩类结构在地下与“桅杆”相连？证据表明，有关半埋于沙土的船的想法，极有可能是一种梦境的产物，无论在实际经验还是在事物形态中，都未能得到证实。

那么神话又是怎样强加在这个地点之上的呢？最初“发现”方舟的人，是现在住在卢马的“主人”的父亲。这位“主人”在土著中很知名，因为他将传统土著信仰和新教原教旨主义信条综合到了一起。他的父亲，人称“加格拉尔”(Gagural)，这是一个带有神话内涵的享有盛誉的头衔。这位父亲是传统知识和信仰方面的著名专家，是一位巫医，一位有洞察力的人；此外，他还精通《圣经》神话。他在这一带漫游时，碰巧经过这个地点——但他是第一次看到这个地点还是对这个地点业已熟悉，就不清楚了。后来，他进入梦境，梦中他得到启示说，他已经发现了挪亚方舟。可惜，这件事发生的确切年代已难以探寻，但通过其他资料推断，很可能是 40 到 50 年前。神话和与神话相连的地点的早期传播者们，都与加格拉尔有密切的联系。最初他们只在菲茨罗伊河下游牧场的土著居民中传说这件事。只是到了很久以后，由于土著人中快速发展的联系网络，这一信息才远播四方。

多年以来，随着该神话的逐渐传播，神话原来的启示内容得到进一步发挥，不但产生出几个地方异文和许多独特异文，而且被附加到神话的标准文本上。比如，船上载有可观的财宝这一根深蒂固的观念像是很晚以后才加上去的，并且同时出自多种根据。按照在这个问题上提供了朴实而合理的信息的一个人的说法，他在看到方舟几年以后才想到，方舟上一定堆满了财宝。那时他在霍尔斯克里克工作，看见了白色石头上的岩脉——顺便提一下，有些岩脉相当壮观，能吸引游客。这些是石英侵入岩，在霍尔斯克里克地区，它们与黄金并存。看见这些岩脉之后，他联想到方舟所在地的白东西，并很快建立起黄金和浅色方舟石之间的逻辑联系。但这个联系从地质学上说是不可能的，从经验上看也缺乏根据。另一促成因素，是土著人中流传的关于西澳大利亚海岸浅水区发现的荷兰船骸的谣言，而且有些船上确实装有金币和其他宝物。似有可能，这个信息传到土著人那里时虽已有所夸张和歪曲，但还是形成了这样一种观念：每条沉船，或就此而言，每条方舟，一定都装满了财宝。也许，在不小程度上，土著人在矿藏勘探方面的经验也产生了某些影响。土著人普遍相信，绝大部分——假如不是全部——石头和矿物，不论其外表是否特别，肯定都是宝贵的，因为白人似乎在急切地寻找它们。

还有，当土著人说起方舟里储存的黄金时，他们可能并不真正指“黄金”，只不过把“黄金”用作各种宝石的同义词。无怪乎土著人不情愿领白人到那个地点去，他们当然害怕白人对矿物的那种无穷贪欲会导致方舟的毁灭。在基本主题之上，还有一些不那么站得住脚的变异说法，诸如末日洪水、虔诚的土著人被拯救。恶人被淹死的神话元素，大概是出自原教旨主义传教士的附属物，就像新教总是强调赎罪一样。另一个关于一个左撇子以他左手小指头滴出的血阻止了洪水的神话，看起来则像是源于他们自己的传统。变异幅度很大，有众所周知的异文，也有仅为一二人所知的说法极端、特点突出的异文。后一类的例子，比如，有人相信，在所有可能的护船者中，一只山羊现在正“看护着”那条船。

通过探察复杂装饰之下这则神话对个体的人意味着什么，就可以推断神话-地域关联性的根本方面、这种关联性的意义及附会过程。最重要的是，这个事例说明了一个神话素是怎样突然地、任意地，也许有人会说是异想天开地，强加在长期为人所熟知的地形特征之上的。这个地形特征实际的物理外观并不重要，这一点已为下述事实所证明：土著人对这一地点作出了许多互有分歧的描述。他们并非刻意使画面模糊；不管在不信此事的人的眼中是个什么东西，在他们土著人看来，那就是一条船。这一切都更加证明我们的论点：神话并非令人信服地充当对地貌的解释，或充当追溯原因的理论……

如前所述，某个地貌特征有解释，另一个却没有。选择既是完全武断的，也是任意的，明显依赖于偶然的启示。正如方舟特征群所表明，神话附会的过程，并不取决于自然特征是否暗示随后叠加于其上的神话形象。这一点与神话是从地形特征发展而来，用以解释地形的观点正好相反。可以说，在土著人的知识范围还没扩大到对船的认识之前，他们便不会如此解释方舟现身。到了后接触时代，土著人有了更多的经验（例如西方的技术和技术产品方面的知识）和新的概念工具，这样，他们大概就能够在熟悉的形象中发现新的意义，就能够对地貌特征作出解释。此前，由于那些地貌特征并没有暗示什么已知事物，所以他们将其编入神话的努力还无从发挥。但是，就像已经说明的，独石柱可能是一个黄金时代的生命，或是一根阴茎，或船的一根桅杆，或仅仅是一个石头。同样，一棵树可能会被看作是一位宿营者、一根梭镖、一个飞去来器、一个人的灵魂，或者就是一棵树。在物理的现身和被显示的意义之间，不存在显而易见的关联……

这个方舟神话的历史表明，原本属于个人和私人的启示，逐渐广为接受，并汇入一个群体的标准的信仰系统之中。这种情况恐怕多半取决于接受梦幻或直觉的那个人的地位和威望。被少数人接受的一些启示，可能永远也不会被大众承认，反而被当作可疑事物而遭到抛弃。这个方舟神话同时也表明，多年之中，一则神话一旦被更多人相信，也就会得到润色。额外的神话素被吸收进来，一条条的信息、实际的经验等等都被添加进来，这样就逐渐堆积成一个高度复杂的、累积沉淀的最终结果。[①]这一阶段——在神话与地域的关联性建立之后——有一部分是神话适应地理特征或地貌特征。在这个有所限制的意义上，地貌确实发挥了一点灵感源泉的作用，那是对神话创造的一种补充。因此，一些土著人看到工具、锚等显现在胡乱散布于方舟现场的岩石上——这是别人不怎么信服的附加物。

参考书目

Kolig, E. (1973/4). Glaube als Rechtsmittel: Anatomie eines Landanspruchs moderner Schwarzaustralier. *Wiener Völkerkundliche Mitteilungen* 20/21 N. F. 15/16: 69–93.

Leach, E. (1974). Review of Munz, P., *When the Golden Bough Breaks*. *Man* 9/2: 320–322.

Munz, P. (1973). *When the Golden Bough Breaks: Structuralism or Typology*? Routledge, London.

Petri, H., and Petri-Odermann, G. (1964). Nativismus und Millenarismus im gegenwärtigen Australien. In: *Festschrift für A. E. Jensen*, Teil 2, Klaus Renner, Munich.

Petri, H., and Petri-Odermann, G. (1968). Stabilität und Wandel: historische Gegenwartssituationen unter farbigen Völkern Australiens. *Ethnologica* N. F. 4: 420–454.

① 我并不是说这一过程导致更加细化，而细化又允许系统地整理神话（参阅芒兹 1973 和利奇 1974）。每当神话的复杂性增加、细节增多，它们都可能被拆除或分割成构成部分，这些构成部分反过来又充当神话创造的起点。

喀麦隆草原洪水故事的神话母题[①]

埃米·凯勒-梅耶

编者按：

洪水神话的研究者们都知道，洪水故事在非洲不存在，或者至少在非洲是极少报道的。我们记得，弗雷泽竟然宣称“迄今连一个（文本）的任何一个明确个案都未见诸报道”。所谓的非洲洪水神话空白说受到了一位非洲神话专家赫尔曼·鲍曼（Hermann Baumann）的质疑。在其综合性的*Schöpfung und Urzeit des Menschen im Mythus der afrikanischen Völker*（Berlin, 1936）一书中，他在讨论“Die Grosse Flut”（pp. 307 — 319）时，绘制地图标注出现在非洲的二十余处洪水神话中，尽管他承认其中几个文本无疑是基督教传教士带来的。考虑到非洲有数百个独特文化，可以说在世界上的这片地区发现的土著洪水神话文本确实相对稀少。

既然非洲洪水神话为数甚少，下面这篇记述了几则西非口头文本的论文，就特别值得关注。况且，文本的具体细节，比方说同胞乱伦，使人想到类似的东南亚洪水神话，而盛有洪水的罐子，在南亚也有发现。当然，就这几个文本，必定会让那些继续坚持认为南撒哈拉非洲不会有洪水神话的比较学者们踌躇一阵。其他有关可能的非洲文本探讨文章见 A. J. Wagener, *Afrikanische Parallelen zur biblislischen Urgeschchichte*（Bonn, 1972, pp. 13,18 — 19,30）。

---

① 选自从埃米·凯勒—梅耶原文翻译过来的译文，“Mythenmotive in Flutsagen aus dem Grasland von Kamerun,” in Veronika Six et al., eds., *AFRIKANISCHE SPRACHEN UND KULTUREN— EIN QUERSCHNITT*, Hamburger Beiträge zur Afrika-Kunde, Band 14 （Hamburg: Deutsches Institut für Afrika - Forschung, 1971）, pp. 279 — 287。我非常感激人类学家乌利·林克（Uli Linke）将这篇论文译为英文。（所有关于部落名和民族名的德文拼写均尽可能地转写成英语了，括号里的信息是由译者提供的。——原译者注）

纽文黑斯（A. W. Nieuwenhuis）在他的“Die Sintflutsagen als kausal-logische Naturschöpfungsmythen”（*Festschrift P. W. Schimidt*, 1928: 515–526）中，试图从心理学的角度来解释下述事实：洪水传说基本上是全世界的普遍现象；它们存在于处于各个文化发展阶段的民族之中；并且几乎总是涉及唯一一场洪水或是别的某种破坏，即使在洪水、干旱等灾害频繁出现的地区也不例外。他这样断言道："如果根据各地传说的独特之处进行抽象概括，那么所有洪水传说都有以下共同点：（1）当时存在的（通常为超自然的）世界的毁灭；（2）新的世界，通常是现在这个世界的出现；（3）在旧世界毁灭、新世界出现的过程中，在神话得以完整传承的情况下，就会有一位神或是一位赋有超凡力量的生命作为演员出场。"（1928：517）。他提出假设，认为“原始”人关于动植物的知识十分有限，而且不具备渐进发展的概念，但是他们却能准确地观察并试图解释一切引起他们注意的事物。他用这个假设证实这样一种思想：原本存在着一个超自然世界，新世界是历经一场灾难之后出现的。对现今世界的创造、对他们自身的创造、对他们部落领土的成因的解释，只能存在于“日常生活行为之外，因此也就只能存在于他们认为的自然事物之外”。这个“超自然起源”被视作“超自然行为”的结果，其创始者可能“是一位超自然的、强大的生命，精灵、神祇、祖先甚或是一位萨满”（纽文黑斯，1928：524）。就连动物也会以超自然的、强大的生命出现。

这基本上就是纽文黑斯的理论。他的论点明显建立在其他相关文献的基础之上。除了从心理学角度来解释毁灭现存世界的传说之外，每个文本都有各自的“地域性神话结构”。对它的解释必须是地域性解释、地区性解释，或是混合解释，并且可以依赖于完全不同的心理因素。（纽文黑斯，1928：526）我们有了纽文黑斯的分析，就没有必要再去讨论那些旧文献中的基本内容了（安德烈，1891；里蒙 1906；格兰德，1912；缪勒，1930）。只有最近才采录的洪水或其他灭世传说中出现的单个神话特征，仍需探索。

早期研究洪水主题的学者强调说：与世界其他地方形成对照，非洲有代表性的洪水传说文本不多。一些人指出，它们出现在埃及、马赛人（Masai）、南非和西南非，当然还有黄金海岸（安德烈，1891 ）。此外，格兰德（1912：34—35）也简略提及了奥登多普（Oldendorp）和他关于洪水传说的报告。鉴于奥登多普的 *Geschichte der Mission der evangelischen Brüder auf den caraibischen lnseln S. Thomas , S. Croix and S. Jan*（1777）不易见到，我这里引述该书“Von den Kenntnissen der Neger , ihrem Tode und Begrabnis”一章第七节（1777：309），这一节格兰德也曾引用过（1912：34—51）。其中有一段洪水传说，由奴隶从非洲老家带到了西印度群岛：

我在他们中间找不到关于创世历史的痕迹；不过我到处都能发现有关大洪水毁灭人类的一些模糊的和被曲解的知识，①几个瓦特耶人（Watje）告诉我，他们在家乡听说曾有一场大洪水席卷大地，要不是人类立刻跑到最高的山上逃生的话，人类就全部灭亡了。在卡塞蒂人（Kassenti）中流传着上帝将再次降下这样一场惩罚的洪水来折磨人类的说法……坎加人（Kanga）与洛安戈人（Loango）中，②也有关于人类大灭亡的传说，不过不是因为洪水，而是天塌了，③并且在人类被压在废墟底下之后，上帝创造了新的人类。

根据鲍曼的 *Schöpfung und Urzeit des Menscher im Mythus der afrikanishen Völker*（1936），我们不仅可以在叙事中找到有关人类灾难的许多神话母题，而且还可以清楚地看到关于人类毁灭和新世界形成的传说；甚至在非洲，其传播程度也要比过去文献中所假设的广泛得多。1938 年，我也在喀麦隆北部鲍姆安达（Baumenda）地区姆本（Mbem）的卡卡族（Kaka）土著当中亲自听说过大洪水传说的一个很简单的文本。1966 年在雅温得（Yaoundé），一位卡卡族学生为我记下了一个更完整的文本，他还做了录音。因为这两种卡卡文本均需大量注释，故我在此略去原文，只引其英译，并从雅温得学生约瑟夫·内加奇·梅克维（Joseph Ngachí Mekwí）讲述的故事开始：

一天下午，在某一个村庄，其他人都下地干活去了，只有一个小女孩和她哥哥在家。女孩在屋外磨石上磨粮食。一只公羊跑来舔她磨的粉。她赶走了它，但它很快又回来了。女孩于是让它吃个够。它吃饱后，对女孩说："我要告诉你一件重要的事。今天将有一场大洪水，因为你对我很好，所以我建议你和你哥哥赶快跑到另一个地方去。"

兄妹俩于是收拾了一些能带走的东西逃出村子。他们离开时，回头看到一片洪水淹没了他们的村庄。

---

① 根据奥登多普（Oldendorp，1777：283）的说法，他们属于奴隶海岸的部落。瓦特耶人是否就是瓦蒂人呢？根据维斯特曼（Westermann，*Wörterbuch der Ewe-Sprache*，Berlin，1954：x）的说法，瓦蒂人与格人（或加人）和阿迪亚人组成埃维方言的中部群体。

② 他们在语言学上属于刚果部族。

③ 可将乌尼奥罗人（即布尼奥罗人）中的天塌导致第一代人类灭亡的说法（鲍曼，1936：307）与此进行比较。

他们到了一个地方，自己住了好多年，没有其他人。于是他们想如何繁衍后代。后来那只公羊又出现了，对他们说他们可以结婚，尽管他们是兄妹。不过，它还说，他们必须打破一个陶罐底，并把它卡到屋顶带尖的地方，而且还得在它上面安上一根光锄柄，这表示他们是亲戚。

这就是现在近亲结婚的时候，夫妇为什么要在屋顶上挂一个破底罐和一个锄柄的原因。

下面是彼特·盖伊（Peter Guyɔ）连同他自己的文本一道给我的一个姆本语异文，是洋泾浜英语，我又根据卡卡文本作了少许修改：

那只羊变成小孩，那时他们已磨了一会儿木薯粉。[①]那只羊舔吃男孩的木薯粉。男孩赶了（他），他到另一个男孩（另一个孩子）那儿，开始大口大口地吃。小孩说："把他赶走。"他兄弟说："不赶他，他是我父亲的羊。"那羊大口大口吃木薯，吃饱了上路就走。

羊走时，告诉那个小孩说："出事了，你就看老鼠[②]去哪儿。老鼠经过，你和你妹妹得跟着他。"他说完就走了。不久，他们见发大水的那天到了。他们现在看，老鼠经过。他就和妹妹跟着他。

大水来了，淹了所有人，把他们都淹死了。他和他妹妹获救。他跑去找其他地方[③]。一天他梦见说[④]上帝[⑤]给他药，他将打碎瓦罐的底部。[⑥]他娶了妹妹，他带着瓦罐，他把破底罐放在屋顶。[⑦]

约瑟夫翻译的洪水传说，是由一位年轻的现代非洲人讲述的，其表述准确而翔实；而彼得的这篇既短又含糊不清的译稿，却包含真实地道的神话特征。

两个故事重合的部分是，一对兄妹得救、结婚并开始了人类历史的新纪元。我们在中国南方的洪水传说中，也见到这个母题。（Riem，1906：40—44；随后的纽文黑斯，1928：519）而且中恒河流域南部科拉人（Kolh）的蒙达里（Mundari）部落中，有传说讲，上帝为了惩罚那些变得邪恶的人，就从天上降下汹涌的洪水，洪水中只有一对兄妹得救。（安德烈，1891：25—26； 格兰德，1912：71—72）

① 在卡卡人文本中，"下午"也表示"一天下午"。（由此以下，原书对卡卡语的引用均省略，仅译出部分解释。——校注）

② 在卡卡人文本中，指"蜥蜴"。

③ 在卡卡人文本中，"城市、村庄"包括它周围的地区，相当于一个部落地域。

④ 卡卡语的"说"，相当于英语的连词"that，which"。

⑤ 卡卡文本中的说法可与巴利语"神圣造物主"比较。

⑥ 即，神已把罐子作为药给了他。

⑦ 卡卡语"房的头"即指屋顶，这里作"屋顶的尖端"解。"头"又作"尖端"解。

但我们在非洲也发现了相似的说法。在象牙海岸的鲍勒人中，洪水中幸存的那个男人的后代相互通婚，甚至兄妹之间也是如此。（鲍曼，1936：372）在乞力马扎罗山（Mount Kilimanjaro）和其他地方的查加人中，最初就是兄妹通婚。鲍曼（1936：370）确信，一般来说，根据创世神话，人类的开始总是以同胞通婚为标志的。既然始祖夫妇的子女相互通婚，而且“在非洲神话中，这样一对始祖夫妇的观念流传很广，我们不得不假定远古时代兄妹通婚是件必然的事”（鲍曼，1936：383）。卡卡人传说中，当然还有上面提到的中国南方与印度东部的传说中，新世界的始祖夫妇已经是兄妹俩了！因此，洪水灾难的幸存者必须只是一对兄妹才行。把同胞兄妹从洪水灾难之前的世界中拯救出来，是兄妹通婚的逻辑前提。

把破底罐放置在圆锥形屋顶的尖端，作为近亲通婚的标志，这个破底罐母题看似奇怪，而且我发现其他洪水传说中都没有明确提及这一情节。然而，休伯的论文“Die unheilbringende Schwiegertochter”（1967：789—801）中，在“湖和海的形成”这一节里，有一篇维多利亚湖东岸的穆索马（Musoma）地区夸亚（Kwaya，是不是也称为 kwa-Yao?）诸族的洪水神话。这个神话说，海洋原来装在一个罐子里，罐子挂在一对老夫妻的破旧圆屋（!）的屋顶下（!）。这个罐子能以某种神奇的方式，把家里那些更大的水罐灌满水。在一个特殊场合，老头对不知这个秘密的儿媳解释说：“罐子里有我们的祖先（对我们而言祖先是神圣的）。我们的祖先就在里面。不要让任何人去碰它。就连你也不能碰它!”但儿媳按捺不住好奇心，碰了一下。罐子碎了，水涌出来。洪水淹没了一切。休伯认为，那媳妇肯定是不相信老人告诉她的罐中祖先的故事。（1967：799）而在我看来，卡卡人传说还是证明休伯错了。即使是根据彼得的简单叙述，超自然力量也被有效地跟罐子联系起来：它是上帝的礼物。此外，把罐子固定在屋顶据信是为了避邪（见下文）。

锄柄母题也说明它可与夸亚人传说进行比较。根据那位学生的叙述，锄柄母题必须与罐子相联系。在夸亚人传说中，祖先用罐子装水，给后代留下了宝贵的礼物。作为耕作的象征，锄柄也许代表着与祖先的联系。在其他地方的文献中，我还没有发现锄柄与洪水联系在一起的情况。

至于打破罐底，我们猜想这或许可以解释为象征着从罐中流出的洪水。但是，这得先假定在卡卡人中也曾有洪水原是装在罐中的说法。这里，我们可以参照一下住在上乌班吉河（Ubangi）在扎伊尔境内上游的巴布瓦（Babua）人的洪水传说：一个老妇人把所有的水都装在她的罐里。鲍曼（1936：193、311）把它归入与水的起源有关的神话类型。此外，需要提及的是，在克罗斯（Cross）河流域的

乌克勒（Ukelle）人中，罐代表着他们三位神灵。（鲍曼，1936：129 — 130）

接着上述讨论，我认为东非夸亚人传说中的罐子母题与喀麦隆草原的卡卡人传说之间的联系不容忽视，尽管罐子母题是在另一个部落环境中以不同的方式表述出来的。有人或许感到，我没有理由把卡卡人叙事中诸如罐子和屋顶上的锄柄之类细节，与休伯提到的、关于维多利亚湖的部落的类似特征进行比较，因为两个民族之间距离太远了。作为回答，我要指出一个事实：从前，撒哈拉是肥沃的可居之地。这意味着拥有这些古老神话的民族，可能也曾住在撒哈拉的其他地方，而不仅仅是今天的西非和东非。

顺便指出，亲属通婚在卡卡人中相当普遍。要不是这样的话，很难想象这样一种风俗得以保留：今天的夫妇们还把破底罐放在他们的屋顶尖上。对此，有人告诉我说，在喀麦隆的姆本人地区，"如果一个男人娶了属于他母亲农庄的女孩，他就得打破一个罐子的底部，并将其放在屋顶上。比方说，如果我母亲与岳母同属一个大农庄，为了避邪，我就要这么做。这样的婚姻是被允许的。如果我娶了父亲家族的女孩，我也得这么做。亲属之间结婚都得这么做。这种婚姻在这里是常有的"。

现在让我们回到卡卡人传说中的动物母题上来。两个文本中都出现了羊。它被允许吃女孩磨的粉浆，出于感激才警告兄妹俩大洪水将临。在那位学生的叙述中，公山羊在洪水后再次出现了，并准许他们结婚，前提是他们在屋顶的尖端安放一个破底罐和一根锄柄。这个公山羊就是有魔力的代理人。而在彼得的叙述中，是上帝自己赐予他们"药"。在他的叙述中，还有一只动物出现，那就是蜥蜴，它根据公羊的命令，来向兄妹俩指示逃生之路。

动物作为人类的帮手和救星的母题屡见不鲜。（鲍曼，1936：375）与大洪水有关的，比如在秘鲁，就有一篇传说讲一位牧人曾被他的无峰驼告知有洪水要来。（安德烈，1891：115—116）在我们的传说中，山羊具有超自然行为并不奇怪。山羊作为非洲传统的家畜，在喀麦隆草原上相当普遍，且经常用来献祭。比如在巴利（Bali）人的大勒拉（Lela）节上就是如此。巴利人属于喀麦隆的昌巴（Chamba）部落。

蜥蜴作为出现在传说中的第二个动物，也不足为怪。因为在拯救兄妹逃离洪水时，时间是关键的，这样必然需要一个行动敏捷的动物。在喀麦隆的庞圭人（Pangwe）和其他班图（Bantu）部落中，蜥蜴就是死亡起源神话中出现的行动敏捷的动物。（鲍曼，1936：269）来自草原的艺术品及手工艺品上常有蜥蜴的形象，这表明了它与神话及仪式交织在一起的程度。就蜥蜴与洪水传说的联系而言，另外就只有属于洛安戈人（Loango）中的维利（Vili）部落的洪水神话中有蜥蜴出现。在这个传说中，洪水期间，男人变成了猴子而女人变成了蜥蜴（鲍曼，1936：309、329）。

按照纽文黑斯的观点，第一个世界（超自然世界）的毁灭与第二个世界（现今世界）的创造是许多洪水传说的基本建构材料。大多数情况下，这场大灾难与一场大洪水有关，有时一场大火，或者天塌、暴雪、地震、喷射的黑雨等，被说成是大灾难的诱因。这样我们对洪水神话的概念就要作广义理解了。在我看来，我们还应该把下面的传说纳入洪水神话复合体，尽管它没提到从毁灭中拯救出一两个人来，而是讲述说把人变成了猴子。首先，这类叙事与洪水传说相符合，具体地说，它与在非洲常见的维尼塔（Vineta）类型传说（据鲍曼的分类，1936）的片段相符合。该传说讲：人类由于拒绝了某个人的要求而获罪，那上门讨饭的老女人诅咒了他们。在我们的案例中，没有出现通常的村子毁灭，也没有出现大洪水 （鲍曼，1936：316—317，318—319，326—327），而出现了人变成猴子的情节。鲍曼说，人类因为过失而变成猴子的传说，在非洲特别常见（鲍曼，1936：329）。猴子也被普遍当作堕落的人类（鲍曼，1936：349）。洪水传说中，人变成猴子的情节也在洛安戈人的维利部落中有所记录（鲍曼，1936：329、309）：年老的人把喝粥的勺子安在背上，勺子变成了尾巴，人也变成猴子（也许是为了跑得更快吧）。也有人说，男人变成了猴子，女人变成了蜥蜴（如上）。

现在回到我们的传说上来，这个传说是 1937 年由木塔人（Mṳta）乔纳斯（Johannes Ndandzḁm Fɔ́ŋgɔn）用巴利语口述给我的，他是喀麦隆巴门达（Bamenda）地区巴利一所学校的校长。①

1. bimɔ̆’ bun ní ŋ́gâ, Bămṳntṳŋ bọ̈ bimɔ̆’ ŋgọ̈d bun bi bó ka bọ̈ má m̀bàd Mṳ́-ndáŋkwe', má lṳ̆' olé yi, bó kúd Baménda station γwú' à. 2. bó γâ, bo bun ka bọ̈ má tsú'k ɔb sìsì lè, yi á má tsṳŋní ntán Sunday má Baménda. 3. bo bun ka vọ̈ lɔ' kwăn, ḿbŭd ńti' bambitsɔ'.

4. bó γâ, a ka bọ̈ ni mɔ̆’ ḿfṳ̆ɲum, mɔ̆’ ndɛn mṳŋgwí la má ŋgɔŋ ntsŭńdâ Bămṳntṳ́ ŋbè mé' ní ńdón ńtsi, bó tí fá i bọ̈. 5. álè í ku' ŋgọ̈̆ kṳ́ntɛd Fɔ-Mṳ̂ntṳ́ŋ ma lón ntsi lé γwú'; γwí mfon lé ɲṳ' í ɲṳ̆'. 6. álè ndɛd mṳŋgwí lè yọ̈̂ ŋgọ̈́' a tsă mbo mí à má ŋgɔŋ

① 由于拼写的缘故，参见我的 “Märchen in der Balisprache,” *Zeitschrift für Eingeborenen - Sprachen* 32（1941/1942）：135－160,224－236 和 “Spiele bei den Bali in Kamerun,” *AFRIKA UND ÜBERSEE* 39（1954/1955）：179－190。在下面的文本中，如同上述卡卡人的词语一样，低调均未标注。

lé ńtsú' lè, mbí' ntụ í ka dzúm, bun tí bím ḿfá í ntsi bọ́. 7. ndzạ́m ɜ̀ɛn i kụ́mvi, bun tí bím ńnụ́ŋ í má ndáb bọ́. 8. álè a bí tsě ni γọ́'ŋgɔŋ ni ndib yi bun bĕd mụ̀ nị ńnɔŋkɛ́d nì ǹdi bàb à, ndɛn mụŋgwí lè kɔ́' kụ́tụ̀ mɔ̌' ḿbàd ńdzǒm yáb ŋ́gâ, a bɔ̌ŋ ɲikɔb bụd yáb, bó tí' baɲam, mbí' ńdzộ ndzení-nu báb fụ́ní bộ i bamvụ́ á. 9. í ka súŋ yí', mbí' ńdzộ mvụ́ ma ní mbím ŋ́gâ, mɔ̌' ḿfɛ́li mvụ́ kɔ̂d kĕdzụ bí ni ndib yi ndzi dzáŋ yáb bọ́. 10. álè ɲikɔb ka yú' ndzi ndɛn mụŋgwí lè ńnụ́ŋ ŋ́gọ́' ndû Bămụntụŋ bé; bó bụd ntí' bambitsɔ'.

11. a ka bọ̌ ni mbá' ḿbà' ntsú' lè ŋgɔŋ ndáb mé' bụd ńtí ntsúŋńtsùŋ; bun bó ka nɔnkɛ́d mádzǐ á tí' ńtúm bộ ni sáŋ ni tsụŋni yáb, ḿbộ bụ̌d mụ̀ ńtí' bambitsɔ'. 12. lɔ' ntsú' lẻ bambitsɔ' kộ túmbảd Bămbụ́luγwi mé' ní ńtí' ńnɔ́ŋ báb bộ má kɔb kụ kǔ' ḿbọ́ bun bọ́. 13. yǒ ńdzộ ŋgɔ̌ŋBămụntụŋ ka vọ́ à, bambitsɔ' sĕ saŋ kụ́mvị ả.

（1）有人说穆腾（Muntüng）的居民过去是住在蒙达维（Mundankwe）山上的一个人种，后来那里造了巴门达车站。（2）他们说这些人聚集在今天的巴门达星期天市场下阴暗的小树林里。（3）这些人很久前失踪了，变成了猴子。

（4）据说一天晚上一位老妇人挨家挨户向穆腾人讨水喝，但没人给她一滴水。（5）然后她又去穆腾酋长的农庄上，想在那儿讨点水，却被酋长的妻子们赶走了。（6）于是那天老妇人在城里难过得无法忍受，因为她的心（这里等于“全身”）都干了，而人们却不愿给她水喝。（7）黑暗降临了，也没人请她到屋里过夜。（8）半夜里，在人们打发她离开，上床睡着后，老妇人爬上一座小山诅咒他们说，上帝应把他们变成动物，因为他们的行为如同狗一样。（9）她说狗饿的时候才不会让其他狗碰它的食物。（10）上帝听见她的诅咒，便让穆腾人倒霉——他们变成了猴子。

（11）次日清晨，所有房子都屋顶朝地翻转过来。睡在里面的人出来时屁股上长着尾巴，变形了，变成了猴子。（12）从那天起，这些猴子占领了班布鲁维（Bambuluwi）山，他们睡在树林里，不再是人了。（13）穆腾人的城市从此便消失了，猴子散布于全世界。

鲍曼（1936：101）引用被巴斯蒂恩提及的一则菲奥特人神话，“根据这个神话，纳赞姆比·姆普古（Nzambi-Mpungu）——天上的神圣创造者，因为最早的人类反抗他，所以他把他们变成了猴子，又创造了新的人类”。而巴利校长的叙事只说一个村庄的毁灭。于是创造一个全新的人种没有必要了。可是我们如果假设一个地方性传说是以一个更古老的、全球性的神话为蓝本的话，那么仅仅为惩罚而把穆腾人变成猴子是不够的。就像在菲奥特人神话中一样，新世界需要新人类。依我之见，这一点又一次证明了关于穆腾人毁灭的传说可以解释成一则退化了的洪水神话。

我们已经分析了喀麦隆巴门达地区两个传说的神话母题，那么结果是什么呢？ 我们来总结一下。

洪水传说中的兄妹婚不仅出现在非洲，也出现在亚洲。但两者的直接联系并不一定存在。从旧世界中得救而进入新世界的同胞之间的婚姻，应该与原始夫妇及其子女通婚的观念联系在一起来理解，也就是说，在更大的创世神话语境中来理解。

与洪水有关的水罐母题，也出现于维多利亚湖边的夸亚人以及上乌班吉河的巴布瓦人中。我认为它们之间很有可能存在联系，所以不能把罐子母题当作一个纯地方性的母题，而应当作一个涉及地区范围较大的母题。值得注意的是，卡卡人传说中的罐子在洪水后才变得重要起来，而在夸亚人中则是接触罐子引发洪水。在此情况下，卡卡人传说中的打破罐底并置罐于屋顶是最有意义的。这可能是神话情节的第二阶段，而第一阶段，即洪水之前把水装入藏于屋顶下的罐子里，则缺失了。在此情形下，破罐底也许意味着洪水从中涌出。至于锄柄，卡卡人是把它安在罐上，我认为这只是个地方现象。这极有可能象征着洪水之前祖先的拯救法力和兄妹婚姻的保护力量。

动物在两个传说中发挥完全不同的功能。在卡卡人那里，山羊是起决定作用的权威角色，负责营救兄妹并促成以后的兄妹婚；蜥蜴在公羊的吩咐下为他们指明逃难的路。这两种动物，当然还有穆腾人毁灭传说中提到的狗，都属于“地方性神话材料”。

猴子在第二个传说中处于一个完全不同的处境。它们在洪水神话中是一个极少得到验证的母题，而且叙事因为它们而出现中断。第一部分——其中说一位老妇人报复不给她水喝的村民，就诅咒他们——属于维尼塔类型。但是人类并没有被淹死，而是被降格为猴子。所以这个传说与一个经常出现的人变成猴子的母题有关，也与猴子和人之间明显的紧密联系有关。它并没有提及洪水。我认为，诅咒后的第二天早晨房子翻转过来，头朝下倒立，只有这个颠倒说明维尼塔传说中的村子毁灭。对这个奇怪的母题，很难有另外的解释。但是，如果我们把这个传说从其地域范围中抽出来，放在一个全球性的框架之中，人变成猴子应该接以新人类的诞生。只有这样的解释，才能使我们把这个肯定较晚又被多次修正的传说，与古老的洪水神话归为一类——这些神话不仅讲述当今世界的形成，还讲述原有超自然世界的毁灭。

参考书目

Andree, Richard. *Die flutsagen: Ethnographisch betrachtet* . Braunschweig, 1891.

Baumann, Hermann. *Scböpfung und Urzeit des menschen im Mythus der afrikanischen Völker*. 2nd ed. Berlin, 1936.

Gerland, Georg. *Der Mythus Von der Sintflut*. Bonn, 1912.

Huber, Hugo. "Die unheilbnirgende Schwiegertochter: Ätiologische Motive im Mythengut der Kwaya (Ostafrika)." *Anthropos* 62 (1967): 789−801.

Müller, Werner. "Die ältesten amerikanischen Sintfluterzählungen." Dissertation, Bonn, 1930.

Nieuwenhuis, A. W. "Die Sintflutsagen als kausal-logische Naturschöpfungs-mythen." *In Festschrift P. W. Schmidt*. Vienna, 1928. Pp. 515−526.

Oldendorp, C. G. A. Geschichte der Mission der evangelischen Brüder auf den caraibischen Inseln S. Thomas, S. Croix und S. Jan. Edited by Johann Jakob Bossart. Vol. l. Barby: Christian Friedrich Laux; Leipzig: in commission of Weidmann's Erben and Reich, 1777.

Riem , Johannes. Die Sintflut: Eine ethnographisch-naturwissenschaftliche Untersuchung. Christentum und Zeitgeist: Hefte zu "Glauben und Wissen," No. 9. Stuttgart, 1906.

Thompson, Stith. Motif-Index of Folk-Literature. Rev. and enlarged edition. Copenhagen, 1955−1958. (I heve not found any references to the subject in this source.)

Westmann, Diedrich. Wörterbuch der Ewe-Sprache. Berlin, 1954.

菲律宾神话中的洪水母题与再生的象征 ①

弗兰西斯科·德米特里欧

编者按：

洪水神话在太平洋民族中也被收集到。在菲律宾，据长期研究该地区民俗的研究者弗兰西斯科·德米特里欧（Francisco Demetrio）说，存在着许多文本。德米特里欧受到米歇尔·埃利亚德（Mircea Eliade）著作的很大影响，后者在《宗教比较的形式》（纽约，1958）第 21 页中论辩说："以水进行宗教仪式的袚除和净化，被用于这样的目的：为了得到一个短暂的瞬间而将发生创造的'那时'，即幻觉时刻（illud tempus），带入现在。袚除和净化是世界诞生或一个'新人类'诞生的象征性再现。"这是德米特里欧讨论菲律宾洪水神话的出发点。值得注意的是，他的评论是对包括宇宙蛋神话在内的"创世神话"的一般讨论的一部分（见母题 A641"宇宙蛋：宇宙从一个蛋中产生"，或母题 A1222"人类起源于蛋"）。关于宇宙蛋神话的更多信息，见 Franz Lukas, "Das Ei als kosmogonische Vorstellung," *Zeitschrift des Vereins für Volkskunde* 4（1894）：227－243；Anna-Britta Hellbom，"The Creation Egg"（《创世之蛋》）*Ethnos* 28（1963）：63－105。

遍及世界的蛋母题，一般不与诞生的象征相联系，而是与再生相联系，或与创造世界时重复诞生的象征相联系。蛋母题，无论是在神话中还是在仪式中，都显然与自然和植物的更新相连，当然也与死亡崇拜相连。在神话思维中，春天和新年本身，乃是世界从分解成碎片之前的混沌、无形或浑圆中首次现身的象征。换言之，春天和新年本身的到来，象征着对开端时的混沌状态和潜伏状态或种子

① 选自《亚洲民俗研究》中的《早期菲律宾人的创世神话》一文（1968 年第 27 期，第 41—79 页），此处只选印了其中的第 70—73 页。

状态的永恒回归。这种回归（根据古代理论）会受到一种大火（ekpyrosis，原火）或一种世界性洪水形式的灾变的影响。为了更新整个宇宙耗尽的能量与力量，保证它继续存在，这种对起源状态的回归是必须的。[①]这样一来，它的周期性永存就得到了保证。在这个语境中，蛋母题，无论在宇宙层次上还是在人类层次上，都不是诞生象征，而是再生象征。像树一样，蛋也是自然及自然不断从死亡到新生的一种象征。[②]

我们曾提到，这种再生会受世界性的大洪水影响。这里我们有菲律宾的伊富高人和其他异教部落的洪水神话。

伊富高人讲到一次使所有河流都干枯了的大旱灾。老人们建议他们挖掘已潜入它的墓地底下的河流，以找到河的精魂。挖了三天后，一股很大的泉水突然喷涌出来。它来得如此凶猛，许多人来不及从坑中逃出来就淹死了。为了庆祝得到了水，伊富高人举行了一个盛宴。然而正当他们兴高采烈之时，天突然变暗了，大雨倾盆，河水上涨。老人们最后叫所有人都往山上跑，因为河神发怒了。所有人都被水淹死了，只剩下一对兄妹维甘（Wigan）和布甘（Bugan）幸存。维甘安全地在阿穆嘤（Amuyao）山顶安居，布甘则住在卡拉维坦（Kalawitan）山顶。水继续上涨，直到将大地全部淹没，仅剩下这两个山顶。洪水淹没了大地六个月。山顶有许多水果和坚果供幸存者吃。但只是布甘有火。维甘因为没有火，觉得冷。

故事继续讲到大水退后的事情。维甘来到卡拉维坦山与他妹妹重逢。他们住在现在巴瑙尔（Banaual）氏族生活的山谷里。一天，布甘发现自己怀了孩子。羞愧之中，她离开自己的屋子，顺河而下。长途跋涉耗尽了她的力量，她虚弱不堪，悲伤使她变得非常憔悴。她倒在地上，直到马克龙甘（Maknongan）神以一个慈祥的白胡子老人形象出现在她面前，她才得到安慰。他使她确信她没有必要羞愧。她和维甘所做的事情是正确的，因为正是要通过他们，世界才会重新有人。[③]

上述梗概显然表明：在伊富高人中有一种关于人类种族相继生存的信仰；旧的种族被一场洪水毁灭了，新的一代通过洪水遗民而开始产生。再生隐含在这个洪水神话之中。

---

① Mircea Eliade, *PATTERNS IN COMPARATIVE RELIGION*（《比较宗教模式》）, New York, 1963, pp. 212,254.

② Mircea Eliade, *PATTERNS IN COMPARATIVE RELIGION*（《比较宗教模式》）, New York, 1963, pp. 324 — 326,414 — 416.

③ H. Otley Beyer, "Origin Myths Among the Mountain Peoples of the Philippines"（《菲律宾山地民族的起源神话》）, *PHIIPPINE JOURNAL OF SCIENCE* 8 （Section D）（April 1913）: 212−213.

在阿塔人中，我们还有科勒（Cole）所作的报道：

在这（创造第一个男人和女人）之后很久，洪水淹没了整个大地。除两男一女外，所有的阿塔人均被淹死。洪水将他们冲到很远的地方，如果不是一只大鹰来救他们的话，他们就完了。这只鸟要将他们驮在背上送回他们的家。一个男人拒绝鸟的帮助，另两人接受了鸟的帮助，返回到马普拉（Mapula）。[①]

这里，我们再次看到关于新一代阿塔人出自洪水后两个遗民的推测，他们是乘鸟飞回家乡的。这个故事也假定原来存在一个人种，该人种在这次灾变中毁灭了。人类通过受鸟儿帮助的遗民得以再生的观念十分清楚。

在曼达亚人中，我们还得到过报道说：许多代人以前，一场大洪水淹死了世界上所有的居民，只有一个孕妇逃脱。她祈祷生个男孩。这个愿望得到满足，她给儿子取名乌卡坦（Uacatan）。男孩长大后，以母亲为妻，从他们的结合中生出所有的曼达亚人（俄狄浦斯情结的幽灵）。[②]

在这个故事中，有两件事情再次被假定：现已因洪水而灭绝的人种先前的存在，来自两个幸存者的新人种的存在。

关于比萨扬人，人们可能不赞同阿尔兹纳（Alzina）的说法："他们现在称洪水为 ang paglunup sa calibutan（字面意思为'世界的淹没'），有关洪水的事他们一无所知。"[③]至少在蕃斯勒尔（Fansler）比萨扬人中有一个洪水故事，它是由米萨米斯（Misamis）省卡加延（Cagayan）的维森特（Vicente L. Neri）提供的，他从他的祖母那里听来了这个故事。洪水由于巴萨拉（Bathala）与海神杜马加特（Dumagat）的一场争吵而起。似乎是巴萨拉手下的乌鸦和鸽子偷了杜马加特手下的鱼。杜马加特要求巴萨拉付报酬，但却一无所获。为了报复，他打开世界之水流经的大水管，洪水涌出，淹没了巴萨拉的领地，直到几乎所有人都被淹死。[④]

---

① Fay Cooper Cole, *THE WILD TRIBES OF DAVAO DISTRICT, MINDANAO*（《棉兰老岛达沃地区的野部落》）, Field Museum of Natural History, Anthropological Series 12（Chicago, 1913）, p. 164.

② 科勒，第 173 页。一般来说，洪水后的遗民是兄妹。另一种情况是母子配偶。这是在我写完这篇文章之后，菲律宾大学的胡安·弗兰西斯科博士（Dr. Juan Francisco）使我注意到的。他说，东米萨米斯省（Misamis Oriental）北部马格萨亚斯人（Magsaysay）的赫高诺斯部落（Higaunons）的洪水神话中讲，大洪水后剩下的只有母子二人。

③ Francisco Alzina, S. J., *HISTORIA DE LAS ISLAS BISAYAS*, Part I, Book 3, 对阿尔兹纳（Alzina）的穆诺兹（Munoz）文本的一个初步翻译, Part I, Books 1–4, by Paul S. Lietz（Chicago, 1961）, pp. 191–192.

④ Dean S. Fansler, *FILIPINO POPULAR TALES*（《菲律宾民间故事》）, New York, 1921, pp. 420–421.

帕冯（Pavon）还讲了一个乌鸦如何变黑的故事。这个故事的梗概如下：在非常遥远的时代，上帝想，得给人类一个大惩罚才好。随即就出现了一场夺去了许多生命的内战。然后，一条河漫出堤岸，夺走了更多人的生命。冥界的判官阿罗帕扬（Aropayang）对发生的这些不幸感到惊恐，他派乌鸦和鸽子去检查和清点死者。鸽子回来，如实描述了这场灾难。乌鸦回得很晚，并且由于它热切地啄食死人的眼睛，忘了统计死者的数目，所以作不出描述。阿罗帕扬大怒，他猛地将一瓶墨水掷向这只鸟，墨水永远染黑了乌鸦的羽毛，他还诅咒它那只被墨水池砸中的脚变跛。①

在这两个故事中，我们都发现了洪水母题，就算它不是世界性洪水。它至少暗示了一代人在洪水中灭亡，另一代人在洪水后出现。巴萨拉的追随者与帕冯故事中的人们并未灭绝。因此我们可以推测至少有两个人或更多的人幸存，并让世界再次住人。于是，我们也可以说其中隐含着再生的思想。在这两个故事中，再次塑造了两只鸟：乌鸦和鸽子。在这些更像普通民间故事而不像神话的故事中，鸟儿们都不下蛋。然而有趣的是它们是如何被送出去统计死者的。所以，早期宇宙再生神话中共有的许多母题——洪水、几个人幸存、鸟儿、死者，似乎再现于这些故事之中。不过，这种再生不是为了个体的死者，而是为了新的人种，他们由幸存者生出，并在世界上再次住下。

① Jose Maria Pavon y Anguro, "The Robertson Translations of the Pavon Manuscripts of 1838−1939"(《帕冯 1838—1939 手稿的罗伯逊译本》), Philippine Studies Program, Department of Anthropology, University of Chicago, 1957, Transcript no. 5-C, pp. 27−28.

洪水——北克穆人创世故事的三个文本[1]

克里斯蒂娜·林德尔　简－奥基维德·斯旺　达姆隆·泰安尼

编者按：

洪水神话在东南亚和中国也较为普遍。这个地区洪水叙事的特点是洪水消退后的同胞乱伦婚姻。泰国北部克穆人（Kammu）的传说与中国文本颇为相似。这篇克穆洪水神话的研究文章，是一队瑞典学者对克穆的语言和民俗进行长期不断的田野研究的一部分。瑞典民俗学家的这篇论文不同于本文集中的其他论文，因为这篇论文中收入了洪水神话的口头文本。那些开头和结尾都不顺畅的口头文本，与文学文本、改写文本或概要文本的流畅文理迥然不同。有关克穆人的民族志细节，见克里斯蒂娜·林德尔（Kristina Lindell）、哈克·兰德斯充（Håkan Lundström）、简－奥罗弗·斯宛特森（Jan-Olof Svantesson）和达姆隆·泰安尼（Damrong Tayanin）《克穆年：知识与音乐》（*The Kammu Year: Its lore and Music*），载《亚洲问题研究之四》（*Studies on Asian Topics No.* 4）（伦敦和马尔莫，1982）。有关中国洪水文本的较早探讨，见 Terrien de Lacouperie，《洪水传说及其在古代中国的遗留》（"The Deluge-Tradition and Its Remains in Ancient China"），载《巴比伦和东方记录》（*The Babylonian and Oriental Record*）卷四（1889－1890，pp. 15－24，49－56，102－111）；Julius Grill "Zur chinesischen Flutsage"，载 *Festgruss an Rudolf von Roth*（Stuttgart，1893，pp. 9－14）；洛克《摩梭（纳西）部落文学中的洪水故事》[J. F. Rock，"The Story of the Flood in the Literature of the Mo-So（Na-Khi）Tribe"]，载《中国西部边境研究学会学报》（*Journal of the West China Border Research Society* 7，1935，pp. 64－80）。关于洪水神

① Reprinted from *ACTA ORIENTALIA* 37（1976）：183－200.

话中同胞乱伦成分的详细探讨，见 Leopold Walk，“Das Flut-Geschwisterpaar als Ur- und Stammelternpaar der Menschheit: Ein Beitrag zur Mytheng-eschichte Süd- und Südostasiens”，载 *Mitteilungen der Österreichischen Gesellschaft für Anthropologie*，Ethnologie und Prähistorie 78/79 期（1949），第 60—115 页。另有一篇 51 个文本的综合研究，见李伟《台湾及东南亚土著的同胞婚配型洪水传说》（中文写成，并有两页英文摘要），载《中国民族学学会学报》1955 年第 1 卷，第 171—206 页。

我们现在所知的世界出现于一场大洪水[①]之后，这个观念是东南亚许多民族所共有的。[②]

新的世界常常通过仅有的两个幸存者的乱伦婚姻而再次住有人类；这两个幸存者之间有血统关系，互为禁忌。这对年轻人不肯交合，直到出现了某个有力的征兆，才使他们确信有必要结婚。[③]

在克穆人的洪水故事[④]中，是绿嘴地鹃（malcoha cuckoo）劝说这对创世之初的年轻人交合的。[⑤]这个插曲在老挝北部和泰国的克穆地区极为盛行。毫不夸张地说，整个地区每个讲克穆语的人都知晓绿嘴地鹃所吟之词：

托克库克库克（Tok kɔɔk kɔɔk），

托克库克（tok kɔɔk），

---

① 这里提供的故事是由位于泰国北部南邦府（Lampang）的斯堪的纳维亚学院亚洲研究田野作业站于 1972—1974 年间记录的。

② 参见 Alfred Kühn: *BERICHTE ÜBER DEN WELTANFANG BEI DEN INDOCHINESEN UND IHREN NACHBARVÖLKERN*（Leipzig，1939），特别是第 93—109 “Sintflutberichte”。关于来自老挝不同地区的其他克穆人异文，见 Michel Ferlus，“La cosmogonie selon la tradition khmou”，in *LANGUES ET TECHNIQUES. NATURE ET SOCIÉ TÉ. APPROCHE LINGUISTIQUE*，Vol. I，pp. 277−282，Paris，1972。在这篇有趣的文章中，费尔鲁斯博士对克穆人和老挝人的创世故事进行了比较。他指出，所有克穆人的不同异文在结构和主题方面高度一致。本文所论述的三个文本能进一步证明这个观点。讲故事者操苑（Yuan）方言和罗克（Rɔɔk）方言，三个文本的最终源头可能在南塔省（Namtha）和琅勃拉邦省（Luang Prabang）最北边。

③ 也参见 David Crockett Graham: *SONGS AND STORIES OF THE CH' UAN MIAO*（《Ch' uan 苗的歌和故事》），Smithsonian Miscellaneous Collections，Vol. 136，No. 1（Washington，1954），p. 179f。

④ 在克穆语中，该故事名为 “Om pɛk om ŋɛɛn”，“Om pɛk” 意为 “洪水，洪灾”，“om pɛk om ŋɛɛn” 是一种重复形式，意思与之相同。这个重复的后半部分 “om ŋɛɛn”，如果独立地看，则没有意义。

⑤ 此鸟在克穆语中叫作 Tokkɔɔk 或 Təkɔɔk，意为大绿嘴地鹃。参见 Bertram E. Smythies: *THE BIRDS OF BURMA*（London，1953）。

普利卡普木克（pree kap mɔɔk），
萨尔库克约提（sərkɔɔk yɔ tee）。
“托克库克库克（Tok kɔɔk kɔɔk），
托克库克（tok kɔɔk），
哥哥与妹妹[①]
相互拥抱吧。”

这个故事，至少是这个故事的开头部分，尽管几乎人人皆知，但27个讲故事的人中，只有一个人自愿主动讲述这个故事（见文本 A）。原因在于这个故事含有许多复杂情节和大量松散的主题，使它难以讲述。

对外人而言，这个故事可以甚至应该结束于世界重新住人这一段之后。但克穆人却不这样认为。我们在工作过程中常邀请故事家凑在一起，以类似临时研讨会的形式讨论录下的故事。[②]他们一致认为：不仅要阐明洪水之后世界是怎样重新住人的，而且要尽可能详尽地解释现有的世界秩序。所以故事讲得越长，解释的现象越多，就算讲得越好。

我们费了不少口舌，才使第二个故事家讲述了他所能回忆的部分（见文本B）。尽管我们尽了很多努力，企图让故事家允许我们录下故事中的零散片段，但这些努力少有成功。克穆人很清楚地知道，在一二十年内，他们所讲的故事绝大多数都会被遗忘。实际上，这也是许多故事得以用磁带录下来的主要原因。我们接触到的克穆人把这些传说看成他们最重要的文化遗产，并且迫切希望将它们保存下来。大多数故事家都赞成应该记录下零碎的故事片段，然而实际上却没有人愿意讲这些零碎片段。这是因为尽管不存在职业的故事家，但好的讲述却能带来很大声誉。如果在这点上过于勉强，可能会让故事家难受，因为他对自己的艺术往往很自豪，一想到别人听他结结巴巴地讲故事，他就会很反感。

第三个故事家（见文本 C）听了前面两个人的讲述。他说，他还记得一些他认为不该忽略的情节，接着他又声明还有多处他不能清楚地回忆起来。因此他所讲的只是对前两个人的补充。

讲述这个故事的三位故事家都住在泰国北部的南邦城（Lampang）内或附近

①pree 与 mɔɔk 两词不能对译为英语。pree 指兄弟或堂兄弟与姐妹或堂姐妹的关系；mɔɔk 指姐妹或堂姐妹与兄弟或堂兄弟的关系。此处是指两个年轻人进行乱伦的交合。（关于亲属关系的词语，这里不能作详细的注释，不过有关克穆人家族系统的另一篇论文也即将发表。）

②这些讨论也被记录了下来。注释中对故事的几个解释，就是由故事家提供的。

地区。彭先生（Mr. Pong）和坎先生（Mr. Kam）讲苑地方言（Yuan dialect），努安先生（Mr. Nuan）讲罗克方言（Rɔɔk dialect）。

彭先生四十五六岁，是一个充满活力并且十分风趣的故事家，喜欢讲幽默故事。他常常参与故事讨论。事实证明，他谙熟克穆人的知识。一旦有人请他讲故事，他便颇有兴致地讲述一两个。不过他并不主动地讲述或听故事。

努安先生七十五六岁。他能讲的故事不多，但讲得很好，不过他说自己已有三十多年不曾讲故事了。现在讲的这个故事还不代表他的实际水平。尽管他推托说忘掉了故事的主要部分，我们还是说服了他努力试一试。

坎先生三十五六岁。他喜欢讲述一些解释性的故事。他讲述时十分小心地使每个细节都准确无误。结果是除非他对故事很了解，并且经过深思熟虑，否则他总是不愿把它讲述出来。他慢慢地想好了讲述，几乎不需要纠正自己的言辞。所以，眼下这个故事就和他讲述的方式极为吻合。他之所以不愿主动讲述故事，是因为他对自己的知识还不很满意。他仍有一些部分回忆不起来。坎先生对自己能记住的故事都感兴趣，并乐意在故事家中结交朋友。这里介绍的三个故事家当中，坎先生对这个传说懂得最多，不过实际上他更乐于倾听别人讲故事。

A. 彭先生

（1）我先从故事的开头讲起吧。最初有两兄弟，你知道，他们……，错了，是一对兄妹，[①]他们想把一只竹鼠挖出来，你知道。他们挖呀挖，挖呀挖。这只竹鼠也一个劲儿往深处钻，后来它回过身来对这两个年轻人说："嘿，你们挖我干什么呀？（现在其他人都将……）[②]大水马上要涨起来淹没村子和土地。我们必须挖一个很深很深的洞，深深地、深深地挖下去。你们也该为自己准备一个好的藏身之处，你们知道。""那么我们该怎么做呢？"他们问道。竹鼠回答说："砍木头，就砍一块圆的，一块圆木头，把它挖空，把它里面挖成一个洞，待在洞里头，待在里面。"

（2）这对年轻人回去，为自己做了一个鼓，爬进去，待在鼓肚子里，还用蜡把边缘封住。

---

① 此处彭先生以"taay hɛɛm"指"同性的兄弟或姐妹"，后来他自己纠正为 pree kap mɔɔk"。

② 讲述失误照录，但置于括弧中。

过了一会儿，洪水来了，淹没了土地，涨得越来越高。那些携铜带银的人坐在筏子里，坐在船里，随着水势浮得越来越高。水退时，这些铜银船筏笨重地落下来，他们都死了。

（但那些人，那人……）那两个人，那对兄妹，他们待在鼓里面。他们朝外看看，水还在那儿，他们就又把洞封起来。他们又朝外看，水干了，他们从鼓里出来。

因为洪水冲毁了所有村庄和整个大地，一个人也没有留下，只有这兄妹俩。（“嗯，哥哥，去找一个……”）“你，妹妹，你去给自己找一个丈夫吧，朝南下去。我往北上去，给自己找一个妻子。”他们走啊走，来来回回地走了又走。可是，唉！不管他们怎样找，始终一个人也看不见。他们只看见对方。“嗯，那边有一个人，我要和她结婚，让她做我的妻子。”小伙子想道。走上前一看，原来是自己的妹妹。

（3）还留下一只鸟，唯一的一只鸟，那就是绿嘴地鹃。它开始吟唱：“托克库克库克，托克库克，哥哥和妹妹，就该抱在一起！”最后，他们终于睡在一起，互相拥有，并得到一个孩子——七年后才得到一个孩子。可你瞧，它没有出来，它待在母亲肚子里，死在里边。它生下来就是一个干瘪的葫芦，它是一个葫芦。他俩把它搁在屋子后头就干活去了。

（4）过了很久，有说话声：“嘤，嘤，嘤，嘤。”他们问道：“嗯，这是什么东西呢？”他们走过去一看，是那只葫芦。他们把它拿走，放得远远的。后来又响起了说话声和交谈声。“噫，到底是怎么回事？”他们去看，还是那只葫芦。男的烧红了一根长长的长长的铁棒，烙了一个洞，烙了一个洞，罗密特人（Rəmeet）[①]出来了，出来。罗密特人开头，首先是他们，他们是最先出来的。随后跟着出来的是克穆人、泰国人、西方人和中国人。他们出来时，什么语言也不会讲，什么事也不懂。就那么过日子。他们想说点什么却说不出来，他们想讲也不会讲。

（5）后来有一位教授[②]，说道：“让我们来谈谈语言吧！学学怎样说话好吗？”

---

①罗密特人（Rəmeet）居住在老挝北部紧靠克穆人的地方。在西方文献中，他们通常被称为拉棉人（Lamet）。他们的语言和克穆人的语言有联系，但两种语言之间却不能相互交流。有这样一种观念：罗密特人的肤色之所以比其他人种黑，因为他们擦掉了灼热铁棒留在洞口的很多烟灰。白肤色在社会上更受尊敬，故事家让罗密特人最先出来，这样就在社会等级上把他们置于比克穆人低一等的位置。

费尔鲁斯博士（Dr. Ferlus）说克穆人是第一批出来的人（见“La cosmogonie selon la tradition khmou”，第280页），根据这里提供的所有记录，这种说法是不正确的。

②彭先生说的是“aacaan”而不是“khuu”，前者是一个通常用来指“老师”的词。

有一段长长的树干横架在一个干涸的溪谷上，那是一株红棉树的枝干，我们称之为“可瓦伊”（kwaay）。他们坐在上面排成一排，人越来越多。树干折断了，树干折断，这时他们都笑了。他们笑出了声，从此能够开口说人类的话了。克穆人说的是：“哈安勒（Haan lɛ）！”罗密特人说的是：“亚蒙佩翁（Yam pə'ɔh）！”老挝人说的是：“塔阿伊勒乌（Taay lɛɛw）！”中国人说的是：“西依耶勒（Sii ŋɛɛ lɛ）！”都是当成话说出来的。[1]西方人也说了什么，不过我不懂他们的语言。

（6）然后他们去学习文字，学习文字。[2]他们扯了一片勒克帕克树（rəkpak）的叶子放到水里，让它漂在水面上，漂呀漂。他们瞅着这片叶子，说：“嗯，要是我们做一条像这样的船，那该有多好！”然而克穆人却说：“不，我们可不要这个。我们要水牛皮做的！”他们宰了一头水牛，用它的皮做了一条船，放入水中。时间慢慢过去了，牛皮一点点腐烂、脱落。克穆人用长篙撑船顺河而下，一片一片地割下牛皮，煮汤。老挝人和泰国人让他们的勒克帕克树叶顺着河水往下漂，观察它，然后照它的样子刨了一条木船，顺流而下。

他们的老师来了，对他们说：“去学习文字吧！每个人都要学习自己的文字，有自己特点的文字，每个人都要等待自己适合的书本和公文的到来。”然而，我们克穆人却不识字，因为我们吃了水牛皮。我们吃水牛皮，把它“嘎巴、嘎巴、嘎巴”地大声嚼掉了。他们老挝人、泰国人、西方人和中国人煎鸡蛋吃，他们边吃边听老师讲课，他们边吃边听。然后其他人问道：“唔，谁明白那是什么？让我们读读看吧！”得啦，克穆人不会读，只说：“唉，我们不知道！”

噢，现在中国人来了，他比别人后到。他一来就瞥见了地上的母鸡脚印，他注视着母鸡。脚印朝这边，朝那边，延伸开去，他就照那形状描了下来，说：“好，我就照这样写。”直到今天，中国人还是这样写字。后来泰国人写泰国字，老挝人写老挝字，西方人有西方字。而我们克穆人不识字，因为我们什么也没听见，没听见别人说了些什么。

---

① 这些拟声词为惊叫的喊声。故事家将其解释为一句温和的咒骂语：“噢，天哪！”其实这些词都表示同一个意思。把它们译为“完蛋了！（dead and out！）”或许更符合它们的实际意义。

② 如果故事家不作任何解释，此段和接下去的段落将很难理解。

在记录中，彭先生有时用“nɔɔ”（他们）来指老挝人和泰国人，有时也用来指克穆人，有时指所有其他的民族。根据文中的解释，人们在他们的所在地是不可能学到文字的。因此他们只好造船出国，在外国学习文字。为了造船，老挝人和泰国人观察到一个勒克帕克果子（彭先生错说成“叶子”了，这种未被确认的植物结出细长的果实，形状有点像一条独木舟）漂在水面上，而克穆人则只想到食物。当老师开始教他们时，其他的民族跟着重复念，克穆人却只顾大嚼水牛皮，所以他们根本就没有听到老师讲了什么。

（7）后来他们又说："好了，我们[①]回去吧！"他们回去了。"现在，你们谁是哥哥谁是弟弟？"[②]我们是克穆人，起初我们是他们的哥哥，你知道，一开始我们就是他们的哥哥。[③]那些西方人、中国人、老挝人都是弟弟，我们才是大哥，因为我们最年长。他们都走了，坐在一起："好了，我们是不是要分一分我们之间的东西？""噢，是的，我们分一分吧，看谁能得到什么。"他们是弟弟。他们有香蕉树，他们先动手分香蕉。"对，分香蕉树吧！"他们分了，别人要了树根和树干，我们要了树梢。我们是大哥，理所当然得树梢。可是，我们把我们的这部分种到土里，结果长不出来。

"现在我们来分甘蔗吧！"老挝人说道，"你们是大哥，这次就拿根和杆吧。我们年纪小，就要顶上吧！"他们年纪小，要了顶上，我们要了根和秆。他们种下他们得到的甘蔗头，它长出来。我们得到根和秆，种下去不长。我们得到香蕉树的树梢，而他们得到甘蔗的顶端，所以只有他们得到的那部分才长得出来。

这样继续分下去，最后他们要分大象。说起大象，因为他们年纪小，因为他们是弟弟，所以他们分到了小象，你知道。因为我们年纪大，是哥哥，所以我们得了母象。我们得了母象，把它拴住。老挝人说："我们来订一个协议，遵守协议。如果母象去找她的小象，那她也就归我们弟弟所有。如果小象去找母亲，那么两只象都归你们大哥所有。""行！"我们答应了。我们已经把母象拴住了，但没有拴得很紧。现在母象开始东拉西拽，她就这样拉拽。母象很强壮，她又推又拉，绳子断了。然后她去跟她孩子待在一起。就这样弟弟们得了小象，又得了母象。我们呢，我们什么也没得到，因为母象去跟她孩子待在一起了。

（8）最后，他们（带）要我们去——他们来看我们，你知道，早些时候他们来看我们，你知道——因为他们是弟弟。我们说："老弟，你们应该来看望你们的大哥！""可以。"他们答应了。事实上，他们每天都来看我们，每天。可是，现在他们却说："不行，我们不想去，我们没精神。哥哥也该来看看他们的弟弟。我们是弟弟，为什么我们就得去看哥哥？你们想要原料和衣物的话，就来看我们

---

① 此段和下一段中的"我们"指克穆人（罗密特人可能也包括在内，他们被看成克穆人的兄弟民族。泰国讲克穆语的人用"pru"这个词来指克穆人和罗密特人。看起来老挝人不知道这个词。）"nɔɔ"（他们）指社会上富有的民族。

② 此处很难分辨出谁是说话者，很有可能指所有民族都在讨论。

③ 相对于中国人和泰国人来说，克穆人不是很注重辈分，不过尊敬兄长还是应该的。克穆人声称自己年长于老挝人，是因为他们先从葫芦里出来。他们没有意识到老挝人才是真正最早的老挝居民这个事实。

这些当弟弟的吧！你们是大哥，我们是你们的小弟，我们会给你们准备好这些东西。因为你们大我们小，所以我们再也不去看你们了。”

从那以后，他们再也不来看我们了。现在是我们每天都去看他们，每天。我们没有任何原料，也没有任何衣服。我们只有去他们那儿拿，因为他们知道怎样把它们生产出来。我们是哥哥，也仅仅是哥哥而已，我们什么也不会生产。我们的弟弟把什么都给我们生产好了，把什么都给我们生产好了。

在 1974 年夏季，同一个故事家又记录了一遍这个故事。故事几乎一字不漏。这足以表明对这位故事家而言，不过是把他熟记的故事加以重复而已，并非自由发挥。[①]鉴于两次记录实际上完全一致，第二次记录就没有完整地载入本文。然而故事家在故事的结尾处又添加了一个新的母题，提供于此。这个母题因为带有极明显的现代气息而令人特别感兴趣。那时在克穆人居住的村子里，混凝土还没有用来作为建筑材料。人们不禁感到奇怪，它是何时又是怎样进入克穆人的民间传说中的呢？不过，只要故事能够吸收新鲜内容，它们肯定就会有生命力。

A. 彭先生（继续）

（9）他们[②]在浇铸水泥，用水泥砂浆筑房子的地基。我们的主人[③]去看了，说："瞧，他们能用石头打地基，那我们也可以用石头打地基嘛。你们也要用石头为我们打地基！”他吩咐一个部下采石头去。那人砸石头，但一块碎石弄伤了他。接着另一个人砸石头，又有一块碎石弄伤了他。于是他俩就把主人给杀了，杀了他们的主人。他死了，我们没有主人了，我们完全没有主人了。于是，我们就把老挝人的主人当作我们的主人，就把我们弟弟的主人当作我们的主人。

B. 努安先生

（2）现在我要讲洪水故事。据说，很久以前，一场大洪水就要来临。有两兄

① 显然，并非所有故事家都这样讲。从这个意义上讲，彭先生添加的这段令人怀疑。

② “他们”仍指老挝人。

③ 此处指克穆人过去曾有过一个自己的统治者，是克穆人自己把他杀了。

弟，不，我是说有两兄妹，他们合力做了一个木鼓。他们做好木鼓，有人说："今天，你们知道，洪水就要来了！"他们已经造好了木鼓，现在他们爬进木鼓，待在木鼓里面。他们还随身带着封口用的蜡和一根针，然后他们爬进木鼓。洪水果真来了，后来，啊！我不知道过了多少年多少月。我不知道他们的大鼓在水里漂过了多少座山、多少道岭，也不知道经过了多少个村子或城镇。它就那样一个劲地漂呀漂。他俩在鼓里面用针往封蜡上扎了个眼儿朝外看，但水从外面渗了进来。他们又把眼儿封了起来。鼓就那样一个劲地漂呀漂。

后来他们又扎了个眼儿看，这回一点水都没有了。他们从鼓里爬了出来。他们四下看，啊，他们根本弄不清在哪里，他们四处看，一个人也看不到，甚至连一片树叶都没有。

"唉！现在我们该怎么办？女人需要一个丈夫，男人需要一个妻子。让我们去找找看！"

一个人往北走，另一个人往南走。他们找呀，看呀，但是一个人也没有。看了又看，还是那样，无论他们到哪里看，只有他们自己，没有别人，只有他们兄妹俩。他们又重新出发，这里找，那里找，到处都找遍了，但就是一个人也没有。

有一只鸟，一只绿嘴地鹃，它在鸣叫："托克库克库克，托克克依克依（tok keey keey），哥哥与妹妹，相互拥抱吧。"

（3）"噢，那只鸟是要让我们俩结婚。"他们这样想，于是他俩就结婚了，他们你嫁我、我娶你。

妻子怀孕三年之后，她生下来的是一只葫芦，它竟然是一只葫芦。

（4）"我们该怎么办呢？"他们说。每天，每天，他俩到地里干活，都听见葫芦里有说话声："西依依特，西依依特。"他们拿它一点办法也没有。"我们该怎么办？嗯，我们烧红一根铁棒，趁热时捅进葫芦里，看看究竟会发生什么事。"

他们把一根铁棒烧红之后捅进了葫芦，看究竟会怎样。哇！罗密特人赶在最前头走了出来，先是罗密特人，接着印度人出来了，出来了印度人，出来了克穆人，然后出来中国人，掸人，孟人，最后是西方人。他们出来的时候叫嚷着："西依依特，西依依特。"

现在他们已来到这个世上，可是他们却不会说话。他们想："我们该怎么办呢？如果我们去学习语言，有些人可以从水里学到东西，另外一些人可以学习各种事情。"

有一个老头，他说："有了……！"……他们造了一座桥，大家上了桥坐到一块儿。他们坐了一会儿，只听得“嘎啦”一声，桥断成两截。“啊，怎么办？”就这样他们在那儿会了一些词。……然后……噢，好了，我就讲到这儿吧！

C. 坎先生

这是洪水故事。

（1）有个小男孩，他想把一只竹鼠给挖出来。他挖竹鼠的时候，这只竹鼠也在替自己掘洞。男孩挖得越深，竹鼠也钻得越深。这样过了许久，竹鼠钻出来对男孩说：“你把我挖出来干什么呀？难道你不知道我在给自己打洞吗？我挖的洞可棒哩！”

男孩答道：“哦，我现在要宰了你，我挖洞是因为我想吃你的肉。”

竹鼠说：“听着，我要认真告诉你一件事。水马上要涨起来泛滥成灾了，它会淹没村子，淹没房屋。我害怕洪水来，所以我得给自己挖一个很深很深的洞。你要是想活命，就赶紧回家，做个木鼓，爬进去待在里头。”

男孩问：“真的吗？”

竹鼠答道：“是的，没错。”

（2）现在男孩回去，回到村子里。他回来，给自己做了一面鼓。完工时，他带好火种盒子，带上大米、肉及其他必需品。他带上他妹妹，一只猪，一条狗，一起爬进了鼓里，待在里面。

随后，洪水淹没了村子，淹没了房屋、山地、稻田。两个年轻人躲在鼓里面。他们用针在鼓面上戳了个眼儿，水流了进来，他们又把眼儿给堵上了。

那只鼓在水中漂来漂去，不知向何方漂去。两个年轻人又用针戳了一个眼儿。水已经退了，根本没有水了。他们一起出去。他们走出来，啊，除了光秃秃的大地之外，什么也没剩下。树木全都倒了，人全都死了。

他俩朝四周看看，不知该往何方走。男孩说：“妹妹，你去给自己找个丈夫，我要去给自己找个妻子。”于是她去找丈夫，他去找妻子去了。

他们走啊走，来来回回地走。到头来他们又碰到一块了。男孩往远处看，见那边山上有个人走着。他想：“嗯，我要上那边去，让她做我的妻子。”他走过去一看，原来是他自己的妹妹。她往远处看，见那边山上有个人走着，她想：“嗯，我要去那边，让他做我的丈夫。”她走过去才知道，那是她哥哥。

（3）他俩一块儿走着，有一只绿嘴地鹃在鸣叫："托克库克库克，托克库克，哥哥与妹妹，相互拥抱吧。"

两个年轻人听了绿嘴地鹃这样叫，心想："哦，既然其他人都死了，没有了，我俩就结婚吧！"于是他俩睡在了一起。

时间很快过去了。他们开垦了一块田，但没有稻谷可种。男人找了一些绳子，结了一张网，装好后，网住了一只鸽子。他去查看网时，发现里面有一只鸽子。他带着鸽子回家，这时鸟儿发话了："如果你不杀我，我就给你稻谷种子。"他说："那好，但你上哪儿去找稻谷给我呢？"鸟儿说："哦，我这儿就有一些。"说完鸟儿从它的砂囊里吐出稻谷给他。男人把稻谷撒到田里，从此他们耕耘他们的稻田。

女人怀孕三年后，生产时，出来的却是个圆圆的葫芦。他们把葫芦搁在洗澡的地方。他们去山地干活去了，回来后听见有人说话："嘤，嘤。"他们让狗下去看看。狗下去看，叫个不停。他们下去看，但什么也没发现。他们就带上狗和猪回家了。

（4）第二天，他们又去山地干活了。回来后他们又听见了同样的说话声。以后这种声音每天、每一天都重复出现。

那时他们种山地，还没吃过稻米。他们还没有吃稻米，只吃稻叶。他俩都用拇指和小指夹住稻叶，把叶尖撕下来。所以至今我们看见稻叶尖上有个缺口，这也是他们往昔掐稻叶的位置。随着时间的流逝，他们耕种田地，得到的稻谷越来越多。

妻子煮稻叶时不允许任何人看见稻叶。她把煮的叶子放在火上后，出去取水。她对丈夫说："你在家待着，但千万不要看我煮的叶子。我去弄点水来。"但她走后，丈夫偷偷揭开锅盖看了一眼稻叶。

全是稻叶，还没煮熟。

妻子回来，进屋后看叶子，还没煮熟。她对丈夫说："我告诉过你我不要你看我煮的稻叶。现在它们还没煮好，现在我们吃什么呢？"丈夫答道："现在我们吃大米代替叶子吧，让我们把大米打下来煮着吃吧。"现在人们吃大米，原因就在这里。

一天他们想："唉，到底是些什么东西老是在葫芦里面说话？每天都说，每天都说。"

男人拿了一根铁棒，在火上把它烧热了，在葫芦上烫了一个洞。罗密特人首先出来了，接着其他各族人也跟着出来。罗密特人出来时蹭掉了烧红的铁棒留在葫芦上的炭痕，所以至今他们都比其他人黑。从那天起，世上有了人类，但他们还是对一切一无所知。

他们带着猪和狗去山地干活。猪把草拱出来吃。然而狗来到地里只是躲在阴凉处睡觉。该是回家的时候了，猪叫唤狗说："狗，我们回家吧！"狗说："好的，那我们就回家吧！"狗从睡觉的地方起身，在猪劳动过的地方跑来跑去，跑来跑去重重地踩出脚印。然后它们回去了。它们到家后，猪说："狗到地里睡觉去了，只有我一人在地里干活。"狗却回答说："睡觉的是猪，我独自干活。你们如果不信，就去那里看看吧！"他们去看，只看见狗的脚印。他们看不见猪的脚印。于是他们想："没错，是猪，猪才懒。瞧，地里根本就没有猪的脚印，只有狗的脚印。"他们回家后把猪给宰了，吃了，却留着狗做宠物。今天人们杀猪，吃猪肉，但他们却不杀狗，也不吃狗肉。①

（5）②那时候人们住在一起，但他们还不会说话。一次人们出门，来到一个地方，那儿有段树干架在一个溪谷上。他们坐在树干上。来的人越来越多，最后树干断了，掉入谷底。所有的人都掉了下去。他们站起来时喊了一声："嗬嘿！"从此每个人什么都会说了，但他们还不会写字。

（6）"好了，那些想去替大家学习写字的人现在就出发吧！"人们说道。于是有四个人分别朝不同方向出发去学习写字。其中一人说："我们照这个样子写字就好了，你们知道！"又有一个说："如果我们这么写，就很好了。"第三人说："我们这样写就好！"第四个人说："我们照这样写，就好！"他们四人一个说这样好，一个说那样好。最后，每个人都带着自己的作品，带着自己的，回家了。他们回去后，人们就互相争吵起来，分成了好几群人。从此一群一群的人去住在不同的地方，因为每个想读书写字的人，都跟着这四个人中的一个学习。这四个教大家读书写字的人，一个是西方人，一个是泰国人，一个是中国人，一个是印度人。就这样世界各地都有人，因为他们跟着这四人学写字。日本人跟着中国人学习，缅甸人跟着印度人学习，住在西方的人跟着西方人学习。老挝人跟着泰国人学习，但是，他学完了，就喝了米酒，喝醉了。老挝人回到村子里，把他的知识教给他们，可他还是醉醺醺的。泰国人把字母ηɔɔ ηuu 写得较短（ງ），老挝人醉醺醺地教别人，就把字母ηɔɔ ηuu 写得较长（ງ）。

---

① 实际上克穆人有时也吃狗肉，尽管这似乎违反了习俗。

② 此序号原文标为（4），现改为（5）。——校注

说起大地上的人，过去的人认为他们都是同一父母所生。但那时四人去学了写字，人们便互相争吵，各走一方。所以现在世界各地都有人。

几点民俗学注释

一、关于文本内容的评述

这三个文本的叙事核心相同，尽管文本B只是片段。我们可以从其他两个文本中发现一些增加的有趣情节。

文本A中，彭先生在讲述克穆人如何获得水泥浇铸技术这一节中，给“克穆人的卑下”主题添入了一个相当现代的变体。这一节很可能是他自己的杜撰。[①]另一方面，第二个添加，即“分谷物受骗”，在欧亚大陆数个地区都作为独立故事而为人所知，与眼下讨论的宇宙演化神话毫无关系。在民间故事类型索引[②]中，我们看到此故事出现于动物故事[③]中，同时也列在“愚蠢的食人巨妖”[④]这个题目下。这个故事涉及人类的文本除了流传于印度尼西亚群岛[⑤]之外，还流传于阿萨姆邦和锡兰[⑥]。

坎先生在故事C中，也讲述了另两个故事中不曾有的两个片段。其中一个片段是关于“人类怎样学会吃大米”的故事。似乎不存在与此直接类似的故事，不过爱伯哈德报道了这个主题的某些类似变体[⑦]。但就叙事内容来说，这些变体与该主题却差别极大。另一个片段是猪和狗在山地里干活时狗怎样使猪受骗的故事。目前的母题索引告诉我们，这个故事在阿萨姆山区是一则单独的民间故事。[⑧]直

---

① 此片段是我们在南邦的最后一段日子中录下的，研讨班尚未讨论过这个话题。

② Antti Aarne and Stith Thompson, *THE TYPES OF THE FOLKTALR* (《民间故事类型》) (Helsinki, 1961).

③ 类型 9 B.

④ 类型 1030.

⑤ Stith Thompson and Jonas Balys, *THE ORAL TALES OF INDIA* (《印度口头故事》), Bloomington, Ind., 1958, p. 294.

⑥ Waldemar Liungman, *VARIFRÅN KOMMER VÅRA SAGOR?* (Djursholm, 1952), p. 312ff.

⑦ Wolfram Eberhard, *TYPEN CHINESISCHER VOLKSMÄRCHEN* (Helsinki, 1937).

⑧ Stith Thompson and Jonas Balys, *THE ORAL TALES OF INDIA*, p. 292.

到最近，它才被民俗学者记录下来，所以我们所知的有关记录的数量确实不多。[①]

二、根据史蒂斯·汤普森《民间文学母题索引》（哥本哈根和布卢明顿，1955—1958，第1—6卷）列出的母题表

标有*号表示此条是本文作者新列入的母题。标有“Cf.”指该条与汤普森所列条目仅有表面联系。该表的顺序与格雷厄姆（Graham，见231页注释③）所列的有所不同，因为汤普森在第二版中对这些号码作了一些更改，我们使用的就是该版本。每个母题后用数字表示该母题出现在文本中的哪一段（1—9），另用大写字母表示该母题出现在哪个故事家（A—C）的文本中。

A1006.2	世界洪灾后由乱伦带来的新人类种族（3：A、B、C）
Cf. A1016.1	洪水源于动物向地下掘洞（1：A、C）
A1021.0.2	在木箱（鼓）中逃避洪水（2：A、B、C）
* A1029.2.1	只有兄妹二人在洪水后幸存（2：A、B、C）
A1101.2.3	从前人类不会说话（4：A、B、C）
*A1236.3	两兄妹乱伦后部落出自葫芦（4：A、B、C）
A1273.1	第一对乱伦的父母（3：A、B、C）
A1422	分配食用家畜（5：C）
A1423.2	获得稻米（4：C）
A1441	始有农业（4：C）
*A1445.2.3	始有水泥砂浆建筑房屋（9：A）
*A1482.2	语言起源：从前的哑巴人类被逗笑，此后他们开始说话（4：A、B、C）
A1484	读书写字的起源（6：A、C）
A1484.2.	字母起源（6：A、C）
* A1484.2.1	中国文字始于母鸡脚印（6：A）
A1614.6	肤色深浅的起源（4：A、B、C）
A1616	特殊语言的起源（5：A、C）

① 费尔鲁斯博士讨论过的文本之一中有“获取火种”这个母题（“La cosmogonie selon la tradition khmou”，第280页），但这里却没有发现。不过在资料中，它被作为与刀耕火种农业和丧葬仪式的起源有关的材料。而这两个主题都不适宜于这里的文本。

A1618	人类不平等的起源（6：A、C）
Cf. A1650	不同阶级的起源（7、8：A）
* A1650.3.3	为什么克穆人去向老挝人要衣服等等（8：A）
* A1689.14	为什么克穆人没有文字（6：A）
A2685	谷物的起源（4：C）
B122.1	鸟当忠告者（3：A、B、C）
* B437.1.2	竹鼠的帮助（1：A、C）
* B521.7	动物预告洪水（1：A、C）
B531	动物为人类提供食物（4：C）
Cf. C221.1.1.4	禁忌：食用狗肉（5：C）
C324	禁忌：偷窥水罐（4：C）
K41.2	猪狗犁地（5：C）
K171.1	分谷物受骗（7：A）
* K171.3.2	分香蕉树受骗（7：A）
* K171.3.3	分甘蔗受骗（7：A）
* K171.7.3	分大象受骗：母象去找的小象还是小象去的找母象（7：A）
M359.8	洪水预言（1：A、C）
*P16.10	为什么克穆人没有“主人”（9：A）
T415	兄妹乱伦（3：A、B、C）
T415.5	兄妹结婚（3：A、B、C）
T555.1.1	女人产下南瓜（葫芦）（3：A、B、C）
T574.2	长时间怀孕：七年（3：A、B、C；在B和C中是三年）

中印度比尔人的大洪水神话[①]

威廉·科珀斯

编者按：

从 1938 年到 1939 年，威廉·科珀斯（Wilhelm Koppers，1886—1961）在位于中印度西北部的比尔人（Bhil）中进行了一次田野作业。科珀斯是人类学家施密特神父（Father Wilhelm Schmidt，1868—1954）的一名忠诚的学生。因此，他十分热衷于研究所谓原始民族的宗教和神话。施密特信奉 Kulturkreis 或称“文化圈”的观念。他对“文化圈”的解释，是指在一定文化水平或文化阶段上的民族共同的一系列相关特征。该概念并非施密特的发明，而是由弗罗贝纽斯（Leo Frobenius，1873—1938）和格雷布内尔（Fritz Graebner，1877—1934）于世纪之交时提出的。

根据这一理论，各民族都应该有一整套属于不同文化“圈”的文化层面。民族学家的任务就是把这些各不相同的层面拆解开来，并建构出它们本来的时间次序。作为一位天主教人类学家，施密特相信，即使是最原始的民族，也必然具有一位至上神的概念。因此，他和他的门徒大力吹捧所谓原始一神教的理论。施密特本人甚至为一种名曰“原始启示”的观点摇旗呐喊。“原始启示”的观点主张地球上所有民族最初都曾从上帝那里得到过同样的神启。

在眼前语境中，相关之处在于，洪水神话的广泛传播被视为“原始启示”这一学说的文件证据。无论如何，施密特为了验证其假设，把他

① 选自威廉·科珀斯：《巴格万，比尔人之至上神——一篇关于印度和印欧宗教历史的稿件》（“Bhagwan, the Supreme Deity of the Bhils: A Contribution to the History of Indian and Indo-European Religions,” *ANTHROPOS* 35/36,1940–1941, pp. 265–325）。此处仅选印其中的第 265–267，282–288 页。

最得意的门生派到世界上他认为最原始的民族中去了。这种做法是值得称道的。(这种原始民族被认为具有更多的古老特征。)于是，一批像科珀斯这样的人类学家去南美洲最南端的火地岛与土著民族待在一起，还有的同事则去非洲跟俾格米人待在一起。

如果想进一步了解《人类学》杂志（*Anthropos*）的奠基人施密特，请参阅他的12卷巨著*Der Ursprung der Gottesidee*(Münster, 1926—1955)、《民族学的文化历史方法》(*The Culture Historical Method of Ethnology*, New York, 1939)、《原始启示》(*Primitive Revelation*, St. Louis, 1939)。想多了解"文化圈理论"的人，可以阅读Robert Heine-Geldern的《德语国家一百年来的民族学理论——某些里程碑》("One Hundred Years of Ethnological Theory in the German-Speaking Countries: Some Milestones," *Current Anthropology* 5,1964, pp. 407−418)。

过去，欧洲和印度的几位学者在中印度（Central India）地区进行了多少有些价值的民族学和人类学调查（此处使用"中印度"一词的地理意义，而不是其政治意义)，但显然缺乏系统的研究。[①]由于这个原因，在1938年夏天，我决定花至少一年时间在中印度的原始种族中做研究工作。我的调查工作开始于1938年10月底，一直持续到1939年12月初。除了要感谢政府当局之外，我还很感激天主教和新教传教士们给我的帮助。因为这里并不是对我的旅行及研究工作进行大量描述的地方，所以不可能提及所有这些人的名字。但是荷兰传教士伦哈特·荣格布拉特神父（Father Leonhard Jungblut, S. V. D.）是个例外，我对他特别感激，详说见后。洛克菲勒学院(the Rockefeller Institute)和圣道传教协会(the Missionary Society of the Divine Word）慷慨地答应为我的计划提供经费。

在众多论题中，有项任务得选出来，这个选择落在比尔人问题上。众所周知，比尔人住在中印度的西北部，确切地说是在温迪亚（Vindhya）山脉和萨特普拉(Satpura)山脉的西支。这两座山是北印度(Northern India)与德干(Deccan)

①然而也有值得注意的例外，但它们几乎都只涉及中印度东部，我需要特别提及下列新近出版物：Sarat Chanra Roy (numerous studies of the different tribes of Chota - Nagpur); P. O. Bodding, *SANTAL FOLK TALES* (Oslo), I (1925), II (1927), III (1929); J. Hoffmann S. J. and A. van Emelen S. J., *ENCYCLOPAEDIA MUNDARICA* (Patna), 1930 ff. (volumes I — XII have appeared); W. V. Grigson, *THE MARIA GONDS OF BASTAR* (London), 1938; Verrier Elwin, *THE BAIGA* (London), 1939。

高原的分界。该部落有一百万或一百五十万人。尽管比尔人现在所说的是一种印度－雅利安语，这是古吉拉特语（Gujarati）的一种变化形式，但它们肯定起源于前雅利安时代。在比尔人的语言中，仍然有一种不能追溯到印度－雅利安源头的残余。这种残余最终到底是与蒙达（Munda）语系（即南亚语系）有关呢，还是源于达罗毗荼语（Dravidian），现在依然是一个有待回答的问题。

我把我的"司令部"设在恰布瓦（Jhabua）土邦的伦珀布尔（Rambhapur），大部分时间我都花在这里了，这里是比尔人的心脏位置。但是在我离开此地到我提及的其他部落中去了之后，荣格布拉特教士代表我，继续对这些比尔人进行研究。我还要说的就是，在我刚到比尔人中间的时候，荣格布拉特已经出版了一本关于比尔语言的新语法书[①]，那是一本直到目前我们所能找到的最好的书了。

一篇洪水神话

创世神话与洪水神话之间当然没有内在的联系。但是，事实经常是创世思想总是贯穿于洪水故事之中，在比尔人当中也是如此。所以此时介绍创世神话似乎天经地义。

康拉德（Konrad）出版了比尔人洪水神话的两种异文。[②]关于文本和直译，读者得参看康拉德的这项研究。然而，内行人有时也给读者重述包含两种异文的完整文本。这个完整文本内容如下：

> 巴格万（Bhagwān）[③]用土创造了两个洗衣工，一男一女。人类就是这对兄妹生的。他们生活幸福，为人宽厚。总是那姑娘去提水，每次去河边，她都会带些米饭去喂鱼。就这样过去了很长一段时间。
>
> 后来有一天，那条叫罗（Ro）的鱼问她："姑娘，你希望有什么报答吗？你想过要一样什么东西吗？"她答道："我什么都不知道。"然后

① L. Jungblut：《恰布瓦土邦和相邻地区比尔语简明语法》（"A Short Bhili Grammar of Jhabua State and Adjoining Territories", Mhow, C. I., 1938）。是年，荣格布拉特与在中印度的保罗·康拉德（Paul Konrad）合作，这次合作产生了康拉德的文章"Zur Ethnographie der Bhils"（*ANTHROPOS* XXXIV, 1939,23－117）。考虑到康拉德并没有专门研究过民族志就写成了这篇文章，该文应当得到充分肯定。然而从那时起，更为深入的系统研究已成为可能，它必然可以为康拉德的文章添加某些材料，修正某些论述。

② 见康拉德"Zur Ethnographie der Bhils"（*ANTHROPOS* XXXⅣ, 1939, pp. 93ff.）。

③ 比尔人的"上帝"。——译注

鱼又说："水要把大地翻转过来。你带上些南瓜籽，做一个箱子。然后你和你哥哥一定要躲进箱子里，带上种子和水。别忘了还要带上一只公鸡。"

雨开始下了，起初很小，然后如浇如注。天地如同连成一片。然后上帝说话了："我这样把世界翻转过来。可是，不是有人活下来了吗？公鸡的叫声告诉我有人活下来了。"

然后，巴格万亲自来看个究竟。他来到箱子前面问道："有人在里面吗？"然后姑娘回答道："我们两人在里面，我哥哥和我。"巴格万看到箱子里有一对年轻力壮的男女，他说："我已毁灭了整个世界。是谁警告你们，还给你们出主意做了这么个箱子？你必须把秘密告诉我。因为我的计划对人类是保密的。"姑娘回答道："是鱼教我的。"巴格万于是叫来鱼问它："是你把消息告诉他们俩的吗？"鱼答道："哦，不是的，天父，这不是我做的。"于是巴格万把鱼打了一顿，鱼这才愿意招认："是的，天父，确实是我做的。"巴格万又说："你如果一开始就说实话，就什么事儿都没有了。"于是巴格万割掉了鱼的舌头扔到一边。蚂蟥就起源于这根舌头。但是从那时到现在，鱼就没有舌头了。

巴格万让姑娘转身，面朝西方，让小伙子转身，面朝东方。他又让他们转过身来面对面，这时他问男的："这是谁？"男的答道："她是我的妻子。"巴格万又问姑娘："这是谁？"姑娘答道："他是我的丈夫。"于是巴格万让他们成了夫妻。就这样他们成了人类的祖先。一代又一代过去了，不同的语言也产生了。

在这个洪水故事中，以下几点值得注意：

1. 巴格万是一位伟大的上帝，他的行为是一切事件的背景。

2. 巴格万创造了兄妹两个洗衣工。这两个人的职业在所有不同文本中都说得很明确，这个事实说明，除了这两人之外，还有其他人已经存在；但是那些人实际上没有被提及。为什么这两个人要被清楚地称为洗衣工呢？比尔人对此已无从解释了。洗衣工（dhobi）属于贱民[①]（不可接触者）。他们正好处在社会阶梯的最低一级。我们可以推断是因为他们的"原始性"才使他们成为人类的最早代表吗？或者，是否还有其他更可能的解释？ 比尔人从洪水神话的印度教文本中把鱼的故事借过来，但他们剔除了第一个婆罗门兼第一个苦行者摩奴（ Manu）的形象，而维持他

① 该词原文作"outcasts"（被抛弃的人、流浪者）。此处疑有印刷错误，因为从语境看，该词作"outcastes"（贱民）似更合适。——校注

们自己的文本中特有的人类夫妻形象。他们是否可能有意将这对夫妻改换为洗衣工？因为这样一来他们自然就住在水边，可以与住在水里的鱼有自然的联系。我们甚至是否可以说，经过一定修改，洗衣工是作为苦行的婆罗门的对应者而被杜撰出来的？要知道，是这位苦行的婆罗门自我洗浴的职责，才使他有机会与鱼碰面。比尔人在屈服于印度教教化的过程中，常常仍能成功地坚持他们自己的基本观念——在这个神话案例中，是坚持原初的人类夫妇的观念。这是这方面的另一个例子。

3. 巴格万遣来大洪水。这个行为的动机未予指明。

4. 鱼使姑娘注意即将到来的大灾难。

5. 救助行为是通过掏空的南瓜达成的。

6. 鱼教这对兄妹把种子、水和一只公鸡带进空心南瓜里。

7. 巴格万发现了他们（多亏公鸡的啼叫），他为发现了幸存的人而感到震惊。这里又一次暗示了先前也存在别的人类。

8. 巴格万惩罚鱼。显然不是因为鱼警告了姑娘而惩罚它，而是因为它说了谎才惩罚它。

9. 根据康拉德提供的第二篇异文，这对夫妇也被巴格万打了一顿，因为姑娘在回答“你是谁”的问题时说：“我们是兄妹。”巴格万又问了一遍，这次她答道：“我们是人类。”巴格万这才觉得满意，并赐福于他们的结合，让他们成为将会大量繁殖的（新）人种的第一对双亲。在另一篇异文中，这对夫妻是兄妹的事实直到传说结束都被暗中忽略。传说仅说有两个人，一男一女，他们为世界繁衍人类。我们或许有理由认为，乱伦问题实在很棘手，所以该传说在这一点上就试图尽量避开这个陷阱。

10. 我们一直在分析的这个传说是典型的洪水神话。然而两个特征很可能取自创世神话领域。第一，该传说突出了巴格万专门创造一对兄妹（洗衣工）。第二，洪水中幸存的第一对新父母具有兄妹关系。人类最初那对父母的孩子要实行内部通婚，这是不可避免的；但是只有一对兄妹从洪水中幸存显得有些不合逻辑，至少可以说这是个非常不现实的安排。

其他比尔人聚居区的洪水故事

伯尔瓦尼（Barwani）

从这个地区的比拉拉人（Bhilalas）那里，我们听说了一则洪水故事，它是在与“中断演说”仪式相关的结婚典礼期间讲述的。讲述故事时，婚姻已经举行过宗教仪式了。媒人站起来，所有的人都注意听他说话：

“很久以前，整个世界都在水底下，唯有两座山露在洪水上面还能见到，一座叫帕万顿伽尔（Pāwaṇ ḍuṅgar，这座山在多赫德的邻近地区），另一座叫马塔芬（Mata pheṇ，意为蛇的头巾）。这两座山是丈夫和妻子。（在洪水时期）水位升高一杯（半掌高），帕万顿伽尔山就升高一掌，而马塔芬山就升高一哈特（ḥāth，即一厄尔）。在这座高一点儿的山上，有一个竹篮，水还没淹到它。上帝看见了这个篮子，就走上前去，往里看，问道：‘你们是谁？’上帝得到这样的回答：‘我们是巴拉希斯人（Balahis），哥哥和妹妹。’他们在与上帝说话时，转身背朝对方。上帝说：‘看着对方，（重新）说你们是谁。’他们互相看着说：‘我们是丈夫和妻子。’”

故事讲到这儿又分出两种说法：一种异文说他们都朝地上吐口水，从他们的唾液中，产生出另一个男人；另一种异文说他俩搓拢一小块汗垢，以之形成了另一个人。

媒人（用两种异文之一）讲到这儿时，就转身对新婚夫妇说：“你们也在今天结婚了。用篾片编的纽带并不牢靠，因此我们用金钱使你们结合。如果女方弄断了纽带，潘切（Panch，议事会）将决定给她什么样的惩罚。”或者他说：“如果是男方弄断了纽带，他就要损失钱财。如果新娘破坏了婚姻，她将被带上法庭，她将不得不支付 51 卢比，并坐六个月监牢。”

在印度商店前面，墙上仍能看到马塔芬（Mata pheṇ）的图像，造型是多褶头巾，高出水面。

这里还有一个传说讲，帕万顿伽尔，即那个丈夫，看见马塔芬无耻地露出水面就非常气愤。他抬起一只脚踩在她头上，因此直到今天，女人山（Lady Hill）比她的男伴帕万顿伽尔低得多。

故事要这两个巴拉希斯人不说他们是哥哥和妹妹，而说他们是男人和女人，这与上面论述过的比尔人洪水神话中的相应内容显然有联系。

很可能是由于我们停留时间太短（这在引言中已经提到了），所以我们不能把比拉拉人所知道的这则神话收集完整。我们也没能弄清楚这个地区的塔威斯人（Tarwis，真正的比尔人）是否也跟比拉拉人一样讲述这则神话。

农达尔巴尔（Nundarbar）

关于这里的洪水故事，我们也感到遗憾，因为无法得到清楚明白的资料。我们的报告人之一，一个帕瓦亚比尔人（Pawrya Bhil），住在萨特普拉山脉的克兰尼（Crani）地区。他知道现在的、洪水后的人类，可以追溯到一个男洗衣工和女洗衣工。但是他对鱼受到的惩罚以及它失去舌头的事却一无所知。但他告诉我们是女神丹娜可科勒（Dhanakokre）（不是巴格万）用肥土做出这两个人，“丹娜可科勒”这个名字指的是“许多东西的创造者”。很遗憾，关于此事，我们请教的五个当地权威就知道这些。

这个神话片段中最值得注意的事实是，女神作为人的创造者出现。此处可以指出，西肯德什（Western Khandesh）的比尔人在这个方面，就像在其他重要方面一样，走了自己的路。但是我们此时还不能探讨这个问题。

乌代普尔 - 克瓦拉（Udaipur-Kherwara）

我们的报告人根本不知道这些地区的比尔人中的洪水神话。然而不能据此下什么明确的结论。业已强调，需要谨慎。

印度人的洪水神话

研究比尔人的洪水传说以什么方式与众所周知的印度人洪水故事相联系，这自然很有意思。我们首先将引用弗朗兹·博普（Franz Bopp）有关印度神话的简短陈述。

“梵天（Brahmā），即众生之主、至上神（在这段情节中他说‘没有谁比我更高’），出现在一位名叫摩奴（Manu）的虔诚国王面前，并告诉他，毁灭一切的洪水就要来临。他建议摩奴建造一艘船，危险时刻乘上它，并带上各类种子，务必把它们彼此隔离开。摩奴听从了神的命令，把各类种子带上船，然后自己也上了船。这艘船在神的引导下在水上漂流了好多年，最后在喜马万山（Mount Himawān）的最高点着陆了。根据神的旨意，船被牢牢地拴在山上。这个山顶直到今天仍被称为瑙－班德南姆（Nau-Bandhanam，船栓）。因为摩奴，人种得以保存，他成为后世人的祖先。”①

除了这个简述之外，我们在博普的作品中发现有某些补充细节，其中一些比较重要。

1. 神是以一条（有角的）鱼的形象出现在摩奴面前的。②

2. 较古老的文本告诉我们，梵天是以鱼的形象出现的；只是在一篇较晚的文本中，才由毗湿奴（Vishnu）代替了他的位置。③

3. 惩罚作为洪水动机，似乎因“清洗时刻”这个词的使用得以体现。④

4. 没有提到妻子与小孩，但是摩奴却成了（新的）第一个双亲。七个神圣的瑞西（Ṛṣis）⑤与摩奴一起上了他的救生船，这个事实看起来也没有给印度人的思想带来麻烦。我们甚至被告知，后来摩奴通过苦行（禁欲主义，魔法），用一种超自然的方式，不但生产出次要的神灵和阿修罗（Asuras），而且生产出全体有生命的和无生命的、运动的和不运动的事物。

5. 为了纪念摩奴这位第一个双亲，人类经常被叫作“摩奴亚斯（Manujās）”⑥，意即“摩奴生的”。

6. 据说摩奴在（海水）水面上漂流时，曾等待着神的再现和帮助，神曾以有角的鱼的形象出现在他的面前。

---

① Franz Bopp: “Die Sintflut, nebst drei anderen der wichtigsten Episoden des Mahābhārata”（Berlin）, 1829, p. IVs. Cf. also H. von Glasenapp: “Der Hinduismus”（Munich）1922, pp. 91s., 120; J. A. Dubois: “Hindu Manners” I（Oxford）1897, p. 48; W. J. Wilkins: *HINDU MYTHOLOGY*: *VEDIC AND PURANIC*, Second edition（Calcutta and Simla）1900, p. 135.

② 弗·博普（Fr. Bopp）上述引文第 10、17 页，在霍恩伯格（A. Hohenberger）的 “Die indische Flutsage und das Matsyapurāna”（莱比锡，1930 年，第 6—9 页）中，可以找到载于《摩诃婆罗多》中的这则印度洪水神话的完整翻译。

③ 见博普上述引文第 8 页。

④ 见博普上述引文第 22 页。

⑤ 地位较高的僧人。——译注

⑥ 印度教中地上生的第一个。——译注

比尔人与印度人的洪水神话之对比

共同点和相似点

1. 印度人的梵天，因被视为至上神，在某种程度上就相当于比尔人的巴格万。不过，后面将指出这两个神之间显著的不同点。

2. 两者都说一条鱼告知了洪水的到来。

3. 虔诚的摩奴在有些方面与虔诚而善良的姑娘一样。

4. 鱼建议要带种子上船（或进到南瓜里）。

5. 印度人文本中的船，相当于比尔人故事中那个中空的南瓜。

6. 作为人类的（新）祖先，摩奴相当于（洗衣工） 兄妹俩，这对兄妹成为洪水之后人类的第一对双亲。

不同点

1. 梵天和巴格万都被认为具有人形；但是毫无疑问巴格万保留着更多的至上神和造物主的特点，是他创造了洪水中存活下来的兄妹俩，之后是他建立了兄妹之间的婚姻纽带，以保证人类的繁殖。在印度人的神话中，梵天却退场不见了，是摩奴自己（通过魔法）决定人类的新发展。在比尔人的故事中，巴格万从头到尾控制着局势。与印度人的非理性倾向相比较，我们发现，在比尔人中有着对理性思想的倾心追求。

2. 印度人的神话中，神（梵天、毗湿奴）是以鱼的形象出现的。在比尔人的传说中，鱼与巴格万却没有这样的关系，相反，鱼被巴格万惩罚了。

3. 摩奴运用超自然的苦行产生出新人类、新神，事实上还包括整个新世界。这个概念在具有泛神论和发散倾向的印度人思想中具有典型性。而比尔人的神话中却没有这个思想的痕迹。巴格万创造了人，然后规范了婚姻生育的方式。比尔人的神话面临着一个乱伦的问题，并以前面记录的强有力的方式解决这个问题，这至少说明他们为克服这个棘手的难题做了努力。[①]在印度神话中就不存在这个问题，因为摩奴用魔法使大地上重新住上人类；然而当乱伦的问题出现在印度文本中时（此处不是这种情形），就具有更污秽、更危险的性质，原因很简单，摩奴只得满足于自己的“女儿”，她是自摩奴产生的女始祖，并且摩奴只得让她当新人类的母亲。我在别处[②]已提醒注意这个问题，它与宗教思想中后来出现的泛神论联系在一起。

在此处想起吠陀时代的雅利安人（Vedic Aryans）（如同古代伊朗人）把阎罗王（Yama）和他的双胞胎妹妹（Yami）看作是最早的人（《梨俱吠陀》X，10），可谓切题。众所周知，在这里乱伦的问题也造成了很大的难题。阎罗王并没有依照他妹妹的意愿去做，因此乱伦结合并未达成。[③]至于该神话是如何残存下来，成为印度兄妹节（festival of Rākhi）有意识的或经常是无意识 的思想背景，我希望在别处更详细地加以阐述。

4. 根据博普的意见，印度神话中至少暗示了洪水的惩罚性特征。[④]而比尔人的神话却没有认可这种特性。

5. 在印度神话中，那条鱼的角的作用很突出，它用角无声却安全地引导船在水上行驶（这很自然地令人联想到有角的月亮驶过天空）。在比尔人的神话中，鱼

---

① 同样在拜加人（Baigas）中，第一对夫妇南戈·拜加和南戈·拜金（Nanga Baiga and Nanga Baigin），被当作是兄妹，而且最后也结了婚。（埃尔温 Elwin，上引书，第 313 页）这是拜加人所接受的。但是在今天，他们憎恨所有的乱伦，特别是家族乱伦。氏族乱伦就被看得不那么严重。地震被认为是乱伦的直接后果，而且“巴格万也永远不会赐给这种婚姻以孩子”（埃尔温，上引书，第 189 页）。

② W. Koppers, “Pferdeopfer und Pferdekult der Indogermanen,” in *WIENER BEITRÄGE ZUR KULTURGESCHICHTE UND LINGUISTIK*, IV, 1936, p. 323. H. W. 绍默鲁斯（H. W. Schomerus）的“Ist die Bibel von Indien abhängig？”（Munich，1932，pp. 143−144）提供了一篇印度洪水神话异文。他还让我们参考 A. 霍恩伯格（A. Hohenberger）的“Die indische Flutsage”（Leipzig，1930）。根据这篇异文，摩奴在他自己被救之后，以献祭用的脂肪、黄油、酸牛奶、奶油和凝乳的混合物造了一个女儿。歌颂和惩罚了自己的躯体之后，摩奴和女儿生活在一起并且繁殖了后代。但是该异文是否代表最古老的印度洪水神话，极端令人怀疑。用绍默鲁斯的话说，这“可能是最古老的文本”。说它是个最古老的记录草稿还差不多。（它出现在《百道梵书》卷一，8，1；1−10）鉴于该文本典型的印度色彩，它给人的印象不像是可靠的古老文本。

③ Cf. A. Christensen, “Le premier homme et le premier roi dans l'histoire légendaire des Iraniens,” IIme partie (Leide) 1934, pp. 3ff.; M. Winternitz, “Geschichte der indischen Literatur,” I (Leipzig) 1909, pp. 91ff.

④ 温特尼兹也认同这个观点，见“Die Flutsagen des Altertums und der Naturvölker,” in *MITTEILUNGEN DER ANTHROPOLOGISCHEN GESELLSCHAFT WIEN*, XXXI, 1901, 305-333. Cf. p. 315。

并没有指引船怎么走。

6. 综上所述，我们可以得出这样的结论：比尔人的洪水传说，很可能从创世神话中摘取了某些元素。这些元素当然不会见诸印度文本，因为印度的宗教和哲学观排除了这种创世思想。

总而言之，我们必须毫不含糊地承认，比尔人的故事中可能存在更为古老的观念的痕迹，然而它却为印度影响所更改。有趣的是，我们最能干的一位口译，长老埃沃（Ivo），曾主动说有关鱼的那一段必定是通过印度人而进入比尔人的神话中去的，而另一方面，印度人却不知道比尔人所讲述的洪水故事。因此，依然存在的巨大差异也被比尔人自己感觉到了。

至于印度的洪水神话和其他古代民族——波斯人、巴比伦人、希腊人——类似故事之间可能的联系，我只能建议读者读一下前面提到的 M. 温特尼兹（M. Winternitz）的研究。

泰米尔的洪水神话与桑格姆传说①

戴维·舒尔曼

编者按：

洪水神话的研究者不可能掌握用来讲述叙事文本的世界上所有的语言。正因为如此，洪水神话学者必须依赖掌握所需语言能力的专家们的贡献。例如，在印度就有许多不同的语言和文学传统。这些传统之一属于印度南部的泰米尔人。参透如此丰富的泰米尔洪水神话遗产需要丰富的知识，因此洪水神话学者应该十分感谢耶路撒冷希伯来大学印度研究及比较宗教学教授戴维·舒尔曼,他出色地考察了能够得到的泰米尔资料。

其他印度洪水神话资料，参阅弗朗兹·博普②、菲力克斯·勒乌③、维德亚纳萨·阿亚④、霍恩伯格⑤、苏亚·坎塔⑥、丹尼尔·波利施⑦、

① 选自《泰米尔研究杂志》（*JOURNAL OF TAMIL STUDIES*）1978 年第 14 期，第 10—31 页。

② Franz Bopp, *DIE SÜNDFLUT NEBST DREI ANDEREN DER WICHTIGSTEN EPISODEN DES MAHA-BHARATA*（Berlin，1829）.

③ Félix Nève, " De l'origine de la tradition indienne du Déluge," *ANNALES DE PHILOSOPHIE CHRÉTIENNE* 38/39 （1849）: 265−279,325−344; "La tradition indienne du Déluge dans sa forme la plus ancienne," *ANNALES DE PHILOSOPHIE CHRÉTIENNE* 52 （1851）: 47-63,98-115,185-201,256-273.

④ A. S. Vaidyanatha Ayyar, "The Flood Legends of the East"（《东方洪水传说》），*JOURNAL OF THE BOMBAY HISTORICAL SOCIETY*（《孟买历史学会杂志》）2 （1929）: 1−14.

⑤ A. Hohenberger, *DIE INDISCHE FLUTSAGE UND DAS MATSYAPURĀṆA: EIN BEITRAG ZUR GESCHICHTE DER VIṢṆUVEREHRUNG*（Leipzig，1930）.

⑥ Surya Kanta, The Flood Legend in Sanskrit Literatur（《梵语文学中的洪水传说》）(Delhi，1950).

⑦ Daniel F. Polish：《以色列和印度传统中的洪水神话》（"The Flood Myth in the Traditions of Israel and India"），宗教研究博士论文，未出版（Harvard University，1974）。

J·贡达[①]和赫斯特曼[②]的著作。

泰米尔传统中,久负盛名的是基于一次毁灭性洪水这个观念之上的起源神话。这个故事最早载于据称是纳卡米（Nakkīrar）写成的对伊艾耶纳·阿卡颇如（Iṟaiyaṉār akappŏrul）的评注上[③]。通过评注，我们得知：古潘地亚（Pāṇṭiya）国王们建立了三期桑格姆（Caṅkam），即文学院，来评判早期泰米尔诗人的作品。第一期桑格姆里有湿婆神（Śiva）和穆鲁坎神（Murukaṉ）[④]，在马杜赖（Maturai）存在了 4440 年，后来该地被洪水淹没。第二期桑格姆在卡帕塔普腊姆（Kapāṭapuram）存在了 3700 年，"看起来，那时海水淹没了潘地亚大地"。第三期桑格姆在上马杜赖（uttara maturai）研究泰米尔语达 1850 年。在对《脚镯》（Cilappatikāram，该著以下简称为 Cil.）一书卷 8.1−2 的评注中，阿提亚昆娜拉（Aṭiyārkkunallār）较详细地重复了这个故事。他告诉我们，海水曾淹没了古潘地亚王国从帕鲁里（Paḫṟuḷi）河到库玛瑞（Kumari）[⑤]河北岸的 49 省。换句话说，中世纪传说的评注家认为，古老的、洪水时代以前的泰米尔地区，一直向南延伸到当今科摩林角（Comorin）[⑥]所在的南部边境的广大地区。如今，我们的原始资

① J. Gonda, De Indische Zondvloed-Mythe, Mededelingen der Koninklijke Nederlandse Akademie van Wetenschappen, afd. Letterkunde, Niuwe Reeks, Deel 41, No. 2（Amsterdam，1978）.

② J. C. Heesterman：《吠陀仪式中的洪水故事》（"The Flood Story in Vedic Ritual"），见 Peter Slater and Donald Wiebe 编《接触和变迁中的传统——国际宗教史学会第十四届大会会议记录选》（*TRADITIONS IN CONTACT AND CHANGE: SELECTED PROCEEDINGS OF THE XIVTH CONGRESS OF THE INTERNATIONAL ASSOCIATION FOR THE HISTORY OF RELIGIONS*, Waterloo, Canada, 1983，pp. 25−38，671−673）。

③ *IṞAIYAṈĀR AKAPPŎRUḶ*（Madras，1953），aphorism 1. 伊艾耶纳·阿卡颇如是一个英雄的名字。——译注

④ 该神名称很多，其中长有六头的室建陀（Skanda）较著名，是湿婆的第二个儿子。——校注

⑤ 库玛瑞（Kumari）是难近母（Durga）幼时的名字，故此词又指童贞女。——校注

⑥ 注释家们经常把库玛瑞（Kumari）河作为南部边界，例如，古代对《战争和智慧的四百首诗歌》（Puṟanāṉūṟu）的评论 6.1−2、17.1、67.6。比较巴拉蒂（S. B. Bharati）的文章《洪水之前的潘地纳德（Pandinad）及其南方边境》[载 *JOURNAL OF ANNAMALAI UNIVERSITY* 5（1935）：64 — 88]；蒂亚加拉加（M. A. Thiagarajah）《桑格姆时期和桑格姆后时期的 Cēranāṭu》（"Cēranāṭu During the Caṅkam and the Post Caṅkam Period"）（未发表之博士论文，伦敦大学，1953，第 8 — 9，12 — 13，81 — 82 页）。这种传统看法和易兰科（Iḷaṅko）对南部边境 "少女之海"（tŏṭiyol pauvam）的描绘相冲突（《脚镯》8.1—2）。于是有 Aṭiyārkkunallār 的大段注释，它解释说毁灭了古潘地亚王国的大洪水远在易兰科时代之前很久就发生了，所以诗人自然就会描绘现在的、洪水之后的边境。这种精明的解释很简便地与把海当作南部边境的所有说法相一致了，并且使古老首都为洪水吞噬的故事合理而令人信服。

料中出现的关于三期桑格姆的故事，在很多方面是可疑的，[①]而且没有任何证据显示有史以来出现过影响该地区的洪水[②]。但是，桑格姆传说绝不是泰米尔文学里关于洪水母题的唯一例证。史诗《玛尼梅格莱》（Maṇimekalai）也描述了古代的绰勒（Coḻa）海港城市普卡（Pukār）被一次洪水毁灭的情景[③]，尽管今天的普卡（Pukār）是靠近海滩的小村庄，而且离卡维利河（Kāviri）注入孟加拉湾的入海口很近。并且，我们可以看到，几乎每一个泰米尔神殿都宣称自己经历了一次灭世洪水（Pralaya）而幸存下来，这场洪水终结了已经造成的世界。

所有这些洪水神话都可追溯到一个原型。在关于三期桑格姆的故事中，我们可以看到两个基本要素的合并：一种观点，是新的创世出现于（古代马杜赖和卡帕塔普腊姆城）彻底毁灭之后；另外一种观念，是认为某事物（这里指的是桑格姆，它的建立标志着泰米尔文化的开始）幸免于洪水。当然，这些观念在某种程度上是相似的，因为一次彻底的毁灭后再生的观点，亦暗示了一定程度的连续性。我下面将要论证的是，洪水之后的重新创世这种思想充当了桑格姆传说和附会于神殿的洪水神话群的基础。在泰米尔神话中，世界的创造被描绘成是宇宙周期中一再发生的转折点。这样一个转折点出现在大洪水之后，而且经常与作为宇宙中心，并因此而成为合适的创造场所的神殿相连。这种思想与桑格姆故事的联系，出现在马杜赖当地的传说中，而马杜赖又可能是桑格姆故事的来源以及第三期桑

① 阿提亚昆娜拉（Aṭiyārkkunallār）对古潘地亚（Pāṇṭiya）王国 49 省为洪水淹没的描述暴露出泰米尔传统的弱点。这些省份列为 7 组，似乎反映出跟 akam 诗歌中对泰米尔地区的传统划分相似的表述：有 7 个椰子省，7 个马杜赖省，两组 Pālai 省，7 个山区省，7 个东部 Kārai 省和 7 个 kuṟumpaṉai 省（最后一组以扇叶树头榈省出现于 Pērāciriyar 对 Tŏlkāppiyam Pŏruḷ 649 的评论中）。除了马杜赖各省之外，在 Aṭiyārkkunallār 对消失地区的描述中，看似实在的仅有的几个地名紧接在上述名单之后："库玛瑞，Kŏllam，和其他许多山区省份，森林、河流和乡镇。"值得注意的是，这些名字的第一个可以在历史上泰米尔地区的南部边境找到，而 Kŏllam 即今天的奎隆（Quilon）。今天的 Kŏllam 与"消失的"的 Kŏllam 不无关系，这一点中世纪的注释者即已认识到。见 M. A. Dorai Rangaswamy 的《特瓦兰的宗教和哲学》（*THE RELIGION AND PHILOSOPHY OF TĒVĀRAM*, Madras，1958）第一卷，131 页。请注意，在 Aṭiyārkkunallār 地名清单中的数字 49 是一个程式化的数字，在桑格姆故事中再次出现了：组成辩才天女（Sarasvatī）群的 51 位神中，48 位都成了桑格姆诗人；湿婆加入了她们的行列，数目就完整了；湿婆本质上属于这个世界，就像元音"a"本质上属于音节一样。（Madras，1965，51.1-39）所有这些都显示出对 Aṭiyārkkunallār 的描述的怀疑。

② P. Joseph, *THE DRAVIDIAN PROBLEM AND THE SOUTH INDIAN CULTURE COMPLEX*（《达罗毗荼问题和南印度文化情结》），（Madras，1972），pp. 3-4.

③ *MAṆIMEKALAI*（《玛尼梅格莱》）（Madras, 1951），24.27-74,25.178-200.

格姆——即历史上实有的桑格姆的发源之地。[1]

在研究马杜赖的洪水神话之前，让我们调查一下泰米尔洪水神话的两大类型，它们对应于以上区分出来的两个基本观念，即创世神话和幸存神话。让我们先看幸存神话。初一看，这类神话在泰米尔人中似乎更流行。大多数泰米尔《往世书》中都包含一则描写神殿在大洪水中幸存下来的神话。这种在洪水中幸存下来的观念，可以追溯到印度最早的洪水神话，据说人类的祖先摩奴就被一条鱼从洪水里救出来。

> 一条鱼警告摩奴说，一场洪水即将到来。摩奴造了一只船，洪水开始上升的时候，他用绳子把船系在鱼的角上。鱼带着他越过了北部的山脉，并教他把船拴到一棵树上。洪水渐渐退去。摩奴在水中倒了些酥油、酸奶、乳清和凝乳。过了一年，一个女人诞生了。她来到摩奴跟前，告诉他用她献牲。于是通过这个女人，摩奴有了子孙后代。[2]

这个神话被讨论得很多， 而且根据某些著名的与之相似的中东神话来讨论，借用的可能性不能排除。[3]最终这则神话成为毗湿奴鱼化身的背景资料。[4]两部《往世书》都把故事的开端放在南印度：《鱼往世书》（Matsyapurāṇa）始于摩奴在玛拉雅山（Malaya）练习苦行（tapas）；[5]在《薄伽梵往世书》（Bhāgavata）中，摩

① 关于历史上的桑格姆问题，见 Kamil V. Zvelebil 的《泰米尔学院的最早记录》（“The Earliest Account of the Tamil Academies”），载于 *INDOIRANIAN JOURNAL* 15（1973）：109 — 135；J. R. Marr《专门提及 Puṟanāṉūṟu 和 Patiṟṟuppattu 的八种泰米尔文集》（“The Eight Tamil Anthologies with special reference to Puṟanāṉūṟu and Patiṟṟuppattu”），伦敦大学未发表的博士论文，1958，第 2—15 页。

② *SATAPATHABRĀHMANA* of the White Yajurveda, Bibliotheca Indica（Calcutta, 1903-1910）, 1.8.1 −10.

③ Suryakanta Shastri, THE FLOOD LEGEND IN SANSKRIT LITERATURE,（《梵语文学中的洪水传说》）, Delhi, 1950, passim; Paul Regnaud, *COMMENT NAISSENT LES MYTHES*（Paris, 1897）, pp. 59−151, Gustav Oppert, *ON THE ORIGINAL INHABITANTS OF BHARATAVARṢA OR INDIA*（《论 Bharatavarṣa 或印度的早期居民》）, Westminster, 1893, pp. 311−328. 在伊朗，洪水主题和人类幸存附会到夜摩（Yima）身上，这个例子中，他在印度就相当于阎罗王的半同胞兄弟摩奴，而不是相当于阎罗王。Dumézil 在这个显然跟依玛和阎罗王的比较有关的问题上奇怪地保持沉默。见 G. Dumézil，MYTHE ET ÉPOPÉE，vol. Ⅱ（Paris，1971），pp. 246−249；同前，“La Sabbā de Yama，” JOURNAL ASIATIQUE 253（1965）：161−165。

④ 见 Wendy Doniger O’ Flaherty，(*HINDU MYTHS*（《印度神话》），Harmondsworth，1975，pp. 179−181； and cf. Ṛgveda 7.88.3；F. B. J. Kuiper，“Cosmogony and Conception：A Query”（《宇宙演化和发生：一种探索》），*HISTORY OF RELIGIONS* 10（1970）：104。

⑤ *MATSYAPURĀṆA*（《鱼往世书》），Ānandāśrama Sanskrit Series no. 54（Poona, 1909）, 1.11−12.

奴的角色换成了达罗毗荼人的君王萨特雅特（Satyavrata）。[1]注意到这点不无趣味。也许这些等同反映了人们对南印度神话中这个母题过度增大的认识，抑或它们仅仅表明这些具体文本的出处。在后面的《往世书》文本以及前面引用的文本中，摩奴的幸存是一关键元素，因为洪水是创世故事得以重复的原因，重复创世即类似于初次创世（请注意这时乱伦主题出现了），从某种意义来说，二次创世有赖于初次创世。同一模式出现在印度许多部落的洪水神话中：创世刚一完成，就受到灾难威胁。[2]请注意上引文本中的祭祀观念：洪水之后的创世与祭祀仪式相联系；那条救了摩奴的鱼的角，可以是各式各样的说法，即祭祀用的柱子。[3]这里可能暗示了一种深层的意思：宇宙是从洪水浩劫之中重新创造的，正如新生生命是经历残酷的祭祀行为之后得来的一样。[4]

在另外一些梵文的洪水叙述中，幸存者包括带有万物种子的七圣（Seven Sages）[5]、梵天、摩根德耶（Mārkaṇḍeya）、纳玛达河（Narmadā River），有 Bhava 即楼陀罗（Rudra）、毗湿奴鱼，还有吠陀、《往世书》、科学。[6]《鱼往世书》提到了幸存者逃难时乘坐的“吠陀之船”；这个母题在一个重要的泰米尔洪水神话中得到发挥，在那儿，摩奴和其他人的幸存被另两个相关因素取代，即湿婆（Śiva）和乌玛（Umā）[7]乘坐用吠陀之声［Praṇava，唵（Om）的音节］所制成的一条小船逃难，以及神殿的持续存在：

> 所有生物，除了万物之本（the First Principle）湿婆，都在那场全球性的洪水中丧生。为了以他的慈悲之力来重创世界，湿婆仅仅身带六十四艺[8]，没戴他的蛇形装饰、他的弦月、他的花环，没穿他的虎皮，他用吠陀之声（Praṇava）做了一条船。他以佩利雅纳（Pĕriyanāyakaṉ，伟大的君王）之名和乌玛一起坐进那条船里，在洪水中航行。他们发现

① *BHĀGAVATAPURĀṆA*（《薄伽梵往世书》）(Bombay, 1905), 8.24.13.

② Verrier Elwin, *MYTHS OF MIDDLE INDIA*（《中印度神话》）, Madras, 1949, pp. 20-26, 30-32, 37, 41, 46-48 (1976).

③ See Michael Defourny, "Note sur le symbolisme de la corne dans le Mahābhārata et la mythologie brahmanique classique," *INDO-IRANIAN JOURNAL* 18 (1976): 17−23.

④ D. Shulman, "Murukan, the Mango, and Ekāmbareśvara-Śiva: Fragments of a Tamil Creation Myth?"（《穆鲁坎、芒果和 Ekāmbareśvara-湿婆：泰米尔创世神话片段？》）*INDO-IRANIAN JOURNAL* 21 (1979): 27−40.

⑤《摩诃婆罗多》(Bori), 3.185.29-30, 34。

⑥《鱼往世书》2.10—12。

⑦ 湿婆之妻，又名雪山神女（Parvati）。——校注

⑧ 印度《爱经》中所称的六十四种技艺，指从唱歌、跳舞到用米饭、鲜花装饰神像，等等。——校注

一所神殿像达摩（dharma）一样稳固屹立，未被洪水破坏。“这所神殿是宇宙之‘根’（mūlātārakettiram=梵语 mūlādhārakṣetra）”，湿婆高兴地叫了起来，仍旧坐在船里。但把船停在那里。四方的守护神发现他在那儿，就说：“他已经用他的第三只眼弄干了洪水。”海洋之主伐楼拿（Varuṇa）去那里，朝拜这个无私地把人们从（再生之）海里救出的神。①

这个故事解释其卡利（Cīkāḻi）的名称之一船城（Toṇipuram）得名的由来。那个神殿之所以未被洪水毁灭，就因为它是世界的中心，是宇宙人脊柱的“根”或基，他的身体象征着重新创作出来的宇宙。②湿婆全无平时的特征，和他的新娘到达了此地，他们乘坐的是一条由吠陀之声做成的船；那座毁灭不了的神殿成了洪灾发生时神的避难所，也是他又一次开始创世工作的地方。吠陀之声将指导神的工作，因为传统认为声音是创世的一个重要工具。③湿婆用他第三只眼中冒出的火把水烧干，这个过程的第一步就完成了。洪水必须让位于陆地，创世才能进行。但是，别的地方说，湿婆的第三只眼没有创造陆地，而是产生了洪水——十条河——雪山神女（Pārvatī）的手在蒙住他眼睛时所流的汗水。④

来自其卡利的神话，很清楚地揭示了神殿幸存和它作为新创世的场所这一地位之间的联系。但是二者之间的联系并不总是这样清晰。很多文本只讲了神殿幸存，而没有提及宇宙产生。神殿是永存的，而且从未遭到过破坏（由此有了诸如 Maṉṉum ūr⑤、mūtūr⑥、Paḻaivapati⑦、nirantarapuri⑧等一些普通称号，所有这些词都指出神殿存于远古，不可毁灭）。所有靠近马杜赖的圣地都为洪水所吞噬，只

① *CĪKĀḺITTALAPURĀNAM* of Aruṇācalakkavirāyar（Madras, 1887），2.15 — 41. 为求简便，我概述大要而未译出神话。

② 这个象征的出处，见 K. Zvelebil《权力的诗人》（*THE POETS OF THE POWERS*，伦敦，1973），第 42 页。表明神殿是宇宙中心的同一神像，也出现于 *ŚRĪNĀGEŚAKṢETRAMĀHĀTMYA*（Madras, 1935,1.4−6）（提到 Tiruppātāḷīccaram）和 *TIRUVĀRŪRPPURĀṆAM* of Campantamunivar（Madras, 1894,5.17）中。

③ 这个思想据说由舞王湿婆（Naṭarāja-Śiva）右手拿着的鼓所象征。见 H. Zimmer：《印度艺术和文明中的神话与象征》（*MYTHS AND SYMBOLS IN INDIAN ART AND CIVILIZATION*，Princeton，1972，p. 152）。

④ *KANTAPURĀṆAM* of Kacciyappacivācāriyar（Madras，1907），6.3.364−370.

⑤ *KĀŇCIPPURĀṆAM* of Civaňāṉayokikaḷ（Kāňcipuram，1937），58.37；cf. Tiruviḷai. 13.4.

⑥《脚镯》（Cil.）15.6；*TIRUKKŪVAPPURĀṆAM* of Turaimaṅkalam Civappirakācacuvāmikaḷ（Madras, 1908），2.53.

⑦ *PAḺANITTALAPURĀṆAM* of Pālacuppiramaṇiya kkavirāyar（Madras, 1903），13.48; cf. *TIRUCCĚṄKOṬṬUPPURĀṆAM* of Těṉkāci Kavirājapaṇṭitar（Tiruccěṅkoṭu, 1932），1.1.2.

⑧ *TIRUVŎṞṞIYŪRPURĀṆAM* of Tiruvŏṟṟiyūr Ñāṉappirakācar（Madras，1869），2.37.

有被马特拉瓦纳雅（Uttaravālavāy）的俱毗罗（Kubera）所崇拜的圣地得以幸存。[①] 提如普帕雅（Tiruppuṟampayam）的象头神（Gaṇeśa），被称作皮拉姆·卡塔·维纳雅卡（Piraḷayam kātta vināyakar），因为他从洪水中拯救了世界。[②] 一种民间语源学对《上帝的花环》（*Tevāram*）中提到的神殿的名字帕纳瓦云曼塔里（Paravaiyuṇmaṇṭaḷi）作如此解释：神殿（maṇṭaḷi）吞下（uṇ）伐楼拿造成的海（Paravai）。[③] 提如辰库图（Tiruccĕṅkoṭu）的那格革利（Nāgagiri）在洪水中从未遭受过毁坏[④]，而且提如辰库图的居民不必为世界末日而感到恐慌，因为所有的世界都来到提如万卡姆（Tiruvāñciyam），并进入那里的女神体内。[⑤]与之相类似，吠陀和其他圣典都在世界毁灭到来的那一时刻，进入瓦特拉里姆（Vetāraṇiyam）的林伽内，因为这个林伽是永远不会被毁坏的。[⑥]湿婆在提如腾库（Tirutteṅkūr）四周建立了一个大壁垒，这样洪水就不能淹没它。[⑦]这一主题也表现在其他民族的文学作品里，例如，巴勒斯坦比其他的陆地都要高，因此没有被洪水淹没。[⑧]

在康契普腊姆（Kāñcipuram）的沙林伽故事中，可以看到从洪水中幸存这一母题不同寻常的发展。沙林伽故事是广为流传的泰米尔神话之一。

> 女神乌玛来到地上，为曾蒙住她丈夫湿婆的眼睛赎罪。她朝拜化身为林伽的康契的神。神为了考验她，把世界上所有的水都集中到康派河（Kampai）中，河水淹没了康契（Kāñci）城。乌玛怀抱林伽，不让它被水淹。林伽在她怀里变软了。湿婆制住了洪水，从此康契的林伽上就留有了乌玛乳房和她戴的臂镯的印记。[⑨]

在这里，洪水母题服务于湿婆和康契普腊姆女神结婚的神话。其他文本说，林伽是雪山神女用河堤上的沙做成的。[⑩]这种观念使我们更接近神话的一个潜在来源，那就是《脚镯》中提到的，一个女人在卡维利（kāviri）的河堤上，怀抱

---

① *TIRUVIḶAI.*, 56.27.

② P. V. Jagadisa Ayyar, *SOUTH INDIAN SHRINES*（《南印度的神殿》）, Madras, 1920, p. 75.

③ Dorai Rangaswamy, vol. Ⅰ, p. 6; cf. *CUNTARAMŪRTTI, TEVĀRAM* 96.

④ *TIRUCCĔṄKOṬṬUPPURĀṆAM* 1.2.6.

⑤ *TIRUVĀÑCIYAKṢETTIRAPURĀṆAM*（Kumpakoṇam, 1939）, 14（p. 55）.

⑥ *VEDĀRAṆYAMĀHĀTMYA*（Kumpakoṇam, 1912）, 2.65 — 67.

⑦ *TIRUTTEṄKŪR TALAPURĀṆAM*（Cikāḷi, 1914）, 2.1 — 13.

⑧ *BERESHIT RABBAH*（Tel Aviv, 1956）, 33.6.

⑨ *PĔRIYAPURĀṆAM OF CEKKIḶĀR*（Madras, 1916）, 4.5.62–70; *KĀÑCIPPURĀṆAM* 63.364–401.

⑩ SKANDAPURĀṆA（《室建陀往世书》）（Calcutta, 1959）, 1.3.1.4.21–36 （part of the *ARUṆĀCALAMĀHĀTMYA* on Tiruvaṇṇāmalai）.

着丈夫的沙像以防被水冲坏的说法。[①]迪克西塔尔（V. R. Ramachandra Dikshitar）就此指出："即使到了今天，某些阶层依然有这样的风俗，即那些贞洁的妻子到河岸边，在沙里画丈夫的形象，并向它献供品，然后就脱去身上穿的衣服，换上新的服装。"[②]《圣徒往世书》（Pĕriya purāṇam）也明确指出，女神所怀抱的塑像，就是神在婚礼上的样子，虽然雪山神女的乳房和手镯的印记不是留在沙上，而是留在被她的爱所融化的石头上。[③]

在这则神话的一个变异中，康契普腊姆的女神提毗（Devī）受到难近母（Durgā）的帮助，后者赢得"普勒瑞邦蒂妮"（Pralayabandhinī）之名，意为"阻止世界消亡的女神"，她用的办法是把泛滥的河流灌进一个头颅 （kapāla）中。[④]在其他地方，女神和洪水也有密切的联系：

> 女神坎雅库玛瑞（Kanyākumārī）战胜千臂阿修罗（Bāṇāsura）之后，诸神赞扬她。他们请求她永远留在战场即海滩之上。他们要用淡水而不是咸水来冲洗她的塑像。因此女神用标枪劈开大地，从七处下界（Pātālas）冒出了一股大的洪水，淹没了大地。诸神被惊动了，祈求帮助。女神让水停留在大地的裂缝之中，那就是坎雅库玛瑞神殿中的木拉刚嘎（Mūlagaṅgā）。[⑤]

女神提毗首先创造洪水，然后控制它。注意这个神殿中的 Mūlagaṅgā 是从冥府那纷乱的世界出来的。正如难近母在康契城吞下洪水一样，女神将猛烈的洪水限制在神殿的边界内。女神通过施加限制，从混乱的事物中创造了秩序；在康契城，她勇敢地面对洪水，救出神像。在这些神话中，我们再一次看到作为坚实大地（pratiṣṭhā）之源的提毗的重要性，神和以神为中心修建的神殿就安然坐落在这片坚实的大地上。

神殿必定在洪水中幸存的观念，也进入后史诗时代的达瓦卡（Dvārakā）故事文本中，达瓦卡即黑天（Kṛṣṇa）从海中开辟出来的城市。根据《诃利世系》

---

① 《脚镯》（Cil.）21.6—10。

② V. R. Ramachandra Dikshitar, *THE CILAPPADIKĀRAM*（《脚镯》）（Madras，1939），p. 251，n. 4.

③ *PĔRIYAPURĀṆAM* 4.5.67. 关于虔敬（bhakti）融化石头这个母题，见 Tiruvaiyāṟṟuppurāṇam of *ÑĀṈAKKŪTTAR*（Madras，1930），3.18—19。

④ *KĀMĀKṢĪVILĀSA*（Bangalore，1968），8.55—70.

⑤ *KANYĀKṢETRAMĀHĀTMYA*, India Office Library, London, Burnell Manuscripts, IO. B 468,6. Cf. *CĔVVANTIPPURĀṆAM* of *CAIVA ĔLLAPPANĀVALAR*（Tiruccirāppaḷḷi, 1927），5.1—18.（"木拉刚嘎"是一条河的名字。——译注）

(Harivaṃśa)的说法，黑天——在另一个语境中，他是海的敌人[1]——命令海水后退，以便腾出地方建造达瓦卡城（通向冥府之“门”？）。[2]在婆罗多（Bhārata）战争结束和大力罗摩（Balarāma）及黑天（Kṛṣṇa）死后，达瓦卡城被海水淹没。[3]但是《毗湿奴往世书》明确指出黑天神殿不在被毁灭之列：“一天诃利（Hari，即黑天）离开了大地，强壮的、有着黑色身躯的时母（Kali）[4]降临了。海水淹没了除婆薮提婆（Vāsudeva）[5]神殿之外的整个达瓦卡。海水不能侵犯到神殿，因为长着漂亮长发的计萨婆（Keśava，指毗湿奴）总是住在那里。”[6]《薄伽梵往世书》重复这个说法：“顷刻之间，海水淹没了被诃利遗弃的达瓦卡，只有君王的神殿得以幸免，原因即在于消灭恶魔者（Madhusūdana，即毗湿奴）总是出现在那里。”[7]黑天的死因此就是他的城市毁灭的前奏，同时也是时母时代——一个腐化的、不幸的时代，也就是我们现在这个时代——的开始；但时至今日，神依然留在他的神殿里，神殿无疑为其香客提供及时救助。当然，据说达瓦卡城至今仍然存在于古吉拉特地区。[8]

似乎没有什么理由去相信神殿幸存的观念是达瓦卡故事的最早内容；而更为可能的是，它仅仅是由多种《往世书》引介到古老的传说中的。在《摩诃婆罗多》中，达瓦卡城完全毁灭。实际上，史诗里的这段事件好像围绕着整个毁灭的思想而展开——它紧接在雅达瓦人（Yādavas）[9]同胞屠杀的故事之后，还提出神对死

---

① *HARIVAṂŚA*（Vārāṇasi, 1964）, 2.133.12－68. 比较 J. Gonda，《关于早期毗湿奴崇拜》（*ASPECTS OF EARLY VIṢṆUISM*）（Delhi，1969），p. 155. 在这点上，就如在其他方面，黑天与室建陀穆鲁坎极为相似。见后，第 277 页注释⑤⑥和第 278 页注释①②。

② *HARIVAṂŚA* 2.59.31－38. 比较《毗湿奴往世书》（Bombay，1866），5.23.13. 我们还会谈到从海中夺回城市这个母题。关于通往下界之门 Dvārakā，见 F. B. J. Kuiper，“The Bliss of Aša”（《Aša之福》），*INDO-IRANIAN JOURNAL* 8（1964）：p. 113。

③《摩诃婆罗多》16.8.40－41。

④ 意为“黑色女神”，雪山神女十化身之一，湿婆的妻子。——校注

⑤ 婆薮提婆为黑天之父。——校注

⑥《毗湿奴往世书》5.38.8－10。

⑦《薄伽梵往世书》11.31.23－24。

⑧ H. H. Wilson：《〈毗湿奴往世书〉：印度神话和传说的一个体系》（*THE VISHNU PURANA*：*A SYSTEM OF HINDU MYTHOLOGY AND TRADITION*，1840；reprinted Calcutta，1972，p. 482，n. 4）。

⑨ 印度一古老民族，自称是神王雅杜（Yadu）的后人，崇拜黑天。——校注

亡的存在的责任问题。[①]在泰米尔传说关于普卡（Pukār）被淹的神话中，存在着与故事的这一文本相似的说法：

> 国王奈图穆提克利（Nĕṭumuṭikkiḷḷi）[②]爱上了某天他在花园里见到的一位姑娘。她和他在一起住了一个月后不辞而别。国王从一位送信者那里得知，那姑娘是那伽国王瓦莱维（Vaḷaivāṇaṉ）的女儿皮丽瓦丽（Pīlivaḷai），而且她就要为太阳王朝的一位国王生下儿子。孩子生下后，她把儿子放在一个商人的船上送给儿子的父亲。但那只船沉没了，孩子也不知下落。国王悲痛欲绝，忘记了庆祝纪念因陀罗（Indra）神的节日，结果女神玛尼梅格莱（Maṇimekalai）用洪水毁灭了这座城市。[③]

就像在达瓦卡故事的《摩诃婆罗多》文本中一样，城市彻底毁灭，虽然如达瓦卡一样，今天仍能找到普卡遗址。在此神话中，洪水情节附着在国王和那伽公主的婚姻这一更重要的主题上，最终是国王对蛇女（Nāginī）的爱导致了城市的毁灭。与代表大地的天生拥有者蛇神那伽的结合，可能会使得一个王朝合法化，但这经常也成了一个危险的源泉：一个克什米尔传说，讲述一个国王为了从蛇女魔法控制中摆脱出来，而将她烧死在火炉中。[④]普卡神话的基本模式，保留在流传于泰米尔纳德邦（Tamiḻnāṭu）北部，特别是同泰（Tŏṇṭai）地区的大量异文中。例如，靠近马德拉斯的玛哈巴里音勒姆镇（Mahābalipuram）的历史传说，描述该镇被因陀罗发动的洪水毁灭，因为他妒忌这座人类城市的壮丽辉煌。[⑤]在这个传说中，诱惑人的蛇女换成极美丽的阿普沙罗斯（apsaras），通常是企图让强大

---

① 见《摩诃婆罗多》16.9.25－36 毗耶娑（Vyāsa）在神话结束时对阿周那说的话。比较 Wendy Doniger O' Flaherty，*THE ORIGINS OF EVIL IN HINDU MYTHOLOGY*（《印度神话中罪恶的起源》），Berkeley，1976，pp. 260－271.

② 古代泰米尔国王，或音译作 Nedumudikkilli，公元 130—150 年在位。——校注

③《玛尼梅格莱》 24.27－74，25.178－200。

④ Veronica Ions，MYTHS AND LEGENDS OF INDIA（《印度神话和传说》），London，1970，pp. 77 — 83.

⑤ William Chambers：《对 Mavalipuram 的雕塑和废墟的描述；该地在 Sadras 以北数英里，水手称之为七塔》（"Some Account of the Sculptures and Ruins at Mavalipuram，a Place a Few Miles North of Sadras，and Known to Seamen by the Name of the Seven Pagodas"），见 M. W. Carr 编《科罗曼德尔海岸七塔之史志论文》（*DESCRIPTIVE AND HISTORICAL PAPERS RELATING TO THE SEVEN PAGODAS ON THE COROMANDEL COAST*），Madras，1869 年版，第 13—15 页。比较对该神话的概述和讨论，见 O' Flaherty《印度神话中罪恶的起源》（*THE ORIGINS OF EVIL IN HINDU MYTHOLOGY*），第 270—271 页。

的人类腐化堕落的诸神的帮凶。[1]来自该地区的另一异文则保留了蛇女形象，并从与之相反的方向描述神话的全部力量：据说同泰的统治者提里雅（Tiraiyaṉ）诞生于一个绰勒国王和一个蛇女的结合。她把一根同泰藤蔓拴在她儿子身上，作为他的血统的标志，然后把他放到波涛（tirai）之上，让他去接收他的王国。[2]这企图解释了普卡神话中绰勒英雄伊能-提利雅（Iḷan-tiraiyaṉ）的名字的起因，并因此暗示了故事的起源；不过，在这则异文中，还是婴儿的王子被水平安地送走，也没有凶暴的洪水。其他的异文也肯定了水的积极作用，它带来了一个统治者而不是毁灭。[3]国王出自海洋，正如女神吉祥天女（Śrī）从牛奶之海出现一样[4]，也像洪水退后摩奴的女儿诞生一样；王朝的出现可能代替从海洋中拯救下来的城市这个母题。被称为国王的秩序，取代海洋的初期的力量，且洪水为王朝的建立提供了背景——或者，换句话说，为一个更新的创世提供了背景。我们再次被带回到从水中创世这一主题。我们现在必须验证一下泰米尔宇宙起源神话的更多细节，这些神话始于大洪水。

创世洪水：卡维利（Kāviri）和罐子的主人

为了得到一个关于神殿创立情形的典型例子，我们可以看看提如沃利雅神庙（Tiruvŏṟṟiyūr）的传说。[5]

> 梵天在世界性洪水期间诞生于从毗湿奴肚脐里长出的一株莲花上。莲花承受不起他的重量而摇动，他掉进了水里。他向湿婆和提毗乞求，而且女神也代他向湿婆求情。上帝同意了他的请求而没有让他转世，然后上帝和女神一同消失了。

① 见 Wendy Doniger O' Flaherty, *ASCETICISM AND EROTICISM IN THE MYTHOLOGY OF ŚIVA*（《湿婆神话中的禁欲与爱欲》），Oxford, 1973, pp, 87－89. 在 Mahābalipuram 国王爱上了一位阿普沙罗斯，她偷偷把他带入天堂。回到人间后，国王就仿照天堂的壮丽辉煌来建造他的城市。这激起了因陀罗的嫉妒，导致了城市的毁灭。

② Nacciṉārkkiṉiyar on *PĔRUMPĀṆĀṞṞUPPAṬAI* 30－37（pp. 213－214，见 U. Ve. Cāminātaiyar，Tiruvāṉmiyūr 编 pattuppāṭṭu，1974）.

③ Oppert，pp. 250－252；比较 *TIRUVŎṞṞIYŪRPURĀṆAM* 12.2. 我们怀疑，Mahābalipuram 著名的浮雕 “阿周那的苦行”（“Arjuna's Penance”）连同浮雕中央缝隙中冒出的蛇的形象，与这个王朝起源故事是否有某种联系（Tŏṇṭai 在梵语中大概是帕拉瓦 [Pallava] 王朝的名称）。

④《摩诃婆罗多》1.16。别忘了，阿芙洛狄忒出生于大海。

⑤ 提如沃利雅（Tiruvŏṟṟiyur）为印度教的神庙。——译注

梵天被独自留下，无限悲伤。他练起瑜伽功，用他的内部的火（Mūlattiṉ kaṉal）焚烧他的身体。火烧毁了世界，烧干了洪水。蒙湿婆恩典，水集聚成一堆。为了使梵天获释，湿婆化身为火中一个正方形的带图画的木板，直到现在，他依然以那种形象留在那里。那地方被称作阿提普利（Ātipuri），因为上帝在开初（ātiyil）曾到过那里。洪水带来的水，形成了位于林伽东北方的一座深湖。[①]

这个神话所称颂的开初（ādi，泰米尔语作 āti），是创世的开端，是洪水被烧尽后世界的再现。这是一个必须涉及神殿的过程：梵天用他内部的火使水干涸，这样，通过林伽/木板的出现，使神殿这一创造的场所得以显现。带有讽刺意味的是，梵天，传统上实际创世工作的实施者，在这个神话中却是在试图摆脱存在、避免有身体的烦恼的时候，开始创世过程。实际上，据说梵天已实现了愿望：湿婆现身，同意他摆脱。然而，在这种情况下，摆脱似乎就被等同于显灵本身了。被赞美的仍旧不是古老的解脱（mukti）这个目标，而是“摆脱”，这种“摆脱”来自对住在家乡、住在真实世界中的神的崇拜。梵天就这样实现了他的愿望，却又继续以其现有化身而存在。他在地上神殿中得救，可能会排除未来的诞生，所以湿婆才许诺他将不会再生。当然了，来到提如沃利雅神庙敬神的人们同样也都即时得救。在这位泰米尔作家眼中，创世是一个积极有益的过程，它使我们在地上的生活有可能幸福。[②]就在神殿中央的神像附近，创造世界的洪水维持一种被控制的、限定的形态。这座神像就成了此地发生的创造活动的一个永恒纪念。

坎帕库纳姆镇（Kumpakoṇam）的宇宙形成神话更为复杂，这里的湿婆是阿提坎佩沃（Ādikumbheśvara），即“罐子的主人”。

大洪水逼近时，梵天对湿婆说：“一旦世界毁灭了，我将怎样重新创世呢？”湿婆教他把甘露（amṛtạ）和着泥土造一个金色的罐子（kumpam，梵文为 kumbha），把吠陀以及其他一些圣典与“创世精液”（ciruṣṭipījam）一起放入罐子里。梵天做好罐子，饰以叶子。当洪水开始上升时，他把罐子放入网袋（uṟi），把它放到水面上。罐子顺着风浪漂向南方。树叶掉了下来，变成了神殿。罐子则停在一个上天声音宣布

① *TIRUVŎṞṞIYŪRPURĀṆAM* 2.1.36. Cf. *BHĀGAVATAPURĀṆA* 3.8.10–33.

② 这也是湿婆宗（Śaiva Siddhānta）的观点。见 *CIṞṞURAI OF CIVAÑĀṈACUVĀMIKAL ON CIVAÑĀṈAPOTAM*（Aṇṇāmalainakar，1953），cu. 1，1（pp. 8-10）。

为圣地的地点。阿雅纳神（Aiyaṉār）[①]想用箭射开罐子，但他没射中。湿婆化身为猎人射了一箭，射中罐子，放出一股甘露洪流。洪水退后，梵天就用土和着甘露做了一个林伽。湿婆当着众神的面隐入林伽之中。[②]

大洪水之后，湿婆在神殿中现身，再次标志着重新创世的开始。神让精液从罐子中流出来，这样就使世界得以重新形成。注意，湿婆的行为是很粗暴的：猎神用箭射碎了梵天的罐子。这个神话的基本意象——尤其是装在罐子中的创世精液这个意象——取自有名的梵文神话。在关于生主（Prajāpati）创世的一个文本中，黎明女神（Dawn）化为一个阿普沙罗斯出现在诸神面前。他们一见她就射出精液，生主则用金子做了一只祭祀用的器皿并把精液盛进去，楼陀罗就从精液中诞生。[③]在一个关于创世献祭的古典神话中，身为祭品的生主贪恋自己的女儿。为了惩罚他，诸神杂取他们自己最恐怖的外形，创造了楼陀罗。楼陀罗用箭刺杀生主。生主的精液流出来，形成一个湖。[④]在以后的文本中，梵天泼洒他的精液，"如同水从破罐"中流出。[⑤]楼陀罗这位弓箭手和祭品屠夫，在坎帕库纳姆镇的神话中已变成猎手湿婆。不论是在梵文资料中，还是在泰米尔神话中，那装着精液的罐子都是子宫的象征。[⑥]精液和罐子/子宫的结合隐含在浴顶（kumbhābhiṣeka）[⑦]这一圣化仪式中，仪式中会用罐子里的水来洗浴神坛。坎帕库纳姆镇，当然得名于罐子（kumbha）。在尼泊尔，湿婆又被称为坎佩沃勒（Kumbheśvara），那里说他是泰米尔文化起源传说中一位杰出的圣人阿嘎斯特（Agastya）创造的。[⑧]阿嘎斯特自己就被称作坎佩尤利，即"诞生于罐子中"。此说源于一则神话：在一次

---

① 泰米尔地区的村落保护神。——校注

② *KUMPAKOṆAM KṢETTIRAPURĀṆAM*（Kumpakoṇam, 1933）, pp. 35-38; cf. *KUMPAKOṆAPPURĀṆAM* of Cŏkkappappulavar （Tañcāvnūr, 1971）, verse 106；*KUMBHAGHOṆAMĀHĀTMYA*（Kumpakoṇam, 1913）, 1.70－77；*TIRUKKUṬANTAIPPURĀṆAM* of Tiricirapuram Mīṉāṭcicuntaram Piḷḷai（Madras, 1883）, 7－8.

③ *KAUṢITAKIBRĀHMAṆA*（Wiesbaden, 1968）, 6.1－2.

④ *AITAREYABRĀHMANA*, Bibliotheca Indica （Calcutta, 1895－1896）, 3.33. cf. *MATSYAPURĀṆA* 158.35-38.

⑤ *SAURAPURĀṆA*, Ānandāśrama Sanskrit Series no. 18（Poona, 1889）, 59.54－55.

⑥ 见 D. D. Kosambi，*MYTH AND REALITY*：*STUDIES IN THE FORMATION OF INDIAN CULTURE*（《神话和现实——关于印度文化的形成的研究》），Bombay，1962，pp. 72-74. 关于这个母题的其他例子见 J. J. Meyer，*SEXUAL LIFE IN ANCIENT INDIA*（《古代印度的性生活》）（London，1930），vol. I，pp. 262－263. For a tīrtha formed from the water in Brahmā' s pot，see *TIRUVAIYĀṞṞUPPURĀṆAM* 7.1.

⑦ kumbhābhiṣeka 意为对神殿进行仪式性的洗浴。kumbhā 本义为"头"，此处指"庙顶"，"hbiseka"是"仪式性的洗浴"。——校注

⑧ Pratapaditya Pal, *THE ARTS OF NEPAL*（《尼泊尔艺术》），Leiden，1974，p. 48.

祭祀会上，密多罗（Mitra）和伐楼拿（Varuṇa）见到了尤里法斯（Urvaśī）。他们射出精液，精液流入了一个装有隔夜水的罐子中。阿嘎斯特就诞生于罐子中的精液里。[①] 我们马上就会看到，泰米尔传说把阿嘎斯特与另一罐子联系在一起，而且一则泰米尔神话不是用以上的故事，而是用“幸存”母题来解释他的称号“Kumbhayoni”：阿嘎斯特之所以得到这个名号，是因为他在一个罐子里躲过了大洪水。[②]

在坎帕库纳姆镇的神话中，梵天注入罐中的精液可作两种理解：既可以理解为创造者的实际的精液（因此也就是制造罐子时使用的甘露的一种形式），也可以理解为帮助宇宙成形的创世声音（“精液——弱声”），如同前引其卡利城传说中的吠陀之声一样。在其卡利神话中，吠陀之声变成了载着湿婆和乌玛到其卡利城的船。在坎帕库纳姆镇神话中，吠陀和其他圣典同精液一起置于罐中。罐子破裂，一条甘露河汹涌而出，由此人们实际上有了与第一次淹没大地的灭世洪水完全相反的创造世界的第二次洪水。这个观念在关于卡维利河起源的一则著名神话中得到了更好的发展：

> 湿婆送阿嘎斯特到南方去时，给了阿嘎斯特所要的婆里河（Pŏṉṉi），这样他就有水来净身。河对神抗议说，让她一个女人去追随一个男人，不合适。但湿婆向她保证说，圣人对自己的感官毫不失控。阿嘎斯特把河水装入水罐（kuṇṭikai）中，前往南方。
>
> 因陀罗为了躲避恶魔苏勒帕德姆（Śūrapadma）和他的弟兄们，化为一棵竹子，藏在其卡利城他为崇拜湿婆神而建的美丽花园里。苏勒帕德姆的探子们没法找到他，因此魔王制造了一场旱灾来毁灭世界。其卡利城花园里的花在太阳的炙烧下全都枯萎了。因为失去了献给神的花，因陀罗悲痛万分。这时，纳勒德（Nārada）建议他去崇拜能把婆里河水带到其卡利城的维纳雅卡（Vināyaka）[③]。
>
> 因此因陀罗就朝拜这个象头神。维纳雅卡变成一只乌鸦，栖息在阿嘎斯特的水罐上。阿嘎斯特抬起手来，赶走乌鸦。乌鸦弄翻了罐子，婆里河凶猛流出，震撼世界。
>
> 维纳雅卡又变成一个婆罗门小伙子，从发怒的阿嘎斯特身边逃开。但最终，他还是在圣人面前现出了原形。圣人请求神的宽恕，但又抱怨

① Bṛhaddevatā 说出自 *ŚAUNAKA*, Harvard Oriental Series no. 5（Cambridge, Mass., 1904）, 5.148−153.

② Jagadisa Ayyar, p. 103.

③ 即象头神（Ganesa）。——校注

现在他没有水来朝圣了。神从他的鼻子里取些水，注入罐子，水很快就溢了出来。阿嘎斯特谢过维纳雅卡，继续向南走去。婆里河流向其卡利城，在那儿救活了因陀罗的花园。[①]

这个故事与恒河从天而降的故事表面相似。因陀罗对维纳雅卡象头神的崇拜最终把河水带到大地，救活了花园，正如跋者罗他（Bhagīratha）对梵天和湿婆的崇拜，使恒河淹没萨伽拉（Sagara）的儿子们的骨灰，使他们得以进入天堂一样。[②]更进一步的联系出现在圣人阇诃奴（Jahnu）的插曲中，他见恒河冲毁了他的祭祀地点，就喝干了河水，正如泰米尔神话中的中心人物阿嘎斯特据说也曾喝下海洋的水。[③]然而，在关于这两条河流的故事中有一重要的相异之处：跋者罗他得劝说湿婆在恒河降下时撑住它，因为大地可能承受不起如此强大的力量；但是虽然卡维利河重重地落了下来，震撼世界，泰米尔这块神圣的土地却承受得起。通过对上面我们讨论过的在康契普腊姆发生洪水的回忆，本文更阐明了这一点："婆里河像康派河一样凶猛地降落到大地，它是我们的主召唤到康契来的，以表明诞生世界的女神的爱意。"[④]这就暗示，大地能够幸存，康契普腊姆也能幸存。

但是，卡维利神话从其他资料中借用得更多。它的基本意象依然是罐中所盛的创世的精液/洪水。在此神话中自然会出现阿嘎斯特，因为：第一，阿嘎斯特自己就出生于一个罐子（Kumbhayoni）里；第二，这位圣人是泰米尔文化起源神话中的重要人物，当然也就应该出现在其他创世神话中，尤其是经历洪水而创世的神话中。我们可以看到，桑格姆神话和卡维利神话似乎都属于这一范畴。在卡维利神话的一个古老得多的文本中，阿嘎斯特就已经出现：应绰勒国王康特姆（Kāntamaṉ）请求，阿嘎斯特弄翻了他的罐子（karakam），卡维利河向东流向大海；在古代女神昌帕提（Campāpati）从事苦行的地方，注入了大海。女神宣称，从那以后，那座城市将以河的名字命名（Kāvirippūmpaṭṭiṉam）。[⑤]此处没有出现康

① *KANTAPURĀṆAM* 2.23.17−28,2.27.9−66,2.29.1−27. 关于 Kāviri（Pŏṉṉi）河降临的其他文本，见 *TULĀKĀVERIMĀṆMIYAM* of Ma. Ti. Pāṉukavi（Madras, 1917），5−6；Kāverippurāṇam of *TIRUCCIṞṞAMPALAMUṈIVAR*（Madras，1871），4.1−49；*TIRUVAIYAṞṞUPPURĀṆAM* 4.1−25；Stanley Rice, *OCCASIONAL ESSAYS ON NATIVE SOUTH INDIAN LIFE*（《南印度土著生活随笔》），London, 1901, pp. 153−161.

② Vālmīki 的《罗摩衍那》（Baroda，1960−），1.42−44.

③《摩诃婆罗多》3.102.16−23，3.103.1−29. 阇诃奴的故事出现在一些手抄本中巴罗达《罗摩衍那》1.42.25 之后增补的诗节中。

④ *KANTAURPURĀṆAM* 2.27.37. 见第 262 页注释⑨。

⑤ *MAṆIMÉKALAI*（《玛尼梅格莱》），patikam，1−31.

特普瑞纳姆（Kantapurāṇam）中湿婆的木板，而且因陀罗的促进作用由一个绰勒国王所代替；但是阿嘎斯特和水罐中的河的来源都提到了。它们可以说是故事的主要组成部分，也可以说它们本身就暗示着河与神的精液的等同。《康特普瑞纳姆》一书又从关于室建陀出生的神话中吸取一些成分添加进来，从而加强了这种等同。在这则神话中，（湿婆或阿耆尼的）精液通常也是装入罐中（或坑中）[①]，或是放到恒河中[②]，或是放在金色的湖中[③]，或是一丛芦苇之中[④]。在泰米尔神话中，芦苇以竹子的形式出现，因陀罗藏在里面，[⑤]直至河水淹没了其卡利城。因陀罗花园中的竹子和树木被烧了——并不是被湿婆那炙热的精液所烧，尽管它能烧掉任何盛它的器皿，而是被太阳所烧。太阳烧掉了因陀罗花园的竹子和树木，正如“湿婆曾烧掉了三城（the Triple City）”一样。[⑥]因陀罗唆使河流降临，正如他干涉湿婆的求子苦行。在这故事中，频繁出现的河名——Pŏṉṉi，即金色，“因为有黄金般的沙子而得名的 Kauvery 河”[⑦]——让人想起有关室建陀出生的神话中经常出现的金子：精液本身是金色的（来自吠陀金卵 [Vedic Hiraṇyagarbha] 的遗产）[⑧]同样，罐子[⑨]、放置罐子的山岭[⑩]、芦苇林和（长有树木或荷花的）湖泊[⑪]、阿耆尼的妻子娑婆诃（Svāhā）所生的双胞胎[⑫]、雪山神女用来喂养婴儿室建陀的

---

① 《摩诃婆罗多》3.214.12；《室建陀往世书》1.2.29.106；《湿婆往世书》（*DHARMASAṂHITĀ*）（Bombay，1884），11.30。

② 《摩诃婆罗多》13.84.52－54；《罗摩衍那》1.36.12-17；《风神往世书》，Ānandāśrama Sanskrit Series no. 49（Poona，1905），72.28－31；《室建陀往世书》1.2.29.88；《梵卵往世书》（Delhi，1973），2.3.10.30－34.

③ *KANTAPURĀṆAM* 1.11.89－91；*KĀÑCIPPURĀṆAM* 25.44；比较《鱼往世书》158.28。

④ 《室建陀往世书》1.2.29.104－106，6.70.65；《风神往世书》72.32－33.

⑤ 比较 *ŚATAPATHABRĀHMAṆA* 6.3.1.26 及 31；《摩诃婆罗多》5.16.11.

⑥ *KANTAPURĀṆAM* 2.27.29.

⑦ J. P. Fabricius，《泰米尔语－英语词典》（*TAMIL AND ENGLISH DICTIONARY*）第 4 版（Tranquebar，1972）字面意义即 pŏṉ。

⑧ 《摩诃婆罗多》13.84.68；《罗摩衍那》1.36.18；《侏儒往世书》（Vārāṇasī，1967），31.9－10；《林伽往世书》（Bombay，1906），1.20.80-82.

⑨ 《摩诃婆罗多》3.214.12；《室建陀往世书》1.2.29.106；《湿婆往世书》（*DHARMASAṂHITĀ*）（Bombay，1884），11.30.

⑩ 《湿婆往世书》（Bombay，1953），2.4.22.39；《摩诃婆罗多》9.43.14；《室建陀往世书》1.1.27.63；《湿婆往世书》62.19.

⑪ 《鱼往世书》158.28－29；《莲花往世书》；Ānandāśrama Sanskrit Series no. 131（Poona，1894），5.41.112；《摩诃婆罗多》9.43.18；《侏儒往世书》31.15-19；《室建陀往世书》3.3.29.23.

⑫ 《梵天往世书》，Ānandāśrama Sanskrit Series no. 29（Poona，1895），128.24－27.

杯子[1]，还有明亮的精液所照亮的一切（小草、藤蔓、灌木、山脉和森林），全都是金色的。[2]而且，婆里河被比作是"饥饿的人们所喝的甘露"；[3]在湿婆的象征中，甘露或苏摩（Soma）通常都等同于精液。[4]让我们回想一下，在坎帕库纳姆镇神话中，创世精液以甘露河的形式流出破罐。

神话中的象头神首先现身为一只乌鸦，然后现身为一个婆罗门男孩，也有先例。第一个形象乌鸦可以追溯到古代搬运神食的火鸟的说法；[5]在印度教神话中，鸟带着种子的说法是很普遍的。[6]鸟通常出现在室建陀神话中：阿耆尼变为鹦鹉[7]、斑鸠[8]或鹅[9]打扰湿婆和雪山神女交欢。爱神（Kāma）变为一只查卡拉瓦卡鸟（cakravāka），伤了湿婆。[10]娑婆诃化为一只伽鲁达（Garuḍī）鸟把炙热的精液带到了山顶。[11]在卡维利河神话中，乌鸦－象头神把精液/河流从罐中放出，然后变为一个婆罗门小伙子，从阿嘎斯特眼前逃走。神话中的这一细节与下面这段关于象头神出生的不寻常的描述有联系：

> 毗湿奴化为婆罗门的一个修道士苦练修行。他焦渴万分，当湿婆和雪山神女正交合时，他闯了进去。湿婆的精液射在了床上。湿婆和雪山神女拿出食物和水，招待这位婆罗门苦行者，但他又变成了一个小孩，爬到床上。他和湿婆的精液混合在一起。看到一个小婴儿眼望天花板躺在床上，雪山神女就把他当作自己的儿子来喂养（他被命名为象头神）。"[12]

---

① *KANTAPURĀṆAM*, 1.13.23 and 31；比较 *RAGHUVAṂŚA OF KĀLIDĀSA*（Bombay，1891），2.36；*PĚRIYAPURĀṆAM* 6.1.68。

②《罗摩衍那》1.36.21－22, 以及许多手抄本在诗节 22 以后增加的一行；《摩诃婆罗多》13.84.70.

③ *KANTAPURĀṆAM* 2.29.12.

④ 见 O' Flaherty, *ASCETICISM AND EROTICISM IN THE MYTHOLOGY OF ŚIVA*（《湿婆神话中的禁欲与爱欲》), pp. 277－278.

⑤ O' Flaherty, *ASCETICISM AND EROTICISM IN THE MYTHOLOGY OF ŚIVA*（《湿婆神话中的禁欲与爱欲》), p. 277.

⑥ 例如，见《摩诃婆罗多》1.57.39－46；*Manasākāvya of Manakar*，转引自 Pradyot Kumar Maity，《女神马纳莎崇拜的历史研究》（*HISTORICAL STUDIES IN THE CULT OF THE GODDESS MANASĀ*），Calcutta，1966，p. 120. 乌鸦打翻罐子的另一个例子（罐子里装牛奶，是神的精液的另一形式），见 *TIRUVĀṬPOKKIPPURĀṆAM OF KAMALAINAKAR VAITTIṆĀTATĒCIKAR*（Madras，1911），12.1－17.

⑦《梵天往世书》128.16－23；《鱼往世书》158.24－26.

⑧《室建陀往世书》1.2.29.83.

⑨《侏儒往世书》28.41.

⑩《梵天往世书》38.1－5.

⑪《摩诃婆罗多》3.213－214；《室建陀往世书》1.2.29.104.

⑫《梵转往世书》, Ānandāśrama Sanskrit Series no. 102（Poona，1935），3.8.17－43，83－89；3.9.1－37。

室建陀诞生神话中的重要内容，即湿婆和雪山神女交合被打扰这一情节，在这里产生了他们的另一个儿子象头神。此处的象头神不是现身为一个年轻的婆罗门，而是诞生于一个婆罗门；他不是用水而是用湿婆的精液来解渴，正如泰米尔神话中，河水/精液使因陀罗花园中枯焦的树木复活一样。

在神话结尾处，卡维利洪水的创造力量显而易见：曾被因陀罗的恶魔敌人用大旱烤干的其卡利城，在河水的滋润下复活了。其实，我们在这里看到与来自其卡利城的另一则洪水神话相反的内容，在那则神话中，乘坐一条小船逃到神殿中躲过了洪水的湿婆，就在这个地方开始再创世界，第一步就是弄干洪水。然而，这两则神话都包含了一个相同的基本观念，即出自洪水的重新创世。在卡维利神话中，洪水本身就等于盛在罐子中的神的精液。在更传统的宇宙起源论中，比如说在来自提如沃利雅神庙的洪水神话中，创世紧接在洪水之后，和洪水对立，正如大地与水对立，秩序与混乱对立一样。但是，洪水带来的破坏是世界再生的一个必需的前奏，重新创世的精液含于洪水之中。这一观念在坎帕库纳姆镇的故事中很明显地反映了出来。在那个神话中，创世精液盛在罐中，漂在水上，正如吠陀之声，即湿婆对创世的指引，带领创造之神来到其卡利城一样。为了进一步理解马杜赖和泰米尔桑格姆传说，我们有必要研究这些象征之间的联系。

马杜赖洪水神话和桑格姆故事

在所有的泰米尔神殿中，马杜赖可以说有最多的洪水神话。在马杜赖往世书中有两种主要的洪水神话；[①]此外，我们有一个关于灭世洪水之后重见城市边界的故事；[②]一则关于大毁灭之后出自吠陀之声的《吠陀》被解释给住在马杜赖莱密萨森林（Naimiṣa）的圣人们的故事；[③]因为坎查赖事件（Kañcanai）的洗礼，七海聚集马杜赖；[④]从未在洪水中毁灭的俱毗罗－林伽的神话；[⑤]沃凯河（Vaikai）的泛滥；[⑥]还有不是幸存于洪水，而是幸存于洪水的对立物即干旱的相近主题的三

① *TIRUVIḶAI.* 13.18－19；U. Ve. Cāminātaiyar 编 *TIRUVĀLAVĀYUTĀIYĀRTIRUIḶAIYĀṬAṞPURĀṆAM* of *PĔRUMPAṞṞAPPULIYŪRNAMPI*（以下简称为 “Tiruvāl.”），（Madras，1906），21，12。

② *TIRUVIḶAI.* 49；*TIRUVĀL.* 47.

③ *TIRUVIḶAI.* 16；*TIRUVĀL.* 64.

④ *TIRUVIḶAI.* 9；*TIRUVĀL.* 8.

⑤ *TIRUVIḶAI.* 56；*TIRUVĀL.* 20.

⑥ *TIRUVIḶAI.* 61；*TIRUVĀL.* 30.

个例子。[1]我们会看到，与前两期桑格姆有关的洪水神话，放在此处也合适。让我们首先看看佩如玛普利尤纳匹神话（Pĕrumpaṟṟappuliyūrnampi）的提如瓦勒瓦尤塔·提如瓦勒雅普拉姆（Tiruvālavāyuṭaiyār tiruviḷaiyāṭaṟpurāṇam）中的第一则洪水神话：

> 海神伐楼拿想考验湿婆的神力，因此他命令大海淹没世界。神、人、那伽和其他生物，与马杜赖的阿纳雅神（Ālavāy）一起逃难。惊慌失措的因陀罗也要求阿纳雅神帮助。湿婆派末日云神（普斯卡拉瓦塔和其他三个神）吸干海水。这个举动把伐楼拿激怒了，他派出自己的云去用雨毁灭城市。湿婆让末日云神进入建筑物中，保护马杜赖免受雨水的侵袭。他们高立于城市上空，直至伐楼拿的云变干。后来他们也就化为四座建筑物留在马杜赖。从此马杜赖以纳姆卡库塔（Nāṉmāṭakkūṭal，即四座建筑物的结合）而出名。[2]

这个故事是纳姆卡库塔城的一个古老名字的解释，该名称很可能来自城中的四个古代神殿（Kaṉṉi、Kariyamāl、Kāḷi 和 Ālavāy）。这个名字出现在古典资料[3]中，纳其纳卡尼雅（Nacciṉārkkiṉiyar）对四个神庙的确认（见于 Kalittŏkai 92.65），保存在佩如玛普利尤纳匹神话序言引述的保护神名称中。[4]因此，这是一则起源神话：马杜赖的四个大庙是湿婆派来保护城市免受洪水侵袭的末日云神。这些云神，据说诞生于湿婆和萨提（Satī）婚礼上梵天流出的精液中，[5]使得这个故事与潘地亚国王的故事有所联系，他曾监禁了四个对付因陀罗发动的干旱的末日云神。[6]在我们的神话中，洪水被末日云神们阻止，从而保护城市免于被愤怒的伐楼拿差遣的雨水所毁。这儿云神就相当于黑天举起来从因陀罗发动的暴雨中保护高古勒城（Gokula）的山（Govardhana）。[7]在佩如绰提的提如维赖（*Tiruviḷar*）一书中，有一个略为扩充的洪水神话文本，其中也说因陀罗是马杜赖洪水的发动者：

---

① *TIRUVIḶAI*. 14,15,31；*TIRUVĀL*. 44,61,40.

② *TIRUVĀL*. 12.

③ *KALITTŎKAI*（Madras，1938），92.65；《脚镯》21.39；*PARIPĀṬAL*（Pondicherry，1968），片段 1.3 和片段 7.4.

④ *TIRUVĀL*.，tirunakaraccirappu 12－15. 关于 "Nāṉmāṭakkuṭal" 一名指马杜赖，见 F. Gros，Le Paripāṭal（Pondicherry，1968），pp. xxvii-xxviii；并比较 Tiruñāṉacampantar，*Tevāram*（Tarumapuram，1953），7.5 的评注。"Kutal" "结合" 很可能是原标题。

⑤《湿婆往世书》2.2.20.21－24.

⑥ *TIRUVIḶAI*. 14.41；*TIRUVĀL*. 44.36－37；《脚镯》11.26－29. 在 *KANTAPURĀṆAM* 4.6.52－67 关于 Sūrapadma 与 Vīrabāhu 的战斗中，也使用了同样这个囚禁云的母题。

⑦《毗湿奴往世书》5.11.1－25.

有一次，当因陀罗到马杜赖的神殿中朝拜时，他发现潘地亚国王阿匹特卡（Apiṭekapāṇṭiyaṉ）也在那儿忙于朝拜。因陀罗不得不在一旁等着做奉献。他返回天国，伐楼拿来看望他，发现他因祷告被延误而闷闷不乐。当伐楼拿看见因陀罗对绰卡林卡姆（Cŏkkaliṅkam，在马杜赖的湿婆）如此虔诚时，他问马杜赖的神是否可以治愈他的胃痛。因陀罗说："试试他行不行，你自己去看吧。"于是伐楼拿派海洋去毁灭马杜赖。潘地亚国王向湿婆求助，湿婆从他的绺绺乱发中派出四位云神去弄干海水。伐楼拿被这种阻挡行为激怒了，他不能理解马杜赖的神的这种消遣方式，故他派出七位云神用雨去毁灭城市。雨像水晶柱般狂烈，马杜赖的居民认为世界末日已来临。为解除他们的危难，湿婆命令四位云神化为四座建筑物镇于古城的四角。伐楼拿的云神把他们的雨全部倾泻在这些建筑物上。伐楼拿感到羞愧。他向马杜赖的神朝拜，胃痛也随之消失。①

这里海水侵袭的不是整个世界而是单独的马杜赖。请注意因陀罗和好人（国王或圣人）之间的争斗的老套思想，转变成了对湿婆竞相效忠：因陀罗必须等国王做完祷告。而且，在更早的文本中，考验信徒的观念也被颠倒了，变成了伐楼拿考验神。因陀罗的考验灵感大概可以视为其他神话中他在反抗湿婆的活动中承担的角色的有趣扩展，例如，他曾派爱神去扰乱神的沉思——这个行为就如伐楼拿以洪水来试探一样，出于好意。这里也带有搅海神话的影子，该神话和其他导致宇宙演化的洪水共有数个母题（如甘露——神的精液的形式之一——出自水中）：在故事中，湿婆中和了从海底升起的毒，就像在马杜赖他治愈了海神的胃痛一样。②在湿婆教的圣徒传记中，虔敬（bhakti）可治胃痛是一个常见母题。③

第二个洪水故事是第一个洪水故事的翻版：

一次海水上升到了古城马杜赖的高度。诸神被惊动了，湿婆见此，就在潘地亚国王乌克纳（Ukkirapāṇṭiyaṉ）的梦中显灵。湿婆化为乌克

① *TIRUVIḶAI.* 18.1−9，19.1−26.

②搅海神话，见《摩诃婆罗多》1.15−17；《罗摩衍那》1.45. 这则神话也通过另一个故事而与马杜赖传说相联系：*Tiruviḷai.* 28.1−23；见 D. Shulman，《致命新娘——提毗与牛魔神话的泰米尔文本》（"The Murderous Bride: Tamil Versions of the Myth of Devī and the Buffalo-Demon"），见 *HISTORY OF RELIGIONS* 16（1976）：141−142；同前，《蛇与牲——来自 Tiruvārūr 的一则蚁冢神话》（"The Serpent and the Sacrifice: An Anthill Myth from Tiruvārūr"），见 *HISTORY OF RELIGIONS* 18（1978）107−137。

③ 例如，Appar：*PERIYAPURĀṆAM* 5.1.49-71.

纳的父亲老国王昌塔纳（Cuntarapāṇṭiyaṉ），叫乌克纳用湿婆给的标枪投向可怕的大海。这个潘地亚国王醒了，神再次要求他赶快行动。他把标枪投入海中，海水马上平静了，在他脚下轻轻拍打着。湿婆出现了，他建了一个有柱门廊（maṇḍapa），并说："这将是第一个桑格姆和第二个桑格姆的地点，而第三个桑格姆将在恒河岸上。"[①]

阿如瓦木特（Aravamuthan）已经指出，海水在国王脚下轻轻拍打这一说法，早已成了评论者的陈词滥调。[②]恒河堤被当作是指马杜赖的普拉玛利（Pŏṟṟāmarai）池塘。[③]提如维赖（Tiruviḷai）为洪水的起因增加了一个新的说法：因陀罗嫉妒潘地亚国王，因为他实行人道，进行过 96 匹马的献牲，于是因陀罗让海神去淹没马杜赖，就像大洪水时代一样。[④]在提如维赖的文本中，国王把所有马杜赖城墙和退下的海水之间的田地和村庄都献给了湿婆神（20 节），而不是由神给桑格姆竖立有柱门廊。

最后这个内容，即把海水后退而得来的土地奉献给神，是神话的焦点。城市不仅在洪水中幸存，而且在某种意义上说，城市还是通过投掷标枪从洪水中创造出来的（田地和村庄，或者，在提如维赖的文本中，是桑格姆的地址）。同样的母题也出现在其他神话中。阿如瓦木特指出了向大海投掷标枪的思想追溯到阿嘎斯特喝干海水[⑤]，或者更令人信服的是，追溯到卡如塔维（Kārtavīrya）把箭像雨点般射向海里[⑥]，和室建陀向昆如纳（Krauñca）山投掷长枪[⑦]。这里还有一个关于毗湿摩（Bhīṣma）的故事，他向恒河射箭而使河水干涸[⑧]。但是，对海进行带有创造意义的攻击的思想，在印度南方的另一则起源神话中大概最为明显：持斧罗摩（Paraśurāma）向海洋投掷斧子，从而创造了从高可勒（Gokarṇam）到坎雅

---

① *TIRUVĀL*. 21.1－9.

② T. G. Aravamuthan，《马杜赖编年史与泰米尔学院》（"The Maturai Chronicles and the Tamil Academies"），*JOURNAL OF ORIENTAL RESEARCH*，Madras 6（1932）：291－292。

③ 见 Cāminātaiyar 对 *TIRUVĀL*. 21.9 所做注释。可排除实际上指恒河的可能性。

④ *TIRUVIḶAI*. 13.1－20；比较 *CUNTARAPĀNTIYAM OF AṈATĀRI*（Madras，1955），3.6.11－12. 比较恒河从天而降灌满大海的神话中因陀罗偷窃萨竭罗（Sagara）的祭马（或说靠大海的一阵波涛）：《摩诃婆罗多》3.104－108. Wendy Doniger O' Flaherty，《湿婆神话中的水下母马》（"The Submarine Mare in the Mythology of Siva"），*JOURNAL OF THE ROYAL ASIATIC SOCIETY*（1971） 1：19－20。

⑤《摩诃婆罗多》3.102.16－23，3.103.1－28。

⑥《摩诃婆罗多》3.116.29；14.29.1.7。

⑦《摩诃婆罗多》3.214.31。

⑧《摩诃婆罗多》1.94.23－24。

库玛瑞的大片土地。[①]这个传说的原型出现在《摩诃婆罗多》中：

持斧罗摩清理刹帝利（Kṣatriyas）的土地，并把它作为祭费交给迦叶波（Kaśyapa）。迦叶波对他说："到南海岸上去，你不能住在我的地盘里。"海水退出一片地方给持斧罗摩，名为苏尔巴罗迦（Śūrpāraka）。迦叶波把这片土地交给婆罗门们居住，自己则进入了森林。[②]

坎库（Kŏṅku）和土鲁瓦（Tuḷuva）地区有一则类似起源神话。[③]这里我们可回顾一下黑天和海的战争，以及他在海水退让出来的土地上建筑过的达瓦卡城。[④]

这个主题的另一变体，是关于伊纳卡库纳姆桥（Irāmeccuram）的神话：罗摩请求大海帮他渡到彼岸楞伽（Laṅkā）去。三天过去了，大海仍不露面给他回音，罗摩开始向大海射箭。大海从帕塔拉（Pātāla）走上来，请求罗摩庇护，并乞求罗摩不要弄干海水而逼他触犯创世天条。大海建议猴子纳拉（Nala）筑一条堤道。和持斧罗摩（Paraśurāma）一样，罗摩占陀罗（Rāmacandra）袭击了大海。虽然海水没有后退，但它还是提供了跨海方法——从陆地上走。[⑤]

也许与上述故事类似的最重要情节见于泰米尔人的穆鲁坎（Murukaṉ）神话。在马杜赖洪水神话里把标枪投入海中的潘地亚国王乌克纳，他本人就是室建陀/穆鲁坎的化身。因为他是湿婆/潘地亚国王昌塔纳（Cuntarapāṇṭiyan）和雪山神女/米纳可（Mīnākṣī）的儿子。[⑥]在泰米尔神话中，穆鲁坎曾两次投掷标枪——一次是像梵语资料中所说的那样，投向昆查（Krauñca）山，还有一次是投向化为海中

---

①K. A. Nilakanta Sastri，《南印度史》（*HISTORY OF SOUTH INDIA*），第三版（Bombay，1966），pp. 71－74；K. P. Padmanabha Menon，《克拉拉邦历史》（*HISTORY OF KORALA*），Ernakulam，1924－1933，vol. I，pp. 17－20；*RAGHUVAṂŚA* 4.53 and 58；*KERAḶATECA VARALĀṞU*，Madras Government Oriental Manuscript Series no. 56（Madras，1960），pp. 33，41；*KAṈṈIYĀKUMARITTALAPURĀṆAM OF CAṄKARANĀVALAR*（Maturai，年代不明），18.66－75；*PĔRIYAPURĀṆAM* 2.6.1；《室建陀往世书》6.68.6－16；关于 *Keralōtpatti* 的文本，见 Thiagarajah，pp. 120－121。

②《摩诃婆罗多》12.49.53－60；关于苏尔巴罗迦，见 Pargiter 就 Mārkaṇḍeyapurāṇa（译文）所作的评论，见 *BIBLIOTHECA INDICA*（Calcutta，1904），p. 338；Kuiper（1964），p. 113. 其他地方则说持斧罗摩撤退到摩亨陀罗大山（Mount Mahendra）。比较《摩诃婆罗多》3.117.14；Wilson，p. 323，注释 21。

③Nilakanta Sastri，p. 74；Bhasker Anand Saletore，《古代卡纳塔克》（*ANCIENT KARNĀṬAKA*），I. *HISTORY OF TUḶUVA*（Poona，1936），pp. 9－38. 在阿萨姆，持斧罗摩给布拉马普特拉河（Brahmaputra，即雅鲁藏布江）开辟一条水道，结果没造出陆地，而是造成一场洪水：《时母往世书》（Kālikāpurāṇa），Bombay，1891，84-86.

④见第 264 页注释①②。

⑤《室建陀往世书》3.1.2.54－96（引自 Setumāhātmya）；*CETUPURĀṆAM OF NIRAMPAVALA-KIYATECIKAR*（Madras，1932），5.27－41。

⑥见 *TIRUVIḶAI.* 11.19，该书认可这种等同。

一棵巨大芒果树的恶魔 Cūr（即 Śūrapadma 苏勒帕德姆）。后一事件在泰米尔文学中尤其得到赞颂："我们赞颂那杀死海中恶魔的长枪手"。[①]而且，穆鲁坎与 Cūr 的战争可能还是古代创世神话的一部分：当标枪飞向芒果树时，它吸干了海水，而芒果树的毁灭又为世界腾出空间，还把太阳从混乱的黑暗中解放出来。[②] 神把标枪投进海洋，这样就战胜了混乱的力量和失控的暴力，正如马杜赖的国王用矛制伏进犯的大海。

关于打退海水，在泰米尔文学中还有另一类说法。帕提奴帕图（Patiṟṟuppattu）时期第五个十年的英雄是"把大海赶走"的辰库图恩（Cěṅkuṭṭuvaṉ）。据说他也曾向大海举起标枪，[③]但古老的注释把这理解为表示他和一群以海为据点的人们作战。也许，这里指的是海盗，但这一点并没明说。[④]很可能，卡塔勒匹拉可蒂（Kaṭal piṟakk' oṭṭiya）这一绰号是来自马杜赖晚近的洪水神话。

让我们还是回到马杜赖的神话。我们已经看到，两种《提如维赖》文本都以洪水之后的创世行为来结束第二则洪水神话，《提如维》（两个文本中较早的一个）把这则神话与桑格姆故事联系在一起。阿如瓦木特已经证明，《提如维》21 中最后一节是伪作，这一节告诉我们神奠定的基址成为前两期桑格姆的地点。[⑤]如果人们想以《提如维赖》为基础编制一份年表，这一节确实就提出一些困难；而佩如绰提（Parañcoti）（或者不如说他的梵语资料来源 *Hālāsyamāhātmya*[⑥]）恰恰就是这样做的。[⑦]而且或许有意义的是，他自始至终都只提到一期桑格姆。但是，*Hālāsyamāhātmya* 在这点上却沿用更早的传说，提到三期"学院"，前两期建于从洪水中保护下来的城市，第三期建在恒河岸上。[⑧]显然，因为只存在一期桑格姆，佩如绰提就用一种更符合现实的说法取代了这个传说。也许他比他所料想的更接

① 《脚镯》24，*PĀṬṬUMAṬAI* 6. 比较 *TIRUMURUKĀṞṞUPPAṬAI* 45－46，59－61；*KALITTŎKAI* 104.13－14. 在一则关于标枪崇拜的神话中，同大海作战与向 Krauñca 山投掷标枪结合起来：*COḶARĀJENTIRAPURAM EṆṆM IḶAIYANĀR VELŪRPPURĀṆAM*（Madras，1921），6.2－8。

② 我在前面的注释中详细讨论过这则神话。见 D.Shulman，"Murukan，the Mango，and Ekāmbareśvara-Śiva：Fragments of a Tamil Creation Myth？"（《穆鲁坎、芒果和 Ekāmbareśvara-湿婆：泰米尔创世神话片段？》），*INDO-IRANIAN JOURNAL* 21 （1979）：27－40。

③ PATIṞṞUPPATTU（Madras，1957），第五个十年，46.11－13；cf. 41.21－23；48.3－4；AKANĀṈŪRU（Madras，1965），127.3－5；347.3－5；212.15－20.

④ Marr，p. 308.

⑤ Aravamuthan，*JOURNAL OF ORIENTAL RESEARCH*，Madras 5 （1931），pp. 203－205.

⑥ "Hālāsyamāhātmya" 为书名。——译注

⑦ 同上，pp. 209－214；（1932），pp. 97－103.

⑧ HĀLĀSYAMĀHĀTMYA（Maturai，1870），17.46－47.

近原有的桑格姆传说。

我们在前面已经知道，关于三期桑格姆和两次破坏性洪水的完整叙述，最早出现于据说是纳卡米对《伊艾耶纳·阿卡颇如》（*Iṟaiyaṉār akappŏruḷ*）的评论中。但还有更古老的关于潘地亚王国古代洪水的记述。《卡里托卡》（*Kalittŏkai* 104）告诉我们，当大海上涨，吞没潘地亚国王（tĕṉṉavaṉ）的土地时，他从敌人的领地中划出新的土地归自己所有，拆去绰勒的老虎和 Cera 的弓箭，换成潘地亚的鱼形徽章。[①]难道这没有使我们再次碰到对抗大海而造出陆地这一熟悉母题吗？也许没有。知道与潘地亚有关的洪水传说的《脚镯》一书，颠倒通常的次序："祝愿潘地亚国王成功。大海曾因为不愿忍受他把锐利的标枪投向自己，借此向其他国王展示勇武，就将库马里可图（Kumarikkoṭu）连同帕如里（Paḫṟuḷi）河和附近的几座山脉一起吞下。于是，潘地亚国王统治南方，占有恒河和北方的喜马拉雅。[②]按照古老的无名氏的评注（Arumpatavurai），库马里可图指的是库马里河的河岸，而阿提亚库纳拉（Aṭiyārkkunallār）认为它指的是一座山峰。这个文本的独特之处在于说发洪水是为报投枪之仇，而不说投枪是因为发洪水，虽然它也暗示，因为发洪水，潘地亚国王才征服了新土地。Aṭiyārkkunallār 支持下面这一观点：为了交换他在洪水中失去的那些土地，潘地亚国王统治了绰拉纳图（Coḻanāṭu）的木图库纳姆（Muttūrkkūṟṟam）和彻纳玛图（Ceramānāṭu）的坎纳杜库纳姆（Kuṇṭūrkkūṟṟam）。[③]

那么，关于三期桑格姆和潘地亚所失土地的传说，我们该得出什么结论呢？我们已经看到，《提如维赖》一书把桑格姆的起源与洪水联系在一起，而《脚镯》和《卡里托卡》（*Kalittŏkai*）二书的注释则表明，就像在相当晚近的往世书神话中一样，洪水被用来解释潘地亚王国现有疆界的来历。关于据说在洪水中遗失了的土地，评论者提供的信息很难让人信服，而且文献中的早期参考注释仅说有一期桑格姆[④]，即据说是坐落在当今马杜赖的那一期。既然已经知道南印度神话中

① KALITTŎKAI 104.1－4.

②《脚镯》11.17－22.

③《Aṭiyārkkunallār 论〈脚镯〉》11.17－22.

④ For example，*TIRUÑĀNACAMPANTAR*，*TEVĀRAM* 1.7.2；比较 K. Zvelebil，《Murugan 的微笑，论南印度的泰米尔文学》（*THE SMILE OF MURUGAN*，*ON TAMIL LITERATURE OF SOUTH INDIA*），Leiden，1973，p. 45，注释 1。

洪水母题的流行、这个母题在马杜赖的突出地位、[1]洪水与创世观念的联系，以及实有洪水的地质学证据的缺乏，因此，关于前两期桑格姆的故事，好像是以马杜赖为中心的早期起源神话的扩展。如同其他泰米尔神殿一样，马杜赖神殿自认为是宇宙不可毁灭的中心，是创世之地，是灭世洪水的幸存者。在这些观念之上，马杜赖还加上自己的宣称：它是泰米尔诗歌的发源地，是因传统悠久而得以与泰米尔文化的首次繁荣相联系的“学院”的所在。文学的起源借用宇宙起源神话里的术语进行描述，创世之前的那场洪水，也被用作桑格姆建立的背景原因。但发生在印度的创世并不是宇宙之初的一个独特事件，而是一个重现的时刻，一种已知事物的重复。这样一来，以传统的观点来看，马杜赖历史上的诗人学院并不是其同类中的第一个，而是先前模式在毁灭性洪水之后的再生。

象征古典泰米尔文明结晶的这种机构，必然出自初期的凶恶力量这个背景。在印度人看来，这些凶恶力量暗含在任何一种创世行为中，不管它是我们所生活的有序世界的建造，还是受害者赖以再生的、献牲仪式中的有限屠杀。正如生命本身，诗歌也是从混乱和死亡那里赢得的。

综上所述，泰米尔洪水神话本质上是创世神话。在一个时间周期之末，一场洪水毁灭世界——只有位于世界中心并与天上和地下的超验世界直接相连的神殿才能幸存。神在此处击退洪水，或用带有创造力的精液洪水或甘露洪水代替洪水，从而创造世界。宇宙进化论暗示从原始混乱中建立秩序，于是就有了泰米尔洪水神话与泰米尔诗歌和文化诞生传说之间的密切联系。文明和秩序对抗混乱力量，而它们原本出自这些混乱力量。但这些混乱力量从来就没有被完全征服；凶猛的洪水有朝一日将会回来毁灭世界，而世界可以作为处于宇宙中心的理想而有序的微型宇宙的一部分，以一种有限的、受束缚的形式幸存于神殿中。

① Filliozat，Dessigane，and Pattabiramin 在他们为 *Tiruviḷai*. 所作序言中似乎已经认识到这一点：La légende des jeux de çiva á Madurai d’apres les textes et les peintures（Pondicherry，1960），p. xi. 他们指出，马杜赖的洪水是灭世洪水，而不是“地方性洪水”。*TIRUVĀL*.（kaṭavul vāḷttu 14）中出现“南马杜赖”，《薄伽梵往世书》中出现 daksiṇā mathurā（10.79.15），后者大概把现存的马杜赖城与北方城镇 Mathurā 相区别；这两个地名的存在是否有助于证明故事的扩展和传播？比较 *VATAMATURAI FOR MATHURĀ*：*TIRUPPĀVAI OF ĀṆṬĀḶ*（Pondicherry，1972）5.1。

犹太人传说中的挪亚和洪水[①]

路易斯·金兹伯格

编者按：

人们有时得到一种印象：既有《创世记》中所讲述的犹太-基督教的洪水故事，也有见诸世界上许多地方的、大量的“其他”洪水叙事。言下之意是，与其他地方形形色色的众多洪水叙述相比较，还存在着这样一个多少带有官方性质的、固定的《圣经》文本。这种观点是不正确的。被记载于我们所知的《圣经》之前肯定处于口传状态的洪水故事，至今仍然在口头流传。因此，除了在非西方文化中发现的口传洪水故事之外，在西方语境中也有大量口头洪水故事流传。

这样一个例子见于一个让人感兴趣的犹太人传统，这个传统包含跟《旧约》所描述的事件相关的不同传说和评注。在这些杜撰材料中，人们会得到关于这些事件的完全不同的一种叙述。挪亚故事也不例外。由路易斯·金兹伯格（1873—1953）煞费苦心地汇集成的这个综合叙述，是他编辑的很有价值的七卷本犹太故事中的一部分，它提供了《创世记》中所没有的让人兴奋的细节。尽管这个精心制作的故事纲要的资料，可能都来源于《圣经》之后，但至少存在这样一种可能性：有些元素或许相当古老。别忘了，即使《创世记》中的叙述，也至少是由两个单独存在的口头文本综合而成的，这暗示着当时可能还有许多文本《圣经》中所合并的上述两个文本共存。

金兹伯格特别指出，他对“作为犹太人想象和幻想反映的《圣经》”的解释是“针对一般读者，而非学者的”。然而，在《犹太传说》第1卷出版一些年之后才出版的该书第5卷中，金兹伯格确实提供了91个

① 选自《犹太人的传说》，第1卷（*THE LEGENDS OF THE JEWS*，Vol.，1，Philadelphia：Jewish Publication Society of America，1909，pp. 145−169）。

大段大段的脚注，不仅标明材料来源，而且包含对大量细节的评述。对这些注释本文不再赘述。感兴趣的读者可以查阅第 5 卷（费城，1925，第 167—206 页）。至于对大致相同的犹太传说材料所作的较新的，却又相当简略的概述，见罗伯特·格里夫斯和拉斐尔·帕塔伊著《希伯来神话：〈创世记〉》（Robert Graves and Raphael Patai, *Hebrew Myths: The Book of Genesis*, Garden City, 1963, pp. 100－124）。也可参见刘易斯“拉比语言中的挪亚”这一节，它出自《犹太教和基督教文学中挪亚和洪水解释的研究》（Jack P. Lewis, *A Study of The Interpretation of Noah and the Flood in Jewish and Christian Literature*, Leiden, 1968, pp. 121－155）。至于对民间艺术中描写的挪亚的讨论，见民俗学家 Lutz Röhrich, "Noah und die Arche in der Volkskunst," Klaus Beitl, ed., *Volkskunde: Fakten und Analysen: Festgabe für Leopold Schmidt zum 60.* Geburtstag, Wien, 1972, pp. 433－442。一个有关的比较研究，见刘易斯《犹太、基督教和穆斯林传统中的挪亚和洪水》（"Noah and the Flood in Jewish, Christian, and Muslim Tradition," *Biblical Archaeologist* 47,1984, pp. 224－239）。

挪亚的诞生

玛士撒拉为他的儿子拉麦娶了一个妻子，她为他生了一个男孩。婴儿的身体白得像雪，红得像盛开的玫瑰，他的头发白得像羊毛，他的眼睛像太阳光炯炯有神。当他睁开眼，目光扫过房间，就像太阳光一样，使整个房子充满光亮。刚把他从接生婆手中接过来，他便开口颂扬正直的主。他的爸爸拉麦害怕他，逃到自己的父亲玛士撒拉那儿。拉麦对他的爸爸说：“我生了一个奇怪的儿子，他不像人类，而像天使的小孩。他的本性不同，他不像我们，他的眼睛里有太阳光线，他气宇轩昂。我觉得他并不是出自于我，而是出自于天使，我怕在他的时代大地会出现意想不到的事。现在，爸爸，我在这儿向你乞求，你到我们的祖先以诺那儿去了解真相，因为他居住在天使之中。”

玛士撒拉听了儿子的话，便到大地尽头的以诺那里，大声呼喊。以诺听到他的声音，出现在他面前，问他为何来此。玛士撒拉讲述了他如此焦急的原因，请求让他知道事情的真相。以诺回答说："主将会在大地上做一件新事情，大地将有大毁灭降临，还有持续一年的洪水。当大地上的所有人都死去，你所生的这个儿子会留下来，他和他的三个儿子一同幸存。大地会遭受巨大的惩罚，所有的不洁会得到清洗。现在要让你的儿子拉麦明白，刚出生的那人真是他的儿子，叫他挪亚，因为他将要被留给你们，他和他的孩子们将在降临大地的毁灭中生存下来。"玛士撒拉听了他父亲向他透露的全部秘密，便回家给孩子取名挪亚，因为挪亚将弥补这灭顶之灾，他会使大地充满喜乐。

只有他的祖父玛士撒拉称他挪亚，他的父亲和其他人称呼他米拿现（Menahem）。由于这一代人沉溺于巫术，玛士撒拉担心，如果他孙子的真实名字为人所知，他将会被人施以魔法。因此玛士撒拉未向他人透露他孙子的名字。"米拿现"，即"安慰者"，与"挪亚"这名字一样适用于他。这表明如果他那时代的作恶者们忏悔他们的错误行为，他就会是慰藉他们的人。在他诞生时，他就被认为会给人们带来安慰和解救。当上帝对亚当说"地必为你的缘故受诅咒"时，亚当问道："要持续多久？"上帝回答说："直到一个形态完美而用不着进行割礼仪式的男孩出生。"挪亚符合这个要求，他是行了割礼才离开母体的。

挪亚刚来到世上就引起一个显著的变化。由于亚当的罪恶，大地受到诅咒，于是人们种下小麦种子，长出来的却是燕麦。挪亚一出现，这一切就停止了，大地上种什么就长什么。挪亚成年后发明了犁、镰刀、锄和其他耕种工具。在他以前，人们只能用双手种地。

还有另一个表明拉麦之子命运非凡的标志。上帝创造亚当时，让亚当统治世上的一切：牛服从耕田者，犁沟愿意被犁出来。但是亚当堕落后，所有的东西都反叛他：牛拒绝服从耕田人，犁沟也犁不成形。挪亚诞生，一切又都回到人类堕落以前的状态。

挪亚出生以前，海水有一早一晚一天两次越界的习惯，淹没陆地，直到坟墩。挪亚出生后，海水安分守己。拉麦时代使世界苦恼的饥荒，被派来袭击人类的十次大饥荒中的第二次，在挪亚出生时停止其蹂躏。

对堕落天使的惩罚

长大成人的挪亚遵从祖父玛士撒拉的生活方式，而这时代的其他人全都起来反对这位虔诚的国王。他们根本不听他的教训，反而追随内心的邪恶倾向，作恶多端，怙恶不悛。首先，堕落天使和他们的巨人子孙引起人类的堕落。巨人溅出的血在地上向天上喊叫，四位天使长在上帝面前控告堕落天使和他的儿子们，于是上帝发出命令，派乌列（Uriel）到挪亚处，向他宣告大地将被洪水毁灭，并教他怎样逃生。叫拉斐尔（Raphael）给堕落天使阿撒泻勒（Azazel）安上镣铐，将他扔进杜德尔（Dudael）沙漠中一个有尖锐乱石的坑中，用黑暗笼罩住他。他将一直那样待着，直到末日审判。那时他将被扔进地狱的火坑中，他在大地上引起的腐化堕落将从大地上根除。派加百列负责起诉这些杂种和恶棍——堕落天使和人类的女儿所生的儿子，使他们彼此陷入致命的争斗。谢蒙哈赛（Shemḥazai）的同类被交给迈克尔，他让他们先目击他们的孩子在他们彼此的血腥冲突中丧生，然后他将他们捆住，压在大地的群山之下，他们将在那儿待上 70 代，直到末日审判这一天，又从那里被投入地狱的火坑。

阿撒泻勒和谢蒙哈赛的堕落是这样发生的。洪水那一时代的人类开始崇拜偶像，上帝就非常痛心。天使谢蒙哈赛和阿撒泻勒站起来说："哦，世界之主，世界和人类被创造时我们就说'你所在意的人类究竟是什么？'我们这样预言过的事还是发生了。"上帝说："没有人类，世界又会是什么样子呢？"于是天使说："我们将占领世界。"接着上帝说："我深知这一点，我知道如果你们居住在地上，邪恶倾向会控制你们，你们甚至会比人类还要邪恶。"天使于是请求道："请允许我们住在人类之中，你将会看到我们怎样维护你名字的神圣性。"上帝满足了他们的心愿，说："下到凡世住在人间吧！"

当天使降临地上，见到人类的女儿非常优雅漂亮，他们不能抑制自己的感情。谢蒙哈赛看到一个叫伊斯特哈尔（Istehar）的少女，他的心被她迷住。她答应跟从他，但他必须首先教她须避讳的神圣的名字，他就是靠这个名字升入天堂的。他同意了她的条件。但是她一知道这须避讳的神圣的名字，就念着它上了天堂，并没有履行对天使的诺言。上帝说："因为她使自己远离罪恶，我们将她置于七颗星之中，使人们永远不会忘记她。"于是她被置于昴宿星团中。

然而谢蒙哈赛和阿撒泻勒并不因此就吓得不敢与人的女儿结婚，人的女儿还给谢蒙哈赛生了两个儿子。阿撒泻勒开始设计华丽的服饰和精美的装饰品，妇女凭借这些引诱男人。于是上帝派莫塔特仁（Metatron）告诉谢蒙哈赛，他决定用洪水摧毁世界。堕落天使哭了，为世界以及他的两个儿子的命运而悲伤。如果大地在水下，每天需要一千头骆驼、一千匹马、一千头牛的他们吃什么？

谢蒙哈赛的两个儿子名叫西瓦（Hiwwa）和西雅（Hiyya），他们做梦。一个儿子看见一块巨石盖住大地，大地上布满了一行行的文字。天使出现了，用刀子擦去所有的字，只留下四个字在石头上。另一个儿子看见一大片让人高兴的小树林，种植着各种各样的树。但是天使拿着斧头到来，砍下树，剩下一棵有三根分枝的树。

西瓦和西雅醒来，到他们的父亲那里，父亲为他们解释了梦，说："上帝将发动洪水，除了挪亚和他的儿子们，没有一个人能逃生。"他俩听到这消息，都开始号啕大哭，但是他们的父亲安慰他们："别紧张，别紧张。不要伤心。只要人们开凿石头或者拖动石头，或者划方舟，他们将会以你们的名字乞灵，西瓦！西雅！"这个预言安慰了他们。

谢蒙哈赛然后以苦行赎罪。他把自己悬挂在天地之间，而且就以这样一个悔罪者的姿势一直挂到今天。但是阿撒泻勒怙恶不悛，照样以肉体诱惑使人类误入歧途。为此，在赎罪日那天，有两只公羊在神庙用作牺牲，一只献给上帝，他饶恕了以色列人的罪恶；另一只给阿撒泻勒，他承担了以色列人的罪行。

和虔诚的少女伊斯特哈尔不一样，图巴尔该隐（Tubalcain）可爱的妹妹妮雅玛（Naamah），用她的美丽引得天使走入歧途，她与萨姆东（Shamdon）结合生下了魔鬼阿斯莫迪乌斯（Asmodeus）。她和该隐的其他后代一样不知羞耻，也和他们一样经常沉溺于发泄兽欲。该隐一族（Cainite）的妇女和男人一样，养成赤身裸体到处行走的习惯，使自己沉溺于每一种能够想象得到的淫荡行为。以美貌和肉体魅力引诱天使抛弃美德的女人，就出自他们中间。另一方面，天使一背叛上帝，降临人间，就丧失了他们的卓越品性而被赋予凡人的身体，因此与人的女儿联姻成为可能。天使和该隐一族的妇女联姻生下的后裔是巨人，他们以力大和罪恶深重出名。正如他们的名字以米人（Emim）所示，他们激起恐惧。他们有许多其他的名字。有时他们叫利乏音人（Rephaim），因为有人一瞥见他们，就会变得心脏衰弱；或者叫基波利（Gibborim），就是巨人，因为他们身躯庞大，光大腿就有十八厄尔长；或者叫散送冥人（Zamzummim），因为他们是作战能手；或者叫亚衲人（Anakim），因为他们用脖子去碰太阳；或叫伊维（Ivvim），因为他们像蛇一样，能判断土质；最后，或被称为拿非利人（Nephilim），因为他们使世界堕落，自己也堕落了。

大洪水时的那一代人类

该隐的子孙像他们的父亲一样堕落无耻，塞特（Seth）的子孙则过着虔诚而井井有条的生活，而且两家行为的不同还反映在他们的居所上。塞特家定居在伊甸乐园附近的山上，而该隐家定居在大马士革的旷野中，该隐在此杀死了亚伯。

不幸的是，在玛士撒拉时代，亚当死了之后，塞特家因该隐一族的行为而变得腐败。两家联合起来，作恶多端。他们联姻，产生了拿非利人，拿非利人的罪孽给世界带来洪水。他们傲慢自大，宣称和塞特的后代血统一样，还将自己比作王子和血统高贵的人。

这一代人的胡作非为,一定程度上是由于人类在洪水之前的生活条件太理想。他们既不辛苦也无忧无虑，因此极度的繁荣使他们目空一切。在骄傲自大中他们起来反对上帝。一次播种所得的收获足够 40 年的需要，他们还能用巫术迫使太阳和月亮随时为他们服务。养育孩子也没有给他们带来麻烦。怀孕几天之后孩子便能出生，然后马上就能走路、说话。他们自己帮助母亲割断脐带。连恶魔也伤害不了他们。一次，一个新生婴儿跑去拿灯来照亮，好让他妈妈割脐带，他遇到了恶魔之王，随后他俩之间发生了战斗。突然，听见公鸡叫了，恶魔赶快逃走，喊道："回去告诉你妈，如果不是鸡叫，我已杀死你了！"这婴儿反驳道："回去告诉你妈，如果不是我的脐带还没割断，我已经杀了你！"

无忧无虑的生活使他们有时间和闲暇干坏事。长久以来，仁慈的上帝一直容忍着他们，放过邪恶的人类。但是当他们又开始过着淫荡的生活时，上帝不再克制了，因为"上帝对所有的罪恶都能容忍，但就是不能容忍不道德的生活"。

另一个促使邪恶的那一代人类灭亡的罪恶是他们的贪婪。他们的劫掠计划得如此狡猾，法律对他们无可奈何。如果一个农民提一篮蔬菜到集市上去卖，他们便一个接一个凑上去，每人偷一点点。这一点点本身并没多大价值，但不一会儿这人就无东西可卖了。

上帝在决定毁灭罪恶者之后，仍然心怀慈悲，派挪亚去规劝他们达 120 年之久，要他们改过自新，并以发动洪水相威胁。而他们却嘲笑挪亚。他们看见他埋头忙于建方舟，问："建方舟是为什么？"

挪亚："上帝将对你们发动大洪水。"

罪人们说："是哪类洪水？如果他发动一场火的洪流，我们知道如何保护自己不被烧。如果是水的洪流，水要是从地下冒出来，我们会用铁棒堵住；水若是从天上落下，我们也知道应付的办法。"

挪亚："大水将会从你们脚下冒出，你们无法避免。"

他们顽固不化的部分原因，是挪亚已告诉过他们，只要敬神的玛士撒拉和他们居住在一起，洪水就不会降下。上帝留给他们悔过的120年的期限满了，玛士撒拉死了。但是考虑到纪念这位虔诚的人，上帝又给了他们一个星期的缓刑期，这一星期是为了哀悼玛士撒拉。在这宽限期内，自然法停止了，太阳从西方升起，在东方落下。上帝赐给邪恶者在未来世界等待人类的可口食物，目的是为了向他们表明他们正在失去的东西。但是所有这些证明是徒劳的，因此，玛士撒拉和这一代其他敬神的人离开人世后，上帝就降下了洪水。

圣书

建造方舟需要伟大的智慧，方舟给大地上的所有生物甚至灵魂提供了空间。只是无须给鱼留空间。挪亚从天使拉策尔（Raziel）给亚当的书中，获得这些必不可少的智慧，书中记载了天上和地上的所有知识。

人类的第一对夫妇还在伊甸园里的时候，一次，萨默尔（Samael）带一个男孩走近夏娃，请她照看他的小儿子，直到他再来接小孩。夏娃答应了。伊甸园里的亚当散步回来，发现一个又哭又叫的小孩与夏娃在一起，夏娃在回答他的问题时告诉他，这是萨默尔的孩子。亚当很恼火。小孩哭得越来越厉害，亚当更加生气。在气恼中亚当打了小孩一下，结果把他打死了。但尸体还在不停地恸哭，即使亚当把他砍成碎片时，碎片还在哭个不停。为了摆脱这讨厌的东西，亚当将尸体残骸煮来给他自己和夏娃吃。他俩刚吃完，萨默尔出现了，要求归还儿子。这两个作恶者企图否认一切，他们假装一点也不知道他儿子的事。但是萨默尔对他们说："什么！你们敢撒谎？上帝就要来了，赐给以色列人律法，里面写着'你们不要说谎'。"

他们正在这样说着，突然，被杀害的小孩的声音从亚当和夏娃的心底传来，声音对萨默尔说了这些话："走开吧！我已经穿透到亚当和夏娃的心，我不会停止穿透他们的心，以及他们孩子的心，他们孩子的孩子的心，直到所有世代的人的末日。"

萨默尔走了，亚当非常悲伤。他穿上丧服，斋戒了很多很多天，直到上帝在他面前出现并对他说："我的孩子，不要怕萨默尔，我将赐给你一个补救办法帮助你对付他，因为是我要他来找你的。"亚当问："这补救的办法是什么？"上帝说："律法。"亚当又问："律法在哪里？"上帝然后给了他天使拉策尔的书，亚当日夜研习该书。一段时间过去了，天使们访问亚当，妒忌他从书中获得的智慧。他们不顾他的反对，试图用诡计毁了他，那就是称亚当为神并拜倒在他面前。亚当说："不要匍匐在我面前，但要颂扬跟我在一起的上帝，让我们一起赞颂他的名字。"然而，天使们妒火中烧，他们偷走上帝给亚当的书，把它扔进海里。亚当四处寻找，无功而返。书丢了，他极其痛苦。他又斋戒了许多天。上帝又出现了，对他说："不要怕！我会把书还给你。"他叫来掌管海的天使拉哈（Rahab），命令他从海中找到书并归还给亚当。天使照办了。

亚当死时，这本圣书突然消失了，但是后来藏书的洞穴在以诺梦中显露出来。从这本书中，以诺获得了自然的、地上的以及天上的知识。凭这本书他变得异常聪明，超过了亚当。他把书中的内容记住之后就再次将书藏起。

现在，上帝决定发动洪水，他派天使长拉斐尔给挪亚带来如下的消息："我给你圣书，这样里面记载的神秘知识全都会透露给你，你也会知道怎样神圣、纯洁、谦虚、恭顺地完成它的指令。你将从中学会如何建造一艘歌斐木方舟，你、你的孩子以及你的妻子会在方舟中得到保护。"

挪亚接过书，当他研究这本书时，突然体会到神的精神，他知道建造方舟和召集动物所需的全部知识。他带着由蓝宝石做成的书进了方舟，先就把书放入金匣里。他在方舟上的所有日子里，书为他计时，辨别白天和黑夜。在他死之前，他将书交给闪，闪又传给亚伯拉罕。书从亚伯拉罕传给雅各、利未、摩西、约书亚，一直到所罗门。所罗门从书中学得他的全部智慧，还有他的治疗技术、他控制恶魔的本领。

同方舟共渡者

方舟根据拉策尔书中的指示建造好了。挪亚接下来的任务是召集动物。他得带上 32 种鸟和 365 种爬行动物。但是，因为是上帝命令它们赶赴方舟，动物们就成群前往那里，所以挪亚连指头都不需要动一动。事实上，真正来的动物比上帝要求来的要多，上帝便让挪亚坐在方舟门边，注意哪些动物到达门口时是爬着的，哪些是站着的。前者允许上方舟，后者不许上。挪亚恪守岗位，看到一只母狮带着两只幼狮。它们三个都在地上蹲着。但是两只幼狮和它们的妈妈打了起来，母狮不得不起身站在它们身边。于是挪亚领两只幼狮进了方舟。没有被接纳的野兽、牲口、鸟仍然站在方舟旁，一连站了七天，因为动物集结发生在洪水降临前一周。它们走向方舟的那天，太阳变暗，大地颤抖，电闪雷鸣，这是从来没有过的现象。邪恶者仍然不思悔改。在这最后的七天中，他们丝毫没有改变邪恶作为。

最终，洪水暴发时，七十万名人类之子聚集在方舟周围，哀求挪亚给予他们保护。他大声回答说："你们不就是反叛上帝的那些人吗？你们还说'哪儿来的上帝？'因此上帝毁灭你们，从地上将你们清除、抹去。这 120 年来我不是一直在向你们作出这个预言吗，你们不是对上帝的话置若罔闻吗？现在你们却想活下来！"邪恶者哭喊道："就算是这样吧！我们将重新归于上帝，只要你打开方舟的门接纳我们，那样我们才能活下来，免得死去。"挪亚回答说："你们现在这样做是因为困境对你们产生了极大的压力。你们为什么不在上帝指定你们忏悔的整整 120 年中归顺上帝？现在你们来说这些，是因为绝望困扰着你们的性命。所以，上帝不会留意你们、听你们解释，你们也不会得逞。"

这群邪恶者试图用暴力进入方舟，但监视方舟四周的野兽猛烈地攻击他们，许多人被杀死了，剩下的逃跑了，只有在洪水中等待死亡的份儿了。仅仅只是洪水还不能结束他们的生命，因为他们是身高力大的巨人。当挪亚用上帝的惩罚来威胁他们时，他们竟然回答说："如果洪水来自天空，它们不会淹到我们的脖子；如果洪水来自下面，我们脚底够大，可以堵住水流。"但是上帝命每一滴雨在落到地面之前先通过欣嫩子谷（Gehenna），热雨烫伤了罪恶者的皮肤。他们遭受惩罚是罪有应得。肉体的欲望令他们变得狂热，驱使他们走向极端无耻，因此，他们受到了热水的严惩。

即使在与死亡作斗争的时刻，邪恶者也不能抑制住他们卑鄙的本能。就在水开始从泉眼中喷涌而出时，他们把自己的小孩扔进水中，以堵塞洪水。

在势不可当的洪水冲击面前，挪亚依靠上帝的仁慈而不是他自己的功劳，在方舟中找到庇护。尽管他胜过同时代的人，他还是不配因为自己的缘故就给自己创造奇迹。他对上帝信仰不够，所以直到水淹到膝盖他才进入方舟。他的对上帝虔敬的妻子拿玛，即以挪士的女儿，还有三个儿子以及他们的妻子，都逃离了危险。

挪亚到 498 岁才结婚。上帝吩咐他要给自己娶一个妻子。他不希望有孩子出生在世上，因为他知道他们全都会在洪水中丧生，所以他只要了三个儿子，是在洪水到来前不久出生的。上帝赐给挪亚的子女并不多，这样，就算他们都虔信上帝，挪亚也不必费力去建一艘巨大的方舟。如果不是这样，如果他们也像同代的其他人那样堕落，他们的毁灭所带来的悲痛也只会按照他们的数量相应增加。

正如挪亚和他的家庭是那个污浊时代唯一没有受到玷污的，因此允许进入方舟的动物们，同样也都是过着自然状态生活的动物。因为那个时代的动物和人一样道德败坏，狗和狼联姻，公鸡和孔雀结合，更多的动物在性行为上随随便便。幸免于难的都是那些清白无瑕的动物。

在洪水之前，不洁动物的数量远远超过洁净动物的数量。后来这个比例反过来了，因为在方舟中每保护七对纯洁动物的同时，只有两对不洁动物被保护下来。

有一个动物，独角兽（reëm），挪亚未能将它带进方舟中，因为它身躯庞大，在方舟中找不到容身之地。因此挪亚将它拴在方舟上，就让它在后面跑。他也不能为巴珊王巨人噩找到地方。巨人噩就安稳地坐在方舟顶上，用这种方法从洪水中逃得性命。挪亚通过一个孔，每天给他发放少量补给品，因为噩许诺，他和他的后代会永久做挪亚的奴仆。

最特别的一个种类的两个生物也在方舟中找到了避难所。来找挪亚的生物中，还有“虚伪”（Falsehood）请求庇护。他遭到了拒绝，因为他没有同伴，而挪亚只是成对成对地接纳动物。“虚伪”出去寻找伙伴，遇到了“倒霉”（Misfortune），就与“倒霉”结成对，条件是“倒霉”可以利用“虚伪”所获得的所有东西。这一对于是被接受进方舟。当他们离开方舟时，“虚伪”发现无论他收集到什么都会马上消失。他找到他的伙伴，要她解释。她给了他如下的解释：“我们不是已经同意我可以占有你获得的一切吗？”“虚伪”不得不空着手离开了。

洪水

把动物装进方舟中只是挪亚所担负工作的一小部分。他的主要困难是为他们提供一年的吃和住。很久以后，挪亚的儿子闪，向亚伯拉罕的仆人以利以谢讲述了他们在方舟里与动物们一起的经历。下面是他说的话：“我们在方舟中面临着严峻的困难，白天出没的动物要白天喂食，夜晚出没的动物要夜晚喂食。我的父亲不知道给小兹特卡（Ziḳta）吃什么，有一次他将石榴劈成两半，一条虫子从里面掉下来，兹特卡一口吞下。从那以后，我父亲就捏糠饼，一直放到它长出虫子来，用虫子喂它。狮子一直发烧，就不去打扰其他动物，因为它不喜欢干燥食物。父亲在方舟的一个角落找到正在睡觉的动物尔沙（urshana），问它是否需要吃点什么。它回答：‘我看见你很忙，我不想加重你的负担！’对此我父亲说：‘愿主让你长寿。’这个祝福实现了。”

当洪水推动方舟东摇西晃、左颠右簸时，困难加重了。方舟里的一切都摇晃得像锅里的小扁豆。狮子开始吼，牛在叫，狼在嚎，所有动物都发泄出他们的愤怒，每一个动物都竭力用声音表达不满。

挪亚和他的儿子想到死亡濒临，也放声大哭。挪亚向上帝祈祷：“主啊，帮帮我们，因为我们不能忍受包围着我们的灾祸。巨浪在我们身旁汹涌，致命的水流使我们害怕，死亡盯着我们的脸。哦，听听我们的祈祷，放了我们，留意我们，对我们仁慈！救赎我们，拯救我们！”

洪水是由来自天空之上的男性水和来自地下的女性水结合而产生的。上帝将两颗星移出昴宿星团，留出一个空间，上面的水就倾泻而下。后来，为了阻止洪水，上帝不得不将大熊星座的两颗星移到昴宿星团。这就是为什么大熊星座跟着昴宿星团运行的原因。大熊星座想要回她的两个孩子，但是只有在未来的世界里，他们才会回到她身边。

在洪水那年，天界还有许多其他变化。在洪水持续的所有时间里，太阳和月亮黯淡无光，由此挪亚被称作“安息者”，因为在他的生活中，太阳和月亮安息了。方舟里被一块宝石照明。宝石的光晚上比白天还亮，这使挪亚可以区分白昼和黑夜。

洪水持续了整整一年。洪水在犹太国历[①] 2 月 17 日开始出现，雨水持续了 40 天，直到 3 月 27 日。有罪的这一代人类所受的惩罚是罪有应得。他们过着不道德的生活，生出劣质的小孩，小孩的胚胎期只有 40 天。从 3 月 27 日到 9 月 1 日，150 天之中，洪水保持在同一高度，高出地面 15 厄尔。这期间所有邪恶的人都被毁灭，每一个人都受到应得的惩罚。该隐也在这群死亡者中，他因杀死亚伯而受到报复。造成浩劫的洪水如此凶猛，连亚当在坟墓中的尸体也未能幸免。

9 月 1 日，洪水开始消退，每天退四分之一厄尔。60 天过去了，11 月 10 日，山顶露出了水面。许多天前，10 月 10 日，挪亚就已放出渡鸦。一周后鸽子第一次远行，以后每隔一周一次，共三次。从 11 月 1 日到次年元月 1 日这段时间内，洪水才从地面完全退去。就是到了这个时候，地上还满是泥泞，因此方舟里的居

① 本文所有日期均为犹太国历。——校注

民不得不待在里面，直到 2 月 27 日，住满了由 12 个月加 11 天构成的整整一太阳年。

弄清水势，使挪亚颇费周折。当他想派遣渡鸦时，渡鸦说："上帝，即你的主人，恨我，连你也恨我。你的主人恨我，因为他吩咐你带七对洁净的动物进入方舟，但只带两对不洁的动物，我是其中之一。你恨我，因为你没选择方舟中多达七对的动物中的一种为信使，但你选择了我，可我这类在这儿只有一对。这样一来，要是我冷死了或热死了，这个世界难道不会因为我这个物种的整个灭绝而变得更可怜吗？或者，难道你已经色迷迷地盯上了我的配偶，所以希望为了你自己而除掉我吗？"挪亚答道："你这个卑鄙小人！我在方舟中连自己的妻子也不亲近。我的心中怎可能有你所诬陷的想法？"

渡鸦的使命没完成，因为当他看见一具死人尸体，就迫不及待去啄食它，而没有执行挪亚给他的命令。因此鸽子又被派遣出去。到了晚上，她嘴里衔着一片橄榄叶，是在耶路撒冷的橄榄山上采摘的，因为这块圣地未遭水淹。她摘叶子时，对上帝说："哦，世界之主，愿我的食物苦似橄榄叶却出自你手，而不要我的食物甘甜而我却任人摆布。"

挪亚离开方舟

尽管在惩罚之年的年底大地恢复了过去的样子，挪亚在接到上帝让他离开的命令之前，一直待在方舟里。他自言自语："正如我受上帝命令进入方舟，同样，只有在他的命令下我才会离开。"然而，当上帝吩咐他走出方舟时，他拒绝了，因为他怕当他居住在干地上一段时间并且生儿育女后，上帝又会发动另一场洪水。因此直到上帝发誓不会再带着洪水降临大地，他才离开方舟。

他从方舟中走出，来到露天，看到由于洪水处处破败，不禁放声痛哭。他对上帝说："哦，世界之主！你被称为仁慈之主，你应该对你的创造物仁慈。"上帝回答说："愚蠢的牧羊人，现在你和我说话，当初我好意劝你，你却不说话。那时我说：'我见你是一个义人，是你同类中的完人，我将给大地带来洪水，摧毁众生。你用歌斐木为自己造一艘方舟。'因此，向你讲明所有的情况之后，我对你说，你可以恳求我对大地仁慈。但是你一听到你会在方舟中获救，就不再关心降临大地的毁灭。你仅仅为自己建造了方舟，借此保全了性命。现在大地变得荒凉，你又开口祈求。”

挪亚意识到他犯下的愚蠢的罪过。为了让上帝息怒，为了表示自己承认罪过，挪亚给上帝献祭。上帝高兴地接受了贡品，由此他被称作挪亚。祭品并不是挪亚亲手奉献的，与奉献相关的牧师活动是由他的儿子闪完成的。这也有一个原因。在方舟中，有一天挪亚忘记给狮子喂食，这饥饿的野兽用爪子凶狠地打了他一下，从那以后他成了跛子。由于身体有缺陷，所以他不可以履行一位牧师的职责。

祭品包括一头公牛、一只绵羊、一只山羊、两只斑鸠和两只乳鸽。挪亚选择这些种类，是因为他见上帝命令他把这些种类选了七对带进方舟，就猜想这些是指定用来供牺牲的。祭坛竖在亚当、该隐和亚伯献祭的那个地方，后来耶路撒冷圣殿的祭坛也建在那上面。

祭祀仪式完成之后，上帝祝福挪亚和他的儿子。他让他们与亚当一样成为世界主人，并给了他们一个命令，说：“生养众多，遍布大地。”因为在方舟逗留的日子里，男女两性，还有雌雄动物，彼此分开居住；在受到社会灾难袭击时，就连对那些未受损伤者来说，节欲也是理所应当的。除了含、狗和渡鸦外，方舟里谁都没有违反这个行为准则。于是，他们都遭受了惩罚。对含的惩罚是他的后代成了黑皮肤的人。

为了表明不再毁灭大地，上帝将他的弓挂在云中。就算人类再次沉湎于罪恶之中，这张弓也向他们宣告他们的罪恶不会给世界带来伤害。时光流逝，人们虔信上帝，不再生活于受惩罚的恐惧中，这样的时代会到来。在这样的时代，弓是看不见的。

上帝允许挪亚和他的后代们以动物的肉为食，这从亚当时代一直到那时都是禁止的。但是他们不能喝动物的血。他制定了七条挪亚律法，遵守这些律法对所有人来说都是义不容辞的，而不仅仅只是针对以色列人。上帝特别告诫禁止流人的血。凡流人血者，他的血必为人所流。即使人类的法官给有罪的人以自由，那罪人也难逃惩罚。他会遭遇非自然的死亡，就像他给他的同类造成的死亡。是的，杀人的野兽也会要那罪人的命。

诅咒醉酒

当挪亚开始忙于种植葡萄树时，他不再是一个“虔诚”的人了。他成了一个

“凡人”。而且，生产葡萄酒的初步尝试同时就生产出第一个暴饮的人，第一个诅咒其伙伴的人，第一个采用奴隶制的人。一切的原委就是这样。挪亚找到了亚当被逐出伊甸园时从伊甸园中带走的葡萄树。他品尝树上的葡萄，发现它们十分美味可口，他决定种葡萄树并精心照料它。在他种葡萄树的当天，树就结果了。他将果实放进葡萄压榨机中榨，让葡萄汁流出。挪亚喝了，醉了，丢脸了——这些都发生在同一天。帮助他栽种葡萄树的是撒旦，挪亚在种植他所找到的葡萄枝的那一刻，撒旦碰巧在场。撒旦问他：“你在这儿种什么？”

挪亚说：“一块葡萄园。”

撒旦说：“它出产的东西质量怎么样？”

挪亚说：“它结的果实甘甜，不论干的湿的都甜。它能生产愉悦人心的葡萄酒。”

撒旦说：“让我们结伴干活，种植葡萄园。”

挪亚说：“我同意！”

撒旦于是杀了一只羊羔，接着，又杀了一只狮子、一头猪和一只猴子。每种动物被杀时流出的血，撒旦就让它流到葡萄树下。他就这样告诉挪亚葡萄酒的特性：人在喝它之前，像羊羔一样无辜；如果喝得适中，他感觉像狮子一样强壮；如果喝过量了，他像一头猪；如果喝醉了，他举止像一只猴子，又跳又唱，言语粗鲁，不知道自己在干什么。

这场酒醉没有警醒挪亚，就像亚当的例子没有警醒他一样。亚当也是因酒堕落的，因为，当初被禁止的果实就是葡萄，葡萄酿成的酒让他大醉。

在醉态中，挪亚来到他妻子的帐篷。他的儿子含见他在那儿，含告诉他的兄弟们他所看到的。他说：“人类始祖有两个儿子，一个杀死了另外一个。挪亚这人有三个儿子，然而他还想生第四个。”含不满足于自己对父亲的出言不逊。在这个无礼罪之外，他还加上了一种巨大的侮辱：他想在他父亲身上做一个手术，好让他不能生育。

当挪亚从酒醉中清醒并冷静下来，他以诅咒含的幼子迦南的方式来诅咒含。挪亚无法伤害含本人，因为当挪亚和他的三个儿子离开方舟时，上帝已赐福于他们。因此，他只能诅咒儿子的幼子，因为这个儿子不让他在已有的三个儿子之外再生一个小儿子。

方舟里的魔鬼（AT825 型）[①]

弗朗西斯·李·厄特利

编者按:

毋庸置疑，洪水故事以某种形式在世界许多地方广为流传。在南美洲、北美洲、中美洲及亚洲地区，我们发现了这个故事的无以计数的文本。这看来是到了 20 世纪仍然流行的一则叙事作品。然而，当今时代，挪亚时代的洪水还在讲述吗？或者它无非就跟信徒们青年时代在《圣经》必修课上学会的故事有关？这个问题还可以换一种说法：在欧洲，洪水故事如果仍然存在于口头传承中，这种口头传承究竟达到何种程度？

为了回答这一问题，我们可以求助于对一则民间故事的研究，即《方舟里的魔鬼》。该故事在国际性的阿尔奈－汤普森故事类型系统（该系统为印欧语系民间故事编制索引）中，列为第 825 型。[②]弗朗西斯·李·厄特利（Francis Lee Utley，1907—1974）多年来是美国俄亥俄州立大学的民俗学家和中世纪史研究家，曾花费大量时间和精力追溯该故事的文本。虽然他没能在有生之年完成他希望写作的综合性专题著作，但 1959 年在国际民间叙事研究协会的会议上，他宣读了自己的论文，概括介绍了他的发现。重印于此的这篇论文成功地考察了 275 个有关故事的一般特征。论文中同时提出了民俗学家如何运用比较方法去研究一个故事类型的思路。哪怕仅仅是从多得惊人的语言和文化中翻译出文

① *Reprinted from INTERNATIONALER KONGRESS DER VOLKSERZÄHLUNGSFORSCHER IN KIEL UND KOPENHAGEN*（Berlin: Walter De Gruyter, 1961）, pp. 446–463.

② 由芬兰学者阿尔奈（Antti Aarne）首创，他的学生，美国学者汤普森（Stith Thompson）增订的《民间故事的类型》（THE TYPES OF FOLKTALE）一书，是国际民间文艺学界通行的一种对民间故事类型进行划分的方法。中国民间文艺学界通常将它称为“AT 分类法”。本文中，凡提到该书，一律按惯例略为“AT”。——译注

本，也需要多种语言技能。人们不得不佩服作者的这种技能。基于同一叙事作品的275个不同文本写成一篇文章，而且还要传达出具体的细节差异，这也不是一件容易的工作。

需要强调的是，这里所讲的是一则民间故事，而不是一则神话。不过它的情节的确来自洪水神话，特别是《创世记》中的那个神话文本。我们可以得出结论说，不论讲述者和听众是否具有宗教信仰，这个故事显然仍能吸引他们。

对涉及魔鬼与挪亚之妻的AT825型的重要研究，似乎始于奥斯卡·达恩哈特（Oskar Dähnhardt）的“Beiträge zur vergleichenden Sagenforschung”（*Zfeitschrift für Volkskunde*, 1906,16, pp. 369−396）。也参见麦克卡特勒的《挪亚方舟和大洪水——对基督教早期教父文学和现代民俗学的研究》（Eugene S. McCartney, “Noah's Ark and the Flood: A Study in Patristic Literature and Modern Folklore,” *Papers of the Michigan Academy of Science, Arts and Letters* 18,1932,71−100）。厄特利对此类故事的更多思考，请参阅他的《挪亚、挪亚之妻和魔鬼》（“Noah, His Wife, and the Devil,” in Raphael Patai, Francis Lee Utley, and Dov Noy. eds., *Studies in Biblical and Jewish Folklore*, Bloomington, 1960, pp. 59-91）。关于研究民间故事的民俗学家如何运用改进的比较方法，参见卡尔·科隆《民俗学方法论》（Kaarle Krohn, *Folklore Methodology*, Austin, 1971）；例如，以语言分类技术识别各独立文本，见该书第350−354页（SB=斯拉夫语系保加利亚语，FE=芬兰−乌戈尔语系爱沙尼亚语，GE=日耳曼语系英语，等）。如果想对方法论成就作大致的了解，可看克里斯廷·哥德堡《历史地理方法：过去与将来》（Christine Goldberg, “The Historic-Geographic Method: Past and Future,” *Journal of Folklore Research* 21,1984: 1−18）。

本文将阐述对AT825型进行全面普查和分类的初步结果。它基于20多年来所搜集的资料，[①]以奥斯卡·达恩哈特（Oskar Dähnhardt）的Natursagen[②] 及其他

① 在论文原稿中，厄特利教授专门列出十几位国际民俗学同行，感谢他们的合作使他注意到难以把握的补充资料。在重印过程中此致谢已删掉。——原编者注

② Oskar Dähnhardt, *NATURSAGEN*, Leipzig, 1907−1912, pp. 257−294.

已出版的故事为起点，再用来自广泛的民俗档案的材料来对它们加以确认。现在，大约已有 275 篇异文被分类和比较，其中五分之四来自可靠的口头传承，另外五分之一来自文献。

那么，AT825 型故事讲的是什么呢？关于它在童话（Märchen）中的恰当位置，还存在些问题。在 AT 分类法中，它有一个主要的可与之抗衡的故事，“不死之地”，在法国人和法裔加拿大人的故事索引中，825 型也用于与之匹敌的故事。① 巴尔莱斯（Balys）把它分在第 3100 号“多母题混合”中，放在“创造动植物”的大标题之下。② 芬兰、爱沙尼亚、瑞典和罗马尼亚的索引却往往将其分解，成为许多分散的起源传说（Ursprungssagen）。匈牙利的索引做法显然与之相同。③ 总之，这个故事既以其完整形式又以独立分散的母题或片段存在于口头民俗中。

在讨论这则故事的稳定性及其童话性质之前，我们应该列举出它主要的构成部分。这种列举基于对一组最新采集的文本的分析，所以有时汤普森《母题索引》④ 中的母题序号并不能完全有把握地划归进去（虽然大约有 50 个汤普森的母题序号或多或少适用于这个故事不同文本中出现的要素）。研究故事-复合体的专业学者，其任务应为指出索引中明显的省略之处和差异之处。任何其他的方法都将呆板机械，缺乏独创，导致和那些早期学者遇到的相似结果。例如 W. A. 克鲁斯顿，他严重地混淆了母题和类型。因此产生了一连串重叠类型，使分类和研究的目的毁于一旦。换句话说，民俗学需要对哪怕是已经被接受了的汤普森和阿尔奈-汤普森理论进行持续不断的、建设性的改造，而不是简单地区分类型、确定

① 有一点可以确定，史蒂斯·汤普森在校订《类型索引》的过程中，告诉我说渥太华档案馆的拉考尔塞里（Luc Lacourciére）那里有四个 825 型的例子。对此我很怀疑，因为在我的收集中并没有首尾完整的法语文本。拉考尔塞里对我说，他正在用德拉如号码（Delarue number）进行编辑。玛丽-路易斯·特尼兹夫人（Mme. Marie-Louise Tenéze）正在完成德拉如索引的出版工作，她向我保证带着星号的 825 条是“不死之地”（见安蒂·阿尔奈的《民间故事的类型》，史蒂斯·汤普森编译扩充，赫尔辛基版，1928 年，第 825 * 型）。

② Johan Balys, *LIETUVIU PASAKAJAMOSIOS MOTYVU KATALOGAS*（Tautosakos Darbai II），Kaunas, 1936, Type3100.

③ 因此它在许多书中都没有位置。如 Dr. János Berze Nagy, *MAGYAR NÉPMESETIPUSOK*, Pécs, 1957，捷克的索引 Vaclav Tille, *VERZEICHNIS DER BÖHMISCHEN MÄRCHEN*, Helsinki, 1921（FFC34）；以及斯洛伐克索引 Jiri Polivka, *SÚPIS SLOVENSKÝCH ROZPRÁVOK*, 5vols., V. Turčianskom Sv. Martine1923-1932. 这类故事当然在匈牙利很流行，下面的讨论会表明这一点。

④ Stith Thompson, *MOTIF-INDEX OF FOLK-LITERATURE*（《民间文学母题索引》），6vols. Copenhagen, 1955-1958.（汤普森的这本《民间文学母题索引》，是国际民间文艺学界通行的工具书，它从几百种典籍、杂志和民间故事集中，解剖出最常见的母题，分为 23 个大类及数千个小类，每类给一个固定的类号，组成一个类似于图书分类法一样的分类体系，从而将民间叙事文学中的主要母题资料整理为一个井井有条的系统。至今，该书还是民间文艺学家搜集资料进行比较研究的主要工具。——译注）

母题。因此，我准备在文本中适时提供母题号码，并在脚注中指出大致类似的母题，或者，如有可能，建议对汤普森《索引》增补一个序号。

如果我们合并手头所有文本的话，这个故事的主要构成部分如下所列：①

1. 上帝或天使教挪亚秘密地造方舟。②

2. 这种秘密状态得到一个奇迹的帮助——挪亚的锤子敲击时是无声的，或者斧子即使砍劈石头砧板也不会变钝。这个母题在爱尔兰恰好相反，声音到处都听得到（回声的起源），意思是叫人们忏悔（可能为母题 H1199.13）。③

3. 魔鬼引诱挪亚的妻子，有时是以温情脉脉的方式，教她给挪亚喝一种能让他迷醉并松口说出秘密的饮料。它常常交代白兰地、克瓦斯淡啤酒（kvas）、雷基烧酒（raki）、戈丽尔卡伏特加（gorilka）、葡萄酒以及啤酒的起源（母题 K2213.4.2）。④

4. 挪亚说出了他的秘密，魔鬼将他建造的方舟毁掉，这艘方舟是挪亚花了七天到三百年不等的时间建造的。有时，在一些文本中，挪亚的妻子事先知道了秘密，魔鬼利用其女性的弱点使她吐露真情；或者她不是用烈酒而全凭固执，不停探问才得到了秘密。无声的斧头变成了声音吵人的工具（母题 K2213.4.2，H1199.13）。⑤

---

① 十分感激朱利亚·克罗扎诺夫斯基（Julian Krzyźanowski）寄给我的多份故事。这些故事已放在本文的分析部分。它们来自他正在准备的索引的第三卷中（J. Krzyźanowski，POLSKA BAJKA LUDOWA，2vols.，Warszawa，1947）。他关于故事构成要素的清单值得在此展示（由 Charles Morley 翻译）：

（a）魔鬼希望弄清正在造方舟的挪亚到底在干什么，就唆使挪亚的妻子去探知他的秘密。

（b）挪亚喝了魔鬼给他妻子的伏特加酒，醉了，就泄露了他的秘密。

（c）接着干活时，挪亚注意到，先前自动缩短或加长的木材，现在却要用斧头来砍才行。

（d）魔鬼在挪亚妻子的帮助下进了方舟。

（e）或者假扮成老鼠咬破了船舷。

（f）或受到一只猫的追赶，藏入这只猫的眼中。

②《母题索引》中没有完全一致的条目，比较母题 A1015（诸神发洪水）、A1021（洪水：乘船逃脱）、K2213.4.2（妻子泄露挪亚的秘密）。对于这一母题，我建议采用 * A1021.3 或 * K2213.4.2.1。

③ H 类母题标示一件很困难的工作：在石头上将木材砍成方块而不能弄钝斧头。故意派一个女人去，让他分心。汤普森举了立陶宛人的例子。它在许多点上都与挪亚的母题很接近，虽然此前并没有这样看待它。像挪亚、挪亚之妻和魔鬼这些人物的增加并未破坏母题的普遍性，它在这个地理区域出现是有意义的。关系较远的母题是 H1161.1（任务：用铜斧在岩上砍柴）和 F837（特别的战斧）。

④ 我们将看到，这一母题大体上适合此处罗列的前五个构成部分，但只是更具体地适合第四和第五部分。另一个适合于这个部分和其他部分的大标题是母题 G303.23 条（魔鬼与方舟）。比较母题 A1427.1（魔鬼教如何烧制白兰地）和 A1426–1428、A1456 条（关于各种酒精饮料的起源的多个序号）。

⑤ 在汤普森的两个母题中，这是第二和第三个构成部分的必然结果。比较母题 K2213.4，妻子泄露丈夫的秘密，和母题 G303.14.1（魔鬼夜毁白昼之所建），及其亚类——母题 G303.14.1.1（同前——尤其运用于挪亚的近亲亚当）。

5. 发现方舟被毁，挪亚哭了起来。这时，一个天使飞下来，教挪亚如何克服魔鬼的干涉。此处细节变化很大：挪亚被告知施洗（通常用尿洗身，因为他的妻子藏起了洗浴的水）。[①] 或者要求他回到砍倒的第一棵树下，用木头做一个 toaca 或 bilo 或一面钟，它使方舟的散乱船板合在一起。[②] 也有文本说通过天使的帮助，用奇迹唤来了木匠，即婴儿耶稣，于是，被砍断的船板自动变长或变短，各就其位。[③]

6. 钟常常在方舟入口再次出现，用作集合动物的工具——这是一个恰如其分的功能，因为至今用来召唤东方的和尚参加祈祷的，还是这件乐器。[④]

7. 某些生物不许进入方舟：令人厌恶的蛇（母题 A2145.2）和蜇人的昆虫（母题 A2021.2），身躯庞大的 Re'em 或独角兽（母题 A2214.3），狮鹫（母题 A2232.4），洪水前的巨人（母题 A531.5.9），甚至包括挪亚的妻子。最不允许进入方舟的是魔鬼，他请求挪亚之妻在进入之前犹豫一阵。他藏在她的胸前、她的针线包内，或者干脆藏在她的影子中。挪亚不耐烦地叫了她三次，第三次说过这样的话："快进来，你这魔鬼。"于是，这个老犹大，这个撒旦，这个恶魔（Iblis），这个 Nicipercea，这个长角者，这个脏鬼，就这样上了船（母题 K485.13.5.1）。[⑤] 在伊斯兰教的类似故事中，驴子替代了挪亚妻子，恶魔藏在它的尾巴下（或者第四子迦南拒绝上船而被淹死）。[⑥]

---

① 没有类似构成部分。比较母题 D766.1（水浴解除魔法）、D1500.1.18（神奇的治疗之水）、H1321（寻求神水）、E29.6（靠尿液复活）、D1002.1（神奇的尿液）。我建议增加母题*D1500.1.18.7（建造方舟时施洗的神水）和*D1002.1.1（建造方舟时代替施洗水的神奇尿液）。

② 没有类似构成部分。比较母题 D1213 和 D1213.1（神奇的铃或钟），D838.11（盗来的神钟），G283.1.2.5（女巫兴风，打破敌人的木栏），F671.1（神速的造船者），H1022.8（困难的工作：用一个纺锤和一个梭子的碎片造船，显然来自《卡列瓦拉》第 8 曲）。我建议增加母题*D1213.2（用来为挪亚方舟收集船板和集合百兽的神钟）。

③ 令人惊奇的是它没有被收入《母题索引》中，虽然这一母题十分常见。例如，参见达恩哈特，a. a. O., I, 269；W. S. Kirby，*KALEVALA*，London，1907，I，pp. 166－172，199（第 16 曲）；C. Grant Loomis，WHITE MAGIC（《白巫术》），Cambridge（Mass.），1948，pp. 13，89；M. R. James，*THE APOCRYPHAL NEW TESTAMENT*（《伪经〈新约〉》），Oxford，1924，pp. 52－53，57，63，73，82. 比较母题 A2755.4（木头节疤的起源）、A2738（基督把节疤放入木头）和 V211.1.8（婴儿期的耶稣），也可参见 AT1244=母题 J1964.1（尝试拉长横梁）。我建议增加母题*V211.1.8（婴儿耶稣帮助木匠约瑟改变横梁长短）和*J1964.2（被基督或挪亚拉长和缩短的船梁）。

④ 无类似构成部分。见本页注释①的建议及宽泛类比，也可比较母题 D1446.1（圣徒的铃铛使牛不迷途）。

⑤ 比较母题 C10（禁止亵渎地召唤神灵）、A2210（动物特征的改变）和 A2291（洪水中获得的动物特征）。

⑥ 无确切对应的构成部分。下文提到的母题 A1853.1 过于特别。我建议在母题 G303.23（魔鬼和方舟）下增加*G303.23.2（魔鬼在方舟上凿洞）。

8. 魔鬼一上船，要么就亲自在方舟上钻一个洞，要么就变作老鼠咬一个洞（母题 A1853.1 和 G303.3.2.4）。[①] 这洞也可能是挪亚或他的工人们遗漏的一个钉孔，或节疤孔。[②]

9. 有时故事没有提到孔洞，而讲到鼠灾。伊斯兰教的文本说，方舟里满是人粪和动物粪，就从象鼻里弄出脏猪来吃粪。这下，猪打喷嚏喷出了一只老鼠，狮子打喷嚏喷出一只猫去追赶老鼠（母题 A1811.2）。在欧洲，这则猪—鼠—狮—猫的故事比另一则故事罕见，后者说上帝、圣母玛利亚或挪亚丢出只手套，变成会治病的猫。[③]

10. 在大多数文本中，孔洞都是一个常见特征，于是叫蛇用它的长尾巴封住。有时，又说这个塞子是狗鼻、挪亚夫人的肘部、挪亚的屁股（*Sitzplatz*），等等不一，或是老鼠、蜥蜴、蟾蜍、乌龟、野兔或魔鬼本人，它们在企图逃走时卡在了洞中（母题 B527.2）。[④]

11. 堵洞的蛇得到了多种奖赏——又长又细的身体、作为家蛇得到住处、无尾的身体（如果是响尾蛇的话）、可以分泌毒液、被禁止猎杀（母题B527.2 和A2291）。

12. 有一种对蛇的奖赏应加以特别讨论。在一些故事中，蛇要求，或上帝承诺，蛇得到的奖赏将是最甜的血，或是每天一人的血。洪水之后，这个许诺通过下面两种方式之一在一定程度上得以回避：

（1）挪亚把蛇投入圣火中，他的灰烬被风吹散，变成了跳蚤、虱子、蚋或蚊子，从统计学上讲，他们还是每天吸一个人的血。[⑤]

（2）或是蛇派出苍蝇或其他昆虫去查明何为最甜的血。昆虫带回消息告诉燕子说是人血，结果被燕子咬断了舌头。燕子向上帝或挪亚报告说青蛙的血最甜。从那以后，蛇吃青蛙、蚊子或蚋，但不会说话，只能“滋滋”地叫，而燕子在人

---

① A 项指魔鬼在方舟里创造老鼠，G 项说魔鬼就是老鼠。比较 A2210 和 A2291，以及 A1751—1755（魔鬼的动物和上帝的动物）。

② 无确切对应的构成部分。比较母题 A2738 和 A2755.4（木头中的节疤）。我建议增加母题* A2738.1（魔鬼把节疤放入挪亚方舟的船板上）。

③ 无确切对应的构成部分。比较母题 G303.16.1—2（魔鬼与圣母玛利亚）和 D444.10.2（变形：手套变狗）；也比较母题 A. 2281 和 A. 2494.1.1（猫鼠结仇）。

④ “热心的动物在挪亚方舟中堵漏洞”这个宽泛标题，涵盖了所有不同的文本。源于伊斯兰教的一个有趣的相关母题是 A2236.2（蛇把魔鬼带入天堂）。

⑤ 母题 A2001 和 A2034.2（来自怪物尸体的昆虫）可能算最接近的了。这些母题在西伯利亚和美洲印第安人民俗中十分普遍，就像伪经的洪水故事中的其他因素一样。比较母题 A2034（蚊子的起源）和 A2000—2099 条（昆虫的诞生）。

的屋檐下做窝（母题 A2426.3.2，A244.2.1，2236.1）。[①]气急败坏的蛇常常去咬燕子，所以燕子尾巴成了叉形的（母题 A2214.1，A2378.5.1）。

以上摘要遗漏了许多巧妙多变的细节，但它可充当一个可操作程式。这 12 个部分中，许多都可以单独存在，可以有方舟作为背景，也可以没有它——燕子的叉形尾和最甜的血，猫与鼠结仇的起源，魔鬼发明烈酒，无意间唤来了魔鬼的双关语，等等。这些无疑解释了为什么索引的编辑者对故事类型的稳定性持怀疑态度。例如，在芬兰，有 39 个此类故事，但完整的故事几乎不存在。早期的故事收集者大概不能用系统的证据来证明此类型的国际性，显著的溯源因素导致他们将这个故事类型仅仅看作一组起源故事。

我们可以把以上 12 个构成部分减少为三个主要情节，以简化我们解决故事稳定性问题的方法:

1. 秘密造方舟和魔鬼企图毁掉方舟。

2. 魔鬼在挪亚妻子帮助之下进入方舟和挪亚的诅咒。

3. 方舟上的孔洞和修补。

在我们收集到的 275 篇故事中，芬兰 39 篇，罗马尼亚 33 篇，匈牙利 19 篇，爱尔兰 18 篇，爱沙尼亚 17 篇，大俄罗斯 17 篇，奥斯曼土耳其 16 篇，乌克兰 15 篇，立陶宛 11 篇，瑞典 11 篇。少于 10 篇的有下列族群的：阿拉伯人、塞尔维亚-克罗地亚人、英美人（如果有关方舟孔洞的二三十个文本也包括进去的话，这个数字将有所增加）、波兰人、法国人、希腊人、德国人、犹太人、沃古尔人和奥斯加克人、布里亚特人、库尔德人、保加利亚人、伊朗人、柏柏尔人、立沃尼亚人、列托人、吉普赛人、阿尔泰人、鞑靼人、布列塔尼人、捷克人、白俄罗斯人、沃加克人、格鲁吉亚人、亚美尼亚人和安南人。材料包括凯尔特语系、日耳曼语系、芬兰-乌戈尔语系，尤其是斯拉夫语系。有 37 篇拉丁语系的例子，其中 33 个来自罗马尼亚人，从文化上讲也可以划入斯拉夫范围内。材料的中心在东欧——巴尔干半岛诸国、俄罗斯的欧洲部分、匈牙利、爱沙尼亚和芬兰——但在土耳其人和阿拉伯人中间，以及瑞典、英国、爱尔兰，也有明显的分支。在土著居住的美洲、澳大利亚、大洋洲、远东、非洲大部、南欧和西欧，显然不存在这类故事。这些资料似乎可以证明，我们已有某种完整的故事传承模式，它建立在强大的口传证据和一批相当稳定的母题与情节基础之上。因此这个类型是复合的和具有国际性的——这两点是真正的童话的基本条件。

① 这些指蚋和蚊子嗡嗡叫的由来。

但是，既然这类故事经常处于片段或独立母题的状态，我们必须先来看一看整个故事的问题。正如我上面所言，三个主要情节是“**方舟的秘密和毁灭**”“**魔鬼的进入**”，以及“**孔洞**”。在 275 篇故事中，有 58 篇是这三个情节合在一起，占总数的五分之一。大部分完整文本都是在东欧这个地理中心发现的，芬兰除外。而芬兰的文本常常只是保存了第二和第三个情节。当然还有一些完整文本出现在别的地方，像瑞典、英国、爱尔兰、西伯利亚和土耳其。“**秘密**”和“**进入**”相结合见于 32 个文本，“**进入**”和“**孔洞**”相结合见于 91 个文本，“**秘密**”和“**孔洞**”相结合见于 8 个文本；“**秘密**”单独存在于 38 个文本，“**进入**”单独存在于 13 个文本，“**孔洞**”单独存在于 30 个文本。

因此，我们可以假定，一个完整的故事类型包括“**秘密**”“**进入**”和“**孔洞**”。从某种意义上说，825 型来源于一个文献，即《圣经》本身。但作为文献来源，《圣经》与埃及故事《两兄弟》、亚瑟王传奇，或普劳特的《小红帽》，种类不同。因为《圣经》不仅笔录或印刷下来，而且往往以口头传承的形式出现，尤其是在无文字的社会中。在这些社会中，《圣经》故事主要通过牧师、拉比（犹太教教士）或毛拉（伊斯兰教教士）来传播。它代表了一种深信不疑的基本框架，是 825 型故事的虚构的基础。如果我们相信检验民间故事的标准在于其起源，我们就会对 825 型有所怀疑了，但今天我们大多数人都满足于检验其口头传承，因为起源只能用作主观的或精心推理的检验标准，而难于用作或不能用作其他检验标准。

但是，我们就能因此全盘否定除《圣经》框架之外的史诗规则，即结构的整体性吗？我想我们还可以保留它们。如果有时间解决引起争议的程序问题，这类故事是具有基本逻辑的，我们甚至能够把这个基本逻辑放到普罗普的程式中。[①]不过，我们可以在别的地方找到故事的连贯性。虽然三个主要情节——“**秘密**”“**进入**”和“**孔洞**”——可以独立存在，但它们也有实在的连接点。在所有三个情节中，魔鬼都是一个非《圣经》的因素：他用白兰地得到了方舟的秘密，他毁掉了方舟，他进入方舟并在里面钻了一个洞，他或他的第二个我，即蛇，堵住了洞。挪亚之妻泄露秘密，背叛了丈夫，同时她帮助魔鬼进入方舟，这也是背叛丈夫。魔鬼进入方舟，就得以打洞，从而导致最后情节的出现。在魔鬼乱扔方舟船板之后将这些船板重新拼合起来的钟，也就是把动物聚集在方舟入口处的那面钟。

---

① *MORPHOLOGY OF THE FOLKTALE*, ed. Svatava Pirkova-Jakobson, American Folklore Society Bibliographical and Special Series 9,1958.

通过钻洞第二次毁坏方舟的老鼠，要么是魔鬼的创造，要么就是魔鬼本人。堵洞的蛇，常被禁止进入方舟，他后来被允许进去只是因为他有所贡献，有时他也从外面趁人不注意，不请自来地爬进洞里。蛇是有益的动物，他曾救过八个活着的男女；但洪水退后他与挪亚的协约，即每天吸一人的血，显示了他是魔鬼的近亲。如果不是被挪亚避免了的话，这份协约就会迅速而有效地毁灭人类，就像人类一开始就被淹死一样。因此，在《圣经》框架之上以及之外，存在着一系列可变的内在联系，它们将故事衔接并保留下来。这样，故事似乎就有了国际性和稳定性，尽管它不像灰姑娘故事那样根深蒂固、源远流长。

现在我们要搁置对故事的介绍和对这个类型的文化转化的充分说明，而把它们留给一篇正在准备的专题论文。不过，概述一下一些民族的地方类型（oikotypes）的某些特点，还是可能的。大俄罗斯异文特别强调方舟被魔鬼毁灭和克瓦斯淡啤酒发明这两个主题，强调聚集百兽的寺院的钟，强调魔鬼通过挪亚之妻的帮助进入方舟。这些异文的大多数都是文献文本，出自 16 世纪或 17 世纪手稿，但其来源也许可以追溯到 12 世纪；它们代表出自拜占庭的伪圣美多迪乌斯启示录中的窜改，扩充了的佩勒雅（Paleya）历史传说，或跟聪明的霍普斯（the Wise Hops）有关的土著讽刺故事。它们的目的是说教，这可以解释它们为何强调对神的沉迷。亚当通常作为主角取代了挪亚和他的妻子伊芙佳（Evga）。在某些故事中，我们甚至看到它们与环北极地区著名的潜水捞泥者（Earth Diver）故事和大地的二元创造相混淆。乌克兰故事同样特别关注**“秘密”**和**“进入”**；幸运的是，它们几乎全是口头传承的，尽管有些俄罗斯文献文本也以乌克兰语的形式出现。南部斯拉夫和波兰的文本会清除魔鬼而关注老鼠、孔洞、蛇和燕子的叉形尾。

希腊几乎不存在口头文本，而口头文本可以看作斯拉夫化发展的天然来源。但希腊有两个值得注意的文献文本。一个是圣伊皮凡尼乌斯（St. Epiphanius）写的，他是巴勒斯坦当地人和塞浦路斯主教（约生活于公元 315—403 年）。其中说诺替斯教的教徒们相信有一个诺里亚（Noria）或皮拉（Pyrrha），即挪亚之妻，她与蛇有一种奇异的联系，而且她坐在方舟上，把方舟烧毁了。在这个故事中，或许我们可以看到**“秘密”“毁坏”**和**“进入”**这三个情节的萌芽。[①] 尤素福斯·齐加贝纽斯（Euthemius Zigabenus），在 11 世纪末和 12 世纪初谈到拜占庭鲍格米勒

① see, for instance Montague R. James, *THE LOST APOCRYPHA OF THE OLD TESTAMENT*, London, 1920, pp. 12–15.

派（Bogomile）的异教徒，[①]把撒旦（Satanaël）与方舟的建造联系在一起。这类材料，尤其是对《圣经》的伪经增补和二元论的痕迹，导致韦色诺夫斯基（Veselofskii）、加斯特（Gaster）和达恩哈特认为这个故事与鲍格米勒派有关系，甚至可能是由鲍格米勒派创造和传播的。[②]完全驳倒这类权威是很困难的，但这类有关挪亚的伪经故事当然没有沿鲍格米勒派的路线传到西欧。例如，在法国南部显然就没有这则故事，而阿尔比教派在这里曾与保罗派和鲍格米勒派有联系。

芬兰-乌戈尔语系的爱沙尼亚人保存了这个类型的许多完整文本，其中增加了不同寻常的细节：公猪的口沫作为制酒的酵母，石头砧板上的无声斧头，回避“魔鬼”的称谓而称“老犹大”“鲁特瑟韦尔（Lutsever）”“瓦纳马斯特（Wanamust）”和“邪恶者”，缺少蛇堵洞的后果。乌戈尔人和沃加克人保留了“**建造**”“**破坏**”和“**进入**”部分，把故事加以改编，使之适合自己民族的神和英雄。芬兰人保留“**进入**”和“**孔洞**”情节，但没有“**魔鬼**”；蛇是禁止进入方舟的生物，它通过节疤眼或钉洞挤进去，卡在那里，从而使方舟和自己都得救了。马札尔人虽然有孔洞的故事，但重点不在这里；他们对于故事主要的贡献是洗礼或斋戒的母题，在故事中，阻碍方舟建造的方式不是酒，而是挪亚没有举行净化仪式。有时，不是魔鬼进入方舟，而是苍蝇飞进方舟，但它们同样是通过玩弄文字游戏才进去的。

在波罗的海地区，列特人仅有“**孔洞**”故事的小片段，但有 11 个立陶宛文本，都省略了第一个情节和魔鬼通过挪亚之妻的帮助进入方舟的情节。但维尼阿斯（Velnias）或魔鬼在方舟上，通常“假扮成一只老鼠”，这既包含从上帝或圣母玛利亚的手套中创造出猫，也包含带有燕子续篇的蛇堵住孔洞。

罗马尼亚和法国文本包含浪漫故事群（其中 5 个加泰隆人文本由于太晚才到而未被统计在内）。法国文本虽然很独特，但可以视为偏离主流的片段弃之不论

① 鲍格米勒派是中世纪保加利亚的基督教异端教派之一，自称“鲍格米勒”（为古斯拉夫语 Bogomili 的音译，原意为“爱上帝者”。该派流行于 10 至 15 世纪之间，受亚美尼亚保罗派的二元论学说影响，认为上帝生两子，名撒旦和耶稣基督，撒旦堕落为恶的代表，基督则是善的代表，二者经常斗争。该派在东南欧也有所传播，后影响到西欧，成为阿尔比派的先导。——译注

② Moses Gaster, *ILCHESTER LECTURES ON GREEKO-SLAVONIC LITERATURE*（《关于希腊-斯拉夫文学的伊尔切斯特演说》）, London, 1887, pp. 19,26,38,164,198；Veselovskïi, *ETNOGRAFIČESKOE OBOZRENIE*, II（Moskau, 1890）, pp. 32-48；and Veselovskïi, *RUSSISCHE REVUE,* XII（1878）, pp. 131-152；Dähnhardt, a. a. O., I, pp. 5,22,38-42,92-93,260-261. 有关鲍格米勒派、口传故事和佩勒雅的现代观点，请参阅 Steven Runciman，*THE MEDIEVAL MANICHEE*（《中世纪的摩尼教徒》），Cambridge，1947，pp. 85-87；Dmitri Obolensky，*THE BOGOMILES*，Cambridge，1948，pp. 281-283；N. K. Gudzy，*HISTORY OF EARLY RUSSIAN LITERATURE*（《早期俄罗斯文学史》），New York，1949，pp. 36，43。

——魔鬼用钻头钻了个洞，把洞塞住的是兔爪或兔尾巴，这可以解释为什么兔子没有尾巴，或为什么此后雄兔无须母兔帮助便可繁殖。罗马尼亚故事群与法国故事群有很大区别——没有哪个国家保存了对这类故事的如此完好的收藏，它们全都是口头文本，在 33 个完整的文本中至少有 8 篇包含 **"秘密"** **"进入"** 和 **"孔洞"**。方舟被毁后挪亚的哭泣是一个常见特征，它让人想起俄罗斯的文献文本；将被毁方舟的船板聚集起来的头卡（toaca）或钟也是常见特征；魔鬼经常变形为老鼠，它包括手套-猫吃老鼠和响尾蛇堵洞失掉尾巴这两个元素。很明显，在罗马尼亚，甚至可能是在一个起源地国家，我们已接近了斯拉夫圈。

多数德国文本都是文献的或艺术的。它们在断定母题的时间方面有特殊的价值，特别是由于可能接近原作的斯拉夫文献文本还不曾进行批判性的编辑，而且从一个假定的 12 世纪的原作，到 16 至 17 世纪的实有抄本，变动太大。大德国范围内的 4 个文本都属于文献，包括维也纳的詹森·恩里克（Jansen Enikel，13 世纪）、汉斯·萨克斯（Hans Sachs）、马丁·路德（Martin Luther）和 16 世纪的沃尔夫冈·巴特讷（Wolfgang Bütner）。除非某些斯拉夫文本更古老，否则，恩里克的文本是我们所获得的最古老的文献证据。和所有德国文本一样，恩里克文本缺少第一个情节，即 **"秘密"** 和 **"毁灭"**，而吸收了含得到魔鬼帮助，逃避禁令，在方舟上进行性交的有趣故事。我在其他地方也说过，这类故事肯定受了犹太传说的影响。[①] 在英国，口传文本罕见，但我们见到早期对此有两次著名的描述，一是 14 世纪玛丽女王的《诗篇》，一是 15 世纪有关挪亚方舟的神秘剧。[②] 一个不同寻常的英美文本，内容限于通过狗、挪亚之妻和挪亚的努力来保存方舟，尚未得到全面研究。在 14 世纪瑞典的 4 座教堂中，有一组图画接近于玛丽女王《诗篇》中的生动描述。艺术史家将这组图画的技法追溯到东盎格鲁派（East Anglian school）。[③] 直到 1939 年，这类故事才被口头文学的资料证实。当时冯·赛多（C. W. von Sydow）开始为我寻找拉德（Lund）收集者，发现了许多片段，它们既可以证明某种形式的 825 型的存在，又能解释在其他被充分搜集地区，例如德国，为何会缺少这类故事的原因，因为这些信息提供者很重视他们的信仰，认为这类故事是

---

① *GERMANIC REVIEW*（《德国评论》），XVI（1941），pp. 241–249.

② Mill, *PUBLICATIONS OF THE MODERN LANGUAGE ASSOCIATION*（《当代语言学协会出版物》），LVI（1941），pp. 613–626.

③ 例如，Andreas Lindblom，*LA PEINTURE GOTHIQUE EN SUÈDE ET EN NORVÈGE*，Stochkolm，1916，pp. 177，210–214，and（Lindblom）*NORDISK TIDSKRIFT FÖR VETANSKAP*，*KONST OCH INDUSTRI*（1917）pp. 358–368.

对圣灵的一种亵渎。这些故事将在明年发表的一篇论文中予以单独论述。[①]

另一个惊喜是凯尔特故事群，首先来源于爱尔兰共和国。我从爱尔兰的档案中得到了 18 篇，其中 2 篇包括了全部的三个情节，7 篇仅有“**秘密**”和“**进入**”，4 篇只有“**进入**”，3 篇只有“**孔洞**”。这些细节是有意义的——在远离地理中心的爱尔兰，竟出现了这些具有完整形态的最重要的“**秘密**”和“**进入**”情节。一个地区亚型的细节，爱沙尼亚文本中用来制酒的公猪口沫，也清晰地在爱尔兰而非其他地方出现。特别有趣的是加上了一匹公马，魔鬼创造的这个生物拔掉了方舟地板上的塞子，使其第二次遭到毁灭的威胁。它的结尾很奇特，也很原始：挪亚杀了暴烈的公马，他自己却不得不与母马交配以便延续这个物种。我怀疑这里存在着跟神话或民间故事的混淆，也可能是跟爱尔兰常见的天鹅处女异文的混淆。[②]在爱尔兰异文中，人类与爱尔兰湖的仙马交配。少数爱尔兰文献文本出现在 16 世纪或更早的时间，这表明在现代的搜集开始之前，这个故事就已经存在了。

最后我们必须转向亚洲文本。绝大多数西伯利亚文本仅为片段，大约是由俄罗斯正统的或非正统的传教士口中衍生出来的，带有伊斯兰知识或土著知识的痕迹，故可弃之不论。但在土耳其、阿拉伯国家和伊朗，我们有大量文本，它们至少暗示了后面两个情节的来源。阿拉伯故事几乎都是文献的，但近年来，帕特乌·博拉塔乌（Pertev Boratav）在安纳托利亚地区收集到大量奥斯曼土耳其文本。正如我们所期望的那样，这些文本与巴尔干半岛的文本相似。其中的显著特征有帮助魔鬼上方舟的顽驴，从狮鼻中出来的猫，从猪鼻中出来的鼠，还有堵孔洞的蛇，结尾有最甜的血，还有燕子。《古兰经》（公元 615—622 年）中也可能有这个故事的线索。在出现穆斯林圣训或传说汇编的那个时代，确实已有这个材料的足够证据，而在塔巴里（Tabari）的编年史丿中就有这样的圣训或传说。塔巴里约于公元 831 至 923 年生活于塔巴里斯坦或巴格达。我尚未能研究鲁本福兹(Rubghuzii，公元 1310 年）的古土耳其文本，喀山大学的沃尔特·安德森（Walter Anderson）在他那篇受赞誉的论文中对这个古土耳其文本进行了精辟的分析，但我已拜读了

① Wayland D. Hand and Gustave O. Arlt, eds., *HUMANIORA: ESSAYS IN LITERATURE. FOLKLORE. BIBLIOGRAPHY HONORING ARCHER TAYLOR ON HIS SEVENTIETH BIRTHDAY*（《阿彻·泰勒七十寿辰纪念文集》）(Locust Valley, N. Y., 1960), pp. 258–279.

② Tom Peete Cross, *MOTIF-INDEX OF EARLY IRISH LITERATURE*（《早期爱尔兰文学母题索引》），Bloomington，1952，B181.

卡塔诺夫（H. T. Katanov）的摘要评论[①]。顺便说一句，在本文之前，只有达恩哈特和安德森的研究，尝试过严肃认真地探讨825型或挪亚故事。

在编制完成每一个国家的母题分布图之前，这个故事的流传和历史就不可能弄清。像达恩哈特那样在小亚细亚和伊朗至少找到第二和第三个情节的起源[②]，这种想法很诱人，但第一个情节“**秘密**”和“**破坏**”却毫无疑问源于欧洲。他更进一步的观点，即鲍格米勒派对魔鬼与上帝的二元对立起了一些作用，也许部分正确，但正如我前面所言，任何将鲍格米勒派看作是该故事唯一传承者的理论，与该故事的实际传播一对照就站不住脚了。犹太因素出现在有关挪亚的一大群伪经故事中，其中一些犹太因素还渗透到非犹太教影响的欧洲资料中，但这些因素，就如我曾推想的，全都跟825故事类型的历史没有多大关系。我们大概可以冒昧推测说，“**犹豫**”母题，方舟上的孔洞及猫、鼠、蛇，从小亚细亚混入巴尔干半岛各国和俄罗斯，途中又与圣伊皮凡尼乌斯所记录的关于挪亚妻子毁了方舟的诺斯替教信仰汇集在一起，后来又遇到关于魔鬼发明烈酒、钟、锤子和斧头等母题的各种地方性故事，这才创造出一个羽翼丰满的故事，该故事后来又整个地或部分地流传到芬兰人、爱沙尼亚人和马扎尔人那里，最后又以某种方式到了瑞典、英格兰、爱尔兰甚至美国。最令人惊讶的是，爱尔兰文本与爱沙尼亚文本极为相似。[③]我们描绘的分布图使得从东欧中心向外缓慢传播看似不可能，尽管我们在研究仅有无声证据（the argumentum ex silentio）的这个故事时还必须特别小心。也许，甚至在汉萨同盟[④]时代之前，就有从波罗的海到英格兰和爱尔兰的贸易路线存在，这使得该故事漂洋过海的假说可能成立。

由于时间关系，我只能谈及这些故事的概要，对此我感到惭愧，因为这个类

---

① *UČENYJA ZAPISKI IMP. KAZANSKAGO UNIVERSITETA*（*MEMORABILIA UNIVERSITATIS KAZANENSIS*），Anno75，Kniga12（Kazan，1908）. 原文现在可以很方便地在下面的书中找到：*RABGHUZI NARRATIONES DE PROPHETIS COD. MUS. BRIT. ADD. 7851*（*REPRODUCED IN FACSIMILE*），ed. K. Grønbech，Copenhagen，1948，pp. 25—30. 我正在寻找能翻译者。

② 达恩哈特，a. a. O.，I，第260—261页（甚至将其与古巴比伦史诗《吉尔伽美什》中的细节相联系）。

③ 我对这类相似性的简略讨论，包括对出现在民俗、科学、神话、艺术和诗歌中的整个挪亚题材的简介，即将发表于《〈圣经〉民俗与犹太民俗研究》STUDIES IN BIBLICAL AND JEWISH FOLKLORE，Dov Noy，Raphael Patai and Francis L. Utley 编《美国民俗学会专题论文》（A MEMOIR OF THE AMERICAN FOLKLORE SOCIETY），印第安纳大学出版社，1960年。

④ 汉萨同盟是公元13—17世纪北欧城市结成的商业、政治同盟，以德国北部诸城市为主。——译注

型的一部分魅力还在于它的情趣、风格和故事逻辑。[①] 与真实、新鲜的口头故事本身相比，没有哪个真正的民俗学家会喜欢他自己的对这个故事的重构。

AT825 型的异文

这个异文表主要是供各个国家和档案馆的专家们使用的，表中这些缩写对他们来说应该不成问题。

斯拉夫语

SB 1 — A. Strausz，Die Bulgaren，1898，P. 64－Stojkov，Sbornik 3.184 = Dähnhardt 1.274

SB 2 — A. Strausz，p. 65 = Stojkov，Sbornik 7. = Dähnhardt 1.274

SB 3 — A. Strausz，p. 70 = M. K. Tsepenhov，Sbornik 11

SC 1—J. V. Grohmann，Aberglauben，1864，no. 1683 = Časopis Českeho Museu1855，p. 331

SR 1 — Afanasiev，N. R. Legendy，1859，p. 48 no. 14

SR 2 — Afanasiev，N. R. Legendy，p. 181 no. 29 = Buslaev，Ist. Ocherki 1.565

SR 3 — F. I. Buslaev，Istoricheskie Ocherki 1.（1861）439（Highminded Hops）

SR 4 — F. I. Buslaev，Istoricheskie（Count Uvarov MS）1.439

SR 5 — V. N. Dobrovolskii，Smolensky etn. Sbornik，1891，p. 237 no. 18（Zapiski IRGO 20）

SR 6 — A. Pypin，Lozhnyja in otrechennyja knigi（Kushelev-Bezboridko，Pamiatniki 3）p. 17（1862）

SR 7 — V. A. Keltuyala，Kurs. Ist. Russ. Lit.，1906，p. 168

① 有关 SR10、SU10、FM3、FE5、FF11、FF23、RR16、RR17、C13、TO10 和一篇美国文本，已经提交给了基尔（Kiel Congress）大会的成员。它们已再版，题为《方舟中的魔鬼——挪亚故事的一些典型文本》（*THE DEVIL IN THE ARK CONSISTING OF SOME SAMPLE TEXTS OF THE NOAH STORY*），Chillicothe：俄亥俄谷民间研究项目，1959。

SR 8 — Istrin, Chteniia v Imp Obshch. Ist. i Drev. 4 p. 116 = PMLA 55 (1941). 617.

SR 9 — N. S. Tichonravov, Letopisi Russ. Lit. 1.158 (same as SR 4?) (1859)

SR 10 — Andreii Popov, Chteniia v Imp. Obshch. Ist. i Drev. 116–117 (1881)

SR 11 — S. W. Ralston, Russian Folk-Tales, 1880 p. 334

SR 12 — P. P. Chubinsky, Trudy et-stat. exped., 1872, p. 54 = Dähnhardt 1.275

SR 13 — A. Chekhov, The Best Known Works, 1929, pp. 433, 654

SR 14 — Chubinsky, Trudy, 1.54 = Dähnhardt 1.275

SR 15 — G. N. Potanin, Etnog. Zbirnik 6.1 (1864), p. 123 = Dh1.275

SR 16 — Tichonravov, Letopis p. 160 note (Synodal Palaia of 1477)

SR 17 — C. F. Coxwell, Siberian and other Folk-Tales, 1925, p. 819 = Afanasiev p. vii

SRW 1 — Michael Federowski, Lud Bialoruskij, 1897, 1. p. 187, no. 691= Dh 1.275

SS 1 — F. J. Krauss, Tausend Sagen 1914 1.402

SS 2 — Zemaljski Musej, Sarajevo (coll V. Palavestra) –Orthodox

SS 3 — Zemaljski Musej, Sarajevo (coll V, Palavestra) –Moslem

SS 4 — Istitut za Narodnu Umjetnost, Zagreb = Srpski Etnog. Zbornik 41. (1921) 398

SS 5 — Glasnik Zemalskog Muz. u. B. i. H. 13 (1901). 151

SS 6 — N. Tordinac, Hravatske Pjesme, 1883, p. 53 no. 17

SS 7 — Bosanska Vila 5 (1890), p. 312 no. 19–20

SS 8 — F. S. Krauβ, Sagen und Märchen, 1883–1884, 2.153

SU 1 — Mikhail Dragomanov, Malorusskija Narodnyja, 1876, p. 95no. 7 = Dh1 269

SU 2 — Mikhail Dragomanov, Sbornik za Narod. Umot. 10 (1894). 62

SU 3 — (P. B. Ivanov), Etnog. Obozrenie17 (1893). 70 (Kupiansk)

SU 4 — (P. B. Ivanov), Etnog. Obozrenie17 (1893). 70 (others)

SU 5 — (P. B. Ivanov), Etnog. Obozrenie17 (1893). 70 (Marusov)

SU 6 — (P. B. Ivanov), Etnog. Obozrenie17 (1893). 70 (Arapovka)

SU 7 — (P. B. Ivanov), Etnog. Obozrenie17 (1893). 70 (Arapovka) (Skubak)

SU 8 — Etnog. Zbirnik 2.2 (1897?), 36

SU 9 — V. Gnatyuk，Etnog. Zbirnik 3（1900），p. 5 = Dh1.269

SU 10 — V. Gnatyuk，Etnog. Zbirnik 12（1902），30 = Dh1.269，275，279

SU 11 — R. F. Kaindl，Die Huzulen，1894，p. 95 = Dh1.277

SU 12 — Ivan Franko，Pamiatky Ukrainsko-Ruskoi Movy，1896–1910，3.68

SU 13 — St. Rudansky，Tvori，1912，1.172（Veletni）

SU 14 — St. Rudansky，Tvori，1912，1.259（Potop）

SU 15 — R. F. Kaindl，Die Huzulen，p. 103 = Dh1.277

SP 1 — Zbior Wiadomosci 7（1881–1882），p. 110 no. 12 = Dh1.258，275

SP 2 — Zbior Wiadomosci 15（1881–1882），p. 269 no. 25 = Dh1.277

SP 3 — Zbior Wiadomosci 5（1881–1882），p. 138 no. 9

SP 4 — Zbior Wiadomosci 5（1881–1882），p149 no. 46 = Dh1.274

SP 5 — Wisla14（1900），485 = Dh1.277

SP 6 — F. Gawelek，Materialy Antropologiczno-Arch. i Etnog. 11（1910），p. 81no. 183

SP 7 — K. Matyas in Wisla7（1893），p. 108

SP 8 — E. Klich，in Materialy a. a. e. 11（1910），p. 26 no. 25

希腊语

Gre 1 — Epiphanius. Panarium ed Oehler 2.2，170 = Migne PG 41.331

Gre 2 — Euthymius Zigabenus，Panoplia Dogmatica = Migne PG 130，1296，1305 = D. Obolensky，The Bogomiles，1948，p. 208

Gre 3 — R. M. Dawkins，Modern Greek Folktales，1953，p. 159

Gre 4 — TO 2?

Gre 5 — Arab 2?

苏兰–乌戈尔语

FE 1 — Hurt Coll. IV 9，243/5（1）—Jaan Saalverk

FE 2 — Hurt Coll. III，18，797—Annus Kappok

FE 3 — Hurt Coll. II，52，758/62（63）—J. Poolakess

FE 4 — Hurt Coll. III，22/347/8（7）—Peeter Saar

FE 5 — Hurt Coll. 51，835/6（5）—Jaan Tamm

FE 6 — Hurt Coll. R3，119−C. Allas

FE 7 — M. J. Eisen，Rahva-raamat II，1893—132/3（42）= E 4065—J. Tamm

FE 8 — M. J. Eisen，Kortsi-raamat，1896，p. 10 = E 1027 3/4—J. Malzov

FE 9 — Hurt Coll. III，12，28（6）—N. M. Eljas

FE 10 — Hurt Coll. III，24，113/4（3）—J. P. Soggel

FE 11 — Hurt Coll. II，20，404/5（12）—J. Reinson

FE 12 — M. J. Eisen，Miks，1913，p. 36（66）—Joh. Vaine

FE 13 — Hurt Coll. IV 8，66（32）—Joh. Vaine

FE 14 — Estonian Folklore Archives II，194，475/6（12）—E. Kirss

FE 15 — AES（Univ. Grünwald）MF 183，6/7—Lüsa Vanker

FE 16 — Eisen Coll. 61 233—J. Gutves

FE 17 — F. J. Wiedemann，Aus dem inneren und ausseren Leben der Ehsten，1876，p. 440 = Dh 1.271

FF 1 — Finnish Archivess—Hämeenkyro，Ahonen，S 69

FF 2 — Finnish Archives—Otto Reinikainen

FF 3 — Mannonen，Ulla 619

FF 4 — Mannonen，Ulla 612

FF 5 — N. Saarela，KRK 153.26

FF 6 — A. Ryhänen，KRK 219.12

FF 7 — J. Valkeinene KRK 75.28

FF 8 — J. Tyyskä，451

FF 9 — J. Tyyskä，a）28

FF 10 — S. Paulaharju a）203

FF 11 — S. Paulaharju a）444

FF 12 — KRK 58，Enqvist p. 8

FF 13 — KRK 113，H. Pulkinnen 394

FF 14 — Fanni Aittomäki 69

FF 15 — KRK 40. L. Myllymäki 55

FF 16 — KRK 94—E. Horttanainen 640

FF 17 — KRK 94—E. Horttanainen 569

FF 18 — KRK 89—Kalle Viinikainen 187

FF 19 — KRK 239—M. Rautiainen 89

FF 20 — KRK 224—Janne Simokoki 2434

FF 21 — KRK 216—Fiina Palukka 59

FF 22 — K. Krohn, Suomalaisen Kansansatuja I, 1866 = Krohn Coll. 11 495 = Dh 1.277

FF 23 — K. Krohn, Magische Ursprungsrunen der Finnen, 1924, p. 20

FF 24 — K. Teräsvuori 4.1910

FF 25 — Jorma Partanen 59

FF 26 — J. Tyyskä a) 28 (not same as FF9)

FF 27 — KRK 40: 55—L. Myllimäki 55 (not same as FF15)

FF 28 — J. Järventausta 158

FF 29 — Sulo Majala 34

FF 30 — KT 56: 50—Hilja Soimamäki

FF 31 — KRK 58: 8—S. Enkvist

FF 32 — KRK 113—H. Pulkinnen 394 (differs from FF13)

FF 33 — S. Paulaharju II H 2, 617=Dh 1.277

FF 34 — M. Moilanen 2308

FF 35 — KRK 224: 2434—Janne Simojaki (differs from FF20)

FF 36 — Johan ìPirttilanti 25

FF 37 — Fanni Aittomäki 69 (differs from FF14)

FF 38 — Fanni Mäki 24

FF 39 — J. Tyyskä 451

FM 1 — M. Dragomanov, Sbornik za Narodni Umot. 10 (1894), 62

FM 2 to 15 — A. Hermann, Globus 63, (1893), 333—336 = Kalmany, Etnographia II and III (1891–1892), also in part = Kalmany, Vilagunk. See Dh 1.258, 273, 270, 268, 279, 267, 292, 269 etc.

(FM 4 = Hermann no. 3, Dh 1.267, 269, 278, 292, 3.187 = Kalmany, Szeged Nepe 3, no. 36 (Mesek es bokon nemuek)

FM 16 = MS Coll. L. Kalmany, EA (Ethnographical Museum Budapest) 2771,

p. 416 no. 119

FM 17 = MS Coll. L. Kalmany, EA 2771, p. 418 no. 121 = Kalmany, Vilagunk, 1893, p. 60 = Dh 1.271

FM 18 — Linda Degh from Roka Leszlo 1947

FM 19 — Kalmany, Vilagunk, p. 58 = Dh 1.271

FU 1 — Hermann, Globus 63, 336 = Munkacsi, Regek es enekek a vilag, 1892, I. 1 = Dh 1.260=Schullerus, Zs. f. Volkskunde 13, 343 = Anderson, Nordasiatische Flutsagen, p. 7 (Vogul)

FU 2 — Hermann p. 338 = (Munkacsi orally to Hermann) = Munkacsi, Regek 1, 209f. (1920) = Dh 1.260 = Anderson, Nordasiatische Flutsagen p. 10 (Vogul)

FU 3 — S. K. Patkanov, Die Irtysch-Ostjaken und ihre Volkspoesie I, 1897 = Holmberg, Mythology of All Races IV, 362 = Anderson, Nordasiatische Flutsagen no. 9 (Ostyaks)

FLv 1 — Kr. 229 from Estonian Archives

FLv 2 — Ti. 62 from Estonian Archives

FP 1 — Hermann, Globus 63 (1893), 338−Munkacsi, Votjak nepkolteszeti hagyo- manyok, 1887, p. 50 = Dh 1.258 (?), 271−2 (Votyak)

凯尔特语

CB 1 — Lucie de V. H., Rev. des Trad. Pop. 16 (1901), 445 = Sébillot, Folklore 3.256 = Dh 1.278

CI 1 — Bealoideas 3.485 (1932) (Carna parish)

CI 2 — Irish Folklore Commission MS 303, pp. 514−516 (Spiddal)

CI 3 — IFC 349 153 (Kinvarra)

CI 4 — An Claidheamh Soluis 11, no. 42 (1909) p. 12, and no. 43 (1910) p. 5 (Lacken)

CI 5 — Eriu 5.49 (MS Royal Irish Acad C IV 2, f 149)

CI 6 — Ciaran Biaread = IFC? (coll July 5, 1951 in Carnmore)

CI 7 — IFC 368 65 (Claregalway)

CI 8 — IFC 2.352（Baile an Tsleibhe）

CI 9 — IFC 560 86（Capplewhite）

CI 10 — IFC 738.334（Kilcommon）

CI 11 — IFC 738.328（Kilcommon）

CI 12 — IFC 615.325（Beagh）

CI 13 — IFC MS? — S. O' D. Altnabrocai in Iorrus（Mullingar）

CI 14 — IFC MS? — Old storyteller Teelin，Co. Donegal，1946

CI 15 — IFC 1205.441（Claregalway）

CI 16 — IFC 1205.586（Lackagh）

CI 17 — IFC 1227.65（Claregalway）

CI 18 — MS Egerton 1782 = Zs. für Celtische Philologie 4.236 = Flower，Cat Irish Mss in the British Museum 2.280

德语

GE（Amer）1 — Arthur Guiterman，The Light Guitar，1923，p. 110 —L. O. Reeves，Saturday Evening Post June 8，1925 — Guiterman，Lyric Laughter，1939，p. 170 „ The Dog' s Cold Nose "

GE（Amer）2 — Arthur Guiterman，Song and Lauguter，1929，p. 9 =Lyric Laughter 1939 „ Cold "

GE（Amer）3 — Arthur Guiterman，The Laughing Muse，1915，p. 100 =Lyric Laughter，1939，p. 36 „ The Best and Worst Nail in the Ark "

GE（Amer）4 — Arthur Guiterman，The Laughing Muse，1915，p. 168 „ The First Cat "

GE 5 — Newcastle Noah's Flood，in O. Waterhouse，The Non-Cycle Mystery Plays，1909（EETSES 104）P. 19 = Brotanek，Anglia 21 and many other editions

GE 6 — Queen Mary' s Psalter，ed Sir George Warner，1912，p. 7

GE 7 — Mandeville' s Travels，ed P. Hamelius，1919–1923（EETS 153 –154），1.98

GE 8 — Moncure D. Conway，Demonology and Devil Lore，1879，1.123

(Many more of these, not yet classified, in my notes, July 1959)

GG 1 — F. Schnorr von Carolsfeld, Archiv für Litteraturgeschichte 6 (1877), 308 = Wolfgang Bütner, Epitome Historiarum (1576) Bl 54—Dh 1.258

GG 2 — Philipp Strauch ed, Jansen Enikels Werke, 1900, p. 35

GG 3 — Hans Sachs, Keller-Goetze 20.322=A. Stiefel. Zs. d. Ver. f. Volkskunde 8 (1898), 280

GG 4 — Martin Luther tr., Verlegung des Alcoran Bruder Richardi, Wittemburg 1542, sigg D 4 v and L

GS 1 — Uppsala Landsmals — och Folkminnesarkiv 303: 170 C p. 26

GS 2 — ULMA 736, p. 113, 110

GS 3 — Lund Universitets Folkminnesarkiv M 5965.1 and 2 (Carl Viking)

GS 4 — Lund M 5965.3 (Carl Viking)

GS 5 — Lund M 5965.4 (Carl Viking)

GS 6 — Lund M 6448.3 (Blenda Andersson)

GS 7 — Lund M 11331.2 (Svante Stahle)

GS 8 — N. M. Mandelgren, Monuments Scandinaves du Moyen Age, 1862 = Andreas Lindblom, La Peinture Gothique en Suède et en Norvège, 1916, P. 210 (Edshult church)

GS 9 — Lindblom, p. 210 (Vilberga church)

GS 10 — Lindblom, Nordisk Tidskrift för Vetenskap 1917, 358 (Örberga church)

GS 11 — Lindblom, Nordisk, p. 366 (Risinge church)

罗曼语

RF 1 — A. Millien, Rev. des Trad. Pop. 5 (1890). 244 = Dh, Nat. Volks. p. 49 = La Nature = Dh 1.278

RF 2 — Paul Sébillot, Le Folklore de France, 1904−1907, 3.9 = Dh 278

RF 3 — Sébillot 3.159 = N. Guyot, Rev. des Trad. Pop. 19.217

RF 4 — Bonaventure des Periers, Les Contes ou Les Nouvelles Récréations et Joyeaux Devis, ed Jacob and Nodier, 1841, p. 248 (Nouvelle LXVIII)

RR 1 — E. Niculita-Voronca, Datinele si Credentile pop. Roman., 1903, 1.19 no. 1

RR 2 — E. Niculita-Voronca, no. 2

RR 3 — Marian, Insectele, 1903, 405 = Gazeta Transilvaniei 54 (1891) p. 7 no. 144 = M. Gaster, Rumanian Bird and Beast Stories, 1915 no. 71= Dh 1.279.

RR 4 — Pamfile, Povestea Lumei, 1913, p. 103 = Sezaroarea 2 (1893−1894), 121

RR 5 — Pamfile, Povestea Lumei, p. 127 = Voronca, Datinele 1903, p. 20

RR 6 — Pamfile, Povestea Lumei, p. 131 = N. Tapu, Albina 4, 1270

RR 7 — Pamfile, Povestea Lumei, p. 134 = Voronca, p. 19?

RR 8 — Pamfile, Povestea Lumei, p. 134 = Voronca, p. 19

RR 9 — Pamfile, Povestea Lumei, p. 140 = Voronca, p. 834

RR 10 — M. Beza, Paganism in Roumanian Folklore, 1928, p. 130 (conflation?)

RR 11 — Pamfile, Povestea p. 145 = Albina 5.334

RR 12 — C. Radulescu-Codin, Legende, Traditii si Amintiri ist, 1910, p. 2

RR 13 — Sezatoarea 2 (1893−1894), 3 = Dh 1.274

RR 14 — Gaster, Rumanian Bird and Beast Stories, p. 213

RR 15 — Sezatoarea 3 (1894−1895), 105

RR 16 — Sezatoarea 9 (1905), 27

RR 17 — Sezatoarea 9 (1905), 28

RR 18 — Radulescu-Codin, Din tretecul nostru, p. 8

RR 19 — Radulescu-Codin, Din tretecul nostru, p. 11

RR 20 — Radulescu-Codin, Din tretecul nostru, p. 12

RR 21 — Radulescu-Codin, Din tretecul nostru, p. 14

RR 22 — Radulescu-Codin, Legende, traditii si amintiri ist., pp. 3, 31

RR 23 — Sezatoarea p. 15 (or Ion Creanga?−unident photostat)

RR 24 — Sezatoarea p. 15 (or Ion Creanga?−unident photostat)

RR 25 — Radulescu-Codin, Nevasta Lenesa, p. 73

RR 26 — Radulescu-Codin, Nevasta Lenesa, p. 74

RR 27 — Niculita-Voronca, p. 20 = Pamfile, Povestea, p. 143

RR 28 — Ion Creanga 2.266

RR 29 — Ion Creanga 3.108

RR 30 — Ion Creanga 6.363

RR 31 — Ion Creanga 11.16

RR 32 — Gaster, Bird and Beast Stories, p. 214 no. 68

RR 33 — Gaster, Bird and Beast Stories, p. 210

土耳其语

TO 1 — V. B. de Gasparin, A Constantinople, 1867, p. 189

TO 2 — Sébillot, Rev. des Trad. Pop. 2 (1897), 369 = Dh 1.280

TO 3 — Turkish tr. of Tabari 1.97

TO 4 — Commentary of Hamdi Yazir, 6.5124 (TO 3 ff. from Eberhard and Boratav correspondence)

TO 5 — Seyhi, Harname (15 cent)

TO 6 — Dede Korkut Kitabi, ed. Orhan S. Gökyay, p. 3

TO 7 — Baki Gölpinarli, coll. at Istanbul 1946

TO 8 — Baki Gölpinarli, coll. at Istanbul 1946

TO 9 — Hayrullah Örs coll. at Ankara 1946

TO 10 — P. N. Boratav coll. at Trapezunt 1946 or before

TO 11 — P. N. Boratav coll. at Trapezunt 1946 or before

TO 12 — Baki Gölpinarli coll. at Istanbul 1946

TO 13 — Hayrullah Örs coll. at Ankara 1946

TO 14 — Necati Ongay coll. at Ankara 1946

TO 15 — Frau Refet Türksal coll. at Ankara 1946

TO 16 — Rubghuzii, Ribat Ojus = H. T. Katanov review of Walter Anderson's Kazan dissertation

TT 1 — Anderson, Nordasiatische Flutsagen p. 22 = W. Radloff, Proben der Volkslitteratur der türkischen Stämme UX (1907), p. 417 no. 397 (Abaku Tartar)

TT 2 — N. F. Sumtsov, Etnografichnii Obozrenie 17.179 = N. U. "The Borderland" 1891 no. 18 = Dh 1.281 (Sarts)

波罗的海

Let 1 — M. Boehm and F. Specht, Lettisch-Litauische Volksmärchen, 1924, p. 151 = Lerchis Putschkaitis, Latviesu tautas teikas un pasakas, 1891 −1902, 1.166 = Dh 1.281

Let 2 — （see Gipsy, provided by Oskar Loorits, misplaced）

Lit 1 — Lietuviu pasakos, Vilnius 1905, p. 6 no. 7

Lit 2 — J. Elisonas, Dievas senelis（Musu Tautosaka 9）, Kaunas 1935 p. 51 no. 118

Lit 3 — Lithuanian Folklore Archives（LTA）141, 20 354（Juozas Buga）

Lit 4 — Lithuanian Society of Sciences（LMD）561（212）（M. Slancauskas）

Lit 5 — LTA 1487（144）（Vladas Diciunas）, I, 13

Lit 6 — LTA 1487（145）（Vladas Diciunas）, I, 13

Lit 7—S. Daukantas, Pasakas massiu, Vilnius 1932（−Lietuvia Tauta. IV Suppl.）p. 72 no. 44

Lit 8 — M. Dowojna-Sylwestrowics, Podania zmujdzkie, Warszawa 1894（doubtful text）

Lit 9 — LTA 670（5）= J. Balys, Lietuviu liaudies sakmes I, Kaunas 1940, p. 76 no. 220

Lit 10−Balys, ibid., p. 77 no. 221 = LTA 370（42）

Lit 11 — Edmund Veckenstedt, Die Mythen, Sagen und Legenden der Zamaïten, 1883, 2.5 no. 89（doubtful text）

闪米特语

Arab 1 — St. John D. Seymour, Tales of King Solomon, 1924, p. 66=Salzberger, Die Salamon-Sage, p. 79?

Arab 2 — Koran, Surah xi. 25−48, xxiii. 23−30（many translations）

Arab 3—Demetrius Cydonius, Translatio libri Fratris Ricardi = Migne, PG 154.1101

Arab 4 — Zotenberg ed, Chronique de... Tabari 1.112 = Dähnhardt 1.266, 272 = Joseph Hammer, Rosenöl, 1813 1.35 = Baring-Gould, Legends of Patriarchs and Prophets 1.112（class as Iranian?）

Arab 5— ad-Damari, Haya al Hayawan, tr. A. S. G. Jayakar 1906, 2. 85, 495 = C. J. B. Gerard, Le Tueur de Lions, Paris 1885, p. 238 = R. Basset, Mille et un Contes 1.27 no. 21

Arab 6 — ad-Damari, 2.334 = Basset, 3.23 no. 18

Arab 7 — Ibn el-Athir, Kamil, Cairo 1302 heg. 1.31 = Basset, 1.28 no. 22

Arab (?) 8 — al-Kisai? See E. H. Carnoy and J. Nicolaides, Traditions populaires de l'Asie Mineure, 1889, p. 227 (swallow story)

Arab 9—J. E. Hanauer, Folk-Lore of the Holy Land, 1935, p. 13 = Joseph Meyouhas, Bible Tales in Arab Folk Lore, 1928, P. 19

Heb 1 — Ben Sira, Alphabet = Gaster, Rumanian Bird and Beast Stories, p. 362

Heb 2 — Midrash Rabbah, ed H. Freedman and M. Simon, L. 1939, vol. 1 (scattered motifs)

Heb 3 — Louis Ginsberg, Legends of the Jews 1912—38, 1.145 ff., 5.167 ff. (scat- tered motifs)

高加索语

Georgian 1 — A. S. Khakhanov, Chteniia v Imp. Obshch. Ist. i Drev. 172—173 (1895), 168

伊朗语

Iran 1 — Hamzah Ispahensis or Avendasp = Dh 1.260 = F. Spiegel, Eranische Alterthumskunde, 1871—1878, 1.519, 521

Iran 2 — Adam Olearius, Voyages très-Curieux…en Muscovie, Tartarie et Perse, 2 de., Amsterdam 1727, 1.787 = “du Paraphraste Persan de l'Alcoran” = Montesquieu, Lettres persanes, Oeuvres, 1908, 3.23 (lettre 18)

Iran 3 = Tabari? (Arab 4)

库尔德 （*Yezidi*）

Kurd 1 — M. Dragomanov，Sbornik za Narod. Umot. 10（1894），62 = Dh 1.280

Kurd 2 — Gertrude Forde，A Lady's Tour in Corsica，1880，2.174 = A. J. Chamberlain，Am Ur-Quell，NF 4（1893），129 = Dh 1.279

Kurd 3 — J. Menant，Les Yezidis，1872，p. 85

西伯利亚

Altai 1 — Anderson，Nordasiatische Flutsagen 1923，p. 18 no. 13 = V. Verbickij，Vostochnoje Obozrenije 21（1882）p. 9 no. 30 = Verbickij，Altajskije inorodcy，Moscow 1893，p. 102 no. 8

Altai 2 — the same，other versions

Buriat 1 — Skazaniya buryat，in Zapiski Vostochno-Sibirskago Otdela Russkago Geograficheskago Obshchestva 1.2（1890），p. 71 = Uno Holmberg，Mythology of All Races IV （1927），p. 361

Buriat 2 — the same

Buriat（Sagaiyes）3 — the same，Holmberg p. 362－Holmberg（Harva），FFC125，p. 130

非洲

Berber 1 — R. Basset，Contes populaires berbères，Paris 1887，p. 25，149 no. 12 = Dh 1.272

Berber 2 — Belkassem ben Sedira，Cours de langue Kabyle，lre partie no. IV，Algiers 1887，pp. ccxv，ccxlviii （see Basset）

Berber 3 — J. -B.，Labat，Nouvelle Relation de I' Afrique occidentale ... Sénégal，Paris 1728，2.35

亚洲－安南语

Annam 1 — G. Paris，Zs. des Vereins für Volkskunde 13（1903），22 = Dh 1.280

吉普赛人

Zig 1 — Estonian Folklore Archives II 61，419/20（5）—P. Voolaine = Let 1

Zig 2 — see FF 34

亚美尼亚

Arm 1 — Jacques Issaverdens，The Uncanonical Writings of the Old Testament，Venice 1907，p. 43（= MS San Lazzaro，Venice，729 by Vartan），16—17th cent.

科学与大洪水[①]

唐·卡梅伦·阿伦

编者按：

到此为止，我们把洪水神话当作一种传统叙事作品加以关注，关心其地理分布和内容。这些问题在正式的神话研究中司空见惯。但是我们必须记住洪水神话是一个特例。没有哪类神话像洪水神话这样根据其与科学发现是否吻合而加以如此细致的考察。

在民俗学与科学的斗争中，民俗学已总体告负。神话通常被当作对世界的“前科学的”原始解释而遭遗弃。它们可以作为精美的暗喻而用来装饰或激励文学的奇思妙想，所以才得以保留；但它们最终必须把较高的领地让给科学。正如我们已经注意到的，这种情况下的困难在于，我们所谈论的神话，即洪水神话，乃是《创世记》的一部分。因此，遗弃洪水神话就意味着拒绝承认《创世记》是善的真理。根据部分代表整体这个原则，否认部分暗示着否认整体。因此，在无比强大的科学面前保持洪水神话的历史真实性，这个任务就越来越多地落在信仰的守卫者们身上。这场战斗已经打了几个世纪，现在仍未停止。

正因为这样，洪水神话的命运已经成为科学史的一个有机组成部分，特别是——但并不仅仅是——地质学史的一个有机组成部分（例如，古生物学也卷入了这场争论）。在保持洪水神话与科学抗衡的这场斗争中，产生了一些问题：地球的形成年代，人类出现在地球上的时间，以及地球和人类是由一位神圣的造物主一次创造成功，还是都经过

---

① 选自唐·卡梅伦·阿伦（Don Cameron Allen）《挪亚的传说——文艺复兴时期艺术、科学和文学中的理性主义》（*THE LEGEND OF NOAH: RENAISSANCE RATIONALISM IN ART, SCIENCE, AND LETTERS*), Urbana: University of Illinois Press, 1963, pp. 92－112）。

漫长的演化才形成今天的形态。与这些问题相关的是均变论（Uniformitarianism）——即现在发现并认可的科学原理从一开始就有效。（如果有人反对均变论，他可以说，现在凭经验可以观察到的科学原理在数十亿年之前并无效用，它们只是在《创世记》中描述的最初创世发生之后才存在的。）

我们从 17 世纪开始对洪水与科学之争的讨论。这场斗争见于唐·卡梅伦·阿伦（Don Cameron Allen）的一篇文章。他是约翰·霍普金斯大学威廉·奥斯勒爵士（Sir William Osler）学院的英国文学教授，曾写过一部关于洪水神话在文艺复兴时期的影响的书，有兴趣的读者也不妨一读。17 世纪晚期阐明的绝大多数观点在 18 和 19 世纪得到重申。尽管科学前进了，其理论也从未如此复杂，但根本问题一如其旧。

17 世纪后半期，企图证明洪水的普遍性，成为科学家们痴迷的事情，然而，理性，而非超自然的启示，才是实现这一企图的主要工具。但是，为自己带来的困惑感到沮丧的理性主义，已经有所悔悟，于是要证明关于天启的资料是正确的，从而努力使自己得到解脱。"头脑"与"心灵"之间的一贯冲突，构成了文艺复兴的二难问题的一个相当有趣的实例。正如帕斯卡尔（Pascal）所说的那样，心灵的理性无法靠理性感知；然而，17 世纪晚期，科学家们却试图剖析这些理性，进而证明"头脑"与"心灵"并无冲突。

合理的非理性的倡导者们，在努力把摩西置于真理宝座之上时，涉足的领域之一是由我们应当称为"比较神话学"的这样一门学科所支配的。对光明的新大陆的狂热探索迄今已有一百多年之久了，通过这些探索，人们对奇异而遥远的民族的传统与传说已多有了解。我们记得，异教徒对洪水的描述与希伯来人的描述之间的相似之处并不是没有被中世纪的编年史家们注意到，但是，对其他大陆的新认识表明，洪水的故事世界闻名。格罗提尤斯（Grotius）以阿科斯塔（Acosta）和赫雷拉（Herrera）的游记为依据，声称古巴、墨西哥和尼加拉瓜的土著熟悉洪水传说。[①]曾经读过马丁内斯（Martinius）有关中国的报告的斯蒂林弗利特（Stillingfleet），发现中国人也有一则洪水传说。[②]这一观点在约翰·韦布（John Webb）的《中国古俗》（The Antiquity of China）[③]一书中得到了详尽的阐述。帕特里克

① *DE VERITATE RELIGIONIS CHRISTIANAE*, *OPERA THEOLOGICA* (London, 1679), III, 18−20.
② *ORIGINES SACRAE* (London, 1709), pp. 345−346.
③ *OP. Cit* (London, 1678), pp. 60−78.

（Patrick）如此总结不断得到重复的这一普遍倾向：

> 这样一来，美洲人似乎也已经有了洪水传说（就像可靠的作家阿科斯塔、赫雷拉以及其他人告诉我们的那样），传说讲到，整个人类被洪水毁灭，只有很少一部分人得以逃脱。它们是奥古斯汀·科拉塔（Augustin Corata）在有关秘鲁传说的叙述中讲的话。卢普斯·哥马拉（Lupus Gomara）谈到墨西哥传说时也讲了同样的话。如果我们相信马特·马丁内斯（Mart. Martinius）的《中国历史》（History of China），那么在这个国家的人们中也存在类似的故事。①

当然，这个三段论是很明显的：如果每一个种族都有一套关于全球性洪水的理论，那么就一定存在这样的大洪水。但是，也有来自其他科学领域的不同论点，它们也可以拿来充当摩西真实性的品德见证。

我们想起，早期的几位权威已经申明，全球性洪水理论的依据在于远离海洋的地区发现了相当数目的海洋生物化石。②在一个热衷于收集这种有趣的自然物的年代，这种学说难以被忽视。16 世纪的权威人士格斯纳（Gesner）③和阿格里科拉（Agricola），就曾描述过石化的鲨鱼牙齿之类的化石。阿格里科拉甚至还说在维罗那（Verona）附近的山上发现了化石贝壳、化石海刺猬、化石骨螺、化石海星和其他钙化的海洋动物。④然而，这些初级的古生物学家们，似乎谁也不知道这些东西究竟是些什么。阿格里科拉说它们由土壤和水分组成，他还猜想这些化石是在土壤中生成的。因为在那个时代，人们以为矿物像植物一样在土壤中生长。⑤直到进入 17 世纪之后很久了，这个理论仍然存在，因为当时里奇蒙德（Lachmund）在希尔德斯海姆（Hildesheim）附近收集到了大量石化物，宣称它们是在漫长岁月中变成石头的自然物。然而，他也相信它们也可能是泥土的塑造力产生出来的。⑥据我所知，马休·黑尔爵士（Sir Matthew Hale）是第一个以化石证据来论证洪水全球性的英国人。

---

①《对〈旧约〉史书的一点说明》（*A COMMENTARY UPON THE HISTORICAL BOOKS OF THE OLD TESTAMENT*）见《作品集》（*WORKS*，London，1738），I，第 35 页。

② Tertullian, *LIBER DE PALLIO*, PL, II, 1033－1034; Pseudo-Eustatius, *COMMENTARIUS IN HEXAMERON*, PG, XVIII, 752; Michael Glyca, *ANNALES, PG,* CLVIII, 247.

③ *DE RERUM FOSSILIUM, GEMMARUM, LAPIDUM*（Zurich, 1565）, pp. 162－168.

④ *DE NATURA FOSSILIUM, OPERA*（Basel, 1558）, pp. 249－252.

⑤ *DE NATURA FOSSILIUM, OPERA*（Basel, 1558）, p. 172.

⑥ *Οργκτογραφια HILDESHEIMENSIS*, *SIVE ADMIRANDORUM FOSSILIUM*, *OUAE IN TRACTU HILDESHEIMENSI REPERIUNTUR DESCRIPTIO*（Hildesheim, 1669）, p. 39.

黑尔在《人类的原始起源》(*The Primitive Origination of Mankind*)一书中写道，只有两种方法可解释这些石化物。它们要么是退却的海水留下的，要么是“大自然的玩笑”（lusus naturae)。为了支持第二种假设，人们可以说，这些残余物在离海岸太远的地方被发现，所以不会是大海中的沉积物，而且在任何一个国家发现的化石都跟最近海洋的现存海洋动物不相类似。例如，在安特卫普(Antwerp)的沟渠里发现了扇贝，但在荷兰海滨却不知有活的扇贝。拥护第二种理论的人还指出，包裹化石的石头都是当地固有的石头。

> 我个人就已经在自己生活的地方及附近见到了这种性质的事物的明显证据。我确信它们大多属于海水留下的鱼和贝的残骸，并且在漫长的岁月中石化。在卡明顿（Cammington）发现的大鱼骨骼看起来就是无可争辩的论据。而且我还记得年少时，曾在格劳塞斯特郡的金斯科特（Kingscote）海边岩石中，找到了至少一蒲式耳石化的鸟蛤，它们个个有我的拳头大小并且形态各异。卡姆顿先生（Cambden）曾这样说：在阿达里（Adderly)，四五十年前，那里经常可以发现石头里的这些大贝壳形象。有几个人很好奇，他们随后捡拾并运走了能找到的所有化石。最近二十多年来，这里再也没有发现化石，或者说很少找到化石了。然而，如果这些化石都是泥土塑造力的产物，那么它们就该每年都被再生产出来。[①]

黑尔认为，有些贝壳化石是退却的海水留下的，其他化石则是某类胚种发酵而产生的，这种发酵出现在海里，大洪水使它们遍布世界。

许多英国人和黑尔一样，对海洋化石有兴趣。1683年，哈特莱（Hatley）在英国皇家学会宣读了一篇报告，论述了在肯特郡的亨顿（Hunton）发现的化石贝壳藏品，他认为这些化石是土里长的。[②]12年后，詹姆士·布鲁尔博士（Dr. James Brewer）声称在伯克郡的雷丁（Reading）附近，发现了一层石化贝壳。[③]斯蒂芬·格雷（Stephen Gray）也对在肯特郡的里卡尔弗（Reculver）附近发现的类似矿藏作了描述。[④]1700年1月，亚伯拉罕·德·拉·普莱姆（Abraham de la Pryme）又

---

①马休·黑尔：《人类的原始起源》(London, 1677)，第192－193页。列奥纳多·达芬奇（Leonardo Da Vinci）不相信这些化石是自然产生的，而认为它们原是被埋入海洋淤泥中的生物，随时间推移而转化成石头的。见《笔记》(*THE NOTEBOOKS*)(MacCurdy编，N. Y.，1939)，第311－313页。

②《皇家学会哲学会刊》(*PHILOSOPHICAL TRANSACTIONS OF THE ROYAL SOCIETY*, Hutton, Shaw, Pearson编，London，1809）III，第4－5页。

③《皇家学会哲学会刊》IV，第471页。

④《皇家学会哲学会刊》IV，第549页。

告知学会，在林青郡的布劳顿（Broughton）附近的一处采石场，出土了大量石化的有壳水生动物。此外，一位教士博物学家也对它们进行了解释：

> 所有这些似乎足以说明，曾有一个洪水泛滥全球的时候，那场洪水只能是挪亚时代的大洪水。所以我们现在才会在全球发现贝壳和有壳水生动物，其他鱼类和四足动物的骨头，水果，哺乳动物之类的产物。它们在石头、岩石、山地、石矿、矿坑等里面石化了，并藏在里面。因为它是它们借以藏身和赖以为生的恰当地方，也是如今我们找到它们的地方。由于所有的土地都是从大洪水以前的海洋和湖泊的底部抬升起来的，所以，布罗顿附近那块土地，看来在大洪水以前显然曾是某淡水湖泊的湖底。因为在那里发现了淡水的有壳水生动物，它们生活的那片湖底是纯正的蓝色黏土，这是如今岩石的颜色。在地下暗流和臭气的作用下，这片湖底连同那里的各种鱼类一起逐渐演化为石头。[①]

我们还会听说更多的作为全球性洪水证据的水生动物化石，但是也存在具有类似的科学性质的推测，它们引出托马斯·伯内特（Thomas Burnet）假设，这个假设引起一场大争论，使人们关注后来称为“岩石教训”（lessons of the rocks）的问题。

在大洪水理论的某些支持者中，想象洪水对地球表面带来的变化，几乎成了一种智力消遣。我们可以看到中世纪时就已有了此类观念，例如《世界的镜子》（*The Mirrour of the World*）一书上说，漂移的德路斯群岛（Isles of Delos）是由洪水造成的。[②]但到了文艺复兴时期，这类观念才真正兴盛起来。我们从卡罗维斯（Calovius）那里[③]得知，刚撒哥·狄·萨拉斯（Gonzaga de Salas）发展了一种理论，认为地球被洪水完全毁灭，所有洪水以前的大陆都埋没于海底。这种理论显然是古叙利亚异教的附属物，它认为洪水之后又创造了新世界。洪水后人类生活在一个改变了的世界中，这个想法也给科彻（Kircher）留下深刻印象。他评论说，地球是被六种主要力量有规律地重塑了的，并且由于大水灾，这六种力量的威力都更加强大了。为阐明其结论，科彻画了一张世界地图，在上面标出洪水冲蚀带来的陆地变迁。他的地图上显示，巴西和格陵兰之间、南加利福尼亚与智利之间曾分别有一座结实的陆桥。他认为，阿根廷和英属哥伦比亚曾经处于海底，而马达加斯加则曾是非洲的一部分，就像不列颠群岛曾是欧洲大陆的一部分，东

① 《皇家学会哲学会刊》IV，第 523－524 页。

② Prior, ed. *THE MIRROUR OF THE WORLD*, London, 1913, EETS, CX, pp. 94－95.

③ *BIBLIA TESTAMENTI VETERIS ET NOVI ILLUSTRATA* (Dresden and Leipzig, 1719), p. 265.

印度群岛曾是亚洲大陆的组成部分一样。[①]这类推测显然很流行，连一位几何学教授——哈拉杜斯·维利里尔斯（Haraldus Valerius）[②]也于1696年在斯德哥尔摩就此论题举办公开讲座。

然而，关于洪水之前地球的性质，还有另一种推测，它更直接地导致了伯内特理论的产生。中世纪一些最好的思想家曾认为，地球过去比现在更圆一些。有一本书名叫 *De sex dierum creatione liber*，它可能是伯德（Bede）所著，书中说文艺复兴时期的人会从书里读到，当时有些人认为世界在开始的时候更为平坦。[③]阿尔克温（Alcuin）也说在他生活的那个时代，有些人认为原始的地球不像今天的地球那样凹凸不平，早先的山脉也没有今天的这么高。[④]拉巴努斯·莫鲁斯（Rabanus Maurus）[⑤]和彼得勒斯·科姆斯特（Petrus Comestor）[⑥]都响应这个说法。在《创世记》第七章的普通注释（Glossa ordinaria）中，每个拥有带注释的拉丁文《圣经》译本的人都会读到这样一段话："Licet sint qui putent nec terrae qualitatem nec altitudinem montium tantam fuisse ante diluvium qualis et quanta est hodie." 因此，无怪乎新教神学家大卫·帕列乌斯（David Pareus）要对这一观念进行抨击，他对我们说到有些人的荒谬观念：他们说洪水之前地球形状像个苹果，而山脉是由洪水造成的。[⑦]可能就是这种观念在充当斯宾塞（Spenser）的共产主义巨人的后盾，这个巨人宣称：

那么我将推倒这些大山，
让它们与低矮的平原看齐：
那些高耸入云俯视大地的山石，
将被我抛入深深的海洋，
于是所有一切重归于平等。[⑧]

---

① *DE ARCA NOE*（Amsterdam, 1675）, pp. 187－193.

② *DE HABITU TERRAE TEMPORE DILUVII*, Stockholm 1696；Valerius 说，所有陆桥都断了，所有火山都熄灭了，等等。

③ *DE SEX DIERUM CREATIONE LIBER, PL.* XCIII, 222；现代的文本将 plena 读作 plana。

④ *INTERROGATIOES ET RESPONSIONES IN GENESIN, PL.* C, 530.

⑤ *COMMENTARIA IN GENESIN, PL,* CVII, 519.

⑥ *HISTORIA SCHOLASTICA, PL,* CXCVIII, 1084－1085.

⑦ *IN GENESIN MOSIS*（Geneva, 1614）, p. 804. Antonio de Torquemada 在他的 *JARDIN DE FLORES CURIOSAS* 中写道：一些人说"整个世界在洪水之前都是平坦的，没有任何高山峡谷"。V. Harris, *ALL COHERENCE GONE*（《不再有连贯性》）（Chicago, 1949）, p. 96.

⑧ F. Q., V. ii. 28.1－5.

这种思想为伯内特的地球新理论播下了种子。

1681 年，剑桥大学的托马斯·伯内特发表了他的著作。这本书一版仅印了 25 本，1684 年又出英文版，题为《关于地球的理论：描述地球原貌及其直到万物终结之时经历或将要经历的变迁》①。这个英文版是比拉丁原文更为全面、更为流行的改写版。1689 年，新的拉丁文版同时出现在伦敦和阿姆斯特丹，新增了两卷，一卷是《世界的大火灾》(*De conflagratione mundi*)，另一本为《新的天地》(*De novis coelis et nova terra*)。这四卷书又被译成英文印行，并附有作者的《地球理论概观》(*A Review of the Theory of the Earh*)和他就伊拉兹马斯·沃伦(Erasmus Warren)在 1680 年对他的攻击所作的回应。整个 18 世纪中，这本书多次再版，而且回应论敌所形成的附录部分也增加了。这本书最后的一版出现在 1826 年，而且晚至那时伯内特仍拥有像威廉·华兹华斯（William Wordsworth）和科勒律治（S. T. Coleridge）这些热心读者。

伯内特认为他的理论是对人类和地球历史的一个极富理性的贡献。他的智慧劳动的果实理所当然地使他享受到了巨大的乐趣。

> 对于人的头脑来说，发现真理所带来的乐趣最为惬意，尤其是在这种真理来之不易的时候更是如此。每一个人都有适合于他天赋的乐事，任何才智，尤其是能正确推理的才智，如果加以正确运用，都令人愉快。推理的结论越清晰，推理的过程越漫长，带来的愉快也就越大。我认为，以正确的行为驱动和驾驭思想，让它从世界的一端驰骋到另一端，并且一直看着思想，直到它进入永恒，那里的一切事物都为我们所知，没有哪种追求能如此令人愉快。②

胡克（Hooker）曾经说过：理性是人的第一向导，其次才是宗教。与他相似，伯内特声称：理性“是我们的第一向导；在理性不够用，或出现其他正当原因的时候，我们才从圣书中获取进一步的启示与证明”。这就是新的基督教理性主义

① 该书的拉丁文书名是：*TELLURIS THEORIA SACAR*：*ORBIS NOSTRI ORIGINEM ET MUTATIONES GENERALES*，*QUAS AUT JAM SUBIIT*，*AUT OLIM SUBITURUS EST*，*COMPLECTENS*，*LIBRI DUO PRIORES DE DILUVIO ET PARADISO*。其英译本题为：*THE THEORY OF THE DARTH*：*CONTAINING AN ACCOUNT OF THE ORIGINAL OF THE EARTH AND OF ALL THE CHANGES WHICH IT HATH ALREADY UNDERGONE OR IS TO UNDERGO*，*TILL THE CONSUMMATION OF ALL THINGS*。书名原在正文中。——译注

② 托马斯·伯内特：《关于地球的理论》(伦敦，1684)，第 6 页。我据英文译本，但提供了必要的拉丁文参考。

的面貌。我们看到从伯纳德（Bernard）时代开始，圣徒团体已遍及全国。伯内特在宣布了他的基本原理之后，现在就全力以赴思考一个长久以来一直困扰人们的问题，即靠纯自然的方式，如何才能提供足够的水以形成洪水。

根据伯内特的计算，需要八个大洋的水量，才能达到摩西所说的洪水淹没地球的深度。[①]这么大的水量，只下 40 天的雨是不够的。因为一般情况下，稳定的降雨在一个小时内水量不会超过两英寸，那么下 40 天雨的水量最多也只能达到 160 英尺。[②]假设海水外溢，也不会增加水量，因为这就像是把水从一个容器倒入另一个容器中一样。蒸发可使海体变空，那样就得有水将其填满。[③]有人认为可用天上的水来凑够所需水量，这种说法很荒谬。如果天空是固体的，那么水就不会漏过去；如果它不是固体的，那么更不能存水。但是，即使所需的八大洋的水可以汇聚到一起制造一场洪水，它们最后又该如何排掉呢？伯内特认为，所有这些关于洪水的所谓科学解释只能证明《圣经》中的记述是不可信的。他企图找到一个合理的解释，“让吹毛求疵的无神论者安静下来，让追根寻底的人们满足他们的好奇心，并向他们推荐所有理智的人们的信念和观点”。[④]

还有的人干脆“快刀斩乱麻”，说就是上帝创造了洪水奇迹。他们这样说就违背了奥古斯丁、摩西和圣彼得的观点，因为这三位都说过洪水是靠自然手段得到的。如果说洪水是奇迹的话，无异于说上帝在创世之后又进行了创造。[⑤]在伯内特看来，迄今为止对洪水来源的最有独创性的解释就是空气凝结成水的理论，但这一理论几乎是站不住脚的。他写道，整个问题使人越来越相信洪水是纯粹的地域性事件，并局限在朱迪亚（Judaea）一隅。出于几个原因，伯内特又无法赞同这种观点。在大洪水之前 16 代，（假定犹太祖先是按正常速度繁衍的）应该有 10、737、418、240 个人出生。因而能够推断出世界上的大部分地区都有罪人居住。如果洪水仅限于巴勒斯坦，许许多多的人只要越过边界就可以逃生，那么也就无须挪亚造方舟了。况且，彩虹现象遍及世界，所有民族都有洪水记述，这两个事实证明洪水灾害的确是全球性的。[⑥]

---

① 托马斯·伯内特：《关于地球的理论》，第 11 页；*TELLURIS THEORIA*（London，1681），第 10—11 页。

② 托马斯·伯内特：《关于地球的理论》，第 13 页；*TELLURIS*，第 12—13 页。

③ 托马斯·伯内特：《关于地球的理论》，第 15 页。

④ 托马斯·伯内特：《关于地球的理论》，第 17 页；*TELLURIS*，第 13—14 页。

⑤ 托马斯·伯内特：《关于地球的理论》，第 19—20 页。

⑥ 托马斯·伯内特：《关于地球的理论》，第 22—28 页。

伯内特确信，他已经用这些论据驳倒了有限洪水的理论，然而，他也承认“所需水量太大，是一个大难题，随后还得去掉洪水，也是一个难题”。他写道：所需的八大洋的水使他内心不安；后来，他突然意识到了大洪水以前世界的形状，很有可能与今天不同。在他较早的作品中，已经形成了地球曾经比今天更平坦均一的概念。在读过马修·黑尔爵士著作中的内容之后，他的这种观念更得以加强。[①]然而再一想，他认识到早期地球的“平坦”并不足以解释洪水的发生和地球的现状。[②]至此，经过了全心思索之后，他终于找到了真理。

伯内特认为洪水前的世界是“平坦的、规则的、均匀的，没有山脉和海洋”[③]。但是这个基本原理可以得到证明吗？证明其实简单。地球在混沌中出现（而且伯内特把混沌状态想象为混杂元素聚成的大球体），最重的元素聚集在中心并形成一个坚硬的核。第二重的水在核的周围形成一个结实的球体。围绕着这个旋转球体的空气，里面充满微粒，这些微粒比水轻，并且早晚要与空气分离，像雪一样落在水球的油状表面上。落在水面上后，这些细小的微粒彼此结合、变硬，最终形成一个包着水的外壳，就像酒皮囊盛酒一样。《圣经》中说“上帝把地建在海上”，或“称颂那铺地在水上的”，或“上帝将海水关闭，如同装入袋中，储存深渊，如同放在仓库里”，指的就是这个过程。[④]

一度有人猜想最初的地球有一个坚硬的核，外面包围着同心的一层水和一层地壳。伯内特说，这样洪水的力学原理就比较容易解释了。如果地壳表层发生破裂，巨大的碎块纷纷落入水层，那么，根据阿基米德原理，就会产生洪水。但是表层的破裂是怎样发生的呢？伯内特猜想，在洪水之前，四季的更替尚未出现，于是，亘古不变的太阳的热量最终不仅会将许多地下水转化成蒸气，从而产生了强大的压力，而且还会使外面的地壳变干、破裂。当地壳裂开后，水便徐徐涌出并会泛滥全球；外壳的碎片落入水球，被挤开的大量的水冲到地表。又因为地球表面像球一样平滑，不需要相当多的水就能产生15肘深的洪水。[⑤]

---

① 伯内特在《最初的起源》（*THE PRIMITIVE ORIGINATION*）中提及以下一段：“首先，尽管我在某种程度上将洪水看作是非自然的，由上帝的意愿创造的，但我却不同意将它看作一件纯粹超自然或带有神秘色彩的事，也不认为这些水被再创造，或从天上的星球那儿送来淹没地球：我不认为地表和水在大洪水前与大洪水后完全相同，而认为地表有可能比现在更平，海更宽更大，没有现在这么深，水可能比现在多。”（第187页）

② 托马斯·伯内特：《关于地球的理论》，第34—51页。

③ 托马斯·伯内特：《关于地球的理论》，第52页；*TELLURIS*，第31—33页。

④ 托马斯·伯内特：《关于地球的理论》，第51—62页。

⑤ 托马斯·伯内特：《关于地球的理论》，第66—77页；*TELLURIS*，第48—57页。

然后，伯内特将自己的理论与摩西的叙述及他认为可以证明其结论的《圣经》的其他段落进行了核对。[1]他指出，为了与上帝的完美性质相符，最初的创世必定是均匀的。他问读者：如果大洪水以前的世界像现在一样高低不平，水体遍布，那时的人们又怎能在全世界安顿下来呢？[2]他请读者观察地球模型，而不是平面地图，那么人们就可以看到，大洪水的裂缝原来就是今天的大西洋、太平洋和地中海。[3]他认为，山脉就是原先的地壳坍塌下来的残骸。[4]他想到，地震是最大的现实证据，表明古老的地壳今天仍然在不断破裂并滑进无底深渊。[5]但是，伯内特的眼光并未只停留在月亮下面的这个球体上，因为他想象同样的自然演变过程，已经在除木星之外的每个行星上都发生了。[6]

伯内特的理论是我见到的最具独创性的对洪水力学原理的解释，不过甚至作者本人好像也认识到，他的理论在科学上很难成立；因此他退回到一种直觉的屏障之中，而这种直觉屏障是最狂热的人所应有的。

> 不管这些事物多么完全或多么容易地反映了自然规律，还是可以说，这只不过是一种假说；换句话说，只是虚构或假设事物当初如何如何，凭借效果与这样一个假设连贯一致，你才可探讨并证明它们确实如此。我承认这是真的，这就是方法，如果我们想知道自己感知不到的自然界，那么除了提出假说之外别无他法。当事物对我们的感觉来说太小，抑或太远而无法接近，我们只有通过基于假想的推理来认识其内部性质以及它们可感知的特性之成因。例如，如果你想知道水或任何其他液体由什么部分构成，由于这些部分太小而无法用肉眼分辨，你就只有对它不可见的形态进行假设。如果这个假设与它们所有的可感知属性相符并能对这些属性作出合理解释，你就算理解了水的性质。同样，如果你想了解彗星的性质或是太阳的物质构成，它们都是我们无法触摸到的事物，那么，你只有建立假说才能做到这一点。如果这个假说简单容易而又好理解，并与这两个天体的所有自然现象相符合，你就做得跟一个哲学家一样好了，或做到了人的理性所能做到的事情。[7]

① 托马斯·伯内特：《关于地球的理论》，第 78—94 页。
② 托马斯·伯内特：《关于地球的理论》，第 129 页。
③ 托马斯·伯内特：《关于地球的理论》，第 130—139 页。
④ 托马斯·伯内特：《关于地球的理论》，第 139—145 页；*TELLURIS*，第 82—98 页。
⑤ 托马斯·伯内特：《关于地球的理论》，第 121 页。
⑥ 托马斯·伯内特：《关于地球的理论》，第 168 页。
⑦ 托马斯·伯内特：《关于地球的理论》，第 149 页。

如果伯内特对自己的假说产生质疑，那么还有其他许多人也对之产生了质疑。

伯内特理论的拉丁文版几乎是刚一传到欧洲，马上就出现了德文的评论，即 C. 瓦格纳（C. Wagner）于 1683 年在莱比锡发表的《伯内特的〈地球的神圣理论〉批判》（*Animadversiones in T. Burnetii Telluris theoriam sacram*）。1685 年，赫伯特·克罗夫特主教（Bishop Herbert Croft）在伦敦也发动类似的攻击，他出版的书名为《对一本题为〈地球理论〉的书的批判》（*Some Animadversions upon a Book Intituled The Theory of the Earth*）。然而，第一个真正有力的批驳是伊拉兹马斯·沃伦的《地质学：或论述大洪水之前的地球》，此书于 1690 年在伦敦出版。在写给读者的前言中，沃伦解释道，他起初只不过是想给博学的伯内特先生写一封信，但他"笔翰如流"，结果就写成了一部书。他还评论说，伯内特论著的主要错误就是其对宗教根基的攻击，正是为了保护这些根基，他才写了《地质学》。

沃伦首先指出，自中世纪以来，哲学地位显著提高，而且他承认这有助于证明上帝的存在，有助于告诉人们上帝的神性，也有助于克服盲目崇拜，证明《福音书》的真实性，还有助于教导人们灵魂的永恒、肉体的复活、对上帝诅咒之人的惩罚以及世界末日的大火。因而我们不可以谴责或贬低哲学。尽管如此，我们也不能像伯内特先生那样过分尊崇它。[①]沃伦接着指出：伯内特认为地球是从一片混沌状中演化出来的理论，所需时间会远远超过《创世记》中提到的六天。[②]他坚持认为，我们应从字面上而不是从神秘的角度来理解创世故事。[③]接下来，针对伯内特的观点，沃伦提出了神学、科学及哲学的反对意见。然后他在第十五章中展示了自己的理论。

沃伦认为：大洪水的水位比地球的平均高度高出 15 肘，而不是比地球上最高的山高出 15 肘。假如洪水在瑞士涨到 15 肘高，那么在欧洲其他较低的地方，水位就会比这高出四五倍。根据沃伦的理论，地球的"共同表面"（他是指非山地表面的最高平均值）到处都被 15 肘深的洪水淹没。他认为，摩西说"15 肘深的洪水遍及地球"就是这个意思。沃伦猜想，"巨大的深渊"用来指高岩中的那些洞穴，大水就从里面涌流而出，就像是众多水库，从万物初始之时里面就储存了大塘大塘的水。凭借这种假说，沃伦认为不必再相信伯内特的理论，不必承认水从天降、再造新水、空气凝结成水或是提出来解释洪水来源的其他什么耸人听

① 伊拉兹马斯：《地质学：或论述大洪水之前的地球》，第 2—44 页。

② 伊拉兹马斯：《地质学：或论述大洪水之前的地球》，第 46—58 页。

③ 伊拉兹马斯：《地质学：或论述大洪水之前的地球》，第 71 页。

闻的观点。沃伦的这个新理论也扫除了洪水只限于巴勒斯坦的异教学说。沃伦进一步指出，他的观点与《圣经》中《彼得后书》第 3 章第 5—6 节中的思想一致："从太古凭上帝的命有了天，并从水而出、借水而成的地。故此，当时的世界被水淹没，就消灭了。" 最后，他的理论更使人容易理解洪水过后世界如何这么快就住上了人，因为本来就没有多少洪水需要排掉。他的理论同时也省去了所有那些关于地表变迁的理论，这是 "迄今为止的地理学做梦也没想到的"。[①]简单说来，这就是沃伦攻击伯内特的内容以及他的替代理论。但是麻烦并未就此结束。

伯内特假说的早期讨论的重大成果之一在于，它促使卓越的博物学家约翰·雷(John Ray)出版的《世界分解与变迁杂论》(*Miscellaneous Discourses Concerning the Dissolution and Changes of the World, 1692*）这本献给蒂洛森（Tillotson）的著作十分畅销，以至 1693 年又以《物理学－神学三论》(*Three Physico-theological Discourses*）为名再版。其中包括：一、原始的混沌状态及创世；二、大洪水，它的起因及影响；三、世界的分解及未来的大火。此次扩充版实质上是试图思索伯内特理论给世界提出的问题。

雷确信全球性洪水是确实存在的，但他不知该如何证明它的发生。在一篇简介性的章节中，他总结了支持洪水全球性的历史论据。但是，很明显，这些论据并没使他安心。然后他试图解释大洪水是怎样发生的。神学家与科学家都认为要淹没世界就需要八大洋的水，雷就着手寻找这些水的来源。雷猜测地球上所有的水都被地下水道连接，形成了一个循环系统，类似于人这种高级动物的血液循环系统。没有出水通道的内海和湖泊，通过地下渠道注入海洋。世界的水量平衡正是通过这一巨大的、内部连接的一系列水道才得以维持。某一天，地球上的平均降水量达到半个海洋的水量那么多，并且这些水从地球上的倾斜坡面滑入海中。如果水量增多，那么地球上任何一个地方的水容量都一致升高。现在，如果一刻不停地下 40 天雨，就会产生出来额外 80 个大洋那么多的水。雷认为这多余的水量将会打破平衡并引起一场大洪水。[②]他将这个想法作为尝试性的假说提出来。他不愿拿自己的科学声誉为这个假说作保。例如，他并没认识到沃伦的平均高度理

---

① 伊拉兹马斯：《地质学：或论述大洪水之前的地球》，第 299—333 页。伯内特于 1690 在《答伊拉兹马斯·沃伦先生针对〈地球理论〉提出的新异议》(*AN ANSWER TO THE LATE EXCEPTIONS MADE BY MR. ERASMUS WARREN AGAINST THE THEORY OF THE EARTH*）中对此作出了回应。

② 约翰·雷：《物理学—神学三论》(*THREE PHYSICO-THEOLOGICAL DISCOURSES*), London, 1693 年版，第 75—118 页。

论是完全站不住脚的[1]，他愿意承认无人居住的美洲没有被洪水淹没[2]，他还认为伯内特对地域性洪水观点的批驳正当可信[3]。不过，就算其他这些看法中的每一个都是正确的，他还是说，他自己的论点更可信些。但是，与探讨洪水的足够水量来源方面的理论相比，他更热衷于寻找全球性洪水的古生物学证据。

早在 1661 年，雷就开始了化石收集工作，并将他的成果报告给英国皇家学会。我们知道他在那一年访问了惠特比（Whitby）并收集了一些当时称为“蛇化石”或“海马角”（cornua ammonis）的标本。1662 年，他又去了格洛斯特郡（Gloucestershire）的奥尔德利（Alderly），“在那里我们发现了大量的乌蛤贝和扇贝的化石，但却没有找到‘海马角’”。后来，他还去了凯恩舍姆（Keynsham），并看到了“那里发现的一些蛇化石和星彩蓝宝石”。此后不久，雷前往欧洲大陆，在他的《在部分低地国家，德国、意大利、法国旅行中有关地形、道德和生理的观察，以及不属英格兰本土的植物编目》[4]（1673）一书中，作者告诉了我们他在这些国家看到的化石遗留物[5]。当雷返回英格兰的时候，他好像已经仔细阅读了几乎所有权威对这个问题的论述；[6]因此，我们会毫不惊讶地看到化石主题在他的《杂论》一书中占有相当大的篇幅。

1684 年，雷给他的朋友唐克雷德·鲁滨逊（Tancred Robinson）写信，谈他自己关于化石起源的理论。这一理论后来配以三幅图版说明，又经过细致加工、补充更多信息，以《化石的形成》为题出现在《杂论》中。雷首先概述了正统的思想，这种思想认为这些石化物是由大自然塑造力在泥土中形成的。他反对这一

---

① 约翰·雷：《物理学—神学三论》，第 119 页。

② 约翰·雷：《物理学—神学三论》，第 122—123 页。

③ 约翰·雷：《物理学—神学三论》，第 73 页。

④ 原书名在正文中。原文为：*OBSERVATIONS TOPOGRAPHICAL*，*MORAL AND PHYSIOLOGICAL*，*MADE IN A JOURNEY THROUGH PART OF THE LOW-COUNTRIES*，*GERMANY*，*ITALY AND FRANCE*；*WITH A CATALOGUE OF PLANTS NOT NATIVE OF ENGLAND*。——译注

⑤ 关于雷爱好化石的一个精彩描述，见 C. E. Raven，《博物学者约翰·雷：他的生活和工作》（*JOHN RAY*，*NATURALIST*：*HIS LIFE AND WORKS*），剑桥，1942 年版，第 419—451 页。

⑥ 雷阅读的划时代的著作有：Nicholas Steno 的 *DE SOLIDO INTRA SOLIDUM NATURALITER CONTENTO*，Hooke 的 *MICROGRAPHIA*，以及 Kircher 的 *MUNDUS SUBTERRANEUS*。在 1678 年在阿姆斯特丹发表的后一本著作中，关于化石的部分见第 2 卷第 40—69 页。他还阅读了 Lister 的早期论文，这些论文收入在著名的 *HISTORIA CONCHYLIORUM* 中。同时，他还读了 Agricola 的 *DE NATURA FOSSILIUM*，Becanus 的 *ORIGINES ANTWERPIANAE*，Boetius de Boot 的 *GEMMARUM ET LAPIDUM HISTORIA*，Bauhin 的 *HISTORIA FONTIS BOLLENSIS*，Scaliger 的 *EXERCITATIONES*，Palissy 的 *DISCOURS ADMIRABLE DE LA NATURE DES EAUX*，以及 Laetius 的 *DE GEMMIS ET LAPIDIBUS*。

思想，因为它与另一个更为古老的思想相矛盾，即大自然依据既定的有效目标设计万物。人们经常在远离海洋的纯沙层中找到没有石化的贝壳，这就说明，要么它们并非大自然的产物，要么就是大自然造出了没用的东西。在这个纯沙层中还发现了牙齿与鱼骨，并且“杜迪（Doody）先生保管着大量鱼化石，一些鱼身上的鱼鳞都还没掉”。这些东西不会是大自然塑造力的产物，因为根据雷的思维方式，大自然从不会只造牙齿不造腭。如果她是那么做的话，那么为何没有发现类似动物其他部分的其他东西呢？雷认为，驳斥这个观点的绝佳证据，就是这个观点的拥护者们对这些东西的创造过程的解释，因为他们说成形力是一种结晶化过程。雷推论说，这个解释很荒谬，因为所有的自然晶体都是简单的，因为无法想象会有这样一个结晶过程，它居然会产生出一个带有两片瓣膜和一个关节的贝壳，因为石化物的种类比晶体的种类多，还因为在实验室里的结晶化试验中从未产生出这类东西。但是，如果化石不是大自然塑造力的产物，那么它们又是如何产生的呢？

过去，洪水一直是这个问题的现成答案，而雷是一个真正的科学家，他不会抓住这根稻草。如果这些化石原物是在洪水中沉下来的，那么它们就应该薄薄地散布在整个地球表面。可惜，化石总是成堆发现于土层深处。它们不可能是由泛滥不到一年的洪水沉积起来的。其次，尽管挪亚被要求为每一种生物都留下一个活种，但雷所见过的某些化石，在当今却找不到相应的活物了。现代人已经看不到活的海马角这种动物了，而且现代人见到的其他石化甲壳类动物也比 17 世纪的同类动物大得多，这使雷感到十分棘手。因为，如果这些化石的确是洪水留下来的，生物长链中就出现了某些缺环，这与他及当时所有人的观念完全相悖。他的结论是：化石并不能证明洪水是全球性的，他认为与化石相类似的生物仍可在广阔的海洋深处找到。在全球的水量平衡被史无前例的降水打破的那段时间，海流通过巨大的地下洞穴将它们从海洋中的栖息地带走，弃掷在地球上很远的地方。毫无疑问，这类事情在挪亚洪水期间发生了，但它在那之前的洪水中也一定发生过，而且在那以后也很可能还发生了。[①]

对于雷来说，化石并非是洪水全球性的证据，它们反倒是令人困扰的东西，是无法解释的东西。在这一部分的特别附录中，他描述了认为贝类是大自然的玩笑这一理论，以及认为某些海洋生物种类“已经灭绝”这一主张所导致的可怕的

① 约翰·雷：《物理学—神学三论》，第 127—162 页。

哲学、神学后果。[1]要不是他狂热地信奉《圣经》以及神学家的观点，雷足以使自己的名字载入人类进步的史册。他手里拿着钥匙，却拒绝去寻找那把锁。他对他在矿坑中、在山的隆起地带见到的系列地层感到困惑，思忖着这些地层要多久才能积淀成。他还见到过已灭绝了的海马角和现代动物学所缺乏的其他一些古代生物标本。早在1673年，他曾一度质疑过神学上对地球年龄的猜测的准确性，[2]但却从没有超越这一点。信仰蒙住了这位科学家的双眼，钥匙从他手中滑落了。不过，对地球性质和洪水成因的更好解释的寻求，却并没有跟他一同停止。

就在雷的《杂论》第2版出版的同一年，约翰·博蒙特（John Beaumont）也发表了他的《〈地球理论〉的探讨》（*Considerations on the Theory of the Earth*）。紧接着，第二年他又出版了《〈伯内特博士《地球理论》的探讨〉一书的后记》（*A Postscript to a Book... Entituled Considerations on Dr. Burnet's Theory of the Earth*）。这两本小册子只是逐一驳斥了伯内特的假说，并未给这一争论增加新内容。例如博蒙特主张，当地球从混沌状态中出现的时候，元素并非按其重量大小进行排列，因为纯元素是一个“纯虚构”。[3]同样，他认为亘古不变的太阳的热量无法把洪水前的地壳晒干晒裂，因为放入地下洞穴中的温度计并未显示夏天最热的一天与冬天最冷的一天温度有改变。[4]比起博蒙特对这一问题的反驳和解决办法，约翰·伍德沃德（John Woodward）提出的反驳和解决办法更具有真知灼见。他是格雷沙姆学院（Gresham College）的物理学教授，也是伍德沃德收藏室的创始人。

伍德沃德所面临的化石与地层的问题，雷已经在几年前的一篇文章中费劲地研究过了，那篇文章叫《论地球和地球上物体尤其是矿藏以及海洋、河流、泉水的自然史。兼说全球性洪水及其对地球的影响》。伍德沃德说，他的所有观察都是在英格兰进行的。在那里他探察了“地穴，及其他天然岩洞或矿井、采石场”，并将这些观察匆匆记入日志。但是，他并不满意这种地域性观察，他把他的资料与其他地方的发现进行比对，这些地方有法国、佛兰德、荷兰、西班牙、意大利、德国、丹麦、挪威、瑞典、巴巴里、埃及、几内亚、阿拉伯半岛、叙利亚、波斯、马拉巴尔、中国、牙买加、巴巴多斯、弗吉尼亚、新英格兰、巴西和秘鲁。通过

---

① 约翰·雷：《物理学—神学三论》，第162a—162d页。

② 见 *OBSERVATIONS*（London，1673），pp. 6−8，雷就 Varenius 在100英尺深处的发现的一层鸟蛤壳的描述，说：“古代的海底极深，但在大河注入海洋的地方，大河带来的沉积物仍然使得地层上升达百来英尺厚，……考虑到世界尚新，按照一般说法，还不到5600年，所以这还是一件怪事。”

③ 约翰·博蒙特：《〈地球理论〉的探讨》，London，1693年版，第28页。

④ 约翰·博蒙特：《〈地球理论〉的探讨》，25（33）页。

研究形态各异的地层、裂缝及英格兰各地的化石，他补充了大量的信息。[①]这听起来完全具有人们所要求的科学性，但也成了雷向拉亚德（Lhwyd）[②]所抱怨的伍德沃德官僚式傲慢的证据，最终导致伍德沃德被从皇家学院中开除。[③]

伍德沃德在论文的一开始，就证明化石贝壳的确是石化的贝壳，它们与真贝壳比重相同，化学性质相同。他曾经将他收集到的几百件化石贝壳展示给有学问的人看，他们当中没有谁“感到不满意或怀疑这是否是海洋鱼类的残骸”。[④]其中一些化石能与今天的贝类相比较，但另一些却不行，因为它们可能“在深海中有栖身之所，现在再也不会被冲上岸来”。[⑤]但是人们如何解释它们在陆地上的出现呢?

一些科学家认为这些贝壳是由早期居民从海边带来并遗弃到内陆的。另一些人则推测，或是巨大的海潮将它们冲到陆地，或是地球改变了海底状况把它们留在这里。但还有些人认为它们是全球性洪水的沉积物。伍德沃德写道，这些推理彼此矛盾，使绝大多数人都把这些化石看成大自然的玩笑。[⑥]他已准备好去反驳以下说法：把它们带到现在场所的是人类，是经地下沟渠流过海洋到达河口的水，是后来较小的类似于丢卡利翁时的洪水，是创世时水的分离，是海底的上升，是海洋的变化或消失，是河流三角洲的形成，是猛烈的海中喷发。[⑦]在否认了所有以前的化石起源理论之后，伍德沃德准备作出自己的解释，他以 17 世纪思想家所特有的迂回的思维方式来寻找答案。

伍德沃德说：关于化石起源的所有现代理论的主要难点是，这些理论建立在古代的观念之上。

> 就这一问题而言，古代异教徒作家们实可原谅。那时的哲学也处于它的初始阶段：古代的传统仅有极少特征得以保留，而这些特征大多又被时光抹掉了，毁坏了；所以他们只有关于天道的暗淡而微弱的思想，

---

① 约翰·伍德沃德：《关于地球和陆生物特别是矿物的自然史的一篇论文》（*AN ESSAY TOWARD A NATURAL HISTORY OF THE EARTH AND TERRESTRIAL BODIES, ESPECIALLY MINERALS*），London，1695 年版，第 3—6 页。

② John Ray，*FURTHER CORRESPONDENCE*（《进一步的通信》）（ed. Gunther, London, 1928），p. 256.

③ C. R. Weld，*A HISTORY OF THE ROYAL SOCIETY*《皇家学会史》（London, 1848），I，352−355.

④ 约翰·伍德沃德：《关于地球和陆生物特别是矿物的自然史的一篇论文》，第 22—24 页。

⑤ 约翰·伍德沃德：《关于地球和陆生物特别是矿物的自然史的一篇论文》，第 25 页

⑥ 约翰·伍德沃德：《关于地球和陆生物特别是矿物的自然史的一篇论文》，第 35—38 页。

⑦ 约翰·伍德沃德：《关于地球和陆生物特别是矿物的自然史的一篇论文》，第 41—43 页。

狭隘而贫乏的概念，他们不知天道的动机，不知天道在管理政府和维护自然世界时的行为方式。他们缺乏对这些事物的长久经验：长久的观察储备，他们时代以前的地球情形的记录。就那样，在他们的探询中，除了他们自己的猜测与想象外，没有什么可以帮助他们。[①]

他不同意他同时代许多人的看法，即在洪水之后马上就有了书面传统。幸存者只是用画图或用象形文字表示他们的想法。古代人发现了化石，不理解它们，因为他们已经忘却了洪水，也没有关于洪水的记载。这种无知导致他们编造假设，可惜现代人轻易就接受了这些假设。[②]现在伍德沃德告诉我们究竟真的发生了什么。

伍德沃德相信，当洪水遍及全球的时候，所有固体物质都分解为构成这些物质的微粒。“我认为这些物质都杂乱地溶入水中，在水中继续存在，这样一来，洪水和水中的其他物质就一道生成了一种共同的混合物。”洪水过后，各种物质根据它们的比重向地球中心聚拢。滨螺壳和扇贝壳最重，它们与另一些凝固为大理石的物质一道下沉。在较轻的石灰层中沉积了海胆壳。更轻的虾壳与树木、灌木的残余物共同沉积在靠上的地球表层之中，在那里它们腐烂并形成土层中肥沃的腐殖质。所有这些物质都是平行铺就的，“均一、平坦而有规则”。地球表面圆而平滑，水是处在上层的液体球面。因为地球内部有热能，最终，部分地层被抬升而其他地层则被压下。洞穴即为地层的缺口，山地是地层抬升处，山谷是地层陷落处，而岛屿则是被淹没的地层。[③]我发现这一观点与伯内特的并无不同。不过伍德沃德认为完善的地球是在大洪水之后形成的，而伯内特则认为它在大洪水以前就已经形成了。

然而，伍德沃德意识到好奇的读者会问许多问题。读者会问贝壳与树木未被分解时，固体物质是如何被分解的；会问造成大洪水的水储存在哪里，又如何放出，如何排走，大理石何以最先凝固，高山和岛屿到底是怎样形成的。对这些问题，伍德沃德准备在一本他正撰写的篇幅更长、技术性更强的著作中作出回答。[④]这本大部头的书也将解释神学家与科学家一直争执的有关洪水的其他所有问题，还将解释在美洲的定居以及大洪水后的移民问题。[⑤]可惜这本巨著从未出版，所以我们只好以伍德沃德向人们保证的他有事实根据而聊以自慰了。

---

① 约翰·伍德沃德：《关于地球和陆生物特别是矿物的自然史的一篇论文》，第 55 页。

② 约翰·伍德沃德：《关于地球和陆生物特别是矿物的自然史的一篇论文》，第 56—58、68–70 页。

③ 约翰·伍德沃德：《关于地球和陆生物特别是矿物的自然史的一篇论文》，第 74—80 页。

④ 约翰·伍德沃德：《关于地球和陆生物特别是矿物的自然史的一篇论文》，第 107—114 页。

⑤ 约翰·伍德沃德：《关于地球和陆生物特别是矿物的自然史的一篇论文》，第 162—170 页。

伍德沃德这本书是种种疑惑的展览馆，令人惊奇。它以对伯内特的抨击收尾[①]。伯内特的论点在那些年一直难被接受，而在1696年再次受到威廉·惠斯顿（William Whiston）的抨击。惠斯顿是剑桥大学继牛顿（Newton）之后的卢卡斯教授。惠斯顿在发表《关于从地球起源到万物消亡的地球新理论》之前，曾将书稿送给牛顿、瑞恩（Wren）和本特利（Bentley）批评。但出版之后，它被接受的过程并不顺利。曾经以讥讽的语言评论过伍德沃德理论的雷，写信给拉亚德说："这个新理论似乎相当离奇，并且言过其实，其中很大一部分借鉴了牛顿先生的理论。"[②]而另一方面，洛克（Locke）却写信给莫利纽克斯（Molyneux），说他十分看重惠斯顿的理论。

> 你渴望知道聪明人如何看待惠斯顿的那本书。我的熟人只要谈起它，都会大加赞赏，我认为它值得受到这样的赞赏。真的，我认为他应该受到敬重，因为他提出了一个假设，他用这个假设解释了地球巨变方面的许多奇妙的、此前无法解释的事情，而不要说，他对某些事物的解释还不能为某些人所接受。毕竟，对所有人来说，他的假设是全新的。他是我一直认为应该给予最多尊重和最多鼓励的那类作家中的一位。我一向支持为我们带来更多知识，或者至少给我们的思维带来一些新东西的建设者。挑刺者、驳斥者和诋毁者，仅在人类的无知之上建无用功，对于我们获得真理毫无推动。[③]

但是，如此吸引爱挑剔的洛克先生的这个新假说究竟是什么呢？

惠斯顿《关于从地球起源到万物消亡的地球新理论》的第一部分，讨论《摩西五经》的性质和文体。这与波义尔（Boyle）有关该问题的论文一脉相承，但是从中也可以看出，斯宾诺莎（Spinoza）和西蒙（Simon）的理性思想对惠斯顿的思想有相当大的影响。惠斯顿宣称《圣经》的文体和性质是导致混乱的原因。有些人喜欢"一般的、通俗的但不十分理性的阐述"，其他人意识到这种阐述"粗陋而又不合情理"，就把《圣经》归入寓言故事。[④]惠斯顿指出，整个创世理论所依赖的只是亚里士多德和托勒密（Ptolemy）的已死的哲学，他们假设只有一个

---

① 约翰·伍德沃德：《关于地球和陆生物特别是矿物的自然史的一篇论文》，第246—248页。

② John Ray，*FURTHER CORRESPONDENCE*（《进一步的通信》），pp. 227，301.

③《作品集》（*THE WORKS*），伦敦，1751年版，III，第534页。

④ 威廉·惠斯顿：《关于从地球起源到万物消亡的地球新理论》，伦敦，1696年版，第1—2页。

人居世界，整个宇宙都围着它转。现在我们有不同的看法。[1]阐释《圣经》的人也未能对克服这个困难提供多大帮助。

> 如果读者原谅我说些题外话，并且允许我在此讲一个千真万确的事实，那么我不得不说那并不是《圣经》本身的真正内容，而是对《圣经》所作的这样一些随意解释。这些解释主要导致《圣经》被人轻视，并且只会促使《圣经》在人类的自由理性面前显得荒谬无理。当人们发现，按照《圣经》阐释者的普遍观念，《圣经》把人们的简单理性认为与聪明人不相称，更与全知的上帝不相称的这类事情说成是上帝所为时，他们就经不起精明的诱惑而把《圣经》想得很平庸，并逐渐拒绝它，从而拒绝神对人类子孙后代的启示。我不必说，这种混乱状况的传播多么不可救药，尤其是最近以来更是如此。尽管我完全相信，大体来说，主要尝试或步骤属恶意处理，且有堕落倾向，然而，对《圣经》进行的这类谋划不周、低劣笨拙、缺乏哲理的解释，或不如说误解，特别是与我们现在所谈的物质世界相关的这些解释或误解，会在多大程度上导致如此不可救药的致命后果，却值得进行最严肃、最清醒的考虑。[2]

伍德沃德想让他的读者认识到，《创世记》对创世的描述仅指这个世界而不指其他世界，从而使他们回避所有困难。他很乐于承认在其他每一个行星上也可能有这么一个创世星期。[3]正是对这一问题的误解，才使得伯内特这样一位“伟大的好人”遭到失败。[4]现在他已做好一切准备来陈述其理论。他运用辅助定理作为他的陈述方法。

惠斯顿讲道：在大洪水以前的地球上，昼夜永久是平分的，因为黄道与赤道合二为一。[5]黄道与今天的北回归线在天堂相交，“或者至少是在子午线上相交”。[6]行星与地球的原始轨道是正圆形的；他指出古代传说中就是这样，并且现在木星的许多卫星轨道也是圆的。[7]大洪水的发生是由于在秋分过后第二个月的第 17 天，

---

① 威廉·惠斯顿：《关于从地球起源到万物消亡的地球新理论》，第 58—60 页。
② 威廉·惠斯顿：《关于从地球起源到万物消亡的地球新理论》，第 61 页。
③ 威廉·惠斯顿：《关于从地球起源到万物消亡的地球新理论》，第 68—69 页。
④ 威廉·惠斯顿：《关于从地球起源到万物消亡的地球新理论》，第 76 页。
⑤ 威廉·惠斯顿：《关于从地球起源到万物消亡的地球新理论》，第 79 页。
⑥ 威廉·惠斯顿：《关于从地球起源到万物消亡的地球新理论》，第 106 页。
⑦ 威廉·惠斯顿：《关于从地球起源到万物消亡的地球新理论》，第 110 页。

一颗彗星在接近近日点时落入黄道平面。[1]这颗彗星在地球旁边经过的事实是有据可查的。

在这颗彗星降落之前，地球的运转轨道是圆的，而太阳则位于这个轨道的中心。[2]太阳现在所在的焦点，与地球上发生大洪水的地方极为接近。彗星经过的事实也可以通过年代学而得知。洪水前的一年要比现在的一年短十天零一个半小时。当时的人算得每年大约为 355 天；因为月球的轨道与地球的轨道是等时的，故一个太阴月与一个太阳月是等长的。在洪水之后，人们对世界的变迁颇感困惑，但仍紧紧地抓着传统不放；因此，希伯来人与希腊人关于洪水的描述好像有时间上的出入。根据对弗拉姆斯蒂德（Flamsteed）表中太阳和月亮的追溯，惠斯顿证明科学新发现与《创世记》的描述不存在令人困惑的因素。[3]到目前为止，一切都还不错。但是，惠斯顿还需解释洪水的来源。

惠斯顿认为，由于我们已经认识到彗星的所有特征和运动规律，所以以前的种种对于洪水来源的解释都毫无价值。

> 如果我们认为：彗星不过是一团**混沌**状态的物质；包括跟构成地球的那些物体、那些部分完全相同的东西；彗星的外层**大气**就是水汽，或者是我们周围常见的这样一种薄雾；彗尾是同样的水汽形成的柱形，变得稀薄，膨胀得很大，犹如现在最清澈的白天或夜晚我们的天空所显现的水汽；此外，这颗彗星很有可能擦过地球表面，将地球纳入自己的**大气与彗尾**之中相当长一段时间，并留给地球表面数量大得惊人的、同样凝缩而又膨胀的水汽。这样，我们将很容易看到大洪水的水源绝非不可能的事情；特别是可以看到，像摩西所述的时间、规模和状况的这样一场独一无二的大洪水，再也不是不可能之事，而是完全可以解释清楚的；这样一场大洪水可能存在，不，几乎可以证明它确实存在。[4]

这样看来，带来大洪水的彗星不仅产生了巨大的海潮，而且仅以其彗头、彗尾所携带的巨大洪水独自就淹没了地球。但是，《圣经》上说挪亚是在大雨开始的那一天登上方舟的，所以惠斯顿就得解释这位犹太先民如何逃过了被天降大暴雨冲走的厄运。这一难题实际上容易解释。我们记得，这颗彗星扫在接近地上乐

---

① 威廉·惠斯顿：《关于从地球起源到万物消亡的地球新理论》，第 123—126 页。
② 威廉·惠斯顿：《关于从地球起源到万物消亡的地球新理论》，第 133 页。
③ 威廉·惠斯顿：《关于从地球起源到万物消亡的地球新理论》，第 134—147 页。
④ 威廉·惠斯顿：《关于从地球起源到万物消亡的地球新理论》，第 300—301 页。

园的位置，但方舟的位置却稍偏东；所以在周日运动将挪亚送入彗星的肆虐地带之前，他还有近 24 小时的好天气。而且第一场大雨是彗头带来的。在 50 — 55 天以后，扫过地球的彗尾又产生了另一场大雨。惠斯顿在计算彗星和深渊所带来的水量时，发现地球被平均淹没了 10821 英尺。如果考虑到被山占据的地方，那么这些水会导致 3 英里的普遍水深，这足以淹没高加索山的山顶，那是古代世界的最高峰。[①]

现在，17 世纪那位焦虑的《圣经》学者，可以有三种理论来解除他的怀疑。他可以选择伯内特的平坦地球和地壳陷落假说，或者伍德沃德的地球物质分解与固化的思想，或者惠斯顿的大彗星学说。但是人们不愿让他选择。1696 年，阿奇博尔德 · 洛弗尔（Archibald lovell）在《可以扩充并改进为对伯内特博士〈地球理论〉的绝妙回答的材料要点》一文中抨击伯内特。他认为伯内特是个自由思想家，是对摩西持怀疑论的人，[②]但他主要对伯内特思想对“年轻哲学家”的吸引力感到担忧。[③]其他人也有同感，像欧洲的巴辛盖斯（Bussingius）[④]和莱德克（Leydekker）[⑤]，就对伯内特的推测表示质疑；许多著作中都尖刻地提及伯内特的理论[⑥]，这种理论甚至在不相干的著作的注释中也遭到痛斥[⑦]。伍德沃德的经历比伯内特的好不了多少。有几位学者写信抨击他的观点[⑧]，但最长的批评来自约翰 · 阿巴思诺特（John Arbuthnot），他的《关于对伍德沃德博士〈洪水解释〉的考查》，1697 年出版于伦敦。阿巴思诺特提出了许多令人为难的问题。他说，如果所有的固体都分解成最基本的元素，我们就不会知道它们是什么。他还声称通过实验证明了伍德沃德理论是不成立的，因为他将牡蛎壳与等重的金属粉同时投入

① 威廉 · 惠斯顿：《关于从地球起源到万物消亡的地球新理论》，第 303—318 页。

② 阿奇博尔德 · 洛弗尔：《可以扩充并改进为对伯内特博士〈地球理论〉的绝妙回答的材料要点》，London，1696 年版，第 19 页。

③ 阿奇博尔德 · 洛弗尔：《可以扩充并改进为对伯内特博士〈地球理论〉的绝妙回答的材料要点》，第 21 页。

④ *DE SITU TELLURIS PARADISIACAE ET CHILIASTICAE BURNETIANO AD ECLIPTICAM RECTO，QUEM T. BURNETIUS IN SUA THEORIA SACRA TELLURIS PROPOSUIT DISSERTATIO MATHEMATICA*，Hamburg，1695.

⑤ *ARCHAELOGIA SACRA*，IN *DE REPUBLICA HEBRAEORUM*（Amsterdam，1704），I，appendix.

⑥ 见 T. Baker 在《思考学问》（*REFLECTIONS ON LEARNING*，London，1708，pp. 101—102）中对伯内特和惠斯顿的批评。

⑦ 例如，见 Meyer 所编的著作סדר עולם רבא（Amsterdam，1699），第 13 页。

⑧ C. E. Raven：《博物学者约翰 · 雷——他的生活和工作》，第 450 页。

水中，结果牡蛎壳先沉下去。[1]他强烈要求伍德沃德用事实证明其论点。[2]换言之，阿巴思诺特与我们一样，会很高兴看到伍德沃德的并未问世的大作。但伍德沃德也不乏信徒，在1697年，约翰·哈里斯（John Harris）发表了《对最近几篇关于大洪水论文的评述》，他在书中为大师辩护，反对雷和阿巴思诺特对大师的非难。不过，第二年，关于这些新理论的最重要评论，出自卓越的数学家约翰·基尔（John Keill）笔下。

由于标题不怎么样，基尔的《考查伯内特博士的〈地球理论〉——兼评惠斯顿先生之〈新地球理论〉》被研究英国哲学史的学者忽视。不过在我看来，在反对机械哲学的伟大运动中，这是一本重要著作。基尔很少关心思辨哲学的成果，因为在他看来，古代的思想家们，如阿拉克萨哥拉（Anaxagoras）、阿那克西米尼（Anaximenes）以及泰利斯（Thales）的宇宙体系，实际上比诗人们最狂放的幻想更不着边际。他认为，思辨中的那些有失严谨的发挥成为所有哲学家的共同特点，使理性的人无法忍受。像斯宾诺莎、霍布斯（Hobbes）、莫尔（More）、马勒布朗士（Malebranch）和笛卡尔（Descartes）等人提出的现代理论，同样比真正的诗歌更富有诗意。因此基尔倡导了一种科学哲学思想，直到许多年后，其他哲学家才理解了他的观点。但是，使他最为不快的是现代理性主义者的那种“想当然的傲慢”。因为正是这种傲慢以及伴随它的实证主义，才在学者中为这些新学说赢得了许多追随者。然后，基尔以数学为基础着手捣毁笛卡尔的“旋涡理论”，并且把炮火对准整个机械论者阵营。[3]这导致了他对伯内特及其富于诗意却乏于实证的宇宙理论的攻击。

基尔是个彬彬有礼的批评家。他并没有马上就攻击伯内特，而是先指出了沃伦对伯内特的批判的谬误。对“我的同仁”的合乎逻辑的重温，使得读者对基尔有了信心，并对他的学识与逻辑表示由衷的赞扬。他乐于承认伯内特是天才的文体家；没有一部哲学作品比它“更具说服力”。然而，他认为正是这种文体而不是推理欺骗了许多不谨慎的读者。[4]基尔对伯内特的攻击极富技巧，他在数学方面的知识，使他几乎在每个环节都击败了他的对手。首先，他认识到，伯内特关

① 约翰·阿巴思诺特：《关于对伍德沃德博士〈洪水解释〉的考查》，伦敦，1697年版，第21—22页。

② 约翰·阿巴思诺特：《关于对伍德沃德博士〈洪水解释〉的考查》，第62页。

③ 约翰·基尔：《考查伯内特博士的〈地球理论〉——兼评惠斯顿先生之〈新地球理论〉》，伦敦，1734年版，第1—21页。初版于1698年。

④ 约翰·基尔：《考查伯内特博士的〈地球理论〉——兼评惠斯顿先生之〈新地球理论〉》，第22页。

于世界从一片混沌状态中演变而来的学说，只不过是把笛卡尔的理论略加修改而已。但是，就连笛卡尔也没走这么远。[①]基尔发现了伯内特假说的四个弱点：地球外壳形成的机械学、垂直轴线的理论、大洪水前河流的理论，以及群山演化的观念。基尔引用科学界最杰出的权威开普勒（Kepler）、波义尔（Boyle）、牛顿等人的思想来证明伯内特的理论是完全不可能成立的。伯内特的地球外壳成形理论受到一套完美的数学演算的抨击，该演算证明，尽管尘埃可能会漂浮在水面上，但大量的尘土一旦凝结成泥块就会立刻下沉。颗粒下落的速度与它们是漂流还是沉没有很大的关系。基尔提醒他的读者注意，由于大洪水前已经出现了铁器，所以地壳表层一定充满大量矿物，它们难以漂浮。他的结论是，伯内特所认为的原始地球不会有一种细泥形成的硬壳，而应该是有鱼类生活的水体。[②]他也用同样冷峻的批判性分析，对伯内特其他思想进行了攻击，然后，基尔就将惠斯顿的猜想置于他的刀下。

基尔赞扬了惠斯顿，他认为惠斯顿的大洪水理论是已经设计出来的最富智慧与科学性的解释。实际上，尽管他愿意承认洪水是一个神学上的事实，但他还是相信不可能对洪水进行科学探讨。他严格审查了惠斯顿的理论，从而证明了路过的彗星尽管制造了海洋上的排空巨浪，但是对地球深渊里的水体却毫无影响。他还发现，很难相信惠斯顿提出的彗头和彗尾中的含水物造雨的假说。众所周知，构成彗星的物质十分稀薄，基尔看不出在宇宙中哪儿能得到使含水物变成雨所需要的大气压力。[③]基于他的全部学识和信念，基尔一直都意识到用实验室数据来证实《创世记》是徒劳无益的。他像托马斯·布朗爵士（Sir Thomas Browne）那样，更愿意在头脑中筑起一道混凝土墙，将科学放在墙这边，而将神学放在墙那边。这只不过是中世纪对待老问题的态度，它应验了那句老话：理性归理性，信仰归信仰。

基尔对伯内特和惠斯顿的攻击遇到了一拨又一拨反驳者，而且关于洪水起因的科学思考直到进入 19 世纪之后很久还在继续。不过，伯内特总是得到那些具

---

①约翰·基尔：《考查伯内特博士的〈地球理论〉——兼评惠斯顿先生之〈新地球理论〉》，第 31 页。

②约翰·基尔：《考查伯内特博士的〈地球理论〉——兼评惠斯顿先生之〈新地球理论〉》，第 32—36 页。

③约翰·基尔：《考查伯内特博士的〈地球理论〉——兼评惠斯顿先生之〈新地球理论〉》，第 140—177 页。托马斯·贝弗利（Thomas Beverly）在他的《近期考察引起的对〈地球理论〉的思考》*REFLECTIONS UPON THE THEORY OF THE EARTH OCCASION' D BY A LATE EXAMINATION OF IT*（London，1699）一书中对基尔作了回答。贝弗利支持伯内特的大多数观点，但他主要受自己的信念指引，即坚持认为其他行星上也有人居住。

有无限洞察力的人们的高度评价。凯特科特（Catcott）在他的《论洪水》中提及伯内特和伍德沃德时，带着明显的偏爱，该书于 1761 年公之于世。而伟大的爱迪森（Addison）[1]在拉丁文颂诗中，使伯内特成为不朽的伟人。它是这样开头的：

Turbae loquaces Te fidium sonant

Burnette, musis pectus amabile

Cui nomen inclarescit omnem

(Materiam calami) per orbem. [2]

理查得·斯蒂尔（Richard Steele）在阅读了这一理论之后，变得严肃而审慎，他将这一理论的创始人与西塞罗（Cicero）相提并论，并随心所欲地引用这位创始人的诗歌般的散文。[3]到 18 世纪末，讨论假说的散文比假说的合理性更多地给人们带来了幻想。沃顿（Warton）这样说伯内特："他展示出来的想象几乎跟弥尔顿（Milton）的一样。"[4]在写完第三本《短途旅游》的开头几行之后，华兹华斯十分高兴地发现他的想法在伯内特先生的理论中反映出来，以至于他禁不住从伯内特著作的拉丁文版中引用了一长段作为他自己作品的评注。

尽管伯内特的思想具有魅力，他的朋友以及论敌也很勤奋，但是想要证明洪水全球性或科学地解释所需洪水的来源的所有企图都失败了。人们在 17 世纪末并不比在 17 世纪初更接近《创世记》传说的绝对证据。但是，还有另外一个问题。如果洪水确实是全球性的，整个世界在挪亚时期都应该有人居住，那么，怎样证明存在过这种状况呢？而且，如果洪水毁灭了所有的人，那么后来的地球上又是怎样重新住上人的呢？如果在伯内特、雷、伍德沃德及惠斯顿的理论中可以寻找到一种对于地质学、古生物学进行探索的诱因，那么，在 17 世纪的另外这场论辩中，就可以找到对现代考古学和民族学进行探索的类似刺激因素。

---

① 指 Joseph Addison（1672—1719），英国散文家、诗人、剧作家和政治家。——校注

② Gutkelch 编：《杂论集》（*MISCELLANEOUS WORKS*），伦敦，1914 年版，I，第 284—289 页。

③ Morley 编：《旁观者》（*THE SPECTATOR*），伦敦，1891 年版，I，第 503—505 页。

④ 沃顿：《论教皇的天才和著作》（*ESSAY ON THE GENIUS AND WRITINGS OF POPE*），伦敦，1806 年版，I，第 266 页。

地质学与正统观——18 世纪思想中的挪亚洪水案[①]

罗达·拉帕波特

编者按：

本文的撰写者是瓦瑟学院（Vassar College）历史系教授罗达·拉帕波特（Rhoda Rappaport），战场到了 18 世纪的法国。尽管在攻击或维护洪水神话真实性方面有新策略，但是思想立场的相对一致得到维持。

法国学术界有相当数量的书籍、专著和论文致力于洪水研究，例如：Jean d' Estienne, "Les théories du Déluge," Revue des questions scientifiques 9（1881）：415－449；10（1881）：148－185，474－518。关于对瑞士自然主义者 J. J. 谢乌泽（Johann Jacob Scheuchzer，1672—1733）的精彩讨论，见麦尔温·E. 亚恩（Melvin E. Jahn）《关于谢乌切泽博士和洪水见证人的一些说明》（"Some Notes on Dr. Scheuchzer and on Homo diluvii testis"），见塞西尔·施内尔（Cecil J. Schneer）编《走向地质学史》（*Toward A History of Geology*，Cambridge，Mass.，1969，pp. 193－213）。J. J. 谢乌泽发掘过一副他认为属于洪水见证人（Homo diluvii testis）的骨架，1726 年，他还出版了宣布这一发现的论文。

认为宗教正统压制了地质学的发展这一观点有许多著名的拥护者，最早的拥护者之一是乔治·居维叶（Georges Cuvier）。然而对居维叶来说，将《创世记》和地质学联系起来的努力在 18 世纪中期前便结束了。这些努力不是为以后的进步，而是为胡乱猜测开辟了通路。居维叶认为我们尽可以敬仰莱布尼兹（Leibniz）和布封（Buffon）的天才，但不应将体系建构和作为"实证科学"的地质学混为

① 选自《大不列颠科学历史季刊》（*BRITISH JOURNAL FOR THE HISTORY OF SCIENCE*），1978 年第 11 期，第 1—18 页。

一谈。[①]居维叶的年轻同辈查尔斯·莱尔（Charles Lyell）认为“奢侈体系”阻碍了进步，而居维叶则坚持说“圣经权威”直到18世纪晚期仍旧发挥着这样的作用。[②]

很长一段时期，莱尔对历史及其他方面的解释都要超过居维叶。虽然现代学者拒绝或修正了莱尔的历史判断，但可看到以莱尔的方式所描述的18世纪：

> （到1785年）已经进行了许多地质观测并记载于文献中。但是，在此之前，把这些观点综合为一门一般的“地球理论”的尝试都不科学，不能让人接受。人们拘泥地相信《圣经》中有关创世及大洪水的叙述，从而使上述问题更加混乱了，并阻碍了地质学的发展。[③]

甚至有这样的说法，有些地质学家——他们中许多人是牧师——被自己观察到的事实震惊。他们害怕成为异端或害怕因异端而遭到惩罚，于是“赶紧转到一个奇怪的方向或回到原来的（即正统的）立场”[④]。

对不搞地质学史的学者而言，18世纪是一个为避免异端而“赶紧转到一个奇怪的方向”的时期，这样一种认识说起来才真是奇怪。在物理科学上，对伽利略的谴责已经证明了被谴责者的胜利。天主教辩护者正在得出伽利略式的结论：《圣经》不能用作物理学或天文学的研究资料。科学家自觉地成为经验主义者，并决心按照自然起因和一致法则寻求解释。即使在那些真正的异端哲学家当中，也并未发现很多“赶紧转向”的情形，他们有许多方法出版自己的破坏性观点。再者，讨论异端本身就假定了定义明确的正统的存在，讨论宗教上的顾虑和畏惧也暗示着运行良好的恐吓和审查机器的存在。但是，研究18世纪生活的这些方面的历史学家，却经常强调神职人员自身的世俗化，甚至在具有能规定教义的等级制度

---

① 1806年 Cuvier 等人的报告，见 N. André, *THÉORIE DE LA SURFACE ACTUELLE DE LA TERRE*, Paris, 1806, pp. 320−321, 326. See also Cuvier, “Discours préliminaire,” *RECHERCHES SUR LES OSSEMENS FOSSILES DES QUADRUPÈDES*, 4vols., Paris, 1812, i, 26−35, and William Coleman, Georges Cuvier, Zoologist *GEORGES CUVIER*, *ZOOLOGIST*（《动物学家乔治·居维叶》）, Cambridge, Mass., 1964, p. 113。

② Charles Lyell, *PRINCIPLES OF GEOLOGY*（《地质学原理》）, 3vols., London, 1830-1833, i, 29−30. M. J. S. Rudwick, “The Strategy of Lyell's Principles of Geology”（《莱尔〈地质学原理〉的策略》）, Isis, 1970,61, especially 8−11.

③ V. A. Eyles, “Hutton”（《赫顿》）, *DICTIONARY OF SCIENTIFIC BIOGRAPHY*（《科学传记词典》）, New York, 1972, vi, 580. 同样的观点见于赫顿（Hutton）和莱尔的讨论，主要解释他们理论遭到的抵制。最近一些修正者的关于莱尔的文献，参阅《莱尔百年问题》，载于 *THE BRITISH JOURNAL FOR THE HISTORY OF SCIENCE*, 1976,9, 特别是波特（Porter）和奥斯波（Ospovat）的论文，第91—103、190—198页。

④ Francis C. Haber, *THE AGE OF THE WORLD*（《世界的年龄》）, Baltimore, 1959, pp. 112−113.

的国家教会中也发现存在教义冲突，并且继续争论用机器进行镇压的有效性。

尽管我们对 18 世纪学术生活的总体看法与地质学史研究者经常提到的观点有些不同，莱尔的解释却仍有些事实依据。一个不可否认的事实是：某些地质学者——通常被提到的那些是那个世纪开头十年和最后十年中的英国作者——明确地为《创世记》辩护。同样不可否认的是，实际上所有地质学家都在探讨《圣经》中的洪水，许多学者认为洪水对地壳历史有某种作用。但是，说这么多并不一定暗示地质学家被迫证明其正统。仅仅使用洪水不足以告诉我们宗教信仰或地质学能力，除非我们提出这样的问题：地质学家为何讨论洪水？如何讨论处理洪水？地质学观察在什么程度上——莱尔未曾探究过他的前辈的观察技巧——支持这种灾难曾经发生过的观念？

探究这些问题需要先讨论可被称为 18 世纪中“《创世记》的地位”的那个问题：是否存在“正统”解释？我不打算对所有宗教派别进行不可能完成的调查，我的重点将放在信仰天主教的法国。也不只是法国——更确切些，不只是巴黎——欧洲公认的知识之都，但是，就是在法国也能见到压制哲学思辨所需要的全部条件：巴黎大学那警惕而保守的神学系，处心积虑的审查机器，用等级制度强加教义和纪律的国教。

对地质学家而言，《圣经》中的两个相关文本就是创世叙事和洪水叙事。我之所以决定讨论洪水，是因为，尽管许多地质学家回避了宇宙进化论，但几乎没有人能避免讨论洪水及它对地壳可能产生的影响。地质学家在多大程度上接受《圣经》中的叙述的历史真实性？为什么遣来惩罚人类的洪水经常被视为有地质后果的自然事件？人们认为洪水实际上到底有何地质影响？

本文并不自诩要探究这一时期所有的地质学文献。我力图选择在年代和国家两个方面都跻身前列并由享有某种国际声誉的人写成的作品。后一个标准使我不得不忽略某些作者（例如拉斯普，Raspe），而选用其他那些广受阅读而其科学知识并不同样广受推崇的作者（布封就是个明显的例子）。我论及的一些学者——林奈就是这样一个——不是作为地质学家而是作为植物学家或化学家赢得声誉。不过，地质学不像这些古老学科，它在 18 世纪还不是一个定义明确的专业，所以，这里把如下一些作者包括在内看来是值得的，即使在他们从自己的专业冒险进入尚未定型的自然史领域时，他们的观点也带有权威印记，而地质学则是自然史的一个分支。最后，本文并不准备推崇维尔纳（Werner）和赫顿（Hutton）那样的人物，因为本文目的不是要认定哪一个普遍理论引起了最大争议或说服了最多思想者；相反，因为洪水是跟每一种理论相联系而被加以讨论的，所以，聚焦在被国际社会的科学家们所探讨的问题上，也就显得更切合主题。

在《挪亚传说》中，唐·卡梅伦·阿伦（Don Cameron Allen）经典地叙述了16世纪和17世纪的尝试：填补空白，为反常事物的存在找借口，提供科学的细节来支持洪水故事。对于现代读者而言，理性主义者提出的问题让人又惊又喜：一个人能设计出一个可容纳所有洪水难民的方舟吗？鱼能在洪水中幸存下来吗？它们也该成为方舟上的乘客吗？美洲那些特别的物种在方舟上吗？或者说，洪水是否并未抵达西半球？对本文而言，更重要的是阿伦（Allen）的观点，他认为理性主义者的分析导致这么多混淆和分歧，导致对《创世记》文字准确性的根本怀疑，这样一来，洪水要么仍旧是一种奇迹，要么就被降低到众多古老传说之一的地位。阿伦还认为，理性主义的解释主要是一种新教徒的考虑，新教徒们试图理解"《圣经》中朴质的语言"，而天主教更乐于求助于奇迹或寓言。[①]尽管阿伦与之相反，但18世纪法国天主教的神职人员却与早期理性主义者的想法有些相同，并未一致将洪水视为一个奇迹或传说。事实上，他们也并没有找到一种普遍认可的对《创世记》的解释方式。

通常认为，在这一时期的法国，文字解释的老传统居支配地位，他们的代表人物形形色色，包括奥拉托利会会友理查德·西蒙（Richard Simon）、本笃会修士奥古斯丁·卡尔米特（Augustin Calmet），以及索邦神学院的博士们。一般认为，最有代表性的是多蒙·卡尔米特（Dom Calmet）。他一节一节地注释《圣经》，目的是在哲学和古代历史的基础上准确理解它。他在1707年论及洪水时，显然是不情愿地卷入了一场对早期理性主义者提出的问题的简短讨论中，但他更趋于认为洪水是个奇迹。他相信，过多地分析会破坏《摩西五经》的完整和统一。[②]

多蒙·卡尔米特的年长同辈西蒙，也自认为是一个字面解释者，他认为《圣经》中的隐晦、重复和矛盾，是由于对其更早的来源进行编排的历史结果。西蒙在17世纪80年代的学术努力，是要证明《摩西五经》只是一种编辑而不完全是

① 唐·卡梅伦·阿伦：《挪亚传说》（*THE LEGEND OF NOAH*），Urbana，Ill.，1963年版，特别是第68页、84—85、181页。

② Calmet, *COMMENTAIRE LITTÉRAL SUR TOUS LES LIVRES DE I'ANCIEN ET DU NOUVEAU TESTAMENT*, 23 vols., Paris, 1707–1716, i, 176–179,186. 也见 F. Dinago 编，*PUBLICATION DES OEUVRES INÉDITES DE DOM A. CALMET*, 2 vols.，St-Dié，1877–1878，ii. 39–67。

摩西的著作。[①]这些努力引起了审查官、詹森教派信徒和奥拉托利会会友以及波舒哀主教（Bishop Bossuet）的愤怒。假如这类拘泥于字面意义的做法在17世纪晚期还能激起“不敬神、自由主义”之类控诉，那么，同样的事情在18世纪中期根本就不可能发生。西蒙的少数追随者之一，蒙彼利埃的内科医师让·阿斯特吕克（Jean Astruc），在1753年就没有造出如此风暴。评论者们对其作品表达出种种看法：从赞美，到不作评判，再到否定其论点的说服力。[②]索邦神学院对阿斯特鲁视而不见，这值得注意，因为常有这样的说法：只是在最近，神学家们才因普拉德斯神父（abbé de Prades）的可耻论点而极度警惕。如果索邦神学院的人在阿斯特吕克问题上的沉默解释不了，那么人们至少可以认为，索邦神学院的博士们在教义方面并不像通常所声称的那么具有警惕性，那么团结一致。[③]

虽然字面解释的传统根深蒂固，但它在法国既非团结一致的，亦非无可匹敌的，理性主义传统仍然是一个重要对手。该学派的成员之一普拉切神父（abbé Pluche），即那本广为人知的*Le Spectacle de la nature*（1732）的著者，该书是一本追随自然神学的著作。[④]比普拉切更有趣的是其他理性主义者，像西蒙和卡尔米特，他们认识到《创世记》的不同文本导致了不同的编年系统。一些学者还意识到，所有现存的编年史，都可能会被历史证据和科学证据推翻。例如，莱马斯

---

① Richard Simon，*HISTOIRE CRITIQUE DU VIEUX TESTAMENT*，nouv. Rotterdam 编，1685，特别是关于洪水的部分，第33页。带有很长引文的讨论，见 Edward M. Gray《旧约批判》（*OLD TESTAMENT CRITICISM*），London and New York，1923，第九章；也见 H. Margival，Essai sur Richard Simon，Paris，1900，第五章，以及 J. Steinmann，*RICHARD SIMON ET LES ORIGINES DE L' EXÉGÈSE BIBLIQUE*，Paris，1960，第100–116、124–130页。

② (Jean Astruc,) *CONJECTURES SUR LES MEMOIRES ORIGINAUX DONT IL PAROIT QUE MOYSE S' EST SERVI POUR COMPOSER LE LIVRE DE LA GENESE*, Brussels, 1753, pp. 3–18. 也见 Gray《旧约批判》第十二章。A. Lods，*JEAN ASTRUC ET LA CRITIQUE BIBLIQUE AU XV IIIe SIÈCLE*（Strasbourg，1924，pp. 62–71）大段引用评论者的话。

③ 关于索邦神学院的变化，参阅帕尔默（R. R. Palmer）《十八世纪法国的天主教徒与不信教者》（*CATHOLICS AND UNBELIEVERS IN EIGHTEENTH-CENTURY FRANCE*），Princeton，1939，第40–41、51、123、129页。帕尔默认为：索邦神学院在1751至1753年的普拉德斯（Prades）事件后变得更严格、更警惕（1751—1753），但帕尔默的书显示出正统圈子中持续的思想变化。索邦神学院质朴的字面解释的例子，是在1751年和1778年后两次对布封的两本著作的回应。see J. Piveteau ed., *OEUVRES PHILOSOPHIQUES DE BUFFON*, Paris, 1954, pp. 106–109, and P. Flourens, *DES MANUSCRITS DE BUFFON*, Paris, 1860, pp. 254–280.

④ Noël-Antoine Pluche, *LE SPECTACLE DE LA NATURE*, Paris, 1756, iii. especially 515–536. 关于 Pluche 的流行，见 D. Mornet, *LES SCIENCES DE LA NATURE EN FRANCE, AU XV IIIe SIÈCLE*, Paris, 1911, pp. 248–249. 也见 abbé Mallet, “Arche de Noé,” in Diderot and d' Alembert, *ENCYCLOPÉDIE*, Paris, 1751, i, 606–609。

克瑞尔神父（abbé LeMascrier）宣称，在某些问题上，《圣经》不是“我们的唯一向导”，他起码还赞成地球可能已有几百万年的理论。[①]格罗塞尔神父（abbe Grosier）同样发现，如果科学证据如此证明，那么将创世的六天理解为六个时代并无错误——尽管他并不认为这些已获得的证据是无可置疑的。[②]还应补充的是，莱马斯克瑞尔和格罗塞尔讨论的是当时最“具破坏性的”三部编年史：麦勒特（De Maillet）的 *Telliamed*（1748），米拉博德（Mirabaud）的 *Le monde*（1751），布封的 *Les époques de la nature*（1778）。

为数不多的这几个例子表明，至少在法国，不存在唯一的、确定的《创世记》研究方法。如果有什么东西把“正统”团结起来，那么这就是一种信念：上帝向人类展示了他自己，而上帝作出启示这一事实就是天主教权威的基础。[③]这种对挪亚故事的信仰只不过暗示，洪水是送来惩罚人类的。洪水是世界性的还是限制在人类定居之地？它是一个奇迹还是由自然原因造成？它是否改善了地表？地球是否在洪水之前已有悠久的历史？所有这些问题仍有争议。

神职人员中观点的多样性在这个时代特别值得注意，这个时代中信仰基督教的人被期望团结起来反对激进的法国哲学家们。伏尔泰等人的观点太闻名了，所以无须在这里加以讨论，不过，简略陈述一下对《创世记》前几章所进行的直接或间接的攻击，应属恰当。许多哲学家对原始人类的历史、语言的起源及人类文明的进化等，作出了完全不同于《圣经》的阐述，但极少有人走得像卢梭那样远，他在 1755 年明确指出它们与《创世记》的分歧：

> 宗教要求我们相信，上帝在创世之后立即就使人类从自然状态中摆脱出来，从那时起他们就是不平等的，因为上帝愿意他们那样。但是宗教并未禁止我们只根据人性和他周围的生命，来猜测一下，倘若让人类

① （J.-B. LeMascrier,）“Essai sur la chronologie,” in J.-B. Mirabaud, *LE MONDE, SON ORIGINE, ET SON ANTIQUITÉ*，第二版，London，1778，ii. 163-165，同一作者又见于 Bîenoît de Maillet，*TELLIAMED*（A. V. Carozzi 编辑并翻译），Urbana，Ill.，1968，p. 381，注释 52、54。卡罗兹（Carozzi）认为，莱马斯克瑞尔坚持地球的年龄只有 6000 年的“正统”观念，见第 30、380 页，以及注释 50。事实上，莱马斯克瑞尔对于洪水，比对地球的年龄更少灵活性。见后文相关注释。

② *JOURNAL DE LITTÉRATURE, DES SCIENCES ET DES ARTS*, 1779,3,412−415.

③ 帕尔默：《十八世纪法国的天主教徒与不信教者》(9)，第 221 页。帕尔默全书中表现了这种关于罪、感恩和人性的重要事物的广泛信仰。

无所凭借而自然发展的话，究竟会变成什么样子。[①]

卢梭关于“宗教要求”的具体内容本身就是有争议的。在由什么组成“自然状态”，这种状态说的是堕落前还是堕落后等方面，神学家们不能达成一致。关于这种自然状态究竟是野蛮还是极乐，哲学家们也不能达成一致。但他们对原初情形的重建与摩西对创造亚当、堕落、作为启示语言的希伯来语的特殊地位、巴别塔故事等的叙述极少相同之处。布朗热在他的 *Antiquité dévoilée*（1766）一书中可能使用洪水，但他关于这场灾难及其对人类的影响的叙述与《创世记》没有相似之处。[②]

不管神学家给正统信仰下定义有多么困难，法国文学家的许多著作以任何标准来讲显然都是异端。在一个拥有完善的审查制度的国家里，异端也相应地发展出了一个完善的逃避法律的系统。研究启蒙运动的历史学家们都对如下手段颇有了解，如：使用匿名，署假作者名、假出版商名，从荷兰或英格兰偷运小册子，秘密流通手稿，以及煽动性的书上附加虔诚的免责声明。另外，因为审查意愿强弱不一，因为制度本身既是专制的又是无政府的，这也有助于逃避审查。由于种种原因，那些皇家检察官们，索邦神学院，还有巴黎议会的人，行为全都反复无常，特别是还存在这样一个事实：这些机构中的一些个人同情文学家们提出的一些偏激思想。

尽管历史学家们一致认为这个制度笨重而无效，但对审查效果的认识却存在着意见分歧。一个人是应该强调哲学家们对于受迫害的恐惧呢，还是应该强调他们的著作毕竟得以出版这个事实？当然，强调一些下狱、镇压、充公及定罪的著名案件是一件比较容易的事。然而，既然我们显然对定罪的理由比对未能定罪的理由知道得更多，这个问题的本质就应引起我们警惕。在本文的语境中，布封的例子颇有教益：虽然索邦神学院指责他的《地球论》（1749）的某些部分，虽然我们知道有学识的博士们对他的《自然时代》（1778）持有异议，布封在 1778 年

---

① 卢梭：《论人类不平等的起源与基础》（“*DISCOURSE ON THE ORIGIN AND FOUNDATIONS OF INEQUALITY AMONG MEN*”），1755 年版，见 Roger D. Masters 编《一论和二论》（*THE FIRST AND SECOND DISCOURSES*），纽约，1964，第 103 页。

本段译文参考了商务印书馆 1962 年出版、1979 年第二次印刷的李常山译、东林校的中译本第 71—72 页。——译注

② 关于 Boulanger，见 Frank Manuel，*THE EIGHTEENTH CENTURY CONFRONTS THE GODS*（《十八世纪面对上帝》），New York，1967，pp. 214−219。Manuel 书中多有不符《圣经》精神的起源探索的例子，不过特别参看 132—134 页。帕尔默论述了关于自然状态的神学冲突［《十八世纪法国的天主教徒与不信教者》(9)，第二章］。

未受检查的原因仍是个谜。[①]

上文意欲质疑这样一种观点：法国的自然主义者不得不与宗教权威和世俗权威所强化的明确的正统信仰相抗衡。对英格兰，或普鲁士，或意大利某些地区的类似分析，也很可能产生各种灰色调的定义而非鲜明的定义。例如，在英格兰，国教教会是如此“兼容并包”、不拘一格，以致对正教除了从最宽泛的意义上定义之外，就很难定义了。[②]在普鲁士，一个十足的简化做法是宣称异教“主要”限于“反牧师的玩笑”，特别是在柏林学院的学者们被允许出版像卢梭著作那样有煽动性的思辨哲学的那段时期里更是如此。[③]对所有的国家来说，包括法国，在这个世纪中，方针政策和实际做法的改变使分析变得更为复杂。1750 年后的法国，那些皇家检察官们变得更加反复无常。而在普鲁士，1786 年国王腓特烈二世死后，他们变得更加警惕。1789 年后，法国革命影响了各地的作家和检查官员，既引起他们对法国的崇敬，也导致他们对法国唯物主义的害怕。这些问题表明，如果认为存在着特别针对自然主义者的广泛的、明确的、长期的限制，就将是不明智的。如果大多数自然主义者讨论《圣经》里的大洪水，他们这样做的理由不应在面对权威时的强迫或胆怯中去寻找，而应在其他地方寻找。

鉴于本文的目的，根据字面意义理解的挪亚故事有三个明显的特征：洪水是世界性的，甚至漫过了世界上最高山的山顶；洪水不断上涨了 40 天，既从天空

---

① 新闻报刊的苛刻检查为彼得・格（Peter Gay）所强调，《对启蒙运动的一种解释》（*THE ENLIGHTENMENT, AN INTERPRETATION*），2 vols.，New York，1967−1969，ii. 70−79。较不偏激的观点，见帕尔默《十八世纪法国的天主教徒与不信教者》，第 16—17 页；又见 Jacques Roger 《前言》（“Introduction”），载于 Buffon，*LES ÉPOQUES DE LA NATURE*（J. Roger 编），*MÉMOIRES DU MUSÉUM NATIONAL D’HISTOIRE NATURELLE*，Série C，Tome X，Paris，1962，p. cxii。对 1778 年后索邦神学院未能给布封定罪的仅有的探讨，见 Roger，pp. cxxxii-vi；因为缺少“过硬”信息，他不得不依赖于巴黎的流言，所以他的结论是尝试性的。

② 对自由的英国国教的众多有益探讨之一是 Roland N. Stromberg 的《十八世纪英格兰的宗教自由主义》（*RELIGIOUS LIBERALISM IN EIGHTEENTH-CENTURY ENGLAND*），London，1954 年版，特别是第四章。参阅 Charles R. Gillett 的《烧掉的书——英国历史和文学中被忽略的篇章》（*BURNED BOOKS: NEGLECTED CHAPTERS IN BRITISH HISTORY AND LITERATURE*），2 vols.，New York，1932，ii. chapter XXVII-VIII。Gillett 发现，1720 年以后，差不多没有异教书被定罪；“差不多”一词是必要的，因为具未经证实的报道，可能有两本书被定罪。

③ 引自彼得・格：《对启蒙运动的一种解释》（16），第 71 页。柏林学院远比巴黎学院更严重地受皇室控制，但它在 1772 年给黑德（Herder）颁发了勋章，表彰他未依据《圣经》而对语言起源进行了解释。有一段时间，它还因 Maupertuis 任院长而夸耀。这一时期 Maupertuis 出版了几本异端著作。see Bentley Glass, “Maupertuis,” in *DICTIONARY OF SCIENTIFIC BIOGRAPHY*（《科学传记词典》）, New York, 1974, ix 186−189.

降到地上，也从“深渊”涌上地面；洪水的整个泛滥期不足一年。关于洪水的世界性，科学家和门外汉（即非科学家，不论教士或俗人）写成了大量文献。整个事件的狂暴程度和持续时间都是科学家特别关心的话题。

洪水的世界性已经成了古老的辩论课题，18 世纪，这个课题又恢复了活力。科学家和门外汉都认识到在许多文明中都存在洪水传说；但是，这些传说都是对《圣经》中洪水的记忆吗？或者，是不是所有的洪水传说，包括挪亚故事，全都是对当地洪灾的记忆呢？自然主义者会把洪水传说作为曾一度泛滥世界的大洪灾的证据，少有例外。在非科学家中，许多有影响的学者运用同样的证据来说明地球上从未发生过世界性的大洪水。前者与古代基督教传统协调一致（并且像我希望证明的一样，有一些地质证据），而后一种观点则被从英国国教的主教到伏尔泰等这类人共享。

克洛赫（Clogher）主教罗伯特·克莱顿（Robert Clayton），是维护《圣经》的编年史和有关主题的多本小册子的作者。虽说他的大量证据都基于神圣历史和异教历史的一致性，但他也是理性主义者的精神后裔，他们很想知道美洲特有的动物群究竟是不是方舟里的乘客。他得出结论：既然洪水只消毁灭除挪亚一家之外的全人类就够了，那么它不必是世界性的。[①]在同样也否定洪水的世界性的几位哲学家的工作中，找不到这种虔诚的意图。他们的推理的一个恰当例子来自米拉波（J. -B. Mirabaud）[②]，见于他对关于丢卡利翁洪水的希腊传说中隐含的心理学意义的解释中：

> 在未开化的那些日子里（temps grossiers），人们……仅了解他们周围的地方，并根据周围情景来判断其他地方的情形。因此，正是希腊先民告诉他们自己，那场影响他们的大洪水毁灭了整个人类。挪亚也可能同样认为，没跟他在一起的人都被洪水吞没了。挪亚在方舟中得到保护，……随水漂流到一个通常无人居住的地区，或者漂流到原有居民已

① 克莱顿的结论由他的一个批评者加以总结，Alexander Catcott，*A TREATISE ON THE DELUGE*（《论洪水》），2nd ed.，London，1768，pp. 11－12。也见 K. B. Collier，*COSMOGONIES OF OUR FATHERS*（《我们祖先的宇宙演化论》）New York，1934，pp. 229，234。克莱顿死时，因其阿里乌斯派的见解而面临被指控为异端的急迫危险。但这样的指控太不寻常，所以我怀疑问题的根源在于他是一位主教，而不是一个小牧师或俗人。见 A. R. Winnett，载于 Derek Baker ed. *SCHISM*，*HERESY AND RELIGIOUS PROTEST*（《教派、异端和宗教抗议》），Cambridge，1972，pp. 311－321。

② 米拉波实为下文提到的霍尔巴赫男爵。——校注

在同一大洪灾中死亡的地区。[①]

米拉波的许多思想被伏尔泰和百科全书派的人传播开。在《哲学词典》中，伏尔泰概括说，《创世记》是民间故事的汇集，但这些民间故事不仅仅是希伯来人特有的。他还进一步说，一场世界性的大洪水在科学上是不可能的。他补充说，我们应该把那场洪灾看作一种奇迹。但隔了几页之后他又抛弃了奇迹，因为奇迹往往令人怀疑是源于无文字的民族。[②]1754 年，在《百科全书》里，布朗热暗示了可比较的结论，用洪水传说和科学证据对一场大洪水进行正反两方面的论证。[③]在哲学家中最有才能的学者霍尔巴赫男爵（Baron d' Holbach），反复否定了地质现象能用洪水来解释的说法。在他那本引起争议的《自然体系》（1770）中，他继续对洪水的世界性提出质疑。[④]

认为洪水是地方性灾难的少数几个自然主义者包括麦莱（De Maillet）、布封、拉墨特里（J. -C. de Lamétherie）、苏尔士（J. G. Sulzer）和布鲁门巴赫（J. F. Blumenbach）。他们都认为一场世界性的大洪水在科学上是不可能的——他们的理由在细节上有些差异——除了布鲁门巴赫外，其他人都认为应该主要以米拉波的方式讨论和重新诠释古代洪水传说。这并不妨碍三个法国人拥护不同于洪水的世界大海洋理论（该理论将在后面讨论）。同样，也不妨碍布鲁门巴赫主张地球经历过两次全球性大灾难。这些理论被其他那些坚信地球上曾发生过世界性大洪水的地质学家们接受。换句话说，关于这五位自然主义者中的四位，我们可以公正地说，他们愿意认真研究有关全世界变迁的思想，但他们都反对《创世记》里

---

① Mirabaud，前引书，（11），i. 95－6. See Telliamed，前引书（11），pp. 298－299，及编者按，p. 300，n. c.

② Voltaire，*PHILOSOPHICAL DICTIONARY*（《哲学辞典》）（tr. by Peter Gay），New York，1962，pp. 284－297，327－328，394：articles *GENÈSE*，*INONDATION*，*MIRACLES.* 布封对奇迹的驳斥，见 Roger，前引书，（16），pp. lxxxv，xlviii。

③ Boulanger，《洪水》（"Déluge"）载于《百科全书》（*ENCYCLOPÉDIE*），前引书（10），1754，iv. 795－803。

④ D' Holbach 与《创世记》的明显妥协，见他所译 J. F. Henckel 的 *PYRITOLOGIE*，2 vols.，Paris，1760，i. 122n，123n，131n；以及 J. G. Lehmann，*TRAITÉS DE PHYSIQUE*，*D' HISTOIRE NATURELLE*，*DE MINERALOGIE ET DE MÉTALLURGIE*，3 vols.. Paris，1759，iii. pp. v－x，83n，192n。也见他的文章 "Terre，couches de la，" in *ENCYCLOPÉDIE*，前引书，（10），1765，xvi. 170；Collier，前引书（19），p. 283；and Manuel，前引书，（15），pp. 234，238。

描述的那场独特的世界性事件。[①]在这点上，他们不是孤立的。因为就像我们即将看到的，对洪水进行研究的那些自然主义者经常极大地偏离《圣经》文本。

绝大多数自然主义者承认世界性洪水的历史性，并把他们的注意力转向一个对他们来说更直接的问题：那场大洪水曾对地质产生过影响吗？特别是，地质层必须曾是"松软"的，化石才能嵌入进去，那么，洪水是否造成大块地壳的分解和海洋化石的沉淀？海洋化石问题把自然主义者分成了三个阵营：有一些人认为它们是洪水的遗迹；有一些人认为洪水对它们的形成发挥次要作用；其余的人则否认洪水具有这类地质作用。

应该附带指出，化石问题常常强化了对洪水的讨论，但它并不总是关于洪水讨论的有机组成部分。在 18 世纪早期，这两个问题就被紧密地联系在一起了，特别是在自然神学家的论著中，以及这个世纪晚期为大型哺乳动物遗骨寻找解释的时候，更是如此。当然，后一种类的化石标本早已为人所知，但它们非常稀有——而且常常辨识不清——所以为求稳妥，它们被忽略了，或被当作纯属当地灾难的牺牲品搪塞过去。但大约在 1770 年之后，在世界其他几个地方发现的其余标本，却使这个问题变得迫切。正如后文所示，讨论者常忽略化石，而把注意力集中于这类问题上：一定厚度的沉淀物是不是洪水积淀的？或者，地层中有重大意义的非整合状态是否可以用洪水之类灾变来解释？不过，既然关于洪水的辩论最先就是跟化石记录连在一起的，我们现在不妨先说当时提出的化石问题。

认为化石是洪水遗留物的那些学者，有瑞士的自然主义者 J. J. 谢乌泽（J. J. Scheuchzer）和一本广为传阅的化石导论的法国作者德萨里尔·阿热维尔（Dezallier d'Argenville）。因受英国地质学家和自然神学家约翰·伍德沃德的影响，J. J. 谢乌泽已转而相信洪积论。1731 年，他提出他的科学研究的目的在于为《圣经》的

① 布封，*EPOQUES*，前引书（16），pp. 182−184. *TELLIAMED*，前引书（11），compare pp. 213−215 with pp. 297−300. Lamétherie，*THÉORIE DE LA TERRE*，3 vols.，Paris，1795，iii. 189−224，258−284，and *LE ÇONS DE GÉOLOGIE*，3 vols.，Paris，1816，特别是 ii. 325−334；也见 K. L. Taylor，"Lamétherie"，载于《科学传记辞典》（*DICTIONARY OF SCIENTIFIC BIOGRAPHY*），New York，1973，vii. 602-604. J. F. Blumenbach，*BEYTRÄGE ZUR NATURGESCHICHTE*，第二版，1806，i.见《布鲁门巴赫人类学论著》（*THE ANTHROPOLOGICAL TREATISES OF J.F.BLUMENBACH*），T. Bendyshe 译，London，1865，285−286 页和 286 页注释 2。J. G. 苏尔士，"Conjecture physique sur quelques changemens arrivés dans la surface du globe terrestre，" *HISTOIRE DE I' ACADÉMIE ROYALE DES SCIENCES ET BELLES-LETTRES*，Berlin，1762（1769），pp. 90−98。苏尔士提出地方湖泊喷发理论，他认为可能是这种情况产生出洪水传说。这一理论在 18 世纪并没引起多大注意。

真实性提供自然依据。[1]后来阿热维尔在写作时充分意识到对伍德沃德的理论存在着很大异议，但他相信其他解释更成问题、更属“假设”。实际上，到了 18 世纪中期，伍德沃德的观点受到了严重削弱，就连认为洪水在沉积中起重要作用的那些自然主义者也不再接受它们。[2]

被反复提出的一个反对伍德沃德的论点是，地壳岩层没有按其自身比重的顺序排列，而如果它们都是在洪水中沉积起来的，它们就应该那样排列，就像后来的一位学者所说：“伍德沃德的所有地球理论都取决于这个主张。”[3]同样要紧的是这样一种反驳：洪水必然是猛烈的，但沉积层的所有迹象都表明它们是在平静状态下积淀起来的。1720 年，第三种论点也加入到这两个论点的行列中：列奥米尔（Réaumur）向巴黎科学院提交了一份研究报告，题目平淡无奇——《论都兰某些地方的化石贝壳》。这份报告记录了他对大面积的第三纪砂质泥灰岩的观察，面积达三万多平方米，厚达七米。他宣称，短时间的洪水不可能造成这种含化石的沉积，因此我们必定会得出结论说这片地区从前位于海底。[4]

这些论点使绝大多数自然主义者相信， 有必要为化石沉积的累积过程找到更易接受的解释。任何一个这样的解释都应满足于被批评者所应用的推论：一年以上的沉积期，存在稳定状态，具备可解释比重问题的某种中断。两个理论不久就广为传播。一群人采纳目前的陆地曾长时间位于海底的观点，而另一群人认为地球表面曾经历了一系列“变革”。对前一群人来说，洪水起种种作用或什么作用也没有；对第二群人来说，洪水就是其中一次重要变革。

“长期旅居海里”的理论的支持者包括这样一些人：布封、霍尔巴赫（d’Holbach）、拉墨特里、列奥米尔（Réaumur）、苏拉维（Soulavie）、波马尔（Valmont

①Melvin E. Jahn, in C. J. Schneer ed., *TOWARD A HISTORY OF GEOLOGY*（《走向地质学史》）, Cambridge, Mass, 1969, pp. 198,200. 也见 Henckel，前引书，(23)，i. 110−111，123，131，以及 Louis Bourguet，*TRAITÉ DES PÉTRIFICATIONS*，2 vols.，Paris，1742，i. 53−94。Henckel 的著作初版于 1725 年。

②(Dezallier d’Argenville，) *L’HISTOIRE NATURELLE ÉCLAIRCIE DANS DEUX DE SES PARTIES PRINCIPALES*，*LA LITHOLOGIE ET LA CONCHYLIOLOGIE*，Paris，1742，pp. 156−160；该书 1757 年版的洪水附论，见 pp. xix58，66−71. 对伍德沃德的早期批评，见 Rudwick《化石之意义》(*THE MEANING OF FOSSILS*), London & New York，1971，82 — 83，93 页。1750 年以前的其他评论者包括瓦里斯内里、莫罗和布封。认为洪水有沉积作用的后来的自然主义者是莱曼和瓦勒里乌斯，后文有讨论；见第 361 页注释④和第 362 页注释③。

③John Walker，*LECTURES ON GEOLOGY*(《地质学演讲集》)(ed. by Harold W. Scott)，Chicago & London，1966，p. 181. 这些演讲看似始于 1780 年。

④Réaumur，in *MÉMOIRES DE L’ ACADÉMIE ROYALE DES SCIENCES*，1720（1722），pp. 400 −416. 整个这一世纪都经常提到 Réaumur 和 the Touraine。

de Bomare)、伯格曼（Bergman)、林奈（Linnaeus）和怀特赫斯特（Whitehurst)。其中，只有后三人明确说他们相信大洪水的历史性。但在估计它的地质作用时，他们三人观点又有所不同。林奈确实地说，他曾长期寻找大洪水的地质遗迹，但未找到。伯格曼遇到同样的困难，但总结说，短时期洪水的剧烈程度可能意味着它只移动了一些松散的、表面的沉积物。怀特赫斯特则认为：洪水之后接着出现长期的沉积过程；地壳破裂隆起，目前大陆表面的水被排走。①

林奈和怀特赫斯特的观点值得进一步考察，因为前者对科学的虔诚贯穿于他的主要工作中，而后者的巨作——至少在开头几章中——与早期自然神学家的宇宙起源论极为相似。两人都不怀疑摩西对创世和洪水的叙述基本真实，但他们探讨这两个事件的方式表明，如果不是在宇宙进化论中，那么，在地质学中，观察到的资料可以用来重新解释《圣经》，但反过来却不行。

两人都认为，地球肯定有一个开端——林奈用传统逻辑和其他材料一起支持第一推动力的存在，怀特赫斯特认为只有曾经会流动的物质才能呈现出扁圆球的形状——因此，他们继续努力，在他们所熟知的科学知识的基础上重建地球的早期历史。林奈的专业知识引导他讨论起源于一地的动植物种类何以能够实现广泛的地理分布。相反，怀特赫斯特则依据万有引力定律和选择吸引定律地球有选择的引力作用，讨论“混乱的分离”。两位学者都认为他们的解释是虔诚的、科学上可能的、未经证明的，但却基于普遍认为的最古老的书面文档以及当时的最新信息。实际上，他们的重建技术同于所有宇宙进化论学者，包括那些不以《圣经》为据的学者——我们只需想想笛卡尔和布封的体系即可。②

当林奈和怀特赫斯特从宇宙进化论转向地质学时，他们的重点发生了某种改变，因为他们不必再去推测最遥远的太古时代。但他们并未对《创世记》视而不见，毕竟洪水并非发生于“混乱”时代，而是在地球完全形成和住人后才发生的；

---

① A. G. Nathorst, “Carl von Linné as a Geologist,” *ANNUAL REPORT OF THE BOARD OF REGENTS OF THE SMITHSONIAN INSTITUTION*, 1908, pp. 713,721; Haber，前引书（4），160 页；and Desmarest, “Linné,” *ENCYCLOPÉDIE MÉTHODIQUE*：*GÉOGRAPHIE PHYSIQUE*，Paris，1795，i. 304。关于 Bergman，见 Hollis Hedberg，载于 Schneer，前引书（25），189 页。John Whitehurst《地球原貌和形成探索》(*AN INQUIRY INTO THE ORIGINAL STATE AND FORMATION OF THE EARTH*)，第二版，London，1786，58−59，118−122 页。

② 除前一注释中引用的作品之外，还可参看林奈：《宜居地球的扩展》(“On the Increase of the Habitable Earth”)，载于 *SELECT DISSERTATIONS FROM THE AMOENITATES ACADEMICAE*，F. J. Brand 译，2 vols.，London，1781，i. 71—127 页。提到笛卡尔的 Le monde，可找到多个版本和译本，还提到布封宇宙进化论的几个特征，例如，他测量炽热地球冷却速度的试验。

换句话说，洪水打断了可辨认的正常历史。因此我们应该能够找到洪水前的、洪水期间的以及洪水后的地质构成。林奈在岩层中到底要找什么似乎并不为人所知，但他承认他无力找到洪水留下的地质痕迹。他所发现的是在“一段相当长的逐渐流逝的年代”中形成的一连串的岩层。另外，他有可靠的证据证明波罗的海水位比以前的要低得多。因此波罗的海是世界性海洋的遗迹，这个大海逐渐脱离大陆，只留下了已被观察到的沉积物的累积过程。把这样一个世界性的大海和大洪水等同起来是不可能的，因为洪水既短暂又狂暴。[①]

同样的这些思考大多也困扰着怀特赫斯特，他费尽心机企图证明地球中的沉淀地壳是经过连续不断的一系列阶段而形成的。那么，洪水曾起到了什么作用呢？他巧妙地回答：洪水并非真是一场世界性的淹没，而只是对造山运动及其导致的海底盆地移动的一种比喻说法。地下力量抬高洪水前的海底，于是产生了现在的大陆和山脉（高山上于是就有了海洋化石），并将洪水前的大陆转变为现在的海底。只要不按照字面意义解释摩西的叙述，林奈就在《创世记》中找到了文字证明，怀特赫斯特则认识到地质学上的干扰可与《创世记》取得一致。[②]因而可能作出这样的结论：《圣经》提出了一个历史问题，这些人却作出了不同的回答，尽管他们一致认为积淀的形成一定出于海洋而非洪水的作用。

1767 年，“长期旅居海里”的理论据说“为古今哲学家所拥护”[③]。虽然这个评估远不真实，但这一理论却有许多值得肯定之处。它不仅为沉积提供了足够的稳定和时间，而且也能解释含有水生生物的厚实的、不间断的连续地层的出现。此外，既然这个海洋被认为是稳定地脱离大陆的，那么北欧科学家们报告说波罗的海的水位正在以某一可测量的比率下降时，这个理论似乎得到了证实。[④]

在这一世纪的大多数时间里，都能听到这个理论受到自然主义者的严肃质疑，

---

① 见前后文相关注释。林奈的措辞被引用在 F. C. Haber 的《化石与自然史中的时间进程观念》（“Fossils and the Idea of a Process of Time in Natural History”），载于 B. Glass，O. Temkin 和 W. L. Straus 编《1745—1859 年间达尔文的先驱们》（*FORERUNNERS OF DARWIN*：1745−1859），Baltimore，1968，第 242 页。

② 怀特赫斯符：《地球原貌和形成探索》（29），特别是第 131 页。

③ J. -C. Valmont de Bomare，*DICTIONNAIRE RAISONNÉ UNIVERSEL D'HISTOIRE NATURELLE*，nouv. 编，6 vols.，Paris，1767−1768，ii. 708，文章《化石》（“Fossiles”）。《大洪水》一文在 1764 年和 1767 年的两个版本，讲述把海中化石当作洪水遗物的那些学者的观点；对证据的讨论见 “Falun” “Fossiles” 和 “Terre”，这些章节讨论世界性海洋和连续变革的概念。

④ 这个理论研究的详文和对结果的不同解释，见 Desmarest，“Ferner，” *ENCYCLOPÉDIE MÉTHODIQUE*，前引书，（29），i. 133−150。比较 Wegmann，in Schneer，前引书（25），pp. 386−394，他相信，在 18 世纪，这些争论在斯堪的纳维亚以外的地方几乎没有什么影响。

这些自然主义者自己并未就比较令人满意的替代理论达成一致。一个共同论点基于罗伯特·波义尔（Robert Boyle）的发现：海面受到暴风雨袭击时，海底仍会保持平静；极度的平静就清楚地意味着海底不会形成多少积淀。[①]另一个论点类似于用来否定洪水的那个论点：在一个世界性的大海洋里，不管这个海洋持续时间有多长，沉淀物应该按照其比重下落。当一位自然主义者极力主张应该说清形成这样一个大海所需的水量时，他也想到了洪水；如果说洪水称得上奇迹的话，那么世界性海洋这个思想就需要一个自然的解释。[②]伯特兰（Elie Bertrand）问道：现代海洋中的生物分布比以前稀疏得多，海洋为何能积淀厚厚的化石层？这一问，质疑之声便增加了威力。伯特兰把种种论点加以总结后认为，说谁也不曾见过海底有何生物，只是一个搪塞问题的托词。也不可能用较长时间去解决这些两难问题。正如伯特兰所说，最古老的历史解释显示出海底盆地的位置几乎没有改变，而且为什么我们就该假设主要变化发生在史前时代，“传说中的”时代，而不是发生在有史时期？[③]

世界性海洋理论中的一个看似难以解答的问题，有助于解释为什么一些自然主义者反而采纳地球曾经历一系列“变革”的观点。“变革”在此之意和“改变”相似。这个“变革”不仅适用于地震之类剧烈事件，而且适用于海洋入侵，不论这种入侵是世界性的还是区域性的，是长时期的还是短期的。[④]在《地球理论》中，在专题论文及科学手册中，这种解释一个多世纪以来司空见惯。从莱布尼兹到居维叶如此长的一队思想家中，很难指望他们会在这些变革的性质或洪水的影响方面达成一致。

---

①波义尔的小册子《关于海底的叙述》（*DE FUNDO MARIS*）1670 年用英语和拉丁语首次出版。很多作者提到这本书，有些或许基于 L. F. Marsigli 的著名研究中的概要，见 *HISTOIRE PHYSIQUE DE LA MER*, Amsterdam, 1725, pp. 1, 48。Marsigli 未能在海底水流方面得出结论，这个问题后来在 Telliamed 中得到讨论，前引书，(11)，特别是 60－69 页。

②A. L. Moro, *DE'CROSTACEI E DEGLI ALTRI MARINI CORPI CHE SI TRUOVANO SU'MONTI*, Venice, 1740, pp. 15－23,, 142－155. Also, J. G. Wallerius, *MINERALOGIE*（d' Holbach 译）, 2 vols., Paris, 1753, i. 139.

③Elie Bertrand, *MEMOIRES SUR LA STRUCTURE INTERIEURE DE LA TERRE*, Zurich, 1752, pp. 23－31,50－51,56－57,64－66.

④关于并非庞大意义上的“变革”（revolutions）一词的早期使用，见 Fontenelle，载于 *HISTOIRE DE L' ACADÉMIE ROYALE DES SCIENCES*, 1718（1719），第 5 页。也见 Roger，前引书，(16)，270 页注释 10，以及“Révolutions de la terre”，*ENCYCLOPIDIE*，前引书，(10)，1765，xiv. 237－238 页。感谢 Henry Guerlac 教授提醒我注意到最后这本书。“变革”主要用在英语和法语中，其他语言中共有的对应词并无“暴力”含义：Veränderung、mutatio、mutazione。

这个世纪之初，瓦里斯内里（Antonio Vallisneri）对变革概念进行了一种哲学辩护。他宣称：世界遵循着“普通的自然法则”，没必要求助于非常事件。这个世界一再被这个出色的笛卡尔主义者称作“机器”。实际上，我们应该能够“不以暴力、不以虚构、不以假说、不以奇迹”来解释自然现象。因此对于瓦里斯内里来说，比洪水“更可能、更简单及更自然”的解释是一系列“地方性洪水”在“许多世纪连续性地”发生。①像瓦里斯内里一样，其他自然主义者也觉得，强调自然法则的同一律和利用一系列不可预测的地质骤变，在哲学上并没有矛盾。的确如此，通常所说，作为自然的正常的一部分，过去与现在都一样，便是发生诸如洪水、地震、山崩、火山喷发等事件。说过去发生的灾难比现在的更为猛烈，在哲学上似乎也并不矛盾，并不仅仅因为据说地壳的某些部分还没固定时这很有可能发生，而且还因为可以认为这类剧变不论多么巨大、多么不可预测，都能够利用已知的物理法则和化学法则加以解释。②

“变革”被证明是一种最灵活多变的解释手段。如果没有某种“变革”，人们怎么能够解释西伯利亚和北美的象骨似的遗骨呢？同理，一些学者认为，现在只在印度洋或加勒比海发现的化石却被搬到了欧洲，这得归因于一场变革。古怪巨石的出现通常也被说成是某种剧变的结果。这个世纪晚期，沃纳（A. G. Werner）的理论在这类理论中最为灵活，因为他将变革与世界性海洋的理论联系起来。通过假设动荡期和宁静期的交替，沃纳既能解释水平积淀的产生，也能解释地层中的干扰证据。③

关于洪水的作用，利用“变革说”的自然主义者之间有尖锐的分歧：洪水是这些剧变之一吗？如果是，它有什么样的地质影响？莱曼（Lehmann）和瓦勒里乌斯（Wallerius）认为，洪水的独特之处在于它的世界性，在于它积淀为沉积地壳；但是更早的和更晚的变革在产生目前的地层排列中，也发挥了某种作用。④另一方面，18 世纪 70 年代的阿杜诺（Arduino）和帕拉斯（Pallas）似乎不能确

---

① Vallisneri，*DE' CORPI MARINI*，*CHE SU' MONTI SI TROVANO*，2nd ed.，Venice，1728，pp. 34，35，41，47，73.

② R. Hooykaas，*NATURAL LAW AND DIVINE MIRACLE*：*THE PRINCIPLE OF UNIFORMITY IN GEOLOGY*，*BIOLOGY AND THEOLOGY*（《自然法则与神的奇迹——地质学、生物学和神学中的一致性原则》），Leiden，1963，pp. 4–17. 也见 Desmarest，载于 *ENCYCLOPÉDIE MÉTHODIQUE*，前引书（29），i. 417，and iii. 197，书中他在无序的“动荡”和已知原因造成的有序的“变革”之间作出了区分。

③ A. G. Werner，*SHORT CLASSIFICATION AND DESCRIPTION OF THE VARIOUS ROCKS*（《多种岩石的简短分类和描述》），A. Ospovat 译并撰写前言，New York，1971，pp. 17–24.

④ Lehmann，前引书，（23），特别是 iii. 192–198，和 John C. Greene《亚当之死》（*THE DEATH OF ADAM*），New York，1961，pp. 67–72. Wallerius，前引书，（36），ii. 123.

定洪水有可辨识的影响。就算帕拉斯禁不住用洪水来解释大型哺乳动物的埋葬，但他和阿杜诺更愿意说地球目前的这种状态起源于火山和地下力量连续不断的作用，以及洪水或数次海水入侵的作用。[①]瓦里斯内里、莫罗（Moro）和德斯马雷斯特（Desmarest）是各种洪水理论的批评者，他们更愿意把洪水看成一个奇迹，并发展了他们自己关于地区性“变革”的理论。[②]

在这一系列观点中，对洪水的所有描写中有一个特征其实是共同的：都背离对《创世记》的字面解释。就连瓦勒里乌斯和莱曼——与别人不同，他俩认为洪水在产生沉积地层的过程中起重要作用——也觉得应该指出，在洪水期间，狂暴期与平静期无疑会产生不同影响。瓦勒里乌斯还暗示“水的退却也许会需要几个世纪”才能完成。[③]确实，他们的理论让人想起沃纳后期的非洪水的、逐渐变小的世界性海洋的说法。然而更为普遍的是运用洪水来解释陆地物种的灭绝，解释外来物种——包括水生物种和陆生物种——为何被运送到它们活着时从未生活过的地方。尤其是关于大型哺乳动物，有人认为它们一定死于灾变，因为只有快速埋葬才能使其尸体免于腐败，只有突发性的灾难才能使它们无法迁移，逃脱当地的剧变或不利的气候变化。如果说水生生物灭绝的情形还不是很清楚，陆生生物的灭绝情况可能少些疑问，尽管物种识别还不是很准确。居维叶在处理后一个问题时，就像他的那些年长同辈一样，立刻意识到了这个问题对地质学理论研究极端重要。[④]

---

① 引自 P. S. Pallas，*OBSERVATIONS SUR LA FORMATION DES MONTAGNES ET LES CHANGEMENS ARRIVÉS AU GLOBE*，St. Petersburg，1777，pp. 35−36. 见 Greene，前引书（42），pp. 80−81. G. Arduino，“Saggio fisico-mineralogico di lythogonia，e orognosia，” *ATTI DELL' ACCADEMIA DELLE SCIENZE DI SIENA*，1774，5，254 页。重印于 Arduino，*RACCOLTA DI MEMORIE*，Venice，1775，1778 年译为德文。

② Vallisneri，前引书，(39)，49，76，83−84 页；Moro，前引书.（36），426−432 页；和德斯马雷斯特，载于 *ENCYCLOPÉDIE MÉTHODIQUE*，前引书，(29)，iii. 197−198，606−615，618−632 页。

③ Lehmann，前引书.（23），iii. 284−292，297ff，314−315. Wallerius，*DE L' ORIGINE DU MONDE ET DE LA TERRE EN PARTICULIER*，Warsaw，1780，354−357 页。

④ 比较居维叶早期说法，“Notice sur le squelette d' une très-grande espèce de quadrupède inconnue jusqu'à présent，trouvé au Paraguay，” *MAGASIN ENCYLOPÉDIQUE*，1796，1,310；and Rudwick，前引书，(26)，第三章。水生无脊椎动物的例子因识别和分类而变得复杂，但也有人认为看似已灭绝的形态可能仍然生活在尚未探索的海洋深处。搜集这方面证据的罕见工作之一，见 F. X. Burtin，“Response a la question physique，proposée par la Société de Teyler，sur les revolutions generales，qu' a subies la surface de la terre，et sur l'ancienneté de notre globe，” Verhandelingen，uitgegeeven door Teyler's tweede genootschap，Haarlem，1790，viii。他得出结论说，大量灭绝的无脊椎动物证明，至少发生了一次灾变。也见 Blumenbach，前引书，(24)，pp. 283−286，他的 *MANUEL D'HISTOIRE NATURELLE*，Soulange Artaud 译，2 vols.，Metz，1803，ii. 148−149，以及 Héron de Villefosse 撰写的他的一部著作的概要，载于 *JOURNAL DES MINES*，1804，16，5—36 页。

几位自然主义者相信洪水可能导致（例如）西伯利亚猛犸象被运送、被埋葬，因为洪水突然、狂暴，离现在又不很遥远，正符合所需特征。如上所述，帕拉斯就是他们中的一员。其他作家则没有那么确信，但如其中一位所说，适合的解释确乎是一场洪灾或类似灾变。①

通过这一系列的海洋、洪水和剧变，我们可以稳妥地得出几个结论。第一，洪水的地位被降低，不是降低为一种传说，而是降低为一系列自然灾难中的一种。怀疑或摒弃洪水可能造成的影响的那些作家通常并不否定其历史性，而强调地区剧变的那些作家通常也不会把洪水降为地区灾难。简言之，世界性洪水通常被认为是历史事实，但科学证据却不能就这个事件的地质学意义达成一致。另外，有关洪水及其影响的描述——瓦勒里乌斯可能的世纪，怀特赫斯特的造山运动，伯格曼的松土移动论，柯万（Kirwan）的外来物种运送——表明，地质学家们多么彻底地抛弃了关于成双成对的动物的那则起源故事。

说到这里，人们完全可以怀疑究竟为何还要利用洪水。物理学都已经不再求助于《圣经》了，地质学为何还要求助于它？为何不像仅有的少数几个地质学家那样，满足于瓦勒里乌斯的论点——赞成使用"更为合理，更简单，更自然"的解释？若使用《圣经》就必须修改文本的含义，那么不要尝试去使用会不会更明智一些呢？

这些问题可能会有许多答案，但有一种可能的答案一定要放弃，那就是认为地质学家们囿于正统。的确，关于洪水的种种地质学解释提供了更多的证据证明，并不存在科学家必须固守的、标准的《圣经》注解。从这一问题的积极方面看，值得记住那个古老而普通的假设：宗教真理和科学真理不会互相矛盾。正如伽利略老早就说过，研究自然就为我们提供"过硬"信息，而《圣经》晦涩难懂是出了名的；然而，如果我们在科学事实的基础上来诠释《圣经》，我们会发现这两种资料来源协调一致。②除了少数几个自然主义者认为洪水是个奇迹而将其搁置一旁之外，绝大多数作者似乎跟伽利略观点相同。既然据说如此多的理论都和

---

① J. F. Esper，*DESCRIPTION DES ZOOLITHES NOUVELLEMENT DECOUVERTES D' ANIMAUX QUADRUPEDES INCONNUS ET DES CAVERNES QUI LES RONFERMENT*，J. G. Isenflamm 译，Nuremberg，1774，特别是 81 页。关于 Pallas，见前文相关注释。对灭绝问题的精彩讨论，重点是大的四足动物，见 Greene，前引书（42），第四章。探讨晚近的灾变是否即为洪水的科学家，例见 Leroy Page，载于 Schneer，前引书，（25），267 页及各处。

② 伽利略：《给大公爵夫人克里斯蒂娜的信》（"Letter to the Grand Duchess Christina"），载于《伽利略的发现和观点》（*DISCOVERIES AND OPINIONS OF GALILEO*），Stillman Drake 译、作序、作注，New York，1957，第 175—216 页。

《圣经》协调一致，那么很有可能这些原理主要基于地质学证据，《圣经》于是得到恰当的再解释。

比这种调和《创世记》与地质学的普遍愿望更重要的，大概是理查德·柯万所阐述的方法论原则：

> 实际上，过去的地质学事实具有历史性，仅从现有结果而摒弃无懈可击的证据，就想演绎关于事实的全部知识的所有努力，必定荒谬，就像仅从纪念章或其他纪念碑而摒弃李维（Livy）、塞勒斯特（Sallust）和塔西佗（Tacitus），从而推断古罗马史的所有努力一样荒谬。[①]

柯万头脑中的证据也就是摩西的证据，这个证据得到其他古代传说的确认。不论在法国革命期间面对"道德败坏、信仰沦丧"的猖獗时是一个多么坚定的《创世记》捍卫者，柯万都既没将摩西描绘为先知，也没把他描绘成科学家，而是把他描绘成历史学家。古代传说的解释在18世纪是一门引起热切关注的学科。不仅如此，柯万关于纪念碑仅能提供不完全的知识的观点也是争论了几十年的话题。这两个观点都值得进一步讨论，在此只能简单谈谈。

本世纪初，职业的历史学家已解决了古代传说和口头传统的可信性问题。他们得出结论说，传说能够——粗略地，如果不是详细地——准确传播任何大的、戏剧性的、涉及公众的事件；当根本相同的事件进入许多民族的明显独立的传统中，一种纯粹的历史的可能性就变成一个事实上的必然。[②]这类评论对洪水完全适用。如果地质学家们花大气力比较古代洪水传说，抛弃一些细节，对另一些细节加以重新解释，实际上他们已可算得上十分"现代"了。而且，他们能将古代文本与自然证据结合在一起，就已令人羡慕。

还是在本世纪初，一些职业历史学家已经争论过，与柯万所指"纪念章或其他纪念碑"相比，一个人对古代文本可以相信到何种程度这个问题。认为"纪念碑"比文本更可靠的那部分人至少是暂时获胜了。的确，最好是将"纪念碑"与其他（书面）证据相联系。但如果文本根本就不存在，该怎么办？方坦奈尔（Fon-

---

① Kirwan，*GEOLOGICAL ESSAYS*（《地质学论文》），London，1799，p. 5；及 pp. 5-6，54-86.

② 见 Pouilly and Fréret 的文章，载于 *MEMOIRES DE LITTERATURE TIREZ DES REGISTRES DE L'ACADEMIE ROYALE DES INSCRIPTIONS ET BELLES LETTRES*，Paris，1729，6，特别是 153，156，71—114 页。也见 Manuel，前引书，(15)，及各处；Lionel Gossman，《中世纪精神与启蒙运动的意识形态：La Curne de Sainte-Palaye 的世界和工作》（*MEDIEVALISM AND THE IDEOLOGIES OF THE ENLIGHTENMENT*：*THE WORLD AND WORK OF LA CURNE DE SAINTE-PALAYE*），Baltimore, 1968, pp. 153-157；以及 Rénee Simon，"Nicolas Fréret，académicien，" *STUDIES ON VOLTAIRE AND THE EIGHTEENTH CENTURY*（《对伏尔泰与十八世纪的研究》），1961，17，120-130.

tenelle）能自豪地宣布地质学家们掌握着“由自然本身之手所书写的历史”，不过，当“自然本身”能够得到人类见证的补充时，地质学家们常常就会感到更为心安理得。[①]譬如，莱曼对于“我们缺少历史纪念碑”的洪水前的地质变迁的性质和内容，就不肯爽快地发表评论。德斯马雷斯特认为，在试图解释岩石时，地质学家竟然会“求助于历史上所提到的最猛烈、最大范围的灾变”，这简直让人无法理解。正如一位作者所言，如果我们不用洪水来解释哺乳动物的掩埋问题，而又“不能依赖历史”，我们就只得去假设另一种诸如此类的灾变。[②]

因此，对地质学家而言，有三种选择：一是运用已有的历史文本；二是重建被牛顿指责得一无是处的那些“假说”；三是像布鲁门巴赫或居维叶一样，在推测与作为“一门实证科学”的地质学之间努力加以区别。

---

①Fontenelle，见 *HISTOIRE DE L'ACADÉMIE ROYALE DES SCIENCES*，1722（1724），p. 4. 关于“纪念碑”问题，见 Arnaldo Momigliano 的重要文章《古代史与古文物研究者》（“Ancient History and the Antiquarian”），*JOURNAL OF THE WARBURG AND COURTAULD INSTITUTES*，1950，13，285−315；重印于 Momigliano 的两本文集中：《历史编纂学研究》（*STUDIES IN HISTORIOGRAPHY*），New York，1966，1−39 页，和 *CONTRIBUTO ALLA STORIA DEGLI STUDI CLASSICI*，Rome，1955，67−106 页。

②Esper，前引书，（47），p. 81. Lehmann，前引书，（23），iii. 192. Desmarest，载于 *ENCYCLOPÉDIE MÉTHODIQUE*，前引书，（29），iii. 606。

查尔斯·莱尔和挪亚洪水[①]

詹姆斯·R. 穆尔

编者按:

场景转到 19 世纪的英格兰，中心是由地质学先驱查尔斯·莱尔（Charles Lyell）引起的争论。查尔斯爵士（1797—1875）是现代地质学的创建者之一，始新世、中新世、上新世分类命名很大程度上是由他倡导的,这是建立在现代贝类物种和已灭绝贝类物种的比例上的地层学的区分。

笃信宗教的地质学家过去确实难以接受——今天有些人仍然确实难以接受——《创世记》与地质研究结果同等有效，这一点似乎没有疑问。一个人能够使他自己的宗教信仰和他的科学猜想截然分开吗？或者，他必须在二者之中作出选择吗？或者它们可以成功地调和在一起吗？对于固守《圣经》的原教主义读物（将其作为绝对的字面意义的真理）的那些人来说，这些仍然还是纠缠不休的问题。通常，如果他们的宗教信念特别强，科学就被简单地认为是一系列未经证实的假想而放弃。在这种观点中，进化是一种可供选择的理论，而不是一个证明了的事实。大部分生物学家和古生物学家不能接受这种观点，因为他们声称已证实了大量有机体的进化过程。在由英格兰开放大学科学技术史的讲师詹姆斯·R. 穆尔（James R. Moore）所写的这篇论文的结尾，我们看到对 20 世纪出版的著作的多次引用，而且我们认识到，在持续了数个世纪且仍在进行的争论中，洪水仍然是一个关键问题。

有关水成论者——他们信奉地质状况主要是洪水造成的(他们鼓吹

① James R. Moore:《查尔斯·莱尔和挪亚洪水》("Charles Lyell and the Noachian Deluge")。征得 Paternoster Press, Exeter, England 同意，重印自 *EVANGELICAL QUARTERLY* 1973 年第 45 期，第 141—160 页。

字面的、历史上实有的洪水）与火成论者——他们与水成论者相反，相信关键的因素不是水，而是火或火山活动，这两个学派之间的斗争的叙述，见科林·罗素（Colin Russell）的《挪亚的洪水：挪亚和水成论者》（*"Noah's Flood: Noah and the Neptunists"*），载《信仰和思想》（*Faith and Thought*）（1972－1973）第100期，第143—158页。也许对这场争论最全面的评论是查尔斯·高斯顿·吉里斯皮（Charles Coulston Gillispie）的《创世记和地质学——1790—1850年大不列颠的科学思想、自然神学和社会观念三者关系的研究》（*Genesis and Geology: A Study in the Relations of Scientific Thought, Natural Theology, and Social Opinion in Great Britain, 1790－1850*（纽约，1959）。

基督教科学家和神学家常常听凭历史受他们的思想的谴责。对他们来说，《圣经》启示的明显真理所关心的主要现代问题常常是已被长久搁置的问题。他们很晚才认识到，他们辛苦的争论和匆忙写成的小册子，差不多仍旧是已有争论结果或已被否定的那些问题的热闹再现。这是不可原谅的。他们本来应该知道，如果没有历史常识，人们会重复使他们的祖先名誉扫地的那些错误，这不仅可能，而且是不可避免的。由于"人类是有罪恶的"，除非他们对当代科学和神学的关系保持一种清醒的历史观点，否则，就连20世纪福音派的信徒们也可能追随这不光彩的传统。进一步说，如果没有这种观点，他们肯定不能享用凭借解释而仍然吸引他们的那些争论所作出的重要贡献。

本研究意在介绍这位"均变论的高级牧师"、他的著作在神学界引起的洪水狂热，以及19世纪神学学术研究中的调和努力。本文提供的教训至少有两个。考虑到"不光彩的传统"，为了理解重复的行为和纠正它们，我认为攻击精深科学的教条主义神学的戏剧性表演很值得深思。而且，因为《创世记》洪水和均变论哲学最近在一些福音派的信徒们中争论热烈，我想，就与《圣经》教义的调和来理解查尔斯·莱尔的创新工作，也许可以阐明这个有些过时的争论的技术方面。

确定背景

在17和18世纪，对与挪亚洪水相关的问题，关心其普遍性胜于关心其历史性。旧大陆一些动物在美洲的缺失和新品种在美洲的出现，引起了一个问题（即，动物们如何找到离开亚拉腊山而来这里的道路？）。这类复杂情形，加上洪水所需水量不足这个障碍，迫使一些学者提出一个“地区性洪水”的理论。[①]那些持有普遍（洪水）观念的人立刻作出回应，提出地球理论来解释地球的构成，并且不依赖奇迹造水而解释洪水的水源。帕特里克·科伯恩（Patrick Cockburn）的《关于摩西洪水的真实性和确凿性的调查》和亚历山大·卡特科特（Alexander Catcott）的《一篇关于洪水的论文》，再加上伯内特（Burnet）、惠斯顿（Whiston）和伍德沃德（Woodward）的理论，[②]“成功地建立起几十年的正统教义观，认为挪亚洪水在规模上是世界性的而不是区域性的”[③]。实际上，这种教义比解释洪水水源和地球构成的特殊理论还要经久。[④]

到了19世纪，对地质学的洪水理论的新一股热情席卷欧洲。化石、含化石的岩石层以及地球的主要地质构造都被认为是世界性洪水的结果。[⑤]但是在渐渐深入研究的过程中，地质科学开始取代安乐椅上空想的地球理论，地质学家坦率地怀疑《创世记》中的洪水被过分渲染了。他们不相信一年的洪水淹没能够完成分配给它的地球运动这个任务。

在第二次猜测地质构造的机械作用的过程中，出现了一场激烈的争论。以亚伯拉罕·哥特罗布·沃纳（Abraham Gottlob Werner）为首的水成论者，与詹姆斯·赫

---

① Edward Stillingfleet, *ORIGINES SACRAE: OR A RATIONAL ACCOUNT OF THE GROUNDS OF NATURAL AND REVEAL'D RELIGION*（《神圣起源：或自然宗教与天启宗教的基础的合理解释》），London: 1697; and Bishop Robert Clayton, *A VINDICATION OF THE HISTORIES OF THE OLD AND NEW TESTAMENT IN ANSWER TO THE OBJECTIONS OF THE LATE LORD BOLINGBROKE*（《为〈旧约圣经〉和〈新约圣经〉中的历史辩护——答已故勋爵博林布鲁克》），Dublin: 1752. 更早对洪水的解释是通过详尽文献进行讨论的，见 Jack P. Lewis，*A STUDY OF THE INTERPRETATION OF NOAH AND THE FLOOD IN JEWISH AND CHRISTIAN LZTEARTURE*（《关于犹太教和基督教文献中挪亚和洪水的解释的研究》），Leiden：E. J. Brill，1968；还见于 D. C. Allen，*THE LEGEND OF NOAH*（《挪亚传说》），Urbana，Illinois：University of Illinois Press，1949）。二书分别涉及来自《旧约》伪经和教父模拟《圣经》而写成的作品，以及中世纪的文献。

② Thomas Burnet, *A SACRED THEORY OF THE EARTH*（《地球的神圣理论》），2 vols.; London: 1722; William Whiston, *A NEW THEORY OF THE EARTH*（《新地球理论》），Cambridge: 1708; and John Woodward，*AN ESSAY TOWARD A NATURAL HISTORY OF THE EARTH*（《论地球的自然史》），London: 1695.

③ Katharine Brownell Collier，*COSMOGONIES OF OUR FATHERS*（《我们祖先的宇宙进化论》），New York: Columbia University Press，1934），p. 241.

④ Katharine Brownell Collier, *COSMOGONIES OF OUR FATHERS*（《我们祖先的宇宙进化论》），pp. 229—230,241.

⑤ Henry M. Morris and John C. Whitcomb，Jr.，*THE GENESIS FLOOD*（《〈创世记〉中的洪水》），Grand Rapids，Michigan: Baker Book House，1966，p. 91.

顿（James Hutton）的追随者们所组成的火山论者（火成论者），争着在洪水之外解释地质现象。[①]前者认为所有岩石构成都是由太古的、含矿物的海洋积淀而成的，当海水退去，露出今天的大陆。但是这种理论是“室内理论探讨远比田野研究流行”的时代的产物。[②]沃纳的结论建立在少得可怜的归纳基础上，这种归纳仅仅来自他在德国近邻处所作的观察。在从特殊到一般的转换过程中，他大多依靠想象。

相比之下，詹姆斯·赫顿在 1795 年快满 70 岁时出版的《地球理论》，则是一部基于毕生的广泛的田野观察的成熟著作。他不赞成洪水论或者矿物沉淀论，而对地质现象提出了虽不正统但却合理的解释。

> 他认为地壳里的动力造成张力和压力，这种张力和压力经过一定时间从海底抬升出新陆地，尽管这时其他露出的地表还处于侵蚀过程中。根本没有发生过世界性洪水。在长期被当作世界性洪水证据的、大陆上掩埋的贝壳层中，只能观察到沉陷和新隆起的迹象，这些沉陷和新隆起是世界永远年轻的部分表象。[③]

这儿的关键词是“时间”。赫顿认为，以他观察到的速度形成地壳的、他观察到的那些自然力，只有通过许多千年的作用才能产生出观察到的那些地质构成。

赫顿的朋友约翰·普莱费尔（John Playfair），认为此书不会好卖，因为写作风格呆板难懂。1802 年，他在一本题为《赫顿理论的说明》一书中阐释赫顿的著作。索恩伯里（Thornbury）在 1954 年出版的《地貌学原理》一书中强调了这几本书。

> 概念之一，现今起作用的物理过程和物理定律在整个地质时代都起作用，尽管强度跟现在不一定相同。
>
> 这是现代地质学最根本的原则，被称为均变论原则。它是赫顿在 1785 年首先提出的，普莱费尔在 1802 年重新进行了出色的阐述，莱尔《地质学原理》的多个版本又使它得到推广普及。

---

① Chester R. Longwell, “Geology”（《地质学》）, in L. L. Woodruff ed. *THE DEVELOPMENT OF THE SCIENCES*（《科学的发展》）, New Haven, Connecticut: Yale University Press, 1941, pp. 158－163. 详细讨论见 Frank Dawson Adams，*THE BIRTH AND DEVELOPMENT OF THE GEOLOGICAL SCIENCES*（《地质科学的诞生和发展》），重印版；New York：Dover Publications，1954），pp. 238ff.

② Longwell：《地质学》，第 161 页。

③ Loren Eisley, *DARWIN'S CENTURY*（《达尔文的世纪》），ANCHOR BOOKS（Garden City, New York: Doubleday & Company, 1958），p. 71. cf. Stephen Toulmin and June Goodfield, *THE DISCOVERY OF TIME*（《时间的发现》），London: Hutchison, 1965, passim.

没有这条均变论原则，就很难有超越纯粹描述的地质学。[①]

赫顿对过多时间的假定激怒了宗教正统。在他们的思想中，如果有什么事是确定的，那就是地球的历史至多不超过6000年。厄谢尔（Ussher）主教的“标准年代”一定要加以广泛宣传，因为他们认为这是从《圣经》中正确推断出来的。幸亏乔治·居维叶，他们才能对赫顿均变论的时间表提出在当时看来无法回答的批评。居维叶假设了一系列水灾，以解释主要岩层。其中的最后一次水灾，即挪亚洪水，被用来解释最上层的表面的化石沉积。[②]神学家们很容易在《创世记》1：1中最初的宇宙创造和六日叙述所描写的恢复之间，为居维叶的灾变找到时间。或者，根据另一种观点，用来创世的日子被认为是居维叶的灾变所打断的有机体发展的时代（然而这种观点通常被认为是异端的）。这些理论得到广泛称赞，尤其是在英国地质学的领头人塞奇威克（Sedgwick）、默奇森（Murchison）和巴克兰（Buckland）当中得到称赞。

牛津大学地质学教授威廉·巴克兰是一名杰出教师，一名虔诚的基督徒，也是查尔斯·莱尔之前英国最伟大的地质学家。巴克兰确实发现了许多重要的地质事实，这些地质事实被认为完全符合居维叶的多次灾变论。他和居维叶一样，坚持认为主要岩层乃至事实上所有化石的存在，都是由于古时发生了一系列灾难。他把近些年来河流积淀下来的表层岩石和骨块称为“冲击层”。“冲击层”这个名称用来指骨头，比如他发现混乱地堆积在约克郡一个洞穴中的象骨、虎骨以及其他不常见的热带动物骨。他将冲击层作为世界性洪水直接而又无可辩驳的证据。

巴克兰在牛津大学就职演讲中宣布了他的理论。1823年，又因其著作《化石冲积层》中发表了这个理论而赢得声誉。“他的论著尽管前提错误，但有很高的科学水准，因此他不但在英国，也在欧洲和美洲的地质学家以及非地质学家的思想中牢固地确立了洪水的实在性。”[③]在法国，居维叶愉快地接纳了巴克兰的结论，并于1826年写道，巴克兰的结论“现在在地质学家心目中已为判断力提供了最

---

① William Thornbury, *PRINCIPLES OF GEOMORPHOLOGY*（《地貌学原理》）, New York: John Wiley & Sons, 1954), pp. 16−17.

② Morris and Whitcomb, *THE GENESIS FLOOD*（《〈创世记〉中的洪水》）, p. 92. 居维叶自己表述的观点，见 Charles C. Gillespie 对 *RECHERCHES SUR LES OSSEMENS FOSSILES* 一书的翻译，I, 8−9, 见 *GENESIS AND GEOLOGY*（《〈创世记〉与地质学》）, Cambridge, Massachusetts: Harvard University Press, 1951, pp. 99−100。

③ Francis H. Haber, *THE AGE OF THE WORLD: MOSES TO DARWIN*（《世界的时代：从摩西到达尔文》）, Baltimore, Maryland: The Johns Hopkins Press, 1959, p. 211.

充足的证据，证实地球的多次灾难中最后到来的广泛淹没（挪亚洪水）”[①]。神学家们认为化石洪积层（Reliquiae Diluvianae）是摩西证据的一个伟大的学术胜利，于是世界性洪水的信念比以往更加牢固地树立起来了。

倡导者

在托马斯·赫胥黎（Thomas Huxley）关于他所在世纪的二三十年代的嘲讽似的回忆中，留下了大量的真实情况：

> 当时，地质学家和生物学家如果找不到被挪亚和他的方舟堵塞的道路，就不会始终遵循任何一种探索路线……在这个国度，一个人如果存在怀疑洪水或《摩西五经》中的任何历史的某种嫌疑，就是一件严重的事情。[②]

查尔斯·莱尔的爱探索的头脑进入这个相当使人愚钝的气氛中。在成长中，莱尔对自然表现出非同一般的感兴趣。从开始阅读贝克韦尔（Bakewell）的《地质学》那一天起，他就因地质研究而闻名。因此，在后来的生活中，他毅然离开法律学校和很有希望赚钱的职业，跟从威廉·巴克兰学习，并对詹姆斯·赫顿的理论倾注了极大的心血，看起来就有必然性了。在他的地质教育过程中，他在英国和欧洲大陆广泛游历，每到一个地方就搜集岩石和化石，还对地层情况做了详细的笔记。最后，莱尔“具备正反两方的丰富知识，成了一个笃信的均变论者”[③]。1829年，他划时代的三卷本巨著《地质学原理》的第一卷出版前的六个月，他在给朋友的一封信中略述了他的思想：

> 我的著作已写成了一部分，全都计划好了。我并不敢对地质学方面的所有知识进行哪怕是概括性的介绍，但本书会努力建立起科学上的“推理原则”，我所有的地质学知识都将用来阐明我对这些原则的看法，

---

① Georges Cuvier, *DISCOURS SUR LES RÉVOLUTIONS DE LA SURFACE DU GLOBE*（3rd ed.: Paris 1836）, p. 133, cited by Morris and Whitcomb, *THE GENESIS FLOOD*, p. 94.

②《教会之光与科学之光》（“The Lights of the Church and the Light of Science”）, *NINETEENTH CENTURY*, 1890年7月，第5页。吉莱斯皮（Gillespie）评论说，这篇文章是对“1830年以后的洪水影响和一般的神学愚民政策的极具色彩的叙述”（*GENESIS AND GEOLOGY*，第234页）。该文因其观点和所引资料而非常宝贵。

③ Sir Edward Battersby Bailey, *CHARLES LYELL*（《查尔斯·莱尔》）, Garden City, New York: Doubleday & Co., 1963, p. 85.

都将作为证据去加强只有在接受这些原则后才会产生的体系。如你所知，这些原则不多不少恰好是：从可追溯的最早时候到目前，除了**现在正起作用的动因**之外，**没有什么动因起过作用**，而且，这些动因从未以与它们现在发挥的能量不同的能量起作用。①

莱尔这部巨著的主旨在附标题中已概括出："一种尝试：参考现在起作用的动因，解释地表以往的变化"。

然而，还应顺便指出，莱尔是时代的产物。当时渗透在科学思想中的教条的自然主义，在他的《地质学原理》中得到充分证实和肯定。他断定"道德和精神世界的谜最后却取决于固定不变的法则"，"哲学家最后终于相信的第二动因的坚定不移的一致性，并且判定传达给他的对以往事件进行解释的可能性，他还因为从前时代的传奇故事与开明时代的经验不符，就将其否定"②。此外，（在其观念的形成时期）作为一个反达尔文主义者，面对这样一种世界观，还不存在使他不得不接受的理由去放弃宗教。托马斯·本尼（Thomas Bonney）指出，莱尔是英格兰教会的一个成员，尽管他对教会音乐和教会建筑的迷恋超过教义。因此莱尔不明白为什么科学调查会招致教会的非难。

他的头脑本质上并不教条；感觉到在不适用普通验证方法的那些问题上不可能得到确定性，他就避免推测……然而，一旦无从证明，他就愿意相信……他继续工作，静静地相信诚心追求真理的人不会迷路。③

莱尔的著作集中体现了他关于理智和精神的观点。任何一个读过他的《地质学原理》的人都会同意安德鲁·迪克逊·怀特（Andrew Dickson White）。怀特说，"他是如此小心谨慎"。《地质学原理》仅仅是对那时他和其他人的主要发现进行有理有据的叙述。然后根据他所接受的法律训练，引入清晰、有说服力的逻辑，将事

---

① 莱尔夫人：《查尔斯·莱尔爵士的生活、书信和日记》（*LIEF, LETTERS AND JOURNALS OF SIR CHARLES LYELL*），2 vols.；London：John Murray，1881，I，第 234 页。

②《地质学原理》（*PRINCIPLES OF GEOLOGY*, 3 vols.; London: John Murray, 1830−1834），I，第 76 页。注意，这个观点和大卫·休谟在《人类理解力研究》（*ENQUIRY CONCERNING HUMAN UNDERSTANDING*, sec. x, pt. 1）中的观点极为相似。Gillespie 总结说："均变论的假设就是乐观的唯物论的假设……莱尔的假说可能是无理的，但它为科学进步开辟了道路。"（《〈创世记〉与地质学》，*GENESIS AND GEOLOGY*，第 135 页）。

③ *CHARLES LYELL AND MODERN GEOLOGY*（《查尔斯·莱尔与当代地质学》），New York：Cassell and Co.， 1895, p. 212. 比较 A. P. Stanley《在查尔斯·莱尔爵士葬礼上的讲话》（"Funeral Sermon on Sir Charles Lyell"），见 A. O. J. Cockshut 编《十九世纪的宗教辩论》（*RELIGIOUS CONTROVERSIES OF THE NINETEENTH CENTURY*），Lincoln，Ned.：University of Nebraska Press，1966 年，重印自斯坦利《特殊场合下的讲话》（Sermons on Special Occasions）。

实联系在一起，以阐明他的均变论原则。[①]

莱尔一定痛苦地意识到挪亚洪水是他的思想得以传播和接受的主要阻碍，“他只用一段话公开驳斥洪水……通常他更喜欢消除洪水的影响，顺便展开他自己的更大解释”。[②]他说：

> 对我们本身而言，如果我们打算在严格意义上承认洪水的普遍性，那么，无论是就用来产生洪水的第二动因而言，还是就很可能由它所产生的影响而言，我们总是把洪水视为一种哲学研究够不着的超自然事件。[③]

带着一种典型的保留姿态，莱尔反而提出一种与灾变论地质学截然相反的洪水解释：

> 一些作者的观点是，在摩西洪水时代地球表面并未经历巨大变化，即使对《圣经》叙事作最严格的解释，也不能确保我们找到**灾难的任何地质标记**。[④]

看起来莱尔首先为他的洪水观提供了一个哲学理由，我们还是不能轻易同意这种观点对于他的“更大的（均变论）解释”的展开只有“顺便”作用。有了他的均变论学说，他一定发现了在地质上就必须把洪水的影响减少到最小。事实上，“消除洪水的影响”对他来说意味着世界性洪水是一个过于平静的现象，以至于不能留下任何可观察到的地质影响。莱尔甚至努力表明《圣经》本身允许这种解释：他坚持认为“在摩西的叙述中，没有词语指明洪水上升或退却时汹涌澎湃，也没有词语提到雨把人困住、风掠过地面”。带着一丝嘲讽，他表明了“洪水消退时橄榄枝并未倒伏这样一个如此显著的事实”。[⑤]莱尔的著作一出版，人们所称的

---

① *A HISTORY OF THE WARFARE OF SCIENCE WITH THEOLOGY IN CHRISTENDOM*（《基督教世界中科学与神学斗争史》），2 vols.，重印版，New York：Dover Publications，1960，I，232。此后简称为《科学与神学斗争》（*WARFARE OF SCIENCE WITH THEOLOGY*）。然而，Gordon H. Clark 在其《物理世界的性质》［见 Carl F. H. Henry 编《基督教信仰与当代神学》（*CHRISTIAN FAITH AND MODERN THEOLOGY*），New York：Channel Press，1964］一文中巧妙地批评了怀特的偏见。

② 吉莱斯皮：《〈创世记〉与地质学》（*GENESIS AND GEOLOGY*），第 129 页。

③《地质学原理》（*PRINCIPLES OF GEOLOGY*），III，第 273 页。比较 373 页注释④。

④《地质学原理》，第 274 页（着重号为我所加）。尽管莱尔基于哲学的和《圣经》的理由明显拒绝灾变论的洪水，但他对灾变论体系的建立者也非常不满。他反对说，没道理“随便把上帝叫到舞台上来并叫他制造奇迹，为的是确定我们预想的假设……体系建在空中，没有奇迹就支撑不住”。

⑤ 莱尔：《地质学原理》（*PRINCIPLES OF GEOLOGY*），III，第 271—73 页。后一引文可能构成对《圣经》记载的误解，这是 Morris and Whitcomb（*THE GENESIS FLOOD*，pp. 104−106）指出来的。

“平静理论”在许多地质学家中开始流行。[①]

查尔斯·莱尔先生绝不是一个坏人。他是一个相当正直的、名义上信奉宗教的、追求科学真理的人，他也无意激怒基督教社会。当用一双明显带着怀疑的眼睛看待自然进程中超自然的干预时，他的自然主义的均变论（和赫顿的均变论不一样）并不妨碍他接受挪亚洪水的历史性。

恶化与争论

莱尔的著作极其流行，不仅专业的地质学家广泛阅读，而且更让人吃惊的是，“有素养的公众也爱读，他们对地球秘密的兴趣日益浓厚”[②]。但是，可以想到，外行会被他比较专门而又不合乎常规的洪水解释弄糊涂。由于正教明显地在那时的神学界占上风，门外汉们期望他们的基督教领袖反驳莱尔的平静的、均变的解释。但是使他们感到极其惊愕的是，坎特伯雷的大主教、伦敦的主教和兰达夫的主教在1831年反而推荐莱尔成为国王学院的地质学教授。莱尔在一封信中表述了他们对他的著作的态度。

> 他们认为我的一些学说非常让人吃惊，但是他们不能发现这些观点并不是以直截了当的方式得到的，（据我认为）而是从事实中逻辑推断出的……没有理由猜测我创立理论是出于对“启示”的敌意。[③]

这在正教看来是让人讨厌的。因此莱尔的一个感觉敏锐的朋友波利特·斯克罗普（Poulett Scrope）嘲讽说：

> 如果这消息是真的，并且教会能立刻接纳你的观点，而不是反对你这家伙达半个世纪之久，那么我们在科学上就会立刻前进五十年——当

---

① Morris and Whitcomb，*THE GENESIS FLOOD*（《〈创世记〉中的洪水》），p. 97. 事实上，这个理论是由植物学家C. 林奈提出来的，1826年被介绍到英国。然而，莱尔的《地质学原理》流传开之后，许多学者开始认为，平静理论是能协调地质学与《圣经》的一种手段。见后文相关内容。

② Eiseley，*DARWIN'S CENTURY*（《达尔文的世纪》），p. 99. 关于《地质学原理》在科学界引起的反响，见Robert H. Murray，*SCIENCE AND SCIENTISTS IN THE NINETEENTH CENTURY*（《十九世纪的科学与科学家》），New York：Sheldon Press，1925，pp. 51－65。

③ 莱尔夫人：《查尔斯·莱尔爵士的生活、书信和日记》（*LIFE，LETTERS AND JOURNALS OF SIR CHARLES LYELL*），I，第317页。莱尔向兰达夫主教科普尔斯顿（Copleston）保证说，对于他的这个说法，即“在凡是可以证明挪亚时代已经住人的那些地方，他想淹死多少人就可以淹死多少人”，（吉莱斯皮：《〈创世记〉与地质学》，第140—141页）莱尔并不反对。

我看到你的理论发挥作用，我就相信这样一种奇迹会出现。[①]

在《圣经》正统派中激起对洪水狂热的另一个因素，是威廉·巴克兰卑微地宣布放弃主张。在1836年发表的“桥水论文集”第六节中，巴克兰否定了他早期确信的观点，即他所说的“洪积层”可以用挪亚洪水来解释。他拒绝接受厄谢尔的年代学，同意莱尔的平静解释，宣称洪水“在它们所淹灭的地表上引起的变化较小”。[②]正教对他们的洪水拥护者的背叛感到迷惑和愤怒。沙特沃斯（Shuttleworth）主教记起当时的情形：

对洪水的怀疑一经提出；

巴克兰出现，一切便一塌糊涂。[③]

但是令人糊涂的根源是查尔斯·莱尔。他的著作不但很受欢迎，而且最终建立起对地质现象的均变论解释。

争论出现了。调和地质学和《创世记》的意识形态斗争，在1834年莱尔《地质学原理》第三卷出版后几乎立即就开始了。一个作者观察到“（调和的）尝试已分为多种，但它们全都关乎一个事实，即每种都将或多或少的科学与或多或少的《圣经》混杂在一起，产生的结果或多或少也有些荒唐”[④]。假定混合科学和《圣经》是荒唐的，这个假定本身也可能荒唐，不过，实际上，原教旨主义者头脑的隐蔽炉膛中熬制的这种调和汤许多都在荒唐的高温状态下被端上桌子，就算它们很可口，也烫得人吞不下。[⑤]

---

① 莱尔夫人：《查尔斯·莱尔爵士的生活、书信和日记》（*LIFE, LETTERS AND JOURNALS OF SIR CHARLES LYELL*），I，第317页。

② 莫里斯、惠特科姆：《〈创世记〉中的洪水》（*THE GENESIS FLOOD*），第98—99页。

③ 怀特：《科学与神学之争》（*WARFARE OF SCIENCE WITH THEOLOGY*），第232页。

④ 怀特：《科学与神学之争》，第234页。这个致命的结论使得J. R. Van de Fliert对均变论和《创世记》中的洪水所作的原本精彩的分析大为减色［《均变论与地质学基础》（“Fundamentalism and the Fundamentals of Geology”），*JOURNAL OF THE AMERICAN SCIENTIFIC AFFILIATION*, XXI（September, 1969），pp. 69－81］。还要注意莱尔与这个观点的关系。见371页注释③和注释④所对应的正文，以及希尔兹（Shields）的评论：“一贯敬重《圣经》的查尔斯·莱尔爵士，故意将《圣经》排除在他的‘地质学原理’之外，甚至还将它们排除在他论述东方宇宙进化论的博学的那一章之外，从而表明他对《圣经》的科学价值的认识。”［Charles Woodruff Shields，《最后的哲学》（*THE FINAL PHILOSOPHY*），New York：Scribner，Armstrong &Co.，1877，p. 132］。

⑤ 由E. J. Carnell辨明的“原教旨主义者”（fundamentalist）一词在此处所用的含义，恰好描述出神学界对莱尔的反应。卡内尔（Carnell）说，原教旨主义是一种宗教精神，它“试图以否定来维持自己的地位，这是它的独特之处。……它是一种具有高度意识形态性质的态度。它不调和，不灵活；它要求一致；它害怕学术自由。它不允许别的观点中存在矛盾的，因而部分无效的成分”。“原教旨主义”见Martin Halverson and Arthur A. Cohen编：《基督教神学手册》（*A HANDBOOD OF CHRISTIAN THEOLOGY*），Meridian Books（New York: The World Publishing Company, 1958），第142页。

罗伯特·贝克韦尔（Robert Bakewell）写信给著名的美国地质学家本杰明·西利曼（Benjamin Silliman）说："地质学目前在英格兰处于一种相当奇怪的状态中；有钱的牧师开始担忧他们的收入，试图恢复对正教的热忱以寻求命运的转变，他们吵吵闹闹地指责地质学与《创世记》作对。"[①]然而，就我们的议题而言，牧师是以物质还是以精神为动机，都不怎么重要。事实是，他们在诋毁地质学和地质学家时经常违反社会礼仪的准则，更不用说基督教的礼节了。当发现莱尔没有将化石遗存归因于洪水，当莱尔表明地球超过了6000年，"正教勃然大怒，教会里的要人毫不留情地攻击他"[②]。在回忆1875年莱尔向"地质俱乐部"最后一次发表公开演讲时，赫胥黎说，莱尔"用他一贯清晰和充满活力的声音讲话，谈到1830年《地质学原理》出版后社会对他的排斥"。[③]

一些牧师被崇高的目的而不是物质利益激励。他们拿起文学之剑保卫《圣经》，反对歪曲神圣真理的人，并连篇累牍地出版了大量无知的伪科学书。[④]这些书现在少有存在了，但对它们的反应仍旧像它们本身一样，让我们认识那场争论。例如，休·米勒（Hugh Miller），19世纪受欢迎的、杰出的地质学家，在其《岩石证据》一书中提到了有关《反地质学家的地质学》的内容。他详细叙述了一个

① 约翰·F. 富尔顿和伊丽莎白·H. 汤姆森（John F. Fulton and Elizabeth H. Thomson），《本杰明·西利曼，1779—1864，美国科学的探路人》（*BENJAMIN SILLIMAN, 1779－1864, PATHFINDER IN AMERICAN SCIENCE*），New York：1947，p. 135. 引自 Haber，《世界的时代——从摩西到达尔文》（*THE AGE OF THE WORLD：MOSES TO DARWIN*），第220页。

② 怀特：《科学与神学之争》（*WARFARE OF SCIENCE WITH THEOLOGY*），第233页。

③《教会之光与科学之光》（"The Lights of the Church and the Light of Science"），第12页。邦尼（Bonney）针对此问题发表过著名评论："许许多多的人——其中就有大量外行的神学家以及一些专家——总爱假定某些基本术语的含义就是他们所渴望的那些含义，并进而演绎出结论，仿佛他们疑问重重的假定就是不证自明的公理。他们通常还会假定，拥有神学知识——尽管这种知识可能些微而肤浅——就使他们无须研究科学即可像权威一样宣告他们本无力权衡的证据的价值，宣告他们过于无知而不能检验的结论的价值。他们自以为永远正确，对他们而言，自由表达乃属天经地义，这种做法在其他事情上普遍被认为超越了礼貌的极限，几近谩骂。"［《查尔斯·莱尔与当代地质学》（*CHARLES LYELL AND MODERN GEOLOGY*），第48—49页］

④ 爱德华·希契科克（Edward Hitchcock）正确反省说，品行好的基督教教徒研究地质学著作的目的不是为了理解，而是为了找出矛盾和站不住脚的观点。"下一步必然就是写一本书攻击地质学，我们可以想见这样一本出自热情气质的人的著作，其中一定大量存在这类偏见，而无实际的地质学知识，有对事实和观点的明显误解，有言之凿凿的武断宣称，有针对个人的严厉讽刺，毫不理会地质学的正确推理，不着边际的过度假设取代了地质学理论。"［《地质学宗教及其相关科学》（*THE RELIGION OF GEOLOGY AND ITS CONNECTED SCIENCES*），London：J. Blackwood，1862?，第26—27页。此后引作《地质学宗教》（*RELIGION OF GEOLOGY*）］

蒙昧主义者对莱尔均变说反应的显著例子。[①]假定过去所有地质过程按目前所观察到的速度进行，莱尔计算出尼亚加拉瀑布发生的腐蚀，并作出结论：一万年前瀑布位于下游目前昆斯顿（Queenston）所处的位置。这招来一个苏格兰牧师的严词谴责。对于莱尔的许多学说，这就是正教的典型反应。这位反地质学的人谴责莱尔的计算是对“基督教的凶猛攻击”，因为莱尔竟然宣称“在摩西所说的创世之前四千年，瀑布实际上位于昆斯顿”。接着他欢欣鼓舞地呼喊：

> 正是基于诸如此类的理由，这位英国最博学、最多产的地质学家争论摩西关于创世和洪水的历史叙述。这是一个强有力的证据，说明当人们企图否定《圣经》的真实性时，就算是其他学科的雄辩者，也常常用这种最幼稚、最荒谬的方式在完全虚假的基础上推理。[②]

1838 年，巴克兰宣布放弃他的主张两年之后，哈考特（L. Vernon Harcourt）出版了献给他父亲约克大主教的书。这本《论洪水学说》意在回答巴克兰和莱尔。在赫胥黎看来，它是一本“严肃的著作”。尽管它在一两点上取得了明显的成功[③]，赫胥黎拒绝重温其他几个论点，理由是这样做让人很痛苦。他以引用表明，哈考特坚持认为巴克兰和莱尔仅仅是在回避《圣经》中的洪水故事，足见哈考特对他们的学术成就的抨击。[④]同一年，神学博士乔治·扬牧师大人（Reverend George Young，《约克海岸的地质调查》的作者），出版了他的《圣经地质学》一书，此书“主要致力于攻击地质学新兴的均变说和进化论”。扬博士大力鼓吹登峰造极的洪水地质学，“猛烈抨击莱尔的著作”，尤其是莱尔著作中有关均变说的“无根据的（原文如此）假设”。[⑤]

19 世纪出版的大量著作都试图去调和地质学和《创世记》，其中一书与其余

---

① 休·米勒：《岩石证据》（*THE TESTIMONY OF THE ROCKS*），第 9 版，New York：John B. Alden，1892，第 412—423 页。

② 载《苏格兰基督教先驱报》（*SCOTTISH CHRISTIAN HERALD*），III（1838），766，引自米勒《岩石证据》，第 422 页。

③ 莫里斯、惠特科姆：《〈创世记〉中的洪水》（*THE GENESIS FLOOD*），第 105—106 页。

④《教会之光与科学之光》（“The Lights of the Church and the Light of Science”），第 12 页。引哈考特《论洪水学说》（*ON THE DOCTRINE OF THE DELUGE*），London：Longman，等等，1838，第 8—9 页。

⑤ 拜伦尼·尔森（Byron Nelson）：《石头中的洪水故事》（*THE DELUGE STORY IN STONE*），重印版；Minneapolis，Minnesota：Bethany Fellowship，1968，pp. 105-106。尼尔森称扬的书“优秀”，这一事实是前面提到的、不吸取历史教训的人所犯的错误之一，证明他们自己的思想有缺陷。尼尔森的结论为：“洪水地质学，基于对上帝的话和超自然的信仰，不是世界所需要的那种东西（原文如此），此后受到忽略或嘲笑。”（第 110 页）

诸书成鲜明对照。尽管这本书不能完全归入反地质学著作，我还是忍不住用它来充当桥梁，以连接对莱尔均变论的愤怒反应和负责反应之间的鸿沟。在《脐》（Omphalos）一书中，菲利普·亨利·戈斯（Philip Henry Gosse）认为他炼制出了一种灵丹妙药，可以解决与世界年龄以及挪亚洪水的影响有关的地质问题。小戈斯在他的《父与子》一书中写道："从来没有一本书像这本好奇的、固执的、狂热的书那样，在洪水研究方面更有望成功。"[①]戈斯相信宇宙的生命遵循着一种循环模式，在周期之中的一个特定的点，因为神的命令，生命得以存在。他将物质被创造那一刻的发育现象称为"前时"（prochronic），因为没有时间因素。时间这种物质被创造出来之后发生在宇宙生命周期中的现象变化，他称之为"历时"（diachronic）。

> 请允许我暂作假设，如果创世者在他心中有着关于地球整个生命历史的设计，这段生命历史始于地质学家想象中适合生命开始的任何时候，结束于无限遥远的未来的某个想象不到的极点。他决定让他的思想成为现实的存在，不是在假定的起点，而是在生命历程中的某个阶段。那么，显而易见，它就出现在某个选定的阶段，正如——假定其历史中先前的时代都是真实的——它会出现在它的历史中的那个时刻。[②]

戈斯试图用这种简单方法通过解释来消除地质学、均变论以及伴随而来的争论。他没有意识到的是，他的"显然年代论"与无数相类似的主张并无二致，大意是"有着内在历史的宇宙许多年（日、时或分）以前就已经被创造出"。戈斯的儿子写道："无神论者和基督徒都对此嗤之以鼻，弃之不顾。"然而对于那些反省上帝捏造的那个"弥天大谎"的人（不由得想起笛卡尔的"邪恶天才"），小戈斯补充说："它是一种冰冷阴沉的忧郁，落在我们早晨的茶杯中。"[③]

---

① 引自马丁·加德纳（Martin Gardner）：《科学名义下的时尚和谬误》（*FADS AND FALLACIES IN THE NAME OF SCIENCE*），原为《以科学的名义》（*IN THE NAME OF SCIENCE*），重印；New York：Dover Publications，1957，第 126 页。

② 菲利普·亨利·戈斯：《脐——试解地质学之结》（*OMPHALOS: AN ATTEMPT TO UNTIE THE GEOLOGICAL KNOT*），London：J. Van Voorst，1857，第 351 页。夏多布里昂（Chateaubriand）于 18 世纪首倡此说（Oeuvres complètes de Chateaubriand, II, 83）。戈斯 1857 年使之再具活力。该观点与《脐》一同消亡，而且，显然由于没认真读历史，莫里斯和惠特科姆在他们的"显然年代论"中又挖出这具哲学僵尸。比较《〈创世记〉中的洪水》（*THE GENESIS FLOOD*），第 232—243，345—369 页。

③ 见小戈斯著作《父与子》（*FATHER AND SON*），引自 Gardner：《科学名义下的时尚和谬误》（*FADS AND FALLACIES IN THE NAME OF SCIENCE*），第 127 页。

结 局

其他那些多少有些保守的观点[1]舍去不谈，我们现在继续考虑19世纪产生的对地质学和洪水进行的最早、最负责任的调和努力。1840年，伦敦霍默顿神学院的院长约翰·派伊·史密斯（John Pye Smith）出版了《〈圣经〉与地质学的部分联系》，这是一份演讲的汇编，它是由公理会演讲委员会进行编辑和发表的。它代表着调和运动的重心已完全转移，因为史密斯仅仅概括了摩西所述的创世和洪水历史，并没有考虑要在地质学著作与《圣经》的记录中找到准确的相似之处。[2]

史密斯首先作为基督教社区的发言人解释他的观点，概括他为寻求科学的、《圣经》的真理而使用的冷静方法。在科学和基督教领域内，他断言："真理……

① 见英国国教的一位牧师的《对地质学家反〈圣经〉理论的简要而全面的驳斥》（*A BRIEF AND COMPLETE REFUTATION OF THE ANTI-SCRIPTURAL THEORY OF GEOLOGISTS*），法兰（P. M. M'Farlane）的《当代地质学理论展示》（*EXPOSURE OF THE PRINCIPLES OF MODERN GEOLOGY*），亨利·科尔牧师大人（Reverend Henry Cole）的《颠覆天启的通俗地质学》（*POPULAR GEOLOGY SUBVERSIVE OF DIVINE REVELATION*），威尔逊牧师大人（Reverend R. Wilson）的《地质学和天文学批判》（*STRICTURES ON GEOLOGY AND ASTRONOMY*）。本文只需提及这些著作的名称即达到目的。对于这一派喧嚣，莱尔作何反应？他"极少说起《圣经》地质学家，却显然喜欢让伯内特的《地球神圣理论》（Sacred Theory of the Earth）成为查理二世宫廷中的宠物的那些别有风味的反讽，并指出巴特勒（Butler）在《胡迪布拉斯》（*HUDIBRAS*）中讲述的笑话：

他晓得何处是天堂
他知道天堂在何方
当他觉得心情好
他能证明给你瞧
月亮下面找不到
就到月亮上面找"

［希尔兹：《最后的哲学》（*THE FINAL PHILOSOPHY*），第62—63页］。另外，要紧的是，莱尔后来忠告一位名叫查尔斯·达尔文（Charles Darwin）的年轻人"别卷进争论，因为它只会浪费时间、让人败兴，而没有什么好处"[Francis Darwin 编：《查尔斯·达尔文——自传与已刊信件所述其生活》（*CHARLES DARWIN: HIS LIFE TOLD IN AN AUTOBIOGRAPHICAL CHAPTER AND IN A SELECTED SERIES OF HIS PUBLISHED LETTERS*），新版；London：John Murray，1902，p. 43]。［《胡迪布拉斯》是17世纪英国的一部戏谑风格的英雄叙事诗，作者为塞穆尔·巴特勒（Samuel Butler）。——校注］

② 哈伯（Haber）：《世界的时代：从摩西到达尔文》（*THE AGE OF THE WORLD: MOSES TO DARWIN*），第236页。

是我们的目标”，“所有真理必须一致”，“真理的标准是有理有据”。[①]他照事件本身的意义有力地论证一些并不过分的奇迹的存在，这些事件“在特定时间、地点和人物关系中，除非神的计划作出安排，提供因果联系，否则就不会沿事物的普通道路发展”[②]。史密斯还坚持认为，当按照“它的真正意义”来理解，即通过一丝不苟的语法和语文分析而从文本中得出解释规则来理解，《圣经》就是永远正确的真理。[③]

由此出发，史密斯“笔直地走在地质学道路上，有力地证明莱尔一派的见解，并且实际上承认了他的神学同行本来希望他驳斥的所有观点。史密斯不是在捍卫传统的神学，而是在提倡一种新的解释方法”[④]。确实，他的著作显然证明他泰然自若地接受了均变说。他提及莱尔的《地质学原理》，说它“在我们那个时代的著作中鹤立鸡群，出类拔萃”[⑤]。在书的附录中，他高度评价此书“令人羡慕地搜集事实，并且把事实和假说认真区分。莱尔先生使你熟悉事实，也不逼你赞同假说”[⑥]。

史密斯的“新解释”是什么？在认真回顾过去解释洪水和地质方面的错误后，史密斯对人所熟知的“局部洪水理论”进行广泛宣传，由此产生了新的理性的影响。他细致地调查了与世界性洪水相关的物理和地质问题。对水的起源，水对地球轨道和地球每日运转的影响，方舟的尺寸，动物，岩层，化石遗存以及大量其他物体，其他问题，曾经提出的解决办法等，都作了回顾，发现最好的解决办法是将洪水限制到地球表面一个小区域内。史密斯为了与《创世记》一致，就认为洪水在地理上是地方性的，但为了实现上帝发动洪水的目的，他又相信洪水在人类学上是普遍性的。[⑦]

---

① 约翰·派伊·史密斯（John Pye Smith）：《〈圣经〉与地质学的部分联系》（*ON THE RELATION BETWEEN THE HOLY SCRIPTURES AND SOME PARTS OF GEOLOGICAL SCIENCE*），New York：D. Appleton & Co.，1840，第 26—28 页。此后称为《地质学与〈圣经〉》（*GEOLOGY AND SCRIPTURE*）。

② 约翰·派伊·史密斯：《〈圣经〉与地质学的部分联系》，第 82 页。

③ 史密斯把《创世记》的启示解释为用“类推代表”的方式写成的，即“代表感觉，主要是视觉，并且是用描述这些代表的词语写成的”。这个解释是对创世和洪水叙述的现象学解释，很有道理。

④ 哈伯：《世界的时代：从摩西到达尔文》（*THE AGE OF THE WORLD：MOSES TO DARWIN*），第 234 页。

⑤ 史密斯：《地质学与〈圣经〉》（*GEOLOGY AND SCRIPTURE*），第 195 页。

⑥ 史密斯：《地质学与〈圣经〉》（*GEOLOGY AND SCRIPTURE*），第 299 页。

⑦ 史密斯：《地质学与〈圣经〉》（*GEOLOGY AND SCRIPTURE*），第 242—252 页。

史密斯的著作仍然被看作部分洪水论的重要文本。[①]在他那个时代，他受到严厉批评，并不是因为他的学术错误，而是因为他打破旧习。尽管如此，他仍严格信奉莱尔主义地质学，也信奉《创世记》。在这样做时，他满含关切的学者式的正直在今天值得我们尊敬。史密斯说：

> 我所处的位置是不幸的。我似乎扮演着一个敌人的角色，为怀疑而引证材料……在我们试图消除科学事实与《圣经》话语之间的明显矛盾之前，我们必须理解它们。[②]

然而他充分相信，明显矛盾会“在认真和诚实的调查之前消除”。[③]

如果居维叶的多重灾变说在莱尔时代以前突出了调和地质学与挪亚洪水的种种努力，那么，我们可以放心地说，在《地质学原理》流行十年之后，史密斯局部洪水论给这个论题定下了一个神学思想的基调。1850 年到世纪之末的绝大多数现已不存在的著作，证明它们在探讨洪水问题时具有重要的学术价值，现在它们立刻显示出对史密斯的赞同和对莱尔的友善。[④]

其中三点值得注意。

《地球和人类起源》，一位匿名的新教徒的著作，主要论述与地球的古老性和古代民族学相关的问题。它的作者在写书的时候深信神揭示给世人的天然真理只有一个，“如果不能既接受《圣经》的启示也接受科学的启示，并利用科学来解释《圣经》的模糊之处，那么我们就还没有充分解放我们的思想”[⑤]。同样在《地

① 见伯纳德·拉姆在《基督教教徒在科学与〈圣经〉问题上的观点》（*THE CHRISTIAN VIEW OF SCIENCE AND SCRIPTURE*）中的引用，Exeter，Devon：Paternoster Press，1964，各处；以及莫里斯、惠特科姆《〈创世记〉中的洪水》（*THE GENESIS FLOOD*），第 107—109 页。

② 史密斯：《地质学与〈圣经〉》（*GEOLOGY AND SCRINTURE*），第 139 页。

③ 史密斯：《地质学与〈圣经〉》（*GEOLOGY AND SCRINTURE*），第 20 页。

④ 见：英军少将乔治·特娄（George Twemlow）《用以证明挪亚洪水并修改达尔文演变系统的是适合化石》（*FACTS AND FOSSILS ADDUCED TO PROVE THE DELUGE OF NOAH AND TO MODIFY THE TRANSMUTATION SYSTEM OF DARWIN*），1868 年；德国耶稣会学者 Athanasius Bosizio《地质学与洪水》（*GEOLOGY AND SCRINTURE*），1877 年；以及沃斯（Henry H. Howorth）《猛犸象与洪水》（*THE MAMMOTH AND THE FLOOD*），1887 年，该书试图融化冰川时代。但是，沃斯仅在普赖斯（George McCready Price）的《新地质学》（*NEW GEOLOGY*）及莫里斯和惠特科姆的《〈创世记〉中的洪水》（*GENESIS FLOOD*）二书中被提到。这有重要意义。怀特的《科学与神学之争》（*WARTARE OF SCIENCE WITH THEOLOGY*）仅提到 Bosizio，而且只是为了阐明外国不愿舍弃洪水作为地质学问题的一般解决方式。除了尼尔森的《石头中的洪水故事》（*DELUGE STORY IN STONE*，第 13—14 页）提到特娄之外，我没发现哪本书还提到他。

⑤（Edward William Lane,）*THE GENESIS OF THE EARTH AND MAN*, ed. by Reginald Stuart Poole, Edinburgh：Adam & Charles Black, 1856？, p. 51.

质学与〈启示录〉》这部一流而专业的阐述地质发现的书籍里，圣帕特里克（St. Patrick），皇家学院的莫洛伊（Molloy）教授，从一个罗马天主教徒的角度写道：“真理与真理不能相左。如果像地质学家坚持认为的那样，上帝已经在地壳里不朽的纪念碑上记录了我们地球的历史，我们就可以肯定，他并没有在写下的《圣经》中跟这种记录作对。”[①]这两本书都因为极其推崇莱尔的著作而引人注目。前者提到他“典型的全面和简明”，并在同一语境中主张地理学上和人类学上的有限洪水论。[②]莫洛伊蔑视灾变的地质观，认为它是“逐渐让位的旧理论”。他说，旧理论逐渐让位“主要归功于查尔斯·莱尔爵士孜孜不倦的研究和超凡的能力”。[③]

《岩石证据》是休·米勒对洪水讨论的主要贡献。米勒是一个有才能的田野地质学家，也是基督教世界已知的，《创世记》和地质学的伟大调和者。[④]他评论说：“每当他们（普通人）寻求从它（《圣经》）当中推断原本没有打算教导的思想，即自然科学的真理时，他们陷入极端错误之中。”[⑤]米勒追随史密斯，提出有力论据反对世界性洪水。他相信“洪水的空间范围与它所服务的道德目的一样广大”，即，在局部地方毁灭上帝判决的人们。[⑥]

同样，作者们在宗教百科全书、词典和《圣经》注解方面追随史密斯和莱尔。牛津大学萨维尔几何学教授巴登·鲍威尔（Baden Powell）在莱尔的平静理论中找到了对分离自然和超自然神学（科学和启示）的支持。[⑦]鲍威尔说，如果一个人认为洪水是一场不可思议的世界性灾难，那么，他“也必须假定洪水不仅不可思议地停止，而且洪水留下的每道痕迹和每个标记也不可思议地被抹去、被毁掉”。[⑧]在基托（Kitto）的《百科全书》中，他拒绝灾变说，拒绝用奇迹来支持世界性洪水的说法，在其提要式的论文中虽没下明确结论，但特别倾向于局部洪水

---

① Gerald Molloy, *GEOLOGY AND REVELATION*（《地质学与〈启示录〉》), New York：G. P. Putnam & Sons, 1870, pp. 26－27.

②（Lane),《地球和人类起源》(*THE GENESIS OF THE EARTH AND MAN*)，第 50—51 页。

③ 莫洛伊：《地质学与〈启示录〉》(*GEOLOGY AND REVELATION*)，第 220—221 页。

④ 拉姆：《基督教徒在科学与〈圣经〉问题上的观点》(*THE CHRISTIAN VIEW OF SCIENCE AND SCRIPTURE*)，第 173 页。

⑤ 米勒：《岩石证据》(*THE TESTIMONY OF THE ROCKS*)，第 306 页。

⑥ 米勒：《岩石证据》(*THE TESTIMONY OF THE ROCKS*)，第 353 页。

⑦ 哈伯：《世界的时代：从摩西到达尔文》(*THE AGE OF THE WORLD*：*MOSES TO DARWIN*)，第 241—242 页。

⑧ 巴登·鲍威尔：《大洪水》(“Deluge”)，见《〈圣经〉文学百科全书》(*A CYCLOPAEDIA OF BIBLICAIL LITERATURE*)，I，第 545 页。

理论。[1]在 1863 年的《〈圣经〉词典》中，约翰·佩罗恩（John Perowne）调查了诺里奇（Norwich）的许多人，从牧师到主教，然后完全放弃了世界性洪水观念。关于这篇文章，赫胥黎希望“我此前给他的……一长段批评，在一定程度上有助于获得这个令人愉快的结果”[2]。文章清楚显示了莱尔在解释和引用方面的影响。[3]1871 年由英国国教的主教和牧师编写的《〈圣经〉注释》完全支持局部洪水论。注释《创世记》的那位作者补充道，即使洪水扩大到广大区域，水的上升和下降也不会妨碍地质构造。[4]

在美洲，莱尔的神学影响起初并不显著。在一本写给青年人的非正式的演讲书中，詹姆斯·芒森·奥姆斯特德（James Munson Olmstead）高兴地提到莱尔的著作。[5]他同意莱尔的观点，认为由于洪水的作用随时间流逝而痕迹全无，只有极少或者没有地质上的证据可证明发生过凶猛的洪水。[6]史密斯的观点备受重视，但是希望年轻人在仔细研究之后能得出他的一般观点。[7]在 1854 年的文字中，奥姆斯特德仍远离英国的主要思潮，在那儿，我们已经看到，局部洪水造成的知识大水远不平静。

我们发现爱德华·希契科克（Edward Hitchcock）是美洲杰出的均变说辩护者。希契科克是阿默斯特大学的校长兼地质学和自然神学的教授，并且还是一位国际知名学者。他的《地质学信仰以及它与科学的联系》是为了“展示所有地质学的宗教影响”[8]。通过对洪水理论进行透彻的历史调查，指出《圣经》解释中的种种过度注释和其他问题，他指出史密斯是这个主题方面最伟大的作家，还宣

---

① 登·鲍威尔：《大洪水》（“Deluge"），见《〈圣经〉文学百科全书》（*A CYCLOPAEDIA OF BIBLICAL LITERATURE*），第 544—545 页。

② 赫胥黎：《教会之光与科学之光》（“The Lights of the Church and the Light of Science”），第 13 页。

③ 佩罗恩（John James Stewart Perowne）牧师大人：《挪亚》（“Noah”），见《〈圣经〉辞典》（A Dictionary of the Bible），II，第 570 页以下。（根据传说，Perowne——他后来当了伍斯特主教——本来写了一篇文章作为威廉·史密斯爵士的《〈圣经〉辞典》第一卷中的“大洪水”词条，因为文章被寄还给作者再作修改，所以读者就看到这个情景“大洪水：见洪水”，然后还有“洪水：见挪亚”。——原编者注）

④ 伊利主教（Bishop of Ely）：《〈创世记〉评论》（“Commentary on Genesis”），见 *THE BIBLE COMMENTARY*，I，第 77—78 页。

⑤《挪亚与他的时代》（*NOAH AND HIS TIMES*），Boston：Gould and Lincoln，1854，第 136—137 页。

⑥《挪亚与他的时代》，第 102 页。

⑦《挪亚与他的时代》，第 174，196—197 页。

⑧ 希契科克：《地质学信仰》（*RELIGION OF GEOLOGY*），第 v 页。

称“没有一个现代作家以如此的坦率和才华对待此问题……，他准确了解这个主题的所有分支……，在地质学和自然历史方面充分占有所有的事实”。[①]由于希契科克认为有恰当理由认为大洪水在自然历史中和《圣经》中都是地方性的[②]，他就依照他对史密斯的评价，从其书中广泛引用。看来希契科克在《地质学信仰》一书中对莱尔的著作并未直接赞同，但很明显，即使漫不经心的读者也会意识到希契科克同意书中的结论。[③]

希契科克书中充满对地质学和神学关系的清醒而冷静的评论。[④]在认真回顾洪水难题之后，凭借这位作家的历史和科学观所无法达到的远未精辟的事后认识，他宣布：

> 从这些详述的事实，可以看出，在任何一个与宗教相关的科学问题上，人们都没有像在挪亚洪水问题上那样武断和教条，而且在那个问题上也不像在挪亚洪水问题上观点变化这么大。由于相信那个事件导致地球彻底毁灭和消解，就连那些最有资格判断的人，现在也怀疑是否可能在自然中识别出那个事件的一点痕迹。[⑤]

不过，他还是从高深的《圣经》研究中摆脱出来。他深信科学的真正事实和仔细分析《圣经》文本后得出的结果将常常是协调一致的。有着清醒的洞察力的他敏锐地评论说，每当“地质学教我们如何解释……关于世界年代的那些段落，大洪水的范围程度，都是在阐释而不是在冲突”。[⑥]

希契科克就这样表达出 19 世纪基督教学者在对待查尔斯·莱尔和挪亚大洪水时所采取的新态度。神学家们效仿约翰·派伊·史密斯，打算认真看待莱尔，重新评估他们常常强加在《圣经》文本上的解释。在仔细考虑洪水主义者格兰维尔·佩恩（Granville Penn）和乔治·费尔霍姆（George Fairholme）的极端论点之后，坎宁安·盖基（Cunningham Geikie）在 1886 年写道：“持有各种各样宗教信仰的思想者得出了相反的结论；挪亚洪水只发生在一个局部的地方，尽管洪水在

---

① 希契科克：《地质学信仰》，第 96 页。

② 希契科克：《地质学信仰》，第 90 页。

③ 例如，见希契科克：《地质学信仰》，第 87—90，165—66 页。

④ 例如，见 375 页注释⑤。

⑤ 希契科克：《地质学信仰》（*RELIGION OF GEOLOGY*），第 87 页。

⑥ 希契科克：《地质学信仰》，第 311 页。

所在之地广泛汹涌，摧毁了那时存在的人类。”[①]用伯纳德·拉姆的话来说，这种倾向暗示着“伟大而博学的福音基督徒的高贵传统，他们耐心、真诚、友好，并且十分认真领会科学和《圣经》中的事实”。

不幸的是，拉姆必须正视这痛苦的事实，“在19世纪末占支配地位的高贵传统并没有成为20世纪福音派教徒的主要传统”[②]。特别是它已经成为美洲人的原教旨主义，正如帕克（J. I. Packer）努力想指出的那样：“这并不能在每个方面都使它的学说生辉”[③]。那些深受上世纪学术气氛的影响，并且可能因此从地质学和神学的冲突中吸取重要教训的人，一定沮丧地目睹了美国福音教派中洪水主义者的著作定期频繁地出现：乔治·F. 赖特（George F. Wright）的《〈旧约全书〉历史的科学证实》（1906），乔治·麦克里迪·普赖斯（George McCready Price）的《地质学基本原理》（1913）、《新地质学》（1923）、《进化的地质学和新灾变说》（1926）、《地质时代的骗局》（1931）、《现代地质学洪水理论》（1935），拜伦·纳尔逊（Byron Nelson）的《石头上的洪水故事》（1931），哈里·里默（Harry Rimmer）的《科学与〈圣经〉的调和》（第三版，1936），哈罗德·W. 克拉克（Harold W. Clark）的《新洪水主义》（1946），雷温克尔（A. M. Rehwinkel）的《〈圣经〉、地质学、考古学中的洪水》（1951），亨利·M. 莫里斯（Henry M. Morris）和小约翰·C. 惠特科姆（John C. Whitcomb）的《〈创世记〉中的洪水》（1961），最后还应提到唐纳德·W. 帕顿（Donald W. Patten）的《〈圣经〉洪水和冰川纪》（1966）中的脱离常规的灾变说。确实，历史上实有的福音派完全有理由对这个名称的使用感到不舒服，因为它被用到各种各样（而且还没列全）的教派上。

本文的主要目的既不是对《圣经》的灾变说进行全面指责，也不美化莱尔地质学。如果我履行了赫伯特·巴特菲尔德（Herbert Butterfield）所概括的高尚的职责，我感到很满足：

---

① 《礼拜〈圣经〉》（*HOURS WITH THE BIBLE*），6 vols.；New York：John B. Alden，1886，I，169. 比较 Walter S. Olson 最近在《科学确定了〈圣经〉中的洪水的日期了吗》“Has Science Dated the Biblical Flood?” [*ZYGON*：*JOURNAL OF RELIGION AND SCIENCE*，II（September，1967），272—278] 这篇表达有限洪水论的文章中的结论：“所有史前事件中，洪水似乎最为传说所支持，现在最为科学证据所支持。”

② 拉姆：《基督教徒看科学与〈圣经〉》（*THE CHRISTIAN VIEW OF SCIENCE AND SCRIPTURE*），第8—9页。

③ 《“原教旨主义”与〈圣经〉》（“FUNDAMENTALISM” AND THE WORD OF GOD），Grand Rapids，Michigan：Wm. B. Eerdmans，1958，第31页。

> 回想这些事，静静地追忆，历史学家过去一直努力工作想通过理解平息冲突，解释人与人之间的不同，使我们理解他们的困难处境；直到结束……也许我们最后才能向每个人表示一些歉意。

但是我建议我们不要带着遗憾停止。如果现代的福音派教徒在本文阐明的一些科学和神学观点中发现他们的传统，他们就不该满足于复活祖先的思想。和巴特菲尔德一样，我们赞同“我们在人类历史中传承的所有道德准则，只有在它们用作自我判断时才有效，只有在我们深刻领会它们时才有用”[①]。

①《基督教与历史》(*CHRISTIANITY AND HISTORY*)，New York：Charles Scribner's Sons，1950，分别见第92、62页。

神造论——《创世记》与地质学[1]

斯蒂芬·杰伊·古尔德

编者按:

神话的主要特征之一就是它尽管形成于远古,却一直影响到当今人们的思想和行为。人类学家B. 马林诺夫斯基把神话定义为信仰的神圣宪章。洪水神话对于20世纪的生活仍是一个至关重要的力量，从这个程度上说，它还是一个有活力的神话。

知识分子们总是想象着他们所在的时代是个相对启蒙了的时代。他们在回顾几个世纪的历史之时,看到他们的前辈认为值得争论的一些问题竟是那么愚蠢，不禁感到开心。有些人还居高临下地呼吁在回顾过去的时候要采取宽容的态度,因为当时的人不像我们现代人这样有得到所有信息的便利。在这个背景下,我们可能会对这样的事实感到惊奇:《创世记》中的洪水故事是否具有科学性的问题仍是一个公众关注的问题，并一再成为立法和法庭争吵的话题。

20世纪中叶，信仰的维护者被称为“神造论者”(Creationists)，因为他们主张《创世记》所描绘的创世应该作为与进化论相对的另一种合法的选择，在学校里——比如，在生物课上——教授。在这场无休无止而与时俱进的辩论中，洪水神话一直是争论的关键问题。

哈佛大学的斯蒂芬·杰伊·古尔德教授是自然科学的一位杰出的、有话语权的人。他在本文中记述了他在阿肯色州小石城为控方出庭做证的经历。他向一部州立法案发起挑战，该法案要求神造论作为进化理论的合适替代而被教授。

神造论者的洪水神话观，可参阅小约翰·惠特科姆（John C. Whit-

---

① 斯蒂芬·杰伊·古尔德:《神造论——〈创世纪〉与地质学》(“Creationism: Genesis Vs. Geology”)，重印自《大西洋》(ATLANTIC，1982年9月)：10，12—14，16—17。

comb, Jr.）和亨利·莫里斯（Henry Morris）所著《〈创世记〉中的洪水——〈圣经〉记录及其科学暗示》（The Genesis Flood：The Biblical Record and Its Scientific Implications，Grand Rapids，Mich.，1961）。惠特科姆是一名《旧约》教授，而莫里斯是名水利工程教授。他们为《创世记》叙述的真实性而合写长长的辩护，但他们甚至惹火了笃信宗教的地质学家。例如，见范·德·傅立叶（J. R. Van de Fliert）《原教旨主义和地质学的根本原则》（"Fundamentalism and the Fundamentals of Geology"），载于《美国科协杂志》（Journal of the American Scientific Affiliation）总 21 期（1969），第 69—81 页。

应该指出，试图证明《创世记》洪水叙述的科学性的作品太多了，无法一一列举。其中大部分作品登载在各种流行的宗教期刊中，较有代表性的有：斯图尔特–格伦尼（J. S. Stuart-Glennie）《传统洪水及其在地质学上的鉴定》（"The Traditional Deluge and Its Geological Identification"），载于《巴比伦和东方学资料》（The Babylonian and Oriental Record）第 4 期（1889—1890），第 209—212 页；菲力浦·里奇（Philip J. Le Riche）《世界性洪水的科学论据》（"Scientific Proofs of a Universal Deluge"），载于《维多利亚研究院学报》（Journal of the Transactions of the Victoria Institute）第 61 期（1929），第 86—117 页；戴维斯（L. M. Davies）《科学发现及其在挪亚洪水的〈圣经〉叙述中的意义》（"Scientific Discoveries and Their Bearing on the Biblical Account of the Noachian Deluge"），载于《维多利亚研究院学报》第 62 期（1930），第 62—95 页；布鲁斯特（E. T. Brewster）《从其历史看〈创世记〉和洪水理论》（"Genesis and Flood Theories in the Light of Their History"），载于《神圣图书馆》（Bibliotheca Sacra）第 90 期（1933），第 220—227 页；达德利·约瑟夫·惠特尼（Dudley Joseph Whitney）《洪水问题》（"The Problem of the Flood"），载于《神圣图书馆》第 90 期（1933），第 469—478 页；雷蒙德·德·吉拉德（Raymond de Girard）《洪水——地质学研究》（"Les déluges: étude géologique"），载于《环球》（Le Globe）第 81 期（1942），第 75—107 页；弗雷德·克雷默（Fred Kramer）《〈圣经〉洪水叙述》（"The Biblical Account of the Flood"），载于保罗·齐默尔曼（Paul A. Zimmerman）编《岩石层与〈圣经〉记录》（Rock Strata and the Bible Record)（圣路易斯，1970），第180—192页；保罗·蒂克森（Paul C. Tychsen）《地质学和洪水》（"Geology and the Flood"），载于齐默尔曼，第193—200页；弗雷德里克·A. 菲尔比（Frederick A. Filby）《挪亚洪水：调和的方法》（"Noah' s Flood: Approaches to Reconciliation"），载于《信仰与思想》（Faith and Thought）第100期（1972—1973），第159—173页，或其长篇论著《洪水再探——地质学、考古学、古代文学和〈圣经〉证据回顾》（The Flood Reconsidered：A Review of the Evidences of Geology，Archaeology，Ancient Literature，and the Bible）（伦敦，1970）；阿瑟·卡斯坦斯（Arthur C. Custance）《洪水：地方性还是全球性？》(The Flood：Local or Global? Grand Rapids，Mich.，1979)，第1—106页。此外，有趣的文章还有戴维斯·扬（Davis A. Young）《创世与洪水：洪水地质学和有神进化论的一种替代说法》(Creation and the Flood：An Alternative to Flood Gedogy and Theistic Evolution，Grand Rapids，Mich.，1977）。

关于阿肯色的那场官司，见兰登·比尔基（Langdon Bilkey）《神造论——冲突的根源》（"Creationism: The Roots of the Conflict"），载于罗兰·马希特·弗雷（Roland Mushat Frye）编《上帝是神造论者吗——反神造-科学的宗教案》(Is God a Creationist：The Religious Case Against Creation-Science，纽约，1983)，第56 — 67页；多罗西·内尔金(Dorothy Nelkin）有用的综述《创世争论：学校要科学还是〈圣经〉》(The Creation Controversy：Science or Scripture in the Schools）（波士顿，1982，第137－147页）中的一章——"让科学在阿肯色合法"（"Legislating Science in Arkansas"）。（想看美国地区法院对阿肯色案件的决定，方便的副本见内尔金书中的"附录1"，第199—228页）还可参阅马塞尔·肖科维斯基·拉·福利特（Marcel Chotkowski La Follette）编《神造论、科学和法律——阿肯色案件》（Creationism，Science，and the Law：The Arkansas Case）（剑桥，1983）。

其他迅速涌现的有关神造论争论的文章有：菲利普·基切尔(Philip Kitcher)《滥用科学——反神造论案》(Abusing Science：The Case Against Creationism)（剑桥，麻省，1982）；劳里·戈弗雷（Laurie R. Godfrey）编《科学家遭遇神造论》(Scientists Confront Creationism，纽约，1983)；

克里斯托弗·麦高恩（Christopher McGowan）《起初：一位科学家证明为何神造论者错了》（In the Beginning：A Scientist Shows Why the Creationists Are Wrong，布法罗，1984）；阿什利·蒙塔古（Ashley Montagu）编《科学与神造论》（Science and Creationism，牛津，1984）；罗纳德·纳姆波斯（Ronald L. Numbers）《神造论者》（“The Creationists”），载于大卫·林达伯格（David C. Lindberg）和罗纳德·纳姆波斯编《上帝和自然——基督教和科学相遇的历史文章》（God & Nature: Historical Essays on the Encounter Between Christianity and Science，伯克利，1986），第 391—423 页。

G. K. 切斯特顿（Chesterton）曾经仔细品味过挪亚在漫漫长夜中广阔而波涛汹涌的大海上吃饭时所说的话：

挪亚坐下就餐之时，
常对妻子吐露心声：
“我不在乎水去哪里，
只要它别流进酒里。”

挪亚这种漠不关心的态度与以他为名的这场著名洪水的抵抗者们的态度不相称。几个世纪以来，原教旨主义信徒一直在艰难地企图为大水找到一个归宿。他们甚至还更努力拼搏，为这么多的水想出一个来源。我们今天的海洋那么宽广，却不会淹没珠穆朗玛峰。17 世纪的一个学者说：“只有到相信一个人会被他自己的唾液淹死的时候，我才能相信这个世界会被它自己的水淹没。”

神造论的出现，也提出了解决这种古老悖论的办法。在《〈创世记〉中的洪水》（The Genesis Flood）（1961）这本神造论运动的创立性文献中，约翰·惠特科姆和亨利·莫里斯从《创世记》1：6 — 7 中找到了出路。此处经文讲上帝创造了空气，然后又把它插入水中。于是“把天空下面的水和天空上面的水分开了：事就这样成了”。天空下面的水包括海洋和一些可能由于火山爆发而喷出的内流质。但是天空上面的水又是什么呢？惠特科姆和莫里斯认为摩西说的不可能是匆匆而过的雨云，因为他告诉我们（在《创世记》2：5 中），“神主上帝没有使雨降到地球上”。因此作者想象在那个全盛时代，地球被一个巨大的水蒸气的天穹包围着（虽不可见，却并没有遮蔽《创世记》1：3 中的光）。惠特科姆和莫里斯这样写道：“上面的水因此被神的创造力安排在那儿，而不是由于现在的水循环造成的。”深渊上涌，连同穿透地表的液化，以及由于天空不断下降，如此产生的水足以造成挪亚时代遍及世界的洪水。

奇异的解释常常会引起层出不穷的其他问题。在这个例子中，受过水利工程训练的莫里斯和惠特科姆乞求神灵帮助把水聚集到天穹中，但却找不到自然途径让它们降下来。因此他们乞求神迹出现：上帝先把水搁在那儿，好让他随后把它释放出来。

> 简单的事实就是，除非承认超自然因素的存在，否则不可能产生任何一种《创世记》的洪水……很明显"天窗"的打开正是为了让"天空上面的水"降到地面上来。"所有深处源泉"的喷射都是上帝超自然的举动。

我们通常这样定义科学：科学是符合不变的自然规律的一个解释体系。至少部分而言是这样。既然如此，那么这种迷人的、直接祈祷神迹的做法（抛弃了自然规律）似乎否认了现代神造运动的种种核心主张：神造论不是宗教，而是取代进化论的另一种科学理论；科学家蔑视神造论是因为神造论者是一群狂热的教条主义的家伙，他们不会赞赏新的科学进展；神造论者要使人们在公立学校的科学课堂中"公平对待" 神造论和进化论，就必须寻找立法补救。

立法史已经逼迫神造论者使用为其宗教观念争取科学地位的策略。早期法律公然禁止教授进化论，导致了 1925 年约翰·斯科普斯（John Scopes）被判有罪。但是这些旧法在 1968 年被最高法院推翻，这已是他们对教学发挥可怕影响 40 年后的事情了。（进化论是生物科学的一个不可或缺的组织，可是我在 1956 年的高中生物课上却从来没有听说过。纽约市肯定地说没有受到任何有关法令的束缚，但是出版商却遵循所谓"最少共同特征"的销售战略，把国家版课本剪裁成符合个别州的课本，那些州认为把猿猴放在家族铭牌上是非法的。）准许用同等时间宣讲生命历史方面的宗教观点的第二个企图在 20 世纪 70 年代通过了田纳西州立法，但是法院却裁定其违反宪法。这个裁决只给神造论留下一条立法出路——宣称神造论是一门科学。

第三个战略已经取得了初步的成功，"公平对待"使"进化科学"和"创世科学" 在教室中受到同等对待的法令，于 1981 年在阿肯色州和路易斯安那州立法。ACLU[①]已就路易斯安那州的法律是否违宪而请求联邦法院裁决，今年将有可能进行审判。阿肯色州的法律在 1981 年也受到了 ACLU 的挑战，被代表的原告是本地人（此外还包括 12 位执业神学家，他们比科学家更觉受到议案的威胁）。

① American Civil Liberties Union 的缩写，意为美国公民自由协会。——译注

联邦法官威廉姆·R. 奥弗顿（William R . Overton）去年 12 月在小石城审理阿肯色州的案件。我也把一天中大部分好时光花在证人席上。我作为控方证人，主要证实化石记录是怎样驳倒“洪水地质”和支持进化论的。

1 月 5 日，奥弗顿法官发表了雄辩的意见，宣布阿肯色州的立法违宪。理由是所谓的“创世科学”只是逐字照读《创世记》而已，所以它只是一个派别性的（和狭义的宗派性的）宗教观点，根据“第一修正案”，这种观点不能在公立学校的课堂里讲授。法律语言经常难于理解，但有时候又是很有趣的。我喜欢奥弗顿在判决时的措辞：“……兹此作出判决支持原告，反对被告，撤销法案之请求予以准许。”

奥弗顿把“创世科学”与吵人的、宗派的原教旨主义等同起来的原因有二。

第一，神造论者的领袖们发表了一些坦白的个人文件以答复原告的传票，奥弗顿大段大段地引用，证明科学的神造论这一主张是虚伪的。例如：保罗·埃尔万哥（Paul Ellwanger），他是位不知疲倦的“模范议案”的提倡者和起草者，他的这项议案已经成了 1981 年阿肯色州第 590 号法案，ACLU 向这项法案提出挑战。保罗在一封给一位州立法委员的信中这样说道：“我把整个战斗看作是信上帝者与反上帝者之间的战斗，尽管我知道有大量进化论者也相信上帝……撒旦应该尽其所能来反对我们的努力。”在另一封信中，他提及“一个想法，要扼杀进化论，而不要再玩这些我们已经玩了将近十年的辩论游戏”——这是神造论者最终目标的一个相当清晰的声明，也证明他们的种种所谓的呼吁——“同等的时间”“美国式的公平”“同时介绍两者，让孩子们决定”——无非是些花言巧语。

第二，议案违宪的证据还在于神造论者论点本身的逻辑和特征。洪水故事是所有神造论体系的核心。洪水故事引出神造论者能提供的唯一具体并可检验的理论。除此之外，他们只有嘲笑进化论罢了。在阿肯色州第 590 号法案中，洪水故事被毫不隐讳地引作确定“创世科学”的六个确定特征之一：“用灾变，包括遍及世界的大洪水，解释地球的地质学”。

神造论在两个方面显露了它的非科学性：它的中心教义无法检验；它的边缘主张虽然可以检验，但却已经证明是错的。它的要害在于，神造论者的解释依赖于“奇异性”，也就是建立在神迹上。神造论者的上帝不是牛顿和波义耳所指的高贵的上发条者，高贵的上发条者在一开始就恰当地规定了自然规则，然后便不再直接控制自然了，他相信他的最初决定是不需要任何修正的。而神造论的上帝永远在场，必要时就搁置自己制定的规则，以便能破旧立新。既然科学只能探索存在于恒定的自然规律条件下的自然现象，那么动辄祈求神迹就把神造论放到另一个领域里去了。

我们已经看到惠特科姆和莫里斯怎样从天堂的堤防之上移开神的一根手指，从蒸气天幕上放水淹没大地。但是围绕在挪亚洪水周围的神迹并未就此停止，还需要两个超自然的援助。首先，上帝要“召集所有的动物去方舟”(《圣经》告诉我们是它们自己想办法去的，见《创世记》6：20)。其次，上帝插手使所有的动物在“发洪水的一年中得到控制”。惠特科姆和莫里斯写下关于冬眠的长篇专题论文，而且怀疑动物们当时进入了一种上帝注定的假死状态，以此大大减轻挪亚那群年迈而又人数不多的船员们喂养动物和打扫卫生的责任(可怜的挪亚当时已600岁了)。

有时神造论领袖们也会坦白地承认起源和毁灭的神迹特征无法作科学的理解。莫里斯写道(奥弗顿法官也引述过)：“当事情发生的时候，上帝在那儿，而我们不在那儿……因此，我们完全局限于上帝认为我们该知道的信息里，而这些都写在《圣经》中。”杜安·吉什(Duane Gish)这位神造论的作家领袖说：“我们不知道造物主是怎样创造的，也不知道他用的是什么方法，因为他用的方法现在在自然界的任何一个地方都已不再起作用……我们不能通过科学检查去发现上帝创世过程中的任何东西。”当就这些引述而被逼问的时候，神造论者会承认他们毕竟就是在传播宗教，但是他们又认为进化论同样是一种宗教。吉什还说道：“神造论者已经一再声明无论是神造论还是进化论都不是科学理论，它们都是宗教。”但是正如奥弗顿法官所推理的那样，如果神造论者单单只是抱怨进化论是宗教，那么他们应该努力把进化论从学校中赶出去，而不是试图把他们自己的那门子宗教也塞进科学课堂；反之，如果他们硬说自己的关于自然历史的说法是正确的，那么他们必须能够根据科学的要求证明神造论是科学的。

科学的主张必须经得起检验，原则上我们必须能够去预想一整套可以将其证伪的观察数据。正如惠特科姆和莫里斯所承认，我们不能以这个标准来判断神迹。但是，是不是所有神造论者的写作都只是跟无法证明的奇异性有关呢？他们的论点就从来没有以合适的科学形式出现过吗？神造论者确实提供了一些能够检验的论述，这些是可以用科学分析检验的。那么，为什么我还坚持认为神造论不是科学呢？原因很简单，因为这些相对甚少的论述已得到检验并受到毋庸置疑的驳斥。用教条的观点进行证伪不是科学行为。科学家和我们一样顽固，但是他们一定能够改变他们的看法。

在“洪水地质学”中，我们发现可以检验的神造论主张的材料最为丰富。神造论者已经被一个众所周知而无法否认的事实逼到毫无还手之力的地步，那就是全世界的化石记录都遵循单一不变的顺序。最古老的岩石中只有单细胞的生物，无脊椎动物在稍后一些的地层中居支配地位，接下来就是早期鱼类，然后就是恐龙，最后是大型哺乳动物。有人可能有兴趣对《圣经》采取一种“自由的”或者隐喻的观点，把这个顺序与《创世记》第一章中的创世顺序等同，让摩西的“天”成为百万年甚或是十亿年。但是神造论者不承认这样的调和，他们的原教旨主义是绝对的，不可调和的。如果摩西说“一天”，他指的就是 24 小时构成的一段时间，准确到秒。（神造论文献对自由主义神学比对进化论更不仁慈。作为愤怒的缘由，谁也比不上内部的敌人。）

既然上帝造物如此敏捷，那么所有生物一定曾经同时生活在地球上。那么，化石记录又为何以不变的顺序分类存留于地层之中呢？为了解决这个特别棘手的难题，神造论者便乞求挪亚的洪水：所有的生物都被大洪水搅在一起，它们化石形成的顺序就是大水退却过程中动物的沉降顺序。但是什么样的自然过程能从一团混乱中形成可以预见的顺序呢？“洪水地质学”的可验证的建议被提出来解释分类的原因。

惠特科姆和莫里斯提出三种解释。第一是水文学的解释，认为密度越大、越是呈流线型的物体，下降得越迅速，所以应该聚集在底层（传统地质学中，乃最古老的地层）。第二是生态学的解释，预想了一种易受环境影响的分类。洋底生物首先被洪水征服，应该位于地层的下层；山顶生物延迟了不可避免的死亡，因此装点较上方的地层。第三是解剖学的解释或功能的解释，认为一些动物，由于它们的高智商或较高的能动性，也许一时抗拒成功，结果死在顶部。

所有这三种解释都已经证明是错误的。较低的地层中充满了微小的、漂浮的生物，当然也有球形的块状生物。许多海洋生物——特别是鲸鱼和硬骨鱼——只出现在较上部的地层中，远在陆生动植物群的上部。手脚笨拙愚蠢的树懒（更不用说许多水生无脊椎动物）所处的地层却远在只属于许多灵活聪敏的小恐龙和翼龙的那些地层之上。

普遍的化石序列的不变性是反击其一蹴而就的最有力的论据。这种毫无例外的顺序会不会产生于这类可疑的分类过程造成的同时混合呢？当然，在有些地方，至少一只勇敢的三叶虫会奋勇向前（这时它的同伙都已经死了），并在较上部的地层中找到一个位置。当然，在一些原始海滩上，可能有哪个人突然心脏病发作，在智力还没机会想出暂时逃脱的办法之前，就已经被卷进较低的地层中。但是，如果地层代表很大的范围内前后相继的时间，那么不变的顺序就是一个预期结果，而不是一个问题。没有一只三叶虫出现在较上面的地层中，因为它们已经在2.25亿年前消亡了。没有人能当恐龙的岩化伙伴，因为最后一只恐龙消失的6000万年之后人类才出现。

真正的科学与宗教是不冲突的。同时也是职业神学家的科学家们从事挪亚洪水研究的历史，提供了一个揭示这一重要真理的极好例子，还说明很久以前宗教科学家如何让“洪水地质学”靠边站。我在前面讲过，直接祈求神迹和不愿抛弃错误教条这两点已经剥夺了现代神造论者自封的科学家地位。当我们探讨伟大的科学家兼神学家在过去的几个世纪里是怎样对待洪水问题的时候，我们注意到他们的工作是卓著的，因为他们有意识拒绝把神迹作为他们解释的方案，而愿意在地质证据面前放弃以前的假说。他们是科学家和宗教领袖——他们向我们展示了为什么现代神造论者不是科学家。

关于神迹这个主题，托马斯·伯内特牧师大人（Reverend Thomas Burnet）在17世纪80年代出版了他那个世纪最著名的地质学论文，即《神圣地球理论》。伯内特接受了《圣经》的真理，开始着手创建与《创世记》中的事件相符合的地质史。但是他甚至更强烈地相信另外的东西：作为一名科学家，他必须遵循自然法则，一丝不苟地避免神迹。以今天的标准来看，他的故事是富于幻想的：地球本来没有一定的形态，但在变干和断裂；裂缝成为内部液体的出口，但是雨水充填了裂缝。地球变成一个巨大的压力锅，崩裂了它的表层；地球内部的水爆发出来淹没了地球本身，产生了挪亚洪水。确实怪异，但这种怪异恰恰是由于伯内特不愿抛弃自然法则使然。把一个设想的故事强行放进自然因果关系的限制中是不容易的。伯内特一再承认，如果他能向神迹求援，他的工作就简单得多了。如果上帝可以为其灾难性的大清洗直截了当地制造出新的水来，伯内特何必要以一种自然科学可以接受的方式去编造这样一个复杂的故事为洪水找到水源呢？伯内特的许多同行敦促他走这条路，但是他都拒绝了，因为那和“自然哲学”的方法不一致（“科学”这个单词当时尚未在英语中使用）：

> 他们只是简单地说全能的上帝为了制造大洪水创造了水……就这么几句话就算完事。此乃投机取巧。

像牛顿和波义耳的上帝一样，伯内特的上帝是上发条者，而不是一个修修补补而不断扰乱自己体系的笨蛋。

> 一个人造了一只钟，但每小时都要用手指去拨动才能让它报时。第

二个人造一只钟，这只钟每小时都靠他装好的发条和转轮正常报时。相比之下，我们就认为第二个人是一个好的钟表匠。如果一个人设计的钟每小时都报时，走动也正常，就这样过了一段时间，到一定的时候，得到给它的指令，或被触动一下发条，它就自动变成碎片，而另外一只钟，需要钟表匠在预定的时间，拿一把大斧头来，把它打成碎片，相比之下，第一只钟难道不应该被视为杰作吗？

19 世纪早期，地质学家思考并检验了洪水地质学。他们从不相信一场洪水就产生了所有带化石的地层，但是他们先是接受随后摒弃了这样的观点：最高的地层中保留着唯一一次席卷全世界的灾难性洪水的迹象。地质学这门科学产生在大冰期受过冰河作用影响的国家里，冰河作用的淤积物类似于洪水的沉积物。19 世纪 20 年代，英国地质学家着手开展了广泛的经验主义研究，以检验这些淤积物是不是由一次洪水活动产生的。这项工作由两位牧师领导，一位是亚当·塞奇威克牧师大人（Reverend Adam Sedgwick，教过达尔文地质学），另一位是威廉·巴克兰牧师大人（Reverend William Buckland）。巴克兰最初认定所有“表面的沙砾层”（这些淤积物当时就叫这个名称）代表一次事件。1824 年，他出版了《洪水遗物》（Reliquiae Diluvianae）。然而，巴克兰后来的田野研究证明表面沙砾层并不是同时代的，而是代表了几个不同的事件（即我们现在所知道的多重冰河期）。地质学宣布不存在席卷全世界的大洪水，只存在长期的地区性洪水。塞奇威克在科学和神学两方面都是巴克兰最好的同事，他在科学史上的一个重大声明中，公开放弃了洪水地质学——并赞同经验主义科学——那声明就是 1831 年他在伦敦地质学会上的主席发言。

我是我现在认为哲学异端的一门学科的信仰者和尽心竭力的传播者，并且不止一次地被人们引用我现在不赞同的观点。现在，在我从这个主席位置上下来之前，我愿意公开宣读我放弃原信仰的声明，我认为这样做是对的……

我认为，现在已确立了一个伟大的不容争辩的反面结论——大量洪积层几乎散布在地球表面的每个地方，它们不属于某一个猛烈而短暂的时期……

实际上，我们应该在我们首次接受洪水理论之前，在把古老的表面沙砾层认作摩西所说的洪水的作用之前停住……在把遥远的未知构成归于某一名下方面，在给予它们同时的起源方面，在不依据我们发现的有机物遗存，而依据我们指望今后会发现的有机物遗存来确定它们的年代方面，我们又一次感情用事了，我们的头脑因感情而被禁锢在一般性结论上了，我们又一次失于草率，因为草率而未将缺乏联系的诸多真理加以考虑。

去年 12 月，当我准备离开小石城的时候，我去旅馆我的房间收拾东西，发现一个人正反坐在我的洗脸台上，用一把管道工扳手把它拆开。他解释道，由于漏水下面房间天花板的一部分已经塌了，他正在找水的来源。我的洗脸台正好在那上面，理所当然成了怀疑对象。但是他假设错了，因为我的洗脸台一切工作正常，并没有任何破损。管道工接着向我作了一个引人入胜的学术演讲，描绘了专家如何通过旅馆的水管和墙追踪水路。这种解释很合乎逻辑和机械力学：它只能来自某处某处，流向某处某处，止于某处某处。然后我问他，他对街对面的那场审判怎么看。他承认他是个坚定的神造论者，他坚信挪亚洪水的神迹。

作为职业的管道工，这人从未怀疑过水有物理来源并按机械原理流在确定的路线上——他能用本行业的原理找到漏水的原因。事实上，如果一遇到胶土和灰泥使他手足无措的时候，他就怀疑土木工程的原理已不起作用的话，那么他将是无能的（而且失业的）管道工。在探讨地球的物理历史时，我们何必还要另搞一套呢？

进一步研究洪水神话的阅读书目

Allen，Don Cameron

1963 *The Legend of Noah*. Urbana：University of Illinois Press. 221 pp. A most scholarly treatment of the debate between religion and science concerning the flood with special reference to the Renaissance. One chapter from this outstanding study has been included in the present volume.

Anderson，Walter

1923 *Nordasiatische Flutsagen*. Acta et Commentationes Universitatis Dorpatensis B. Humaniora 4: 1—44. Twenty-one texts of North Asian myths are presented to refute claims by earlier scholars such as Andree，Winternitz，and frazer that the flood myth was absent from this part of the world. The nine myth traits proposed by Winternitz are utilized and critiqued.

Andree，Richard

1891 *Die Flutsagen*：*Ethnographisch betrachtet*. Braunschweig: Friedrich Vieweg. 152 pp. One of the first truly comprehensive compilations of flood myths worldwide.

Baumann，Hermann

1936 *Schöpfung und Urzeit des Menschen im Mythus der afrikanischen Völker*. Berlin: Verlag von Dietrich Riemer. 435pp. The discussion of "Der Grosse Flut" in Africa（pp.307—319）seeks to disprove the allegation repeated by most flood myth researchers（e.g.，Andree，Usener，Frazer，Riem）that the myth is not reported in Africa. However，the scanty total of a bare two dozen texts which the author maps for the African continent actually supports the idea that the myth is relatively rare among the peoples of this area.

Berge，François

1951 "Les légendes de Déluge." in *Histoire generale des religions*，vol. 5. Paris：

Librairie Aristide Quillet.Pp.59－101.One of the finest, most scholarly, and succinct surveys of flood material. Includes a substantial treatment of the various interpretations proposed to explain the myth's content (pp. 93－101).

Böklen, Ernst.

1903 "Die Sintflutsage: Versuch einer neuen Erklarung." *Archiv für Religionswissenschaft* 6: 1－61, 97－150. The author, an advocate of lunar mythological interpretation, applies this theory to the flood myth. For example, the ark is the moon (p. 12); the black raven is the dark of the moon (P. 110); Noah's sons are phases of the moon with Ham being the dark of the moon (p. 140).

Buttmann, Philipp

1828 "Über den Mythos der Sündflut." *Mythologus*. Berlin: In der Mylius'schen Buchhandlung. Pp. 180－214. In this essay, first. presented in 1812, the author compares the biblical flood with the classical Greek account of Deucalion among others.

Casalis, Matthieu

1976 "The Dry and the Wet: A Semiological Analysis of Creation and Flood Myths." *Semiotica* 17: 35－67. An application of semiotics, including the binary oppositional paradigms of Claude Lévi-Strauss, to the J and P creation accounts in Genesis with special emphasis upon the contrast between dryness and wetness.

Charencey, H. de

1865 "Le Déluge, d'après les traditions indiennes de l'Amerique du Nord." *Revue americane*, 2nd series, 2:88－98, 310－320. One of the earliest serious attempts to review flood myths in the Americas

Custance, Arthur C.

1979 *The Flood: Local or Global?* Grand Rapids, Mich: Zondervan Publishing House. 307 pp. Only the first third of this book (pp. 7－105) treats the flood, including "the extent of the flood" and "flood traditions of the world." The author contends that although the flood was universal, mankind was originally confined to a small geographical area and thus it was essentially local——a novel solution to the globallocal debate. Aware of the scientific critique of the biblical account of the age of the earth, the author wistfully hopes (pp. 44, 57) for "some little discovery" which will disprove the modern methods of dating the past.

Dalton, W. J.

1957–1958 "The Background and Meaning of the Biblical Flood Narrative." *Australasian Catholic Record* 34 : 292–304; 35 : 23–39. A valuable review of the Near Eastern analogues of the flood account in Genesis with a careful comparison of the P and J strands of the latter.

Filby, Frederick A.

1970 *The Flood Reconsidered: A Review of the Evidences of Geology, Archaeology, Ancient Literature, and the Bible.* London: Pickering & Inglis. 148pp. A good example of a "believer's" attempt to document the historicity of the deluge. After reviewing data from a variety of disciplines, the author concludes (p. 124): "Thus from the first statement about the Flood to the last in the book of Genesis every verse that can be questioned, examined and tried has stood the test ……Not one sentence of the Biblical account, carefully interpreted in its context, can be shown to be incorrect or secondhand or even to be unrealistic or unlikely. It is the recorded, reliable account of an eye witness."

Fischer, Hanns

1925 *Weltwenden: Die grossen Fluten in Sage und Wirklichkeit.* 2nd ed. Leipzig: R. Voigtländers Verlag. 230 pp. A rather extreme example of the literal-historical approach to the flood insofar as a strange admixture of astronomical and geological conjectures is invoked to prove that the flood myth represents a vestigial memory of actual ice-age and earlier catastrophic events. The problem of how humans are supposed to "remember" things that took place during a period when dinosaurs roamed the earth is not seen as an obstacle.

Frazer, James George

1916 "Ancient Stories of a Great Flood." *Journal of the Royal Anthropological Institute* 46 : 231–283. This Huxley Memorial Lecture for 1916 began an extensive comparative investigation of the flood myth which culminated in Frazer's treatment of the same topic in the first of three volumes of *Folk-Lore in the Old Testament*. In his revision of the 1916 paper, Frazer gives the most comprehensive survey in English of flood myths worldwide. See "The Great Flood" in *Folk-Lore in the Old Testament*, vol. 1 (London: Macmillan, 1918), pp. 104–361. A brief selection from this elaborate essay has been included in this volume.

Gillispie, Charles Coulston

1959 *Genesis and Geology: A Study in the Relations of Scientific Thought, Natural Theology, and Social Opinion in Great Britain, 1790–1850.* New York: Harper & Row, 306 pp. This work, first published in 1951, is a masterful historical overview of the early geologists' attempts to wrestle with the question of the historicity of the biblical flood.

Gittée, Auguste

1899 "Les légendes du Déluge devant L'ethnographie et L'histoire." *Revue de Belgique* 27 : 250–265, 350–362. A survey of classical, Indic, and "primitive" flood myths.

Hwei, Li

1955 "The Deluge Legend of the Sibling-mating Type in Aboriginal Formosa and Southeast Asia." *Bulletin of the Ethnological Society of China* 1 : 171–206. A survey in Chinese of some fifty-one flood myths from Southeast Asia and southern China which involve brother-sister incest. Much of the same material is covered in Walk's 1949 essay.

Kamma, Freerk C.

1978 *Religious Texts of the Oral Tradition from Western New-Guinea (lrian Jaya)*. Part B, Religious Texts Translation Series NISABA, Vol. 8. Leiden: E. J. Brill. 196 pp. Twenty substantial flood myths (pp.1–86) document the deluge tradition in Western New Guinea.

Lambert, G.

1955 "Il n'y aura plus jamais de Déluge (Genèse IX, 11)." *Nouvelle revue théologique* 77: 581–601, 693–724. The first part of this essay consists of a detailed comparison of the P and J flood accounts in Genesis while the second part reviews the Near Eastern cognate myths and archaeological data with respect to their relevance to the Genesis flood.

Lenormant, François

1879 "The Deluge: Its Traditions in Ancient Nations." *Contemporary Review* 36: 465–500. One of the most erudite of the earlier comparative surveys of flood myths. The author concludes that "the Biblical Deluge is a real and historical fact" and that it must arise "from the reminiscence of a real and terrible event, so powerfully impressing the imagination of the first ancestors of our race, as never to have been forgotten by their descendants." This event, he argues (p. 500), must have occurred "before the dispersion of the families from which the principal races were to spring."

Lewis, Jack P.

1968 *A Study of the Interpretation of Noah and the Flood in Jewish and Christian Literature.* Leiden: E. J. Brill. 199 pp. A detailed account of apocryphal and postbiblical Jewish and Christian writings on the flood with such chapters as "The Flood in Hellenistic-Jewish Writers" (pp. 42–81); "Early Christian Interpretations of the Flood" (pp. 101–120); and "The Flood and Later Christian Spiritual Exegesis" (pp. 156–182).

Montgomery, John Warwick

1974 *The Quest for Noah's Ark.* Minneapolis: Dimension Books. 384 pp. One of the more comprehensive popular accounts of the numerous expeditions during the past several centuries seeking traces of the ark on Mount Ararat. It includes a substantial bibliography (pp. 360–371).

Parrot, André

1955 *The Flood and Noah's Ark.* London: SCM Press. 76 pp. This translation of a 1953 book by a distinguished French archaeologist ably reviews the Near Eastern flood texts and the archaeological data. He considers the flood as a historical event.

Peake, Harold

1930 *The Flood: New Light on an Old Story.* London: Kegan Paul, Trench, Trubner & Co. 124 pp. A survey of the evidence for a Near Eastern flood as a historical occurrence from an archaeological perspective, ending with a chapter on Leonard Woolley's "discoveries" at Ur (pp. 83–112).

Pessoa, Marialice Moura

1950 "The Deluge Myth in the Americas." *Revista do Museu Paulista*, N. S. 4:7–48, This summary essay written in Portuguese but with accompanying English translation, includes a classification of the principal elements of the deluge story. Based upon texts from North, Central and South America, these elements include (1) deluge is foretold, (2) causes of the deluge, (3) the physical element that produced the flood, such as rain, tears, blood, urine, and hot liquid, (4) means by which the people were saved from the flood, and (5) people saved.

Rehwinkel, Alfred M.

1951 *The Flood in the Light of the Bible, Geology, and Archaeology.* St. Louis: Concordia Publishing House. 372 pp. The author, who believes that "the flood is the greatest single event in the history of the earth since the days of Creation," argues that it was a "prototype of the Final Judgment, which will make a sudden and fearful end of the second world" (pp. 343, xix).

Riem, Johannes

1925 *Die Sintflut in Sage und Wissenschaft.* Hamburg: Rauhen Haus, 194 pp. This comparative overview, based upon some 303 texts (as opposed to the 88 amassed by Andree in his 1891 study), differs from others in its effo rt to provide accurate statistical counts of details. Among the 268 reports–as distinguished from 35 allusions to the myth–we find 77simple floods, 80 instances of inundation, 3 cases of snowfall, 58 examples of excessive rain, etc.

Rooth, Anna Birgitta

1962 *The Raven and the Carcass: An Investigation of a Motif in the Deluge Myth in Europe, Asia, and North America.* FF Communications no. 186. Helsinki: Academia Scientiarum Fennica. 268 pp. A detailed study of the motif of the raven or crow which stops to eat carrion in contrast to the dove who returns with the olive branch. Rooth divides flood myths into fourteen traits: (1) cause of the fall of man, (2) the exception of one man, (3) man's explanation, (4) the size and building of the ship, (5) the loading of the boat, (6) the storm and the deluge, (7) the storm ceases, (8) stranded on a mountain, (9) sending out birds, (10) alighting from the ark, (11) the offerings, (12) the divine promise, the covenant, (13) deification, and (14) criterion of the flood's historicity (remains of the ark are still to be seen or found, for example). Concentrating on trait 9, Rooth concludes that the raven and the carcass motif which occurs in Gilgamesh and in native North America was originally an oriental motif which partly via Greek-Roman and partly via Jewish-Christian tradition spread in medieval Europe. The Amerind occurrences are said (p. 251) to be Christian borrowings presumably introduced by missionaries.

Teeple, Howard M.

1978 *The Noah's Ark Nonsense*. Evanston, Ill.: Religion and Ethics Institute. 156 pp. An eminently readable and informed account of flood myth scholarship arguing that literal belief in the Noachian flood and the purported discovery of an actual ark—as recounted in the film *In Search of Noah's Ark*, for example—does a disservice to enlightened belief in the Bible and Christianity. "If we accept the Flood story as 'true,' then we have a religion with a God who is a mass murderer!" (p. 76).

Usener, Hermann

1899 *Die Sintfluthsagen.* Bonn: Verlag von Friedrich Cohen. 279 pp. A serious attempt to apply the tenets of solar mythology to the flood myth.

1901 "*Zu den Sinfluthsagen*" *Rheinisches Museum für Philologie* 56: 481–496. A continuation of the solar mythological interpretation of the flood.

Utley, Francis Lee

1960 "Noah, His Wife, and the Devil." In Raphael Patai, Francis Lee Utley, and Dov Noy, eds., *Studies in Biblical and Jewish Folklore*. Bloomington: Indiana University Press. Pp. 59–91. An urbane, humanistic overview of the Noah story's impact on science, the history of ideas, fine arts, folk lore, and literature.

Van De Fliert, J. R.

1969 "Fundamentalism and the Fundmentals of Geology." *Journal of the American Scientifc Affiliation* 21:69–81. A Dutch geologist with religious convictions writes an intentionally devastating critique of *The Genesis Flood* by Whitcomb and Morris. Opposing Fundamentalism, he concludes (p. 80): "The reliability of the Word of God spoken in this world through His prophets and apostles is beyond the reach of scientific control, because the Bible is not a scientific book. As such, it is not vulnerable to the results of science."

Vitaliano, Dorothy B.

1973 "The Deluge." *In Legends of the Earth: their Geologic Origins.* Bloomington: Indiana University Press. Pp. 142–178. Flood stories are "recollections—vastly distorted and exaggerated ... of real local disasters." The author contends "there is not one deluge legend, but rather a collection of traditions which are so diverse that they can be explained neither by one general catastrophe alone, nor by the dissemination of one local tradition alone." She concludes: "Flood traditions are nearly universal... mainly because floods *in the plural* are the most nearly universal of all geologic catastrophes" (p. 178).

Walk, Leopold

1931 "Die Sintfluttradition der Völker." *Österreichische Leo-Gesellschaft Jahrbuch*, pp. 60–81. A sophisticated and succint review of the major theoretical issues involved in flood myth scholarship.

1949 "Das Flut-Geschwisterpaar als Ur- und Stammelternpaar der Menschheit: Ein Beitrag zur Mythengeschicte Süd- und Südostasiens." Mitteilungen de r Österreichischen Gesellschaft für Anthropologie, Ethnologie und Prähistorie 78/79: 60–115. A remarkably meticulous and massive assemblage of South and Southeast Asian flood myths involving sibling incest.

Whitcomb, John C., Jr.

1973 *The World That Perished.* Grand Rapids, Mich.: Baker Book House. 155 pp. A sequel to the 1961 work by Whitcomb and Morris seeking to rebut criticisms of that book.

Whitcomb, John C., Jr., and Henry M. morris

1961 *The Genesis Flood: The Biblical Record and Its Scientific Implications.* Grand Rapids, Mich.: Baker Book house. 518 pp. A professor of Old Testament and a professor of hydraulic engineering teamed up to write a comprehensive but doctrinaire attempt to bring scientific evidence to argue for the historicity of a universal flood.

Winternitz, M.

1901 "Die Flutsagen des Alterthums und der Naturvölker." *Mitteilungen der Anthropologischen Gesellschaft in Wien* 31: 305–333. One of the most detailed and influential comparative studies of the flood myth in which some seventy-three versions (many taken from Andree) are broken down into traits such as (1) cause of the flood, (2) the flood, (3) the spread of the flood, (4) the hero of the flood, (5) the rescue, (6) the prophecy, (7) the taking along of the "seed of life" (forms of plant and animal life), (8) the duration of the flood, (9) the end of the flood, and (10) the fate of the hero and mankind after the flood. The author further distinguishes (p. 325) what he terms very characteristic features such as the enclosed ark, taking along the seed of life, the sending out of birds, the sacrifice, and the rainbow. These are differentiated from such features as the ethical motive, the rescue of a hero, the prophecy, and the renewal of mankind.

常用专名译音对照索引

说明：

1. 本索引所含专名主要有人名、地名、族名、神名等，在原名后分别以（人）、（地）、（族）、（神）、（妖）等予以区别，并在中文名后以阿拉伯数字表示其所出现的篇章序号。默认《洪水（〈创世记〉6—9章）》为第1篇，依次类推。

2. 译名主要参照了《英语姓名译名手册》（辛华编，商务印书馆，1981年修订本）、《外国地名译名手册》（中国地名委员会编，商务印书馆，1983年版）、《世界民族译名手册》（李毅夫、王恩庆等编，商务印书馆，1982年版）、《神话辞典》（［苏联］M. H. 鲍特文尼克等编著，黄鸿森、温乃铮译，商务印书馆，1985年）、《外国神话传说大词典》（外国神话传说大词典编写组编，中国民间文艺家协会研究部审定，中国国际广播出版社，1989年版）和其他工具书，有的直接采用现在学术界通行的译音。

A. T. Clay （人） 克莱 4、6、7、10、12

A. H. Sayce （人） 塞斯 3

A. Poebel （人） 波贝尔 5

Abel （人） 亚伯 2、5、7、12、13、21

Abraham （人） 亚伯拉罕 7、12、21

Adad （神） 安达 5、6、9、10、11、16

Agatha Christie （人） 阿加莎·克里斯蒂 7

Alan Dundes （人） 阿兰·邓迪斯 6、12

Aleyan-Baal （神） 阿里安–巴尔 1、6

Altjira （神） 阿尔齐拉 10

Altjirangamitijina （神） 阿尔齐兰加米齐那 10

Amoritic （族） 阿摩里特 6

An （神） 安 5

Anat （神） 阿尼特 6

André Parrot （人） 安德烈·帕罗特 7

Annamaria Lammel （人） 阿娜玛丽亚·拉梅尔 14

Anne Kilmer （人） 安妮·基尔默 5
Antiochu I Soter （人） 安条克一世索特 4
Anu （神） 阿努 3、4、5
Anunnaki （神） 阿努纳基 5
Arbela （地） 阿贝拉 3
Ardátes （人） 阿达兹 3
Assurbanipal （人） 亚述巴尼拔 3、4
Assur-nazir-pal （人） 亚述－纳兹尔－帕尔 3
Assyrian （族） 亚述人 3、4
Aztec （族） 阿兹特克 13
Babel （地） 巴别 3
Babylonian （地） 巴比伦 3、4、5、6、7、8、9、10、12、18、19、26
Badtibira （地） 巴德提比亚 4
Balgo Mission （地） 巴尔戈传道区 16
Barbwire Range （地） 巴布维尔山脉 16
Baumann （人） 鲍曼 10、16
Bel （神） 贝尔 3、4、10、11
Belesu （人） 贝勒苏 3
Bengal （地） 孟加拉 9、10、12、20
Bernhard N. Anderson 伯恩哈德·N. 安德森 2
Berossus （人） 贝罗索斯 3、4、
Bitani （地） 比塔尼 3
Bör （神） 玻尔 10
Brazil （地） 巴西 10、12、23
Brinton （人） 布林顿 10
Broome （地） 布鲁姆 15
Buzursadirabi （人） 普兹尔萨迪拉比 3
Cain （人） 该隐 2、5、6、13、21
Calneh （地） 卡尔勒 3
Campbell Thompson （人） 坎贝尔·汤普森 3

Cannan （人）	迦南　1、5、6、12、21、22
Canney （人）	坎尼　6、10
Captain Cook （人）	库克船长　15
Chaldean （族）	迦勒底人　3
Corcyraean （地）	克基拉　3
Cory （人）	科里　3
Cronos （神）	克洛诺斯　3
Damascus （地）	大马士革　21
Damrong Tzyanin （人）	达姆隆·泰安尼　18
Daniel Hammerly-Dupuy （人）	丹尼尔·哈默利－迪普伊　4
David L. Perersen	戴卫·L. 彼得森　2
David Shulman （人）	戴维·舒尔曼　20
Derby （地）	德比　15
Deucalion （神）	丢卡利翁　8、9、10、23、24
Dilolo L. （地）	迪洛洛湖　10
Djilinbadu （地）	迪季林巴都　14
Don Cameron Allen （人）	唐·卡梅伦·阿伦　23
Dr. P. Playford （人）	P. 普莱福德博士　14
E. Young （人）	杨　2
E. A. Speiser	E. A. 斯派泽　2、4、12
E. Ebeling （人）	埃贝林　4
Eatu （人）	伊图　5
Eduard Nielsen	埃德亚德·尼尔森　2
Ehrenreich （人）	埃伦赖克　10
Eisler （人）	艾斯勒　6
Eleanor Follansbee （人）	伊雷诺·福兰斯比　6
Eloheim （神）	艾洛辛　2
Emmi Kahler-Meyer （人）	埃米·凯勒－梅耶　16
Enki （神）	恩基　4、5、10
Enlil （神）	恩利尔　4、5、6、11
Enoch （人）	以诺　2、3、21

Erech （神）	埃雷克 6
Erich Kolig （人）	艾瑞克·科利格 15
Eridu （地）	爱里都 4、7
Farabee （人）	法拉比 10
Father Eric Burrows （人）	埃里克·伯罗斯神父 7
Fernando Horcasitas （人）	费尔南多·赫卡斯塔斯 13
Fitzroy River （地）	菲茨罗伊河 15
Francis Lee Utley （人）	弗朗西斯·李·厄特利 22
Francisco Demetrio （人）	弗兰西斯科·德米特里欧 17
Franz Boas （人）	弗朗兹·博厄斯 13
Frazer （人）	弗雷泽 6、8、9、10、12
G. Lambert （人）	G. 朗博 2
Gabriel （人）	加百列 21
Gagural （神）	加格拉尔 15
George Smith （人）	乔治·史密斯 3、4、7
Geza Roheim （人）	格扎·罗亨 11
Gilgamesh （人）	吉尔伽美什 3、4、5、6、10
Graves，Robert （人）	罗伯特· 格里夫斯 21
Guti （族）	古提人 4
H. Weld - Blundell （人）	H. 威尔德–布伦德尔 4
H. V. Hilprecht （人）	H. V. 希尔普里特 4
Hades （神）	哈得斯 3
Halls Creek （地）	霍尔斯克里克 15
Ham （人）	含 1、2、6、12、21、22
Hans Kelsen （人）	汉斯·凯尔森 10
Hathor （神）	哈托尔 10
Hea （神）	埃阿 3、4、6、9、10、11
Heabani （人）	赫巴利 3
Hercules （神）	赫拉克勒斯 3
Hobab （人）	何巴 2
Horus （神）	荷拉斯 6

Huicho （族） 惠乔尔人 13
Indra （神） 因陀罗 6、20
Inkara （神） 因卡拉 10
Iqisitu （人） 伊库斯图 5
Ishtar （神） 伊西塔 3、4、6
Izdubar （人） 艾泽迪巴 3
J．Laessoe （人） J. 莱西奥 5
James George Frazer （人） 詹姆斯·乔治·弗雷泽 9
James R．Moore （人） 詹姆斯· R．穆尔 25
Jan-Ojvind Swahn （人） 简－奥基维德·斯旺 18
Jean Astruc 让·阿斯特律克 2
Jensen （人） 詹森 6、22、24
Jerusalem （地） 耶路撒冷 1、7、20、21
Jethro （人） 叶忒罗 2
Jocab （人） 雅各 4、5、9、12、21、24
Jubal （人） 朱巴尔 6
Kashir-W-Khasis （神） 卡舍尔－W－卡西斯 6
Kimberleys （地） 金伯利 15
King Ammisakuga （人） 安米萨都加王 4
King Utuhegal （人） 乌图海格尔王 4
Kish （地） 基什 4、7
Kolig，Erich （人） 科利格·艾瑞克 15
Kouyunjik （地） 库云基克 4、7
Kristina Lindell （人） 克里斯蒂娜·林德尔 18
Kurdish （地） 库尔德 3、22
Kuyunjik （人） 库云基克 4、7
L. W. King （人） L. W. 金 4、6
La Grange （地） 拉格兰奇 15
Lamech （人） 拉梅齐 3
Lamech （人） 拉麦 2、5、21
Langdon （人） 兰顿 6

Larak （地） 拉腊克 4
Leach （人） 利奇 12
Leeson，Ida （人） 艾达·利森 15
Leonard Woolley （人） 雷纳德·伍利 7
Levi （人） 利未 21
Lima （地） 利马 4
Linton，Ralph （人） 拉尔夫·林顿 15
Looma （地） 卢马 15
Louis Ginzberg （人） 路易斯·金兹伯格 21
Lower Zab （地） 下扎卜河 4
Luma （神） 鲁玛 15
Mamitu （神） 玛米图 3
Manu （神） 摩奴 9、10、19、20
Max Mallowan （人） 马克思·玛洛温 7
Maya （族） 玛雅人 10、13
Methuselah （人） 玛士撒拉 7、21
Michael （人） 迈克尔 8、13、21
Moses （人） 摩西 2、5、7、21、23、24、25、26
Mot （神） 莫特 6
Nahua （族） 纳瓦人 13
Namtar （神） 纳姆塔尔 5
Nana （神） 娜娜 3
Nebo （神） 尼博 3
Nergal （神） 拉伽尔 3
Nineveh （地） 尼尼微 3、4、6
Ninhursag （神） 宁赫赛格 4
Ninip （神） 尼尼普 3
Ninir （神） 尼尼尔 3
Nintu （神） 宁图 5
Nippur （地） 尼普尔 4、6
Nipur （地） 尼帕 3、4

Nisir （地） 尼舍尔 4
Nizir （地） 尼兹尔 3
Noah （人） 挪 亚 1、2、3、5、6、7、8、9、10、11、12、13、14、15、21、22、23、24、25、26
Noonkanbah （地） 农坎巴 15
Norman C. Habel （人） 诺曼·C. 哈伯 2
Oannes （神） 奥里斯 3
Orchamus （人） 俄察姆斯 3
Orontes （地） 奥龙特斯 6
Otago （地） 奥塔哥 15
Otomi （族） 奥托米人 13
Parsifal （人） 帕西发尔 6
Pasittu （妖） 帕西图 5
Pazziru （人） 普兹尔 3、4
Petri-Odermann （人） 皮特里·奥德曼 15
Petris （人） 皮特里 15
Puzur -Amurri （人） 普兹尔–阿默利 4
Pyrrha （神） 皮拉 8、10、22
Quiche （族） 基切人 10、13
Ra （神） 拉 10
Rabbi Levy （人） 利维教士 5
Raglan （族） 拉格伦 14
Raphael Patai （人） 帕塔伊，拉斐尔 21
Raphael （人） 拉斐尔 20、21
Ras Shanra （地） 拉萨姆拉 6
Raziel （人） 拉策尔 21
Reuel （人） 流珥 2
Rhoda Rappaport （人） 罗达·拉帕波特 24
Robert Ready （人） 罗伯特·雷迪 3
Samuel Birth （人） 塞缪尔·伯斯 3

Saint Michael （神）	圣迈克尔　13
Sargon I （人）	萨尔贡一世　3
Saru （神）	萨乌　3
Satan （人）	撒旦　14、21、22、26
Shurupak （地）	舒鲁帕克　4、10
Sin （神）	锡恩　3
Sippar （地）	西巴尔　4、6
Sisit （人）	希西特　3
Sisithrus （人）	希西特柔斯　3
Solomon （人）	所罗门　21
South America （地）	南美洲　10、13、14、19、22
Stephen Jay Gould （人）	斯蒂芬·杰伊·古尔德　26
Sumerian （族）	苏美尔人　4、5、6、7、9、10、11
Surippak （地）	什尔巴克　3
Susan Niditch	苏珊·尼迪奇　2
T. H. Gaster （人）	T. H. 加斯特　6、22
Tammuz-Adonis （神）	塔穆兹-阿多尼斯　6
Tarscan （族）	塔拉斯坎人　13
Tezcatlipoca （族）	特卡利波卡　13
Tikva Frymer-Kensky （人）	弗里默-肯斯基　5
Totonac （族）	托托纳克人　13
Tubal Cain （人）	图巴尔·坎　6
Tzeltal （族）	策尔塔尔人　13
Ubaratutu （人）	乌巴拉图图　3
Ugarit （地）	乌加里特　6
Ugbabtu （人）	乌巴巴图　5
Uncud （神）	尤卡德　6
Upper Amazon （地）	上亚马逊　10
Ur （地）	乌尔城　3、7
Urhamsi （人）	乌鲁哈姆斯　3
Utnapishtim （人）	乌特纳皮什提姆　4、5、6、7、9、

10、11
Utu （神） 乌图 4
V. Cassuto （人） 凯苏托 2
V. Sheil （人） 希尔 4、23
Vicror P. Hanilron 维克多·P. 汉米尔顿 2
Votyaks （族） 沃加克人 22
Vul （神） 维尔 3、14、15、24、25
W．J．Dalton W．J．达尔顿 2、4
W．M．Calder （人） W．M．考尔德 8
W. Ellis （人） W. 埃利斯 9、10
Wellhause （人） 威尔豪森 2
Wilhelm Koppers （人） 威廉·科珀斯 19
William J. Moran （人） 威廉J. 莫兰 4、9
Worral Range （地） 沃洛尔山脉 15
Worsley，Peter （人） 彼得·沃斯利 15
Xisuthrus （人） 希苏罗斯 3、4、6
Yahweh （神） 耶和华 1、2、5
Ymir （神） 伊密尔 10
Yucatan （族） 尤卡坦人 10、13
Yunnan （地） 云南 10
Zimmen （人） 齐默恩 8
Ziusudra （人） 朱苏德拉 4

后 记

《洪水神话》经过20多年的曲折，终于即将付梓。这本书既对中国神话研究有很好的参考价值，也了结了译者多年的心愿。

1989年10月，由于我翻译的《世界民俗学》一书即将出版，原书编者邓迪斯教授偕夫人应邀来华中师范大学访学。我那时研究生毕业留校不久，对西方民俗学的情况知之甚少，而由于时局敏感，邓迪斯教授不能给学生讲学，于是我和本专业几个青年师生，成了他那个星期中可以见到的少数几个中国学人。我们向他请教了许多有关西方民俗学的问题，也介绍了中国民俗学的历史与现状。后来他被安排去北京和上海两地访问，受到了钟敬文教授等的热烈欢迎。这本《洪水神话》的英文本，就是他访问时赠送给我的。他回美国后，又给我寄过许多书。他的夫人凯瑟林女士，每年圣诞节都给我寄来贺年片。

当时无论如何也没想到，洪水神话竟会成为我一生迷恋的研究对象，以至后来有同仁戏称我为“陈洪水”。

邓迪斯教授走后不久，我到北京访学，协助钟敬文先生组织编纂《民俗学概论》教材。当时就选定洪水神话作为一个研究个案，得到了一些前辈学者，如刘锡诚、马昌仪、刘魁立、宋兆麟等的支持，马昌仪先生还将她收藏的弗雷泽《〈旧约〉中的民间传说》一书复印给我，告诉我其中有大量洪水神话的资料。1996年，我在国际民间叙事研究会北京研讨会上，作为大会发言的唯一的中国代表，宣读了论文《中国洪水神话的类型与分布》。2005年，我的博士论文《论中国洪水神话圈》全优通过答辩，被评为湖北省的优秀博士论文。

《洪水神话》一书的翻译，从邓迪斯教授离开中国后就开始动工，邓迪斯教授还亲自与加州大学出版社联系了中文版的版权，出版社给我写了一封信，宣称不要版费，只要10册中文本。我与我的研究生梁永佳、王松涛、罗鹏、周百川一起，用了几年时间才将此书翻译过来。然而，由于各种原因，这部译稿在上海文艺出版社放了几年后被编辑退回。出于对自己英文能力的不自信，我又将译稿放了多年，直到三峡大学的谢国先教授慨然应允，对译稿进行彻底精校。精校工作大约用了一年多时间，学风严谨的谢教授告诉我，译稿应该没有太大问题。又恰逢老友叶舒宪约稿，这才交陕西师范大学出版总社付梓。

好事多磨，坚持最终会有结果，这是《洪水神话》告诉我的道理。对学术界来说，这本书会大大开阔我们的眼界，帮助我们了解国际学术界的多种研究方法。对我个人来说，这本书除了给我留下与学生、与朋友相处的美好回忆外，还是献在阿兰·邓迪斯教授灵前的一束鲜花。对一生钟情于学术的邓迪斯先生来说，学术是无国界的，学问是代代相承的，我似乎看到了九泉之下他那迷人的微笑。

由于时间太久，我已记不起每篇论文的具体译者。记忆中，除了我自己外，梁永佳先生对这个译稿也付出很多。他当时是武汉水利电力大学的英语教师，在我这里旁听民俗学课程，后来考上了北京大学社会学系的博士。我们的那些研究生们，现在早已成为各自工作岗位上的骨干了。

感谢谢国先教授鼎力相助，使译稿的质量有了极大提升，减少了错误。感谢舒宪老友热情引荐。感谢陕西师范大学出版总社，特别是策划编辑邓微女士。

陈建宪

2013年1月29日于武昌九凤堂